JN441397

365 성경통독 묵상집

365 성경통독 묵상집

재미있고 영혼이 살찌며 삶이 복받는

성경 벌레들

전한용 편저

(전영규 감수)

도서출판 소망
S·O·M·A·N·G

성경 벌레를 꿈꾸며

어떤 한 가지 일에 몰두하며 열심을 가질 때 우리는 그들을 '~벌레'라고 부릅니다. 늘 책만 보며 공부하는 사람을 '책벌레'라 부릅니다. 일에만 몰두하는 사람을 '일벌레'라 부릅니다. 공부에만 열중하는 사람들을 '공부벌레'라 부릅니다. 운동 연습에 열심하는 사람들을 우리는 '연습벌레'라 부릅니다.

감리교회의 창시자인 요한 웨슬리(John Wesley, 1703-1791)는 1766년 6월 5일 그의 일기에서 "나의 근거는 성경이다. 그렇다, 나는 성경고집장이이다. 나는 큰일이건 작은 일이건 모든 일에 있어서 성경을 따른다.(My ground is the Bible. Yea, I am a Bible-bigot. I follow it in all things, both great and small.)"라고 고백했습니다.

그리고 그는 1765년 5월 14일 편지에서 스스로를 가리켜 "한 책의 사람(homo unius libri)"이라는 유명한 말을 했습니다. 그는 1725년부터 줄곧 "한 책의 사람"이 되기 위하여 상대적으로(comparatively) 다른 책을 보지 않기로 결심했다고 했습니다. 그렇다고 해서 그가 성경 외의 다른 책을 읽지 않았다는 말이 아닙니다. 그는 그의 삶의 모든 가치와 판단의 기준을 성경에 두었던 것입니다. 그의 별명은 "성경 벌레(Bible-moths)"였습니다.

본 '성경통독 묵상집'의 책명(冊名)을 「성경 벌레들(The Bible-moths)」라고 정한 것은 바로 이에 근거한 것입니다.

우리 모두가 '성경 벌레들(The Bible-moths)'이 되어야 하지 않겠습니까?

성경은 하나님의 말씀이기 때문에 성령의 도우심이 없이는 이해할 수가 없습니다. 예수님은 여러 차례 "너희가 듣기는 들어도 깨닫지 못한다."고 하셨습니다. 그러므로 우리는 성경을 읽을 때 성령의 도우심을 간구해야 합니다.

또한 성경은 하나님의 말씀이므로 경건하고 겸손하게 읽어야 합니다. 겸손한 마음 밭에 떨어지는 씨앗이 60배, 100배의 열매를 맺을 수 있습니다.

"예수께서 하나님의 아들 그리스도이심을 믿게 하려 함이요 또 너희로 믿고 그 이름을 힘입어 생명을 얻게 하려 함이니라"(요 20:31).

"교훈과 책망과 바르게 함과 의로 교육하기에 유익하니 이는 하나님의 사람으로 온전하게 하며 모든 선한 일을 행할 능력을 갖추게 하려 함이라"(딤후 3:16-17).

이런 목적으로 주신 '하나님의 말씀'이므로 기록된 글 자체가 하나님의 뜻을 나타내고 있습니다. 그러므로 억지로 해석하려다가 오히려 왜곡시킬 수 있으므로 성경이 주는 교훈은 그대로 받아들여야 합니다.

또한 성경을 읽을 때 어느 한 구절이나 한 낱말에 집착하게 되면 전체의 뜻을 왜곡시킬 수가 있습니다. 성경을 순서적으로 계속하여 읽을 때 그 전체의 뜻이 살아나옵니다.

마지막으로 성경은 성경이 해석해줍니다. 그러므로 관주성경으로 대조하면서 읽을 필요가 있습니다.

그러면 하나님의 말씀인 성경을 공부할 때 어떤 자세로 하면 좋을까요?

첫째, 하나님의 오묘한 진리의 말씀을 성령의 조명에 의하여 깨달을 수 있도록 먼저 기도하십시오.

둘째, 성경은 성경으로만 해석하려는 자세로 공부하십시오.

셋째, 하나님의 음성을 들으려는 자세로 공부하십시오.

넷째, 이해가 잘 안 되는 말씀이나 구절은 그대로 넘어가십시오. 계속해서 공부하다 보면 자연히 해결될 것입니다.

다섯째, 공부한 내용에서 자신에게 주시는 교훈이 무엇인가를 발견하십시오.

여섯째, 지금 당장 고치거나 실천에 옮겨야 할 교훈은 무엇인가 찾아보십시오.

일곱째, 공부한 내용은 반드시 다른 사람과 대화를 나누어 보십시오. 공부한 것을 잊지 않게 되며 공부한 내용을 전하는 효과가 있습니다(말 3:16).

여덟째, 중요한 내용과 요절을 암기하십시오.

아홉째, 온전한 믿음은 배움에 있는 것이 아닙니다. 배운 대로 행함이 있어야 함을 기억하십시오(고후 13:7, 엡 4:1, 빌 4:9, 살전 2:12, 약 4:17 등).

이제 우리는 하나님의 말씀인 성경이 무엇이며 어떻게 쓰였는지를 알게 되었습니다. 또한 그 내용이 무엇이며, 어떠한 자세로 대하여야 복이 되는지도 배웠습니다. 이제부터 성경 말씀을 배우실 때 놀라운 복이 당신과 가정과 교회와 민족 위에 임하실 것입니다.

「성경 벌레들」- 은혜의 수단

"한 책의 사람"이라고 스스로 부른 요한 웨슬리 목사님은 은혜 받는 방법(means of grace) 다섯 가지를 이야기하셨습니다. 성경읽기, 기도하기, 금식하기, 성만찬에 참여하기 그리고 자선을 베풀기입니다. 감리교회는 다른 교회와 달리 은혜를 강조합니다. 성경읽기는 은혜의 수단 중에서 제일 첫 번째로 성도들이 실천하여야 할 일입니다. 이번에 전한용 목사님이 성경통독 묵상집으로 「성경벌레들」을 편찬하시게 된 것도 은혜를 사모하는 성도들과 행복한 가정이 되는 첩경을 알려주는 사명으로 하신 것입니다. 웨슬리 목사님은 모든 삶의 근거와 기준을 성경에 두었습니다. 큰일이건 작은 일이건 간에 모든 삶의 가치판단을 성경에 두고 성경중심으로 살았기에 "성경벌레"라는 별명이 주어진 것입니다. 그러므로 이 책을 「성경벌레들」이라고 부르는 것은 웨슬리 목사님처럼 성경을 열심히 읽고 성경 말씀대로 살아가는 성도가 되자는 편저자의 뜻이 담겨져 있습니다. 먼저 「성경벌레들」의 편저자는 이 책을 편찬하기 전 성경통독을 통하여 깊은 체험을 하신 분입니다. 12살 때부터 60여 년간 새벽기도회를 하며 매일 20장씩 년 4회 이상 성경을 통독하고 묵상하며 은혜 받은 것을 학문적으로 다듬어 책으로 나누기를 원하는 마음을 읽을 수 있습니다. 성경통독을 위해 비교한 성경만도 39권이나 되고 성경연구를 실생활에 올바르게 적용하기 위해 많은 주석과 성경에 관한 서적을 참고한 것을 보면 체험과 이성으로 성경연구에 몸 바친 감리교도임을 알 수 있습니다. 편저자 전한용 목사님의 「성경벌레들」을 읽으면 사람마다 감동이 다르겠지만 몇 가지의 공통점을 발견할 수 있습니다.

첫째, 편저자는 성경을 읽는 자세를 강조합니다. 성경을 읽을 때는 성령의 도우심으로 겸손하게 하나님의 말씀으로 받아들이라고 권고합니다. 성경이 주는 교훈을 그대로 받아들이며 관주성경과 주석을 올바르게 참조하여 읽으면, 성경이 성경을 해석하는 생동감 있는 체험을 맛본다고 말합니다.

둘째, 성경통독은 성경의 순서에 따라 읽을 때 성경 전체의 흐르는 구원의 뜻을 체험할 수 있습니다. 이를 위해 저자는 성경 기록연대와 역사적 사건을 연결하여 읽도록 편집을 하였습니다. 이러한 방법은 오랜 기간에 성경을 깊이 통독한 사람만이 할 수 있는 학문적인 시도입니다.

셋째, 성경통독을 생활에 적용하기 위하여 매 주간별로 묶어 편찬하였습니다. 매일 매일 주제에 맞추어 성경을 연속적으로 읽고, 토요일에는 그 주간에 읽어야 할 성경의 개관을 다시 살펴보고 그동안 읽지 못한 성경을 다시 읽고 묵상하도록 세심한 배려를 하였습니다. 이것은 신앙성장에 있어서 발달심리의 단계를 제공하는 편저자의 의도입니다.

넷째, 매일 읽고 묵상하고 삶에 적용하는 내용구조가 신앙 교육적입니다. 매일 통독하여야 할 성경을 제시하고 줄거리를 요약을 하고, 삶에 적용하는 성경구절을 "읽고 묵상하며", 예화로 삶의 모범을 소개하는 "살며 생각하며", 마지막으로 성경의 핵심과 특징을 "정리하며 확신"하게 하는 구조로 되어있습니다. 이러한 구조의 성경공부는 성경통독으로만 그치는 것이 아니라 생활에 적용하며 확신하는 일에 도움이 되는 기독교 교육학적 접근방법입니다.

다섯째, 「성경벌레들」은 가정예배서로 꾸며졌습니다. 개인의 성경통독을 넘어 가족공동체가 함께 찬송하며, 성경을 읽고 묵상하고 삶의 다짐을 하도록 되어 있습니다. 신앙생활은 혼자 독서와 연구로 이루어지는 것이 아니라 공동체를 통하여 성장하고 전달된다는 것은 누구나 아는 사실입니다. 그러나 현대인의 바쁨 때문에 가족의 신앙과 삶을 나누지 못하는 요즈음 「성경벌레들」이야말로 가족을 성경으로 한데 묶는 도구가 되므로 은혜의 수단이 됩니다. 연도 별 제약 없이 성경통독으로 가족이 예배로 모일 수 있으니 신앙성장의 가치는 상상에 맡길 수밖에 없습니다.

마지막으로 전한용 목사님이 성경에 미친 사람(The Bible-bigot)이 되어 「성경벌레(Bible-moths)」를 편찬하였으니 이 일에 참여하는 사람은 모두 진정한 크리스천이 되며 은혜의 소유자가 되리라 믿어 의심치 않습니다.

그러므로 서평자는 「성경벌레들」을 통해 영적 성장이 이루어지기를 바라는 마음에서 성경을 올바르고 체계 있게 읽기를 원하는 이들과 신학생들, 속회(구역회) 지도자들, 그리고 요한 웨슬리의 어머니 수산나처럼 자녀들에게 성경을 함께 나누기를 원하는 부모님들에게 서평과 함께 적극 추천합니다.

협성대학교 총장 최문자

추천사 ❶

성경 벌레들처럼

목회자의 가치는, 은퇴 전과 은퇴 후 삶과 사역의 결실에 의해서 평가됩니다.

평생을 올곧게 살아오신 전한용 목사님께서, 은퇴 전후의 삶과 사역이 농축된 아름다운 저서를 발간하셨습니다. 이에 대해 저는 진심어린 축하와 심심한 감사를 표합니다. 365일 성경묵상집인 「성경벌레들(The Bible-moths)」은, 목사님께서 평소에 말씀을 읽고 묵상하시며 삶에 적용하며 살아오신 귀한 열매입니다.

저자는 그의 지인(知人)들과 진지한 담화를 나눌 때마다, 꼭 강조하시는 말씀이 있습니다. 곧 지난날의 사역을 되돌아보며 주님의 구속의 은혜에 보답하지 못하는 송구함, 그리고 은퇴 후의 남은 생애를 그동안 하지 못했던 부족한 사역을 최선을 다해 보충하는 시간으로 삼을 것에 대한 고백입니다. 더 나아가 은퇴 전과 후의 삶을, 하나님께서 동일하게 인도하실 것에 대한 확신입니다.

365일 성경묵상집 「성경벌레들(The Bible-moths)」"에 표현된 "성경벌레"는, 감리교의 창시자인 요한 웨슬리가 그의 서신에 증언했던 용어로, 오늘날과 같은 지식정보화의 시대를 사는 우리들에게 많은 감동을 주는 말씀입니다. 성경을 읽고 들으며, 암송하고 연구하며, 묵상하는 시간을 소홀하기 쉬운 이 시대에, 본 묵상집은 모든 성도들에게 도전이 되며 올바른 신앙관을 정립할 수 있는 시금석이 될 것입니다.

광야 40년 동안 이스라엘 백성에게 날마다 만나를 먹이신 하나님의 역사하심이, 이 시대를 살아가는 우리에게도 매일의 영적 만나를 먹이심으로 임하실 줄 믿습니다. 아울러 약속의 땅인 가나안에 넉넉히 입성하도록 인도하실 줄로 믿습니다!

바울(Paul) 사도의 선교사역 여정이 은퇴 전에는 소아시아와 마게도냐 지역을 중심으로 한 유럽 전역에 걸쳐 이루어졌다면, 은퇴 후에는 서바나 지역을 중심으로 이루어질 것을 소망했던 것을 알 수 있습니다.

이제 본 저서의 편저자인 전한용 목사님께서는, 서바나 사역의 첫 작품집 「성경벌레들(The Bible-moths)」을 출간하게 되셨습니다. 오늘날을 사는 그리스도인들의 영적 성숙에 많은 도움이 되기를 바라며, 앞으로 귀한 저서들이 지속적으로 출간되기를 축복합니다. 귀한 저서의 출간에 대해, 마음깊이 축하를 드리는 바입니다!

2009년 겨울에

기독교 대한 감리회 감독회장 직무대행 이규학

추천사 ❷

영혼이 튼실해 지고 행복해진 자신을 발견

성경은 하나님의 계시라는 사실을 알고, 성경을 통해 하나님의 뜻을 알 수 있다고 하지만 많은 성도들이 진정으로 성경을 가까이 대하기란 쉬운 일이 아닙니다. 그래서인지 요즈음 성경 읽기에 관한 책들이 많이 출판되고 있습니다. 시대의 흐름에 맞게 호기심을 일으키는 제목을 단 책들도 있는 것을 보면 성경과 친해지는 것은 힘겨운 일임에 틀림없습니다. 많은 사람들이 "송이 꿀" 같은 하나님의 말씀을 경험하지 못한 채 성경 읽기의 부담감에 시달리고 있는 이때에 전한용 목사님이 집필하신 '성경통독 묵상집'인 「성경 벌레들(The Bible-moths)」의 출판은 참으로 반가운 일입니다.

저자가 제목에서 밝힌 것처럼 이 책은 성경을 재미있게 읽도록 인도하는 책입니다. "재미"는 21세기에 모든 분야를 지배하는 가치입니다. 서열이 엄격하던 회사들도 요즈음에는 자유로운 복장을 허용하고, 회사 생활을 재미있게 할 수 있도록 여러 가지 면에서 배려를 하고 있습니다. 뿐만 아니라 미국의 교회들도 교회학교 교육에 이 "재미"를 도입하여 신앙교육을 하고 있다고 합니다. 우리나라에서도 이제 곧 "재미학(學)"이 학문의 한 분야로 자리를 잡을 것입니다. 성경 말씀을 재미있게 읽도록 인도하는 이 책은 이러한 시대의 흐름을 꿰뚫고 있는 것입니다.

이 책이 재미있는 까닭은 청소년 시절부터 성경을 열심히 읽은 저자의 깊은 말씀 이해가 바탕을 이루고 있기 때문입니다.

저자는 이 책에서 자신이 소장하고 있는 39권의 성경을 비교하여 읽으면서 깨달은 말씀의 진리를 간결하게 가르쳐주고 있습니다. 뿐만 아니라 많은 참고서적들을 통해 성경 말씀에 적용할 수 있는 가장 적당하고 도움이 되는 예를 제시하고 있습니다. 학식과 경험이 풍부한 할아버지의 이야기를 듣다보면 후손들의 영혼이 자라는 것처럼, 또한 처방전에 따라 약을 잘 복용하면 우리의 몸이 튼튼해지는 것처럼 저자의 안내에 따라 매일의 말씀을 읽고 새기고 실천하다 보면 하나님을 만나게 될 것입니다. 그리고 영혼이 튼실해지고 행복해진 자신을 발견하게 될 것입니다.

개인의 신앙성숙에 도움을 줄 뿐 아니라 가정 예배서로 사용하기에도 적당한 이 책을 통해서 많은 분들이 하나님과 진정으로 친해지시기를 기대합니다.

중부연회 원로목사회 회장 / 동수교회 원로목사 주봉택

추천사 ❸

귀한 보물을 얻는 기회

매 순간 급변하는 현대사회를 살아가는 우리에게 꼭 필요한 것은 바로 말씀입니다. 하지만 매일 성경을 읽고 묵상하는 것이 말처럼 쉽지 않습니다. 매번 새해가 시작할 때마다 통독을 목표로 하지만 얼마 지나지 않아 포기하고 마는 모습들도 많이 보게 됩니다.

전한용 목사님의 '성경통독 묵상집'인 「성경벌레들」을 통해 성경을 읽다보면 이 책의 지침대로 성경을 통독할 뿐 아니라 여러 가지 적절한 예화와 쉬운 설명으로 말씀묵상에 많은 도움을 받을 수 있을 것입니다.

이 책은 저자이신 전한용 목사님께서 60년 이상 신앙생활과 목회 경험 속에서 체험하고 느낀 은혜들을 함께 나누고자 출간해 내는 것으로 알고 있습니다. 신앙의 선배님께서 오랜 시간을 통해 발견한 귀한 보물을 얻을 수 있는 좋은 기회가 되길 바랍니다. 또한 이 책으로 성경을 어렵게만 느껴왔던 크리스천들이 성경을 더 가까이 접할 수 있는 계기가 되길 바랍니다.

감리교신학대학교 총장 김홍기

추천사 ❹

화목한 가정 천국 생활

전한용 목사님의 '성경통독 묵상집'인 「성경 벌레들」의 발간을 축하합니다. 전한용 목사님이 '성경통독 묵상집'을 집필한 것은 참된 구원의 확신 없이 세속화 신앙에 밀려가는 오늘의 그리스도인들에게 구원의 확신과 복음의 진수(眞髓)를 전수(傳受)하며, 성경 말씀을 생활화함으로써 성실한 제자로서의 삶을 살아갈 수 있도록 하고, 더 나아가 성도 자신과 가정이 복 받고 직장과 사회가 복음화되어 하나님의 뜻이 하늘에서 이루어 진 것 같이 이 땅에서도 이루어야겠다는 귀한 사명 의식 때문이라고 생각합니다.

이 책은 단순한 지식의 나열이나 미사어구(美辭語句)의 표현에 의존하지 않고 12살 때 만난 예수님을 62년 동안 섬기며 매일 성경을 묵상하며 평소에 느끼고 실천 했던 삶을 바탕으로 성도를 바른 길로 인도하려는 한 원로목사의 뜨거운 기도와 사랑이 담긴 진지한 삶의 신앙고백이라고 할 수 있습니다.

12살 된 어린 나이에도 새벽마다 4km나 되는 충남 당진군 소재 합덕감리교회에 다니면서 동리 어른 성도들을 깨워 새벽기도회에 빠지지 않고 매일 성경을 읽으며 묵상하고, 또 저녁때면 뒷동산에 올라 넓은 들판을 바라보며 기도하던 성경벌레(Bible-moths), 어떠한 일이 있어도 주일성수를 고집하던 주일성수 고집쟁이, 아무리 삶이 고달프고 어려워도 십일조 생활을 항상 강조하여 후에 목회사역에 모든 성도의 십일조 생활화를 하게 한 십일조 생활화 고집쟁이, 성도의 삶의 기본단위인 가정이 복음화 되고 믿음으로 바로 살아야 한다고 고집하여 매주일 각자 섬기는 교회에서 예배를 드린 후 부득이하고 특별한 사유가 없는 한 매주일 오후에 삼남매 열 한 식구가 함께 모여 가정 예배를 드리고 정성스럽게 준비한 애찬을 나누며 하나님이 주인 되시는 화목한 가정천국 생활을 이룬 실천자 등등 이러한 삶의 모습을 한 권의 책에 담아 집대성한 것이 바로 『성경 벌레들』이 아닌가 합니다.

특히 본서의 내용중 '종합 일람표'를 살펴보면 그 기발한 아이디어와 편집에 감탄하지 않을 수 없습니다. 잠깐 내용을 살펴보면.

'읽으며 묵상하며'란은 하루하루를 살아가는 데 필요한 성경이 말씀하시는 내용을 묵상하는 가운데 영적으로 풍성한 은혜를 경험하게 하며

'살며 생각하며' 란은 그 날 그 날 '읽으며 묵상하며' 란의 본문에 적합한 예화를 인용 소개함으로 성경 생활화에 큰 도움을 주고 있으며

'토요 가정 예배용 큐티'란은 일주일간의 생활을 정리하며 새로운 다음 주를 준비하는데 큰 도움을 주고 있습니다.

그러므로 이 귀한 한 권의 책은 가정에서는 가정 예배용으로, 직장이나 사업장에서는 동료들과 함께 한 주간의 일을 나누는 직장 예배용으로 활용하게 되면 좋을 것입니다.

부디 이 한 권의 책 속에 담겨져 있는 전 목사님의 하나님과 함께한 삶의 경험이 이 책을 접하는 모든 그리스도인들에게 저자가 의도한 목적대로 이루어지기를 바랍니다. 이 책을 읽는 성도들마다 신앙의 확신과 신앙의 생활에 크게 성공하고 개인적으로는 구원의 확신을 갖게 하며, 가정적으로는 인가귀도 되어 가정 천국을 이루며, 교회에서는 성실한 제자로서의 사명을 감당하며, 직장과 사회에서는 성경의 말씀을 실천함으로 하나님의 뜻이 하늘에서 이루어진 것 같이 땅에서도 이루어지는 역사가 이루어지기를 간절히 기원하며 이 책을 널리 추천합니다.

2009년 12월 3일

협성대학교 증경총동문회장 원로목사 이춘수

추천사 ❺

영양가 있는 건강식

금번에 전한용 목사님께서 그동안의 목회 사역을 통해 기도하면서 성경에 관해 연구해 오셨던 모든 것을 담아 성경통독 묵상집인 「성경 벌레들」을 출간하게 됨을 진심으로 축하드립니다.

전한용 목사님께서는 한평생 해박한 성경지식을 가지고 능력 있는 말씀을 증거하셨고, 평생 목회를 성공적으로 하신 훌륭한 목회자이십니다. 그러기에 목사님께서 전하셨던 말씀은 많은 성도들에게 도전과 용기와 희망을 주었습니다.

이번에 전한용 목사님께서 쓰신 책은 몸에 비유하자면 영양가 있는 건강식이라 할 수 있겠습니다. 바쁜 일상생활로 인해 영혼의 양식을 제대로 먹지 못해 굶주린 요즘의 교인들에게 영양식을 먹을 수 있는 기회를 준비해 주신 것이라고 생각됩니다.

그러하기에 평생을 성심껏 목회하시면서 사랑하는 성도들과 후학들에게 전해주고 싶었던 삶의 지혜와 기도하면서 발견하셨던 말씀의 신비를 정리하여 성경을 읽고 공부하는 사람들에게 보화를 얻을 수 있도록 안내하는 이 책을 출간하게 된 것은 우리에게 크나큰 선물이 아닐 수 없습니다.

그러므로 저는 독자 여러분들께 기쁜 마음으로 이 책의 일독을, 아니 평생을 참고로 이 책을 성경통독 하시면서 적용하시기를 권합니다. 부디 이 '365일 성경통독 묵상집'인 『성경 벌레들』을 매일의 영적 양식으로 삼아 꾸준히 읽고 묵상하셔서 하늘의 놀라운 비밀을 발견하시고 날마다 주님과 동행하는 복된 삶을 살아가시기를 바랍니다.

2009년 11월 16일

중부연회 감독 **전명구**

하나님께 영광을 돌립니다

먼저 은퇴한 후에도 계속해서 주님의 일을 할 수 있는 의욕과 건강을 주시고 성경통독에 필요한 모든 자료와 협력자들을 보내주시어 오늘 '성경통독 묵상집'인 「성경 벌레들(The Bible Moths)」이 출판될 수 있도록 은혜 베풀어 주신 하나님께 영광을 돌립니다.

본서의 '성경 통독 읽기표 자료'는 현재 성경연구원 원장이신 최영찬 목사님의 동의를 얻어 사용하였습니다. 본서가 출판 될 수 있도록 협조해 주신 최영찬 목사님께 감사드립니다.

본 '성경통독 묵상집'인 「성경 벌레들(The Bible Moths)」이 출판되기 전까지 2008년부터 2009년까지 2년간 이메일을 통해서 충고와 비판과 격려를 아끼지 아니하시고 기도해 주신 100여 명의 선후배 목사님들께 감사드립니다.

본서를 출판해 주신 도서출판 소망의 방주석 사장님과 수고해 주신 출판사의 모든 이들에게 감사드립니다.

수년간 컴퓨터 사용으로 인한 요통을 무료로 치료해 주신 '라파 한의원' 신동희원장님께 감사드립니다.

특별히 본 교재가 나올 수 있도록 인증을 허락해 주신 출판사와 집필자들에게 감사드립니다.

매일 본서의 '성경 읽기표'에 따라 성경통독을 하실 때 개인적으로는 구원의 확신을 가지며, 가정은 인가귀도 되며, 교회는 영적으로 알차게 성장하게 되기를 간절히 기원합니다.

앞으로 요한 웨슬레 목사님의 신앙을 본받아 성경 벌레들의 모임을 통하여 성경을 연구

하고 상호 협력할 믿음의 형제들의 동참을 바랍니다.(후원반과 성서 큐티 연구반)

화려한 학력도, 화려한 목회 경력도 없지만 충남 당진군 합덕감리교회에서 12살 때(1947년)부터 신앙생활하면서 오늘에 이르기까지 60여년이 흘렀습니다.

돌이켜 보면 12살의 어린 것이 비가 오건 눈이 오건 집에서부터 합덕감리교회까지 4km 이상 되는 거리를 새벽기도회를 다니기 시작했는데, 그때부터(60여년의 새벽기도와 철저한 주일성수와 십일조 생활) 매일 성경을 읽고 묵상하며(매일 20장 이상/연 4회 이상 통독) 이제까지 살아오게 하신 하나님께 감사드립니다.

지금 이 시간까지 항상 나와 함께 하시며 인도하신 하나님의 은혜가 너무 크시기에 나의 생명을 부르시는 날까지 성경에 미쳐 살려고 결심하고 '빚진 자의 심정'으로 마음과 뜻과 정성을 다하여 2006년부터 본서 「성경 벌레들(The Bible Moths)」을 준비하여오던 중 오늘에야 완성을 보게 되었습니다. 부족한 종을 위해 기도 부탁합니다.

2010년 1월 14일

전 한 용

본서의 특징

일반적으로 성경통독 프로그램은 신·구약 성경을 순서대로 또는 신약과 구약을 통독하기 편하게 하루에 신·구약 성경을 함께 읽도록 사용하는데 반해서, 본서는 성경기록 연대와 역사적 사건을 연결해서 편집(예:15주(금) 삼하9:1-12:31, 대상19:1-19, 시51편=다윗의 정복과 범죄) 하였기에 성경을 바로 알고 은혜받는 데 크게 도움이 될 것입니다.(연도별 성경통독 표 참고)

월요일부터 금요일까지는 당일 통독하는 성경구절 중 그 날의 삶에 적용하기에 도움 될 만한 성경구절을 찾아 '읽으며 묵상하며'로, 우리가 살아가면서 필요한 삶의 모범을 소개하여 '살며 생각하며 '로, 매일은 아니지만 중간 중간에 삽입된 '정리하며 확신하며'는 우리의 신앙생활에 큰 도움이 될 좋은 글들을 골라 편집하였습니다.

토요일에는 그 주간에 읽어야 할 성경 중 개관을 다시 살펴보고 혹 읽지 못한 성경을 읽도록 하고 한 주간의 일을 마무리 하여 다음 주간을 준비하면 신앙성장에 크게 도움이 될 것입니다.

아무쪼록 본서를 잘 적용하셔서 신앙생활에 좋은 성장과 결실이 있기를 바랍니다.

본서를 효과적으로 사용하는 방법

- 매일 빠짐없이 읽어야 합니다. 성경 읽기표에 매일 읽은 구절을 색연필을 사용하여 표시하시기 바랍니다.
- 묵상란을 잘 읽으시고 별도 노트를 준비하여 묵상 내용을 기록하고 삶에 적용하시기

바랍니다.

■ 해마다 첫 주의 일자가 변함으로 성경통독에 익숙해 질 때까지 다음장의 연도별 주별 성경 읽기표를 참고하면 성경을 통독하는 데 큰 도움이 될 것입니다.

청소년 시절부터 성경 연구에 도움이 된 서적들

주석류

■「그랜드 종합 주석」 성서교재 간행사 1995

■「호크마 종합 주석」 기독 지혜사 1992

■「The Interpreter's Bible」 Abingdon Press

■「The International Critical Commentary」 T.& T. Clark, 1979

■「The Pulpit Comentary」 Wm. B. Eerdmans Publishing Co. Edited by H.D.M. Spence & Joseph S. Exell

기타 참고 서적

■ Bible Readings(주제별 성경 연구, 적용을 위한 질문, 요점 정리 등)

■ 1955년 감리교 신학대학 입학하고 청계천 고서적 서점에서 구입 사용

■ The Lord's Prayer(A Study by Stacy L. Roberts(朝鮮耶蘇敎書會. 1937년 11월21일 발행) (주기도문 강해, 영문판/ 1955년 감리교 신학대학 입학하고 청계천 고서적 서점에서 구입 주기도문 연구)

■ God's Friends(Called to Believe and Belong)/Wesley W. Nelson/Covenant Press.1985(성경역사, 교회사, 기독교 교리 등 전능하신 하나님에 관한 이야기)

■ The Bible Visual Resource Book(by Regal Books) 1973

■「A Life Application Bible Study Series」 Tyndale House Publisher, Inc. 1989

■ The Epistle To The Romans by K. Barth 1968년 Oxford University Press, London

■ 1963년 Concordia Publishing House Lectures On Romans(Luther's Works, No 25,26,27)

■ 1950년 대한 성서 공회에서 발행한 관주 성경 전서 외 39권의 성경(별첨 성경목록 참고)

모든 성경은 하나님의 감동으로
된 것으로 교훈과 책망과 바르게 함과
의로 교육하기에 유익하니
이는 하나님의 사람으로 온전하게 하며
모든 선한 일을 행할 능력을
갖추게 하려 함이라

디모데후서 3장 16–17절

소장하고 있는 성경

(출판연도순/비교 연구하면서 은혜받은)

NO	출판사	성 경	발행일
1	J.B. Lippincote& Company	The Conprehensive Bible(영문판)	1860
2	대한 성서공회	관주 성경	1950
3	日本 聖書協會	新約 聖書	1954
4	대한성서공회	관주 성경전서 개혁 한글판	1956
5	미성서공회	The Greek New Testament	1960
6	대한성서공회	貫珠 聖經全書(簡易國漢文)	1964
7	대한기독교서회	성경전서(개역 한글판)	1968
8	Tyndale House Publishers,Inc	New Life(Living New Testament/영문판)	1971
9	American Bible Society	The Bible	1971
10	The Zondervan Corporation	New International Version(New Testament)	1978
11	성서 교재 간행사	현대어 성경	1978
12	아가페 출판사	주제별 성경전서	1983
13	기독 지혜사	관주 톰슨 성경	1984
14	도서출판 영광	키 성경	1984
15	기독 지혜사	라이프 성경	1990
16	성서 교재 간행사	그랜드 성경	1991
17	기독 지혜사	큐티 라이프 성경	1991
18	반석 문화사	아멘 성경	1991
19	제자원 연합선교회	데일리 가정 성경	1992
20	아가페 출판사	큰글 성경	1993
21	도서출판 세풍	큰글자 지저스 문답성경	1994
22	도서출판 영광	그랜드 제자성경	1994
23	아가페 출판사	셀프 성경	1995
24	기독 지혜사	빅 라이프 성경	1996
25	아가페 출판사	파트너 성경	1997
26	대한성서 공회	성경전서(개역 한글판)	1998
27	성서원	큰 글자 성경전서	1998
28	프리셉트	프리셉트 성경	1999
29	세계기독교 문화원	킹성경(요약,주해,강론)	1999
30	국제 기독회 중화민국 총회	聖經 (新約全書),中英對譯	2001
31	아가페 출판사	쉬운 성경	2002
32	생명의 말씀사	한영 스터디 성경(한영 해설 찬송가)	2004
33	대한성서공회	대조성경(개역,개정판,새번역)	2004
34	Missionsoft	Deluxe Bibnle(CD용)	2005
35	대한기독교서회	컬러 포커스 성경(개역, 개정판,새찬송가)	2007
36	프리셉트	프리셉트성경(개역.개정.새찬송가)	2007
37	생명의 말씀사	굿데이 성경(개역개정판. 새찬송가)	2007
38	대한기독교서회	성경전서(개역개정판,새찬송가)	2008

성경통독종합일람표(첫주-4주)

주별	성경 통독 구절	읽으며 묵상하며	살며 생각하며	돌아보며 다짐하며	기도문
1/월	창 1:1- 5:32(세상과 인간,그리고 죄악의 근원) 대상 1:1-27(아담에서 아브라함까지)11:10-26	하나님이 천지를 만드셨습니다(창 1:1)	뉴톤의 우주관		
화	창 6:1-11:32(계속된 타락과 심판)	무지개 언약 (창 9:8-17)	하나님의 동행을 믿은 리빙스턴의 승리		
수	창 12:1-18:33(인류를 구속하기 위한 민족의 시작과 선택)	축복이 되라는 소명(창 12:1-9)	거절치 못 할 초대		
목	창 19:1-24:67(롯의 인간적 선택과 심판, 아브라함의 신앙의 완성)	시험을 통과한 아브라함의 믿음(창 22:1-19)	록펠러와 아들		
금	창 25:1-28:22(이삭과 야곱)	도망자와 함께하시는 하나님(창 28:10-22)	무디의 하나님		
토	성경의 능력(딤후 3:10-17)	성경의 능력(딤후 3:10-17)	한 책의 사람, 요한 웨슬리	어떤 꿈을 꾸셨습니까?	전심으로 주님께 의탁하는 삶
주일					
2/월	창 29:1-31:55(사랑과 속임수)	사랑하면 고생도 즐거움으로 (창 29:15-30)	연애의 대상		
화	창 32:1-36:43/대상 1:28-2:2(천사와의 씨름)	당신은 누구와 씨름하십니까 (창 32:16-32)	불가능 작전을 성공으로 이끈 기도		
수	창 37:1-41:57(꿈과 해몽)	고난 중에 임하는 은혜와 인내 (창 40:1-23)	끝 없는 도전		
목	창 42:1-45:28(애굽의 히브리인 총리)	사랑과 용서의 화합(창 45:1-15)	아버지의 용서		
금	창 46:1-50:26(애굽땅의 하나님 백성들)	뒤바뀐 축복(창 48:8-22)	쩨쩨한 하나님께 감사		
토	인간 창조에 나타난 하나님의 설계도(창 2:18-25)	돕는 배필을 주신 하나님(창2:18-25)	부부가 함께 보면 좋은 글	아내의 매력	부부 기도문
주일					
3/월	욥 1:1-3:26(욥이 당한 고난의 의미)	첫 번째 신앙, 적신이 돌아가올지라(욥 1:13-22)	에디슨의 감사		
화	욥 4:1-9:35(친구와의 대화)	나의 날은 베틀의 북보다 빠르니(욥 7:1-10)	그저 빨리만 가는 인생		
수	욥 10:1-15:35(친구와의 대화)	고난의 시기에 던져야 할 질문(욥 10:1-12)	주바라기 이지선 감동스토리		
목	욥 16:1-23:17(친구와의 대화)	내가 정금같이 나오리라(욥 23:1-17)	더비 도자기		
금	욥 24:1-31:40(친구와의 대화)	순전함이 가져온 충성(욥 27:1-12)	맹인 훼니 크로스비의 고백		
토	주는(主) 교회의 주인 되심(마 16:13-20)	베드로의 신앙고백(마 16:13-20)	신나는 교회 생활	교회를 사모하는 삶의 축복	신앙이 흔들릴 때 드리는 기도
주일					
4/월	욥 32:1-37:24(엘리후의 지적)	인생이여, 하나님을 찬양하라(욥 36:22-33)	가슴에 들리는 찬양		
화	욥 38:1-42:17(하나님의 답변)	우리공간에 미치는 하나님 주권(욥 38:25-41)	나보다 나를 더 사랑하시는 주님		
수	출 1:1- 4:31(구원자로 부름받은 모세)	하나님은 고통의 소리를 들으심 (출 2:21-25)	쫓겨난 원숭이		
목	출 5:1-11:10(10 재앙)	모세의 항변과 하나님의 대답(출 5:22-6:13)	침묵		
금	출 12:1-15:27(주님의 구원)	나를 여호와인줄 알게 하리라(출 14:1-9)	나와 하나님이 보신다		
토	성도의 신분(벧전 2:1-10)	거룩한 제사장(벧전 2:1-10)	카나리아는 그의 노래를 불러야 한다	성도의 신분 9가지	아름다운 오늘이 되게 하옵소서
주일					

성경통독종합일람표(5주–9주)

주별	통독 성경 구절	읽으며 묵상하며	살며 생각하며	돌아보며 다짐하며	기도문
5/월	출 16:1-20:26(홍해에서 시내산까지)	동역자들(출 17:1-6)	감사를 모르면 소 돼지		
화	출 21:1-24(언약 법전)	정의와 사랑에 4규례(출 23:1-9)	말씀대로 원수를 사랑		
수	출 25:1-27:21/레위25장(성막에 관한 규정)	하나님이 거하실 장소, 만남의 장소(출 25:1-22)	하나님의 몫만 없는 인생		
목	출 28:1-30:38(제사장에 대한 규례)	매일 드리는 번제(출 29:38-46)	교회출석 88년		
금	출 31:1-35:35(금송아지 사건)	기도하는 모세(32:30-33)	기도의 능력으로 결혼		
토	헌금의 원리(고후 9:1-9)	즐겨 내는 자를 사랑하시는 하나님(고전 9:1-9)	어느 장애인의 헌금	성공적인 예배자	좋은 청지기가 되게 하소서
주일					
6/월	출 35:30-40:38(성막 봉헌)	성막에 나타난 하나님의 영광(출 40:16-38)	주님께만 영광을		
화	레 1:1-5:19(5대 제사)	속죄의 복음(레 4:1-5:13)	새롭게 태어나게 하는 복음		
수	레 6:1-7:38/민 7:1-8:26(제사장을 위한 제사 규례)	꺼지지 않는 불꽃 (레 6:8-13)	남편 선교사의 뒤를 따라		
목	레 8:1-10:20(재사장 위임식)	죽음이 주는 교훈(레 10:1-20)	삶의 벼랑 끝에서		
금	레 11:1-15:33(정결 규례)	온영혼을 휘감는 죄악(레 13:2/엡 4:25-32)	엉겅키의 놀라운 번식력		
토	하나님의 비전을 품는 가정(창 6:5-22)	하나님의 비전을 품는 가정(창 6:5-22)	신앙의 명문가	포기하지 말라	가정을 위한 기도
주일					
7/월	레 16:1-18:30(속죄일과 거룩함)	대속 죄에 대한 규례(레 16:26-34)	김익두의 회심		
화	레 19:1-22:33(사람을 위한 율법)	네 몸 같이 이웃을 사랑하라(레 19:1-18)	발렌타인 데이		
수	레 23:1-27:34(순종과 축복, 불순종과 저주)	하나님께 쓰임 받으려면(레 24:1-23)	농부가 된 성자		
목	민 1:1-3:51(인구조사와 진의 배치)	하나님의 사람은 거룩해야(민 3:1-13)	꿈꾸는 나무처럼		
금	민 4:1-6:27(레위인과 나실인)	가정의 순결을 지키십시오(민 5:11-31)	남편을 선택한 여인들		
토	이상적인 부부관(엡 5:22- 33)	성령충만한 부부 (엡 5:22-33)	성경속에 나타난 부부 사랑	향기 나는 부부	부부 기도문
주일					
8/월	민 9:1-12:36(백성들의 불평)	원망하기 시작하는 백성들 (민 11:1-15)	세상에 이런 일이		
화	민 13:1-14:45(정탐군 파견)시편90: 1-17	그들은 우리 밥이다(민 14:1-10)	진정으로 두려워 할 것은?		
수	민 15:1-20:29(광야에서의 죽음)	므리바 사건(민 20:1-13)	처칠의 대답		
목	민 21:1-25:18(놋뱀과 경솔한 예언자)	발람의 예언(민 23:13-26)	약속의 열쇠		
금	민 26:1-29:40(두번 째 인구조사)	모세를 보라(민 27:12-23)	다시 세워진 페스타로치의 동상		
토	성서적 가정생활의 회복(마 19:1-12)	결혼과 이혼에 관한 교훈(마 19:1-12)	행복한 사람	당신 나 사랑해	아름다운 부부가 되게 하소서
주일					
9/월	민 30:1-32:42(정복을 위한 준비)	오직 하나님의 은혜로만(민 31:25-54)	구조 받은 표류 자들		
화	민 33:1-36:13(정복을 위한 지침)	이스라엘 백성의 여정들(민 33:1-49)	이렇게 까지 인도하시다니		
수	신 1:1-5:33(순종의 동기)	확실한 미래(신 1:19-33)	아폴로 13호의 귀환		
목	신 6:1-9:21(순종의 척도)	성별된 백성의 구별된 삶(신 7:1-11)	너는 그를 두려워 말라		
금	신 10:1-14:29(순종의 동기와 의식법)	참된 예배(신 12:9-14)	아빠와 함께 있길 원해요		
토	성도의 언어 생활(전 10:5-20)	어리석은 자의 모습(전 10:5- 20)	가는 말이 고와야 오는 말이 곱다	버려야 할 10 가지 말	믿음의 냄새가 나게 하소서
주일					

성경통독종합일람표(10주-13주)

주별	통독 성경 구절	읽으며 묵상하며	살며생각하며	돌아보며 다짐하며	기도문
10/월	신 15:1-19:21(시민법)	도피성(신 19:13)	용서하지 못할 사람도 용서받지 못할 사람도 없습니다		
화	신 20:1-25:19(사회법)	다른 이들을 위한 배려(신 24:19-22)	진짜 비저너리-성 프란시스의 삶		
수	신 26:1-28:68(언약에의 헌신)	성경이 말하는 축복(신 28:1-14)	축복의 어머니		
목	신 29:1-31:29(언약을 맺는 백성)	어려운 것도 아니오 먼 것도 아니니(신 10:1-20)	성경을 읽는 자세		
금	신 31:30-34:12/시90편(모세의 마지막노래)	죽음의 고독 앞에서(신 34:1-8)	사랑은 함께 있고 싶은 것		
토	축복받은 자의 가정 (시 128:1-6)	축복받은 가정 (시 128:1-6)	두 가정의 후손 비교	생존과 사명	가정을 위한 기도
주일					
11/월	수 1:1- 6:27(전쟁의 준비)	믿음의 행진(수 3:9-17)	결코 당신을 버리지 않겠어요		
화	수 7:1-10:43(정복)	아이성 제2차 공격(수 8:1-17)	홍해의 기적		
수	수 11:1-15:63(정복의 완성과 분배)	신앙인의 표본 갈렙(수 14:8)	충성스러운 헌신자에게 주어진 기업		
목	수 16:1-21:45(나머지 기업 분배)	지체하지 말라(수 18:1-7)	1m 철학		
금	수 22:1-24:33(마지막 권면)	여호와만 섬기라(수 24:14-18)	성경을 택한 아들		
토	인가귀도(引家歸道)된 고넬료의 가정(행 10:1-8)	경건한 고넬료의 가정(행10:1-8)	꽁~한 남편 화 풀어주는 아내의 말	부부로 사는 특별한 행복	순종하게 하옵소서
주일					
12/월	삿 1:1- 5:31(사사시대의 개관)	거룩한 집념으로 사랑하시는 하나님(삿 3:8-11)	사랑하기 때문에		
화	삿 6:1-8:35(기드온과 미디안 족속)	하나님이 사용하시는 군사(삿 7:1-8)	당신의 놀라운 성공의 비결은 무엇입니까?		
수	삿 9:1-12:15(사사들과 내전)	입다의 서원(삿 11:29-40)	하나님 이번에는 죄송하게 되었습니다		
목	삿 13:1-16:31(삼손과 블레셋)	삼손의 출생(삿 13:1-25)	성공적인 가정 생활		
금	삿 17:1-21:25(우상숭배와 부도덕)	자기 생각대로 사는 사람들(삿 17장1-13)	금연 꽃 위의 송곳니		
토	신앙유산의 결과(삼상 2:17-26)	올바른 신앙교육 (삼상 2:12-26)	어머니의 유언	팔자가 아니라네	자녀를 위한 기도
주일					
13/월	룻 1:1-4:22(사랑의 간주곡)	현명한 선택(룻 1:16-18)	순간의 선택은 영원한 행복을 좌우한다		
화	삼상 1:1-3:21(사무엘의 부르심)	하나님의 음성을 들으십니까?(삼상 3:1-14)	처음부터 일고 있었다		
수	삼상 4:1-8:22(이스라엘의 패배)	사무엘의 미스바 기도회(삼상 7:5-17)	자유를 얻은 단 한 사람		
목	삼상 9:1-12:25(사울의 선택)	깨끗한 하나님의 사람, 사무엘 (삼상 12 :1-5)	진품인생과 위조 인생		
금	삼상 13:1-15:35(사울의 버림받음)	가장 귀한 제사 순종(삼상 15:16-23)	순종했더니		
토	성도의 생활 원리(골 3:18-4:1)	가정과 직장에서의 관계 설정(골 3:18-4:1)	부부간 친밀감과 균형 유지하기	지혜있는 사람의 인생덕목(人生德目)	질서있는 삶을 살게 하옵소서
주일					

성경통독종합일람표(14주–17주)

주별	통독 성경 구절	읽으며 묵상하며	살며 생각하며	돌아보며 다짐하며	기도문
14/월	삼상 16:6-19:24(사울의 궁에 거하는 다윗	믿음의 전투, 하나님의 승리(삼상 17:42-58)	이빨과 발톱을 뽑힌 사자		
화	삼상 20:1-23:29(도망하는 다윗)	우정 속에 빛나는 믿음(삼상 20:12-23)	에스터에게 가장 소중 한 것		
수	삼상 24:1-26:25(사울에 대한 다윗의 자비)	악을 선으로 갚는 다윗(삼상 24:1-7)	백인을 용서한 카피르 원주민		
목	삼상 27:1-31:13(사울의 죽음)	하나님의 침묵(삼상 28:6-7)	딱따구리의 교만		
금	삼하 1:1- 4:12(헤브론에서 왕이 된 다윗)	요나단의 사랑(삼상 1:17-27)	전장에 망울진 우정의 꽃 봉우리		
토	술의 해악(잠 23:19-31)	술의 해악(잠 23:19-31)	운명의 갈림길	Thinking, Trying, and Trusting in God	변화된 사람을 살게 하옵소서
주일					
15/월	삼하 5:1- 6:25/대상11:1-15:29(다윗 왕국의 통일)	통일왕국의 왕이 된 다윗(5:1-12)	길고 큰 하나님의 손		
화	대상 16:1-54/시 15, 24, 96, 105, 106편 (다윗과 백성들의 감사 제사)	다윗의 찬양시(대상 16:1-14)	기적을 일으킨 찬송		
수	삼하 7:1-8:18/대상 17:1-18:17/시 59, 60, 108편 (다윗의 언약과 승리)	실현되지 못한 소망(7:1-17)	아버지의 유언		
목	대상 11:10-47/삼하 22:1-51/시 18편 (다윗왕국의 관리들)	목숨을 걸고 충성한 사람들(대상 11:10-47)	귀족 여인의 변화		
금	삼하 9:1-12:31/대상 19:1-19/시 51편 (다윗의 정복과 범죄)	유혹의 수렁(삼하11:6-27)	배반자의 최후		
토	자족하는 마음(빌 4:1–23)	자족하는 마음을 갖자(빌 4:1–23)	골동품 경매장에서 생긴 일	할 수 있다 생각하면 할 수 있다	풍성한 삶이 되게 하소서
주일					
16/월	삼하 13:1-16:23(죄의 결과)	사랑의 채찍(삼하 14:1-33)	성장 배경의 아픔		
화	삼하 17:1-19:43/시 3편, 63편(압살롬의 반역과 죽음)	내 생명의 날이 얼마나 있사옵겠기에(삼하 19:31-39)	어머니의 짧은 편지		
수	삼하 20:1-24:25/대상 20:1-21:30(다윗에 대한 평가)	구원의 노래(삼하 22:1-20)	하나님과의 통화료		
목	왕상 1: 1-53/대상 22:1-25:31, 시 2, 4-6편 (아도니아의 왕위 찬탈과 솔로몬의 등극)	왕이 되려는 아도니아(왕상 1:1-14)	맨드라미 꽃		
금	시 7-9, 11-14, 16-17, 19-23편(다윗의 시)	여호와는 나의 목자시니(시 23:1-6)	부족함이 없는 은혜		
토	노동의 가치(살후 3:6-18)	일하기 싫거든 먹지도 말라(살후 3:6-18)	세상에 공짜는 없다	행복한 가정	직장에서 드리는 기도
주일					
17/월	시 25-32편, 35-40편(다윗이 고난속에서 지은 시들)	나는 네 구원이라(시 35:1-10)	나폴레옹과 넬슨		
화	시 53, 58, 61, 62, 64, 65, 68-73, 86편 (하나님만이 나의 피난처)	암울 할 때의 소망(시 62:1-12)	손수건의 잉크 방울		
수	시 103, 109, 110, 122, 124, 131, 133, 138-141, 143-145편 (하나님의 인자를 노래함)	하나님의 집(시 122:1-9)	감사할 이유있네		
목	시 42-44, 49, 50, 75-77, 84, 85, 87, 88편 (고라 자손의 노래-위기에 처한 다윗의 시에 곡을 붙임)	밤(시 42:1-11)	음악의 신비		
금	시 78, 80-83, 89편(영원한 다윗의 언약)	어린이의 호기심(시 78:1-8)	꿀을 바른 성경책		
토	현숙한 여인상(잠 31:20-31)	현숙한 아내(잠 31:20-31)	부부의 의미(잠 31:22-24)	참 맑고 좋은 생각	사랑하는 남편을 위한 기도
주일					

성경통독종합일람표(18주-22주)

주별	통독 성경 구절	읽으며 묵상하며	살며 생각하며	돌아보며 다짐하며	기 도 문
18/월	시 1, 10, 33, 35-40, 66, 67, 91-95, 97-99편 (신뢰와 감사의 시)	행복열쇠(시 1:1-6)	복있는 사람		
화	시 100, 102, 104, 107, 111-117(하나님을 찬양함)	하나님이 창조하신 우주(시 104:31-35)	마지막 찬양		
수	시 118-119편7(바벨론 포로때의 시)	영혼을 위한 것(시 119:6-16)	성경 번역자의 순교		
목	시 120-123, 125-126, 128-130, 132, 134, 146-150편	인생의 지휘자(시 128:1-6)	하나님의 복		
금	대상 26:1-29:30 / 삼하 23:1-7, 왕상 2:1-12(다윗의 죽음과 솔로몬의 즉위)	봉헌과 기쁨(대상 29:1-9)	20년 만에 확인된 결실		
토	그리스도인의 자존감(고전 6:12-20)	그리스도인의 자존감(고전 6:12-20)	생각을 바꾸면	자존감 효과	자신감을 갖게 하소서
주일					
19/월	왕상 2:13-4:34 / 대하1:1-13, 시45, 72편(솔로몬 왕의 등극)	솔로몬의 예배와 간구(왕상 3:1-15)	기도로 낳은 딸		
화	왕상 5:1-6:38 / 대하 2:1-5:1(성전 건축)	침묵 속에 이루어지는 역사(왕상 6:1-14)	별장에 그려진 벽화		
수	왕상 7:13-8:66(성전 완성과 봉헌)	성전에 가득한 하나님의 영광(왕상 8:1-21)	나 한 사람 쯤은		
목	왕상 7: 1-12 / 대하 5:2-8:18(솔로몬의 건축 사업)	축복이냐 저주냐(대하 7:12-22)	우뇌와 좌뇌의 조화		
금	왕상 9:1-11:43 / 대하 1:14-17, 9:1-31(솔로몬왕국의 영광)	어디로부터 오는가?(대하 9:13-28)	은혜로 주머니를 열었다		
토	예수님의 효도(요 19:17-30)	십자가에서 남기신 말씀(요 19:17-30)	부모님께 효도하는 방법 10가지	'친(親)'과'효(孝)'	어버이를 위한 기도
주일					
20/월	아 1:1-8:14(사랑의 노래)	우리를 향한 사랑의 노래(아 1:1-17)	끝없는 사랑		
화	시편 127:1-5/잠 1:1-4:27(지혜에 대한 일반적인 서론)	어느 길로 가고 있습니까?(잠 4:10-27)	마음에 대한 통제력		
수	잠 5:1- 9:18(인생의 함정)	비판을 환영하라(잠 9:1-10)	하늘바람이 깃드는 영혼		
목	잠 10:1-15:33(지혜자와 어리석은 자의 길)	하나님이 기뻐하시는 삶의 비결(잠 11:12-231)	찢어진 예복		
금	잠 16: 1-20:31(생활속에서의 지혜로운 결정)	사람의 계획, 하나님의 인도(잠 16:1-19)	하녀의 실수		
토	이상적인 가정(엡 6:1-3)	주 안에서 부모에게 순종하고 공경하자(엡 6:1-3)	효도하면 복받습니다	어버이날 편지 부모님! 전상서	부모님을 위한 기도
주일					
21/월	잠 21:1-24:34(왕을 위한 지혜로운 말)	앞만 바라보기(잠 24:13-20)	지혜와 생명의 말씀을 가르쳐야		
화	잠 25:1-29:27(솔로몬의 잠언)	불이 꺼질 때(잠 26:17-28)	심술쟁이 고양이		
수	잠 30:1-31:31(여자에게서 나온 지혜의 말씀)	현숙한 여인(잠 31:20-31)	슈만의 아내		
목	전 1:1- 6:12(인생이 탐구한 의미) 왕상 12: 1-24 대하10:1-11:14(북쪽지파들의 배반)	영원을 사모하는 마음(잠 3:1-15)	변하지 않는 예수님		
금	7:1-12:14(인생의 의미)	곤고한 날에는 생각하라(잠 7:1-14)	노인들의 인생 철학		
토	행복한 부부를 이루는 지혜(잠 5:1-23)	부부에 관한 지혜(잠 5:1-23)	행복한 부부생활을 위한 묘약	꽉 찬 인생	행복한 가정을 위한 기도
주일					
22/월	왕상 14:21-15:24 / 대하 11:5-16:14(남 유다의 초기 통치)	말씀을 버린 자를 심판하심(대하 12:1-8)	죄의 습관		
화	왕상 15:25-19:21(북이스라엘의 초기 통치와 엘리야)	말라버린 시냇가에서(왕상 17:1-16)	하나마나한 말 같지만		
수	왕상 20:1-22:40(아합의 통치)	아내의 야망(왕상 21:1-16)	욕심의 끝은 멸망		
목	왕상 22:41-53, 왕하 1:1-18 / 대하 17:1-20:37(여호사밧의 유다통치)	여호사밧의 유다통치(대하 17:6)	성경말씀으로 변화된 젊은 이		
금	왕하 2:1-8:15(선지자 엘리야)	엘리야의 승천과 엘리사(왕하 2:1-11)	하나님이 계산하는 시간		
토	바른 선택의 결과(수 25:1-18)	인생의 가장 중요한 선택(수 25:1-18)	진리를 선택하기로 결단하라	좋은 말이 사람을 키웁니다	믿음으로 선택하게 하소서
주일					

성경통독종합일람표(23주-26주)

주별	통독 성경 구절	읽으며 묵상하며	살며 생각하며	돌아보며 다짐하며	기 도 문
23/월	왕하 8:16-29/대하 21:1-20, 욜 1:1-3:21 (이스라엘과 유다의 동맹기간)	마음을 찢고 돌아오라 (욜 2장1-17)	그리스도 안에 있기만 하면		
화	왕하 9:1-11:21/대하22:1-23:21 (예후의 숙청과 엘리야의 예언 성취)	자기 행위대로의 보답(왕하 9:30-37)	프로메테우스의 비참한 최후		
수	왕하 12:1-13:21/대하 24:1-27(요시야와 예후 왕가)	퇴락한 성전(왕하 12:5)	어떻게 살아가야 할는지?		
목	왕하 14:1-17:41(이스라엘의 멸망)	우리가 숭배하는 거짓 신들(왕하 16:3,4)	전통을 깨뜨린 사건		
금	대하 25:1-28:27(이스라엘 말기의 유다왕국)	아마샤의 일백 달란트(대하 25:5-10)	시장의 믿음		
토	좋으신 우리 하나님(사 40:1-31)	오직 여호와를 앙망하는 자(사 40:1-31)	불가능의 가능	시한부 인생	낙심치 말게 하소서
주일					
24/월	욘 1:1-4:11(인류에 대한 하나님의 사랑)	스올의 뱃속에서 깨닫는 요나(욘 1:17-2:10)	회개함으로 바뀌어진 삶		
화	암 1:1-9:15(정의의 메시지)	말씀을 듣지 못한 기갈(암 8:1-14)	술집에 기록된 성경말씀		
수	호 1:1-14:9(하나님의 사랑과 이스라엘)	저가 백합화 같이 피겠고(호 14:1-9)	우선순위		
목	미 1:1-7:20(하나님과 같은 자 누구냐?)	하나님나라를 대망하라(미 4:1-13)	무디 자신에 대한 예언		
금	사 1:1-6:13(하나님의 보좌 앞에 선 이사야)	하나님의 부르심에(사 6:1-8)	예수님을 위하여		
토	네 자녀에게 말씀을 가르치라(신 6:1-13)	말씀이 숨쉬는 가정(신 6:1-13)	요한 웨슬리 어머니 수잔나의 자녀 교육법	최고의 생일 선물	자녀를 위한 기도
주일					
25/월	사 7:1-12: 6(유다의 평강의 왕)	여호와를 기다리며 바라보리라(사 8:11-22)	말씀이 인도하는 삶		
화	사 13:1-23:18(열방에 대한 심판 경고)	하나님만 의지하는 인생(사 20:1-6)	미꾸라지의 피난처		
수	사 24:1-27:13(심판이 기쁨으로 변함)	의에 주리고 목마른 인생(사 25:1-12)	길선주 목사		
목	사 28:1-35:10(이스라엘에 대한 재앙과 오실 왕을 바라봄)	여호와께로 돌아오라(사 31:1-9)	가장 확실한 부적		
금	사 36:1-39:8(히스기야 때의 예언들)	남은 자를 위한 기도(사 37:1-14)	기적은 가까운 곳에서 일어납니다		
토	환경을 초월하는 어머니의 사랑(마 15:21-28)	딸의 치유를 위한 가나안 여인의 믿음(마 15:21-28)	어머니의 사랑	좋은 어머니상	효도하는 자녀가 되게 하옵소서
주일					
26/월	왕하 18:1-20:21/시 41, 46-48편, 91편(개혁자 히스기야)	영적전쟁과 기도(왕하 19:8-19)	로랜드 헤이스의 기도		
화	대하29:1-32:33(히스기야의 종교 개혁)	히스기야의 기도와 응답(대하 32:20-33)	까마귀가 가져다 준 보석		
수	사 40:1-43:28(하나님의 백성에 대한 위로)	하나님의 구원 능력(사 41:1-16)	도박장 없는 호텔		
목	사 44:1-48:22(무력한 우상들과 전능하신 하나님)	나 외에 다른 신이 없느니라 (사 44:10-11)	어리석은 우상 숭배		
금	사 49:1-57:21(하나님의 백성을 위해 고난받는 사람)	복된 좋은 소식(사 52:1-15)	코카콜라와 복음		
토	믿음의 유산을 자녀들에게(딤후 1:1-10)	디모데를 향한 바울의 사랑(딤후 1:1-10)	유대인식 사고의 자녀 교육법	그릇은 비울 때 새 것을 채울 수 있습니다	주님을 사랑하는 가정이 되게 하소서
주일					

성경통독종합일람표(27주-30주)

주별	통독 성경 구절	읽으며 묵상하며	살며 생각하며	돌아보며 다짐하며	기도문
27/월	사 55:1-59:21(구원과 회개의 촉구)	하나님의 감격적인 초청(사 55:1-13)	빌데가 있으니 감사		
화	사 60:1-66:24(유대의 영광의 미래)	기도의 인내(시편 62:1-12)	끊임없는 기도가 이룬 기적		
수	왕하 21:1-26 / 대하 33:1-25 / 오바댜 1:1-21(므낫세, 아몬의 악정)	우상숭배와 회개(대하 33:1-13)	아버지 품으로		
목	왕하 22:1-23:37 / 습 1:1-3:20(여호와의 진노의 날)	진멸에 관하여(습 1:1-12)	다 쓸어버리리라		
금	대하 34:1-35 / 나 1:1- 3:19(니느웨의 심판)	선과 악(나 1:1-15)	순종의 열매		
토	환경을 초월한 세기적인 우정(삼상 20:1-23)	다윗과 요나단의 감동적인 우정(삼상 20:1-23)	아름다운 사랑	우정이라는 나무	진실한 친구가 되게 하옵소서
주일					
28/월	합 1:1-3:19 / 렘 1:1-19, 11:1-12:17 (유다의 죄에 대한 심판,구원에 대한 예고)	구원의 기쁜 노래 (합 3:4-19)	한 변호사의 간증		
화	렘 2:1-5:31(유다의 죄와 하나님의 책망)	사람을 찾으시는 하나님(렘 5:1-14)	백조와 두루미		
수	왕하 23:31-24:20 / 대하 36:1-10 단 1:1-21 / 렘 6:1-30(바벨론에게 침략을 받는 유다)	하나님의 방법(단 1:1-8)	양나라의 열녀 고행		
목	렘 7:1-10:25(유다의 우상숭배와 위선적 종교생활)	예루살렘의 패망과 예레미야의 슬픔(렘 8:13-22)	사람이 죽고 있는데, 잘 수 있습니까?		
금	렘 18:1-20:18 / 렘 25:1-26:24(박해 받는 예레미야)	선지자의 탄원과 권면 (렘 18:1-12)	주인의 장미		
토	인생을 진지하게 살라(마 25:14-30)	달란트 비유(마 25:14-30)	작은 일에 충성한 소년	해롤드 럿셀의 잃은 것과 가진 것	작은 일에 충성케 하소서
주일					
29/월	렘 35:1-36:32 / 45:1-5(유다의 멸망이 선고됨)	반복해서 들어야 할 하나님의 말씀(렘 36:1-19)	용납하시는 사랑		
화	렘 13:1-17:27(파기된 언약)	비유를 통한 메시지(렘 13:1-14)	말씀으로 이끄는 내 영혼의 내비게이션		
수	렘 22:1-23:40 / 단 2: 1-49	은밀한 것을 나타내실 자(단 2:24-35)	Work in God		
목	겔 1:1-7:27(에스겔의 유다 멸망 선포)	하나님의 일꾼(렘 1:1-14)	한국 선교의 소명		
금	겔 8:1-14:23(예루살렘의 죄악과 심판)	짠맛을 잃은 소금(겔 10:18-22)	군수 취임 거부 운동		
토	고난의 유익(왕하 20:1-11)	하나님이 주시는 고난 (왕하 20:1-11)	응답받은 테일러의 기도	가장 무서운 병균은 절망	고통이 가시처럼 찔려올 때
주일					
30/월	겔 15: 1-19:14(유다의 심판에 관한 비유들)	마음과 영을 새롭게 하라(겔 18:1-32)	강도의 회개		
화	겔 20:1-22:31(유다의 죄)	내 이름을 위하여(겔 20:1-44)	미련한 타조에게 주신 은혜		
수	겔 23:1-49 / 렘 48:1-49:39(예루살렘과 주변국가들의 멸망)	영적 음행(겔 23:3)	사탄 음악		
목	겔 21:1-14, 24:1-10, 27:1-29:32(유다의 마지막 기사들)	홍망은 하나님께(겔 28:1-26)	아프레 쓸라		
금	왕하 25: 1-21 / 대하 36:17-21(유다 최후의 날) 렘 39:1-18, 52:1-30 / 겔 24:1-25:17(예루살렘의 멸망)	예루살렘의 함락(렘 39:1-18)	엄숙한 하나님의 심판		
토	참된 아내 상(잠 12:4)	나는 어떤 아내인가? (잠 12:4)	하나인 듯 둘이고 둘인 듯 하나인 삶	이런 센스있는 아내가 되라	부부싸움을 하고 난 후의 기도
주일					

성경통독종합일람표(31주-35주)

주별	통독 성경 구절	읽으며 묵상하며	살며 생각하며	돌아보며 다짐하며	기도문
31/월	렘 30:1-24, 37:1-38:28(유다의 회복과 새 언약)	슬픔이 변하여 기쁨이 됨(렘 31:1-40)	평생 기차표		
화	렘 32:1-34:22(회복과 심판 예고)	사실의 전부(렘 32:6-15)	하나님은 누구의 편이신가?		
수	겔 26:1-31:18(주변 국가들에 대한 심판예고)	교만한 백향목(겔 31:1-18)	내가 아닙니다		
목	대상 2:1-5:26, 9:1 / 시 74:1-23(유다의 족보와 멸망)	이스라엘과 유다의 자손들 (대상 2:1-55)	노래하는 새		
금	대상 6:1-9:44(레위와 이스라엘, 포로에서 돌아온 사람들의 족보)	주어진 임무(대상 6:32)	폼페이의 한 군인의 책임감		
토	성경적 결혼관(고전 7:1 17)	부부를 위한 교훈(고전 7:1-17)	부부의 행복을 위해 스킨십을 하자	행복한 부부가 되려거든 칭찬의 말을 자주하라	사랑하는 아내를 위한 기도
주일					
32/월	왕하 25:22-26 / 렘 40:1-44:30(예루살렘 멸망후의 참화)	백성들의 중보기도 요청(렘 42:1-6)	하나님이 웃으시지 않겠는가?		
화	렘 50:1-51:64 / 시 79:1-13(바벨론과 예루살렘의 멸망)	눈을 들어 하늘을 보라(렘 51:50-64)	영혼을 살리는 말		
수	애 1:1- 5:22(황무지에서 흘리는 눈물)	하나님의 긍휼하심과 소망(애 3:19-39)	사랑의 원자탄		
목	겔 32:1-34:31(파숫군 에스겔)	선한목자(겔 34:1-31)	토마스 목사		
금	35:1-39:29(새 언약과 영적 부흥)	마른 뼈들아 일어나라 (겔 37:1-28)	그리스도인의 D-day		
토	믿는 자에게 주시는 복(전 3:12-22)	이 땅에 사는 인생에게 주신 복 (전 3:12-22)	마음의 행복은 생활을 행복하게 합니다	영원히 들어도 좋은 말	하나님을 기쁘시게 하는 기도
주일					
33/월	겔 40:1-43:27(이스라엘의 새 성전)	새 성전의 회복(겔 40:1-49)	하늘에서 내려다본 교회		
화	겔 44:1-48:35(다시 드려질 예배)	생명수가 흐르는 땅 (겔 47:1-23)	언더우드의 한국 선교		
수	단 3:1-4:37 / 왕하 25:1-30 / 렘 52:31-34(느붓갓네살 왕 때의 사건)	그리 아니 하실지라도(단 3:13-18)	믿으려면 그렇게 믿어야디요		
목	단 7:1-8:27 / 단 5:1-31, 11:1-12:13(이스라엘의 미래와 천국)	말세에 요구되는 신앙(단 12:1-13)	페트병으로 만든 덫		
금	단 6:1-28, 9:1-10:21 / 시 137편(다니엘이 본 환상)	죽음과 바꾼 감사(단 6:1-10)	기도하는 시간		
토	신앙적인 자녀 양육 원리(레 19:20-32)	자녀를 신앙으로 기르라(레 19:20-32)	엄마의 교육태도 7가지	잉꼬 부부가 되는 7가지 비결	자녀를 위한 기도
주일					
34/월	스 1:1-6:22/ 대하 36:22-23(성전 재건)	역사의 주관자이신 하나님(스 1:1-14)	사장님 며느리 된 가정부		
화	학 1:1- 2:23(성전을 건축하라)	시온의 종말론적 비전(학 2:1-9)	비오는 날의 세차		
수	슥 1:1-14:21(성전건축과 메시아 대망)	전쟁의 배후에 계신 분(슥 2:1-13)	눈벽을 쌓으신 하나님		
목	에 1:1- 4:17(왕비 에스더와 하만의 계략)	사랑받고 있습니까?(에 2:12-23)	하나님이 찾으시는 사람		
금	에 5: 1-10:3 (하만의 멸망 민족의 구원)	부림절 (에 9:20-10:3)	이런 일에도 감사		
토	하나님의 사랑의 확증(롬 5:1-11)	즐거운 신앙생활(롬 5:1-11)	우리를 향하신 하나님의 사랑	하나님의 사랑	성숙한 믿음을 주옵소서
주일					
35/월	스 7:1-10:44(에스라의 종교개혁)	하나님은 사람을 준비하십니다(스 7:1-10)	준비되어 진 사람		
화	느 1:1- 6:19(성벽을 완성함)	느헤미야의 기도(느 1:1-11)	열심으로 구하는 기도의 힘		
수	느 7:1-10:39(성 안에서의 회복 운동)	여호와를 기뻐하는 것이 너희의 힘이라 (느 8:7-18)	중국인의 2세 교육		
목	느 11:1-13:31(이스라엘의 정착)	낙성식 준비(느 12:23-30)	평생을 두고 잊지 않겠다고?		
금	말 1:1-4:6(굳은 마음을 책망함)	나의 규례를 지키라(말 3:7-12)	사업을 망하게 해주세요		
토	지혜로운 자의 삶(잠언 18:1-14)	지혜로운 자(잠 18:1-24)	주님이 우리를 택하신 목적	가장 필수적인 신앙 덕목	하늘의 지혜를 구하는 기도
주일					

성경통독종합일람표(36주-39주)

주 별	통독 성경 구절	읽으며 묵상하며	살며 생각하며	돌아보며 다짐하며	기도문
36/월	눅 1:1-80/요 1:1-18(복음의 시작)	예수님이 특별하신 이유(요 1:1-14)	리빙스턴과 클라스메 이트		
화	마 1:18-2:23/눅 2:1-52(예수 그리스도의 유년기)	임마누엘 되신 예수님(1:18-21)	사람이 되신 하나님		
수	마 3:1-17, 4:1-11/막 1:1-13/눅 3:1-22, 4:1-13/요 1:19-34 (세례 요한의 증거와 사단의 시험을 이기심)	에덴의 실패를 광야의 승리로(마 4 :1-11)	사탄을 이기는무기		
목	마 1:1-17, 눅 3:23-38, 요 1:35-3:36 (예수님의 족보와 초기 사역)	독생자를 주신 하나님의 사랑(요 3:16-21)	사랑으로 얻은 자유		
금	마 4:12-17/막 1:14, 15/눅 4:14-30/요 4: 1-54 (사마리아와 갈리리 사역)	깨어진 항아리, 회복된 인생(요 4:15-26)	마포 삼열의 가정 예배		
토	전쟁 승리의 비결(민 14:1-10)	그들은 우리의 먹이라(민 14:1-10)	꿈을 실현시키시는 여호와	이기는 사람과 지는 사람	믿음의 선진들 기도를 본받게 하소서
주일					
37/월	마 4:18-25, 8: 2-17/막 1:16-2:12/ 눅 4:14-44, 5:1-26 (갈릴리 초기 사역)	천국 복음의 시작(마 4:12-25)	소실을 전도한 집사		
화	마 9:9-17, 막 2:13-22, 눅 5:27-39(마태를 부르심)	전도자의 연민(마 9:35-38)	재봉틀 발명의 동기		
수	마 12:1-21, 막 2:23-3:19, 눅 6:1-49(안식일 논쟁)	누구를 위한 안식일인가?(마 12: 1-21)	나가노 목사님		
목	마 5:1- 8:1(산상 수훈)	행복은 영적 상태에 달려있습니다(마 5:1-12)	1500 달러의 쥬스 한 잔		
금	마 11:2-30/눅 7:1-50(제2차 갈릴리 사역)	향유를 부은 여인의 죄를 사해 주신 예수님 (눅 7:36-50)	생명을 구한 사랑		
토	그럼에도 불구하고 감사(합 3:4-19)	구원의 기쁜 노래 (합 3:4-19)	휘발유가 없었기에	남 때문인 줄 알았습니다	그럼에도 감사하게 하옵소서
주일					
38/월	마 12:22-13:53 (바알세불 논쟁과 천국비유)	율법의 정신과 안식일의 주인(마 12:1-8)	그것은 자비로운 마음입니다		
화	막 3:19(하)-4:34/눅 8:1-21(씨뿌리는 비유)	제자들을 세우신 예수님(막 3:13-19)	평생가는 교훈		
수	마 8:18-34, 9:18-34, 13:53-58/막 4:35-6:6 눅 9:57-62, 8:22-9:6 (주님이 행하신 이적과 표적들)	우리의 연약함을 담당하신 주님(마 8:14-22)	청소년 언어		
목	마 9:35-11: 1/막6:7-13 (12제자의 파송)	복음 그 중대한 선택(마 10:24-11:1)	빌 브라이트,예수님과 계약하다		
금	마 14:1-36 / 막 6:14-56 / 눅 9:7-17 요 6:1-21 (세례요한의 죽음과 오병이어)	오병이어의 이적(마 14:13-21)	하나님의 확률		
토	인생의 주관자 되신 하나님 (삼상 2:1-11)	인생의 주관자 되신 하나님 (삼상 2:1-11)	인생의 운행자 되신 하나님	하나님의 은혜 때문입니다	풍성한 은혜에 감사
주일					
39/월	마 15:1-28 / 막7:1-30 / 요 6:22-7:1 (유대인들과의 충돌)	귀신들린 딸을 치유하신 예수님(마 15장21-28)	가장 중요한 진리		
화	마 15:29-18:35 / 눅 9:18-56 (후기 갈릴리 사역들)	참된 신앙고백(마 16:13-28)	건축가의 고백		
수	마 18:1-18:35 / 막 9:35-50(겸손과 용서의 교훈)	천국 시민의 생활 원리(마 18:1-9)	누구를 자랑할 것인가?		
목	요 7:2-52 (예루살렘에서 초막절기에 일어난 사건)	내게로 와서 마시라(요 7:37-52)	장미가 오래 사는 이유		
금	요 7:53-10:21(나는 세상의 빛이요,선한 목자라)	선한 목자(요 10:7-12)	양을 떠날 권리가 없다		
토	하나님의 마음을 움직인 기도(삿 10:10-18)	하나님의 마음을 움직인 회개(삿 10:10-18)	5년만의 속죄 편지	사형수의 마지막 부탁	새 사람이 되게 하소서
주일					

성경통독종합일람표(40주-43주)

주별	통독 성경 구절	읽으며 묵상하며	살며 생각하며	돌아보며 다짐하며	기도문
40/월	눅 10:1-11:54(유다에서의 사역①)	영혼의 추수자(눅 10:1-2)	보험에 드셨습니까?		
화	눅 12:1-13:35(주님의 교훈①)	회개치 아니하면(눅 13:1-9)	개척교회의 쌀 도둑		
수	눅 14:1-15:32(유다에서의 사역②)	탕자의 비유(눅 15:11-32)	나는 너를 믿는단다		
목	눅 16:1-17:10/요 11:1-57(주님의 교훈②)	불의한 청지기의 비유(눅 16:1-13)	오늘 소중한 시간을 위하여		
금	눅 17:11-19:27(주님의 교훈③)	삭개오를 구원하신 예수님(눅 19:1-10)	변화된 죠지 뮐러의 삶		
토	올바른 물질관(왕하 5:15-27)	엘리사와 게하시(왕하 5:15-27)	웨슬리의 재물에 관한 네 가지 교훈	내일이 있잖아요	하나님의 영광을 위하여 살게 하소서
주일					
41/월	마 19:1-20:34(종교지도자들의 시험과 주님의 가르침	포도원 품꾼의 비유(마 20:1-16)	대통령 보좌관이 된 비결		
화	막 10:1-52(섬기는 사람이 위대하다)	결혼과 이혼에 관한 교훈(막 10:1-12)	잠꼬대 같은 인생		
수	마 21:1-22:46/눅 19:28-20:44/요 12:12-19 (예루살렘에서)	권위에 대한 논쟁과 두 아들의 비유(마 21:23-32)	하나님의 처방전		
목	마 26:6-13/막 14:3-9/요 12:1-11(베다니에서)	진정한 헌신(요 12:1-12)	자신을 노예로 판 소녀		
금	막 11:1-12:37(예루살렘서의 충돌)	예수님의 권세에 관한 논쟁(막 11:20-33)	나는 예수님을 위해 닦고 있다.		
토	갑절의 축복을 주신 하나님(욥 42:7-17)	욥이 받은 갑절의 축복(욥 42:7-17)	살아있다는 게 축복입니다	관계가 일보다 중요하다	아름답고 풍요로운 삶을 살게 하소서
주일					
42/월	마 23:1-30/막 12:38-44/눅 20:45-21:4 요 12:20-50(외식을 책망함)	가난한 과부의 두 렙돈(막 12:41-44)	최선을 다 할 때		
화	마 24:1-51/막 13:1-37/눅 21:5-38(종말론 강화)	종말에 대하여 가르치신 예수님(마24:1-14)	거위 전도		
수	마25:1-26:5, 26:1, 4-35, 막 14:1-2, 10-31 (천국 비유, 마지막 만찬)	지혜로운 삶을 사는 길(25:1-13)	깨어 있으라		
목	눅 22:1-38/요13:1-38(최후의 만찬)	최후의 만찬을 하신 예수님(눅 22:14-23)	성만찬에서의 화해		
금	요 14:1-17:26(다락방 강화와 대제사장 기도)	나는 포도나무요 너희는 가지니(요 15:1-17)	열매 맺는 그리스도인		
토	축복의 말을 하라(창 9:18-29)	노아의 실수가 불러온 축복과 저주 (창 9:18-29)	축복의 신앙	살면서 가장 아름다운 사람은	말을 위한 기도
주일					
43/월	요 18:1-19:42(체포, 처형,장사①)	재판 받으시는 예수님(요 18:28-40)	하나님이 웃으시지 않겠는가?		
화	마 26:36-27:66(체포, 처형, 장사②)	찢어진 휘장 사이의 새 길(마 27:45-61)	최악의 범죄자, 최고의 조문객		
수	막 14:32-15:47/눅 22:39-23:56(체포,처형,장사③)	이것까지 참으라(눅 22:49-51)	가장 위대한 학자		
목	마 28:1-28/막 16:1-20(부활하신 그리스도의 최후 명령①)	아버지 거기 계세요(마 28:20)	아빠의 목발		
금	눅 24:1-53/요 20:1-21:25(주님의 최후 명령)	제자들에게 나타나신 부활의 예수 (눅 24:36-49)	나에게 총을 겨눌지라도		
토	아름다운 형제 연합(시 133:1-3)	아름다운 형제 연합을 이루라(시 133:1-3)	여왕을 손수레에 태운 남편	가진 것은 언제든 잃을 수 있지만	가족 연합을 위한 기도
주일					

성경통독종합일람표(44주-48주)

주별	통독 성경 구절	읽으며 묵상하며	살며 생각하며	돌아보며 다짐하며	기도문
44/월	행 1:1-3:26(초대교회의 배경)	내 증인이 되리라(행 1:1-11)	엄청난 기도 응답		
화	행 4:1-5:42(사도들에 대한 박해)	초대교회의 기도와 나눔 (행 4 : 23-37)	목사님이 필요 없습니다		
수	행 6:1-8:1(일곱 집사와 스데반)	날마다 아름다워짐 (행 6:1-15)	마음의 평안		
목	행 8: 2-9:31/갈 1:17-24(사마리아 전도)	어디든지 가오리다(행 8:26-40)	성령이 살린다		
금	행 9:32-12:25(이방인을 위한 선교 준비)	상달된 기도와 구제(행 10:1-8)	홀트 부부의 작은 시작		
토	탐심을 갖지 말자(왕상 21:1-16)	아합이 범죄하게 된 이유 (왕상 21:1-16)	남편의 사랑	행복한 가정을 만드는 공식	자족하며 감사하며 살게 하소서
주일					
45/월	행 13:1-14:28(제1차 전도 여행)	비전을 이루는 우리의 순종(행 13:1-12)	사람을 이끄는 꿈		
화	행 15:1-15:35 / 갈 2:1-2:21(제1차 예루살렘 회의)	하나님의 백성이 되는 조건(행 15:12-29)	아름다운 일치		
수	행 15:36-18:27 / 살전1:1-12(제2차 전도 여행)	권리를 포기하며 전하는 복음(행 16:25-40)	종소리		
목	살전 2:1-5:28 / 살후1:1-3:18(데살로니가에 보낸 편지)	범사에 감사하라(살전 5:12-18)	눈물 젖은 감사		
금	행18:23-19:22 / 고전1:1-3:23(바울의 3차 여행)	성령세례를 받았느냐?(행 19:1-10)	주변 사람 전도는 내 사명		
토	어리석은 남편, 지혜로운 아내(삼상 25:1-23)	어리석은 자, 지혜로운 자(삼상 25:1-23)	감사할 것을 발굴하십시오	드림이 드림(꿈)을 이룹니다	지혜롭게 하소서
주일					
46/월	고전 4:1-8:13(고린도교회의 문제에 대한 답변①)	부르심을 받은 대로 살라 (고전 7:17- 24)	하나님의 선물에 대한 감사		
화	고전 9:1-11:34(고린도교회의 문제에 대한 답변②)	우리의 거울(고전 10:1-13)	교만극복하기		
수	고전 12:1-14:40(영적 은사에 대하여)	사랑의 송가(고전 13:1-8)	사랑은 흐르는 것		
목	고전 15:1-16:24(부활과 헌금, 마지막인사)	사망아 너의 이기는 것이 어디 있느냐(고전 15:54-57)	무덤없는 예수		
금	행 19:23-20:1 / 고후 1:1-4: 6 (에베소에서의 소동 사건)	환난 중에 위로하시는 하나님 (고후 1:1-7)	고난을 통과한 위로		
토	전도자의 권리와 성도의 의무(고전9:1-14)	전도자의 권리와 성도의 의무(고전 9:1-14)	목사를 도운 성도들	영적인 사람들의 일곱 가지 습관	주님이 원하시는 삶을 살게 하소서
주일					
47/월	고후 4:7-9:15 (화해를 위한 바울의 권면과 해결된 일에 대한 바울의 기쁨)	새로운 피조물(고후 5:16-21)	그리스도를 안다는 것		
화	고후 10:1-13:13(바울이 자신의 사도직을 변명함)	약할 때 강함되시는 하나님(고후 12:1-10)	약한 중에 오히려 강해진 자		
수	약 1:1- 5:20(산 믿음과 죽은 믿음)	기도에 대한 권면(약 5:13-20)	기도의 능력도		
목	롬 1:1-4:25 / 행 20:1-3 (믿음으로 말미암는 의)	부름받아 나선 이몸(롬 1:1-7)	슈바이처와 잡지		
금	롬 5:1- 8:39(거룩한 삶)	즐거운 신앙생활(롬 5:1-11)	고난을 찬양한 게르하르트 목사		
토	주님이 원하시는 교회(행 2:42-47))	초대교회의 기쁨의 비밀(행 2:42-47)	교회는 병원이다	바보처럼 산 사람들	나눔의 기쁨을 누리게 하옵소서
주일					
48/월	롬 9:1-11:36(이스라엘과 이방인의 구원 역사)	이스라엘을 향한 바울의 사랑(롬 9:1-5)	참 애국자 이상재		
화	롬 12:1-16:27(성도의 삶, 사랑의 삶)	하나님께 몸을 드리고 있는가(롬 12:1-21)	세상 속의 그리스도인		
수	갈 1:1-17, 3:1- 6:18(오직 예수로만 구원얻음)	자유롭습니까?(갈 4:21-31)	해방의 복음		
목	행20:3(하)-22:29(바울의 3차 전도 여행 마감과 체포)	주를 섬기는 길(행 20:13-27)	오프라의 사명론		
금	행 22:30-25:27(바울이 법정에서 자기를 변호하며 복음을 증거함)	주의 인도하심과 사람의 계획(행 23:12-22)	인도하시는 하나님		
토	진정한 기쁨(삼상 1:19-28)	하나님께 받는 기쁨 드리는 즐거움(삼상 1:19-28)	사랑으로 채워진 마음에는	긍정적인 삶	변함없이 감사할 수 있게 하소서
주일					

성경통독종합일람표(49주–52주)

주별	통독 성경 구절	읽으며 묵상하며	살며 생각하며	돌아보며 다짐하며	기도문
49/ 월	행 26:1-28:31(로마에서의 바울)	왕을 전도하는 바울(행 26:24-32)	구조대의 변화		
화	몬 1:1-25(용서와 화해)	그리스도의 사랑 (몬 1:8-16)	선교하는 방법		
수	엡 1:1- 6:24(그리스도와 우주적인교회)	오직 성령으로 충만한 삶(엡 5:15-21)	얘들아 저리 가라 나 바쁘다		
목	빌 1:1-4:23(바울이 빌립보 교회에서 보낸 헌물에 감사함)	푯대를 향하여 좇아가는 삶(빌 3:10-21)	영광의 횡령범		
금	골 1:1-4:18(신성이 충만하신 그리스도)	선택은 우리의 것(골 3:1-17)	땅만 보고 산 인생		
토	하나님을 기쁘시게 하는 삶(전 9:1-10)	모든 사람이 일반이라 (전 9:1-10)	가장 아름다운 인생	분수	온전한 감사의 삶을 살게 하옵소서
주일					
50/ 월	히 1:1-6:20(그리스도의 우월성과 성숙에의 권유)	말씀과 예수님으로 말미암는 안식(히 4:12-16)	강도를 변화시킨 능력의 말씀		
화	히 7:1-10:39(구약의 제사 제도와 그리스도)	새 언약의 혁명(히 9:1-14)	헌신의 정신		
수	히 11:1-13:25(믿음, 소망, 사랑)	믿음으로 할 수 있는 것들 (히 11:1-7)	불탄 교회를 다시 세우다		
목	벧전 1:1-5:14(소망으로 시련을 이김)	부부 생활(벧전 3:1-7)	청소부의 아내 격려		
금	벧후 1:1-3:18(소망으로 시련을 이김)	크라카토아 (벧후 3:1-13)	경건한 죄수		
토	재림을 준비하는 올바른 신앙 생활(눅 19:11-27)	재림을 준비하는 올바른 삶(눅 19:11-27)	작은 일에 충성한 소년	누군가 지켜보고 있다	주님의 도구로 사용하여 주소서
주일					
51/ 월	딤전 1:1-6:21(에베소 교회의 젊은 목회자에게 보내는 편지①)	하나님의 사람아(딛 6:1-21)	디오게네스에게 필요한 것		
화	딛 1:1-3:15(그레데의 목회자에게 보내는 편지)	선한 일에 힘쓰라(딛 3:1-15)	임선재 장로와 40만원		
수	딤후1:1-4:22(에베소교회의 젊은 목회자에게 보내는 편지②)	배우고 확신한 일에 거하라(딤후 3:14-18)	새 사람 되게하 는성경		
목	요1서 1: 1- 5:21(이단에 대한 경계와 사랑의 교훈)	하나님은 사랑이시다(요일 4:14-21)	하나님 만나기		
금	요2서 1:1-13, 요3서 1:15, 유 1:1-25	선한 데는 지혜롭고 악한데는 미련하다(요삼 1:9-15)	죄의 값은 사망이라		
토	그리스도의 대 위임령(마 28:11-20)	선교명령을 하신 예수님(마 28:11-20)	항상 복음을 전파하라	일꾼을 찾으시는 하나님	영혼의 구원에 촛점을 맞추어 살게 하소서
주일					
52/ 월	계 1:1-3:22(소아시아 일곱 교회에 보내는 편지)	에베소 교회와 서머나 교회에 보내는 편지(계 2:1-11)	폴리캅의 순교		
화	계 4:1- 9:21(일곱 인과 나팔 재앙)	그리스도인의 비전(계 4:1-11)	의사의 유서		
수	계 10:1-14:20(일곱째 나팔의 재앙)	사단의 유혹(계 12:9-11)	사탄의 권세		
목	계 15:1-18:24(거짓 종교와 불신 국가의 멸망)	공의로우신 심판자(계 16:1-9)	악인들의 종말		
금	계 19:1-22:21(새 하늘과 새 땅)	마라나타(계 22:12-21)	아빠를 기다리는 아이처럼		
토	새 일을 이루시는 하나님(사 43:1-28)	새 일을 이루시는 하나님(사 43:1-28)	그게 문제군요	인생은 B와 D사이에 C다	묵은 해를 보내고 새 해를 맞는 기도
주일					

52주 토요가정 예배 종합일람표

과별	주제	읽으며 묵상하며	살며 생각하며	돌아보며 다짐하며	기도문
1주	성경의 능력(딤후 3:10-17)	성경의 능력(딤후 3:10-17)	한 책의 사람, 요한 웨슬리	어떤 꿈을 꾸셨습니까?	전심으로 주님께 의탁하는 삶
2주	인간창조에 나타난 하나님의 설계도 (창 2:18-25)	돕는 배필을 주신 하나님(창 2:18-25)	부부가 함께 보면 좋은 글	아내의 매력	부부 기도문
3주	주(主)는 교회의 주인 되심(마 16:13-20)	베드로의 신앙고백(마 16:13-20)	신나는 교회 생활	교회를 사모하는 삶의 축복	신앙이 흔들릴 때 드리는 기도
4주	성도의 신분(벧전 2:1-10)	거룩한 제사장(벧전 2:1-10)	카나리아는 그의 노래를 불러야 한다	성도의 신분 9가지	아름다운 오늘이 되게 하옵소서
5주	헌금의 원리(고후 9:1-9)	즐겨 내는 자를 사랑하시는 하나님 (고후 9:1-9)	어느 장애인의 헌금	성공적인 예배자	좋은 청지기가 되게 하소서
6주	하나님의 비전을 품는 가정(창 6:5-22)	하나님의 비전을 품는 가정(창 6:5-22)	신앙의 명문가	포기하지 말라	가정을 위한 기도
7주	이상적인 부부관(엡 5:22-33)	성령 충만한 부부(엡 5:22-33)	성경 속에 나타난 부부 사랑	향기 나는 부부	부부 기도문
8주	성서적 가정생활의 회복(마 19:1-12)	결혼과 이혼에 대한 교훈(마 19:1-12)	행복한 사람	당신 나 사랑해	아름다운 부부가 되게 하소서
9주	성도의 언어 생활(전 10:5-20)	어리석은 자의 모습(전 10:5-20)	가는 말이 고와야 오는 말이 곱다	버려야 할 10가지 말	믿음의 냄새가 나게 하소서
10주	축복받은 자의 가정 (시 128:1-6)	축복받은 가정(시 128:1-6)	두 가정의 후손 비교	생존과 사명	가정을 위한 기도
11주	인가 귀도된 고넬료의 가정(행 10:1-8)	경건한 고넬료의 가정(행 10:1-8)	꽁한 남편 화 풀어주는 아내의 말	부부로 사는 특별한 행복	순종하게 하옵소서
12주	신앙유산의 결과(삼상 2:17-26)	올바른 신앙교육(삼상 2:12-26)	어머니의 유언	팔자가 아니라네	자녀를 위한 기도
13주	성도의 생활 원리(골 3:18-4:1)	가정과 직장에서의 관계 설정 (골 3:18-4:1)	부부간 친밀감과 균형 유지하기	지혜 있는 사람의 인생덕목(人生德目)	질서 있는 삶을 살게 하소서
14주	술의 해악(잠 23:19-31)	술의 해악(잠 23:19-31)	운명의 갈림길	Thinking, Trying, and Trusting in God	변화된 삶을 살게 하소서
15주	자족하는 마음(빌 4:1-23)	자족하는 마음을 갖자(빌 4:1-23)	골동품 경매장에서 생긴 일	할 수 있다 생각하면 할 수 있다	풍성한 삶이 되게 하소서
16주	노동의 가치(살후 3:6-18)	일하기 싫거든 먹지도 말라(살후 3:6-18)	세상에 공짜는 없다	행복한 가정	직장에서 드리는 기도
17주	현숙한 여인상(잠 31:20-31)	현숙한 여인(잠 31:20-31)	부부의 의미(잠 31:22-24)	참 맑고 좋은 생각	사랑하는 남편을 위한 기도
18주	그리스도인의 자존감(고전 6:12-20)	그리스도인의 자존감(고전 6:12-20)	생각을 바꾸면	자존감 효과	자신감을 갖게 하소서
19주	예수님의 효도(요 19:17-30)	십자가에서 남기신 말씀(요 19:17-30)	부모님께 효도하는 방법 10가지	'친(親)'과 '효(孝)'	어버이를 위한 기도
20주	이상적인 가정(엡 6:1-3)	주 안에서 부모에게 순종하고 공경하자 (엡 6:1-3)	효도하면 복받습니다	어버이날 편지 부모님! 전상서	부모님을 위한 기도
21주	행복한 부부를 이루는 지혜(잠 5:1-23)	부부에 관한 지혜(잠 5:1-23)	행복한 부부생활을 위한 묘약	꽉 찬 인생	행복한 가정을 위한 기도
22주	바른 선택의 결과(수 24:14-16	인생의 가장 중요한 선택(수 24:1-18)	진리를 선택 하기로 결단하라	좋은 말이 사람을 키웁니다	믿음으로 선택하게 하소서
23주	좋으신 우리 하나님(사 40:1-31)	오직 여호와를 앙망하는 자(사 40:1-31)	불가능의 가능	시한부 인생	낙심치 말게 하소서
24주	네 자녀에게 말씀을 가르치라(신 6:1-13)	말씀이 숨 쉬는 가정(신 6:1-13)	요한 웨슬리 어머니 수잔나의 자녀 교육법	최고의 생일 선물	자녀를 위한 기도
25주	환경을 초월하는 어머니의 사랑 (마 15:21-28)	딸의 치유를 향한 가나안 여인의 믿음 (마 15:21-28)	어머니의 사랑	좋은 어머니 상	효도하는 자녀가 되게 하소서

52주 토요가정 예배 종합일람표

과별	주제	읽으며 묵상하며	살며 생각하며	돌아보며 다짐하며	기도문
26주	믿음의 유산을 자녀들에게(딤후 1:3-5)	디모데를 향한 바울의 사랑(딤후 1:1-10)	유대인식 사고의 자녀 교육법	그릇은 비울 때 새 것을 채울 수 있습니다	주님을 사랑하는 가정이 되게 하소서
27주	환경을 초월한 세기적인 우정 (삼상 20:1-23)	다윗과 요나단의 감동적인 우정 (삼상 20:1-23)	아름다운 사랑	우정이라는 나무	진실한 친구가 되게 하소서
28주	인생을 진지하게 살라(마 25:14-30)	달란트 비유(마 25:14-30)	작은 일에 충성한 소년	해롤드 럿셀 잃은 것과 가진 것	작은 일에 충성케 하소서
29주	고난의 유익(왕하 20:1-11)	하나님이 주시는 고난(왕하 20:1-11)	응답받은 테일러의 기도	가장 무서운 병균은 절망	고통이 가시처럼 찔려올 때
30주	참된 아내 상(잠 12:4)	나는 어떤 아내인가?(잠 12:4)	하나인 듯 둘이고 둘인 듯 하나인 삶	이런 센스 있는 아내가 되라	부부싸움을 하고 난 후의 기도
31주	성경적 결혼관(고전 7:1 17)	부부를 위한 교훈(고전 7:1-17)	부부의 행복을 위해 스킨십을 하자	행복한 부부가 되려거든 칭찬의 말을 자주하라	사랑하는 아내를 위한 기도
32주	믿는 자에게 주시는 복(전 3:12-22)	이 땅에 사는 인생에게 주신 복(전 3:12-22)	마음의 행복은 생활을 행복하게 합니다	영원히 들어도 좋은 말	하나님을 기쁘시게 하는 기도
33주	신앙적인 자녀 양육 원리(레 19:20-32)	자녀를 신앙으로 기르라(레 19:20-32)	엄마의 교육태도 7가지	잉꼬 부부가 되는 7가지 비결	자녀를 위한 기도
34주	하나님의 사랑의 확증(롬 5:1-11)	즐거운 신앙생활(롬 5:1-11)	우리를 향한 하나님의 사랑	하나님의 사랑	성숙한 믿음을 주소서
35주	지혜로운 자의 삶(잠 18:1-14)	지혜로운 자(잠 18:1-24)	주님이 우리를 택하신 목적	가장 필수적인 신앙 덕목	하늘의 지혜를 구하는 기도
36주	전쟁 승리의 비결(민 14:1-10)	그들은 우리의 먹이라(민 14:1-10)	꿈을 실현시키시는 여호와	이기는 사람과 지는 사람	믿음의 선진들 기도를 본받게 하소서
37주	그럼에도 불구하고 감사(합 3:4-19)	구원의 기쁜 노래(합 3:4-19)	휘발유가 없었기에	남 때문인 줄 알았습니다	그럼에도 감사하게 하옵소서
38주	인생의 주관자 되신 하나님 (삼상 2:1-11)	인생의 주관자 되신 하나님(삼상 2:1-11)	인생의 운행자 되신 하나님	하나님의 은혜 때문입니다	풍성한 은혜에 감사
39주	하나님의 마음을 움직인 기도(삿 10:10-18)	하나님의 마음을 움직인 회개(삿 10:10-18)	5년만의 속죄 편지	사형수의 마지막 부탁	새 사람이 되게 하소서
40주	올바른 물질관(왕하 5:15-27)	엘리사와 게하시(왕하 5:15-27)	웨슬리의 재물에 관한 네 가지 교훈	내일이 있잖아요	하나님의 영광을 위하여 살게 하소서
41주	갑절의 축복을 주신 하나님(욥 42:7-17)	욥이 받은 갑절의 축복(욥 42:7-17)	살아있다는 게 축복입니다	관계가 일보다 중요하다	아름답고 풍요로운 삶을 살게 하소서
42주	축복의 말을 하라(창 9:18-29)	노아의 실수가 불러온 축복과 저주(창 9:18-29)	축복의 신앙	살면서 가장 아름다운 사람은	말을 위한 기도
43주	아름다운 형제 연합(시 133:1-3)	아름다운 형제 연합을 이루라(시 133:1-3)	여왕을 손수레에 태운 남편	가진 것은 언제든 잃을 수 있지만	가족 연합을 위한 기도
44주	탐심을 갖지 말자(왕상 21:1-16)	아합이 범죄하게 된 이유(왕상 21:1-16)	남편의 사랑	행복한 가정을 만드는 공식	자족하며 감사하며 살게 하소서
45주	어리석은 남편, 지혜로운 아내(삼상 25:1-23)	어리석은 자, 지혜로운 자(삼상 25:1-23)	감사할 것을 발굴하십시오	드림이 드림(꿈)을 이룹니다	지혜롭게 하소서
46주	전도자의 권리와 성도의 의무(고전 9:1-14)	전도자의 권리와 성도의 의무(고전 9:1-14)	목사를 도운 성도들	영적인 사람들의 일곱 가지 습관	주님이 원하시는 삶을 살게 하소서
47주	주님이 원하시는 교회(행 2:42-47)	초대교회의 기쁨의 비밀(행 2:42-47)	교회는 병원이다	바보처럼 산 사람들	나눔의 기쁨을 누리게 하소서
48주	진정한 기쁨(삼상 1:19-28)	하나님께 받는 기쁨 드리는 즐거움(삼상 1:19-28)	사랑으로 채워진 마음에는	긍정적인 삶	변함없이 감사할 수 있게 하소서
49주	하나님을 기쁘시게 하는 삶(전 9:1-10)	모든 사람이 일반이라(전 9:1-10)	가장 아름다운 인생	분수	온전한 감사의 삶을 살게 하옵소서
50주	재림을 준비하는 올바른 삶(눅 19:11-27)	재림을 준비하는 올바른 삶(눅 19:11-27)	작은 일에 충성한 소년	누군가 지켜보고 있다	주님의 도구로 사용하여 주소서
51주	그리스도의 대 위임령(마 28:11-20)	선교명령을 하신 예수님(마 28:11-20)	항상 복음을 전파하라	일꾼을 찾으시는 하나님	영혼의 구원에 초점을 맞추어 살게 하소서
52주	새 일을 이루시는 하나님(사 43:1-28)	새 일을 행하시는 하나님(사 43:1-28)	그게 문제군요	인생은 B와 D 사이에 C다	묵은해를 보내고 새해를 맞는 기도

시편119편

행위가 온전하여 여호와의 율법을 따라 행하는 자들은 복이 있음이여 여호와의 증거들을 지키고 전심으로 여호와를 구하는 자는 복이 있도다 참으로 그들은 불의를 행하지 아니하고 주의 도를 행하는도다 주께서 명령하사 주의 법도를 잘 지키게 하셨나이다 내 길을 굳게 정하사 주의 율례를 지키게 하소서 내가 주의 모든 계명에 주의할 때에는 부끄럽지 아니하리이다 내가 주의 의로운 판단을 배울 때에는 정직한 마음으로 주께 감사하리이다 내가 주의 율례들을 지키오리니 나를 아주 버리지 마옵소서 청년이 무엇으로 그의 행실을 깨끗하게 하리이까 주의 말씀만 지킬 따름이니이다 내가 전심으로 주를 찾았사오니 주의 계명에서 떠나지 말게 하소서 내가 주께 범죄하지 아니하려 하여 주의 말씀을 내 마음에 두었나이다 찬송을 받으실 주 여호와여 주의 율례들을 내게 가르치소서 주의 입의 모든 규례들을 나의 입술로 선포하였으며 내가 모든 재물을 즐거워함 같이 주의 증거들의 도를 즐거워하였나이다 내가 주의 법도들을 작은 소리로 읊조리며 주의 길들에 주의하며 주의 율례들을 즐거워하며 주의 말씀을 잊지 아니하리이다 주의 종을 후대하여 살게 하소서 그리하시면 주의 말씀을 지키리이다 내 눈을 열어서 주의 율법에서 놀라운 것을 보게 하소서 나는 땅에서 나그네가 되었사오니 주의 계명들을 내게 숨기지 마소서 주의 규례들을 항상 사모함으로 내 마음이 상하나이다 교만하여 저주를 받으며 주의 계명들에서 떠나는 자들을 주께서 꾸짖으셨나이다 내가 주의 교훈들을 지켰사오니 비방과 멸시를 내게서 떠나게 하소서 고관들도 앉아서 나를 비방하였사오나 주의 종은 주의 율례들을 작은 소리로 읊조렸나이다 주의 증거들은 나의 즐거움이요 나의 충고자니이다 내 영혼이 진토에 붙었사오니 주의 말씀대로 나를 살아나게 하소서 내가 나의 행위를 아뢰매 주께서 내게 응답하셨사오니 주의 율례들을 내게 가르치소서 나에게 주의 법도들의 길을 깨닫게 하여 주소서 그리하시면 내가 주의 기이한 일들을 작은 소리로 읊조리리이다 나의 영혼이 눌림으로 말미암아 녹사오니 주의 말씀대로 나를 세우소서 거짓 행위를 내게서 떠나게 하시고 주의 법을 내게 은혜로이 베푸소서 내가 성실한 길을 택하고 주의 규례들을 내 앞에 두었나이다 내가 주의 증거들에 매달렸사오니 여호와여 내가 수치를 당하지 말게 하소서 주께서 내 마음을 넓히시면 내가 주의 계명들의 길로 달려가리이다 여호와여 주의 율례들의 도를 내게 가르치소서 내가 끝까지 지키리이다 나로 하여금 깨닫게 하여 주소서 내가 주의 법을 준행하며 전심으로 지키리이다 나로 하여금 주의 계명들의 길로 행하게 하소서 내가 이를 즐거워함이니이다 내 마음을 주의 증거들에게 향하게 하시고 탐욕으로 향하지 말게 하소서 내 눈을 돌이켜 허탄한 것을 보지 말게 하시고 주의 길에서 나를 살아나게 하소 주를 경외하게 하는 주의 말씀을 주의 종에게 세우소서 내가 두려워하는 비방을 내게서 떠나게 하소서 주의 규례들은 선하심이니이다 내가 주의 법도들을 사모하였사오니 주의 의로 나를 살아나게 하소서 여호와여 주의 말씀대로 주의 인자하심과 주의 구원을 내게 임하게 하소서 그리하시면 내가 나를 비방하는 자들에게 대답할 말이 있사오리니 내가 주의 말씀을 의지함이니이다 진리의 말씀이 내 입에서 조금도 떠나지 말게 하소서 내가 주의 규례를 바랐음이니이다 내가 주의 율법을 항상 지키리이다 영원히 지키리이다 내가 주의 법도들을 구하였사오니 자유롭게 걸어갈 것이오며 또 왕들 앞에서 주의 교훈들을 말할 때에 수치를 당하지 아니하겠사오며 내가 사랑하는 주의 계명들을 스스로 즐거워하며 또 내가 사랑하는 주의 계명들을 향하여 내 손을 들고 주의 율례들을 작은 소리로 읊조리리이다 주의 종에게 하신 말씀을 기억하소서 주께서 내게 소망을 가지게 하셨나이다 이 말씀은 나의 고난 중의 위로라 주의 말씀이 나를 살리셨기 때문이니이다 교만한 자들이 나를 심히 조롱하였어도 나는 주의 법을 떠나지 아니하였

365 성경통독 묵상집

구약

재미있고 영혼이 살찌며 삶이 복받는

성경 벌레들

새해의 기도

사랑하는 하나님 아버지! 지난해의 모든 일에 감사하는 마음으로 새해를 시작합니다. 당신의 끊임없는 사랑에 감사하며 지난날을 보낼 수 있는 은혜와 힘을 주셨음을 감사합니다. 지난 한 해 동안 당신을 실망시킨 여러 가지 일을 생각할 때 부끄럽습니다. 용서하여 주옵소서. 당신을 즐겁게 하지 못하는 것을 알고도 행하였으며 당신을 즐겁게 하는 것을 알고도 행치 못했습니다. 저는 지난해에 쓸데없는 시간을 낭비했으며 여러 기회를 놓치고 살아왔습니다.

이제 새해를 맞이하려 합니다. 새해에는 당신의 뜻 안에서 살 수 있도록 도와주옵소서!

새해 첫 생각이 하나님을 찾는 것이 되게 하시고, 첫 말이 하나님의 이름을 부르게 하시며, 첫 소망이 하나님을 경배하는 것이 되게 하시고, 나의 첫 행동이 하나님께 무릎 꿇고 기도하는 것이 되게 하옵소서.

새해 하루하루가 이웃을 생각하게 하시고, 나의 말 속에는 진실과 절제가 있게 하시며, 생활에는 성실과 근면이 있게 하시고, 이웃에게는 존경과 너그러움이 있게 하옵소서. 나의 입술은 감사가 끊이지 않게 하시고, 나의 삶과 묵상이 당신께 드리는 예배와 찬양이 되게 하옵소서.

새해 더욱 겸손하고 낮아지게 하셔서 주님의 빛으로 섬기게 하시고, 하나님께 영광을 돌리며 찬양하게 하옵소서. 예수님의 이름으로 기도드립니다. 아멘.

Day : 1주(월)

찬송 : (새) 79장, 75장

01

창세기 1:1-5:32 세상과 인간, 그리고 죄악의 기원(대상 1:2-27, 11:10-26)

창세기는 시작의 책입니다. 창세기는 이 세상과 우리 인간들과 죄의 시작이 어떻게 되었는지에 대하여 잘 가르쳐 주고 있습니다. 이러한 내용들은 기독교 신앙에 있어서 아주 중요한 기초를 이루는 것입니다.
그러므로 우리는 성경을 읽으면서 하나님께서 이 세상을 어떻게 창조하셨으며, 왜 이 세상을 창조하였는가에 대하여 진지하게 생각해 볼 필요가 있습니다. 또한 인간이 어떻게 지음을 받았으며, 하나님께서 인간에게 주신 최초의 명령이 무엇이었는지(인간의 신분과 의무)에 대해서도 눈 여겨 볼 필요가 있습니다. 에덴동산에 있던 두 나무(생명나무, 선악을 알게 하는 나무)는 인류의 미래를 결정짓는 중요한 나무였습니다. 에덴동산에 있던 중요한 두 가지 나무는 무엇이었으며, 왜 이 나무들이 중요하게 다루어지고 있는 지에 대해서도 생각해 보십시다. 그리고 나서 인류의 범죄가 어떻게 시작되었고, 그 범죄가 결과가 어떻게 되었으며, 그 이후로 죄가 어떻게 확장되어 갔는지에 대해서도 생각해 보기 바랍니다.

읽으며 묵상하며 : 하나님이 천지를 만드셨습니다(창 1:1)

태초에 하나님이 천지를 창조하시니라 창 1:1

태초에는 아무것도 없었습니다. 완전히 아무것도 없었습니다. 빛도, 하늘도, 땅도 없었습니다. 창세기 1장 1절 이전에 존재했던 황량한 무의 상태를 우리의 제한된 생각으로는 도저히 상상할 수 없습니다.

그런데 창세기 1:1에 보면 "태초에 하나님이 천지를 창조하시니라"하셨습니다. 즉 우리가 살고 있는 이 세상과 그 지구에 살고 있는 생물을 포함하여 무생물에 이르기 까지 전능하신 하나님께서 단번에 무의 상태를 "하늘과 땅"으로 바꿔놓으셨습니다. 하나님의 거룩한 손이 허공에 닿자 지역과 세상과 우주가 만들어졌습니다. 하나님의 유일한 대행자로서 하나님의 뜻을 이행하시는 성자 예수님과, 우리 주위에 임재하시는 분 성령님과 함께, 하나님의 장엄한 역사로 무에서 유가 창조되었습니다. 오늘에 이르는 긴 여정의 역사가 그때 시작되었던 것입니다.

"태초에"는 역사의 시작을 알림과 동시에 끝이 있음을 암시합니다. 역사에 시말(始末)이 있다는 사실은 "나는 알파와 오메가요 처음과 나중이요 시작과 끝이라"(계 22:13)는 하나님의 말씀에서도 확인됩니다. 이렇듯 천지는 정한 때를 담고 창조되었습니다. 뿐만 아니라 만물은 하나님께로 나와서, 하나님의 뜻을 이루고, 하나님께로 돌아가게 되어 있습니다. 하늘과 땅의 창조에서 우리의 관심이 모아지는 부분은 땅입니다. 땅은 인생에 주어진 것이기 때문입니다.

창세기의 첫 구절은 우리가 일생동안 깊이 음미해 보기에 충분한 개념들을 지니고 있습니다. 하나님의 창조사역이 없었다면 오늘날 우리의 생명도, 호흡도, 존재도 있을 수 없는 것과 마찬가지로, 창조의 순간에 그분의 전능하신 역사가 없었으면 우주도 존재하지 않을 것입니다.

"창조" 이전에 무슨 일이 벌어지고 있었는지 우리는 경외감을 갖고 궁금해 합니다. "하나님이 천지를 창조하시니라"는 말씀에 대해 우리는 숨 막히는 찬미의 마음으로 감탄합니다. 우리는 그 말씀을 읽고 그분을 경외하며 서 있습니다. "무"라는 말이 그토록 매력적인 적은 일찍이 없었습니다! (Dave Branon)

–「오늘의 양식」, 오늘의 양식사, 2008. 03. 06.

살며 생각하며 : 뉴턴의 우주관

미분, 적분법의 발견을 위시하여, 만유인력의 법칙, 즉, 사과 떨어지는 것을 보고 출세한 인물이 있지요. 바로 아이작 뉴턴입니다. 영국의 케임브리지의 천재라고 불리었고, 광학과 천문학에 대한 굉장한 지식을 가졌던 사람입니다. 그는 독실한 기독교 신자였습니다. 그는 그의 유명한 저서 프린키피아에 우주에 대해서 이렇게 정의를 내리고 있습니다. "천체는 태양, 행성, 혜성 등으로 매우 아름답게 이루어져 있는데, 이것은 지성을 갖춘 강력한 통치자의 의도와 통일적 제어가 있기 때문에 존재하게 된 것이라고 말할 수밖에 없다. 지극한 하나님은 영원, 무궁, 완전하신 분이시다." 이것은 기도문이 아닙니다. 「프린키피아」라는 그 당시 최첨단 과학책의 내용입니다. 뉴턴은 천체에 대해서 잘 알고 있었습니다. 우주는 우연히 뻥 터진 것이 아니고 지혜를 가진 자가 설계해서 만들었다는 것입니다.

재미있는 일화가 있습니다. 뉴턴이 천체에 대한 모형을 정교하게 만들어 놓고, 그 집에 방문하는 지식인들에게 보여 주었다고 하는데, 그들이 "야 이거 잘 만들었는데, 누가 만들었지요?" 하고 물으면 뉴턴은 계속해서 "우연히, 저절로 생겼지."라고 대답했답니다. 손님들이 "농담하지 말고 만든 사람을 가르쳐 줘." 하고 자꾸 다그치자 그제서야 뉴턴은 "모형에 불과한 이것도 반드시 누군가가 만들었을 것이라고 생각하면서, 어째서 이 모형에 대한 진품인 천체는 우연히 생겼다고 말하느냐? 천체야말로 정말 지혜로운 자가 만든 것이 아니냐?"고 되묻고는 창조주 하나님을 소개했다고 합니다. 이 이야기는 널리 알려진 이야기입니다.

뉴턴은 "과학은 피조세계를 연구하는 학문이다."라고 했습니다. 하나님이 모든 세계를 만드신 것은 당연한 이야기이고, 학문의 목적은 그의 하신 일들을 보고 기뻐하며, 사람들에

게 유익하게 사용할 수 있도록 돕는 것이라고 이야기하는 것입니다

– 서민호 교수(계명대학교 의과대학 미생물학 교실), 「성경과 과학」

정리하며 확신하며

창조 기사의 특징

구분	성구	의미	참고구절
창조 주체	'하나님이'	만물의 원인자, 운행자 (창 1:1, 6, 9, 11, 14, 20, 24, 26, 29)	행 17:24, 히 11:3
창조 근거	'이르시되'	말씀(창 1:1, 6, 9, 11, 14, 20, 24, 26, 29)	요 1:1-3
창조 효과	'그대로 되니라'	온전한 성취(창 1:7, 9, 15, 24, 30)	시 33:6-9
창조 평가	'보시기에 좋았더라'	하나님의 의도대로 이루어진 지고(至高)의 만족상태(창 1:4, 10, 12, 18, 21, 25, 31)	마 3:17
창조 동기	'부르시고'	이름의 부여는 세상에 대한 자신의 주권과 소유권을 의미(창 1:5, 8, 10)	왕하 23:24
창조 수준	'각기 종류대로'	진화나 발전이 필요치 않은 성숙한 개체 (창 1:21, 24, 25)	행 17:25
창조 이령	'이는 … 날이니라'	시간과 역사의 주인은 하나님 (창 1:5, 8, 13, 19, 23, 31)	행 17:26

– 「호크마 종합주석」 구약 1권, 기독지혜사, p138

인간 창조의 특징

		인간 창조의 특징	참고 성경 구절
1	순서	모든 만물 뒤에 최후로	창 1:26-28
2	동기	삼위일체의 특별한 협의	창 1:26
3	모델	하나님의 형상과 모양	창 1:27
4	방법	하나님이 직접 숨을 불어 넣으심	창 2:7
5	재료	그 육신은 흙으로 지으심	창 2:7
6	목적	피조물의 통치자	창 1:26, 28
7	신분	하나님과 직접 교제하며 언약을 맺은 자	창 2:16, 17
8	거처	에덴 동산	창 2:8-15
9	상태	죽음과 고통이 없는 절대 행복	창 2:9

– 「그랜드 종합주석」 1권, 성서교재간행사, p324

Day : 1주(화)

찬송 : (새) 546장, 399장

01

창세기 6:1-11:32 계속된 타락과 심판

인간의 범죄는 한 번 시작된 후로 급속히 확산되어 나갔습니다. 인류의 부패는 형제를 죽이게 만들고, 가정을 파괴했으며, 전 사회를 부패하게 만들었습니다. 마침내 인류의 부패는 극에 달하여 회복이 불가능한 상태까지 이르고 말았습니다. 그러자 하나님은 인류를 심판하시기로 작정하셨습니다. 그러나 하나님은 인류를 보존하시기 위해서 심판 전에 의로운 노아의 가족들에게 구원받을 길을 가르쳐 주셨습니다. 이 부분은 인류의 범죄가 어떻게 전 사회로 확장되었으며, 그 죄악을 해결하기 위한 하나님의 심판 계획, 그리고 은혜를 받은 자를 통한 하나님의 구원 계획이 잘 나타나 있습니다. 그러므로 우리는 이 부분을 통해서 장차 믿지 않는 사람들에게 임할 심판의 모습과 예수를 믿고 구원받을 교회의 모습을 발견할 수 있습니다. 그러나 인류는 노아 후에 또 다시 바벨탑을 쌓고 하나님을 거역했습니다. 그들은 세상에 흩어지지 않고 홍수를 대비하기 위해 탑을 쌓았습니다. 그러나 하나님은 그들의 언어를 혼잡하게 해서 그들이 온 세상으로 흩어지게 만드셨습니다.

읽으며 묵상하며 : 무지개 언약(창 9:8-17)

무지개가 구름 사이에 있으리니 내가 보고 나 하나님과 모든 육체를 가진 땅의 모든 생물 사이의 영원한 언약을 기억하리라 창 9:16

홍수 심판을 겪은 후 노아 가족과 땅의 모든 생물들은 비가 올 때마다 두려움에 사로잡히게 되었을 것입니다. 하나님은 이런 저들을 위해 '다시는 모든 생명체를 멸하는 전 지구적인 홍수가 없을 것'이라는 약속과 함께 언약의 증거로 무지개를 주셨습니다(9-13절). 하나님은 이 약속을 스스로에게 다시금 다짐하실 뿐 아니라 노아에게 재차 공식적으로 확인하셨습니다(14-17절). 이 같은 확실한 언약으로 인해 노아는 비가 온 후 찬란히 빛나는 무지개를 볼 때마다 심판에 대한 두려움 대신 하나님의 지극한 사랑을 기억하게 되었을 것입니다.

신약시대를 사는 우리에게는 무지개 언약보다 더 분명한 예수 그리스도의 피로 세운 십자가의 언약이 있습니다. 예수님의 십자가를 바라보는 자는 누구든지 영원한 형의 두려움에서 벗어나 하나님의 완전하신 구원의 사랑을 체험하게 됩니다.

하나님의 영원한 언약으로 말미암아 노아 홍수 이후에는 이 땅에 더 이상 전면적인 심판이 시행되고 있지 않습니다. 때문에 많은 사람들은 '만물이 처음 창조되었을 때와 같이 그냥 만들어졌다'고 하면서 심판은 없다고 외치고 있습니다(벧후 3:4). 그러나 이 언약은 '땅이 있을 동안에'(창 8:22)만 적용되는 것임을 잊어서는 안 됩니다. "이로 말미암아 그 때에 세상은 물이 넘침으로 멸망하였으되 이제 하늘과 땅은 그 동일한 말씀으로 불사르기 위하여 보호하신 바 되어 경건하지 아니한 사람들의 심판과 멸망의 날까지 보존하여 두신 것이니라"(벧후 3:6-7). 하나님의 심판이 더뎌 보이는 것은 인류에 대하여 오래 참으사 아무도 멸망치 않고 다 회개하기에 이르기를 원하시기 때문입니다. 그러나 주님의 날은 도둑같이 올 것입니다. 그러므로 신자는 거룩한 행실과 경건함으로 하나님의 날이 오기를 기다리고, 그 날을 앞당기도록 해야 마땅합니다. 그렇게 될 때, 그 날에 하늘과 땅은 불타 없어지겠지만 우리는 공의가 이루어지는 새 하늘과 새 땅에 거하게 될 것입니다(벧후 3:9-13).

– 「GT, 세계를 품는 경건의 시간」 해석 도움, GTM, 2004. 1. 28.

살며 생각하며 : 하나님의 동행을 믿은 리빙스턴의 승리

검은 대륙 아프리카의 위대한 선교사 데이빗 리빙스턴(D. Livingstone, 1813-1873)은 말년에 옥스퍼드 대학에서 명예박사 학위를 받게 되었습니다.

학위 수여식에 앞선 예배 시간에 리빙스턴은 학생들 앞에서 자신의 경험담을 얘기하고 있었습니다. 무덥고 짜증만 나는 한낮이 계속되고, 또 춥고 소름끼치는 그 많은 밤 동안 자신과의 싸움을 계속했노라는 리빙스턴의 말에 많은 학생들이 고개를 끄덕이고 있었습니다. 그리고 그는 또 말하기를 온갖 짐승의 공격과 인디언들의 방해로 당한 고통도 이만저만이 아니었다고 했습니다. 사실 그의 오른 팔은 사자의 공격으로 불구가 되어 있었습니다.

연설을 마치자 한 학생이 손을 들고 일어섰습니다.

"선생님! 선생님으로 하여금 아프리카 생활을 잘 이겨내도록 한 비결이 있었다면 그것이 무엇이었습니까?"

리빙스턴은 잠시 생각에 잠기더니 입을 열었습니다.

"내게 있어 비결은 아무것도 없습니다. 그저 '내가 세상 끝 날까지 너희와 항상 함께 있으리라'하신 예수님의 말씀과 그분의 십자가가 나를 끝까지 붙들어 주었을 뿐입니다."

홍수 이후 하나님께서는 노아와 그의 가족들에게 무지개를 보이시며 새로운 언약, 즉 다시는 그와 같은 홍수가 있지 않을 것이라는 언약을 확증해 주셨습니다.

노아는 아마도 그 후로 고난과 역경이 생길 때마다 무지개를 통하여 보여 주신 하나님의 보호하심에 큰 위로를 받고 그것을 이겨 나갔을 것입니다. 마치 리빙스턴이 예수님의 말씀에 위로를 받아 용기를 얻고 아프리카에서의 고난과 역경을 이겼던 것처럼.

– 「그랜드 종합주석」 1권, 성서교재간행사, p439

Day : 1주(수)

찬송 : (새) 323장, 355장

01

창세기 12:1–18:33 인류를 구속하기 위한 민족의 시작과 선택

바벨탑의 저주로 인해 온 인류는 온 지면에 흩어져 살게 되었습니다. 그때에 하나님은 흩어진 세상을 구원하기 위하여 한 가족을 선택하셨습니다. 그 가족은 아브라함의 가족이었습니다. 하나님은 아브라함을 불러서 한 민족을 이룰 것이며, 그 민족을 통해서 온 세상이 구원을 받게 할 것이라고 약속해 주셨습니다. 하나님은 아브라함을 세상에 구원을 가져올 민족의 조상으로 만들기 위해서 고향과 친척과 아비 집을 떠나라고 지시하셨습니다. 아브라함은 그 지시를 따라 고향을 떠났으며, 마침내 가나안 땅에 도착했습니다. 그때에 하나님은 그 땅을 그의 후손에게 주실 것이라고 약속해 주셨습니다. 그리고 아브라함은 그 땅에서 하나님의 약속을 믿고 순례자와 나그네처럼 살아갔습니다. 그는 가나안 땅에서 종종 실패하기도 했지만, 하나님은 그를 지켜주시고 다시 일으켜 세워주셨습니다.

읽으며 묵상하며 : 축복이 되라는 소명(창 12:1–9)

여호와께서 아브람에게 이르시되 너는 너의 고향과 친척과 아버지의 집을 떠나 내가 네게 보여 줄 땅으로 가라. 내가 너로 큰 민족을 이루고 네게 복을 주어 네 이름을 창대하게 하리니 너는 복이 될지라 창 12:1–2

우리의 삶 속에서 가장 괴로운 체험 중 하나는 우리가 사랑하는 것들이나 사랑하는 사람들과 헤어지는 것입니다. 많은 즐거운 추억이 있는 집을 떠나는 것과 사랑하는 사람들을 떠나야만 할 때 그들에게 작별인사를 하는 것은 언제나 힘이 듭니다.

마찬가지로 아브라함이 하나님의 명령에 순종하여 스스로 자신의 나라와 친구들, 친척들과 헤어졌던 것은 쉽지 않은 것이었습니다. 그러나 하나님의 명령에 순종하지 않았다면 아브라함과 그의 후손들에게 축복은 없었을 것입니다.

하나님께서는 당신의 구원 계획을 이루시기 위한 경로로 아브라함을 선택하셔서, 그로 하여금 그렇게 특별한 헌신의 삶을 살도록 부르셨습니다. 인간들은 반항하며 우상을 숭배했습니다. 그래서 아브라함은 진정한 유일신께 예배할 필요가 있었습니다.

영적인 발전과 효능을 방해하는 어떠한 것과도 관계를 끊는 것은 여전히 모든 믿는 사람들의 의무입니다. 우리는 우리의 마음을 하나님께로부터 분리시키는 모든 죄와 우리의 의지 그리고 세상적인 즐거움을 떨쳐버려야만 합니다.

이렇게 하면 우리가 시험 당할 때 우리 삶의 영적인 힘이 그 시험을 이겨낼 것입니다.

우리는 그 과정을 통하여 더욱 강해질 것이며, 그리하여 우리도 우리 주위에 있는 사람들에게 축복이 될 수 있을 것입니다. (Herbert Vander Lugt)

– 「오늘의 양식」, 오늘의 양식사, 2006. 7. 27.

살며 생각하며 : 거절치 못할 초대

한 중년 신사가 에밀리 포스트에게 이렇게 물었습니다.

"제가 백악관으로부터 초대받았는데, 같은 날 같은 시각에 다른 약속이 있어서 어떻게 해야 할지 모르겠어요."

그러자 에밀리 포스트는 단정적으로 이렇게 말하는 것이었습니다.

"무슨 그런 일로 고민하십니까? 그야 물론 백악관의 초대에 응해야지요. 백악관의 초대는 일종의 명령이며 뒤로 미룰 일이 아닙니다. 그러므로 자연적으로 다른 약속이 취소되어야겠지요." 이 대답을 들은 중년 신사는 가벼운 마음으로 돌아가 약속된 날 백악관의 만찬에 참여하는 영광을 누렸습니다.

하나님의 부르심도 이와 똑같습니다. 그분의 부르심은 명령이고 그 어떤 인간의 계획도 그 부르심을 거역할 수 없습니다. (Good News Broadcaster)

– 「그랜드 종합주석」 1권, 성서교재간행사, p473

정리하며 확신하며 : 아브라함의 믿음

1	믿음으로 소명에 응함(창 12:1-4, 히 11:8)
2	믿음으로 기업 약속을 받음(창 12:7, 15:7-21, 롬 4:13, 16)
3	믿음으로 의롭게 됨(창 15:6)
4	믿음의 의(義) 인친 할례의 시초자(창 17:9-12, 롬 4:11, 12)
5	믿는 자의 조상(롬 4:11)
6	하나님을, 죽은 자를 살리시며 없는 것을 있는 것 같이 부르시는 이로 믿음(롬 4:17)
7	바랄 수 없는 중에 바라고 믿음(롬 4:18)
8	믿음으로 하나님께 영광을 돌림(롬 4:20)

– 「그랜드 종합주석」 1권, 성서교재간행사, p463

Day : 1주(목)

찬송 : (새) 213장, 348장

01

창세기 19:1-24:67 롯의 인간적 선택과 심판, 그리고 아브라함의 신앙의 완성

아브라함이 고향을 떠나 올 때에 그의 조카인 롯도 함께 데리고 나왔습니다. 그런데 아브라함과 롯의 재산이 많아지게 되자 그 종들 간에 재산 분쟁이 일어났습니다. 아브라함은 다툼을 해결하기 위해서 롯에게 독립해 살 것을 권했습니다. 롯은 물이 많고 비옥한 요단을 택하고 그 곳에 정착하기로 했습니다. 그러나 그 곳은 비옥하기는 했지만, 온갖 죄악이 만연한 곳이었습니다. 그러므로 결국 하나님은 그 곳을 심판하시기로 작정하셨습니다. 하나님은 소돔과 고모라를 심판하기 전에 아브라함에게 그 사실을 알려주셨고 아브라함은 그 성을 위해 기도했습니다. 결국 소돔과 고모라는 멸망을 당하고 롯은 겨우 몸만 빠져나올 수 있었습니다. 이 모습은 마지막 때에 죄악을 따라 살다가 멸망할 세상의 모습을 보여줍니다. 그 후에 아브라함은 실수들 통해서 견고한 믿음을 가진 용사로 성장해갔습니다. 하나님은 마지막으로 그를 시험하기 위해서 아들 이삭을 바치라고 요구하셨습니다. 그러나 아브라함은 견고한 믿음으로 이 명령에 순종함으로 하나님의 인정을 받게 되었습니다(22장). 이 모습은 독생자를 주신 하나님의 모습을 잘 보여주고 있습니다. 믿음이 완성되어 아브라함의 사명이 끝나게 되자, 하나님은 서서히 다음 세대를 준비하기 시작하셨습니다(23-24장).

읽으며 묵상하며 : 시험을 통과한 아브라함의 믿음 (창 22:1-19)

아브라함이 그 땅 이름을 여호와 이레라 하였으므로… 여호와의 산에서 준비되리라 하더라 창 22:14

아브라함이 직면한 일생 최대의 시험을 다루고 있습니다. 하나님은 아브라함의 믿음을 시험하셨습니다. 그것은 바로 언약의 아들인 이삭을 번제로 바치라는 것이었습니다. 이것은 후손과 땅에 대한 언약을 의심하게 만드는 시험이요, 더 나아가 하나님의 사랑과 정의와 신뢰성까지 의심하게 만드는 시험이었습니다. 그러나 아브라함은 의심과 절망의 수렁으로 빠져들지 않고 아침 일찍 일어나 하나님의 명령을 수행함으로써 언약의 신실성을 의심하지 않는다는 사실을 보여 줍니다. 히브리서 저자는 아브라함이 하나님께서 이삭을 죽은 자 가운데서 다시 살리실 것을 믿었다고 증언합니다(히 11:19). 아브라함은 "부활"의 개념이 명확하지 않던 시대에 가장 절망적인 상황에서조차 "믿음"에 굳게 서서 "인간의 부활"이라는 지고한 지식에 도달할 수 있었던 것입니다. 그러므로 우리는 시험에 직면할 때 인간적인 상식으로 하나님의 신실성을 의심하는 자가 되지 말아야 할 것입니다.

아브라함은 칼을 손에 잡고 과감히 내려치려고 했습니다. 그러나 바로 그때 하나님이 아브라함을 부르셨습니다. 아브라함의 믿음을 확인하신 하나님은 미리 준비하신 숫양으로 이삭을 대신하게 하셨고, 아브라함에게 수많은 복을 약속하셨습니다.

이때 아브라함이 얻은 첫 번째 복은 그가 하나님 경외하는 줄을 하나님이 알아 주셨다는 것입니다. 아브라함과 하나님이 서로에 대한 깊은 이해관계를 형성하게 됨을 의미하는 것입니다. 하나님과 깊은 관계를 형성한 아브라함은 다시금 땅과 후손에 대한 언약을 재확인 받게 됩니다. 이처럼 부활에 대한 믿음을 소유한 자만이 죽음 앞에 당당할 수 있으며, 하나님이 상 주시는 분임을 신뢰하는 자만이 기꺼이 하나님 앞에 자신의 인생을 드릴 수 있습니다.

– 「묵상하는 사람들, 메시지」, 프리셉트, 2005. 2. 11.

살며 생각하며 : 록펠러와 아들

미국 시카고의 큰 호텔에 한 노신사가 들어와서 카운터에 있는 아가씨에게 말했습니다.

"이 호텔에서 제일 싼 방을 하나 주십시오."

아가씨는 그 노신사가 재벌 록펠러라는 것을 금방 알아보고는 의아해서 물었습니다.

"손님같은 분이 어째서 제일 싼 방을 달라고 하십니까?

"싼 방이 제일 좋아요."

아가씨가 또 물었습니다.

"손님의 아드님도 가끔 이 호텔에 오는데, 그때마다 제일 좋은 방으로 달라고 합니다. 그런데 정작 손님께서는 어째서 제일 싼 방을 찾으십니까?"

그러자 록펠러가 웃으며 이렇게 말했습니다.

"내 아들에게는 나 같은 부자 아버지가 있지만, 내게는 그러한 아버지가 없거든요."

의지할 누군가가 있는 사람은 재벌보다도 넉넉한 마음을 가질 수 있습니다. 성도가 평안하고 넉넉하게 살아갈 수 있는 것은 하나님을 의지하기 때문입니다. 진실한 성도는 주변 상황과는 상관없이 오직 전능하시고 부요하신 하나님만 바라봅니다.

– 하천덕 편저, 「키워드로 불러보는 설교 예화」, 아가페, p363

Day : 1주(금)

찬송 : (새) 338장, 364장

01

창세기 25:1–28:22 이삭과 야곱

아브라함의 사명이 끝나게 되자 그의 아들 이삭이 그 뒤를 계승했습니다. 이삭의 생애를 살펴보면 우리가 배울 수 있는 점들은 많이 있습니다. 그는 하나님과 아버지에게 전적으로 순종하는 아들이었으며, 이웃과 분쟁이 생길 때 이권을 포기하고 양보하는 평화의 사람이었습니다. 또한 그는 순결을 지키다가 하나님의 뜻을 따라 부친이 정해준대로 아내를 얻어 순결한 가정을 꾸렸습니다. 그러나 그는 말년에 영안(靈眼)이 어두워지기 시작했으며, 하나님의 뜻과는 달리 에서에게 장자 권을 주려고 했습니다. 그러나 이삭은 야곱과 리브가에게 속아 결국 야곱에게 축복을 해주고 말았습니다. 야곱은 여러 가지 면에서 우리와 다를 바 없는 죄 많은 인간이었습니다. 그는 시기가 많았으며, 자주 형과 다투었고, 이익을 위해서 거짓말로 자행했습니다. 그러나 하나님은 뱃속에서부터 그를 사랑하시고 그에게 장자 권을 계승할 수 있게 해주셨습니다. 우리는 야곱과 에서의 일생을 통해서 우리가 이 세상의 일시적 재물보다 영원한 하나님의 축복을 추구해야 한다는 것을 발견할 수 있습니다. 일시적 재물을 추구한 에서는 모든 것을 잃고 후회했지만, 영적인 축복을 추구한 야곱은 모든 축복을 받고 축복의 계승자가 될 수 있었습니다.

읽으며 묵상하며 : 도망자와 함께하시는 하나님(창 28:10–22)

내가 너와 함께 있어 네가 어디로 가든지 너를 지키며 너를 이끌어 이 땅으로 돌아오게 할지라 내가 네게 허락한 것을 다 이루기까지 너를 떠나지 아니하리라 하신지라 창 28:15

야곱은 하란으로 길을 떠나던 중 벧엘에서 유숙하다 꿈에서 하나님을 만나 언약을 받습니다. 이에 야곱은 하나님께 예배하고 신앙을 서원합니다.

야곱은 저주를 무릅쓴 리브가의 도움으로 언약의 계보를 잇는 합법적인 권리를 계승했지만, 이것은 도둑질한 결과였으므로 그 응분의 대가를 지불해야 했습니다. 이제 그는 하란에서의 수고를 통해 죄의 대가를 지불하고 진정한 언약의 후사가 될 자질을 연마해야 했습니다.

이 사실은 언약의 후사가 될 합법적인 권리를 갖고 있지 못했던 우리가 우리를 위해 사망의 저주를 무릅쓰신 예수 그리스도의 도움으로 구원의 언약을 소유한 이후에도 언약의 후사가 될 자질을 갖추기 위해 고난과 연단을 받을 필요가 있다는 사실을 짐작하게 해 줍니다. 따라서 우리는 밧단아람에서 수고하는 야곱의 모습을 통해서 우리가 이 땅에서 얼마나 성실하고 신실한 삶을 살아야 하는지를 배워야 합니다.

한편 오늘 본문은 사기와 도둑질을 통해서 모든 것을 얻으려 했던 야곱이 결국 모든 것을 잃고 도망치는 모습을 보여 줍니다. 그런데 하나님이 야곱의 꿈속에 나타나셨습니다. 그리고 아브라함과 이삭에게 주신 언약을 야곱과도 맺어 주시고 평생 그와 동행해 주실 것을 약속해 주셨습니다. 야곱이 부당하게 빼앗은 장자의 축복을 하나님께서 인정해 주시는 순간입니다.

꿈에서 깨어난 야곱은 자신이 누워 있던 그곳이 바로 하나님의 전이요 하늘의 문이며 하나님을 만나고 천국에 들어가는 곳임을 깨달았습니다. 야곱은 여호와만을 하나님으로 섬길 것과 벧엘을 하나님의 전으로 세울 것을 서원합니다. 야곱의 일생은 이제 이 벧엘을 중심으로 돌아가게 됩니다.

그렇다면 당신이 돌아가야 할 당신의 벧엘, 하나님과 첫 만남을 가졌던 장소는 어디입니까? 그리고 당신이 회복해야 할 첫사랑은 어떤 것입니까? 당신에게 주신 하나님의 언약과 그 언약을 이루시기 위한 하나님의 열심을 기억하고 당신의 벧엘로 돌아갈 길을 찾아보십시오.

– 「묵상하는 사람들, 메시지」, 프리셉트, 2005. 06. 05.

살며 생각하며 : 무디의 하나님

복음 전도자로 널리 알려진 무디의 집에 화재가 난 적이 있었습니다. 다행히 대낮에 일어난 일이라 인명 피해는 없었지만 삽시간에 불길이 번져 아무런 물건도 구해내지 못했습니다. 뒤늦게 달려온 무디를 향해 이웃집 사람이 위로의 말을 했습니다.

"선생님, 참으로 순식간에 일어난 일이었습니다. 아무것도 구하질 못했으니 어떻게 하죠. 정말 뭐라고 위로의 말씀을 드려야 할지…."

잠자코 불에 탄 집을 바라보며 이야기를 듣고 있던 무디가 조용히 입을 열었습니다.

"정말 그렇군요. 하나도 남은 게 없습니다. 하지만 어디든 나와 함께 하시겠다고 약속하신 하나님이 지금 내 곁에 계시는데 제게 무슨 걱정이 있겠습니까?"

무디는 그의 소유물 그 어떤 것보다도 하나님을 가장 소중하게 생각했던 것입니다. 따라서 하나님이 계시니 다른 모든 것들이 없어진다 해도 괜찮았습니다.

이후로도 무디는 하나님을 가장 소중히 여기며 살아갔습니다.

– 「그랜드 종합주석」 1권, 성서교재간행사, p659

Day : 1주(토)

찬송 : (새)260장, (통)235장 / (새)202장, (통)241장

01

■ 이번 주 읽은 성경 요약 및 못 읽은 부분 읽고, 한 주간 생활 묵상하며 가정 예배드리기

■ **주제 : 성경의 능력**(딤후 3:10–17)

읽으며 묵상하며 : 성경의 능력(딤후 3:10–17)

확신한 일에 거하라

바울은 디모데가 자신의 가르침뿐 아니라, 행동, 중심의 소원, 믿음, 참음, 사랑과 인내를 알고 있다고 말합니다(10). 참으로 바울은 가장 가까이 있는 디모데가 인정할 수밖에 없던 경건한 사람이었습니다. 하지만 바울은 디모데가 자신에게 있는 핍박과 고난들 역시 잘 알고 있다고 지적하고 있습니다(11). 이 같은 사실을 환기시킨 바울은 중요한 영적 법칙 한 가지를 제시하고 있습니다. 그것은 그리스도 예수 안에서 경건하게 살고자 하는 자는 반드시 박해를 받게 되어 있다는 것입니다(12). 경건과 세속은 절대로 병립할 수 없는 것입니다. 그러므로 만약 우리에게 박해가 전혀 없다면 자신이 경건의 모양은 있으나 경건의 능력은 부인하고 있는 자가 아닌지 의심해 보아야 합니다. 바울은 세속적인 사람이라고 고통이 없는 것은 아니라고 지적합니다. 그들 역시 남을 속이기도 하지만 또한 속기도 하면서 고통하게 되어 있기 때문입니다(13절). 그러므로 바울은 디모데에게 그가 배워서 확신한 '십자가의 도'와 의를 위해 핍박받는 삶에 견고히 머물라고 권면하고 있습니다(14절).

성경의 능력

바울은 디모데에게 그가 어려서부터 가까이했던 성경은 믿음으로 말미암아 구원에 이르는 지혜가 있게 한다고 말합니다(15절). 왜냐하면 성경은 하나님의 감동으로 기록된 책이기 때문입니다(16절). 이 말은 교육, 시대 배경, 개성과 문체가 각기 다른 기록자에 의해 쓰였지만 성령의 도우심으로 오류 없이 하나님의 뜻을 드러내게 되었다는 것입니다.

16절에서 바울은 성경이 가지고 있는 4가지 유익을 설명합니다. '교훈'은 무엇이 옳고 선택할 만한 것인지를 알게 한다는 의미이며, '책망'은 어디서부터 빗나갔는지를 지적한다는 뜻입니다. '바르게 함'이란 빗나간 곳에서부터 바른 곳으로 되돌리게 하는 것을 말하며, '의로 교육'한다는 것은 의롭게 살아갈 수 있도록 가정교사처럼 지도한다는 의미입니다.

17절은 성경이 우리를 두 가지 면에서 온전하게 할 수 있다고 말하고 있습니다. 먼저,

성경은 우리를 인격적인 면에서 하나님의 사람으로서 온전케 해 줍니다. 또한 성경은 능력면에서 우리가 모든 선한 일을 행할 수 있는 능력을 갖게 합니다. 성경은 신자가 가진 가장 큰 보배입니다.

– 「GT, 세계를 품는 경건의 시간」, GTM, 2008. 04. 28.

살며 생각하며 : 한 책의 사람, 요한 웨슬리

감리교의 창시자인 요한 웨슬리는 그의 일기에서 "나의 근거는 성경이다. 그렇다, 나는 성경고집쟁이이다. 나는 큰 일이 건 작은 일이 건 모든 일에 있어서 성경을 따른다(My ground is the Bible. Yea, I am a Bible-bigot. I follow it in all things, both great and small.)."라고 고백했습니다. 그리고 그는 한 편지에서 스스로를 가리켜 "한 책의 사람(homo unius libri)"이라는 유명한 말을 했습니다. 그가 "한 책의 사람"이 되기 위하여 상대적으로(comparatively) 다른 책을 보지 않기로 결심했다고 했습니다. 그렇다고 해서 그가 성경 외의 다른 책을 읽지 않았다는 말이 아닙니다. 그는 그의 삶의 모든 가치와 판단의 기준을 성경에 두었습니다. 그의 별명은 "성경 벌레(Bible-moths)"였습니다. 웨슬리는 많은 설교문을 남겼습니다. 그는 철저하게 성경 중심적인 설교를 했습니다. 그리고 그는 신약성경 주석과 구약성경 주석을 썼습니다. 구약성경 주석은 많은 부분 주로 매튜 헨리의 주석에 의존했습니다. "구약성경 주석으로는 매튜 헨리 주석만한 것이 없다. 다른 주석 책을 쓸 필요성을 느끼지 않는다."고 했습니다. 1791년, 웨슬리는 영국의 웨스트민스터 사원에 묻혔습니다. 그의 무덤에 기념비가 세워졌는데, 여기에 그가 남긴 세 가지 말이 새겨져 있다고 합니다.

"세계는 나의 교구다."

"하나님은 당신의 일꾼을 땅에 묻으신다. 그러나 당신의 일은 계속해 나가신다."

"세상에서 가장 좋은 것은 하나님이 우리와 함께 하신다는 것이다."

그는 예수 그리스도의 복음으로 세계를 경영했던 사람입니다. 그리고 그는 "한 책의 사람"이었고, 그의 생의 중심(中心)과 생각의 중심에는 하나님의 말씀이 있었습니다. 그에게 있어서 하나님의 말씀은 모든 가치와 판단의 기준(基準)이었습니다.

돌아보며 다짐하며 : 어떤 꿈을 꾸셨습니까?

2006년 1월 1일 새벽. 해가 바뀌어도 자연은 여전합니다. 아무것도 변한 것은 없습니다. 다만 어떤 꿈을 갖고 시작하느냐에 따라 평범한 한 해가 되기도 하고, 의미 있는 한 해가 되기도 합니다. 의미 있는 한 해가 되기 위해서는 지난해를 어떤 자세로 마감 했느냐가 중요합니다. 건전하고 올바른 생각에서 좋은 꿈이 생기고 좋은 결과를 기대 할 수 있습니다. 지난해에 받은 은혜를 생각해 봅시다. 하나님의 은혜, 부모님의 은혜, 스승의 은혜, 동료들의 은혜, 친구들의 은혜, 이웃의 은혜, 등으로 한 해를 마감했다고 생각하니 나의 수고는 그 많은 은혜에 묻히는 아주 작은 것임을 깨닫게 됩니다.

"나 가진 재물 없으나, 나 남이 가진 지식 없으나, 나 남에게 있는 건강 있지 않으나, 나 남이 갖고 있지 않은 것 가졌으니, 나 남이 보지 못한 것을 보았고, 나 남이 듣지 못한 음성 들었으며, 나 남이 받지 못한 사랑 받았고, 나 남이 모르는 것 깨달았네, 공평하신 하나님이, 나 남이 가진 것, 나 없지만, 나 남이 없는 것을 갖게 하셨네."

이 시는 '송명희' 씨의 찬송 시입니다. 감사의 마음은 현재의 처지에서 감사할 조건을 찾을 때 쉽게, 넘치는 기쁨을 맛 볼 수 있습니다. 이 마음은 모두를 넉넉하게 해 줍니다. 넉넉함은 훈훈한 사랑과 함께 모두를 감동시키며, 따라서 나도 할 수 있다는 희망과 용기를 갖게 합니다. 작년보다 금년이, 금년보다 내년이 더 중요한 앞날을 생각하며 분에 넘치는 요란한 꿈보다는 소박하지만 의미 있고 내가 감당할 수 있는 일을 계획하고 그 일을 수행하기 위한 구체적인 방법을 세우는 것이 바로 꿈을 키우는, 꿈이 있는 생활입니다. 어떤 꿈을 꾸셨습니까? 그 꿈이 이루어지기를…….

– 김홍근 「HK컬럼」(뉴욕 그리스도의 교회) / 2006. 1. 2.

오늘의 기도 : 전심으로 주님께 의탁하는 삶

긍휼이 풍성하신 아버지 하나님! 나는 가끔 내 생각대로 내 마음대로 판단하고 행동할 때가 있습니다. 그런 나의 행동들에 대해 후회의 고백을 할 때도 있습니다. 그것은 전심으로 주님의 손에 맡기지 않고 내 생각대로 행동하기 때문일 것입니다. 조금만 더 참고 주님께 기도드렸으면 좋았을 것을….

주님! 이제부터는 주님이 인도하시는 사랑의 손에 잡히는 내가 되게 하옵소서.

나를 인도하사 방황의 끝없는 노정에서 벗어나게 하시고, 나를 인도하사 홀로 우는 고독의 바다에서 구하옵소서. 뜻과 목적이 뚜렷한 길을 걷게 하시고 모든 의심과 두려움에서 나를 보호하여 주시옵소서. 주님! 태양의 궤도를 변함없이 맴도는 별무리들처럼 나의 속사람도 주님을 사모하고 바라보며 살게 하시고 아버지의 품을 떠난 탕자의 외로움과 헛된 수고가 주님을 떠난 사람들에게도 예외가 아닌 것을 알게 하소서.

주님! 어리석은 내가 주님 손을 잡게 하시고 주님의 길을 따르는 자가 되게 하셔서 주님이 기뻐하시고 내가 진정 행복해지는 그런 삶을 살게 하옵소서.

예수님의 이름으로 기도드립니다. 아멘.

Day : 2주(월)

찬송 : (새)384장, 434장

02

창세기 29:1-31:55 사랑과 속임수

라헬은 야곱을 만난 후에 그를 아버지 라반에게 인도했습니다. 야곱은 그 곳에 머물면서 삼촌의 양을 치게 되었습니다. 후에 야곱은 라헬을 사랑하게 되었고 라헬과 결혼하는 조건으로 삼촌을 위해서 7년을 봉사하기로 했습니다. 그러나 7년이 지난 후에 라반은 야곱을 속여서 라헬 대신 언니 레아를 야곱에게 주었습니다. 그러므로 야곱은 할 수 없이 라헬를 위해서 다시 7년 동안을 더 봉사해야만 했습니다. 이 기간 중에 하나님은 야곱에게 11명의 아들을 주셨습니다(막내아들 베냐민은 후에 베들레헴 근처에서 태어났습니다). 야곱의 아들들은 후에 이스라엘 12지파의 시조가 되었습니다. 야곱의 집안에는 다툼이 끊이지 않았습니다. 그 이유는 야곱이 언니 레아보다 동생인 라헬을 더 사랑했기 때문이었습니다. 이 혼란은 야곱의 아내들이 낳은 아들들의 이름을 통해서 그대로 나타나고 있습니다. 하나님은 동생에게 남편의 사랑을 빼앗긴 레아를 위해 4명의 아들을 주셨습니다. 레아는 4번째 아들을 낳고 더 이상 남편의 사랑을 구하지 않았습니다. 그녀는 승리의 찬송을 불렀으며, 4번째 아들의 이름을 '찬송'을 의미하는 "유다"라고 지었습니다. 라헬은 몸종을 통해 아들을 낳고 만족했으나, 레아도 다시 몸종을 통해 아들을 낳았습니다. 라헬이 낙심하여 가장 힘들 때에 하나님은 그녀에게 요셉을 주어 그녀를 위로하셨습니다. 하나님의 은총으로 야곱이 번영하게 되자 외삼촌의 가족들이 야곱을 시기하게 되었습니다. 그러자 야곱은 외삼촌이 집을 비운 사이에 몰래 가족을 데리고 밧단아람을 떠났습니다. 후에 삼촌이 이 소식을 듣고 야곱을 추격했지만, 하나님의 보호로 야곱을 해치지 못하고 평화의 조약을 맺고 돌아섰습니다.

읽으며 묵상하며 : 사랑하면 고생도 즐거움으로 (창 29:15-30)

야곱이 라헬을 위하여 칠년 동안 라반을 섬겼으나 그를 사랑하는 까닭에 칠년을 며칠 같이 여겼더라 창 29:20

라반의 집에 머물게 된 야곱은 그와 노동계약을 맺게 됩니다. 노동의 대가로 무엇을 원하느냐는 라반의 질문에, 야곱은 라헬을 요청합니다. 라헬을 사랑하게 된 야곱이 그녀를 얻기 위해 7년 동안 일하겠다는 조건을 제시한 것입니다. 당시에는 결혼을 위해 남자가 여자의 집에 지참금을 지불해야 했는데, 가진 것이 없었던 야곱은 7년간의 노동으로 이를 대신하겠다는 의도였습니다. 그리고 7년의 기간을 단 며칠 정도로 느낄 만큼 기쁘게 일합니다. 그만큼 라헬을 사랑했기 때문입니다. 라헬을 향한 야곱의 사랑은, 라반의 간계로 레아를 신부로 맞게 된 상황에서도 다시 라헬을 얻기 위해 기꺼이 7년을 더 수고하기로 결정하는 모습에서도 확인됩니다. 우리는 이러한 야곱의 모습에서 어떤 수고도 기쁨으로 감당케 하는 사랑의 능력을 봅니다. 그를 위해서라면 오랜 수고도 기쁨으로 감당할 만큼 사랑하는 사람이 있습니까? 하나님을 사랑하기 때문에 내가 감당하고 있는 수고는 무엇입니까?

라반은 다양한 간계를 부리며 자기의 이익을 챙기는 일에 몰두합니다. 반면에 야곱은 억울한 속임을 당하면서도 목적의 성취를 위해 이에 순응합니다. 그러는 사이에 약속한 7년이 지나갑니다. 그러나 라반은 약속한 라헬이 아닌, 레아를 야곱에게 줍니다. 그리고 나서도 언니보다 동생을 먼저 시집보내지 않는 당시의 관습을 들어 변명합니다. 그러나 이것은 야곱을 더 부려먹으려는 간계일 뿐이었습니다. 만약 법을 그렇게 중요시했다면 야곱과 처음 계약을 맺을 때 이를 언급했어야 했습니다. 예전에는 속임수를 써서 자기의 목적을 이루었던 야곱이, 이제는 속임을 당하면서 자기 목적을 이루고자 애씁니다. 이는 죄에는 반드시 값이 있음을 알게 하는 동시에, 하나님의 약속의 성취를 위해 택함 받은 사람에 대한 하나님의 연단의 손길을 보게 합니다. 하나님의 약속을 붙들기보다 눈앞의 이익을 위해 잔꾀를 부리지는 않습니까? 나는 요즘 어떤 연단을 받고 있습니까?

– 「생명의 삶」 말씀해설, 두란노서원, 2005. 03. 02.

살며 생각하며 : 연애의 대상

세기적 사랑이라고 불리는 영국 에드워드 왕자의 러브 스토리를 기억하십니까? 그가 사랑에 빠지게 된 대상은 월리스 심프슨이라는 미국 여성이었습니다. 그런데 그녀는 이미 결혼한 경험이 있는 이혼녀였습니다. 1936년, 영국의 국왕이 된 에드워드는 왕가의 반대를 무릅쓰고 마침내 BBC 방송을 통해 자신의 태도를 국민들에게 발표합니다.

"사랑하는 여성의 도움 없이 영국 국왕으로서의 의무를 다하는 것은 불가능합니다."

결국 에드워드는 한 여인을 향한 사랑 때문에 왕관을 포기하고 국외로 추방되었습니다. 두 사람은 프랑스에서 소박한 결혼식을 올린 후 윈저 공작 부처로서 살았습니다. 그러나 뒷이야기는 좀 다릅니다. 그는 자신의 모든 것을 희생하고 포기하면서 한 여인과의 사랑을 선택했지만, 여생은 그리 행복하지 못했습니다. 이처럼, 세상의 그 어떤 대상을 위해 자신의 모든 것을 희생해도 전혀 아깝지 않다고 생각할 수는 있지만 실상 그렇지 못한 경우가 더 많습니다.

그렇다면 진정으로 내가 이 땅에 살면서 한번 연애해 볼 만한 대상은 없다는 말입니까? 있습니다. 그분은 바로 예수 그리스도이십니다. 역사가 시작된 이래로 예수 그리스도를 사랑한 사람치고 후회했다는 사람은 한 사람도 없습니다. 지금 그 진정한 사랑의 대상이 당신의 마음 문을 두드리고 있습니다. 문만 여시면 됩니다. 그리하여 사랑의 대상이신 주님을 만나, 내 삶이 온전히 바뀌는 은혜를 맛볼 수 있기 바랍니다.

옥성석/「하나님 앞에 무릎을 꿇은 사람, 야곱」 -「생명의 삶」, 두란노서원, 2005. 3. 2.

정리하며 확신하며 : 남편으로서 아내를 귀중히 여겨야 할 이유

	남편이 아내를 귀중히 여겨야 할 이유	참고 성경 구절
1	하나님의 형상을 따라 지음받은 존재이기 때문에	창 1:26
2	하나님이 서로 돕는 배필로 주신 자이기 때문에	창 2:28-24
3	동등한 인격을 소유한 자이기 때문에	창 2:22-24
4	하나님이 두 사람 사이를 증거하셨기 때문에	말 2:14, 15
5	하나님을 위한 동역자이기 때문에	롬 16:3, 4
6	남자보다 연약하기 때문에	벧전 3:7
7	함께 생명의 은혜를 유업으로 받을 자이기 때문에	벧전 3:7

-「그랜드 종합주석」 No.16, 성서교재간행사, p388

Day : 2주(화)

찬송 : (새)400장, 463장

02

창세기 32:1–36:43 역대기상 1:28–2:2 천사와의 씨름

밧단아람을 떠난 야곱은 가족에게 자기의 귀향 소식을 알렸습니다. 그때에 형 에서는 400명의 군사를 이끌고 야곱이 있는 곳으로 달려왔습니다. 야곱은 그 소식을 듣고 두려워서 재산과 가족을 먼저 보내고 얍복강에 홀로 남았습니다. 그는 밤새 얍복강에 머무르면서 고민을 하다가 천사를 만나 씨름을 하고 축복을 받게 되었습니다. 그때에 천사는 야곱의 이름을 '이스라엘'로 바꾸라고 지시하였습니다. 이때부터 야곱은 축복받은 새로운 사람으로 거듭났습니다. 그는 다음 날 아침에 하나님의 은혜로 형 에서와 화해를 할 수 있었습니다.
그러나 야곱은 자신이 서원했던 벧엘로 가지 않고 숙곳으로 가서 그곳에 머물렀습니다. 그런 그는 그곳에서 딸이 강간을 당하는 재난을 당하고, 가나안 주민과 전쟁에 휘말리고 말았습니다. 그 후에 여호와께서 야곱에게 나타나셔서 벧엘로 올라가라고 지시하셨습니다. 야곱은 하나님의 지시를 듣고 마침내 모든 우상을 버리고 벧엘로 올라가서 하나님께 경배를 드렸습니다. 그 후에 라헬이 베냐민을 낳다가 죽고 말았으며, 잠시 후에 아버지 이삭도 죽고 말았습니다. 이에 야곱은 형 에서와 함께 사이좋게 아버지 이삭을 장사지냈습니다.

읽으며 묵상하며 : 당신은 누구와 씨름하십니까(창 32:16–32)

야곱은 홀로 남았더니 어떤 사람이 날이 새도록 야곱과 씨름하다가 창 32:24

에서의 환심을 사서 화해를 이루려던 시도가 실패로 돌아가자, 야곱은 더 치밀한 전략으로 에서와의 만남을 준비합니다(32:16-23). 그것은 한쪽으로는 에서의 마음을 누그러뜨리기 위해 더 치밀한 전략을 구사하면서 다른 한쪽으로는 만일의 경우에 대비한 안전장치를 마련하는 것이었습니다. 첫 번째 시도가 수포로 돌아가자 하나님께 언약을 내세우며 간절히 애원하던 야곱이 또다시 자신의 잔꾀를 의지하는 모습을 보입니다.

야곱의 이러한 모습은 그가 아직도 얼마나 더 연단을 받아야 하고 변화해야 하는가를 보여 줍니다. 또한 에서를 속인 과거로 인해 괴로움을 당하고 있는 야곱을 통해 하나님의 약속을 기다리지 않고 자기의 방법으로 하나님을 앞서가며 저지른 실수들이 얼마나 아픈 결과를 가져오는가에 대한 경고도 들려줍니다. 나는 두려움과 낙담 가운데서도 여전히 하나님을 의지합니까? 아니면 또 하나님을 제쳐두고 인간적인 전략들을 구사합니까?

이때 하나님께서 야곱을 다루시기 시작합니다. 얍복 나루터에서 천사의 모습으로 나타나 야곱과 씨름합니다. 이 일은 야곱이 혼자있는 밤에 일어났습니다. 이것은 야곱의 성품을 변화시키는 하나님의 방법이었습니다. 야곱의 근본적인 문제는 하나님과의 씨름을 통한 변화가 없었다는 데 있습니다. 그러므로 에서와의 문제를 해결하기 위한 근본적인 해결책은

에서를 상대로 씨름하는 것이 아니라 하나님을 상대로 씨름하는 것이었습니다(32:24-32). 이 씨름으로 인해 야곱은 평생 다리를 저는 장애를 얻었으나 그 성품이 하나님의 축복을 받는 사람으로 변화되는 은혜를 입었습니다. 그리고 야곱에게는 '이스라엘'이라는 새 이름이 주어졌습니다. 무엇이 더 우선적인가, 무엇이 더 근본적인 문제인가를 분별하며 사는 것이 중요합니다.

문제가 생기면 무조건 다른 사람이나 환경을 탓하지는 않습니까? 나 자신이 하나님 앞에서 변화되는 것이 근본적인 해결책임을 깨닫고 있습니까?

– 「생명의 삶」 말씀해설, 두란노서원, 2005. 03. 11.

살며 생각하며 : 불가능 작전을 성공으로 이끈 기도

미국의 제32대 대통령 프랭클린 루스벨트는 비록 소아마비 장애인으로 불편하게 걸어 다니는 어려움을 겪었지만 매일 기도하는 독실한 기독교인으로 살았습니다. 그가 대통령으로 재임 중이었을 때 제2차 세계대전이 일어나 많은 사람이 괴로움을 당하고 있었습니다.

1944년 6월 6일 연합군은 아이젠하워 사령관의 총지휘하에 대규모의 노르망디 상륙작전을 전개했습니다. 프랑스의 북서쪽에 자리 잡고 있는 노르망디 해안은 험한 절벽이었고 상륙작전 전날 밤은 폭우 안개 등으로 도저히 작전을 수행하기 어려운 상황이었습니다. 이런 상황을 접한 지도자들은 이 중요한 작전의 성공을 위해 각각 하나님께 기도하기로 합의하고 기도시간을 가졌다고 합니다.

루스벨트 대통령도, 영국의 처칠 수상도, 아이젠하워 사령관도 모두 전쟁의 승리를 위하여 기도했습니다. 특히 루스벨트 대통령은 집무실에서 17시간이나 꼼짝하지 않고 기도를 드렸습니다. 믿음의 기도를 들은 하나님은 결국 이 상륙작전이 승리하도록 도와주셨습니다.

지금도 하나님은 "구하라 그리하면 너희에게 주실 것이요 찾으라 그리하면 찾아낼 것이요 문을 두드리라 그리하면 너희에게 열릴 것이니 구하는 이마다 받을 것이요 찾는 이는 찾아낼 것이요 두드리는 이에게는 열릴 것이니라"(마 7:7)고 약속하고 있다.

– 고수철 목사(흑석동제일교회 담임목사)

Day : 2주(수)

찬송 : (새)382장, 432장

02

창세기 37:1–41:57 꿈과 해몽

약속된 땅으로 돌아온 후에 야곱은 12아들 중에서 특히 요셉을 편애했습니다. 왜냐하면 요셉은 사랑하는 아내 라헬이 말년에 낳은 아들이었기 때문입니다. 그러므로 다른 아들들이 요셉을 시기하고 미워했습니다. 요셉의 형들은 기회를 만들어 요셉을 잡아두었다가, 애굽으로 가던 대상들에게 노예로 팔아버렸습니다. 요셉의 형들은 요셉의 옷에 피를 묻혀서 아버지 야곱에게 가져갔습니다. 야곱은 그 옷을 보고 요셉이 맹수에게 찢겨죽었다고 생각하고 크게 슬퍼했습니다. 수십 년 전에 자기 아버지를 속였던 야곱은 똑같이 자기 자녀들에게 속임을 당했습니다. 애굽에 도착한 요셉은 보디발에게 팔려 그의 종이 되었습니다. 그러나 요셉은 하나님의 도우심으로 후에 그 집의 총리가 되었습니다. 그러나 요셉은 그의 아내의 유혹을 거절하여 억울하게 누명을 쓰고 2년 동안 감옥에 갇혀 지냈습니다. 이 일은 요셉을 바로 앞에 세우기 위한 하나님의 섭리였습니다. 때가 되자 하나님은 바로가 꿈을 꾸게 만들고, 요셉을 통해서 그 꿈을 해석하게 하셨습니다. 이로 인해 요셉은 애굽의 총리가 될 수 있었습니다. 요셉은 애굽을 잘 다스려서 풍년이 든 동안에 많은 곡식을 저장해 두었습니다.

읽으며 묵상하며 : 고난 중에 임하는 은혜와 인내(창 40:1–23)

> 바로의 술 맡은 관원장은 전직을 회복하매 그가 잔을 바로의 손에 받들어 드렸고 떡 굽는 관원장은 매달리니 요셉이 그들에게 해석함과 같이 되었으나 술 맡은 관원장이 요셉을 기억하지 못하고 그를 잊었더라 창 40:21–23

요셉이 감옥에 갇히게 되었으나 거기서도 하나님의 은혜를 입고 고관들의 꿈을 해석해 줄 기회를 얻게 됩니다. 오늘 본문은 꿈꾸는 자 곧 꿈을 이루어 가는 자는 타인의 꿈을 밝혀 주고 성취시키는 데 도움을 주는 존재가 되어야 함을 보여 주고 있습니다.

하나님은 억울한 누명을 쓰고 옥에 갇힌 요셉을 형통케 하셨을 뿐 아니라 타인의 꿈을 해석할 수 있는 능력을 주셨습니다(8절). 하나님이 주신 꿈으로 인해 타인의 비전과 장래 일을 조망하고 그의 마음을 이끌어 주는 능력을 갖게 된 것입니다. 이 능력으로 말미암아 요셉은 술 맡은 관원장과 떡 굽는 관원장의 꿈을 해석해 줍니다. 그 꿈은 술 맡은 관원장이 다시 복직될 것과 떡 굽는 관원장이 곧 죽음에 처하게 될 것을 보여주는 꿈이었습니다.

대부분의 사람들은 꿈을 통해서 미래를 아는 것을 비현실적인 방법으로 생각합니다. 그러나 하나님은 그분의 뜻을 이뤄 가시는 방법으로 꿈을 사용하셨습니다. 우리가 고난 자체로 인해 낙심하지 않고 고난 중에 임하시는 하나님의 은혜를 사모하며 감당할 때, 그 고난은 오히려 승리의 기폭제가 될 것입니다.

요셉의 해석대로 술 맡은 관원장은 복직이 되고 떡 굽는 관원장은 죽임을 당했습니다(21-22절). 요셉은 이 사건을 통해 그의 꿈 해몽 능력, 곧 미래 예측 능력을 분명히 입증해 보였습니다. 뿐만 아니라 이 능력을 가지고 술 맡은 관원장에게 큰 은혜를 끼쳤습니다. 그러나 요셉의 능력과 은혜에도 불구하고 술 맡은 관원장은 요셉을 잊어버리고 맙니다(23절).

이 말씀은 우리가 그 능력과 성실성을 입증하고 사람들을 선대하여 은혜를 베풀더라도 그 결과가 즉시 찾아오지 않을 수 있다는 사실을 일깨워 줍니다. 그러나 이 막연한 인내의 시간에도 우리는 낙심치 말고 굳은 믿음으로 하나님의 때를 기다려야 합니다.

–「묵상하는 사람들, 메시지」, 프리셉트, 2005. 07. 06.

살며 생각하며 : 끝없는 도전

1920년 무렵, 덴마크에 경제공황이 닥쳐 온 나라가 어려움을 겪게 되었습니다. 건축업계는 공황을 이기지 못하고 붕괴되고 말았습니다. 그때 목공소를 운영하고 있었던 사람이 있었습니다. 그는 건축업계가 붕괴되자 다른 일을 찾아야 했고, 그래서 그는 장난감 공장으로 업종을 바꾸었습니다. 그런데 얼마 되지 않아 장난감 공장이 불에 타버리고 말았습니다.

그래도 그는 실망하지 않고 전부터 하던 조그만 플라스틱 장난감 만드는 일을 다시 시작했습니다. 그 사업은 날로 성장하여 오늘날 연간 매출액이 10억 달러에 이르게 되었습니다. 이 회사가 '레고'라는 이름의 장난감 회사입니다. 많은 실패를 당하였으나 포기하지 않고 끊임없이 도전하여 마침내 세계적인 장난감 회사로 성공하게 되었습니다.

– 하천덕 편저, 「키워드로 불러보는 설교 예화」, 아가페, p45

Day : 2주(목)

찬송 : (새)84장, 96장

02

창세기 42:1–45:28 애굽의 히브리인 총리

마침내 온 땅에 심한 기근이 들게 되었습니다. 그러나 애굽은 요셉이 저장한 곡식으로 흉년을 무사히 넘길 수 있었습니다. 같은 시기에 가나안에도 흉년이 들어 요셉의 형제들은 곡식을 사기 위해서 애굽으로 갔습니다. 그때 요셉은 애굽의 식량을 주관하는 총리가 되어 있었습니다. 요셉은 자기 형들이 곡식을 사러 온 것을 보고 그들의 마음을 알아보기 위해 그들을 첩자로 몰았습니다. 계속해서 곤경에 빠지게 된 형제들은 자신들이 전에 요셉에게 한 일을 기억하고, 그 형벌을 받고 있다고 생각했습니다. 그들은 그 동안 요셉이 생각날 때마다 양심의 가책을 받아왔었습니다. 요셉은 형제들을 몇 번 시험해보고 그들이 자기 동생 베냐민을 사랑하고 있다는 것을 확인했습니다. 마침내 그는 형제들에게 자신의 정체를 밝히고, 아버지와 모든 가족을 애굽으로 모셔오라고 지시했습니다. 요셉은 하나님께서 자기 가족을 보호하기 위해서 먼저 자기를 애굽에 보내셨다는 것을 깨닫게 되었습니다. 하나님은 이 일을 위해서 요셉을 애굽에 보내셨으며 항상 요셉과 함께 동행해 주셨습니다. 이러한 일은 환난을 당하는 성도들에게 큰 위로를 주는 메시지가 될 수 있습니다.

읽으며 묵상하며 : 사랑과 용서의 화합(창 45:1–15)

요셉이 그 형들에게 이르되 나는 요셉이라 내 아버지께서 아직 살아 계시니이까 형들이 그 앞에서 놀라서 대답하지 못하더라 요셉이 형들에게 이르되 내게로 가까이 오소서 그들이 가까이 가니 이르되 나는 당신들의 아우 요셉이니 당신들이 애굽에 판 자라 당신들이 나를 이 곳에 팔았다고 해서 근심하지 마소서 한탄하지 마소서 하나님이 생명을 구원하시려고 나를 당신들보다 먼저 보내셨나이다 창 45:3–5

그리스도인은 인격과 신앙으로 사람을 살려야 합니다. 요셉은 형들의 회개, 가족의 생명 보호, 애굽과 주변국을 기근으로부터 구원하는데 귀하게 쓰임을 받았습니다. 요셉은 고결한 인격을 가졌습니다. 자신의 청춘을 빼앗아갔던 형들을 용서하고 돌보는 마음은 우리의 눈시울을 적시게 합니다. 그는 형들의 회개를 위해서 오랜 시간을 두고 준비하였고 많은 노력을 기울였습니다. 그러기에 형들의 회개를 확인하였을 때 정을 억제하지 못하고 방성대곡하였고, 급기야는 형들과 입 맞추고 얼싸안고 울었습니다. 그는 원수 같은 형들을 사랑하였기에 회개하도록 도왔고, 회개하였을 때 과거의 모든 죄를 용서하고 그들을 가슴으로 품었던 것입니다. 그리고 그는 아버지와 아버지의 가족과 아버지의 모든 소속을 돌보는 책임을 지겠다고 말합니다(11절). 요셉은 형들을 용서할 뿐만 아니라 형들의 장래를 돌보아 줄 것을 약속하였습니다. 애굽의 총리로서 막강한 권력과 힘을 가지고 있지만 70

여 명이나 되는 대가족을 돌아본다는 것은 쉬운 일이 아닐 것입니다. 우리가 자신에게 엄청난 고통을 주었던 사람들을 용서하고 돌아본다는 것은 결코 쉬운 일이 아닙니다. 정말 아름답고 감동적인 인격은 용서와 돌봄에 있습니다. 우리는 서로 용서하지 못하고 다투고 싸우는 세상에서 용서와 돌봄의 인격을 가져야 합니다.

요셉은 믿음의 연단을 많이 받은 사람입니다. 아버지 야곱에게서 신앙의 기초를 쌓았다면, 노예로 팔려 보디발의 집과 감옥에서 수년 동안 믿음의 연단을 받았습니다. 그는 억울한 일을 당할 때 괴롭고 고통스러웠을 것입니다. 그러나 그는 하나님께 원망하지 않았고 하나님께서 함께 하심을 의심하지 않았습니다. 하나님의 뜻이 있을 것이라고 믿고 믿었습니다. 그렇게 믿음의 눈으로 현실의 상황을 바라기에 하나님의 섭리가 있음을 발견하게 된 것입니다. 요셉이 형들에게 "당신들이 나를 이곳에 팔았음으로 근심하지 마소서 한탄하지 마소서 하나님이 생명을 구원하시려고 나를 당신들 앞서 보내셨나니…그런즉 나를 이리로 보낸 자는 당신들이 아니요 하나님이시라…"(5, 8절) 고백한 것은 하나님의 섭리를 믿는 신앙을 분명히 보여주는 것입니다. 이러한 신앙의 바탕에서 고결한 인격도 형성된 것입니다. 우리는 하나님께서 살아계셔서 우주와 인간 역사를 섭리하시며, 나의 삶을 섭리하고 있음을 믿어야 합니다. 현재 자신이 처한 환경이나 형편가운데서도 하나님의 뜻이 있음을 알아야 합니다. 하나님의 섭리를 믿는 것은 하나님께서 하시니까 가만히 쳐다만 보고 있는 것이 아닙니다. 하나님을 믿고 어떤 경우에도 낙심치 않고 자신에게 주어진 처지에서 성실과 믿음으로 살아야 합니다. 성실과 믿음으로 하나님의 섭리에 쓰임 받으시길 바랍니다.

당신은 용서할 수 없었던 사람을 용서하신 적이 있습니까? 어떻게 하나님의 섭리를 경험할 수 있을까요?

– 「일용할 양식」 말씀 묵상, 기독대학인회(ESF), 2007. 4. 18.

살며 생각하며 : 아버지의 용서

인도 선교사로 활약하던 스탠리 존슨 박사가 기차를 타고 여행을 하는데, 그의 앞에 피골이 상접한 젊은 청년이 자리에 앉았습니다. 서로 인사를 나누고 선교사는 자신이 목사인 것을 알리며 청년에게 "어디를 가느냐"고 길을 물었습니다.

그 청년은 자신의 이야기를 시작했습니다. 그는 부자 집 외아들로 고이 자라다가 친구를 잘못 사귀어서 나쁜 일을 많이 하고 나중에는 형무소에서 징역을 사는 전과자가 되었습니다. 화가 난 아버지는 그를 집에서 쫓아냈습니다. 어머니는 노잣돈을 주머니에 넣어주면서 "아버지의 화가 풀릴 때까지 나가있으라"고 했습니다.

이 청년은 아버지에게 보복할 결심으로 멋지게 살아 보리라고 갖은 노력을 했으나 무서운 타락 생활은 계속되었고 몸은 병들어 쇠약해졌습니다. 아무리 애를 써도 자신의 힘으로는 어찌할 도리가 없음을 알고 어머니에게 그의 기막힌 처지를 편지로 쓰고 아버지의 용서를 한번만 더 요청해 달라고 사정을 하기로 했습니다. 그는 "만일 아버지가 용서해 주신다면 우리 집 뒤에 있는 배나무 가지에다 흰 헝겊을 하나 걸어 놓으면 그것이 아버지의 용서의 표식으로 알고 집에 들어가 착실한 아들 노릇을 하겠습니다. 하지만 만일 용서해 주시지 않는다면 자살을 선택하겠습니다." 는 편지를 보내고, 오늘이 고향에 가기로 약속한 날이라고 하면서 "목사님, 저의 집 뒤에 배나무를 쳐다보아 주십시오. 저는 차마 쳐다볼 수가 없습니다."고 애원했습니다.

존슨 목사는 청년을 위하여 간절히 기도 했습니다. 기차가 도착한 후, 존슨 목사는 청년의 집 뒤의 배나무를 쳐다보았습니다. 흰 옷감들이 가지가지 나무에 매달려 있는 것을 발견하고 그 청년에게 알리면서 기뻐하라고 했습니다. 그 청년은 눈물을 흘리며 목사님도 함께 집으로 가자고 권하였습니다.

청년은 어머니에게 "어찌하여 가지에 하나만 매달지 않고 가지가지에 흰 옷감을 매달았느냐"고 물으니 어머니의 대답이 아버지의 용서하심을 듣고 한 가지에다 흰 헝겊을 매달고 와서 밤에 생각해보니 바람이 불어서 그 헝겊이 보이지 않으면 자살할까 두려워서 홑이불을 갈기갈기 찢어서 가지가지에 매어 달았다는 것이었습니다. 그때 청년은 비로소 어머니의 무릎에 얼굴을 묻고 흐느껴 울면서 회개하고 새 사람이 되어 예수님을 잘 믿고 부모님께 효도하며 살았다는 이야기입니다.

이 이야기는 스탠리 존슨 목사의 선교 역사에 있는 실화입니다. 우리가 하나님의 사랑을 알게 되면 하나님 앞으로 안심하고 나갈 수 있습니다. 그가 우리의 죄를 용서해 주심을 믿기 때문입니다.

–「기독교 문장 대백과사전」 16권, 성서연구사, p692

Day : 2주(금)

찬송 : (새)360장, 402장

02

창세기 46:1–50:26 애굽 땅의 하나님 백성들

마침내 야곱의 가족은 요셉이 있는 애굽으로 오게 되었습니다. 그들은 바로 왕의 허락을 받아 애굽에서 가장 비옥한 고센 땅에 머무를 수 있었습니다. 요셉은 풍년 기간 동안에 저장해 놓은 곡식으로 7년 동안의 흉년을 지혜롭게 대처해 나갔습니다. 그때에 요셉은 이스라엘뿐 아니라 온 세상의 구주였습니다. 요셉은 야곱이 나이가 들자 두 아들을 데리고 문안을 드렸습니다. 그때에 야곱은 요셉의 두 아들을 여호와의 이름으로 축복해 주었습니다. 그 후에 야곱은 자신이 죽을 때가 된 것을 알고, 12아들에게 축복해 주었습니다. 그 후에 야곱은 세상을 떠났고, 요셉은 아버지를 가나안에 장사지냈습니다. 야곱이 죽게 되자 요셉의 형들은 보복을 두려워했습니다. 그러나 요셉은 모든 것이 하나님의 섭리였으며 따라서 형들이 걱정할 필요가 없다고 안심시켰습니다. 그는 형들에게 이렇게 말했습니다. "당신들은 나를 해하려 하였으나 하나님은 그것을 선으로 바꾸사… 구원하게 하시려 하셨나니"(창 50:20). 요셉은 영적으로 모든 일이 하나님의 섭리에 의해 일어났다는 것을 깨닫고 있었습니다. 그러므로 우리도 어떤 재난이 닥쳐와도 성급하게 판단하여 실수하지 않도록 조심해야 해야 합니다.

읽으며 묵상하며 : 뒤바뀐 축복 (창 48:8–22)

그가 요셉을 위하여 축복하여 이르되 내 조부 아브라함과 아버지 이삭이 섬기던 하나님, 나의 출생으로부터 지금까지 나를 기르신 하나님, 나를 모든 환난에서 건지신 여호와의 사자께서 이 아이에게 복을 주시오며 이들로 내 이름과 내 조상 아브라함과 아버지 이삭의 이름으로 칭하게 하시오며 이들이 세상에서 번식되게 하시기를 원하나이다

창 48:15, 16

야곱은 일반적인 원칙을 깨고 요셉의 둘째 아들 에브라임에게 축복의 우선순위를 두어 그에게 안수함으로 장자권을 계승시킵니다.

본문은 야곱이 요셉의 아들들에게 축복의 안수를 베푸는 장면을 보여주고 있습니다. 이 때 야곱과 요셉 사이에 작은 실랑이가 벌어집니다. 요셉은 아버지 야곱이 자신의 아들들을 축복하는 것을 돕기 위해 오른손과 왼손의 방향에 맞게 각각 아들들을 세웁니다(13절). 하지만 야곱은 일부러 팔을 엇바꾸어 얹어 축복의 순서를 바꾸려고 합니다(14절). 요셉은 이러한 상황을 기뻐하지 않았고(17절), 아버지에게 항의합니다(18절). 이에 야곱은 에브라임이 므낫세보다 큰 민족이 될 것을 예언하면서 축복합니다(19-20절).

우리는 여기서 하나님의 방법과 계산법이 우리의 상식을 초월한다는 진리를 확인할 수 있습니다. 하나님은 우리에게 "내 생각이 너희의 생각과 다르며 내 길은 너희의 길과 다름이니라"(사 55:8)고 말씀하십니다. 우리는 때때로 이 세상을 창조하시고 섭리하시는 하나님을 우리 생각의 범주 안에 제한시키려고 합니다. 그러나 하나님은 모든 것을 초월하시는 하나님이시므로 우리가 이해할 수 없는 일을 만나게 될 때 그 판단을 유보하고 주권이 하나님께 있음을 인정해야 합니다. 그렇지 않으면 마치 포도원 품꾼의 비유(마 20:1-16)에 등장하는 품꾼들처럼 "내 것을 가지고 내 마음대로 못한단 말이냐? 내 너그러움이 네 비위에 거슬리느냐?"(현대인의 성경-마 20:15)라고 책망을 받게 될 것입니다.

본문에서 야곱은 하나님의 인도하심에 대해 고백합니다. 하나님은 우리의 날 때부터 지금까지 함께 하셨고, 우리를 죽음과 악에서 구원하셨으며, 앞으로의 모든 삶에 함께 하시며 인도하실 것입니다. 삶의 어려운 지경에 놓여 있을지라도 늘 주님께서 우리가 이해할 수 없는 계획과 사랑으로 함께 하신다는 것을 믿고 위로와 새 힘을 얻으시길 소망합니다.

– 「묵상하는 사람들, 메시지」, 프리셉트, 2005. 07. 29.

살며 생각하며 : 쩨쩨한 하나님께 감사

더운 여름 오후, 나무 그늘 아래에서 네 명의 청년이 수박을 실컷 먹고 배가 빵빵했습니다. 모두들 나무 아래 누워서 시원한 바람을 쐬며 세월 가는 줄 몰랐습니다. 한 청년이 "저 위에 달린 것이 호두 아니야? 하나님도 쩨쩨하시지 기왕이면 수박만하게 만드셨어야지 작으니 먹을 게 있나!"하며 불평을 하자 모두 공감했습니다. 스르르 잠이 들었는데 한 차례 회오리바람이 불더니 호두 하나가 떨어져 청년의 콧잔등을 깼습니다. 벌떡 일어나 코를 만져보니 약간의 코피가 묻어나오고 옆에는 호두가 늠름하게 있었습니다. 조금 전에 한 말이 생각나서 얼른 엎드려 기도했습니다.

"호두를 작게 창조하심을 감사합니다. 호두가 수박만했다면 저는 즉사했을 겁니다."

하나님의 섭리를 우리는 다 이해하지 못합니다.

이방 바벨론을 들어 선민 이스라엘을 치신 하나님의 섭리. 다 이해 못해도 주어진 현실을 수용하고 감사하는 사람은 복이며 하나님이 그의 마음을 알아주십니다.

"범사에 감사하라. 이것이 그리스도 예수 안에서 너희를 향하신 하나님의 뜻이니라"(살전 5:18)

– 신현주 목사, 「예화 철학」, 도서출판 누가, p92

Day : 2주(토)

찬송 : (새)333장, 381장/ (새)342장, 395장

02

■ 이번 주 읽은 성경 요약 및 못 읽은 부분 읽고, 한 주간 생활 묵상하며 가정 예배드리기

■ **주제 : 인간 창조에 나타난 하나님의 설계도**(창 2:18-25)

읽으며 묵상하며 : 돕는 배필을 주신 하나님(창 2:18-25)

여호와 하나님이 이르시되 사람이 혼자 사는 것이 좋지 아니하니 내가 그를 위하여 돕는 배필을 지으리라 하시니라 창 2:18

오늘 본문은 표면적으로 하나님이 아담에게 아내를 주신 사건을 기록하고 있습니다. 그러나 이 사건의 이면에는 하나님의 인간 구원 계획 및 인간이 구원 얻는 방법 등 구원론적인 의미가 담겨 있습니다.

돕는 배필(18-20절)

18절에 보면 하나님은 아담이 배필의 필요성을 느끼기 이전에 이미 그것을 아시고, 그를 위해 배필을 지으실 계획을 하고 계심을 보게 됩니다.

하나님은 우리가 구하기 전에 무엇이 필요한지 아시는 분이시며, 이미 그것을 위해 준비하시는 분이십니다.

하나님은 당신께서 지으신 각종 들짐승과 새들을 아담에게로 보내어 이름을 얻게 하셨습니다. 이름을 부여하는 것은 그에 대한 소유권을 나타내는 행위입니다. 이처럼 하나님께서 직접 피조물의 이름을 짓지 않으시고 아담에게 위임하신 것은 인간에게 만물을 다스리는 권세를 주셨음을 보여주시는 것입니다.

한편 하나님께서 아담에게 배필을 지어 주시기 전에, 짐승들의 이름을 짓게 하신 또 하나의 이유는 모든 짐승에게 암수가 있음을 보면서 자신의 배필 없음을 스스로 깨닫게 하기 위함이었습니다(20절).

이처럼 하나님은 먼저 무엇이 필요한지 스스로 깨닫게 하시고, 그 후에 가장 좋은 것으로 채워주시므로 기뻐하며 그것을 소중히 여기게 하시는 분이십니다. 우리에게 간절한 기도가 필요한 이유는 바로 여기에 있습니다. 간절한 기도는 무언가의 필요성을 진실로 깨닫게 되었음을 가장 분명하게 보여주는 것이기 때문입니다.

둘이 한 몸을 이룰지니(21-25절)

하나님은 아담의 갈비뼈를 취하여 그의 배필을 만들어 주었습니다(21절). 아담의 몸에서 희생을 지불케 하므로 아내가 생기게 한 것입니다. 이것은 장차 그리스도께서 그 옆구리에서 물과 피를 쏟으시므로 교회가 성립될 것을 예표하고 있습니다. 아담은 이렇게 해서 얻은 아내를 "이는 내 뼈 중의 뼈요 살 중의 살이라"고 고백했습니다. 그리스도와 교회의 관계는 이처럼 밀접한 것입니다. 한편 24절에는 온전한 결혼에 대한 3대 원리가 나옵니다. 첫째, 책임을 지닌 성숙한 존재로서 부모에게서 떠나는 '독립성', 둘째, 동등한 두 인격체와 인격체가 만나는 '연합성', 세째, 두 몸이 사랑으로 온전히 하나 되는 '합일성'입니다. 이렇게 완전한 사랑에는 어떠한 부끄러움도 없습니다.

– 「GT, 세계를 품는 경건의 시간」, GTM, 2004. 01. 07.

살며 생각하며 : 부부가 함께 보면 좋은 글

세상에 이혼을 생각해보지 않은 부부가 어디 있으랴... 하루라도 보지 않으면 못 살 것 같던 날들은 흘러가고 고민하던 사랑의 고백과 열정 모두 식어가고, 습관에 의해 사랑을 말하면서 근사해 보이는 다른 부부들 보면서 때로는 후회하고 때로는 옛사랑을 생각하면서 관습에 충실한 여자가 현모양처고 돈 많이 벌어오는 남자가 능력 있는 남자라고 누가 정해놓았는지...

서로 그 틀에 맞춰지지 않는 상대방을 못 마땅해 하고 자신을 괴로워하면서, 그러나 다른 사람을 사랑하려면 처음부터 다시 시작하기 귀찮고 번거롭고 어느새 마음도 몸도 늙어 생각처럼 간단하지 않아. 헤어지자 작정하고 아이들에게 누구하고 살 거냐고 물어보면 열 번 모두 엄마 아빠랑 같이 살겠다는 아이들 때문에 눈물짓고… 비싼 옷 입고 주렁주렁 보석 달고 나타나는 친구, 비싼 차와 풍경 좋은 별장 갖고 명함 내미는 친구. 까마득한 날 흘러가도 융자받은 돈 갚기 바빠 내 집 마련 멀 것 같고, 한숨 푹푹 쉬며 애고 내 팔자야 노래를 불러도, 어느 날 몸살감기라도 호되게 앓다보면 빗길에 달려가 약 사오는 사람은 그래도 지겨운 아내, 지겨운 남편인 걸…….

가난해도 좋으니 저 사람 옆에서 살게 해달라고 빌었던 날들이 있었기에..
하루를 살고 헤어져도 저 사람의 배필 되게 해달라고 빌었던 날들이 있었기에..
시든 꽃 한 송이 굳은 케이크 한 조각에 대한 추억이 있었기에..
첫 아이 낳던 날 함께 흘리던 눈물이 있었기에..
부모 상(喪) 같이 치르고 무덤 속에서도 같이 눕자고 말하던 날들이 있었기에..

헤어짐을 꿈꾸지 않아도 결국 죽음에 의해 헤어질 수밖에 없는 날이 있을 것이기에.. 어느 햇살 좋은 날 드문드문 돋기 시작한 하얀 머리카락을 바라보다 다가가 살며시 말하고 싶을 것 같아 그래도 나밖에 없노라고, 그래도 너밖에 없노라고…….

– 아름다운 가정, 2005. 02. 21.

돌아보며 다짐하며 : 아내의 매력

어느 날 예비군 훈련장에서 결혼한 사람들에게 설문조사를 했습니다. "자기 혼자 일을 결정하지 않고 아내 말을 듣는 사람은 오른쪽 의자에 앉으십시오." 예비군 350명 중에 한 명만 남겨 놓고 다 오른쪽 의자에 앉았습니다. 왼쪽에 혼자 앉아 있는 사람에게 중대장이 말했습니다. "어떻게 아내를 잡으셨습니까? 당당하게 혼자 있는 모습이 부럽습니다." 그때 그가 말했습니다. "제 아내가 사람 많은데 가면 큰일 난다고 했습니다." 요새 남편들은 아내 말을 잘 듣습니다. 성경은 아내에게 "순복하라!"고 합니다. 열등해서가 아니라 십자가를 지신 그리스도와 같이 순복하라는 말입니다(벧전 3:1). 그리스도는 하나님보다 열등하시기에 순복하신 것이 아니라 하나님 아버지의 우주적인 뜻과 섭리를 이루시기 위해서 순복하신 것입니다. 그처럼 아내가 남편보다 열등해서 남편에게 순복하라는 것이 아니라 가정의 승리와 평안을 위해서 순복하라는 것입니다. 남편에게 순복하는 것은 열등해서가 아니라 남편을 돕기 위해서입니다. 하나님은 처음 아담에게 하와를 주실 때 돕는 배필로 주셨습니다. 하나님은 각 가정에 돕는 천사를 보내주었는데 그 천사가 바로 아내입니다. 남편이 아내를 보고 "아내는 하나님이 보낸 천사구나" 하고 깨닫고, 아내 역시도 자신이 하나님이 보낸 천사임을 깨달아야 합니다. 아내의 매력은 돕는 자세 속에 있습니다. 아내의 교양과 능력도 역시 돕는 모습 속에 있습니다. 재테크를 잘하고, 말을 잘하고, 사회적인 능력이 있어야 아내가 위대해지는 것이 아닙니다. 남편의 믿음을 도와주고, 또 자녀를 도와서 어머니의 따뜻한 사랑을 보이고, 가정에서 하나님의 사랑을 보여주는 천사의 모습을 할 때 아내는 위대해집니다. 아내가 가정에서 남편에게 순복하려고 할 때 어떤 모습으로 순복해야 할까요? 성경은 말이 아닌 행동으로 순복하는 모습을 보여주어야 한다고 권면합니다(벧전 3:1).

믿지 않는 남편들은 아내의 말이 아닌 행동으로 구원을 받습니다. 유명한 목사의 설교를 들어도 꿈쩍하지 않는 남편이 아내의 설교로 움직일까요? 아내의 설교는 오히려 역효과입니다. 요즘 사람들은 가르치려는 말만 들으면 "또 설교한다!"라고 거부반응을 보입니다.

자기 혼자 감격해서 아무 때나 설교하는 것은 바람직하지 않습니다. 설교자가 되기보다 순복하는 행동이 필요합니다. 남편은 아내의 순복하는 모습에 감격합니다. 속으로 아내를 존경하고 인정합니다. 그 모습을 보면서 감히 어떻게 할 수 없는 정결함을 느낍니다. 결국 아내의 사랑과 교양과 고결함에 압도되어 남편은 아내를 따라 교회에 나옵니다. 그것이 남편을 이끄는 가장 소중한 방법입니다. 어떤 경우에는 아내가 남편보다 성격이 강하고 말을 잘해서 남편을 항상 이깁니다. 그러면 남편은 패배감에 젖어서 사회에서 패배자의 모습으로 살 가능성이 커집니다. 가정에서 남편을 물로 만들면 사회에서도 물처럼 됩니다. 말로 남편을 변화시킬 수 있다는 환상을 버리십시오. 설교하면 더 완고해지니까 스스로 실망하지 않습니까? "어떻게 저렇게 고집을 부려!" 왜 고집을 부릴까요? 가깝고 편하기 때문에 더 고집을 부리는 것입니다. 사이가 가까울수록 설교하는 말은 오히려 잘 통하지 않습니다. 그때는 말보다 감동이 필요하고, 순복하는 태도가 필요합니다. 어떤 아내는 믿지 않는 남편을 구원한다고 남편 들으라고 남편 앞에서 기독교 방송도 크게 틀고 열심히 기도도 합니다. 그러면 나중에는 남편이 아예 집에도 안 들어오려고 합니다. 그런 방법은 남편을 구원하는 좋은 방법이 아닙니다. 진실한 사랑을 통해 아내의 매력을 보여줄 때 남편은 그때야 주님 앞으로 돌아오게 됩니다.

– © 이한규 목사(분당 사랑의 교회), 가정칼럼(8) / 2009. 1. 12

오늘의 기도 : 부부 기도문

살아계셔서 역사하시는 하나님께 감사와 찬양을 드립니다. 저희 두 사람을 자녀로 택하시고 오늘까지 인도해 주셨습니다.

하나님! 이제 저희가 하나 됨으로 말미암아 하나님과 더 가까워지기를 원합니다. 이 길에서 하나님께 가는 그 날까지 저의 사랑하는 아내에게 격려와 도전을 줄 수 있는 자가 되게 하시고 저의 아내 또한 저에게 그런 사람이 되게 하여 주옵소서.

하나님이 주신 은혜를 온전히 기억하지 못하여서 허물이 많은 지금의 모습입니다. 참으로 제자의 부부가 되기를 소원합니다. 저희의 부족함을 채우시고 준비시키시고 훈련시켜 주시옵소서. 그래서 하나님이 기뻐하시는 일에 마땅히 드려야 할 그때에 주저함 없이 바울처럼 내어 드리게 하소서. 하나님이 기뻐하시는 영혼을 구원하는 일에 저희 삶을 사용하여 주시옵소서. 저희들의 앞에 어려움이 닥칠 때에 하나님을 신뢰하지 못할까 두렵습니다. 하나님의 뜻과 하나님의 방법으로 그런 일들을 풀어 나아가게 하시고 사람의 방법을 찾는 어리석음을 범하지 않게 하여 주시옵소서. 허물 많은 자에게 신실한 아내를 허락하신 하나님께 감사를 드립니다. 남은 날 동안 하나님이 주신 아내를 아껴주고 오늘 품은 이 마음들을 잃지 않게 하옵소서. 하나님만이 저희의 기업이 되십니다. 예수님의 이름으로 기도합니다. 아멘.

–기도 예문에서–

Day : 3주(월)

찬송 : (새)370장, 455장

03

욥기 1:1–3:26 욥이 당한 고난의 의미

욥기는 성경에서 가장 오래된 책에 속합니다. 이 책에 기록된 사건들은 아브라함이 살았던 족장 시대의 상황과 일치합니다. 그러므로 우리는 창세기를 읽은 후에 바로 욥기를 읽도록 하겠습니다. 욥은 특별한 사람이었습니다. 그는 "동방 사람 중에서 가장 훌륭한 자"였습니다(1:3). 그는 엄청난 재물을 소유했지만 교만하지 않았고 좋은 성품을 가졌고 또한 하나님을 잘 섬겼습니다. 많은 재물을 가진 사람이 신앙과 겸손한 인격을 소유하는 일은 흔한 일이 아닙니다. 그러나 이러한 경건한 욥이 하루아침에 모든 것을 잃고 병든 거지로 전락하고 말았습니다. 왜 경건한 욥에게 이러한 일이 일어났을까요? 욥기는 왜 경건한 자에게 고통이 찾아오는 지를 설명해 주고 있습니다. 욥은 하나님을 잘 섬겼으며 하나님은 이러한 욥의 신앙을 인정해 주시고 자랑스러워 하셨습니다. 그러나 사탄은 욥이 그렇게 신실한 것은 그가 많은 축복을 받았기 때문이라고 항의했습니다. 사탄은 하나님께 정말로 욥이 재물이 없어도 하나님을 잘 섬기는 지를 시험해 보기를 요청했습니다. 하나님은 욥의 신앙이 진실하다는 것을 아셨기 때문에 그 요청을 허락했습니다. 사탄은 욥의 모든 것을 한 순간에 빼앗았습니다. 그러나 욥은 그 모든 일에 범죄하지 않고 하나님을 향해 어리석게 원망하지 않았습니다(1:22). 참된 신앙은 형통할 때에는 알 수 없습니다. 참된 신앙은 모든 것이 사라졌을 때에 그 진가가 드러납니다. 사탄의 시험 결과 욥의 신앙은 진실한 것임이 드러났습니다. 결국 사탄은 하나님의 말씀이 옳았다는 것을 인정할 수밖에 없었습니다. 이렇게 해서 영적 싸움 제 1라운드는 욥의 승리로 끝났습니다.

읽으며 묵상하며 : 첫 번째 신앙, 적신이 돌아가올지라(욥 1:13–22)

욥이 일어나 겉옷을 찢고 머리털을 밀고 땅에 엎드려 예배하며 이르되 '내가 모태에서 알몸으로 나왔사온즉 또한 알몸이 그리로 돌아가올지라 주신 이도 여호와시요 거두신 이도 여호와시오니 여호와의 이름이 찬송을 받으실지니이다' 하고 이 모든 일에 욥이 범죄하지 아니하고 하나님을 향하여 어리석게 원망하지 아니하니라 욥 1:20–22

욥은 사탄의 첫 번째 공격을 받습니다(1:13-19). 하나님의 허락을 받은 사탄은 곧장 욥을 치기 시작했습니다. 사탄의 공격은 매우 잔인하고 숨 쉴 틈도 없이 순식간에 연쇄적으로 진행되었습니다. 제일 먼저 들에서 일하던 종들이 산적들의 습격을 받아 살해되고 가축들을 모두 빼앗겼습니다. 천둥과 번개가 양들과 목동들을 모두 태워 버렸습니다. 또 다른 산적들이 종들을 죽이고 낙타들을 빼앗아 갔습니다. 그리고 욥을 가장 슬프게 하는 소식이 들렸습니다. 광야에서 불어온 광풍이 잔치가 벌어졌던 맏아들 집을 무너뜨렸고 그 집에 모였던 욥의 열 자녀 모두의 생명을 앗아갔습니다. 각 사건의 보고를 맺고 있는 "저 혼자만 겨우 살아서 이렇게 소식을 전해 드립니다"라는 종의 말이 이 일들의 잔혹성을 극적으로 묘사합니다.

많은 사람들이 불행은 잘못된 신앙생활에 대한 심판이라고 생각합니다. 그리고 시련과 고난이 연거푸 다가오면, 무기력하게 무너지기 일쑤입니다. 나의 경우는 어떻습니까?

욥의 불행은 하나님도 기뻐하시는 보기 드문 믿음에서 비롯되었다는 사실이 내게 의미하는 바는 무엇입니까?

사탄의 공격을 받은 욥은 성숙한 모습으로 환난을 맞습니다(1:20-22). 모든 재산과 자식들을 한순간에 잃은 욥은 매우 슬퍼합니다. 그는 감당하기 힘든 어려움을 당한 사람들이 하던 풍습대로 겉옷을 찢고 삭발을 합니다. 그는 오열했던 것입니다. 그러나 그는 자세를 가다듬고 땅에 엎드려 하나님께 경배하며 절대적인 하나님의 주권을 고백합니다. 욥은 자기가 태어날 때 빈손으로 태어났으며 죽을 때도 빈손으로 죽게 될 것이니 그가 누리던 것들은 있을 수도 있고 없을 수도 있는 것들에 불과하다고 말합니다. 또한 그가 그동안 누렸던 모든 것은 하나님이 주신 것이므로 다시 거두어 가실 수 있는 권한도 하나님께 있다는 것을 인정했습니다. 이처럼 감당하기 어려운 일을 당하고도 욥은 하나님을 원망하지 않았습니다. 욥은 사탄의 말이 사실이 아님을 보여줌으로써 하나님께 첫 번째 승리를 안겨 주었습니다.

환난의 상황에서 잃지 말아야 할 진정한 내 삶의 본질은 무엇입니까? 욥은 많은 상실 앞에서도 하나님의 주권을 고백했습니다. 나는 어떤 모습으로 하나님의 주권을 인정합니까?

–「생명의 삶」 말씀해설, 두란노서원, 2003. 9. 18.

살며 생각하며 : 에디슨의 감사

발명가 에디슨은 1914년 12월 9일에 평생 모은 재산인 공장과 연구시설이 모두 불에 타버리는 어려움을 겪었습니다. 불탄 자리를 바라보고 있던 67세의 에디슨은 아내와 아들에게 이렇게 말했습니다.

“건물과 시설을 아까워하며 뜯어고치지 못하는 나의 마음을 하나님께서 아시고, 이렇게 불로 책망도 하시고 허물어 주시는구나. 이제 새 건물을 지을 수 있게 되었어. 하나님께 감사드리자.”

기독교인은 불평할 상황에서도 감사의 조건을 찾는 사람입니다. 그는 인류의 역사를 다스리시는 하나님의 섭리를 믿었습니다.

– 하천덕 편저, 「키워드로 불러보는 설교 예화」, 아가페, p41

Day : 3주(화)

찬송 : (새)370장, 455장

03

욥기 4:1–9:35 친구와의 대화

그러나 사탄의 시험은 여기에서 끝나지 않았습니다. 사탄은 욥이 가진 신앙이 거짓임을 드러내기 위해서 가장 친한 친구들을 동원했습니다. 욥의 친구들은 그가 재난을 당했다는 소식을 듣고 그를 위로하기 위해서 그를 방문했습니다. 그들은 며칠 동안 아무 말도 하지 않고 욥의 고통에 동참했습니다. 그러나 사탄은 며칠 후에 다시 친구들을 통해서 욥을 시험하기 시작했습니다. 사탄은 친구들을 통해서 욥이 아무도 모르는 죄를 지었으며 하나님께서 그 죄를 징계하기 위해서 그를 치셨다고 정죄했습니다. 사탄은 욥에게 숨겨진 죄를 회개하면 하나님께서 그를 용서해 주실 것이라고 말했습니다. 그러나 욥은 하나님 앞에 죄를 지은 기억이 없었습니다. 그는 억울해서 세상에 태어난 것을 한탄했습니다. 그러자 엘리바스는 이렇게 말했습니다. "너는 전능자의 징계를 업신여기지 말지니라!"(5:17), 또한 빌닷은 "하나님은 순전한 사람을 버리지 아니하시고"(8:20)라고 말했습니다. 욥은 너무나 억울했지만 누구에게도 하소연할 수 없었습니다. 그는 재난을 당한 것은 죄 때문이 아니라고 주장했지만, 아무도 그를 믿지 않았습니다. 이때에 하나님은 침묵하고 계셨으며 욥은 하나님이 계시며, 정말로 하나님께서 공의로우신 분인지에 대해서 회의가 들기 시작했습니다.

읽으며 묵상하며 : 나의 날은 베틀의 북보다 빠르니(욥 7:1–10)

나의 날은 베틀의 북보다 빠르니 희망 없이 보내는구나 내 생명이 한낱 바람 같음을 생각 하옵소서 나의 눈이 다시는 행복을 보지 못하리이다 욥 7:6–7

욥의 몸은 온통 구더기와 먼지로 뒤덮여 있고 피부는 짓무르기 일쑤였습니다. 게다가 열 명의 자녀를 하루에 잃어버린 그의 심적 아픔은 어떠한 말로도 형언할 수 없었습니다. 그는 수고한 삯을 애타게 바라는 품꾼처럼 그의 삶이 끝나기만을 애타게 바라고 있습니다(7:1-6). 그는 죽음을 갈망해도 죽을 수 없다면, 삶의 나날들이 속히 지나서 그의 인생이 빨리 저물기를 바랄 수밖에 없다는 결론을 내립니다(7:1-6). 많은 사람들은 영적인 고통만이 심각한 것이고 육적인 고통은 큰 문제가 아니라고 생각합니다. 그러나 경우에 따라서는 육적인 고통이 영적인 고통보다 더 견디기 힘들기도 합니다. 무조건 참는 것만이 고난에 대한 바른 태도가 아닙니다. 육적인 고통으로 영적인 절망을 체험할 때, 우리의 질고를 위해 십자가를 지신 예수님을 기억하십시오. 그분은 당신의 영적, 육적 고통을 모두 아십니다. 소망이 끊어진 것 같은 상황에서 내가 바라보아야 할 것은 무엇입니까?

지금까지 자신의 형편을 비관하던 욥이 드디어 하나님께 말문을 열기 시작합니다. 사람이란 세상에 잠시 머물다가 죽어야 하며, 죽으면 다시는 이 세상으로 돌아올 수 없습니다. 그러므로 욥은 자신을 하나님이 찾으려 하셔도 더 이상 찾을 수 없는 비천한 존재라고 합니다. 욥은 자신이 오늘 있다가 내일 죽을 연약한 인간이며 어떠한 경우에라도 하나님의 적수이거나 그분의 관심을 살 만한 존재가 되지 못한다고 고백합니다(7:7-10). 욥은 하나님께 자신을 그냥 내버려두시라고 호소하고 있는 것입니다. 고통당하고 있는 욥에게는 하나님의 어떠한 관심도 부담스러웠습니다. 그러나 하나님의 자녀는 죽더라도 하나님에게서 끊어지지 않습니다. 욥은 하나님이 살아 계신 분이라는 사실과 하나님은 영원하시며 자신보다 더 지혜로우신 분임을 알았어야 했습니다.

우리의 소망이 영원하신 하나님께 있음을 알아야 일시적인 것들에 대한 우리의 관점이 바뀔 수 있습니다. 욥처럼 자기비하에 빠져 하나님의 관심이 부담스러울 때, 나는 어떻게 소망을 회복할 수 있습니까? (E. Blencowe)

– 「생명의 삶」 말씀해설, 두란노서원, 2003. 9. 27.

살며 생각하며 : 그저 빨리만 가는 인생

영국의 헉슬리 교수가 더블린에서 개최되는 대영 학술협회에 참석하려고 길을 떠났습니다. 더블린의 기차역에 도착한 그는 시계를 보고 남은 시간이 얼마 없음을 알게 되었습니다. 그는 급히 서둘러 이륜마차를 탔습니다.

그리고는 마부에게 급하게 소리를 쳤습니다.

"빨리 빨리 달립시다."

마차는 덜그렁 덜그렁 거리면서 거리를 힘껏 달렸습니다.

한참이 지나도록 회의 장소에 도착하지 않자 헉슬리 교수는 마차가 어디로 가는 것인지를 마부에게 물었습니다.

"지금 어디로 가고 있는 거요?"

그러자 마부가 대답했습니다.

"저는 모릅니다. 처음부터 당신이 말씀을 안 하셨으니까요. 당신의 요구대로 그냥 빨리만 달리고 있을 뿐이지요."

'아, 이럴 수가!' 헉슬리 교수는 마부에게 목적지를 말해주지 않았던 것입니다.

목적지도 알지 못한 채 그저 달리기만 한 마차, 우리들의 인생이 이와 같지는 않은가요?

욥의 한탄과도 같이 아무런 목적도, 소망도 없이 인생을 정신없이 보내고만 있지는 않습니까?

– 「그랜드 종합 주석」 8권, 성서교재간행사, p104

Day : 3주(수)

찬송 : (새)83장, 83장

03

욥기 10:1–15:35 친구와의 대화

욥이 괴로워하면서 흔들리는 것을 본 사탄은 소발을 통해서 계속해서 그를 공격했습니다. "하나님께서 너로 하여금 너의 죄를 잊게 하여 주셨음을 알라"(11:6).
그러나 욥은 그의 말에 동의할 수가 없었습니다. "의롭고 온전한 자가 조롱거리가 되었구나!"(12:4). 욥은 사탄이 친구들을 통해서 계속해서 정죄를 하고, 자신의 진실함을 믿어주지 않는 것을 보고 크게 번민하기 시작했습니다. 그는 아무도 자기를 변호해줄 사람이 없는 것을 보고 자기가 태어난 날을 저주하고 죽기를 원했습니다. 욥은 왜 자신에게 이러한 일이 일어나고 있으며, 왜 하나님께서 친구들의 정죄에 대해서 자신을 변호해 주시지 않는지 이해할 수 없었습니다.
그러나 하나님은 여전히 침묵하시고 그 사건에 개입하시지 않으셨습니다. 욥은 갈수록 점점 더 혼란에 빠져서 괴로워했습니다. 그러나 욥은 이러한 상황에서도 하나님에 대해 범죄하지 않았습니다. 그러자 사탄은 또다시 엘리바스의 입을 통해서 신랄하게 욥을 정죄했습니다.

읽으며 묵상하며 : 고난의 시기에 던져야 할 질문(욥 10:1–12)

내 영혼이 살기에 곤비하니 내 불평을 토로하고 내 마음이 괴로운 대로 말하리라 욥 10:1

하나님은 왜 나를 때때로 고통스럽게 하시는가?(10:1~7)

우리의 실존은 이해할 수 없는 일들에 둘러싸여 있습니다. 위를 보아도 막막하고 아래를 보아도 틈이 없으며 좌우를 둘러보아도 길이 없을 때가 있습니다. 그때 누군가에게 자신의 문제를 말할 수 있는 사람은 행복한 자입니다. 욥은 그 대상으로 창조주 하나님을 찾습니다. 그는 자신의 문제가 하나님께로부터 비롯된 것임을 알기에 그분께 항변합니다. "손수 만드신 이 몸을 학대하시며 멸시하시는 이유가 무엇입니까?" 질문합니다. 분명히 하나님은 내게 죄가 없다는 것을 아시지 않습니까?"라며 자신이 풀 수 없는 수수께끼 같은 문제를 질문합니다. 아마도 이것은 이해할 수 없는 고난 속에서 던지는 우리의 질문일 것입니다. 그러나 비록 고통스럽더라도 이 문제를 물을 수 있는 창조주가 계시기에 위로가 됩니다. 언젠가는 그분이 그 고통의 원인을 깨닫게 하실 것이기 때문입니다. 나는 쉽게 이해할 수 없는 절박한 문제를 만날 때, 그것을 누구에게 가져갑니까?

하나님은 우리의 조성자(10:8-12)이십니다.

욥에게 하나님은 이해할 수 없는 분이시며 마치 변덕스러운 분처럼 느껴집니다. 그래서 그는 하나님께 왜 손수 자신을 빚으시고 멸망시키시려 하느냐고 질문합니다. 그렇지만 그가 질문하는 그 하나님은 욥의 삶의 근원입니다. 하나님이 친히 욥을 조성하셨고, 살과 가죽으로 입히시고, 뼈와 근육을 엮어 만드셨습니다. 그분은 욥의 조성자이실 뿐 아니라 인도자이고 보호자이십니다. 하나님은 자신이 조성하신 자들에게 생명을 주시고 돌보시며 우리의 호흡까지도 지켜 주시는 분입니다. 때로 우리는 우리에게 고난을 주시는 하나님을 변덕스러운 분으로 여길 때가 있습니다.

그러나 그분은 우리가 우리 스스로를 아는 것보다 더욱 세밀하고 자세하게 알고 계십니다. 하나님은 바로 우리를 만드신 분이기 때문입니다. 그렇기에 그분은 이해할 수 없는 우리의 고난 속에서 우리가 나아갈 길을 알고 계십니다. 우리가 그분께 항변 어린 질문을 할 수 있다는 것은 행복입니다. 하나님이 나를 조성하셨다면 내 인생의 문제를 친히 인도하시지 않겠습니까? 그런데 내가 염려하는 이유는 무엇입니까?

–「생명의 삶」 말씀해설, 두란노서원, 2003. 10. 3.

살며 생각하며 : 주 바라기 이지선 감동스토리

이지선은 1978년 5월 24일생으로 이화여자대학교, 보스톤 대학교 재활상담학과를 졸업했으며 푸르메 재단 홍보대사(2005)로 TV: KBS 인간극장 '지선아, 사랑해'(2005)에서 소개된 된 바 있으며 저서로는 「지선아, 사랑해」 (2003)가 있습니다.

이화여대 4학년 재학 중이던 2000년 7월 귀가 도중 음주운전자가 몰던 자동차와 충돌해 발생한 화재로 전신 55%의 화상을 입고도 기적적으로 살아난 그녀. 끔찍한 사고를 당한 그녀는 죽음의 골짜기를 벗어나 '생명 연장'을 선물로 받은 대신 어여쁜 얼굴을 '반납'했습니다. 얼굴에 곱게 화장을 한 그녀. 눈썹을 그리고 분홍빛으로 눈 화장을 하고 입술에 발그스레한 빛깔의 립스틱을 발랐습니다. 하지만 거울 앞에 앉아 몇 시간씩 꽃단장을 해도 예전 아름다운 얼굴은 눈곱만큼도 찾아볼 수 없습니다. 화장을 하지 않아도 '젊음' 그 자체로 아름다웠던 '얼굴'이 사라져버린 지 일곱 해가 지났습니다. 다음 글은 그의 신앙 고백입니다

저는 짧아진 여덟 개의 손가락을 쓰면서 사람에게 손톱이 얼마나 중요한 것인지 알게 되었고 1인 10역을 해내는 엄지손가락으로 생활하고 글을 쓰면서는 엄지손가락을 온전히 남겨주신 하나님께 감사했습니다.

눈썹이 없어 무엇이든 여과 없이 눈으로 들어가는 것을 경험하며 사람에게 이 작은 눈썹마저 얼마나 필요한 것인지 알았고 막대기 같아져 버린 오른팔을 쓰면서 왜 하나님이 관절이 모두 구부러지도록 만드셨는지, 손이 귀까지 닿는 것이 얼마나 중요한 일인지 깨달았습니다.

온전치 못한 오른쪽 귓바퀴 덕분에 귓바퀴라는 게 귀에 물이 들어가지 않도록 하나님이 정교하게 만들어주신 거라는 사실을 알게 되었고, 잠시지만 다리에서 피부를 많이 떼어내 절뚝절뚝 걸으면서는 다리가 불편한 이들에게 걷는다는 일 자체가 얼마나 힘든 것인지 느낄 수 있었습니다. 무엇보다도 건강한 피부가 얼마나 많은 기능을 하는지, 껍데기일 뿐 별것 아니라고 생각했던 피부가 우리에게 얼마나 소중한 것인지 알게 되었습니다. 그나마 남겨주신 피부들이 건강하게 움직이는 것에 감사했으며 하나님이 우리의 몸을 얼마나 정교하고 세심한 계획아래 만드셨는지 온몸으로 체험했습니다.

그리고 감히 내 작은 고통 중에 예수님의 십자가 고통을 백만분의 일이나마 공감할 수 있었고, 너무나 비천한 사람으로, 때로는 죄인으로, 얼굴도 이름도 없는 초라한 사람으로 대접받는 그 기분 또한 알 수 있었습니다. 이제는 지난 고통마저 소중하게 느껴집니다. 그 고통이 아니었다면 지금처럼 남들의 아픔에 진심으로 공감할 가슴이 없었을 테니까요.

그 누구도, 그 어떤 삶에도 죽는 게 낫다라는 판단은 옳지 않습니다. 힘겹게 살아가는 우리 장애인들의 인생을 뿌리째 흔들어놓는 그런 생각은, 그런 말은, 옳지 않습니다. 분명히 틀렸다고 말하고 싶습니다.

추운 겨울날 아무런 희망 없이 길 위에 고꾸라져 잠을 청하는 노숙자도, 평생을 코와 입이 아닌 목에 인공적으로 뚫어놓은 구멍으로 숨을 쉬어야 하는 사람도, 아무도 보는 이 없는 곳에 자라나는 이름 모를 들풀도, 하나님이 생명을 허락하신 이상 그의 생명은 충분히 귀중하고 존중받아야 할 삶입니다. "저러고도 살 수 있을까…?" 네…이러고도 삽니다.

몸은 이렇지만 누구보다 건강한 마음임을 자부하며,

이런 몸이라도 전혀 부끄러운 마음을 품지 않게 해주신 하나님을 찬양하며,

이런 몸이라도 사랑하고 써주시려는 하나님의 계획에 감사드리며 저는 이렇게 삽니다.

누구보다 행복하게 살고 있습니다.

–「지선아 사랑해」 중에서

Day : 3주(목)

찬송 : (새)375장, 421장

03

욥기 16:1-23:17 친구와의 대화

욥은 엘리바스의 말을 듣고 나서 "나는 너보다 더 나은 말을 할 수 있다"고 대답했습니다. 욥은 하나님께 자기의 결백을 밝혀달라고 간구했습니다. 그러나 하나님은 계속해서 침묵을 지키고 계셨으며, 욥은 점점 더 혼란에 빠졌습니다. 사탄은 계속해서 빌닷을 통해서 욥을 공격했습니다. 그는 욥이 자기를 의롭게 여기고 친구들을 무지한 짐승처럼 생각한다고 화를 냈습니다. 욥은 그 말을 듣고 무정한 친구들을 비난했습니다. 그는 어려움에 처한 친구를 위로해야 할 친구들이 위로는커녕 오히려 더 괴롭게 하고 있다고 말했습니다.
그러자 사탄은 또 다시 소발을 통해서 욥을 비난했습니다. 소발은 "악인의 번영은 잠시 동안이며 결국 멸망할 것"이라고 말했습니다. 그는 죄를 짓고도 회개치 않는 욥은 결국 멸망하고 말 것이라고 말했습니다. 그러자 욥은 세상에는 때때로 악인이 더 번영하고, 의인이 고난을 받는 경우도 있다고 대답했습니다.
그러자 사탄은 또 다시 엘리바스를 통해서 욥을 정죄했습니다. 엘리바스는 아무도 하나님 앞에서 의로운 사람은 없다고 역설했습니다. 그러자 욥은 하나님만 만날 수만 있다면, 그 앞에 나가서 자기 사정을 고하고 자기의 무죄함을 변명하고 싶다고 하소연했습니다. 욥은 점점 더 견디기 어려워졌습니다.

읽으며 묵상하며 : 내가 순금 같이 나오리라(욥 23:1-17)

그러나 내가 가는 길을 그가 아시나니 그가 나를 단련하신 후에는 내가 순금 같이 되어 나오리라 욥 23:10

욥은 엘리바스의 변론에 대해 직접적으로 공박하거나 자신의 무죄함을 변호하기보다는 하나님을 향하여 문제 해결을 시도합니다. 아직 혼란스러워하면서도 그는 자신의 고난 문제를 어떻게 해결하고자 합니까?

"내가 어찌하면 하나님을 발견하고 그의 초소에 나아가랴"(3절). 욥은 하나님과의 교제를 갈망합니다. 그는 자신의 문제가 신학적 논쟁이나 그가 범하지 않은 죄에 대한 회개 또는 기운을 내는 것이 아니라 하나님과의 교제라는 선물에 의해 해결되리라는 사실을 마음 깊이 알고 있습니다. 그래서 그는 하나님을 찾기 위하여 갈망하며 거기에 소망을 두고 있습니다. 그는 하나님 앞에 나아가서 모든 난제와 억울한 일들을 하나님께 호소하는 것이 유일한 해결의 길임을 확신하고 있습니다. 하나님 앞에서 할 말이 너무 많아서 "입에 채운다"(4절)고 합니다. 참된 신자는 이처럼 난제와 억울한 일 앞에서 하나님을 찾고 하나님과의 교제를 갈망합니다. 사무엘의 어머니 한나는 하나님 앞에 그 심령을 쏟아 기도하였습니다(삼상 1:15). 다윗도 그랬습니다. "백성들아 시시로 그를 의지하고 그의 앞에 마음을 토하라 하나님은 우리의 피난처시로다"(시 62:8). 이렇게 하나님께 나가면 하나님께서 기도에 응답하실 것을 욥은 확신합니다(5절). 하나님은 엄하기만 하신분이 아닙니다. 아버지가 자식을 불쌍히 여김같이 불쌍히 여기시며, 인자하심이 영원한 자애로우신 분이십니다.

욥은 연단 후에 순금 같이 나올 것을 믿었습니다. 욥이 하나님과의 교제를 갈망하지만 현재의 체험이라는 관점에서 볼 때, 하나님은 너무 멀리 계신 것만 같았습니다(8, 9절). 그러나 그는 하나님을 신뢰합니다. "내가 가는 길을 오직 그가 아시나니 그가 나를 단련하신 후에는 내가 순금 같이 되어 나오리라"(10절). 자신이 처한 고난의 상황에는 분명히 의로우신 하나님의 섭리가 있음을 깨닫고 고백하고 있는 것입니다. 그렇습니다. 우리에게 고통이 임하면 회개할 죄가 있는지 먼저 찾아보아야합니다. 그러나 하나님 앞에서나 사람 앞에서나 아무런 죄가 없는데도 큰 어려움이 계속된다면 그것은 하나님께서 나를 더 정결하고 큰 그릇으로 단련하시기 위한 훈련이라는 것을 깨달아야합니다. 나보다 나를 더 잘 아시고 나의 가는 길까지도 아시는 주님이십니다. 나의 연약한 믿음을 강하게 만드시려는 하나님의 뜻, 도무지 깨어지지 않는 세속적 자아를 깨뜨리셔서 영적인 새사람으로 만드시려는 하나님의 뜻이 고통 속에 담겨져 있는 것입니다. 이 고통을 통과하면 하나님께서 나를 정금같이 깨끗하고 견고하고 존귀하게 만드실 것입니다. 만물의 찌꺼기만도 못한 우리를 정금으로 연단하시려는 하나님의 사랑을 찬양하시기 바랍니다.

–「일용할 양식」말씀묵상, 기독대학인회(ESF), 2007. 8. 6.

살며 생각하며 : 더비 도자기

'더비' 도자기는 국왕이 품질을 보장하므로 '크라운 더비'라고도 불립니다. 영국의 더비라는 곳에서 생산되고, 세계 도처에서 주문이 몰리고 있어 비싼 가격으로 무명한 도자기입니다. 하루는 어느 목사가 더비 도자기 공장을 찾았습니다. 그는 직공들이 황갈색, 흑녹색과 탁한 붉은 색 등 여러 가지 색들을 열심히 칠하고 있는 광경을 유심히 지켜 보았습니다. 가마 속으로 들어가는 도자기들은 겉보기에도 정말 형편없는 것이었습니다. 그러나 놀랍게도 도자기는 불 속에서 아름답게 변해가고 있었습니다. 목사는 가마 속에서 꺼낸 도자기들이 기가 막히게 아름다운 것으로 보고 경탄해 마지않았습니다. 검은 색은 밝은 색으로 변했으며, 탁한 푸른색과 붉은 색은 맑은 색으로 변해 찬란하게 반짝이고 있었습니다.

하나님께서는 합당하신 지혜로운 성도들을 택하셔서 슬픔과 고난 속에서 그리스도의 형상을 닮도록 훈련시키십니다.

–「기독교 문장대백과사전」15권, 성서연구사, p39

Day : 3주(금)

찬송 : (새)267장, 201장

03

욥기 24:1-31:40 친구와의 대화

욥은 하나님께서 악인을 그대로 두고 멸망시키지 않느냐고 탄식했습니다. 그는 악인이 악을 행해도 하나님의 심판이 임하지 않기 때문에, 그들이 더욱 더 담대하게 악을 행하고 있다고 불평했습니다. 욥은 하나님께서 공의를 행하지 않고 침묵하고 계신 것에 대해서 불평하기 시작했습니다. 바로 그때에 사탄은 빌닷을 통해서 "인간에 불과한 욥이 창조주 하나님께 항의하는 것은 옳지 않다."고 비난했습니다. 그러자 욥은 빌닷이 힘을 잃어버린 친구를 돕기는커녕, 오히려 낙심하게 만들고 있다고 비난했습니다. 그리고 욥은 계속해서 하나님께 자신의 결백을 주장했습니다. 욥은 하나님의 은총 가운데 행복하게 살았던 과거와, 극한 고난 속에 빠져있는 현재를 비교하면서 마음이 아팠습니다. 그러나 그는 여전히 자신이 하나님 앞에 죄를 지은 일이 기억나지 않았습니다. 그러므로 그는 또 다시 하나님 앞에 자신의 순전함과 결벽을 주장했습니다.

읽으며 묵상하며 : 순전함, 종말론적 삶의 태도(욥 27:1-12)

결코 내 입술이 불의를 말하지 아니하며 내 혀가 거짓을 말하지 아니하리라 욥 27:4

순전하게 살아야 합니다(27:1-6). 우리가 욥처럼만 살 수 있다면 얼마나 좋겠습니까? 그는 지금까지 그의 의로움을 굽히지 않았습니다. 그는 간절히 하나님께서 자신의 의로움을 증명해 주시길 원했지만, 지금까지 하나님은 묵묵히 지켜만 보고 계십니다. 그렇지만 욥은 더욱 굳은 결심을 합니다. 그는 전능자의 사심을 가리켜 맹세합니다. 그것은 자신이 호흡하는 동안, 자신에게 숨결이 남아 있는 동안 결코 불의의 말과 궤휼의 말을 하지 않겠다는 것입니다. 또한 자신이 죽기 전에 자신의 순전함을 버리지 않겠다는 것입니다. 양심의 무딤이 강철 같은 이 세대에 욥의 고백은 큰 도전이 됩니다. 세상이 아무리 혼탁해져도 우리는 하나님 앞에 순결한 마음과 순수한 입술로 살아야 합니다. 우리가 늘 의로우신 하나님 앞에 서 있다는 존전 의식으로 산다면, 우리의 삶이 곧 향기로운 제물이 될 것입니다. 시간이 흐른다는 것은 우리가 하나님 앞에 설 때가 점점 가까워지고 있음을 의미합니다. 나는 어떻게 준비하고 있습니까? 왜 순전한 삶이 필요한가요?(27:7~12).

우리가 숨 쉬는 동안 순전함으로 살아야 하는 이유는 우리의 종말이 갑작스럽게 임하기 때문입니다. 하나님은 언제든지 그분의 주권적 의지를 따라 우리의 생명을 끊고 우리의 영혼을 불러 가실 수 있습니다. 하나님께서 우리에게 주신 시간을 거두어 가실 때, 우리가 더러운 욕망을 따라 추구하던 것은 아무런 의미가 없습니다.

주께서 우리에게 환난을 주실 때, 우리의 부르짖음은 허공을 치는 소리가 될 것입니다. 이 같은 사실은 우리 모두가 알고 있는 것입니다. 누군가에 의해서 배우지 않아도 알 수 있는 사실입니다. 그렇기 때문에 우리가 우리의 시간적 한계와 종말의 급박성을 깨닫지 못하고 부끄러운 욕망을 따라 악한 일을 도모한다는 것은 어리석은 일을 행하는 것입니다. 그렇기에 우리는 오늘도 순전함으로, 내일도 순전함으로 살아야 하는 것입니다. 그렇기 위해서는 우리 내면의 더러운 욕망들과의 끊임없는 싸움이 필요할지 모릅니다.

우리의 종말은 갑작스럽게 임합니다. 나는 내 삶의 순전함을 위해서 어떤 조치들을 취하고 있습니까?

– 「생명의 삶」 말씀해설, 두란노서원, 2003. 10. 30.

살며 생각하며 : 맹인 훼니 제인 크로스비의 고백

훼니 제인 크로스비(Fanny Jane Crosby, 1820-1915)는 생후 6개월 만에 의사의 주의로 시력을 잃게 되는 크나큰 불행을 겪었습니다. 보이지 않는 장벽으로 인해 그녀의 성장기는 절망과 반항과 갈등으로만 점철되었습니다.

그러나 그녀가 하나님을 영접한 이후에는 오히려 눈이 먼 것을 하나님의 축복이라고 생각하며 일생동안 8,000여 편의 찬송시를 작시하는 등 헌신적이고 성결한 신앙생활을 했습니다. 그녀의 찬송 시 중에 다음과 같은 것이 있습니다.

"비록 내가 볼 수 없으되 나는 얼마나 행복한 사람인가. 다른 사람이 즐기지 못하는 축복을 나는 얼마나 많이 누리고 있는지. 나는 장님이라고 눈물짓거나 한숨을 쉬지 않으련다. 내 육신의 눈은 감겨져 있으나 하나님 아버지께서 나를 맡으셨네."

그녀는 또 이렇게 고백했습니다. "만약 하나님께서 나에게 시력을 허락해 주신다고 해도 받지 않으렵니다. 하늘에 가면 밝은 눈을 주실 것인데, 이 세상에서 더렵혀지지 않은 깨끗한 눈으로 주님의 얼굴을 뵈오렵니다." 이 얼마나 아름답고 고결한 고백인가! 욥도 이렇게 고백하고 있습니다. "죽기 전에 나의 순전함을 버리지 않을 것이라!" 오늘 우리는 하나님께 대하여 어떠한 고백을 드리고 있는가요?

– 「그랜드 종합주석」 8권, 성서교재간행사, p281

Day : 3주(토)

찬송 : (새)333장, 381장/ (새)342장, 395장

03

■ 이번 주 읽은 성경 요약 및 못 읽은 부분 읽고, 한 주간 생활 묵상하며 가정 예배드리기
■ **주제 : 주는(主) 교회의 주인 되심**(마 16:13-20)

읽으며 묵상하며 : 베드로의 신앙고백(마 16:13-20)

예수님이 어떤 분이신 줄을 아는 것이 바른 신앙생활의 기본입니다. 우리는 계시를 통해서 이 지식을 얻을 수 있습니다. 베드로의 신앙고백을 통해서 예수께서는 자신의 존재를 계시하셨습니다. 베드로의 신앙고백을 통해서 알 수 있는 예수님은 어떤 분이십니까?

주는 그리스도시요 살아계신 하나님의 아들 되심

빌립보 가이사랴 지방은 벳새다에서 북쪽으로 약 40km지점의 헬몬 산 기슭에 위치한 도시로 헤롯 빌립이 재건하여 가이사에게 바쳤습니다. 이곳은 로마의 황제가 신임을 선전하는 도시였습니다. 예수께서는 이곳에서 제자들에게 자신이 그리스도시요 살아계신 하나님의 아들 되심을 계시하셨고 제자들이 절대적인 신앙을 갖도록 하셨습니다.

세상 신들은 겉이 비록 화려하고 웅장하지만 본질은 유한하고 상대적이며 우상적입니다. 주님은 비록 겉보기에는 연약하시지만 본질이 영원하시고 절대적인 하나님, 즉 그리스도시요 살아계신 하나님의 아들이십니다. 예수께 대한 절대적인 신앙은 인간적인 방법으로 발생하지 않습니다. 하나님의 계시로만 가능합니다. 하나님의 계시를 영접해야 합니다. 영접했음의 증거는 신앙고백으로 나타납니다. 절대적인 신앙이 있어야 제자의 삶을 살아갈 수 있습니다. 고난이 닥쳐와도 십자가를 지게 되고 최후 승리 할 때까지 인내하며 믿음으로 삽니다. 상대주의 신앙이 만연한 이 시대에 제자훈련을 통하여 절대적인 신앙인으로 훈련받고 절대적 신앙 가운데 승리하는 삶을 살아야 하겠습니다. 예수께 대한 절대적 신앙을 가지고 사는 것이 아름답습니다.

주는 교회의 주인 되심

예수께서는 베드로의 감격적인 신앙고백을 들으신 후 칭찬하시고 약속하시길 "내가 이 반석위에 내 교회를 세우리니 음부의 권세가 이기지 못하리라" 하셨고 천국열쇠를 주시겠다고 하셨습니다. 예수께서는 교회의 주인으로서 베드로의 신앙고백위에 교회를 세우시고 하나님 나라의 청지기로서 제자들을 세우시겠다고 하셨습니다. 베드로를 비롯한 제자들이 복음을 선포함으로 하나님 나라에 들어갈 사람들을 얻게 하신 다는 것입니다.

교회란 불러낸다는 뜻으로 세상에서 부름을 받은 자들의 모임을 가리킵니다. 예수 그리스도로 말미암아 죄 용서함을 받은 하나님의 백성들입니다. 그리스도인 공동체는 사람의 노력만으로 세워지는 것이 결코 아닙니다. 하나님의 계시의 말씀인 성경을 가르치고 복음을 전하여 예수께 대한 신앙을 가질 때 주님의 교회는 확장되어집니다. 교회에 대한 인간적인 생각을 벗어 버리고 교회의 주인은 예수님이시라는 확신 가운데 나는 단지 청지기에 불과하다는 겸손한 생각을 가져야 할 것입니다. 당신이 하나님의 부름 받은 자로서 청지기로서의 사명을 잘 감당할 때 잘했다 착하고 충성된 종이라는 주님의 칭찬을 받게 되고 하늘의 면류관을 얻을 것입니다.

–「일용할 양식」 말씀 묵상, 기독대학인회(ESF), 2004. 6. 8.

살며 생각하며 : 신나는 교회 생활

어떤 사람은 주일을 손꼽아 기다리다가 주일에는 즐거운 마음으로 교회에서 분주하게 하루 종일 지내면서도 별로 피곤해 하지 않고 밝은 얼굴로 보냅니다. 어떤 사람은 주말이 되면 또 어느새 일요일이 돌아왔는가 하면서 짜증스러워 하기도 합니다. 예배가 시작된 예배당에 걸어 들어와서 시큰둥한 표정으로 털썩 자리에 앉아 사방을 두리번거립니다. 성경책을 들고 오지도 않고 멍청하게 앉아서 찬송을 부를 때에는 다 죽어가는 것처럼 개미 소리만 하게 따라 부르고, 헌금하는 시간에는 주머니에서 부스럭거리면서 구겨진 돈을 꺼내서 언짢다는 듯이 헌금 주머니에 넣습니다.

설교가 시작되면 영락없이 꾸벅꾸벅 졸기 시작합니다. 그런데 신기하게도 설교가 끝나면 정신을 차리고 깨어나는 것입니다. 그리고 축도가 끝나자마자 부리나케 교회 문을 나서는 것입니다.

신나는 교회생활을 하고 싶습니까? 우선 "내가 정말 예수님을 바로 믿고 있는가?"부터 다시 검토하는 것이 현명한 일입니다. 사랑하는 애인을 만나러 가는 사람이 축 쳐진 어깨에 무거운 발걸음으로 느릿느릿 가겠습니까가? 시간에 늦을까봐 부리나케 달리고 서둘지 않겠습니까? 주님을 사랑하고 있는지 정직한 마음과 하나님의 도우심을 구하는 마음으로 나의 믿음을 재확인하는 것이 꼭 필요합니다.

돌아보며 다짐하며 : 교회를 사모하는 삶의 축복

교회는 지친 입술에서 미소를 자아내는 곳입니다. 메마른 가슴에 인정이 꽃피게 하고 나그네의 피곤한 발걸음을 가볍게 하는 곳이 바로 교회입니다. 교회는 하나님을 만나고, 하나님의 음성을 듣고, 하나님의 은혜를 공급받게 되는 축복의 샘터입니다. 이 세상은 사악하고 몰인정하고 피비린내 나는 전쟁터와 같은 곳입니다. 그런 세상에서 교회만은 모든 악의를 버리게 하고, 타락된 모든 생활과 풍습을 버리게 하고, 마음에 큰 기쁨을 선사하는 축복의 보금자리입니다. 오늘날 교회가 가끔 비난과 질시의 대상이 되는 경우가 많지만 이 세상에 교회만큼 아름다운 곳이 어디 있겠습니까? 교회에 무슨 의도적인 악의가 있고, 의도적인 죄악이 있고, 의도적인 탈선이 있겠습니까? 교회는 의를 추구하는 사람들의 선한 열정이 모여 있고, 그러한 선한 열정이 하늘나라에 대한 소망의 힘을 통해서 하나의 꽃과 같이 향기를 발하게 되는 곳입니다. 그런 의미에서 교회만큼 복된 곳이 어디 있겠습니까?

우리나라 사람들은 참으로 복을 좋아합니다. 모든 사람이 다 복을 좋아하지만 우리 민족은 어려운 생활 속에 살았기 때문인지 특히 복을 좋아합니다. 그래서 복에 대한 소망이 여기저기에서 절절하게 나타나 있습니다. 밥을 먹는 수저에도 '복'자가 쓰여 있고, 대문이나 농에도 '복'자가 쓰여 있습니다. 방바닥이나 베개, 옷고름에도 '복'자가 쓰여 있습니다. 조리에도 주머니에도 '복'자가 쓰여 있습니다. 그처럼 복을 추구했지만 과거 우리 민족의 삶을 복된 삶보다는 고난의 삶이 연속되었습니다. 그런데 지금 우리나라는 짧은 시일 내에 세계적으로 비교적 잘 사는 나라에 속하게 되었습니다. 저는 우리나라가 이렇게 된 것이 여러 가지 이유가 있었겠지만 가장 큰 이유는 교회를 많이 세우고 하나님을 잘 섬긴 때문이라고 생각합니다. 1917년 러시아에서 교회의 문이 닫히자 모든 것이 닫혀버렸습니다. 그 후 얼마 되지 않아 이 엄청난 대국이 겨울에 끼니를 걱정해야 하는 가난한 나라가 되어 버렸습니다. 교회의 문이 닫힐 때 축복의 문도 닫히고, 교회의 문이 열릴 때 축복의 문도 열리게 될 것입니다. 캐나다에 어떤 믿지 않는 남편과 믿는 아내가 있었습니다. 그런데 남편 친구가 집을 방문하면 이 아내는 식사 대접을 잘하고 식사 후에는 꼭 성경공부를 하자고 했습니다. 그런 점을 부담스럽게 생각해서 남편 친구들이 점차로 다 떨어져 나갔습니다. 어느 날, 남편은 자개상으로 아내를 거의 죽을 정도로 때렸습니다. 아내는 거의 실신한 상태에서도 끊임없이 두 손을 모아 기도하고 있었습니다. 그 모습에 남편이 변화를 받아 교회에 나가게 되었고, 곧 이어 하나님의 축복으로 연 수입 백만 불이 넘는 엄청난 거부가 되었습니다. 그래도 이 부부는 교회에서 소리 없이 봉사한다고 합니다. 사실상 교회를 사랑하는 정신만큼 귀한 보배는 없고, 하나님을 의지하는 마음만큼 위대한 자본은 없습니다. 인생은 고통입니다.

우리는 어머니에게서 태어날 때 두 주먹을 불끈 쥐고 태어납니다. 그리고 자신 있다는 듯이 욕망이라는 열차를 타고 인생행로를 달려갑니다. 그러나 우리는 곧 '인생은 눈물 많은 마른 골짜기'라는 사실을 깨닫게 됩니다. 그리고 최후에 마지막 숨을 거두기 전에 우리는 불끈 쥔 두 손을 펴야 합니다. 이 사실을 빨리 깨닫는 사람은 복이 있습니다. 분명 인생은 눈물 많은 마른 골짜기입니다. 그러나 교회를 사랑하는 인생에게는 기쁨이 샘이 넘쳐나게 될 것입니다. 우리가 교회 중심적인 삶을 살 때 우리의 삶엔 마이너스가 없습니다. 때때로 우리가 울게 되는 경우를 당할지라도 우리의 울고 있는 그 폐허에 하나님께서 더 큰 맨션을 지어주실 것입니다. 교회를 더욱 사랑하고 더욱 사모하는 마음을 가지십시오. 교회를 외면하면 모든 축복으로부터 외면 당할 것이고, 교회를 사랑하면 갖가지 축복이 우리의 삶에 슬며시 찾아들게 될 것입니다.

– ⓒ 이한규 목사(분당 사랑의 교회), 신앙칼럼(111) / 2008. 12. 20.

오늘의 기도 : 신앙이 흔들릴 때 드리는 기도

믿음을 주장하사 온전케 하시는 주님, 믿음이 약한 죄인이 주 앞에 나왔습니다.

믿음으로 아브라함은 어디로 가야 할지 알지 못하고 떠나라는 하나님의 명령을 받고, 고향과 친척과 아비의 집을 떠났사오나 부족한 죄인은 갈 길을 한 걸음 한 걸음 인도하시는 주의 보호하심을 믿지 못하고 주의 명령 앞에 주저하고 있습니다.

신앙은 도전적인 삶임에도 불구하고 저는 너무도 쉽게 안일하고 또한 편안하게 형편에 따라 예수님을 믿는 자가 되고 말았습니다.

베드로가 예수를 바라보고 바다 위로 발을 내디디던 모험의 신앙을 주시옵소서. 풍랑이 무서워 발을 내디디지 못하는 비겁한 마음을 없애 주옵소서.

물욕이 제 눈을 가려 주일을 지키는 신앙이 흔들리고 있습니다. 공중에 나는 새도 먹이시고 들에 피는 백합화도 입히시는 하나님이심을 믿지 않고 내 노력 내 재간으로 사는 줄 알고 하나님을 너무나 멀리 하고 있습니다. 빈손으로 왔다가 빈손으로 가는 인생, 입고 먹을 것이 있으면 족한 줄 아는 신앙을 주옵소서.

시험과 유혹 때문에 저의 신앙이 흔들리고 있나이다. 저의 신앙에는 전진보다 후퇴가 더 많고 깊어지기보다 얕아지는 때가 많은 것을 고백합니다. 물욕의 시험과 정욕의 유혹이 저의 신앙을 흔들어놓고 있사오니 처음 믿을 때의 결심을 도로 찾을 수 있게 하옵소서.

세상에서 받는 영광과 자랑 때문에 신앙이 흔들리지 않게 지켜 주옵소서.

예수님의 이름으로 기도드립니다. 아멘.

Day : 4주(월)

찬송 : (새)545장, 344장

04

욥기 32:1-37:24 엘리후의 지적

욥의 세 친구는 욥이 죄를 지었으므로 회개해야 한다고 주장했지만, 욥을 설득하지 못했습니다. 세 친구를 통한 사탄의 공격은 욥을 완전히 무너뜨리지 못했습니다. 그러나 친구들과의 대화에서 욥은 여러 가지 연약한 점을 노출시키면서 자기 의를 강조하게 되었습니다. 그러므로 하나님은 젊은 신학자 엘리후를 통해서 일차적으로 욥의 그릇된 생각을 교정해 주셨습니다. 하나님은 젊은 자를 들어서 연로한 욥을 겸손하게 낮추셨습니다. 엘리후는 욥이 하나님보다 의롭다고 주장하고 세 친구가 욥을 무조건 정죄하는 것을 보고 분노했습니다. 그는 꼭 나이가 많아야 지혜가 있는 것은 아니라고 말했습니다(32장). 그는 죄 없는 자신을 치신 하나님께서 불의하다고 주장한 욥의 행위가 옳지 못하다고 말했습니다. 그는 하나님은 전지전능하시며 불의한 일을 할 수 없다고 말했습니다(33-34장). 그는 연약한 인간은 하나님의 징계에 대해 항변할 수 없으며, 하나님은 절대 의로우신 분이며 불의함이 없다고 주장했습니다(35-36장). 그는 하나님은 인간의 판단을 넘어서는 전지전능하신 분이라고 말했습니다(37장). 하나님은 젊은 엘리후를 들어서 자기 의를 주장하던 욥을 겸손하게 해주셨습니다.

읽으며 묵상하며 : 인생이여, 하나님을 찬양하라 (욥 36:22-33)

그대는 하나님께서 하신 일을 기억하고 높이라 잊지 말지니라 인생이 그의 일을 찬송하였느니라 욥 36:24

엘리후는 하나님 같이 위대한 분은 없다는 것을 강조합니다(36:22-23). 그리고 하나님을 감히 대적할 자도 없다고 말합니다. 엘리후가 보기에, 하나님께 반론을 제기한다는 것 자체가 사람으로서는 해서는 안 될 불경스러운 일입니다. 하나님은 권능으로 큰 일을 행하시는 분입니다. 특히 하나님은 여러 가지 일을 통해서 사람들에게 교훈을 주시는 분입니다. 그리고 하나님은 전능하신 분이기 때문에 다른 도움이 필요 없습니다. 하나님은 자신이 세운 계획대로 일하시는 분입니다. 그 어느 누구도 하나님이 하시는 일에 개입할 수 없고, 조언할 수도 없습니다. 하나님은 전능하신 분이고, 유일하신 분입니다. 그리고 하나님은 모든 일을 의롭게 하시는 분입니다. 그렇기 때문에 어느 누구도 하나님이 불의를 행하셨다고 말할 수 없습니다. 엘리후는 하나님이 무슨 일을 하시든지 의롭다는 확고한 믿음을 보여 줍니다. 나는 하나님이 언제나 의로우신 분임을 믿습니까?

엘리후는 욥에게 하나님을 원망하는 대신 하나님을 찬양하라고 말합니다. "그대는 하나님께서 하신 일을 기억하고 높이라 잊지 말지니라 인생이 그의 일을 찬송하였느니라"(24절).

엘리후가 말하는 대로, 우리가 할 일은 하나님을 찬양하는 일입니다(36:24-33). 하나님이 하신 일들은 모두 위대하고 찬양할 만하기 때문입니다. 어찌 인간들이 전능하신 하나님을 다 이해할 수 있겠습니까? 하나님이 언제부터 역사하셨는지도 알 수 없습니다. 엘리후는 자기가 아는 대로, 하나님이 하시는 여러 가지 일들을 욥에게 알려 줍니다. 하나님은 비를 내리시는 분입니다. 물은 인간이 살아가는 데 반드시 필요한 것입니다. 엘리후는 하나님이 인간들에게 어떻게 물을 주시는지 말합니다. 하나님은 번개를 통해서, 그리고 그 외의 모든 것들을 통해서 인간들에게 풍족하게 주시는 분입니다. 인생이 그 신비로움을 어찌 다 깨달을 수 있겠습니까?

하나님이 하시는 일을 다는 알 수 없지만, 우리의 삶에서 어떤 일들을 하시는지는 압니다. 내가 기억하고 찬양할 하나님의 역사는 무엇입니까?

– 「생명의 삶」 말씀해설, 두란노서원, 2003. 11. 21.

살며 생각하며 : 가슴에 들리는 찬양

어느 찬양대가 찬양 연습을 하고 있었습니다. 소프라노 대원 중에 한 사람이 독창할 순서가 되었습니다.

"내 주는 살아 계시고…" 노래는 거의 완벽하였습니다. 음정, 박자, 발음, 어느 것 하나 흠잡을 데 없을 정도였습니다. 그런데 지휘자가 뜻밖의 말을 하였습니다.

"자매님, 주님께서 살아 계시다고 믿습니까?"

솔로를 한 찬양대원이 대답했습니다.

"그럼요! 믿습니다."

"그렇다면 예수님께서 정말로 살아 계신 것을 찬양을 듣는 사람들이 느낄 수 있도록 불러 주세요."

그 찬양대원은 지휘자의 말을 이해하고 다시 찬양을 시작했습니다. 그러자 많은 사람들이 감동을 받았고 어떤 사람은 눈물을 글썽거렸습니다. 노래를 듣고 있던 다른 찬양대원이 이렇게 말했습니다.

"자매님의 노래가 아까는 귀에 들렸는데 지금은 가슴에 들리는군요."

찬양에서 노래가 그릇이라면 성도의 믿음은 예물입니다. 찬양은 반듯하게 준비가 잘 된 그릇에 아름답고 향기로운 예물을 담아 감사와 정성으로 드려야 합니다.

– 하천덕 편저, 「키워드로 불러보는 설교 예화」, 아가페, p550

Day : 4주(화)

찬송 : (새)593장, 312장

04

욥기 38:1-42:17 하나님의 답변

욥은 엘리후의 말을 듣고 잠잠했습니다. 욥은 그의 말을 통해서 자만해진 마음을 정리할 수 있었습니다. 그때에 하나님은 친히 개입해서 욥을 곤경에서 구해 주셨습니다. 하나님께서 욥에게 원하신 것은 이해할 수 없는 환경 속에서도 하나님의 선하심을 신뢰하는 믿음이었습니다. 하나님은 자신의 전지하심을 알리고, 욥의 무지를 깨닫게 하기 위해서 욥에게 질문을 하셨습니다. 그러나 욥은 자연의 이치를 묻는 하나님의 질문에 대해서 하나도 대답할 수가 없었습니다. 이로 인해 욥은 하나님의 전지전능과 자신의 무지함을 철저하게 깨닫게 되었습니다. 욥은 자신의 지혜로 하마와 악어를 지으신 하나님의 섭리를 헤아릴 수 없음을 인정할 수밖에 없었습니다. 욥은 지구와 우주를 만드시고 운행하시는 하나님께서 크신 지혜로 역사를 주관하신다는 것을 신뢰할 수 있었습니다. 욥은 이 사실을 깨닫고 회의에서 벗어날 수 있었습니다. 그는 자신의 무지함을 고백하고 자신의 어리석은 행동을 회개했습니다. 하나님은 욥의 신앙을 정금같이 만드신 후에, 그에게 거두었던 것을 배로 채워 주셨습니다. 하나님은 욥을 정죄했던 친구들을 책망하셨습니다. 그리고 욥의 중보기도를 통해서 그들을 용서해 주셨습니다. 하나님은 친구들 앞에서 욥을 높여주셨습니다. 우리는 사는 동안에 이해할 수 없는 일을 만날 때가 있습니다. 우리는 때로 악인이 잘되고 의인이 고난을 받는 일을 목격할 것입니다. 그러나 우리는 이러한 때에도 하나님의 선하심을 믿고 신뢰할 수 있어야 합니다. 조금만 참고 기다리면 하나님은 반드시 악인을 신판하시고 의인이 승리하게 해주실 것입니다. 욥은 연단된 믿음을 갖게 되었으며, 하나님께 이렇게 고백할 수 있었습니다.

"내가 주께 대하여 귀로 듣기만 하였사오나, 이제는 눈으로 주를 뵈옵나이다!"(42:5).

읽으며 묵상하며 : 우주 공간에 미치는 하나님의 주권 (욥 38:25-41)

네가 하늘의 궤도를 아느냐 하늘로 하여금 그 법칙을 땅에 베풀게 하겠느냐 욥 38:33

하나님의 눈을 피할 수 있는 곳은 아무 곳도 없습니다. 시편 기자는 노래합니다. "내가 주의 영을 떠나 어디로 가며 주의 앞에서 어디로 피하리이까"(시 139:7).

기상의 변화에 결정적인 영향을 미치는 것은 물의 움직임이고 결국 물의 이동은 열, 즉 에너지의 이동을 의미합니다. 따라서 본문은 온 세상의 에너지의 흐름을 조절하시는 하나님의 주권을 나타냅니다. 상상해 보십시오. 하나님께서 눈에 보이는 물질들을 움직이신다는 것은 결국 눈에 보이지 않는 미세한 원자와 그 내부의 소립자들까지 움직이신다는 것입니다. 그런데 본문은 이 주권이 또한 우주 공간까지 미친다는 사실을 말하고 있습니다. 하나님은 모든 별자리와 별들의 움직임까지 주관하십니다.

하나님이 다스리시는 '하늘의 궤도'(33절)란 지구 공간에 한정되는 것이 아니라 우주 끝까지 미치는 것입니다(시 119:89-91). 이러한 선포는 당시 근동 지방에 점성술이 만연했음을 고려해 볼 때, 온 우주를 통치하시는 하나님의 주권을 효과적으로 나타내는 다중적인 의미를 내포합니다.

지혜가 필요합니까? "누가 마음에 지혜와 깨닫는 마음을 주었느냐?"(36절, 현대인의 성경) 욥은 28장에서 지혜의 소중함을 보석에 비유하여 언급하면서, "하나님만이 지혜가 있는 곳을 아신다"(28:23, 표준 새번역)고 고백한 바 있습니다. 지혜의 본질이 하나님을 경외하는 것이라는 사실도 확신 가운데 말하고 있습니다(28:28). 모든 지식과 지혜의 근원이신 하나님께서는 '자기 형상대로' 사람을 창조하셨습니다(창 1:27). 여기에서 말하는 형상은 육체적인 형상이 아닌 우리 속사람에 하나님의 성품이 포함되어 있다는 의미입니다. 자녀가 부모를 닮는 것처럼 우리에게는 하나님의 모습이 담겨져 있습니다.

"너희 중에 누구든지 지혜가 부족하거든 모든 사람에게 후히 주시고 꾸짖지 아니하시는 하나님께 구하라 그리하면 주시리라"(약 1:5).

– 「묵상하는 사람들」 메시지, 프리셉트, 2006. 10. 11.

살며 생각하며 : 나보다 나를 더 사랑하시는 주님

전도를 너무 잘하는 여대생이 있었습니다. 그 학생은 평소에도 얼마나 하나님의 말씀에 감동 받고 전도를 잘하는지 항상 "예수님 없이 살 수 없어요."라는 말을 입에 붙이고 살 정도였습니다. 그래서 "예수님 없이 살 수 없어요."라는 별명까지 생겼습니다. 그런데 하루는 그 여대생이 목사님에게 찾아와서 이렇게 말합니다.

"목사님, 저는 오늘 굉장히 새롭고 놀라운 사실을 발견했어요."

그래서 목사님은 "그 예수 없이 살 수 없다는 얘기 말인가?"라고 물었습니다. 그러자 그 학생은 고개를 저으며 이렇게 대답했습니다.

"아니에요, 목사님. 그보다 더 위대한 사실을 깨달았어요. 그것은 나뿐만 아니라 예수님께서도 나 없이 사실 수 없다는 사실이에요."

주님께서는 우리가 주님을 필요로 하는 것 이상으로 우리를 필요로 하십니다. 우리가 가지고 있는 괴로움은 나 자신 스스로를 알지 못하는 것에서 시작됩니다. 나도 어떻게 할 수 없는 나의 존재가 나를 괴롭히기 때문입니다. 그러나 나도 모르는 나의 삶의 깊이와 불안한 미래를 단번에 아시는 그분은 우리를 필요로 하시고 또 우리를 사랑하십니다.

성경은 "하나님이 세상을 이처럼 사랑하사 독생자를 주셨으니"라고 말씀하십니다. 그 말씀을 통해서 하나님께서는 자신의 독생자인 예수를 대신 십자가에 달아 죽이실 만큼 우리를 사랑하신다는 것을 알 수 있습니다.

이 말씀을 읽고 있던 성 아우구스티누스는 이렇게 말했습니다. "참으로 이상하고도 놀라운 일이다! 만약 내가 창조주 하나님이었다면 벌써 이 세상을 박살내었을 텐데, 이상하게도 하나님은 나를 사랑하시다니? 그분은 사랑하시는 것도 나 한 사람밖에는 사랑할 사람이 없는 것처럼 날 사랑하신다. 아니 내가 이 세상에 남아 있는 유일한 생존자라고 할지라도 그분은 나를 위해 십자가에 목숨을 버리셨을 것이다."

– 이동원목사(지구촌교회), 「짧은 이야기 긴 감동 2」

정리하며 확신하며 : 고난 후에 욥이 받은 복

	욥이 받은 복	참고 성경 구절
1	영적 눈이 열려 주를 보게 됨	욥 42:5
2	주의 섭리를 깨닫게 됨	욥 42:6
3	하나님께 정당함을 인정받음	욥 42:7, 8
4	세 친구들과의 관계가 회복됨	욥 42:9, 10
5	건강이 완전히 회복됨	욥 42:10
6	이전 소유보다 갑절을 더 받음	욥 42:10
7	형제와 이웃과의 관계가 회복됨	욥 42:11
8	아들 일곱과 딸 셋을 다시 얻음	욥 42:13
9	4대 손을 보는 즐거움을 누림	욥 42:16
10	장수의 복을 누림	욥 42:16

–「그랜드 종합주석」 No. 9, 성서교재간행사, p414

Day : 4주(수)

찬송 : (새)383장, 433장

04

출애굽기 1:1-4:31 구원자로 부름 받은 모세

창세기 마지막에서 야곱의 가족은 애굽으로 들어가서 요셉의 보호 아래 좋은 대접을 받으면서 살 수 있었습니다. 그러나 세월이 지나고 요셉이 죽은 후에 애굽에서 요셉을 모르는 사람이 왕이 되었습니다. 이때부터 이스라엘 자손들은 천대를 받기 시작했으며, 마침내 노예 신세로 전락하고 말았습니다. 그들은 애굽 사람들의 가혹한 압제를 받으면서 고통 속에서 하나님께 부르짖었습니다. 하나님은 그 기도를 들으시고 그들을 구원할 모세를 보내주셨습니다. 그는 애굽의 왕자가 되어 애굽의 모든 문물을 배웠습니다. 그러나 그는 40세에 애굽 사람을 죽이고 왕을 두려워하여 미디안 광야로 도피했습니다. 그는 그 곳에서 미디안 여인과 결혼하고 장인 이드로의 양을 치는 목자가 되어 광야에서 40년을 지냈습니다. 이러한 광야 40년의 생활은 장차 그가 이스라엘을 인도할 목자로서의 훈련을 위한 기간이었습니다. 그가 80세가 되었을 때에 하나님은 가시 떨기에서 타오르는 불꽃으로 그에게 나타나셨습니다. 하나님은 모세가 다가오는 것을 보시고 발에서 신을 벗을 것을 요구하셨습니다. 하나님은 모세에게 이스라엘 백성들을 구원하기 위해 애굽으로 돌아가라고 하셨습니다. 그러나 모세는 이러한 부름에 응답하려고 하지 않았습니다. 그는 자신이 말을 잘하지 못하기 때문에 그 일을 할 수 없다고 거부했습니다. 그러므로 하나님은 말을 잘 하는 형 아론을 그의 대변자로 동행하게 하셨습니다. 이로 인해 결국 두 형제는 애굽을 떠나온 지 40년 만에 다시 애굽으로 들어가게 되었습니다.

읽으며 묵상하며 : 하나님은 고통의 소리를 들으심 (출 2:21-25)

여러 해 후에 애굽 왕은 죽었고 이스라엘 자손은 고된 노동으로 말미암아 탄식하며 부르짖으니 그 고된 노동으로 말미암아 부르짖는 소리가 하나님께 상달된지라. 하나님이 그들의 고통 소리를 들으시고 출 2:23-24

고통의 사람 모세의 기쁨(2:21-22)

인간의 가장 큰 기쁨은 함께하는 기쁨입니다. 모세는 그동안 그 기쁨을 누릴 수 없었습니다. 그는 생명을 위하여 피신한 자로 이국땅에서 나그네로 살면서 외로움에 시달렸을 것입니다. 그것은 그가 아들의 이름을 나그네라는 뜻을 담고 있는 '게르솜'이라고 짓는 데서 찾아볼 수 있습니다. 본문에서 "내가 타국에서 객이 되었음이라"는 부연 설명은 모세의 심리적 상태를 잘 설명해 주고 있습니다. 생명을 부지하기 위하여 타국에서 객이 되어 외롭게 살던 모세는 가정을 이루는 데서 비로소 기쁨을 찾을 수 있었습니다. 본문은 "모세가 동거하기를 기뻐했다"라고 기록하고 있습니다. 인간은 홀로 살 수 없습니다. 사람에게 꼭 필요한 것은 돈과 명예가 아니라 삶을 함께 할 수 있는 '사람'입니다. 모세가 고독한 그의 인생

속에서 기쁨을 가질 수 있었던 것은 가족이 생겼기 때문이었습니다. 나는 풍요의 시대를 살아가면서 함께하는 한 사람의 소중함을 잊지 말아야 합니다.

부르짖는 인간, 들으시는 하나님(2:23-25)

우리는 본문에서 이스라엘의 탄식을 들을 수 있습니다. "여러 해 후에"라는 말은 수많은 시간과 환경이 변했음을 시사해 줍니다. 그러나 이스라엘의 환경은 바뀌지 않았습니다. 이스라엘 공동체에서 들려오는 소리는 고역으로 인한 탄식의 절규뿐입니다. 그러나 그 소리는 하나님께 상달되었습니다. 본문은 "하나님이 그 고통 소리를 들으시고 아브라함과 이삭과 야곱에게 세운 그 언약을 기억하셨다"고 말씀합니다. 하나님은 고통 속에서 절규하며 탄식하는 인간의 부르짖음에 귀를 막으시는 분이 아닙니다. 하나님은 그분의 백성이 당하는 고통 소리를 들으시고 그분의 언약을 기억하는 분이십니다. 이제 남은 것은 고통 받는 백성을 위하여 언약을 실행하시는 하나님의 행동입니다. 나는 인간의 고통 소리를 들으시는 하나님을 기억할 때 절망 속에서도 소망과 위로를 얻을 수 있습니다.

– 「생명의 삶」 말씀해설, 두란노서원, 2003. 3. 5.

살며 생각하며 : 쫓겨난 원숭이

어미 원숭이가 귀여운 새끼를 두 마리 낳았습니다. 한 날 한 시에 낳은 같은 아기 원숭이였건만, 어미에게는 이상야릇한 본능이 작용하여 한 마리는 간이라도 빼 줄듯이 귀여워했는데 다른 한 마리는 거들떠보지도 않았습니다.

그리하여 사랑받지 못한 원숭이는 결국 어미의 미움에 못 견뎌 서럽게 울며 다른 숲으로 쫓겨가게 되었습니다. 그 후로, 쫓겨난 원숭이는 혼자서 먹이를 찾아야만 했고, 혼자서 집을 지어야만 했고, 또 스스로 위함을 피하는 방법을 터득하며 살아야만 했습니다.

한편, 어미의 편애를 한 몸에 받던 원숭이는 언제나 어미 품에 안겨 이리저리 끌려 다니다 종국엔 숨이 막혀 죽고 말았습니다.

이렇듯 경우에 따라서는 얄팍한 사랑보다 훈련의 채찍인 미움을 받는 편이 훨씬 나을 때가 있습니다. 광야로 쫓겨나는 모세의 경우도 마찬가지였습니다. 후일 크게 쓰임받기 위하여 미디안 광야에서 고난의 훈련을 받았던 것입니다.(이솝 우화)

– 「그랜드 종합주석」 2권, 예화, 성서교재간행사, p58

Day : 4주(목)

찬송 : (새) 545장, 344장

04

출애굽기 5:1–11:10 10대 재앙

모세는 마침내 애굽으로 가서 여호와 하나님의 뜻을 애굽 왕 바로에게 전했습니다. 그러나 바로는 모세의 말을 듣고 이스라엘 사람들이 다른 마음을 먹지 못하도록 전보다 더욱 어려운 일을 시켰습니다. 바로는 그들에게 짚을 주지 않고 평소와 같은 벽돌을 만들도록 지시했습니다. 이로 인해 이스라엘 백성들은 모세에게 불평을 하게 되었습니다. 모세는 자기로 인해서 이스라엘 백성들에게 더 큰 고통을 받는 것을 보고 괴로웠습니다. 그러므로 그는 용기를 내어 하나님께 이렇게 말했습니다.
"이스라엘 자손도 나를 듣지 않는데 어찌 바로가 내 말을 들으리이까?"
그러나 하나님께서는 또 다른 계획을 가지고 계셨습니다. 바로가 하나님의 말씀을 듣지 않게 되자 하나님은 애굽에 대재앙을 내리기 시작했습니다. 그러나 이러한 재앙들을 당하고도 바로는 마음을 돌리지 않았습니다. 그러자 애굽에 내리는 재앙은 점점 더 커졌습니다. 이로 인해 애굽은 재앙의 용광로가 되고 말았습니다. 마침내 하나님은 애굽의 모든 짐승의 첫째와, 각 집의 장자들을 치셨습니다. 그리고 마침내 바로는 한밤중에 모세를 불러서 이스라엘 백성들을 속히 데리고 애굽을 떠나라고 요청하게 되었습니다.

읽으며 묵상하며 : 모세의 항변과 하나님의 대답(출 5:22–6:13)

어찌하여 이 백성이 학대를 당하게 하셨나이까 어찌하여 나를 보내셨나이까…주께서도 주의 백성을 구원하지 아니하시나이다 출 5:22, 23

성도들이 이 세상 사람들과 다른 점이 있다면 자신의 문제를 하나님께 내어 놓고 의논한다는 것입니다. 모세는 이스라엘 백성들로부터 거센 항의를 받음으로 곤경에 처하게 된 후 하나님을 찾아갑니다. 그리고 하나님께 항변합니다. "어찌하여 이 백성이 학대를 당하게 하셨나이까 어찌하여 나를 보내셨나이까… 주께서도 주의 백성을 구원하지 아니하시나이다"(5:22, 23). 여기서 우리는 모세의 격앙된 모습을 봅니다. 이것이 바로 하나님의 백성이 누릴 수 있는 행복이 아니겠습니까? 온 우주의 통치자 앞에서 자신의 감정과 내면 속에서 일고 있는 고민을 표출할 수 있는 자, 그가 누구입니까? 바로 하나님의 아들 된, 하나님의 백성입니다. 모세의 거센 항의는 하나님을 향한 공격이 아니라 해답이 하나님께 있을 것이라는 기대의 표현입니다. 홀로 영존하시며 언약에 성실하신 하나님이 모든 문제의 유일한 대답이 되십니다.

하나님은 우리의 질고와 연약함을 아시기에 우리가 그분에게 나아갈 때 성실하게 답변하는 분이십니다. 모세가 거세게 항변하자 하나님은 "나는 여호와라"는 말을 세 번 사용하시면서 구원 계획이 반드시 그분에 의해서 실행될 것이라는 강한 의지를 표현하셨습니다(6:1-13). 그 구원 계획은 첫째, 이스라엘을 구속하시겠다는 것입니다. 하나님은 애굽 사람의 무거운 짐 밑에서 이스라엘을 빼어 낼 것을 선언하십니다. 둘째, 하나님이 친히 이스라엘의 하나님이 되시고, 그들을 그분의 백성으로 삼아 여호와 하나님을 아는 지식이 있는 백성으로 만드시겠다는 것입니다. 셋째, 아브라함과 이삭과 야곱에게 맹세한 땅을 선물로 주어 그들의 기업으로 삼게 하시겠다는 것입니다. 하나님은 죄의 무거운 짐 밑에 있는 나를 불러서 그분의 백성으로 삼으셨습니다. 그리고 그리스도를 아는 충만한 지식으로 인도하셨습니다. 또한 그분은 나에게 하나님 나라를 기업으로 받도록 하셨습니다.

– 「생명의 삶」 말씀해설, 두란노서원, 2003. 3. 13.

살며 생각하며 : 침묵

일본 작가 엔또 슈샤구의 작품에 「침묵」이라고 하는 소설이 있습니다. 일본에 들어온 기독교, 천주교가 박해를 당할 때 극심한 박해로 많은 성도들이 순교를 당한 역사적인 사실을 주제로 해서 쓴 책입니다. 박해자들은 예수 믿는 사람들이 십자가를 좋아하니까 그 십자가에서 죽어 보라며 다음과 같은 고통을 주었습니다. 즉 바닷물이 빠진 다음에 바다 한가운데에 십자가를 세워 놓고 거기에 예수 믿는 사람들을 묶어 놓았습니다. 잠시 후 밀물 때가 되면 물이 점차 차오릅니다. 그러면 물속에 푹 잠겨서 꼼짝없이 죽게 되는 것입니다. 단숨에 죽이지 않고 오랜 시간 고통 속에서 죽게 하는 것입니다. 그리고 어느 때에라도 예수님을 배반하고 하나님을 버리면 용서하겠다는 조건을 답니다.

두 사람의 교인이 여기서 순교를 당하게 되는데, 물이 점점 차오릅니다. 그들은 계속 하나님 앞에 기도했습니다. 이것을 지켜보는 한 성직자는 멀리서 그들을 위해 기도합니다. 안타까워서 견딜 수가 없습니다.

"하나님이여, 어찌하여 침묵하시나이까?" 이런 순간에 왜 하나님은 잠자코 계시느냐고 목을 놓아 통곡하며 기도합니다. 그때 그의 귀에 하나님의 음성이 강하게 들려왔습니다. "나는 침묵하는 것이 아니라 저들의 고통에 동참하고 있는 것이다."

하나님은 우리의 고난을 지켜보면서 그 아픔에 동참하고 계십니다. 왜 그러시는 것입니까? 보다 많은 사람을 구원하시기 위하여, 하나님의 구원의 역사를 이루시기 위하여 애처롭게 고난당하며 순교하는 자의 죽음을 지켜보고 계시는 것이 '하나님의 인내'입니다.

– 양원석, 「영혼이 일어나고 싶을 때 읽는 책」

Day : 4주(금)

찬송 : (새)430장, 456장

04

출애굽기 12:1-15:27 주님의 구원

마지막 재앙을 위한 죽음의 밤이 이르게 되자, 죽음의 사자는 애굽의 집을 찾아가서 장자들을 죽이기 시작했습니다. 그러나 모세의 지시를 듣고 문설주에 양의 피를 바른 이스라엘 백성들의 집은 재앙을 피할 수 있었습니다. 이때부터 이스라엘 백성들은 유월절을 민족 독립기념일로 지키게 되었습니다. 그들은 이 절기에 양고기와 무교병, 그리고 쓴 나물을 먹으면서 하나님께서 애굽에서 이스라엘을 지켜주신 일을 기념했습니다. 양은 구원을 위한 희생 제물이었고, 쓴 나물은 애굽에서 그들이 받은 속박을 상징하며, 무교병은 그들이 빵을 구울 여유도 없이 애굽을 떠났음을 기억하기 위한 것이었습니다. 이 유월절 양은 그리스도의 모형이었습니다. 예수님은 유월절 희생양이 되어 우리를 죄와 사망으로부터 구원해 주셨습니다. 양의 피를 바른 집이 죽음의 사자를 피한 것처럼, 주님을 믿는 사람들도 사망의 권세로부터 보호하심을 받게 될 것입니다. 마침내 이스라엘 사람들은 그 동안 노예 생활을 한 대가로 애굽 사람들로부터 금은과 돈을 요구해서 가지고 나올 수 있었습니다. 그들은 계속해서 행진하여 홍해에 도착했습니다. 그러나 바로는 그들을 내보낸 것을 후회하고 군대를 이끌고 그들을 뒤쫓았습니다. 애굽 군사들을 본 이스라엘 사람들은 다시 두려워했습니다. 그때에 모세는 그들에게 "두려워하지 말고 가만히 서서, 여호와께서 오늘 너희를 위하여 행하시는 구원을 보라!"고 외쳤습니다(출 14:13). 모세가 지팡이를 바다를 향해 내밀자 홍해가 갈라지고 바다에 길이 생겼습니다. 이스라엘 백성들은 그 길로 홍해를 건넜으며, 그들을 쫓던 애굽 군사들은 홍해에 수장되고 말았습니다. 이제 홍해를 건넌 이스라엘 백성들은 노예로 살던 옛 세상과의 관계를 끊고 하나님 백성으로서의 새 삶을 시작했습니다.
이러한 점에서 홍해 도하는 신약의 세례를 상징합니다(고전 10:1-2). 이것은 세례를 통해서 죄의 노예로 살던 옛 생활을 접고, 하나님을 섬기는 하나님의 자녀가 되는 것을 의미합니다.

읽으며 묵상하며 : 나를 여호와인줄 알게 하리라(출 14:1-9)

내가 바로의 마음을 완악하게 한즉 바로가 그들의 뒤를 따르리니 내가 그와 그의 온 군대로 말미암아 영광을 얻어 애굽 사람들이 나를 여호와인 줄 알게 하리라 하시매 무리가 그대로 행하니라 출 14:4

출애굽기 6장부터 14장까지의 모든 장은 "여호와께서…이르시되"라는 말씀으로 시작합니다(1절). 이것은 출애굽 사건이 철저히 하나님의 말씀에 근거하여 진행된 것임을 보여줍니다. 하나님은 이스라엘 백성들에게 이제까지 행군해왔던 북동쪽에서 방향을 남동쪽으로 틀도록 명령하셨습니다(2절). 이렇게 되면 이스라엘은 홍해가 앞을 가로막고 있는 막다른 길로 접어들게 됩니다. 하나님께서 이처럼 갑자기 진로를 바꾸신 것은 연약한 이스라엘에게 믿음을, 교만한 바로에게 심판을, 그리고 열방에게는 당신의 능력을 밝히 보여주기 위함이었습니다(4절). 그때까지도 여호와의 권능을 인정하고 싶지 않았던 바로는 이스라엘이 앞은 바다요, 양 옆은 산이며, 뒤는 광야인 지형에 접어들었음을 듣고는 곧바로 군대를 몰고 추격하기로 결정합니다. 그는 숨돌릴만한 여유가 생기자 다시 이스라엘을 노예화하고자 혈안이 된 것입니다. 이것은 한때 죄의 종이었던 우리에 대한 사탄의 끊임없는 집착의 한 단면을 보여주기도 합니다.

바로는 "우리가 어찌 이같이 하여 이스라엘을 우리를 섬김에서 놓아 보내었는가"(5절)라고 말하고 있습니다. 이것은 이스라엘을 내보낸 것이 하나님의 능력으로 말미암아 보내지 않고는 견딜 수 없는 상황이었음을 망각하고, 마치 자신들의 호의나 순간적인 실수로 내보낸 양 착각하고 있음을 보여줍니다. 어쩌면 그렇게 막강한 군대를 보유하고도 무장도 하지 않은 이스라엘에게 손 한번 제대로 쓰지 못하고 패배했다는 사실을 용납할 수 없음은 당연한 일인지도 모릅니다. 하지만 그때 이스라엘 자손은 담대히 나갔습니다(9절). 이 구절의 원어 해석은 "그러나 이스라엘 자손들은 높은 손에 의하여 나가는 중에 있더라"입니다. 다시 말하면 이스라엘 자손들은 하나님의 권능을 입어 당당하게 나가고 있다는 것입니다. 이 표현은 바로의 오판이 얼마나 어리석은 것인지를 조롱하는 표현입니다

– 「GT, 세계를 품는 경건의 시간」, GTM, 2005. 4. 4.

살며 생각하며 : 나와 하나님이 보신다

유명한 조각가인 미켈란젤로가 시스틴 교회당의 벽화를 손수 그리고 있었습니다. 천장이 너무 높아서 까마득한데 그는 천장에 바짝 다가가서 벽에 선을 하나하나 자세히 그렸습니다. 예배당 밑에서 미켈란젤로의 행동을 쳐다보고 있던 친구가 말하기를, "여보게 여기에서 아무리 보려고 해도 그 천장의 그림은 잘 보이지 않네, 그저 적당히 그리고 빨리 내려오게나."

그러자 미켈란젤로는 천장에서 그 친구를 향하여 "여보게 이 그림을 다 그린 후에 이 그림의 성과가 어느 정도인가를 제일 잘 아는 사람이 누구라고 생각하나가?"라고 소리쳤습니다. '아 그야 자네지.' 미켈란젤로는 말했습니다.

"맞네, 그리고 내가 알고 있는 하나님이 아시는 한 나는 최선 이하로 일할 수 없네."

세상의 일도 눈가림으로 하지 말아야 하는데, 주님의 일이란 말할 것도 없이 성실함과 진실함으로 해야 합니다.

그대가 믿음 안에서 인생을 진지하고 귀하게 여기며 살아야 하는 것은 그대의 섬기는 하나님이 보고 계시기 때문입니다. 일을 맡은 자는 상대가 누구냐에 따라 그 태도를 결정할 것이 아니라 일 자체를 소중히 여기는 자세가 필요합니다. 다른 사람들보다 시간을 더 투자해서 일해야 합니다.

"눈가림만 하여 사람을 기쁘게 하는 자처럼 하지 말고 그리스도의 종들처럼 마음으로 하나님의 뜻을 행하고"(엡 6:6)

– 신현주 목사, 「예화 철학」, 도서출판 누가, p313

정리하며 확신하며 : 여호와의 이름과 관련된 관용어

이 름	의 미	성경 구절
여호와 이레	여호와께서 준비하심	창 22:14
여호와 로페	치료하시는 여호와	출 15:26
여호와 닛시	여호와는 우리 깃발	출 17:15
여호와 샬롬	여호와는 우리의 평강	삿 6:24
여호와 로이	여호와는 나의 목자	시 23:1
여호와 삼마	여호와께서 거기 계심	겔 48:35
여호와 치드케누	여호와는 우리의 의	렘 23:6

–「그랜드종합 성경주석」 2권, 성서교재간행사, p210

Day : 4주(토)

찬송 : (새)333장, 381장/ (새)342장, 395장

04

■ 이번 주 읽은 성경 요약 및 못 읽은 부분 읽고, 한 주간 생활 묵상하며 가정 예배드리기

■ **주제 : 성도의 신분**(벧전 2:1-10)

읽으며 묵상하며 : 거룩한 제사장(벧전 2:1-10)

신령한 젖을 사모하라(1-3절)

하나님 말씀에 순종하며 사는 하나님나라의 거룩한 백성의 삶은 어떠해야 할까요? 베드로 사도는 먼저 모든 악독과 궤휼과 외식과 시기와 모든 비방하는 말을 버리라고 명합니다. 거룩한 하나님을 닮은 성도는 악은 그 모양이라도 버려야 합니다(살전 5:22). 베드로 사도는 계속하여 갓난아이와 같이 순전하고 신령한 젖을 사모하라고 명합니다. 갓난아이들은 생명을 유지하고 자라기 위해 누가 가르쳐주지 않아도 젖을 찾아 먹으려고 애씁니다. 새롭게 태어난 성도 역시 건강하게 성장하여 구원에 이르기 위해서는 땅의 것이 아닌 하늘의 신령한 것을 양식으로 삼아야 합니다. 예수님께서도 썩을 양식이 아니라 영생하도록 있는 양식을 위하여 일하라고 하셨습니다(요 6:27).

거룩한 제사장(4-8절)

우리를 위해 이 땅에 오신 예수님은 아무 쓸모없는 돌멩이처럼, 사람들에게 버림을 받았습니다. 그러나 하나님은 그를 택하셨고, 또한 보배롭게 하셔서 살아있는 돌이 되게 하셨습니다. 성도들도 마찬가지입니다. 그리스도인들은 세상에서 무시당하고 버림받는 것 같지만, 예수 그리스도에게 나아가는 성도들은 산돌이신 그리스도처럼 신령한 집(성전)으로 세워지게 됩니다. 나아가 성도들은 예수 그리스도로 말미암아 거룩한 제사장으로서 신령한 제사를 드리게 됩니다. 그러나 믿는 성도들에게 보배이신 예수 그리스도이지만 그의 존귀함을 알지 못한 채 그를 무시하고 버린 불신자들에게 그리스도는 '거치는 돌'이 되어 그의 말씀에 순종치 않다가 걸려 넘어질 것입니다.

특별한 소유된 백성(9-10절)

불순종하다 파멸에 이르는 불신자들과는 대조적으로 하나님의 긍휼을 얻어 하나님의 백성이 된 성도들은 고귀한 신분을 얻게 됩니다. 성도들은 택함 받은 이스라엘 백성들처럼 택함 받은 거룩한 족속이 되었으며, 하나님 나라의 왕이요 제사장이 되었습니다. 또한 하나님은 성도들을 '하나님 나라'로, '특별한 소유(보배 중의 보배)'로 삼으셨습니다. 그리고 이들에게 주어진 임무는 하나님의 아름다운 덕을 선전하는 것입니다. 죄인된 우리들에게 행하신 하나님의 구원의 은혜를 널리 힘써 전하는 자들이 되어야겠습니다.

– 「날마다 주님과 함께」본문해설, 학생신앙운동(SFC), 2002. 3. 16.

살며 생각하며 : 카나리아는 그의 노래를 불러야 한다

어떤 소녀가 카나리아 한 마리를 얻었습니다. 카나리아의 노래 소리는 참으로 아름다웠습니다. 겨울이 지나고 봄이 되자 사랑하는 카나리아 새에게 따뜻한 봄볕도 쬐어 주고 즐겁게 해주기 위하여 여러 가지 새들이 찾아오는 정원의 나무 가지에다 새 초롱을 걸어 놓았습니다. 그래서 초롱속의 카나리아는 날마다 찾아오는 새 친구들과 함께 지나게 되었습니다.

가을이 되어 날씨가 차가워지자 카나리아는 집 안으로 옮겨지게 되었습니다. 바로 그때 소녀는 깜짝 놀라지 않을 수 없었습니다. 왜냐하면 카나리아가 전처럼 아름답게 노래를 부르는 것이 아니라 그저 입으로 노래한다는 소리가 '짹, 짹, 짹' 하는 참새 소리뿐이었기 때문이었습니다. 참새 친구들과만 지내던 카나리아는 그의 아름다운 노래를 모두 잊어버리고 참새의 노래를 배운 것이었습니다.

거룩한 자녀요 성도된 사람이 참새와 같은 세상의 자녀들과 많은 이해관계, 친교를 갖고 산다면 언제인가 그 성도의 마음도 참새의 마음이 되고, 그 입에서는 참새의 말이 나오고, 그 인품에서는 경건한 은혜가 자취를 감추고 말 것입니다. 카나리아는 카나리아의 세계에서 살아야 하는 것입니다.

– 「기독교 문장대백과사전」 10권 / 성서연구사, p302

돌아보며 다짐하며 : 성도의 신분 9가지

1. 성도는 갓난아이임(벧전 2:2)
   ① 갓난아이는 순진함
   ② 갓난아이는 겸손함(마 18:4)
   ③ 갓난아이는 천국에 표본임(마 18:3)
2. 성도는 산돌임(벧전 2:5)
   ① 산돌은 어제나 오늘이나 변함이 없음

② 산돌은 언제나 자기 자리를 잘 지킴

③ 산돌은 말없이 묵묵히 직분을 잘 감당함

3. 성도는 택하신 족속임(벧전 2:9)

① 창세전에 하나님의 자녀로 택함 입음(엡 1:4)

② 모태에서 부터 하나님의 자녀로 택함 입음

③ 무조건적인 사랑으로 택함 입음

4. 성도는 왕 같은 제사장임(벧전 2:9)

① 세상 만물을 다스리는 권세를 얻음(창 1:28)

② 세상 모든 사람들을 위하여 기도할 특권을 얻음

③ 대제사장만이 일 년에 한번 들어가는 지성소에 성도는 언제든지 담대히 들어가는 특권을 얻음

5. 성도는 거룩한 나라 백성임(벧전 2:9)

① 의인만 들어가는 천국 백성이 됨(계 21:27)

② 하늘에 천사들도 부러워하는 천국에 백성이 됨

③ 이 땅에서부터 하늘나라의 그 즐거움을 누리고 살아감

6. 성도는 나그네와 행인임(벧전 2:11)

① 이 세상은 잠간 쉬어가는 곳으로 앎

② 이 세상은 나의 본향이 아니고 객지생활임

③ 이 세상에서 몇 백 년 살 것처럼 생각지 않고 본향 갈 준비를 하는 곳으로 알게 됨

④ 우리 예수님이 나를 부르시면 아무것도 하나 가지고 못가며 빈손으로 갈 것을 생각하여 이 땅에 살 동안 전도와 선교와 구제를 많이 해야 함

7. 성도는 선한 일을 행할 자임(벧전 2:12)

① 내가 사는 것은 선을 행하기 위하여 사는 것이 되어야 함

② 나의 생각과 나의 말과 나의 행동이 하나님께서 기뻐하시는 것이 되기 위하여 행함

③ 선 중에 가장 큰 선은 예수님을 잘 섬기고 하나님께 예배 잘 드리는 것임

8. 성도는 하나님의 종임(벧전 2:16)

① 종은 주인이 시키시는 대로 잘 순종해야 함

② 종은 자기 몸부터 모든 것이 다 주인의 것이고 자기 것은 아무것도 없음

③ 하나님의 종된 우리는 하나님께서 가라하시면 가고 멈추라 하시면 멈추는 하나님의 말씀에 100% 순종해야 함

9. 성도는 양임(벧전 2:25)

① 양은 목자의 음성을 잘 듣고 잘 따라감(요 10:3-4)

② 양은 목자의 인도하심이 없으면 이리떼들에게 삼킴을 당함(요 10:12)
③ 양된 우리는 선한 목자 되시는 하나님의 말씀대로 순종하고 따라가야만 영혼도 살고 육신도 살게 됨

오늘의 기도 : 아름다운 오늘이 되게 하옵소서

사랑의 주님! 오늘 이 하루를 시작하면서 주님과 함께하는 지금 이 시간이 주님의 사랑임을 감사드립니다.
우리가 오늘을 이 땅에 사는 동안 국화꽃처럼 아름답고 향기로워 주님의 향기로 사랑을 전하게 하옵소서.
주님 우리로 하여금 오늘의 삶에서 주님의 뜻을 알게 하시고 그 안에 살게 하시어 그 뜻을 이루게 하시고 주님의 사랑으로 행하게 하옵소서. 그 향기로 세상이 아름답게 변화되게 하시고 주님의 잔을 우리도 마시게 하옵소서.
오늘을 사는 동안 서로를 배려하는 사랑의 마음을 주사 서로 다른 개성과 생각들이 조화를 이루어 아름다운 오늘이게 하시고 주님을 찬양하며 행복 나누게 하옵소서.
예수 그리스도의 이름으로 기도드립니다. 아멘!

– 홍기웅, 2005. 9. 22.

Day : 5주(월)

찬송 : (새)526장, 316장

05

출애굽기 16:1-20:26 홍해에서 시내 산까지

이스라엘 백성들은 엘림을 떠나서 2월 15일에 신 광야에 도착했습니다. 이스라엘 백성들은 이곳에 음식 문제로 불평했으며, 하나님은 그들을 위해서 만나를 내려주셨습니다. 그 후에 그들은 신 광야를 떠나서 르비딤에 도착했습니다. 그러나 그 곳에는 마실 물이 없었기 때문에 또 다시 불평하게 되었습니다. 그리고 하나님은 그들을 위해서 반석에서 물이 흘러나오게 하여 그들로 하여금 마실 수 있게 해주셨습니다. 그러나 그때에 아말렉이 이스라엘을 기습했으며, 이로 인해 이스라엘과 아말렉 간에 전투가 일어났습니다. 이때에 모세는 아론과 훌을 데리고 산으로 가서 기도하고, 여호수아는 직접 전쟁터로 나가서 싸웠습니다. 이때에 모세가 손을 들면 이스라엘이 이기고, 손을 내리면 아말렉이 이겼습니다. 그러므로 아론과 훌은 모세의 손을 붙잡아 내려오지 않게 하였습니다. 이로 인해 이스라엘은 아말렉을 물리치고 승리할 수 있었습니다. 그리고 이러한 이름을 기념하기 위해서 그 곳을 여호와 닛시라고 불렀습니다. 그 후에 모세는 장인 이드로의 조언을 따라서, 천 부장 백부장을 세워 백성을 관리하게 하였습니다. 하나님은 이스라엘 백성들이 시내 산에 도착하게 이르자 그 곳에서 언약을 맺고 모세를 통해서 그들에게 십계명을 주셨습니다.

읽으며 묵상하며 : 동역자들(출 17:1-7)

내가 호렙 산에 있는 그 반석 위 거기서 네 앞에 서리니 너는 그 반석을 치라 그곳에서 물이 나오리니 백성이 마시리라 출 17:6

목말라 하는 이스라엘 사람들을 위해 광야에서 모세가 바위를 쳐서 물이 흘러나오게 했을 때, 그의 역할은 정말 작은 것이었습니다. 그저 바위를 쳤던 것이었습니다. 이스라엘의 누구라도 할 수 있었던 일이었습니다. 중요한 것은 풍부한 강물을 주시기 위해 이 땅의 중심에서 하나님께서 행하신 일입니다.

그러나 그것은 둘이서 한 일이었습니다. 모세는 사람들 앞에서, 하나님께서는 보이지 않는 땅 속의 깊은 곳에서. 모세와 하나님은 동역자였던 것입니다.

모든 열매 맺는 일에는 언제나 두 행위자가 있습니다. 기꺼이 일하는 일꾼과 신실하신 하나님이십니다. 인간이 해야 할 부분은 주님이 우리에게 하라고 하신 어떤 것이라도 하는 것입니다. 가령 바위를 치는 것 같은 일입니다. 하나님의 일은 그 바위에서 물이 흐르게 하시는 것입니다.

모세가 바위를 향해 걸어가면서 실패할지도 모른다는 두려운 마음에 휩싸여 있었을까요? 그렇지 않았을 것입니다. 모세는 그저 주님께 순종하기만 하면 되었던 것입니다. 그 나머지는 하나님이 하시겠다고 약속하셨습니다. 그리고 모세는 이전에 하나님이 역사하시는 기적들을 보았었습니다.

당신은 지금 하나님이 당신에게 맡기신 사역들로 인해 걱정하고 계십니까? 모든 것이 당신 자신에게 달려있다고 생각하십니까? 그저 바위를 치기만 하십시오. 하나님은 모든 남자와 여자 그리고 어린이에게 강물을 부어주시려고 은밀하게 역사하고 계십니다. 그리고 생수가 흐르기 시작할 때 주님을 찬양하십시오.

당신이 할 일만 하면 주님은 주님의 일을 하실 것입니다. 주님과 동역하는 일꾼으로서 주님이 오늘 맡기신 일을 행하십시오. 그러면 넘쳐흐르는 주님의 은혜를 발견하게 될 것입니다. 당신이 순종하면 주님은 주님의 역할을 하십니다. (David Roper)

– 「오늘의 양식」, 오늘의 양식사, 2006. 1. 27.

살며 생각하며 : 감사를 모르면 소 돼지

젖소 농장 안주인인 최하늘 집사는 개인적으로 음식을 정성껏 준비하여 일꾼들을 대접하곤 했습니다. 식탁에 둘러앉은 일꾼들은 감사하다는 인사말도 없이 음식을 먹어 치웠습니다. 며칠 후 그녀는 일꾼들의 저녁 식탁에 소가 먹는 건초를 잔뜩 잘라서 그릇에 담아 놓았습니다. 식탁에 둘러앉은 일꾼들은 “아니 이럴 수가, 우릴 짐승으로 보는 거요?”라며 화를 냈습니다. 지켜보던 그녀가 일장 연설을 했더니 얼굴을 붉히며 잘못했다고 사과를 했고 그 다음부터 감사할 줄 알았습니다.

“장난이 아닙니다. 지난번에도 내가 비지땀을 흘리며 만든 음식을 먹으면서 감사하다는 말 한 마디를 한 사람이 없었어요. 감사도 없이 식탁에 앉고 일어서는 사람들은 값비싼 선물을 발로 짓밟아 뭉개는 마구간의 소나 돼지와 다름없지요.”

인간성을 가진 사람이라면 감사하지 않으면 안 됩니다.

‘인간과 짐승의 차이는 감사할 줄 아는데 있다’하는데, 역으로 ‘감사할 줄 모른다면 짐승과 같다’는 말이 됩니다. 다윗은 한평생 감사하며 살기로 마음을 정했습니다.

스튜어트 목사는 매 주말이면 아내와 함께 마주앉아 한 주간 동안의 은혜를 계산하며 감사했다고 합니다. 강도 만난 사람이 자신이 강도가 아님에 감사했다고 합니다.

“모든 육체에게 먹을 것을 주신 이에게 감사하라 그 인자하심이 영원함이로다”(시 136:25)

– 신현주 목사, 「예화 철학」, 도서출판 누가, p89

Day : 5주(화)

찬송 : (새)511장, 263장

05

출애굽기 21:1-24 언약 법전

하나님은 이스라엘 백성들에게 십계명 외에 또 다른 법들을 주셨습니다. 우리는 이 법들을 "언약법전"이라고 부릅니다. 이 법들은 공의롭고 자비로운 법이었습니다. 하나님은 남에게 피해를 입힌 경우에 공의롭게 보상하게 하셨으며, 종들의 권리를 보장해주셨습니다. 하나님은 하나님 외에 다른 우상을 섬기는 것을 금지하셨습니다. 특히 하나님은 우상을 제거하고, 우상을 숭배하는 자와 무당들을 죽이라고 명령하셨습니다. 이 법이 가장 크게 강조하는 것은 연약하고 가난한 사람들에 대한 보호였습니다. 하나님은 특별히 이방 나그네, 가난한 사람, 그리고 장애자들을 돌보라고 지시하셨습니다. 하나님은 이스라엘 백성들에게 순결과 정절을 강조하셨습니다. 하나님은 이스라엘 백성들 중에서 순결을 잃거나 정절을 지키지 않는 사람을 무조건 죽이라고 명령하셨습니다. 이러한 내용들은 하나님의 공의와 자비하신 성품을 잘 보여주고 있습니다.

읽으며 묵상하며 : 정의와 사랑에 4규례 (출 23:1-9)

다수를 따라 악을 행하지 말며 송사에 다수를 따라 부당한 증언을 하지 말며 출 23:2

하나님은, 귀로 들었다고 해서 자기가 직접 알지도 못하는 풍문을 무책임하게 떠벌리지 말라고 경고하십니다(1절). 그리고 군중심리에 휩쓸려 악을 행하거나, 다수결에 편승해 거짓에 손을 들어주는 일을 하지 말라고 명하십니다(2절). 또한 하나님은 약자라고 해서 저급한 동정심으로 두둔하지 말고(3절), 반대로 힘없는 자의 송사라고 불리하게 취급해서도 안 된다고 지적하고 있습니다(6절). 그리고 편협한 민족주의에 사로잡혀 가난한 타국인을 억울하게 하지 말라고 경고하십니다(9절). 이것은 성도가 어떠한 경우에도 정의로운 사람이어야 함을 가르치는 것입니다. 우리는 세상 가운데 정의의 잣대를 제공해야 하는 사람입니다. 이를 위해 우리는 거짓된 일을 멀리하고(7절), 부정한 물질에 참여하지 말아야 합니다(8절). 사실 모두 거짓을 말하는 세대 속에서 혼자 진리의 편에 서는 것은 결코 쉬운 일이 아닙니다. 오늘도 우리는 어그러지고 거스르는 세대 가운데서 빛으로 살아갈 수 있도록 하늘의 담력과 분별력을 구해야 합니다.

4-5절은 원수를 어떻게 대해야 하는 지에 대한 계명입니다. 하나님은 원수의 잃어버린 짐승을 보게 되면 모른 체하지 말고 그에게 데려다 주라고 명하십니다(4절). 또 미워하는 자가 도움을 필요로 한다면 버려두지 말고 도와주라고 명하고 있습니다(5절). 여기에 나오는 '원수' 혹은 '미워하는 자'는 특별히 재판의 상대자를 가리키는 말입니다. 그러므로 이 말은

비록 법정에서 잘잘못을 가리고 있는 상대자라 할지라도, 일상생활에서는 오히려 사랑하고 이웃으로 대하여야 한다는 것입니다. 여기서 우리는 "원수를 사랑하라"(마 5:44)는 예수님의 가르침이 이미 구약에서부터 존재하고 있음을 확인하게 됩니다. 그리고 이 같은 율법은 이방의 법과는 달리, 분명 신적인 기원을 하고 있음을 증명해줍니다. 성도는 개인의 감정을 초월하여 이웃에 대한 사회적, 도덕적 책임을 다해야 하는 사람입니다.

– 「GT, 세계를 품는 경건의 시간」, GTM, 2005. 5. 4.

살며 생각하며 : 말씀대로 원수를 사랑

주일 낮 예배를 마치고 와서 오후에 최 집사네 부부는 외식도 제대로 못하는 신세라는 아내의 바가지로 다투게 되었습니다. 주일 오후 남편 혼자 저녁예배를 갔다 오더니 밤늦도록 아내를 열렬히 사랑해 주었습니다. 마음이 흡족해진 부인 김 집사는 남편이 대견해 보였습니다.

"당신 오늘 웬일이유?" 다음날 아침 애쓴 남편을 위해 고기를 사면서 어젯밤 일이 목사님의 저녁예배 설교에 은혜를 받은 결과라 생각하여 목사님께 드릴 고기도 샀습니다. 아침 나절에 목사님을 찾아갔습니다.

"목사님, 고마워요. 어제 저녁 설교 참 좋았다죠? '아내를 네 몸과 같이 사랑하라'는 설교였는가 봐요?" 그러자 목사님은 고개를 설레설레 흔들면서 대답했습니다. "아닌데요. '원수를 사랑하라'는 설교였는데요."

원수도 사랑하는데 부부사랑을 왜 못 이룹니까? 힘들면 오늘 원수라고 생각하고 사랑해 보십시오. 별것도 아닌 것으로 싸울 필요가 있습니까? 시비를 걸면 얼른 집을 나와 교회에 기도하러 갔다 오십시오. 부부싸움은 옳고 그름이 아닌 억지가 많으므로 현장을 잠시 떠나야 됩니다. 단, 잔소리나 악담을 하지 말고 화를 참고 사랑의 말을 하고 나갔다 돌아오면 풀립니다.

"나는 너희에게 이르노니 너희 원수를 사랑하며 너희를 박해하는 자를 위하여 기도하라"(마 5:44)

– 신현주 목사, 「예화 철학」, 도서출판 누가, p32

Day : 5주(수)

찬송 : (새) 272장, 330장

05

출애굽기 25:1-27:21 성막에 대한 규례(레 25장)

하나님은 이스라엘 백성들에게 공의롭고 자비로운 율법을 주셨습니다. 그리고 나서 하나님은 모세에게 자신이 거할 성막을 건축하도록 지시하셨습니다. 이 성막은 하늘 성소의 모형으로 하나님께서 거하실 곳이었습니다. 하나님은 모세에게 성막을 어떻게 지을 것인지 가르쳐 주시기 위해서 성막의 설계도를 보여주셨습니다. 그 후에 하나님은 성막 안에 놓을 기구들, 즉 언약궤, 떡을 진열할 떡 상, 성소 안을 비출 금 촛대의 설계도를 보여 주셨습니다. 하나님은 모세에게 지성소 안에 있는 언약궤 앞에서 이스라엘 백성을 만날 것이라고 선언하셨습니다. 또한 하나님은 성막을 덮는 덮개와 휘장을 만드는 규례를 가르쳐 주셨고, 계속해서 제물을 태울 번제단과 성막의 뜰, 그리고 거룩한 기름을 만드는 법을 가르쳐 주셨습니다.

읽으며 묵상하며 : 하나님이 거하실 장소, 만남의 장소(출 25:1-22)

> 속죄소를 궤 위에 얹고 내가 네게 줄 증거판을 궤 속에 넣으라 거기서 내가 너와 만나고 속죄소 위 곧 증거궤 위에 있는 두 그룹 사이에서 내가 이스라엘 자손을 위하여 네게 명령할 모든 일을 네게 이르리라 출 25:21, 22

시내 산에 강림하신 하나님은 그분의 백성 이스라엘에게 율법과 규례를 선포하셨습니다. 그리고 이제 모세를 불러 성막에 관하여 말씀하십니다. 성막은 하나님이 거하실 장소입니다(25:1-9). 이것은 하나님이 그분의 백성들 가운데 거하실 것이라는 상징적인 표현입니다. 하나님이 그분의 백성들 가운데 거하심, 이것은 그분의 창조 목적을 스스로 실현하시는 것이라고 할 수 있습니다. 하나님이 죄 많은 우리 가운데 거하기로 결정하신 것은 놀라운 은혜입니다. 이것을 성취하기 위해 하나님은 몇 가지를 요구하십니다. 그것은 즐거운 마음으로 드리는 예물로 하나님이 거하실 성소를 준비하라는 것입니다. 여기에는 자원하는 마음과 협력하는 마음이 필요합니다.

오늘날 하나님이 거하실 처소는 예수 그리스도의 공동체입니다. 예수님 안에 있는 작은 공동체인 나의 가정은 하나님이 거하실 처소로 지어져 가고 있습니까?

죄 많은 인간은 하나님을 찾을 수 없으므로 그분이 스스로 찾아오셨습니다. 그리고 그분의 백성들 가운데 거할 공간을 준비하시고 백성들을 만나기로 결정하셨습니다. 본문은 하나님이 인간과 만나실 장소인 지성소를 설명하고 있습니다(25:10-22). 그 안에 준비되어야 할 것은 언약궤와 속죄소였습니다. 먼저 하나님은 조각목과 순금으로 궤를 만들어 "내가 네게 줄 증거판"을 그 궤 속에 넣어 둘 것을 명령합니다. 그리고 순금으로 속죄소를 만들고, 그룹의 날개로 속죄소를 덮으며, 그 속죄소를 '증거판'이 들어 있는 궤 위에 얹도록 했습니다. 이것은 말씀의 권위를 보여 줍니다. 말씀은 우리의 신앙과 행위의 궁극적인 권위입니다. 바로 이러한 권위를 가지신 하나님이 속죄소가 있는 지성소에서 그분의 백성들을 만나시겠다는 것입니다. 지성소에서 하나님을 만나는 것은 제한적이고 일시적입니다. 그러나 예수님이 새롭고 산길을 열어 놓으셨기 때문에 그분 안에 있으면 하나님과의 만남을 제한받지 않습니다.

– 「생명의 삶」 말씀해설, 두란노서원, 2003. 5. 5.

살며 생각하며 : 하나님의 몫만 없는 인생

낡고 오래된 교회가 벽이 떨어지고 비가 새어도 당회가 교회 건축할 생각을 하지 않자 젊은 집사 10여 명이 헌금을 작정한 후 돈 많은 장로님을 찾아갔습니다.

"장로님 생전에 교회를 신축하셔야지요. 명령만 하시면 저희들이 심부름을 하겠습니다." 이 말을 들은 장로님은 "철없는 사람들이로군. 무슨 돈이 있다고 헌금을 하나?"

집사들은 "장로님, 이 집과 중심가의 빌딩과 여기저기 땅이 있지 않습니까?"

"그건 다 내 것이 아닐세. 이 집은 우리 집사람 이름으로 돼있고, 빌딩은 큰아들 이름으로, 땅은 딸 이름으로, 농장은 둘째 아들 이름으로, 과수원은 손자 이름으로 돼 있다네."

찾아간 집사들은 말문이 막혔습니다. 일어서면서 한 집사가, "하나님 몫만 없군요."

언제나 앞선 사람들이 하지 않으면 일의 추진이 어려우며 모든 것은 기회가 있으며 그것을 잃으면 실패합니다. 먼저 하나님의 것을 생각하는 사람들은 믿음의 용기가 있으며 그런 사람들은 하나님께서 복을 주십니다. 인생에 평생 내 것만 챙기다가는 실제 일해야 할 때에 아무 일도 못하고 세월만 보내고, 하고 싶을 때는 능력이 없습니다. 인생에 가장 중요한 것은 '지금' 하는 것입니다.

"내일 일을 너희가 알지 못하는도다 너희 생명이 무엇이냐 너희는 잠깐 보이다가 없어지는 안개니라"(약 4:14)

– 신현주 목사, 「예화 철학」, 도서출판 누가, p259

Day : 5주(목)

찬송 : (새) 9장, 53장

05

출애굽기 28:1–30:38 제사장에 대한 규례

출애굽기 28–30장은 제사장들이 입는 복장과 규례에 대해서 말하고 있습니다. 대제사장의 의복은 대제사장이신 예수 그리스도의 특성과 성품을 반영하고 있었습니다. 대제사장이 입는 의복은 예수 그리스도의 신성과 성품을 잘 나타내고 있습니다. 머리에 쓴 관은 예수님의 성결과 지혜를 상징하고, 청색 옷은 신성을, 흰 베옷은 거룩을, 그리고 천연색의 에봇도 그리스도의 성품을 상징적으로 나타내고 있습니다. 또한 가슴에 있는 열두 보석은 이스라엘 백성을 위해 중보하시는 예수님을, 옷가에 달린 석류방울은 화평이신 그리스도를 의미합니다. 이러한 점에서 제사장들이 행하는 일은 예수 그리스도께서 우리를 위해서 하시는 사역을 상징하고 있습니다. 제사장들은 백성들의 죄를 위해 희생 제사를 드렸습니다. 그리고 우리의 대제사장이신 예수 그리스도께서도 자신의 몸으로 제사를 드리시고, 우리를 하나님 앞에서 성결하게 하셨습니다.

읽으며 묵상하며 : 매일 드리는 번제 (출 29:38–46)

네가 제단 위에 드릴 것은 이러하니라 매일 일 년 된 어린 양 두 마리니 한 어린 양은 아침에 드리고 한 어린 양은 저녁 때에 드릴지며 출 29:38, 39

하나님께서 우리와 관계를 맺기 원하신다는 것은 가장 놀라운 사실입니다. 하나님은 자기 백성을 만나주실 뿐만 아니라 그들과 함께 살기 위해 그들을 구원하셨습니다. 우리는 어떻게 하나님을 만나며, 하나님과 함께 거할 수 있습니까?

하나님은 회막 앞 제단 위에 매일 아침저녁으로 일 년 된 어린 양 한 마리씩을 제사 드리게 하셨습니다. 하나님께서는 이 제사를 드린 그 백성을 만나시고 그 백성에게 말씀하시며 그 백성의 하나님이 되시겠다고 하셨습니다. 아침저녁으로 드린 제사는 하루의 처음과 마지막을 드리는 것입니다. 아침저녁을 드리는 것은 하루를 온전히 드리는 것과 같습니다. 하나님을 만나기 원하며 하나님과 동행하는 삶을 살기 원한다면, 아침과 저녁을 하나님께 드려야합니다. 아침저녁에 하나님을 만나는 사람은 생활 속에서 하나님을 경험하며 사는 사람이 될 것입니다. 하나님과 깊은 관계를 원한다면, 개인적으로 말씀을 묵상하고 기도하기위해, 가족과 함께 하나님을 예배하기 위해, 부부가 손잡고 기도하기위해 아침저녁을 하나님께 드리는 사람이 되어야합니다.

하나님과 깊은 관계를 맺고 존경받는 인물이 된 링컨 대통령은 이런 고백을 했습니다. "나는 어려울 때마다 매일의 예배를 통해 하나님께 무엇을, 어떻게 해야 할지 기도합니다.

내게는 충분한 지혜가 없지만 기도하고 나면 분명한 지혜가 떠올랐습니다."

사람이 하나님을 만나는 것은 매일의 제사를 통해서였습니다. 매일 드려지는 제사는 기도와 예배를 의미하는 동시에 우리 자신을 하나님께 드리는 헌신의 의미가 있습니다. 포도주를 단에 붓는 전제나, 희생적 노력의 열매를 제물로 드리는 소제(곡식제물)나, 제물을 태워드리는 번제나 모두 희생과 헌신의 의미가 담겨있습니다. 이것은 우리 자신을 하나님께 드림으로 하나님을 만난다는 것을 가르쳐줍니다. 자신을 드리지 않고서 하나님을 경험할 수 없는 것입니다. 이것은 인간의 공로가 있어야 하나님을 만난다는 것을 말하는 것이 아니라 하나님께 나아가는 인간의 태도를 말하는 것입니다.

많은 사람들이 살아계신 하나님의 임재를 경험하고 싶어 하지만, 하나님께 자신을 드리는 데는 인색합니다. 자기를 부인하고 자신의 몸을 하나님께 드리려고 하지는 않습니다. 사랑을 받고 도움을 받았을 때도 하나님이 함께 하심을 경험하지만, 매순간 하나님을 경험하는 삶은 자신의 몸을 산제사로 드릴 때 맛볼 수 있습니다. 하나님은 우리가 하나님을 전적으로 신뢰하기 원하시며 사랑하기 원하십니다.

– 「일용할 양식」 말씀 묵상, 기독대학인회(ESF), 2004. 9. 11.

살며 생각하며 : 교회출석 88년

살아 생전 교회를 가장 신실하게, 가장 오랫동안 다닌 사람은 누구일까요? 좀 오래된 수치이기는 하지만 1976년 당시의 통계에 의하면 미국 아이오와주 케오쿡(Keokuk)에 있는 제일침례교회의 성도 린퀴스트 여사입니다. 그녀는 1888년부터 88년 동안 꾸준히 주일 예배에 참석했던 것으로 알려져 있습니다. 그 기간 동안 크리스마스 예배나 부활절 예배에 단 한 번도 빠진 적이 없었음은 물론입니다. 그 88년 동안 그녀는 교회의 목사가 15번 바뀌는 것을 보았으며, 8천 번 이상의 설교를 들었고 4천 번 이상의 기도회에 참여했으며 2만 9천 번 이상의 취침기도를 드렸습니다. 또한 그는 50년 이상 주일학교 교사로 봉사하였고 제자들 중 많은 수가 목회자가 되었습니다. 세월은 믿음을 축적시킬 것이며, 일생을 복음과 함께 산 사람은 자신과 주변 사람들을 믿음에 굳게 서게 합니다. 물론 최후의 순간에 십자가에서 회개한 강도도 '오늘 네가 나와 함께 낙원에 있으리라'는 구원을 받았지만, 연륜은 그만큼 아름다운 믿음으로 성숙시켜 줄 것입니다. 횟수 자체가 중요한 것은 아니지만, 변함없는 믿음으로 일생을 교회출석과 봉사에 동참하는 복이 있기를!

"날마다 마음을 같이 하여 성전에 모이기를 힘쓰고 집에서 떡을 떼며 기쁨과 순전한 마음으로 음식을 먹고"(행 2:46)

– 신현주 목사, 「예화 철학」, 도서출판 누가, p220

Day : 5주(금)

찬송 : (새)315장, 512장

05

출애굽기 31:1–35:35 금송아지 사건

하나님은 계속해서 성막에서 사용할 물품에 대한 규례를 주셨습니다. 그리고 나서 하나님은 실제로 성막과 그 안에 놓일 기구들을 제작할 사람들을 지정해 주셨습니다. 하나님은 이때에 다시 한 번 제7일을 기억하여 안식하도록 명하셨습니다. 모세가 산 위에서 하나님으로부터 성막의 규례를 받고 있을 때에 산 밑에서는 큰 사건이 일어났습니다. 산 밑에 있는 사람들은 모세가 오랫동안 산에서 내려오지 않게 되자, 아론에게 가서 자기들을 인도할 신을 만들어 내라고 요구했습니다. 아론은 그들을 두려워하여 금으로 송아지를 만들고, 그것이 그들을 인도한 신이라고 말했습니다. 그러자 백성들은 금송아지 주변에서 춤추고 놀면서 음란한 행동을 했습니다. 이로 인해 하나님은 크게 노하셨으며 모세에게 당장 산에서 내려가라고 지시하셨습니다. 하나님은 범죄한 이스라엘 백성들을 멸망시키려고 하셨습니다. 그러나 모세가 간절히 그들을 위해서 기도하게 되자, 그들을 용서해 주셨습니다. 그 후에 하나님은 모세의 중보 기도를 들으시고 이스라엘 백성들과 깨진 언약을 다시 맺으셨습니다. 그 후에 모세는 성막을 짓기 위해서 백성들에게 예물을 드리도록 지시했고, 백성들 중에 자원하는 사람들이 성막을 만들 물품을 가져왔습니다. 하나님은 브살렐과 오홀리압을 지명하여 부르시고, 그들에게 하나님을 충만케 하여 성막을 건축하는 일을 담당하게 하셨습니다.

읽으며 묵상하며 : 기도하는 모세(출 32:30–33)

이튿날 모세가 백성에게 이르되 너희가 큰 죄를 범하였도다 내가 이제 여호와께로 올라가노니 혹 너희를 위하여 속죄가 될까 하노라 하고 모세가 여호와께로 다시 나아가 여짜오되 슬프도소이다 이 백성이 자기들을 위하여 금 신을 만들었사오니 큰 죄를 범하였나이다 그러나 이제 그들의 죄를 사하시옵소서 그렇지 아니하시오면 원하건대 주께서 기록하신 책에서 내 이름을 지워 버려 주옵소서 출 32:30–32

진정한 지도자는 위기의 순간에 더욱 빛나는 법입니다. 모세는 자기 백성의 죄를 위해서 목숨을 걸고 하나님께 기도합니다. 그의 기도가 어떤 점에서 응답받는 기도가 되었습니까?

1. 모세는 범죄한 백성들의 죄를 완전히 용서받기 위하여 사랑으로 하는 목숨을 건 중보기도를 드립니다(32:30–31).

하나님께서 이스라엘을 진멸하지는 않으시겠다고 약속하셨고, 이미 방자한 백성 3천명을 죽였지만, 이스라엘의 죄로 인한 하나님의 진노가 완전히 해결된 것은 아니었습니다. 이스라엘의 모든 영적 지위가 회복되고 하나님과 함께하려면 하나님의 완전한 용서가 필요했습니다. 하나님과의 관계가 회복되지 않는다면 가장 큰 불행이고, 형벌인 것을 잘 알았기 때문에 모세는 가만히 있을 수가 없었습니다. 그는 자기의 목숨을 담보로 백성의 죄를 용서해주시도록 간구합니다. "그러나 이제 그들의 죄를 사하시옵소서 그렇지 아니하시오면 원하건대 주께서 기록하신 책에서 내 이름을 지워 버려 주옵소서"(32절).

모세는 자기 백성을 자기의 몸처럼 사랑하여 그들을 위해 절박한 중보의 기도를 드립니다. 자기의 영적인 생명까지 걸고서 그토록 간절히 기도하는 것은 그들에 대한 사랑 때문입니다. 이런 사랑에서 나온 기도를 하나님은 반드시 응답하십니다. 사실 이러한 사랑 없인 지속적으로 중보기도를 할 수 없습니다. 당신은 누구를 사랑하며 그를 위해 중보기도를 하고 있습니까?

2. 하나님께 전적으로 의지하는 기도였습니다.

모세의 중보기도에도 불구하고 모든 약속을 다 이루어 주시지만, 정작 하나님은 노중에 목이 곧은 이스라엘을 진멸할까 염려하여 그들과 함께 가지 않겠다고 하셨습니다. 백성들은 크게 슬퍼하며 단장품을 제하고 회개합니다.

이러한 상황에서 지도자 모세는 백성들의 죄 사함을 위하여 응답을 받을 때까지 계속하여 기도합니다(32:33). 이스라엘 진 밖에 텐트를 치고 기도하는데 전념하였습니다. 얼마나 모세의 기도가 간절하였던지 온 백성이 모세가 기도하러 나가는 모습을 지켜보았습니다. 백성과 지도자들이 함께 회개하며 전적으로 하나님의 은혜를 구할 때 하나님의 구름기둥이 회막에 내렸고, 하나님은 마치 친구와 이야기 하듯 모세를 대면하여 만나주셨습니다. 모세는 이스라엘 백성들에 대한 완전한 용서와 하나님의 동행을 간구하며 전적으로 하나님께 의지하여 기도했습니다. 그는 이 절실한 기도에 하나님의 응답을 받는 것에 자기의 생명을 건사람 같았습니다. 모든 인간적인 노력을 그치고 하나님께 전적으로 의지하여 기도했습니다. 이러한 기도에 하나님은 응답하셨고, 친구처럼 모세를 만나주셨습니다. 공동체가 회복되려면 지도자가 모세와 같이 중보기도에 헌신해야 합니다. 그럴 때 하나님은 지도자에게 영적 권위를 부여하시고 방자한 백성을 회개케 하십니다.

– 「일용할 양식」 말씀 묵상, 기독대학인회(ESF), 2004. 10. 17.

살며 생각하며 : 기도의 능력으로 결혼

부천의 작은 교회에 이계영이라는 30세 청년은 뇌성마비 장애인이지만, 자취할 능력은 되어 부모님의 도움으로 순천에서 부천으로 와서 방을 얻어 공장에 다니고 있었습니다. 교회에서는 목사님을 도와 심방도 하며 늘 기도하여 능력이 있었습니다. 장애인이지만 결혼할 마음에 '색시를 달라'고 기도했습니다.

인천 항동에 안강망 어선 5척을 가진 집사님이 두 딸은 시집보냈으나 셋째 딸은 대학생 때 정신이상이 되어 나쁜 소문 때문에 부천으로 와서 그 교회에 등록을 했습니다. 목사님과 심방을 갔다가 하나님이 확신을 주어 '병이 나으면 딸을 주겠다'는 약속을 받고 기도했더니 깊은 잠에 빠졌던 딸이 나았습니다.

몇 달 후 그들은 없던 일로 하자고 해서 허탈감에 빠졌지만 정신병이 재발하여 청년을 불렀고 회개하며 사위로 삼았습니다.

그들이 성경책에 손을 얹고 다시 약속하고 기도했더니 정신이 돌아왔으며 신기한 일은 청년이 그 집을 나가면 재발되기에 자연히 방 하나를 내어주어 데릴사위가 되었고 청년의 장애도 많이 회복되어 행복한 가정을 꾸리게 되었습니다.

자연히 아름다운 소문이 났으며 교회는 부흥하였습니다. 기도로 사는 청년도 은혜지만, 약속을 했으나 장애인에게 딸 주기를 거절했다가 회개한 그 가정도 은혜를 받았습니다.

"여호와를 두려워하는 자들을 존대하며 그의 마음에 서원한 것은 해로울지라도 변하지 아니하며"(시 15:4)

– 신현주 목사, 「예화 철학」, 도서출판 누가, p52

Day : 5주(토)

찬송 : (새)333장, 381장/ (새)342장, 395장

05

- 이번 주 읽은 성경 요약 및 못 읽은 부분 읽고, 한 주간 생활 묵상하며 가정 예배드리기
- **주제 : 헌금의 원리**(고후 9:1-9)

읽으며 묵상하며 : 즐겨 내는 자를 사랑하시는 하나님 (고후 9:1-9)

참된 헌금(1-5절)

바울은 고린도 교회 성도들의 헌금 사실을 마게도냐의 교회들에게 자랑했고, 그 일은 마게도냐 교회들이 헌금을 하는 기폭제가 되었습니다. 그런데 아직까지 그 헌금의 일이 끝나지 않자 자신이 고린도에 가기 전에 준비 되도록 디도와 다른 형제들을 보냈습니다.

참된 헌금은 강요나 체면 때문에 마음에 없는 것을 억지로 하는 것이 아닙니다. 자기 만족과 타인에게 칭찬 받기 위하여 하는 외식적인 것도 아니라 은혜와 사랑을 나누기 위해 미리 마음으로 준비하는 것이 되어야 합니다. 나는 헌금을 할 때 어떤 마음가짐으로 준비를 하고 있습니까?

착한 일을 위해 넉넉한 은혜를 주시는 하나님(6-9절)

"적게 심는 자는 적게 거두고, 많이 심는 자는 많이 거둔다"는 것은 타인에게 사랑과 은혜를 베푼 자는 그것을 축복으로 거둘 수 있지만, 사랑과 은혜에 인색하여 이기적이면 거둘 것이 없다는 말입니다. 하나님이 원하시는 헌금은 인색함이나 억지로 하는 헌금이 아니라, 마음에 정한 대로 하되 즐겁고 너그러운 마음으로 하는 헌금이어야 합니다.

하나님께서 우리에게 이러한 헌금을 할 수 있는 여유와 마음을 주시는 것은 모든 착한 일을 하기 위해 베푸시는 하나님의 은혜임을 알아야 합니다.

– 「날마다 주님과 함께」 본문해설, 학생신앙운동(SFC), 2001. 11. 23.

살며 생각하며 : 어느 장애인의 헌금

파리에서 선교 집회가 열리고 있을 때입니다. 헌금함이 돌고 있을 때 초라하게 입은 어느 한 소경이 27프랑을 그 헌금함에 넣는 것이었습니다.

헌금 위원은 깜짝 놀라며 "그토록 많은 돈을 당신이 헌금하십니까."라고 물었습니다.

"왜요. 저라고 못할 게 뭐 있나요."라고 반문하는 것이었습니다. 그 소경 성도는 머뭇거리는 헌금위원에게 설명하였습니다.

"언젠가 저는 친구에게 등화비로 들어가는 돈이 일 년에 얼마나 되느냐고 물었지요. 그는 대답해 주기를 등잔불에 들어가는 기름 값만도 일 년에 27프랑이 소요된다는 것입니다. 보시다시피 저는 소경이 아닙니까? 소경이므로 등잔불이 필요 없지 않습니까?. 그 등화 비에 필요한 기름 값을 푼푼히 모아 육신의 어두움보다 훨씬 더 큰 고통을 당하는 영혼의 소경들에게 그리스도의 밝은 빛을 주는데 사용하려고 모아둔 돈입니다."

그의 육신의 눈은 어두워 있었으나 영혼의 눈은 밝아 있었고 복음이 미치지 못한 어두운 세계에 그리스도의 밝은 빛이 비추어지기 위하여 그토록 귀한 헌금을 한 것입니다. 자신의 불구를 이토록 거룩하게 승화시킨 그에겐 비록 육신의 눈은 어두웠으나 영적으로는 밝은 세상을 걷고 있는 것입니다. 그러기에 어떤 시인은 눈을 뜨면 세상을 보나 눈을 감으면 하늘을 본다고 했습니다.

– 인터넷 목회 정보 클럽, 예화편(주제별 예화)

돌아보며 다짐하며 : 성공적인 예배자

사람은 축제에 초대를 받을 때 차림세로 마음을 나타냅니다. 초대받은 사람이 반바지 입고 작업복 입은 채로 가면 대단한 실례입니다. 주인의 입장도 생각하고 잔치를 빛내려는 자세도 가져야 합니다. 그것이 초대한 사람을 생각해주는 것입니다.

깨끗한 옷은 최소한의 예의입니다. 옷은 신분을 구분해줍니다. 군인은 군복을 입고, 선수는 선수복을 입습니다. 그처럼 구별된 삶을 살려는 사람들은 옷에 더욱 신경을 써야 합니다. 예배에 참석할 때도 마찬가지입니다. 옷차림도 중요합니다. 비싼 옷을 입고 교회에 오라는 얘기가 아니라 마음의 준비를 하라는 얘기입니다. 예배 때 마음과 정성을 다해 최고의 것을 준비하고 오는 것이 성도의 예절입니다. 예배하는 사람은 예절 있는 사람이 되어야 합니다.

예배드리러 갈 때 마음의 준비를 하고 예배 자체를 위해 기도합니까?

"하나님! 오늘도 성공적인 예배자가 되길 원합니다." 그런 기도의 옷도 준비해야 예배 때에 하늘 문이 열립니다.

유대인들은 안식일 전날을 안식일의 예비일이라고 해서 안식일을 준비했습니다. 성도도 그렇게 토요일부터 예배를 준비하면 반드시 예배 중에 하나님을 만나고 하나님의 은혜를 체험하게 될 것입니다. 무엇이든지 준비가 철저하면 성공 가능성이 높아집니다. 예배도 미리 예배를 준비하는 사람이 성공적인 예배자가 됩니다.

예배드릴 때 그냥 드리지 말고 열린 마음의 준비를 하고 드리십시오. 무엇보다 중요한 것은 예배가 그 어떤 일보다도 중요하다는 인식을 가지는 것입니다. 일을 외면하고 돈을 미워하라는 말이 아닙니다. 돈이 악하다는 말도 아닙니다. 탐욕을 가지고 돈을 사랑하는 것이 악의 뿌리이지만 돈 자체가 악한 것은 아닙니다. 돈은 선의 수단이 될 수 있습니다. 돈을 잘 관리하는 지혜도 필요합니다.

그러나 스피드 시대가 되면서 움켜쥐는 구두쇠가 돈 버는 시대는 지났습니다. 돈을 많이 벌려면 돈을 많이 주고 베풀어야 합니다.

「부자 아빠, 가난한 아빠」 란 책에 이런 글이 있습니다.

가난한 아빠는 말합니다. "나중에 여유가 생기면 베풀 것이다."

그러나 부자 아빠는 말합니다. "베풀 줄 모르는 사람은 부자가 될 수 없다. 그러므로 사회단체에 기부금 내는 데에도 많이 내라 그래야 부자가 된다."

정보화 시대는 선한 일로 좋은 소문이 나면 금방 길이 열리는 시대입니다. 구두쇠가 돈을 버는 것이 아니라 베풀고 좋은 소문을 내는 자가 돈을 법니다. 더 나아가 선한 일의 소문이 하나님께 들리면 그 모습을 얼마나 기쁘게 보시겠습니까? 그런 식으로 베푸는 삶을 살려면 돈도 있어야 하기에 일터를 소중히 여겨야 합니다. 그러나 주일에 하나님을 외면하면서까지 일터나 사업장으로 가면 안 됩니다.

누가복음 14장을 보면 장가들려고 주님의 초청에 못 간다고 거절하는 사람도 나옵니다. 물론 가정을 이루는 것이 중요합니다. 가정은 소중한 공동체입니다. 잘 돌봐야 합니다.

신명기 24장 5절을 보면 새로 장가든 자는 아내를 즐겁게 하기 위해서 전쟁에도 안 나가고 직업도 일 년간 쉬게 되어 있습니다. 그처럼 부부는 서로 즐겁게 해 주어야 하고, 부자간에도 그렇게 해야 합니다. 그러나 서로를 즐겁게 해주려고 예배 자리를 멀리하면 안 됩니다. 가정은 소중한 장소지만 하나님보다 가정이 크게 보이면 안 됩니다. 자녀는 소중한 내 자녀이지만 하나님보다 자녀가 크게 보여도 안 됩니다. 가정과 자녀를 사랑하기에 하나님이 크게 보이고, 하나님이 마련하신 천국 잔치가 크게 보여야 합니다.

돈도 중요하고, 즐거움도 중요하고, 가정과 자녀도 중요하지만 하나님이 빠진 돈과 즐거움과 가정은 참으로 허무한 것입니다. 사람에게는 누구나 하나님의 은혜가 필요합니다. 그래서 예배는 무엇보다 우선순위에 두어야 합니다.

– 이한규 목사(분당 샛별교회 담임) / 신앙칼럼(118), 2009. 04. 14.

오늘의 기도 : 좋은 청지기가 되게 하소서

아버지! 구원의 은혜를 감사드립니다. 육신의 건강도 주시고 가정도 주시고 매일 매일 일용할 양식도 주시고 일터도 주시고 직분도 주시고 신령한 은혜를 주심을 감사드립니다.
하나님 아버지, 하나님의 은혜에 감사하며 참된 마음으로 헌금하게 하옵소서. 나 주위의 연약하고 부족한 사람들을 돌아보는 마음을 주옵소서.
저의 믿음 없음을 책망하실 때, 저의 사랑 없음을 꾸짖으실 때, 저의 소망 없음을 나무라실 때, 겸손하고 감사함으로 받아들이게 하옵소서.
십자가의 사랑으로 사랑하신 주님,
십자가의 아픔으로 사랑하신 주님,
십자가의 죽음으로 사랑하신 주님,
부활의 첫 열매로 우리에게 기쁨과 소망의 주님으로 오신 주님!
제가 사는 생활 속에서 다가오는 어렵고 힘든 일들이 내가 짊어져야 할 작은 십자가임을 깨닫게 하옵소서.
내가 사는 가정이, 내가 섬기는 교회가, 내가 일하는 일터가, 사랑을 나누며 전하는 곳이 되게 하시고 그 사랑 안에서 주님께 영광 돌리는 우리가 되게 하옵소서.
주님이 주신 일들이 힘들고 어려울지라도 십자가를 지신 주님을 바라보며 감사함과 기쁨으로 감당하는 좋은 청지기가 되게 하소서. 예수님의 이름으로 기도드립니다. 아멘.

– 홍기웅, 2003. 3. 21.

Day : 6주(월)

찬송 : (새)67장, 31장

06

출애굽기 35:30-40:38 성막 봉헌

모세가 성막을 완성한 날은 출애굽 제2년 1월 1일이었습니다(출 40:17). 이 날은 이스라엘이 애굽에서 나온 지 만 1년이 지난 때였습니다. 하나님은 성막을 세우는데 필요한 지침과 규정을 주셨습니다. 성막은 흰 천으로 성막의 경계를 만들었으며, 문은 동쪽에 하나 있었습니다. 동쪽에 있는 성막 문을 통과하면 안뜰의 북쪽에 번제 단이 있었고, 정면에는 놋대야가 놓여있었습니다. 성막 뜰 안에는 성막이 있었는데, 성막의 첫 번째 부분은 성소가 있었고, 두 번째 부분에는 지성소가 있었습니다. 성소 안에는 떡을 진설해 놓는 떡 상과 빛을 비추는 금 촛대, 그리고 향을 피우는 분향 단이 있었습니다. 그리고 지성소에는 하나님의 임재를 상징하는 언약궤가 있었습니다. 이 언약궤의 뚜껑 위에는 그룹(천사)들이 있었는데, 그 천사들은 펼친 두 날개로 언약궤를 덮고 있었습니다. 하나님은 이 언약궤 안에 십계명을 새긴 돌 판과 아론의 싹 난 지팡이, 그리고 만나를 담은 항아리를 놓게 하셨습니다. 이 언약궤 위를 시은소라고 불렀는데, 그 이유는 하나님께서 이곳에서 이스라엘 백성들의 죄를 용서하시는 은혜를 베푸셨기 때문입니다. 대제사장은 1년에 한 번, 즉 대 속죄일에 희생제물의 피를 이 시은소 위에 뿌렸습니다. 언약궤 안에 있는 십계명이 새겨진 돌 판은 인간이 마땅히 행할 의무를 기록했는데, 이 돌 판은 이 계명을 지키지 못한 사람들의 죄를 증거 했기 때문에 증거판이라고 불렀습니다(신 31:26). 그러나 피가 뿌려진 시은소의 언약궤 뚜껑이 사람들의 죄를 가려 주었습니다. 바로 이러한 이유에서 죄를 "덮어준다" 는 말이 죄를 "용서한다"는 뜻으로 사용되게 되었습니다. 죄의 문제가 해결되면 하나님과 인간 사이의 화목한 관계가 회복되었습니다. 이러한 일은 모두 다 시은소에서 이루어졌습니다. 그러므로 시은소는 이스라엘 백성들에게 매우 중요한 곳이었습니다. 이러한 시은소는 우리 죄를 위한 화목 제물이 되신 예수 그리스도의 모형이었습니다. 시은소와 하나님의 임재 사이에는 밀접한 관계가 있었습니다. 레 16:2에서 하나님께서는 이렇게 말씀하셨습니다. "내가 구름 가운데서 속죄소 위에 나타남이니라." 모세가 하나님의 지시를 따라 성막을 세운 후에는 "구름이 회막을 덮고 여호와의 영광이 성막에 충만했습니다"(출 40:34). 하나님은 시은소에서 자기 백성들의 죄를 덮어주셨습니다. 그러므로 그들은 하나님과의 화목한 관계를 회복한 후에 하나님께서 임재하시는 영광을 볼 수 있었습니다.

읽으며 묵상하며 : 성막에 나타난 하나님의 영광 (출 40:16-38)

모세가 그같이 행하되 곧 여호와께서 자기에게 명령하신 대로 다 행하였더라 출 40:16

그는 또 성막과 제단 주위 뜰에 포장을 치고 뜰 문의 휘장을 다니라 모세가 이같이 역사를 마치니 구름이 회막에 덮이고 여호와의 영광이 성막에 충만하매 모세가 회막에 들어갈 수 없었으니 이는 구름이 회막 위에 덮이고 여호와의 영광이 성막에 충만함이었으며 출 40:33-35

성삼위 하나님은 본래 영광스러운 분이십니다. 그분의 영광을 이 땅위에서 볼 수 있다는 것은 놀라운 특권입니다. 그러면 어떻게 이러한 특권을 누릴 수 있습니까?

순종하는 삶에 하나님의 영광이 나타납니다.

성막을 짓는 역사가 마치자 구름이 성막을 덮으며 여호와의 영광이 성막에 충만하게 되었습니다. 얼마나 영광스러웠던지 모세조차도 회막 안에 들어 갈 수가 없었습니다. 얼마나 감격스럽고 영광스러운 장면입니까? 하나님께서 우리의 삶 속에도 이렇게 충만히 임재 하셔서 그 영광을 나타내 주시기를 진실한 그리그도인들은 모두 바랄 것입니다.

어떻게 이러한 하나님의 영광이 나타날 수 있습니까?

첫째, 하나님의 약속을 굳게 붙잡아야합니다. 성막에 하나님이 거하시겠다는 것은 이미 하나님이 약속하신 것입니다(25:8). 하나님은 약속을 반드시 이루십니다. 우리는 성령께서 함께하신다는 약속을 받고 있습니다(마 28:20; 요 14:16). 성령께서 우리 안에 계신다는 약속을 받았으므로 그 영광을 충만히 나타내실 것을 우리는 기대할 수 있습니다.

둘째, 하나님의 말씀에 순종해야 합니다. 모세는 여호와께서 자기에게 명하신대로 행하여 성막을 건축했습니다. 성막을 세우고 기구들을 배치한 내용을 기록한 17-33절에는 "여호와께서 모세에게 명령하신대로 되니라"는 말씀이 7번이나 반복됩니다. 이처럼 이스라엘 백성들이 하나님의 명령을 철저하게 순종했을 때 하나님은 그 영광을 충만히 나타내셨습니다.

그러므로 오늘날 우리들도 하나님의 영광이 충만한 삶을 살기 원한다면 철저한 순종이 필요한 것입니다. 내 생각대로 대충 살지 말고, 하나님의 말씀대로 철저히 순종하려는 자세와 결단이 필요합니다.

하나님의 영광 가운데 있는 사람은 하나님의 인도와 보호를 받습니다. 이스라엘 백성들은 영광스러운 성막을 보면서 광야 길을 갔습니다. 성막 가운데 임재하신 하나님이 자신들과 동행하고 있다는 것을 확인하면서 가나안을 향하여 갔던 것입니다. 하나님의 영광이 나타나지 않으면 멈추고 영광이 나타나면 진행하기를 반복하였습니다. 성막은 이스라엘을 인도하는 아주 친절한 안내자가 되어주었습니다. 이처럼 하나님의 백성들은 성막에 임재하신 하나님의 인도를 받았습니다. 어디로 가야할지 모르는 광야에서 하나님의 인도하심은 절대적인 위안이 되었을 것입니다. 동시에 성막에 임재하신 하나님은 낮에는 구름기둥으로 밤에는 불기둥으로 이스라엘을 지키고 보호하셨습니다. 하나님의 임재와 영광은 험한 광야 길을 가는 이스라엘에게 가장 강력한 보호막이었습니다.

하나님의 백성은 이처럼 하나님의 인도와 보호를 받는 특권을 가집니다. 그러나 이러한 특권은 하나님이 그들 가운데 임재하심으로 가능했던 것을 기억해야합니다. 이스라엘이 성막과 함께 하면서 영광스러운 백성으로서 무한한 감사와 감격을 느끼며 행진했지만, 성막에 대한 관심이 사라지고 형식화 되었을 때는 하나님의 백성으로서 영광스런 모습을 잃어버릴 때도 있었던 것입니다. 우리도 마찬가지입니다. 예수님의 영광을 바라보고 살면 어떤 어려운 일이 있어도 보호받고 승리하지만, 예수님을 잊어버리고 자기 멋대로 살면 비참하게 됩니다. 예수님을 놓치지 말고 살아야합니다.

– 「일용할 양식」 말씀 묵상, 기독대학인회(ESF), 2004. 10. 23.

살며 생각하며 : 주님께만 영광을

영국의 종교 개혁자였던 크롬웰이 전쟁에서 이기고 돌아왔을 때, 수많은 인파가 모여 크롬웰을 환영하며 찬사를 보냈습니다. 그때 크롬웰은 이렇게 말했습니다.

"주님께만 영광을 돌리고, 우리에게 승리를 주신 주님을 찬양합시다."

또한 성자 프랜시스는 자기의 이름이 유명해지는 것을 두려워하여 자서전도 남기지 않았고 일기조차 남기지 않았습니다. 그는 40일간 금식하며 기도할 때에도 빵 반쪽을 먹음으로 예수님과 같은 날만큼 금식했다는 자만을 버리려고 했습니다. 프랜시스는 오직 하나님께만 영광을 돌리며 살았습니다. 영광은 오직 하나님의 것입니다. 스스로 영광 받기를 바라는 것은 하나님의 것을 탐내는 행위입니다.

성도는 하나님의 자녀로 선택받은 것에 감사하며 모든 영광을 하나님께 돌려 드려야 합니다.

– 하천덕 편저, 「키워드로 불러보는 설교 예화」, 아가페, p444

Day : 6주(화)

찬송 : (새)321장, 351장

06

레위기 1:1–5:19 5대 제사

성막을 지은 후에 성막은 계시의 중심 장소가 되었습니다. 모세는 성막에서 하나님의 지시를 받고 그 지시를 따랐습니다. 레위기는 성막을 지은 후에 이스라엘 백성들이 지성소에 계시는 하나님께 나아가는 방법을 가르쳐주고 있습니다. 레위기 1–5장은 이스라엘 백성들이 하나님께 나아가는 첫 번째 방법(제사)을 가르쳐 주고 있습니다. 부정한 이스라엘 백성들은 거룩한 하나님께 나아갈 수가 없었습니다. 그들이 하나님께 나아가려면 그들 대신 의생을 당할 희생제물이 필요했습니다. 이러한 희생제물은 우리를 위해 돌아가신 예수 그리스도를 상징하고 있습니다. 우리는 예수 그리스도의 이름으로만 하나님께 나아갈 수 있습니다. 레위기 1장은 헌신을 의미하는 번제의 규례, 2장은 번제에 곁들여 드린 소제(곡식제사)의 규례, 3장은 서원이나 감사를 위해 드린 화목제의 규례가 기록되어 있습니다. 그리고 4–5장은 이스라엘 백성들의 죄를 용서받기 위해서 드린 속죄제와 속건제(배상제사)에 대한 규례가 기록되어 있습니다. 이러한 제사 규례들은 우리가 거룩하신 하나님께 나아가기 위해서 예수 그리스도가 필요하다는 것을 보여주고 있습니다. 또 이러한 제사 규례들은 성도들이 하나님께 드리는 예배의 본질이 무엇인지를 잘 보여주고 있습니다.

읽으며 묵상하며 : 속죄의 복음(레 4:1–5:13)

누구든지 여호와의 계명 중 하나라도 그릇 범하였으되 만일 기름 부음을 받은 제사장이 범죄하여 백성의 허물이 되었으면 그가 범한 죄로 말미암아 흠 없는 수송아지로 속죄제물을 삼아 여호와께 드릴지니 레 4:2–3

속죄제는 이스라엘 백성이 부지중에 하나님께 죄를 범했을 때 드리는 제사였습니다. 인간의 연약함을 누구보다 잘 아시는 하나님께서 속죄제를 통해 속죄의 길을 미리 열어 두신 것입니다. 하나님께서 열어 주신 속죄제의 축복이 무엇입니까?

첫째로 용서의 길을 열어주셨다는 것입니다

하나님께서는 이스라엘 백성들이 출애굽한데 만족하지 않고, 거룩한 하나님의 백성이 되기를 원하셨습니다. 성결한 목표를 가지고 거룩한 삶으로 주님과 동행하며 살기를 간절히 바라셨습니다. 그래서 레위기의 말씀을 특별히 주셨습니다. 하지만 이스라엘의 실제 모습은 거룩이나 성결하고는 거리가 멀었습니다. 쉽게 넘어지고, 쓰러져 범죄하는 연약한 존재가 이스라엘이었습니다. 하지만, 하나님께서는 이러한 이스라엘의 연약함도 잘 알고 계셨습니다. 그래서 부지중에 그릇 범죄 하였을지라도 이스라엘 백성이 사죄함을 받고 정결케 될 수 있는 정결제로서 속죄제를 허락하여 주신 것입니다. 정결 죄로서 속죄를 통하여 위로 대제사장에서부터 아래로 가루 한 줌 밖에 낼 수 없는 지극히 가난한 극빈자까지도 죄로 인해 하나님과의 관계가 단절되거나 소외되지 않도록 구원의 길을 열어 주셨습니다. 하나님께서는 우리의 연약함을 아시고 도와주시는 영혼의 치료자가 되십니다. 더 이상 죄의 문제를 끌어안고 고민하지 말고 지금 주님께 나아갈 수 있기 바랍니다.

둘째로 우리를 제사장 삼아 주셨다는 것입니다

속죄제를 드려야 할 대상을 언급하면서 가장 먼저 제사장부터 말씀하고 있다는 것입니다. 제사장은 누구보다 여호와를 향한 열정을 가지고 정결한 삶을 살며 백성들을 하나님께로 이끌어야 하는 막중한 직분이었습니다. 제사장이 하나님과 어떤 관계에 있느냐에 따라 백성들도 직접적으로 영향을 받을 수밖에 없었을 것입니다. 이러한 제사장의 중요성을 인식시키기 위해 정결제로서 속죄제의 첫 번째 대상으로 온 회중보다 먼저 제사장을 언급하고 있는 것입니다. 이 시대에는 우리가 제사장입니다(벧전 2:9). 하나님께서 우리를 거룩한 제사장으로 임명하여 주셨습니다. 거룩한 제사장된 우리는 정결함이 선택의 문제가 아닌 줄 알고, '하나님으로부터 오는' 정결함을 무엇보다 사모해야 하겠습니다. 날마다 자신을 돌아보고 연약함을 핑계하며 쓰러지지 말고 하나님께서 부어주시는 거룩한 능력을 덧입도록 말씀과 기도에 매달려야 하겠습니다. 동시에 주를 섬기는 다른 지체들, 특히 사역의 최전선에서 앞장서서 헌신하고 수고하는 사역자들의 성결을 위해 더 많이 기도할 수 있어야 하겠습니다.

– 「일용할 양식」 말씀 묵상, 기독대학인회(ESF), 2007. 1. 20.

살며 생각하며 : 새롭게 태어나게 하는 복음

'신사의 나라' 영국은 기독교 국가가 되기 전에는 야만인과 같았습니다. 영국에서 축구가 시작되었는데, 축구의 유래를 살펴보면 영국인들이 얼마나 야만스러웠는지를 알 수 있습니다. 영국은 덴마크의 식민지로 살다가 자유를 얻은 나라입니다. 자유를 얻게 되자 영국인들은 분풀이로 전쟁에서 패한 덴마크 사람들의 두개골을 길거리에서 발로 차며 다녔습니다. 이것이 축구의 기원이 되었습니다. 그들은 두개골 다음에 소의 방광에 바람을 넣어 오늘의 공 모양을 갖추어서 발로 찼습니다. 이런 민족이었는데 예수님을 믿게 되자 '신사'라는 별명을 가진 민족으로 바뀌게 된 것입니다

야만인을 신사로 새롭게 태어나게 하는 힘이 복음에 있습니다. 복음은 사람의 내면을 바꾸고 질을 바꾸고 근원을 바꿉니다. 새롭게 된 속사람은 겉사람을 단정하고 아름답게 만들어 갑니다.

– 하천덕 편저, 「키워드로 불러보는 설교 예화」, 아가페, p436

Day : 6주(수)

찬송 : (새)254장, 186장

06

레위기 6:1–7:38, 민 7:1–8:26 제사장을 위한 제사 규례

모세는 레위기 1–5장에서 제사를 드리는 백성들의 입장에서 5대 제사에 대한 규례를 설명했습니다. 그 후에 모세는 레위기 6–7장에서 제사를 집례하는 제사장의 입장에서 다시 한 번 5대 제사에 대한 규례를 기록했습니다. 똑같은 제사 규례지만, 제물을 가지고 나아가는 백성들이 알아야 할 규례와(1–5장), 제사를 집례하는 제사장들이 알아야 할 규례는 여러 가지 점에서 달랐습니다(6–7장). 레위기 6장에는 제사장들이 번제, 소제, 속죄제를 드릴 때에 지켜야 할 규례를 기록하고 있습니다. 그리고 레위기 7장에는 제사장들이 속건제와 화목제를 드릴 때에 지켜야 할 규례를 설명하고 있으며, 그 후에 하나님께 드린 제물 중에서 제사장에게 돌려질 분깃이 무엇인지를 정해주고 있습니다.

읽으며 묵상하며 : 꺼지지 않는 불꽃 (레 6:8–13)

불은 끊임이 없이 제단 위에 피워 꺼지지 않게 할지니라 레 6:13

본문은 하나님에 대한 끊임없는 봉사와 헌신으로써 복음의 불꽃, 사랑과 희생이 불꽃이 꺼지지 않게 해야 할 우리들의 의무에 대해 이야기하고 있습니다.

수천 년 역사를 이어온 우리 조상들의 생활을 탐구해 보노라면 가끔씩 놀랄만한 삶의 지혜를 발견하게 됩니다. 특별히 그 중에서도 몇 대를 거치면서 한 번도 꺼뜨리지 않은 불씨에 관한 이야기는 급하고 조심성 없이 살아가는 우리들에게 큰 감동을 줄 만합니다.

지금처럼 성냥과 같은 간편한 발화 물질이 발명되지 않았을 때는 여인네들의 손에 의해 불씨가 보존되었다고 합니다. 즉 여자가 시집을 오게 되면 제일 먼저 그 집의 시어머니로부터 그 집안 대대로 내려오는 불씨 보관의 책임을 인계받게 됩니다. 그 책임을 인계받은 며느리는 음식 장만을 위해 사용했던 아직 불기운이 남아있는 장작들을 모아다가 흙으로 잘 덮었습니다. 물론 이것은 숯과 같은 역할을 하여 나중에 불씨가 필요할 때 다시 꺼내어 입김을 불어 넣으면 금세 불기운이 되살아납니다. 비가 오고 눈 내리는 날이면 놋으로 만든 화로에다 숯덩이를 옮겨 놓음으로써 불씨를 보존했다고 합니다. 하루도 아니고 365일, 아니 수십 년, 수 세대를 한 번의 실수 없이 계속 해서 불씨를 보존한다는 것은 웬만큼 공을 들이지 않고서는 힘든 일입니다. 그러나 우리 조상들은 끈기와 성실로 마치 자기 생명보다 더 소중히 그 불씨를 보존해 왔던 것입니다. 실로 하나님께서는 오늘 우리들에게 바로 이와 같은 열정과 헌신을 요구하십니다. 우리는 매일매일 그리스도께서 지펴주신 그 불꽃을 꺼뜨리지 말아야 할 책임과 사명이 있습니다.

그렇다면 우리는 그 불꽃을 계속 보존하기 위해 하나님과 더불어 매 순간 교제하며 성경을 깊이 묵상하고 복음을 증거하며 이웃에 대한 희생적인 사랑을 한결같이 행하고 있습니까? 혹시 필요에 따라 그 불꽃을 꺼뜨리기도 하고 다시 피우기도 하지는 않는가? 영적 제사장으로 부름 받은 우리들은 "불은 끊이지 않고 단 위에 피워 꺼지지 않게 할지니라"는 본문의 말씀에 오늘 바로 이 순간 어떻게 대답하고 있는가?

– 「호크마 종합주석」 구약 3권, QT, 기독지혜사, p125

살며 생각하며 : 남편 선교사의 뒤를 따라

1960년 당시 에콰도르의 '아우카족'은 너무 포악하여 아무도 그들에게 접근하지 않으려 하였습니다. 그래서 그들은 복음을 들을 기회가 없었습니다. 그때 휘튼 대학을 수석으로 졸업한 짐 엘리어트 교수가 선교하기 위해 그들에게로 갔습니다. 그러나 염려대로 참혹하게 찢겨진 시체로 발견되었습니다.

그 사건 후 짐 엘리어트의 부인은 1년 간 간호사 훈련을 받고 아우카족에게로 갔습니다. 남편의 뒤를 따라 그곳의 선교사로 갔습니다. 그런데 아우카족은 여자를 해치는 것는 비겁한 짓이라고 생각하여 여자는 해치지 않았습니다. 부인은 이런 사실을 모른채, 목숨을 걸고 그곳으로 갔습니다. 그녀는 아우카족을 위해 여러 해 동안 헌신하였습니다. 추장이 어느 날 부인에게 물었습니다.

"당신은 누구이고, 우리를 위해 이렇게 애써서 수고하시는 이유가 무엇입니까?"

"나는 6년 전 당신들이 죽인 그 사람의 아내입니다. 저는 하나님의 사랑 때문에 여기에 오게 된 것입니다". 부인의 말을 들은 아우카족은 감동을 받고 모두 예수 그리스도를 영접하게 되었습니다.

– 하천덕 편저, 「키워드로 불러보는 설교 예화」, 아가페, p113

Day : 6주(목)

찬송 : (새)199장, 177장

06

레위기 8:1-10:20 제사장 위임식

이스라엘 백성들이 성막에 계신 하나님께 나아가는 첫 번째 길은 제사였습니다. 레위기 8-10장에는 이스라엘 백성들이 하나님께 나아가는 두 번째 길(제사장)이 기록되어 있습니다. 부정한 이스라엘 백성들은 거룩한 하나님께 직접 나아갈 수 없었습니다. 그러므로 하나님은 그들의 중보자로 제사장을 세워주셨습니다. 제사장이 없었다면 부정한 삶을 살던 백성들이 거룩한 하나님 앞에 나아오다가 죽게 되었을 것입니다. 그러므로 하나님은 백성들을 대신해서 제사를 담당할 제사장을 세워주셨습니다. 이러한 제사장은 우리의 중보자 되신 예수 그리스도를 상징하고 있습니다. 레위기 8장에는 최초의 제사장 위임식 장면이 기록되어 있습니다. 그리고 레위기 9장에는 위임을 받은 제사장이 첫 번째 제사를 드리는 장면이 기록되어 있습니다. 레위기 10장에는 하나님께서 명하지 않은 불로 제사를 드렸던 제사장들이 징계를 받은 일이 기록되어 있습니다. 아론의 아들 나답과 아비후는 레위 지파의 제사장이었지만, 하나님께서 명하지 않은 향불을 피우다가(레10:1) 불에 타죽고 말았습니다. 이러한 일은 제사장들이 성령의 역사를 거스려서 자기 마음대로 제사를 드려서는 안 된다는 것을 보여주고 있습니다. 성직자들은 오직 하나님의 말씀에 따라서만 예배를 인도해야 합니다.

읽으며 묵상하며 : 죽음이 주는 교훈 (레 10:1-20)

> 아론의 아들 나답과 아비후가 각기 향로를 가져다가 여호와께서 명령하시지 아니하신 다른 불을 담아 여호와 앞에 분향하였더니 불이 여호와 앞에서 나와 그들을 삼키매 그들이 여호와 앞에서 죽은지라 레 10:1, 2

하늘의 불로 임하신 하나님의 영광을 경험한 이스라엘 백성 가운데 비극적 사건이 일어납니다. 제사를 드리러 나갔던 나답과 아비후가 하나님께 징계를 받고 불에 타죽는 사건이 일어난 것입니다. 하나님께서는 왜 나답과 아비후를 심판하셨습니까?

하나님의 말씀을 가볍게 여겼기 때문입니다. 성막 안에 향을 피우는 분향단의 불은 반드시 번제단의 불을 가져가야 했습니다. 7일간의 회막 집중 교육까지 받은 나답과 아비후는 누구보다 이 사실을 잘 알았을 것입니다. 하지만 그들은 하나님의 규정을 가볍게 여기고 감히 여호와의 명하시지 않은 다른 불로 하나님께 분향하였습니다. 누구보다 말씀에 대한 순종의 본을 보여야 할 사람들이 앞장서서 말씀을 어긴 것입니다. 자신들의 생각을 앞세워 하나님의 말씀을 소홀하게 여기고 제멋대로 행동한 것입니다. 어쩌면 성소에서 벌어지는 일을 아무도 모를 것이라고 생각했는지도 모릅니다. 하지만 하나님께서는 그들의 의도와 소행을 다 알고 계셨습니다. 그리고 심판의 불을 내리사 그들을 징계 하셨습니다. 이성과 경험을 앞세워 말씀을 판단하는 자가 되지 말아야 합니다. 피땀을 흘리며 자기를 부인하시고 십자가에 죽기까지 순종하신 예수님을 본받아야 하겠습니다. 날마다 주시는 주님의 말씀대로 살며 적은 일에도 전폭적으로 순종하는 자가 되시기를 바랍니다.

나답과 아비후의 죽음 직후에 포도주나 독주를 금지하는 규례를 제정하고 계신 것을 볼 수 있습니다(8, 9절). 포도주와 독주에 취했기 때문입니다. 이것은 그들의 죽음이 술과 관계되어 있음을 보여주는 말씀입니다. 제사장의 직무는 하나님 앞에서 거룩하고 속된 것을 분별하고 정하고 부정한 것을 판단하는 것입니다. 분별력이 절대적으로 요구되는 일인 것입니다. 따라서 제사장된 자는 하나님 앞에서 맡기신 직무를 감당하기에 부족함이 없도록 쾌락을 삼가고, 자신을 절제하며 철저히 준비해야 했습니다. 하지만 그들은 음주의 유혹을 이기지 못하고 해서는 안 될 일을 하고 만 것입니다. 사실, 이 실수는 일시적인 것이 아니었습니다. 그들은 시내 산에서 모세와 함께 하나님의 임재를 경험했고(출 24:1, 2), 금송아지 범죄사건(출 34장)에서도 아론과 함께 하나님의 크신 심판과 긍휼을 맛보았습니다. 그렇다면 그들은 당연히 크신 하나님을 두려워하며 직무에 최선을 다해야 했습니다. 하지만 평소에 하나님을 경외하고 자신을 훈련함이 부족했기에 마침내 넘지 말아야 할 선을 넘어버린 것입니다. 비극은 어느 날 갑자기 찾아오는 것이 아닙니다. 순간의 즐거움을 따르지 말고, 이 시대의 왕 같은 제사장으로 거룩하고 분별력 있는 삶을 살고자 힘써야 하겠습니다.

– 「일용할 양식」 말씀 묵상, 기독대학인회(ESF), 2007. 1. 26.

살며 생각하며 : 삶의 벼랑 끝에서

1965년 세계적인 컨트리 포크 가수인 미국의 자니 캐시가 마약과 다름없는 신경안정제를 1천개 소지한 혐의로 체포되었습니다. 그는 화려한 조명을 받으며 인기와 부를 누렸으나 손가락 사이로 모래가 빠져나가는 것처럼 평화와 기쁨을 잃고 방황하다 신경안정제를 괴용하게 된 것입니다. 마약복용과 방황, 허무와 불안 등으로 그의 인생은 흔들렸습니다. 그는 구속되었다가 풀려난 후 더 큰 사람의 벼랑에서 절망했습니다. 그러던 1971년 5월 어느 주일, 그는 남루한 인생을 마감하고 새로운 신분으로 거듭났습니다. 예수 그리스도를 만났고 예수 그리스도의 빛이 그의 모든 어둠을 몰아냈던 것입니다.

그는 말합니다.

"인생의 내리막길이 내겐 구주를 만날 기회가 되었습니다"

야곱이 천사를 만나 씨름한 것은 '홀로 있었을 때'였습니다.

– 「지혜로 여는 아침2 (지하철 사랑의 편지 모음)」, 규장문화사, p30

정리하며 확신하며 : 안식일 관련 기본 사항

구분	안식일 기본사항	참고 성경 구절
근거	하나님께서 6일 동안 창조하시고 7일째 쉬심	창 2:2-3
	하나님께서 이스라엘 백성을 출애굽 시키심	신 5:15
최초언급	만나를 내리시던 때	출 16:23
규정	모든 일을 중지하고 쉼	출 20:8, 11
	안식일에 일하는 자는 죽임을 당함	출 31:15
목적	하나님과 이스라엘 사이에 맺은 언약의 표징	출 31:13, 17
변천	구약 안식일의 폐지와 신약의 주일 신설	마 12:8, 고전16:2, 골 2:16, 계 1:10

– 「그랜드 종합주석」 2권, 성서교재간행사, p450

Day : 6주(금)

찬송 : (새)534장, 342장

06

레위기 11:1-15:33 정결 규례

우리는 앞에서 거룩하신 하나님께 나아가는 두 가지 방법(제사와 제사장)을 생각해 보았습니다. 레위기 11-15장은 이스라엘 백성들이 하나님께 나아가는 세 번째 방법(거룩한 삶)에 대해서 가르쳐 주고 있습니다. 이스라엘 백성들은 거룩하신 하나님과 교제하기 위해서 거룩한 삶을 살아야 했으며, 부정하게 되었을 때에는 속히 정결예식을 통해서 정결함을 회복해야만 했습니다. 레위기 11-15장은 이스라엘 백성들이 어떻게 거룩한 삶을 살며, 부정해졌을 때에 그것을 어떻게 회복할 수 있는 지를 가르쳐 주고 있습니다. 11장은 이스라엘 백성들이 어떻게 식생활을 통해서 거룩을 유지할 수 있는지 가르쳐 주고 있고, 12장은 아이를 낳은 여인의 정결 규례가 기록되어 있으며, 13장은 나병을 진단하고 처리하는 규례가 기록되어 있고, 14장은 나병에 걸렸다가 나은 사람을 정결케 하는 규례가 기록되어 있습니다. 그리고 15장에는 몸의 유출병으로 부정해졌던 사람을 정결케 하는 규례가 기록되어 있습니다. 이스라엘 백성들은 거룩하신 하나님과 동행해야 했기 때문에 삶의 모든 영역에서 부정을 멀리하고, 정결을 유지해야 했습니다.

읽으며 묵상하며 : 온 영혼을 휘감는 죄악 (레 13:2, 엡 4:25-32)

만일 사람이 그의 피부에 무엇이 돋거나 뾰루지가 나거나 색이 생겨서 그의 피부에 나병 같은 것이 생기거든 그를 곧 제사장 아론에게나 그의 아들 중 한 제사장에게로 데리고 갈 것이요 레 13:2

성경에서는 나병을 죄에 대한 상징으로 사용합니다. 나병은 치명적이고 파괴적인 속성을 지닌 질병입니다. 그것은 작은 반점으로 시작하여 서서히 온 몸을 점령해 갑니다. 그리고 마침내는 사람을 죽음으로 몰아넣습니다. 나병의 속성은 죄악의 속성을 그대로 보여줍니다. 따라서 우리는 나병에 대한 모든 규례를 보면서 죄의 심각성을 깨달아야 합니다.

다음 이야기는 자기 집에 덩굴나무를 심은 사람의 이야기입니다. 몇 달 전까지만 해도 그의 집 정원에는 덩굴나무가 괴물처럼 뻗어 있었습니다. 그가 그 나무를 심은 것은 아마 10년 전의 어느 봄날이었을 것입니다. 그 때 정원에는 쓸 만한 나무나 꽃들이 별로 없었기 때문에 그는 빨리 자라 무성한 잎사귀로 그늘을 만드는 수종을 골라 심기로 했었습니다. 그렇게 해서 선택된 것이 바로 그 덩굴 나무였습니다.

처음 그 나무를 심었을 때의 설렘이란, 나무가 자라 그늘을 이루고 그 그늘 아래서 정겨운 대화를 나눈다고 생각하니 절로 신이 날 수밖에 없었습니다. 사실 그의 그러한 기대들은

1년이 지나고 2년이 흐르면서 이루어져 갔습니다. 그의 가족들은 그 덩굴나무가 제공하는 휴식처를 만족해 했으며 또한 그의 집을 찾는 손님들에게 하나의 자랑거리로 삼을 정도였습니다.

그러나 심은 지 7, 8년째부터 그 덩굴나무는 차츰 괴물로 불리게 되었습니다. 이유는 간단했습니다. 덩굴나무가 자신의 영토인 정원을 떠나 그의 집 지붕 위에까지 그 마수를 뻗쳤기 때문이었습니다. 그 나무는 생장력이 대단했던 터라 삽시간에 기와로 된 지붕에 터를 잡고는 그때서야 그는 스스로 관리 소홀을 책할 수밖에 없었습니다. 결국 그는 지붕 쪽으로 향한 덩굴의 큰 줄기를 잘라내고 지붕을 수리해야만 했습니다. 그 일 후 그 덩굴나무의 생장에 계속적으로 깊은 주의력을 기울여 왔습니다.

덩굴나무, 그것은 어쩌면 우리의 생명을 휘감아 끝내 괴멸시켜 버리는 흉악한 죄와 같다 할 것입니다. 비록 그것이 어릴 적에는 훌륭해 보이고 우리에게 평안과 만족을 제공해 주는 것 같았지만...

– 「호크마 성경주석」 구약 3권, '큐티'란에서, 기독지혜사, p242

살며 생각하며 : 엉겅퀴의 놀라운 번식력

엉겅퀴는 스코틀랜드의 상징으로, 호주로 이민 온 스코틀랜드 사람들은 그곳에서 엉겅퀴를 볼 수 없는 것을 안타깝게 생각하였습니다.

그리하여 그들은 결국 스코틀랜드에서 엉겅퀴 씨앗을 들여오게 되었는데, 세관에서는 엉겅퀴가 농산물에 어떠한 해를 끼치는지 알지 못하고 그것을 그냥 통과시켜 주었습니다.

아무 문제없이 세관을 통과한 엉겅퀴는 불과 수년 내에 호주 전역에 퍼지게 된 것입니다. 호주 어디에서나 이 엉겅퀴를 볼 수 있게 되자 스코틀랜드인들은 향수를 달래며 흐뭇해 했습니다.

그러나 문제는 발생하였습니다. 스코틀랜드인들의 향수를 달래주는 엉겅퀴는 농사에 더 없는 적으로서 호주의 전체 농업에 막대한 피해를 입힌 것입니다. 호주 당국은 이 문제로 골머리를 앓게 되었습니다. 즉 세관에서는 당연히 엉겅퀴를 철저히 검사하여 유입을 막았어야 했던 것입니다. 고대 이스라엘에서 나병 환자를 진 밖에서 살도록 하여 전염을 막았듯이, 죄악도 격리하여 성도들 가운데 들어오지 못하도록 해야 할 것입니다. 한번 들어온 죄는 쉽게 없어지지 않는 법입니다.

– 「그랜드 종합주석」 2권, '예화'에서, 성서교재간행사, p678

Day : 6주(토)

찬송 : (새)333장, 381장/ (새)342장, 395장

06

- 이번 주 읽은 성경 요약 및 못 읽은 부분 읽고 한 주간 생활 묵상하며 가정 예배드리기
- **주제 : 주제 : 하나님의 비전을 품는 가정** (창 6:5-22)

읽으며 묵상하며 : 하나님의 비전을 품는 가정 (창 6:5-22)

비전은 가정을 하나로 만듭니다. 마음이 하나 되는 가정 안에는 늘 하나님이 주신 꿈이 존재합니다.

노아가 살던 시대는 죄악이 세상에 가득 찬 시대였습니다. 사람들의 마음과 생각은 하나님께서 한탄하시고 근심하실 정도로 악했습니다(5-6절).

하나님이 찾으시는 가정

아담의 타락 이후 세상에는 셋을 대표로 하는 하나님 중심의 문화와 가인을 대표로 하는 인간 중심의 대조적인 문화가 존재하기 시작했습니다. 문제는 셋의 후예들이 점점 하나님을 버리고 인간 중심의 문화에 잠식당해 갔다는 것입니다(6:2). 세상은 주인 없는 무법천지였고 썩을 대로 썩어갔습니다. 그런데 우리가 여기서 주목할 것은 8절에서의 '그러나'라는 접속사와 함께 반전을 이루는 인물의 소개입니다. 본문은 의인이요, 하나님과 동행하는 완전한 자(9절)인 노아를 소개하고, 그를 본받는 세 아들을 소개합니다. 죄악으로 가득 찬 세상 속에서도 하나님께서는 하나님을 경외하는 가정을 주목하고 계셨습니다. 노아가 사는 시대의 모습은 현대사회의 모습과 너무도 흡사합니다. 하나님께서는 지금도 노아의 가정과 같이 하나님을 경외하는 가정을 찾고 계십니다.

하나님이 쓰시는 가정

하나님은 당신을 떠난 사람들과 피조물들을 물로 심판하시겠다는 계획을 가지고 계셨습니다. 그리고 그 계획을 노아와 함께 나누십니다. 하나님께서는 당신을 경외하는 사람들에게 하나님의 계획과 비전을 나누어 주십니다. 노아의 가정을 하나님의 동역자로 초대하신 것입니다. 심판 계획과 함께 하나님은 한 가지를 더 계획하셨습니다. 그것은 방주로 노아의 가정을 구원하시겠다는 구원계획이었습니다. 하나님께서는 노아의 가정과 언약을 체결하십니다. 그것은 생명을 보존해 주시겠다는 언약이었습니다. 노아는 하나님의 비전과 계획을 믿었습니다. 우리는 노아의 가정을 통해 하나님께서 주신 비전을 함께 품고 연합하여 하나님의 일을 이루어 드리는 가정의 모습이 얼마나 아름다운지 볼 수 있습니다(창 7:7). 하나님께서는 지금도 당신의 비전을 함께 나눌 가정을 찾고 계십니다.

– 「묵상하는 사람들」, 2007. 5. 2.

살며 생각하며 : 신앙의 명문가

중국 근대사를 움직인 송애령, 송경령, 송미령의 삶을 그린 '송가황조'라는 영화가 있습니다. 세 자매의 아버지는 송가희 목사입니다. 명문가로 키워낸 송가희의 교육방법은 지금도 많은 사람들이 배우고 싶어 합니다. 송가희는 어려서 미국으로 들어가 공부를 하였는데, 거기서 기독교인이 되어 목사 안수를 받고 중국으로 귀국하게 됩니다. 중국으로 돌아온 송가희는 한편으로는 사업을 해 돈을 벌고, 다른 한편으로는 인쇄소를 차려 성경을 출판하여 복음을 전했습니다. 그 때 친구면서 사위가 될 손문을 만나게 되는데, 손문 역시 기독교인이었습니다. 송가희는 결혼을 해 세 딸을 낳게 되는데, 세 딸을 서양 선교사들이 운영하는 미션스쿨에 보내 공부를 시킵니다. 그러다 세 딸 모두 미국에 보내 공부를 시키는데 그것은 큰 세상을 보고 많은 것을 배우고 와서 훌륭한 일꾼이 되었으면 하는 그의 비전을 실천하기 위함이었습니다. 세 딸은 아버지의 뜻대로 믿음 안에서 잘 자라서 큰 딸 송애령은 중국 최고의 부자인 공상희와 결혼을 했고, 둘째 딸 송경령은 중국 혁명의 아버지라는 손문과 결혼을 했으며, 막내딸인 송미령은 후에 중국 국민당 총재가 된 장개석과 결혼했습니다. 한 집안에서 2명의 퍼스트레이디를 배출한 것이다. 돈과 나라, 권력이 세 자매와 연결되면서 세 자매는 중국을 이끌어가는 실질적인 인물이 되었습니다. 그런데 세 자매의 성공적 삶 뒤에는 아버지 송가희 목사로부터 배운 신앙이 있었습니다. 막내딸인 송미령을 보면 잘 알 수 있습니다. 송미령이 살았던 '메이링 궁'을 가보면 2층 거실 중앙 벽에 예수님의 초상화가 걸려 있고, 그 아래 성경책이 놓여 있습니다. 남편인 장개석과 송미령은 그 거실에서 늘 기도를 했다고 합니다. 송미령이 결혼을 할 때 장개석은 기독교인이 아니었는데, 결혼조건으로 예수님을 믿는 것이었다. 그래서 장개석은 기독교인이 되었습니다.

신앙의 명문가는 그냥 되는 것이 아니다. 철저한 신앙교육과 커다란 비전이 어우러질 때 이루어집니다. 우리나라에도 신앙의 명문가가 있습니다. 김승규 전 국정원장의 가문입니다. 5대 째 믿음을 이어오고 있는 김승규 전 국정원장의 가족들은 연말이나 새해 초가 되면 온 가족이 모여 하나님께 감사의 예배를 드리는데, 특히 연말에는 한 해 동안 신·구약 성경을 통독한 가족에게 선물을 주고 특별 찬양과 연주의 시간을 갖습니다. 온 가족들이 매일 새벽기도로 하루를 시작하고, 가정에서 가족예배를 드리는 것은 오랜 신앙의 전통입니다. 하나님에 대한 신앙이 가족들의 영혼을 키우는 젖줄이 되어 8남매 모두 훌륭하게 자랐습니다. 장남 김홍규 장로(전 순천매산고 교장), 차남 김병규 장로(명보 회장), 3남 김성규 장로(유성T&G 회장), 4남 김명규 장로(전 국회의원), 5남 김승규 장로(전 국정원 원장)는 모두 다 사회의 훌륭한 일꾼들이 되어 많은 사람들의 귀감이 되고 있습니다.

신앙의 명문가는 하루아침에 이루어지지 않습니다. 수대에 걸쳐 신앙의 계승이 이루어지고 거룩한 비전을 품고 하나님의 사람답게 구별된 삶을 살아가려고 노력할 때 신앙의 명문가가 되는 것입니다. 신앙의 명문가야 말로 하나님께서 축복하신 증거요, 하나님이 함께 하신 증거라고 할 수 있습니다.

– 최요한 목사(남서울비전교회)

 돌아보며 다짐하며 : 포기하지 말라

윈스턴 처칠은 20세기의 가장 뛰어난 정치가중의 한 사람이었습니다. 그런 그가 중학교 때 3년이나 진급을 못했습니다. 영어에 늘 낙제점을 받았기 때문이었습니다. 육군사관학교에도 들어가지 못하고 포병학교에, 그것도 명문의 자제라는 특전 때문에 입학이 되었습니다. 그런 그가 먼 훗날 옥스퍼드대학의 졸업식에서 축사를 하게 되었습니다. 처칠은 우레 같은 박수를 받아가며 위엄 있게 연단에 걸어 나와서 천천히 모자를 벗어 놓고 청중을 바라보았습니다. 청중은 숨소리를 죽이며 그의 말을 기다렸습니다.

"포기하지 말라(Don't give up)"

이것이 그의 첫마디였습니다. 그러고는 처칠은 천천히 청중석을 둘러보았습니다. 사람들은 조용히 그의 다음 말을 기다렸습니다. 처질은 목청을 가다듬고 다시 소리쳤습니다.

"포기하지 말라!" 그러고는 그는 위엄으로 가득 찬 동작으로 연단을 걸어 나갔습니다.

1914년 겨울밤 에디슨의 공장에 불이 타버렸습니다. 그의 필생의 노력의 결과가 완전히 없어진 것입니다. 화재소식을 듣고 달려온 에디슨은 바람을 타고 퍼져 나가는 화염을 방관하는 수밖에 없었습니다. 에디슨의 나이 67세였습니다. 그것은 에디슨에게는 재기 불능의 재난인 것처럼 보였습니다. 다음날 아침 에디슨은 잿더미로 변한 공장을 둘러보면서 이렇게 말했습니다.

"지금까지 우리가 저지른 모든 시행착오며 실패들이 완전히 타 버리고 없어졌다 이제 우리는 그런 실패들을 거치지 않고 다시 시작할 수 있게 되었다."

3주일 후에 에디슨의 공장은 첫 축음기를 생산하는데 성공했습니다.

절망에 빠진 사람이 신부를 찾아왔습니다.

"저는 인생의 실패자입니다. 저는 제가 해야겠다고 마음먹은 것의 절반도 성취하지 못했습니다. 그러니 뭔가 저에게 힘이 되는 말씀을 해주세요."

신부는 한참 동안을 생각하더니 이렇게 말했습니다. "내 아들이여, 뉴욕 타임즈의 1970년판 연감의 930쪽을 펴보아라. 그러면 마음의 평화를 얻을 수 있을 지도 모른다."

이 말을 듣고 그는 그 길로 도서관에 가서 그 기사를 찾아보았습니다. 그 기사는 미국의 야구사상 가장 훌륭한 선수라는 타이콥의 연간 타율이 3할 6푼7리 밖에 되지 않았다는 것이었습니다.

그는 신부한테 돌아와서 물었습니다.

"타이콥의 타율이 0.367 이었다는 기사밖에는 없던데요?"

"바로 그것이다. 그처럼 훌륭한 선수도 세 번 타석에 서서 한 번밖에는 안타를 치지 못했단다."

1980년 2월 어느 날 월스트리트 저널에 이런 공익광고가 실려 있었습니다.

"만약에 당신이 좌절감에 사로잡혀 있다면 이런 사나이를 생각해보라. 그는 초등학교를 중도 퇴학했다. 그는 시골에서 잡화점을 경영하다 파산했다. 그 빚을 갚는 데 15년이나 걸렸다. 그의 결혼생활은 매우 불행한 것이었다. 그는 하원의원 선거에서 두 번이나 낙선했다. 상원의원 선거에서도 두 번이나 낙선했다. 그는 자기 이름을 늘 A 링컨이라고 서명했다."

직장을 잃을 사람, 일거리를 잃은 사람, 홍수 속에 재산을 잃은 사람들에게 드리고 싶은 말들입니다.

– 홍사중(조선일보 1998년 8월 18일 5쪽 논설고문), '좋은 생각'에서

오늘의 기도 : 가정을 위한 기도

우리에게 천국과 같은 가정을 주신 하나님을 진심으로 찬양합니다. 사랑의 하나님, 이 땅의 가정들이 무너져가고 있습니다. 사랑과 격려, 그리고 안식이 있어야 할 가정에 미움과 갈등의 상처들이 가득합니다. 주님이시여, 우리의 가정이 회복되기를 원합니다. 부부가 서로 사랑하고 순종함으로써 하나 되길 원합니다. 아버지가 가정에 헌신하게 하시고 어머니는 자신의 자리를 굳건히 지키게 하소서. 자녀들이 거친 세파에 흔들리지 않도록 붙들어주소서. 그리하여 튼튼한 믿음의 뿌리를 갖고 신앙의 열매를 맺도록 도와주소서. 부모들이 눈물의 기도로 씨를 뿌리며 자녀를 양육할 수 있는 믿음을 허락하소서. 하나님에 대한 믿음과 소망을 통해 하늘 복락을 충만하게 누리는 복된 가정이 되길 원합니다. 물댄 동산과 같은 가정이 되게 하소서. 예수님의 이름으로 기도합니다. 아멘.

–기도 예문

Day : 7주(월)

찬송 : (새)436장, 493장

07

레위기 16:1–18:30 속죄일과 거룩함

■ 피의 의미

레위기에 나오는 제사법 전반에는 피가 강조되고 있습니다. 하나님은 생명이 피에 있다고 말씀하셨습니다. 그러므로 하나님은 사람이 죄를 지으면 죄 값으로 피를 요구하십니다. 하나님은 제사 때에 우리의 피 대신 짐승의 피를 요구하셨습니다. 그러나 짐승이 인간의 죄를 대신해서 피를 흘려야 한다는 규정은 불합리해 보입니다. 왜냐하면 짐승의 피로 인간의 죄를 대신할 수는 없기 때문입니다. 그러나 짐승의 피는 우리를 위해 흘려주실 그리스도의 피를 상징하고 있습니다. 하나님은 짐승의 피를 예수그리스도의 피로 보시고 죄인들을 용납해 주신 것입니다. 제사에서 피는 생명을 의미하며, 제물의 피는 우리를 위해 흘려주실 예수 그리스도의 보혈을 상징하고 있습니다.

■ 속죄일

이스라엘의 절기 중에 속죄일은 매우 중요합니다. 이스라엘 백성들은 이 날의 행사를 통해서 지난 1년 동안 지은 모든 죄를 용서받을 수 있었습니다. "속죄"란 말은 "죄를 덮는다"는 뜻을 가진 말입니다. 속죄일이 되면 대제사장은 흰 옷을 입고 자신과 자기 가족의 죄를 위해 제단에 피를 뿌렸습니다. 대제사장 역시 연약한 인간이기에 피를 통해서 정결케 할 필요가 있었습니다. 그 후에 대제사장은 미리 준비한 염소를 가지고 속죄제를 드렸습니다. 그리고 이 염소의 피는 "시은소" 위에 뿌려졌습니다. 이것은 백성들의 죄로 인해서 부정해진 거룩한 성소를 정결케 하기 위한 예식이었습니다. 그리고 나서 대제사장은 다른 염소 한 마리를 취해서 백성들의 죄를 지고 광야로 가게 했습니다. "염소가 그들의 모든 불의를 지고 무인지경에 이르거든 그는 그 염소를 광야에 놓을지니라"(레 16:22). 이 속죄의 염소 역시 예수 그리스도의 모형이었습니다. 이사야 53:4, 6에서 이사야는 이렇게 말했습니다. "그는 실로 우리의 질고를 지고 우리의 슬픔을 당하였거늘, 여호와께서는 우리 모두의 죄악을 그에게 담당시키셨도다." 이 염소가 백성의 죄를 지고 광야로 가서 죽으면 지난 1년 동안의 이스라엘 백성의 죄가 제거되었습니다. 예수 그리스도 역시 속죄염소가 되어 예루살렘 성문 밖으로 나가서 십자가에 달려 죽으셨으며, 이로 인해 주님을 믿는 모든 사람들의 죄가 제거되었습니다.

읽으며 묵상하며 : 대속죄일에 대한 규례 (레 16:26–34)

너희는 영원히 이 규례를 지킬지니라 일곱째 달 곧 그 달 십일에 너희는 스스로 괴롭게 하고 아무 일도 하지 말되 본토인이든지 너희 중에 거류하는 거류민이든지 그리하라 이 날에 너희를 위하여 속죄하여 너희를 정결하게 하리니 너희의 모든 죄에서 너희가 여호와 앞에 정결하리라 레 16:29, 30

사람은 누구나 죄를 짓고 삽니다. 사람이 죄를 짓지 않고 사는 것은 거의 불가능합니다. 그리고 죄는 마음의 짐을 만듭니다. 이러한 죄를 깨끗하게 하고, 마음의 짐을 덜어줄 수 있는 방법이 있다면 사람들은 무엇이든지 하려 들 것입니다. 그래서 중세시대에 사람들은 면죄부를 사서라도 죄를 사함 받고자 했습니다. 또한 다른 생명을 바치면서 자신의 죄를 사함받기 위해 제사를 드리기도 했습니다.

이스라엘 사람들에게는 면죄부를 사지 않고도 이 모든 죄를 용서받을 수 있는 날이 있습니다. '욤키푸르'라고 하는 날입니다. '욤키푸르'란 히브리어로 '덮어 주다'라는 뜻으로, 신이 죄를 덮어 주는 날, 즉 대속죄일(代贖罪日)을 의미합니다.

대속죄일은 유대력으로 7월 10일입니다. 이 날은 이스라엘 백성이나 외국인이나 구별없이 모두 스스로를 괴롭게 해야 합니다. 이것은 속죄제사가 진행되는 그 날 하루 동안 금식기도를 통하여 자신의 죄를 살피면서 회개하는 시간을 가져야 함을 의미합니다. 또한, 그 날은 이스라엘 백성이든 외국인이든 구별 없이 아무 일도 하지 말아야 합니다. 왜냐하면, 그 날은 안식일 중의 안식일로서 회개한 모든 죄에 대해 여호와 앞에서 정결함을 얻고 진정한 안식을 회복할 수 있기 때문입니다. 이처럼 진정한 참회에는 참된 안식이 동반되는 것이 영적인 법칙입니다.

대속죄일은 아론의 때뿐 아니라 그의 아들들이 대제사장의 직분을 이어받은 때에도 계속해서 동일한 방법으로 진행되어야 했습니다(32, 33절). 곧 이스라엘 자손들의 모든 죄를 위하여 일 년에 한 번 속죄하는 의식은 영원히 지킬 규례였던 것입니다(34절). 그런데 이처럼 대속죄일이 매년 계속해서 반복되어야 함은 제사 드리는 사람들의 죄를 완전히 깨끗이 할 수 없었음을 보여주는 것입니다. 또한, 대속죄일은 사람의 양심까지는 깨끗하게 할 수 없는 것이었습니다. 왜냐하면 그 날의 속죄 의식은 외형적인 것에 지나지 않았기 때문입니다. 그러나 참된 대제사장이 되신 예수님은 자신의 몸으로 드린 속죄제사로서 단 한 번의 속죄를 완성시켰을 뿐만 아니라 우리의 양심까지 온전히 깨끗하게 해주셨습니다(히 10:21-22).

하나님 앞에 진정하고 진실 된 회개와 참회를 통해서 진정한 안식과 평안을 누릴 수 있기를 기도합니다.

– 「GT, 세계를 품는 경건의 시간」, GTM, 2008. 6. 27.

살며 생각하며 : 김익두의 회심

김익두 목사는 청년 시절엔 악명 높은 깡패였습니다. 그러한 그가 한 여인의 언행 때문에 회심을 하게 됩니다.

어느 날 김익두는 술에 취해 다리를 건너고 있었습니다. 그때 다리 밑에서 한 여인이 빨래를 하고 있었는데 김익두는 큰 돌을 던져서 빨래가 담긴 항아리를 깨뜨렸습니다. 여인은 비명을 질렀고 항아리는 박살이 났습니다.

잠시 후 마음을 추스른 여인은 말 한 마디 하지 않고 빨래를 행군 뒤 조용히 집으로 돌아갔습니다. 김익두는 젖은 빨래의 물을 덮어 쓴 채 힘겹게 돌아서는 여인의 뒤를 밟았습니다. 여인이 집에 도착했을 때 김익두는 다시 한 번 놀라게 됩니다. 여인을 보고 나오는 시어머니에게 그 여인은 이렇게 말하는 것이었습니다.

"어머니 죄송해요, 넘어지는 바람에 빨래 독이 깨지고 말았어요."

며느리가 다친 데 없는 것을 확인한 시어머니는 이렇게 말합니다.

"참으로 다행이구나, 주여 감사합니다."

김익두는 두 여인이 기독교인인 것을 알았고, 그들의 모습에 충격을 받았습니다. 그날 .그는 눈물을 흘리며 회개하였습니다. 그리고 열정적으로 3개월 간 성경만 읽으며 큰 감동을 받았고, 뜨거운 신앙인이 되었습니다.

– 하천덕 편저, 「키워드로 불러보는 설교 예화」, 아가페, p37

정리하며 확신하며 : 피 흘린 자의 7대 결과

	피 흘린 자의 7대 결과	참고 성경 구절
1	자기가 대신 피를 흘리게 됨	창 9:5, 6, 삼하 16:8, 합 2:17
2	선민 이스라엘 백성 중에서 끊어짐	레 17:4, 14, 사 59:7
3	죄를 사함 받지 못함	왕하 24:4
4	생명이 단축됨	시 55:23, 잠1:6, 18
5	하나님께서 미워하심	잠 6:16, 17
6	하나님께서 그 기도를 응답하지 않으심	사 1:15
7	정죄당하여 능욕과 조롱거리를 당함	겔 22:4

– 「그랜드 종합주석」 2권, 성서교재간행사, p716

Day : 7주(화)

찬송 : (새)311장, 185장

07

레위기 19:1-22:33 사랑을 위한 율법

■ 사랑을 위한 법(19장)

어느 날 한 율법사가 예수님을 찾아와서 어느 계명이 가장 큰지 물었습니다. 그때에 주님은 하나님을 사랑하고(신 6:4-9), 이웃을 사랑하는 것(레 19:18)이 가장 큰 계명이라고 대답하셨습니다. 주님은 이 두 가지 계명이 모든 율법과 선지자의 핵심이라고 말씀하셨습니다. 레위기 19장에는 사회질서를 지키기 위한 여러 가지 규례들이 나옵니다. 이 규례들은 모두 다 이웃을 내 몸처럼 사랑하기 위해 주어진 규정들입니다. 우리는 이웃을 내 몸처럼 사랑하고 존중해야 합니다. 예수님은 모든 율법이 사랑의 계명에 의존하고 있다고 가르쳐 주셨습니다. "눈에는 눈, 이에는 이"라는 규정도 피고인을 지나친 복수로부터 보호하고, 공정한 처벌을 받게 하려고 주어진 것이었습니다. 참된 신앙은 하나님에 대한 사랑과 이웃에 대한 사랑으로 표현하게 되어 있습니다. "원수를 갚지 말며 동포를 원망하지 말며 이웃 사랑하기를 네 몸과 같이하라. 나는 여호와니라"(레 19:18).

■ 내가 거룩하니 너희도 거룩하라! (20-22장)

레위기 20장 초반부를 보면 이스라엘 백성들이 어떻게 하나님을 섬겨야 하는 지 설명해 주고 있습니다. 하나님은 우상을 섬기는 자와 신접한 자를 이 땅에서 제거하라고 명하셨습니다. 또한 하나님은 이스라엘 백성들에게 성적으로 정결한 삶을 요구하셨습니다. 이러한 규례는 거룩하신 하나님과 동행하기 위해서 꼭 필요했습니다. 레위기 21장은 거룩한 제사를 주관하는 제사장이 어떻게 자신을 거룩하게 해야 하는지를 보여주고 있습니다. 그리고 22장은 하나님께 드려진 제물을 어떻게 거룩하게 유지할 것인지를 보여주고 있습니다. 거룩하신 하나님과 동행하기 위해서, 이스라엘 백성들과 제사를 드리는 제사장과 하나님께 드려질 제물은 모두 거룩해야만 했습니다.

읽으며 묵상하며 : 네 몸 같이 이웃을 사랑하라(레 19:1-18)

원수를 갚지 말며 동포를 원망하지 말며 네 이웃 사랑하기를 네 자신과 같이 사랑하라 나는 여호와이니라 레 19:18

하나님이 거룩하시기에 하나님의 자녀인 우리도 당연히 거룩해야 합니다. 거룩은 종교적인 형식 뿐 아니라 삶을 통한 윤리적인 거룩을 통해서 완성되어집니다. 윤리적인 면에서 거룩한 삶을 살려면 우리가 어떻게 해야 합니까?

거룩한 삶은 가정에서 부모님을 공경하고 순종하는 데서부터 시작됩니다. 눈에 보이는 부모님을 경외하고 잘 섬기는 자라야만 눈에 보이지 않는 하나님도 잘 섬길 수 있기 때문입니다. 부모님의 낳아주시고 길러주신 은혜를 기억하고 감사할 줄 아는 마음이 있어야 하겠습니다. 혹 부모님에 대한 섭섭함이 있더라도 하나님이 주신 말씀을 기억하고 순종함으로 부모님을 사랑하고 섬길 수 있기를 바랍니다. 그렇게 할 때, 범사에 잘되고 땅에서 형통하게 될 것입니다(출 20:12). 또한 거룩해지려면 무가치하고 헛된 우상을 버려야 합니다. 우상을 의지하고서는 하나님을 절대 의지하지 못합니다. 하나님을 의지하지 않고서는 결코 거룩을 추구할 수 없습니다. 삶의 도움을 위해 하나님만을 믿고 의지하시기 바랍니다. 그래서 항상 감사하며 감사의 화목제로 하나님을 예배해야 하겠습니다. 왜냐하면 감사와 나눔의 심령 위에 거룩의 영이 깃들기 때문입니다. 너무 자기중심적으로 살지 말고 하나님께 감사함으로 나누며 기뻐하시기 바랍니다.

적극적으로 이웃사랑을 실천하기 위해서는 구제와 나눔에 인색하지 말아야 하겠습니다. 하나님께서 우리를 먼저 찾아오셔서 사랑하여 주신 것처럼 우리도 구제의 기회가 오기만을 기다릴 것이 아니라 구제할 대상을 찾아 적극적으로 나서야 하겠습니다. 나눔을 통한 사랑의 섬김이 있을 때 자연스럽게 복음도 전해질 수 있을 것입니다. 아울러 이웃의 물건을 탐내는 마음을 버려야 합니다. 탐심은 인간의 죄악 된 본성 중의 하나입니다. 탐심은 부지불식간에 일어나서 우리를 죄의 종이 되게 한다는 뜻입니다. 의지적으로 자족하지 않으면 우리는 탐욕의 종이 되어 이웃의 물건을 넘보게 됩니다. 있는 것에 감사하고 무엇이든 노동의 정당한 대가를 지불하는 습관을 가져야 하겠습니다. 그리고 믿는 사람이 앞장서서 몸이 불편한 이웃들을 사랑하고 배려할 줄 알아야 합니다. 그들이 겪을 어려움을 먼저 생각하고 그 장애를 제거함으로 함께 할 수 있는 배려깊은 사랑을 실천해야 하겠습니다. 그렇게 될 때 실제적인 거룩이 이루어지고 주님의 거룩한 형상이 우리 가운데 나타나게 될 것입니다.

– 「일용할 양식」, 기독대학인회(ESF), 2007. 2. 4.

살며 생각하며 : 발렌타인 데이

발렌타인은 고대 로마에 살았던 한 젊은 그리스도인의 이름입니다. 많은 초대교인들처럼 발렌타인은 그의 신앙 때문에 투옥되었습니다. 그는 자주 깊이 사랑하는 자들을 생각했고, 그 자신의 안녕과 그들을 향한 사랑을 알리기를 원했습니다.

그의 감옥 독방 창문 넘어, 손이 닿지 않는 한 곳에 제비꽃이 만발해 있었습니다. 그는 몇 개의 하트 모양의 잎들을 뜯어 구멍을 뚫어서 "발렌타인을 기억해 주십시오."라는 말을 써서 그것을 사랑하는 자들에게 보냈습니다. 다음날 또 다음날 계속하여 그는 더 많은 메시지들을 보냈습니다. 이것이 기반이 되어 시작한 '성 발렌타인 데이'는 사랑하는 이에게 사랑을 전하는 날로써 초콜릿을 주면서 사랑을 고백하는 날이 되었습니다.

"나는 당신을 사랑합니다."

그대는 사랑하는 사람에게 어떤 선물을 해 보았나요. 눈에 보이는 선물보다 더 중요한 것은 진실한 마음입니다. 하나님은 독생자 예수님을 세상에 보내셔서 십자가에서 죽게 하심으로 인간에 대한 사랑을 확증하셨습니다.

하나님의 사랑이 헛되지 않음을 보여 드림이 성도의 삶이므로 초콜릿을 주는 이상으로 주를 사랑하고 섬겨야 합니다. 아침의 첫 생각이 지금 그대가 사랑하고 있는 것입니다.

"너희는 건포도로 내 힘을 돕고 사과로 나를 시원하게 하라 내가 사랑하므로 병이 생겼음이니라."(아가 2:5)

– 신현주 목사, 「예화 철학」, 도서출판 누가, p348

정리하며 확신하며 : 노인을 공경해야 할 이유

	노인을 공경해야 할 이유	참고 성경 구절
1	하나님의 권위를 대표하는 자이기 때문	레 19:32
2	연약한 자이기 때문	신 28:50
3	성숙한 지혜를 나타내는 자이기 때문	왕상 12:67-8, 욥 12:12
4	하나님을 경외하는 삶을 산 자이기 때문	시 34:11-14
5	의로운 길을 걸어온 자이기 때문	잠 16:31
6	은혜로운 삶을 살아온 자이기 때문	잠 20:29
7	후손들을 돌보아 온 자이기 때문	딤전 5:4
8	어린 자에게 영적인 교훈을 가르쳐 주기 때문	딤후 1:5, 딛 2:3-5
9	먼저 하나님 나라에 들어갈 자이기 때문	벧후 1:12-15

– 「그랜드 종합주석」 2권, 성서교재간행사, p738

Day : 7주(수)

찬송 : (새)369장, 487장

07

레위기 23:1-27:34 순종과 축복, 불순종과 저주

■ 절기에 관한 규례(23, 25장)
이스라엘에는 여러 가지 절기가 있었습니다.
첫째로 유월절은 이스라엘이 애굽에서 해방된 것을 기념하는 절기였고, 둘째로 오순절은 첫 추수를 감사하기 위한 절기였으며, 셋째로 초막절은 추수를 마친 후에 광야에서 살던 때를 기억하면서 하나님의 은혜를 감사하기 위한 절기였습니다. 이스라엘 백성들은 매년 예루살렘에 올라가서 이러한 3가지 절기를 지키면서 하나님의 은혜를 기억하고 감사해야 했습니다. 또 레위기 25장을 보면 50년마다 지키는 희년 규례가 나옵니다. 희년 규례는 50년마다 모든 백성들의 실수를 덮어주고 새롭게 출발할 수 있게 해주는 역할을 했습니다.

■ 하나님을 저주한 자를 죽임(24장)
레위기 24장에는 하나님을 저주한 사람이 등장합니다(11절). 모세는 그를 어떻게 처리해야 할지 몰라서 하나님께 물었습니다. 하나님은 공개적으로 그를 돌로 쳐서 죽이라고 지시하셨습니다. 하나님은 자신을 경외하게 하기 위해서 하나님을 저주하거나 비방하는 자는 죽이라고 명령하셨습니다. 우리는 거룩하신 하나님을 경외하며, 그 이름을 존귀하게 여기고, 그 이름을 함부로 사용하지 말아야 합니다.

■ 순종과 축복, 불순종과 저주(26장)
이스라엘 백성들의 운명은 율법 준수에 달려 있었습니다. 하나님은 율법을 거역하는 사람에게 여러 가지 재앙들이 임하고, 율법에 순종하는 사람들에게는 여러 가지 복이 임할 것이라고 약속하셨습니다. 그러므로 이스라엘의 운명은 그들이 율법에 순종하느냐 아니면 거역하느냐에 따라 달려 있었습니다. 그리고 이러한 원칙은 신약의 성도들에게도 적용되는 원칙입니다.

■ 서원과 십일조 규례(27장)
이스라엘 백성들은 하나님 앞에서 자신이 세운 서원을 신실하게 지켜야 했습니다. 레위기 27장은 이스라엘 백성들이 서원을 한 경우, 그것을 어떻게 지켜야 하는 지를 자세히 설명하고 있습니다. 또 이스라엘 백성들은 하나님께 온전한 십일조를 드려야 했습니다. 레위기 27장 후반부는 이스라엘 백성들이 어떻게 온전한 십일조를 드릴 수 있는지 간단히 설명해 주고 있습니다.

읽으며 묵상하며 : 하나님께 쓰임받으려면 (레 24:1-23)

모세가 이스라엘 자손에게 말하니 그들이 그 저주한 자를 진영 밖으로 끌어내어 돌로 쳤더라 이스라엘 자손이 여호와께서 모세에게 명령하신 대로 행하였더라 레 24:23

"안에서 새는 바가지 나가서도 샌다"는 말이 있습니다. 잘못된 것을 고치지 않으면 상황이 바뀐다고 달라지는 것이 아니라는 뜻입니다. 일상 속에서 거룩함을 훈련받을

때 쓰임 받게 됩니다. 어떤 훈련이 필요합니까? 작은 일에 충성해야 합니다. 제사장은 제사를 드리는 큰 일들도 해야 했지만 동시에 등잔불을 꺼트리지 않고 관리하는 것과 같은 작은 일에도 충실해야 했습니다. 그렇게 등잔불 심지의 탄 부분은 잘라내고, 삐뚤어진 부분은 돋우어 주었습니다. 그리고 불이 잘 타오르도록 백성들을 통하여 최상의 감람유가 공급되도록 챙기는 일도 하였습니다. 아울러 제사장은 매 안식일마다 떡 상에 열 두 지파를 상징하는 열 두 개의 새 떡을 진설하는 일을 하였습니다. 떡을 진설하는 과정을 통해 이스라엘은 광야 생활 속에서도 자신들을 먹이시고 채우시는 하나님을 바라볼 수 있었을 것입니다. 예수님께서는 자신을 생명의 떡이라 말씀하시며, 자신을 먹는 자는 결코 주리지 않을 것이라 말씀하셨습니다(요 6:35, 51). 다시 말해, 제사장이 성소의 진설병을 진설하는 일을 통해 생명의 떡으로 오실 예수님이 계시되고 있었던 것입니다. 작아 보이는 일들이라 할지라도 주님이 맡기신 일을 성실하게 감당할 수 있어야 하겠습니다. 왜냐하면 그 일들을 통해 하나님의 임재의 영광이 드러나고, 하나님의 구속사역의 한 줄기가 흘러나가기 때문입니다.

평소에 하나님을 공경해야합니다.

한 여인의 아들이 하나님의 이름을 저주한 사건은 돌발적인 사건이 아니었습니다. 평소부터 누적되어 왔던 불경건한 삶의 태도가 기회를 만나 터져 나온 필연적 사건이었습니다. 청년의 어머니는 이스라엘 여인이었지만 아버지는 애굽 사람이었습니다. 그의 불경건한 언어습관은 아마도 애굽 사람인 아버지의 영향이 컸을 것입니다. 믿음의 가정에서 받는 일상적인 신앙 교육이 한 사람의 운명을 결정지을 수 있습니다. 믿음의 가정에서 말씀으로 양육을 받았더라면 아무리 싸움 중에 홧김이라 하더라도 함부로 하나님을 저주하지는 못했을 것입니다. 평소의 불경건의 습관 때문에 그는 습관적으로 하나님을 저주했을 것이고, 결국 불행한 최후를 맞을 수밖에 없었습니다. 청년들은 삶의 터전이 되는 가정을 어찌하든지 믿음과 말씀 안에서 이루고자 기도하고 힘써야 하겠습니다. 그리고 믿음의 가정을 이룬 사람은 말씀으로 자녀들을 양육하고자 몸부림쳐야 하겠습니다. 자녀들에게 일상적인 삶 속에서 하나님을 경외하는 삶의 태도와 언어 습관을 갖고자 항상 노력함으로 본을 보여야 하겠습니다.

– 「일용할 양식」, 기독대학인회(ESF), 2007. 2. 10.

살며 생각하며 : 농부가 된 성자

성자 한 사람이 숲 속에 살았습니다. 선배 성자가 경전 한 권을 주어서 소중하게 간직했습니다. 어느 날 쥐들이 쏠아 먹는 것을 발견하고 시장에서 고양이를 구해 왔습니다. 쥐 문제는 해결되었지만 고양이 먹일 우유를 위하여 암소 한 마리를 키우기로 해서 외양간을 지었습니다. 혼자서는 암소를 돌볼 수가 없어서 여자를 얻기로 했더니 자연히 방을 들여야 했습니다.

이렇게 2년을 보내는 동안에 커다란 집과 아내와 고양이와 암소와 두 아이까지 생겨 온갖 살림들이 쌓였습니다.

성자는 고민했습니다. 혼자 마음 편하게 명상하며 살 때를 생각했으나 이제 그는 절대자를 사모하는 대신에 아내와 자식과 짐승을 걱정하지 않으면 안 되었습니다. 수도와 명상보다는 여러 가지 것을 관리하는데 시간을 다 빼앗기면서 평범한 농부로 전락한 것입니다.

"세상에 책 한권이 이토록 복잡한 번민에 빠지게 했구나."

아무리 후회한들 그것으로부터 결코 빠져 나오지 못합니다.

우리 인생이 그렇게 얽혀 살지만, 그 한계를 슬기롭게 대처하는 사람들을 보면 대개 그 속에서도 단순하게 삽니다.

많은 회의와 모임들, 심방과 상담, 설교 준비, 각종 강의와 공부로 인하여 목사가 바쁘다 보면 진정 하나님과의 개인적인 교제는 적어져 영혼이 고갈되지는 않을까 염려됩니다.

혼자의 시간으로 하나님과 은밀한 교제를 가져야 합니다.

"너는 기도할 때에 네 골방에 들어가 문을 닫고 은밀한 중에 계신 네 아버지께 기도하라"(마 6:6)

– 신현주 목사, 「예화 철학」, 도서출판 누가, p120

Day : 7주(목)

찬송 : (새)595장, 372장

07

민수기 1:1-3:51 인구조사와 진의 배치

■ 인구조사와 진의 배치(1-2장)

이스라엘은 시내 산을 떠나 가나안으로 떠나기 전에 준비할 일이 많았습니다. 그들은 먼저 군대 조직과 행정 조직을 위해서 인구 조사를 해야 했습니다. 이 인구 조사에서 성막 일을 담당할 레위지파는 따로 계산되었습니다(1장). 하나님은 수백만 명이나 되는 이스라엘 백성들이 광야에서 머물 때에 어떻게 진을 쳐야 하는 지에 대해서도 가르쳐 주셨습니다. 이스라엘 백성들의 진은 모두 중앙에 있는 성막을 향해 쳐졌습니다. 그러므로 천막 문을 열 때마다 성막을 바라보게 되었습니다. 이는 하나님이 그들의 삶의 중심이 되어야 한다는 사실을 보여주고 있습니다(2장).

■ 레위인과 장자의 속전(3장)

또한 하나님은 성막 일을 담당할 제사장과, 레위 인들이 담당할 여러 가지 직무에 대해 자세히 설명해 주셨습니다. 유월절 때에 이스라엘 백성들의 장자는 하나님의 은혜로 구원을 받았습니다. 그러므로 하나님은 이스라엘의 장자들은 자신의 것이라고 선언하셨습니다. 그러므로 그들은 성전에 드려져서 각 가정을 위해 성막 일을 돌보아야 했습니다. 그러나 이렇게 하면 각 가정의 생업에 지장을 줄 수 있었습니다. 그러므로 하나님은 그들 대신 한 지파(레위지파)를 선택해서 성막 일을 담당하게 하셨습니다. 그리고 하나님은 각 가정의 장자들에게 자기 몸값을 레위인에게 주도록 지시하셨습니다(3장).

읽으며 묵상하며 : 하나님의 사람은 거룩해야 함(민 3:1-13)

보라 내가 이스라엘 자손 중에서 레위인을 택하여 이스라엘 자손 중에 태를 열어 태어난 모든 자를 대신하게 하였은즉 레위인은 내 것이라 처음 태어난 자는 다 내 것임은 내가 애굽 땅에서 그 처음 태어난 자를 다 죽이던 날에 이스라엘의 처음 태어난 자는 사람이나 짐승을 다 거룩하게 구별하였음이니 그들은 내 것이 될 것임이니라 나는 여호와이니라 민 3:12-13

아론의 자손들이 이스라엘의 대제사장으로 거룩히 구별된 것은, 하나님을 구별되게 섬기게 하기 위함이었습니다. 하나님을 구별되게 섬기는 일은 그 사람이 하나님을 다른 어떤 존재보다 구별된 분으로 인식하는 데서 나옵니다. 이러한 하나님을 아는 지식은 그분을 섬기는 모든 자들의 마음에 합당한 경외심과 겸비한 경배를 요구합니다. 하나님께서는 아론의 대제사장 직무를 위해 다른 레위 지파 제사장들이 그를 시종할 것을 말씀하셨습니다. 또한 하나님께서는 친히 "레위인을 아론과 그 아들들에게 주라"고 명령하셨습니다. 레위인으로서 하나님의 제사장 직분을 가지는 것은 극히 영광스러운 일입니다. 하지만 하나님께서는 그들이 아론과 그 아들들에게 복종하게 하심으로써 그들이 자신들의 지위를 남용하지 못하게 하셨고 동시에 장차 참 대제사장이 오실 것임을 교훈하셨습니다(히 4:14-16). 하나님 말씀에 근거한 봉사와 사역은 아름답습니다.

대제사장들을 돕는 레위 제사장들의 특권은 '레위인은 내 것이라'고 하신 말씀 속에 표현되어 있습니다. 그들은 이스라엘 자손 중 모든 첫 태에 처음 난 자들을 대신하여 하나님께 드려진 자로 여겼습니다. 이 말씀은 이스라엘 백성들이 출애굽 할 때의 열 번 째 재앙과 연관된 것입니다. 하나님께서는 그 재앙을 통하여 이스라엘의 장자들을 구원하셨습니다. 그러므로 그 장자들은 하나님의 은혜로 구원함을 받은 자들로서 하나님의 소유가 되었습니다. 이제 하나님께서는 그 모든 장자들 대신에 레위인들을 당신의 소유로 삼으시고 성소에 가까이 나아와 섬길 수 있는 특권을 주셨습니다. 이스라엘의 장자들이 온 이스라엘을 대표하는 것이라면, 그 장자들을 대표하는 레위인들 역시 온 이스라엘의 대표가 되는 셈입니다. 그러므로 하나님께서 레위인을 그분의 소유로 삼으신 것은 온 이스라엘이 그분의 소유된 백성으로 인정된 것을 의미합니다. 나는 왕 같은 제사장으로서 하나님의 소유된 것을 감사하며 하나님의 도구로 자신을 드리고 있습니까?

– 「생명의 삶」 말씀해설, 두란노서원, 2000. 3. 16.

살며 생각하며 : 꿈꾸는 나무처럼

숲속에서 나무들이 자라고 있었습니다.

큰 나무가 말했습니다. "나는 커서 요람이 될거야, 아기들은 언제 보아도 예쁘거든."

둘째 나무가 말했습니다. "나는 커서 큰 배가 될거야, 바다는 넓으니까."

셋째 나무가 말했습니다. "나는 지금 이대로가 좋아, 하늘을 가리키면서 하나님만 생각하는 것이 제일 좋은 일이니까."

세월이 흘러 나무들이 자랐을 때, 사람들이 와서 큰 나무를 베어다 마구 간 구유를 만들었습니다. 나무는 실망했지만 그는 아기 예수님을 누인 요람이 되었습니다.

둘째 나무는 조그만 배가 되어 시몬이 그 주인이 되었지만 예수님이 타시고 말씀을 전한 후 그보다 더 많은 고기가 잡힌 일이 없는 기적을 담게 되었습니다.

셋째 나무도 베어져 십자가가 되어 사람들을 매다는 형틀이 되었으나 예수님이 달리시는 영광을 안았습니다.

우리 인생이 꿈과 기대대로 되지 못해도 실망하지 말 것은 결과적으로 더 좋은 길로 인도해 주실 것을 믿기 때문입니다.

하나님의 방법이 때로 우리와 같지는 않으나 하나님의 방법은 언제나 최상으로, 지난 후에야 그 의미를 알게 됩니다.

지금 인생을 다 알 수는 없습니다. 조금 참고 기다리며 믿음으로 살다보면 모든 것을 다 알고 이해하는 때가 올 것입니다. 나무들도 현재의 모습에 불만이었으나 지난 후에는 알았습니다.

"여호와 앞에 잠잠하고 참고 기다리라. 자기 길이 형통하며 악한 꾀를 이루는 자 때문에 불평하지 말지어다"(시 37:7)

– 신현주 목사, 「예화 철학」, 도서출판 누가, p239

정리하며 확신하며 : 기(旗) 사용의 영적 교훈

적극적인 측면	참고 성경 구절
주의 인도하심만을 따라야 함	빌 3:12
단결해야 함	빌 2:2
질서 유지에 힘써야 함	고전 14:26-33
자신의 일터를 지켜야 함	딤후 4:9-11
항상 준비 되어 있어야 함	마 24:42
때를 잘 분별해야 함	마 24:32
소극적인 측면	참고 성경 구절
자리를 이탈해서는 안 됨	딤후 4:9
과도하게 앞서가서는 안 됨	잠 16:19
뒤로 물러서서는 안 됨	히 10:38
때를 놓쳐서는 안 됨	마 25:13

– 「그랜드종합 성경주석」 3권, 성서교재간행사, p43

Day : 7주(금)

찬송 : (새) 290장, 412

07

민수기 4:1-6:27 레위인과 나실인

■ 레위인의 인구 조사(4장)

하나님은 성막 일을 돌볼 레위 지파를 셋으로 구분하여 각 족속에게 맞는 일을 맡기셨습니다. 첫째로 고핫 자손은 성물을 관리했고, 둘째로 게르손 자손은 성막 덮개와 휘장을 관리했으며, 셋째로 므라리 자손은 성막 널판, 말뚝, 기둥들을 관리했습니다. 하나님은 이 일을 효과적으로 할 수 있도록 레위인의 인구를 조사하게 하셨습니다. 레위인의 총 인구는 2,750명이었으며, 하나님은 각 레위인들이 할 일을 적절히 분배하여 맡겨주셨습니다(4장).

■ 배상법과 의심 해결법(5장)

하나님은 이스라엘과 동행하기 위해서, 부정한 사람들을 진 밖으로 내보내도록 지시하셨습니다. 또한 하나님은 공의를 위해서 남에게 해를 입힌 경우 어떻게 공정하게 배상해야 하는지 가르쳐 주셨습니다. 또한 하나님은 제물 중에서 제사를 드리는 제사장에게 줄 몫을 정해주셨습니다. 또한 하나님은 남편이 여인의 순결을 의심할 경우에, 그녀의 순결 여부를 확인할 수 있는 방법에 대해서도 가르쳐 주셨습니다(5장).

■ 나실인의 규례와 제사장의 축복 기도(6장)

이스라엘 백성들 중에는 자원해서 자신을 하나님께 드린 사람들이 있었습니다. 이러한 사람들은 나실인으로 불리어졌습니다. 그들 중에는 평생 동안 나실인으로 드려진 사람들도 있었고, 일정한 기간만 나실인으로 드려진 사람들도 있었습니다. 레위기 6장에는 이러한 나실인들이 거룩함을 유지하기 위해서 지켜야할 규례를 설명해주고 있습니다. 하나님은 제사장들에게 이스라엘 백성들을 축복하도록 지시하셨습니다. 레위기 6장 후반부에는 제사장들이 이스라엘 백성들을 위해 축복하는 기도의 내용이 기록되어 있습니다(6장).

읽으며 묵상하며 : 가정의 순결을 지키십시오 (민 5:11-31)

그러나 네가 네 남편을 두고 탈선하여 몸을 더럽혀서 네 남편 아닌 사람과 동침하였으면 (제사장이 그 여인에게 저주의 맹세를 하게 하고 그 여인에게 말할지니라) 여호와께서 네 넓적다리가 마르고 네 배가 부어서 네가 네 백성 중에 저줏거리, 맹셋거리가 되게 하실지라 민 5:20, 21

세상 사람들을 구원하기 위해 애쓰기 전에 먼저 자신의 경건과 하나 됨을 추구해야 합니다. 본문 11-28절에서는 한 가정 안에서 성적 순결의 문제를 다루고 있습니다. 특히 본문이 직접적으로 다루는 내용은 의심의 소제입니다. 즉, 어떤 남편이 아내의 성적 순결에 대하여 의심이 있을 때 아내와 함께 제사장에게 나아와 소제를 드리되 제사장은 정해진 규례대로 특별한 형식의 소제를 드림으로 그 아내의 정숙성 여부를 판결하도록 하는 내용입니다. 따라서 이 규례는 아내의 정숙성 여부를 판결하기 위한 것이기 전에 남편이 어리석은 의심을 할 경우 그 아래서 고통당하는 여인을 구원하기 위한 은혜로운 조치이기도 합니다.

하나님께서 이렇게 복잡한 내용을 명하신 이유는 온 이스라엘 백성들로 하여금 부정을 저지르지 못하게 하실 뿐 아니라 부정의 죄가 하나님 앞에서 얼마나 극악한 것인지를 생각하게 하기 위한 것입니다. 하나님께서는 의심의 소제 이름을 '생각하게 하는 소제 곧 죄악을 생각하게 하는 것'이라 정의하십니다. 오늘날 이 땅이 갈수록 죄가 만연되어가는 이유는 죄의 극악성과 그에 대한 하나님의 심판의 두려움을 생각하지 않기 때문입니다.

29-31절의 내용은 다음 두 가지 교훈을 우리에게 주고 있습니다.

첫째는 부부 사이의 성적 순결의 중요성입니다. 본문의 내용은 아내의 부정에 대한 의심에 초점이 맞추어져 있으나 하나님께서는 부부 사이의 정조가 그 무엇보다도 소중한 것임을 남편, 아내 모두에게 알려주신 것입니다. 예수님께서는 부부의 이혼을 금하시면서도 음행을 한 경우를 예외로 인정하십니다. 왜냐하면 음행은 부부 사이의 참된 연합을 깨뜨리는 것이기 때문입니다(마 19:9).

두 번째 교훈은 부부 사이의 신뢰의 문제입니다. 비록 두 사람 모두 성적인 순결을 지키며 살고 있다 할지라도, 남편이 아내의 순결을 의심하고, 아내가 남편의 외도를 의심할 때 그 가정의 평화는 깨어집니다. 만일 그들 사이에 의심이 생겼을 경우 그 문제를 하나님 앞에 나아와 해결할 것을 말씀하신 것입니다. 왜냐하면 인간은 다른 사람의 상태를 바르게 판단할 능력이 없으며 참으로 정직해질 수 없기 때문입니다. 여호와를 경외하는 것, 그것만이 부부 사이의 순결과 정직, 신뢰와 사랑을 바르게 회복시킬 수 있습니다.

– 「생명의 삶」 말씀해설, 두란노서원, 2000. 3. 20.

살며 생각하며 : 남편을 선택한 여인들

독일의 부르템베르그 주에 있는 바인스베르그는 가운데에 언덕을 두고 포도농원들로 빙 둘러 싸인 마을입니다. 마을의 교회에는 '열녀들을 기리기 위해 바쳐진 기념비'가 있습니다. 이 교회에서 1㎞ 떨어진 곳에는 폐허가 된 '바이버트로이' 성이 있는데 일명 '열녀들의 성'이라 불리는 사연이 있습니다.

1140년, 계속된 전쟁 끝에 이웃지방 호헨슈타우펜의 '콘라트 3세'가 이 지방을 점령하여 마을 주민들이 대피해 있던 성을 수중에 넣었습니다. 이때 콘라트는 성을 수비하던 장정들은 놓아주지 않겠지만 부녀자들에게는 관용을 베풀어 '무엇이나 가장 필요한 소유물 한 가지식은 가지고 가도 좋다'고 했습니다.

그대라면 무엇을 가지고 가겠나? 여인들은 이렇게 했습니다.

'모두 자기 남편을 등에 업고 성 밖으로 나갔다.'

이혼율이 급증하는 요즘에는 아마 남편보다 현물을 한 짐 지고 나올 여인들이 많을 것 같습니다. 누구에게나 가장 필요한 것, 그것은 남편이며 아내이며 부모님이며 자녀들이며 형제자매, 즉 가족들입니다.

현대는 변화를 요구하기에 '아내와 자식 외에는 다 바꿔'하며 가족을 중요시했더니 생산성이 좋아진 회사가 있습니다. 가정이 안정적이어야 일의 효율을 극대화할 수 있습니다.

"남편은 그 아내에게 대한 의무를 다하고 아내도 그 남편에게 그렇게 할지라"고전 7:3

– 신현주 목사, 「예화 철학」, 도서출판 누가, p390

정리하며 확신하며 : 하나님께서 당신의 종을 대하시는 법

	하나님께서 종을 대하시는 법	참고 성경 구절
1	신앙 인격이 성숙된 자를 찾으심	딤후 2:15
2	구체적으로 임무를 주심	행 13:2
3	능력과 권세를 더 해 주심	행 1:8
4	실수를 용서하심	요일 1:9
5	한 번 택하시고 끝까지 돌보심	요 15:15, 19
6	열심에 따라 상급을 주심	마 16:27

– 「그랜드 종합주석」 3권, 성서교재간행사, p71

Day : 7주(토)

찬송 : (새)333장, 381장/ (새)342장, 395장

07

■ 이번 주 읽은 성경 요약 및 못 읽은 부분 읽고, 한 주간 생활 묵상하며 가정 예배드리기

■ **주제 : 이상적인 부부관** (엡 5:22-33)

읽으며 묵상하며 : 성령충만한 부부(엡 5:22-33)

성령충만을 받은 사람의 대인관계에 대해 제일 처음 언급되고 있는 것은 부부관계입니다. 이것은 성령충만의 구체적인 모습이 가장 잘 확인될 수 있는 곳이 부부관계라고 말하고 있다는 점에서 의미심장합니다. 사실 아무리 노력한다 하더라도 부부관계가 막히면 성령충만은 불가능한 것입니다. 그래서 성경은 "너희 기도가 막히지 아니하게 하려 함이라"라고 하면서 부부관계를 살피라고 충고하고 있습니다(벧전 3:7).

성령충만한 부부(22-29절)

새로운 사람은 새로운 관계 속에서 삽니다. 사람이 변화되었다는 것은 기존의 관계성이 변화 되었을 때를 말합니다. 진정한 변화가 있는 곳에 복음의 능력과 하나님의 영광이 드러납니다. 새로운 사람의 새로운 관계성은 어떻게 나타나야 합니까?

가족관계에서 나타나야 합니다. 가족관계의 기본은 남편과 아내, 부모와 자녀의 관계입니다. 그러므로 예수님을 믿음으로 새로운 사람이 되었다면 기존의 가족관계가 변화되어야 합니다.

첫째, 아내는 남편에게 복종해야 하고, 남편은 아내를 사랑해야 합니다(5:22~33).

아내는 남편에게 주께 하듯 복종해야 합니다. 왜냐하면 그리스도께서 교회의 머리되심과 같이 남편이 아내의 머리이기 때문이며 그리스도가 교회의 구주이신 것과 같이 남편이 아내의 보호자가 되기 때문입니다. 남편은 아내를 그리스도께서 교회를 사랑하신 것 같이, 아내를 자기 몸과 같이 사랑해야 합니다.

둘째, 주안에서 자녀는 부모를 순종하며 부모는 자녀를 양육해야 합니다(6:1-5).

자녀로서 주안에서 부모에게 순종하려면 부모의 권위를 인정하고 하나님의 약속의 말씀을 붙들어야 합니다(신 5:16). 또한 부모가 주안에서 자녀를 양육해야 하는 것은 자녀는 하나님께로부터 받은 선물이기 때문입니다(시 127:3). 부모는 자녀의 정서적인 감정을 고려하고 주님의 교양과 훈계로 양육해야 합니다. 자녀는 부모에게 진정으로 효도하고 부모는 자녀를 주안에서 양육하는 아름다운 가정이 되길 축복합니다.

그리스도의 몸 된 가정(30-33절)

바울은 지금까지의 권면을 하나님께서 아담과 하와를 짝 지어주실 때 주신 말씀을 인용함으로 정리하고 있습니다(31절). 여기서 '한 육체'란 사실 한 몸 된 '교회'를 가리키는 것입니다(32절). 곧 부부관계를 통해 시작되는 가정은 두 세 사람이 내 이름으로 모인 가장 기초적인 교회라는 것입니다. 그러므로 에베소서의 전체 주제인 교회의 영광을 아는 사람이 먼저 가정부터 바로 세우기 위해 노력하는 것은 당연한 것이라 할 수 있습니다.

한편, 26-27절에는 그리스도께서 교회를 사랑하실 때 가지신 목표가 나오고 있습니다. 그것은 교회를 영광스럽게 하시기 위해 깨끗하고 흠이 없고 거룩하게 하시는 것입니다. 그리고 이 같은 성화의 도구는 말씀입니다. 그러므로 한 가정의 영적 지도자인 남편 역시 자기 집이 항상 말씀의 원리에 의해 다스려질 수 있도록 본을 보여야 합니다.

생각하며 살며 : 성경속에 나타난 부부 사랑

아담과 하와 - "이는 내 뼈 중의 뼈요 살 중의 살이라"(창 2:23)

우리의 첫 사랑은 "하나님의 선물" 입니다.

내 뼈와 내 살로 이루어진 또 하나의 나, 혼자서는 살아갈 수 없다는 것을 알았습니다.

누군가 돕지 않는다면 일이 되어지지 않는다는 것을, 우리의 만남은 이렇게 시작되었습니다. 벌거벗고 있었으나 부끄러운 줄도 몰랐습니다. 우리의 사랑은 깨끗하고 투명했습니다. 처음 우리의 사랑은...

이삭과 리브가 - 예, 함께 가겠습니다.

우리의 첫 사랑은 "위로" 입니다. 주위에 좋은 사람이 많다는 건 행복한 일입니다.

우리의 사랑을 위해 수고한 많은 손길들, 먼 길을 마다 않고 달려온 소중한 사람이 있습니다. 더 오랜 시간이 걸렸을지도 모르는 이 만남이 그저 기쁠 뿐입니다. 살아가면서 닥치는 어려움과 슬픔들은 우리의 사랑으로 인해 그 흔적을 지웁니다. 오랫동안 마음 한 구석에 남아있던 슬픔의 잔재까지 당신으로 인해 큰 위로를 얻습니다.

야곱과 라헬 - 그를 사랑하는 까닭에 십사 년을 수일 같이

우리의 첫 사랑은 "인내"입니다. 두려움과 공포 속에서 헤매고 있었습니다. 쫓기는 삶 속에서 빛으로 다가온 만남. 아리땁고 고운 당신의 모습을 기억 합니다.

7년 후... 이루지 못한 첫 사랑에 남은 대가를 지불합니다. 7년, 그리고 또 7년... 힘든 생활 속에서도 참고 견딜 수 있는 힘이 되는 사람. 일생을 다 바쳐서라도 얻을 수 있다면 결코 포기하지 않습니다.

보아스와 룻 – 여기서 떠나지 말고 함께 있으라.

우리의 첫 사랑은 "순종" 입니다. 겸손, 성실, 그리고 지혜... 그저 서로의 자리에서 최선을 다했을 뿐입니다. 아무런 이유 없이 그저 하라는 대로 했을 뿐입니다.

가슴 졸이며 아파하거나, 안타까워하지도 않습니다. 그저 믿고 기다렸습니다. 사랑한다는 단순한 사실 하나 만으로...

나와 내 가족, 그리고 우리를 있게 하신 그 하나님을 잠잠히 바라보았습니다.

다윗과 아비가일 – 너를 보내어 나를 영접하게 하신 여호와를 찬송할지로다.

우리의 첫 사랑은 "존경" 입니다.

서로가 너무 다르다고 생각했습니다. 내 생각과는 상관없이 일어나는 일들에 대해서 현명함으로, 지혜로움으로 대처할 수 있다면... 이해심이 많고 용모가 아름다운 여인. 품은 소망 하나만으로 며칠 만에 이루어주신 첫 사랑으로 인하여 행복합니다.

서로가 너무 다르다고 생각했지만 이제는 서로를 축복할 수 있게 되었습니다.

종이 되어 섬기겠다는 그 고백이 더욱 사랑스럽습니다.

그리고 예수님과 우리...

그러므로 어디서 떨어진 것을 생각하고 회개하여 처음 행위를 가지라.

우리의 첫 사랑은 "보혈" 입니다. 잊고 있었는지도 모르겠습니다. 너무 쉽게 얻었던 첫 사랑에 대해서. 셀 수도 없는 큰 대가를 지불했다는 사실에 대해서도... 다시 시작하고 싶습니다. 아직 남아있는 불씨를 찾아 언젠가처럼 훨훨 타오르던 붉은 사랑의 꽃을 피우고 싶습니다. 단 한번뿐인 첫 사랑 기억을 더듬어, 삶을 더듬어 다시 찾고 싶습니다...

아름다운 가정, 2006. 09. 16.

돌아보며 다짐하며 : 향기 나는 부부

향기 나는 부부는 항상 서로 마주보는 거울과 같습니다. 그래서 상대방의 얼굴이 나의 또 다른 얼굴이지요. 내가 웃고 있으면 상대방도 웃고 있고, 내가 찡그리면 상대방도 찡그리지요. 거울 속의 향기 나는 나를 보려면, 내가 먼저 아름다운 미소를 지어야겠지요.

향기 나는 부부는 평행선과 같습니다. 평생 같이 갈 수 있으니까요. 조금만 각도가 좁혀지고 멀어져도 그것이 엇갈리어 결국 빗나가게 됩니다. 사랑과 존경의 레일을 깔고 복의 기차를 달리게 하는 것과 같습니다.

향기 나는 부부는 마주보면 아주 가까운 사이입니다. 벌거벗어도 부끄럽지 않은 한 지체이지요. 그러나 등 돌리면 아주 머-언 남이지요. 이 지구를 비-잉 돌아야 얼굴을 볼 수 있는 아주 먼 사이가 부부입니다.

향기 나는 부부는 반쪽과 반쪽의 만남입니다. 한 쪽과 한 쪽의 만남인 둘이 아니라 반쪽과 반쪽의 만남 하나입니다. 외눈박이 물고기와 같이 항상 같이 있어야 양쪽을 다 볼 수 있습니다.

향기 나는 부부는 벽에 걸린 두 꽃장식과 같이, 편안하게 각자의 색채와 모양을 하고 조화롭게 걸려있어 보는 사람으로 하여금 편안함과 아름다움을 선사하는 향기로운 사랑입니다.

향기 나는 부부는 한 쪽 발 같이 묶고 생을 걸어가는 사람입니다. 한 사람이 넘어지면 다른 사람도 넘어지지요. 부부는 같은 흔적을 남기는 사람입니다. 자식이라는 흔적을 남기고 행복이라는 흔적을 남깁니다.

향기 나는 부부는 서로 닮습니다. 같은 곳 늘 바라보며 같은 음식 같은 생각을 갖고 서로 닮아 간답니다. 그래서 까만 머리 하얗게 될 때 서로 서로 염색해 주며 늘 아쉬워답니다.

향기 나는 부부는 늘 감사합니다. 어두운 밤이 오기 전에 열심히 일하고 하늘이 주신 은혜에 감사하며 살아갑니다.

행복한 가정 있음에 감사하고 건강한 가족이 있음에 감사하고 오늘 새로운 시간이 있음에 감사하고 긍정적으로 살아 갑니다. (향기 나는 부부 원본 : sunshineha3)

– 이재호 목사(휴스턴 중앙장로교회 담임), 가정 이야기에서 2008. 2. 18.

오늘의 기도 : 부부 기도문

오직 그 말씀이 네게 매우 가까워서 네 입에 있으며 네 마음에 있은즉 네가 이를 행할 수 있느니라 신 30:14

말씀으로 세상을 창조하시고 우리에게 성경을 주신 하나님, 감사를 드립니다. 이 말씀으로 인하여 우리 부부가 나아가야 할 길을 알게 하시며 한 번도 가보지 않는 인생의 길에서 승리하게 하시니 감사를 드립니다.

우리의 마음이 하나님의 말씀으로 가득차게 하시며, 그 말씀으로 묵상하기를 즐거워하며, 말씀이 우리 인생에서 빛이 되며 등불이 되게 하옵소서.
성경에서 약속하신 하나님의 약속을 만나게 하시며, 그 약속으로 인해 언제나 우리가 소망을 가지며, 위로를 받고 격려를 받을 수 있도록 축복해 주옵소서.
이 성경 말씀으로 인하여 우리 인생이 안전함과 형통함을 약속 받게 하시며, 이 말씀을 떠나지 않는 부부가 되도록 축복해 주옵소서.
말씀의 부부가 되게 하시며 말씀의 부모가 되게 하셔서 우리 자녀들이 천대에 이르러 말씀을 사랑하며 말씀에 순종하는 자가 되게 하옵소서.
예수님의 이름으로 기도드립니다. 아멘.

Day : 8주(월)

찬송 : (새) 522장, 269장

08

민수기 9:1-12:36 백성들의 불평

- 민 9-10장 : 구름기둥과 행진나팔
- 민 11-12장 : 불평과 미리암의 도전

시내 산에 있던 이스라엘은 다시 가나안을 향해 떠날 때가 되었습니다. 유월절 예식을 치른 후에 불과 구름 기둥이 움직이기 시작했으며, 출발을 알리는 나팔이 신나게 울려 퍼졌습니다. 이제 이스라엘은 시내 산을 떠날 때가 되었던 것입니다. 이스라엘 백성들은 흥분과 기대 속에서 시내 산을 출발했습니다.

그러나 그들은 여행을 하면서 지루함과 부족한 물로 인해 불평하기 시작했습니다. 그들은 옛날 애굽에서 지내던 일을 그리워하면서 어려운 상황과 음식에 대한 불평하기 시작했습니다. 그들은 모세에게 고기를 먹고 싶다고 불평했고, 하나님은 그들에게 메추라기를 주셨습니다. 그때에 모세와 한 식구인 미리암과 형 아론이 모세의 지도권에 반기를 들고 일어섰습니다. 그러나 하나님은 그들을 징계하심으로 모세의 권위를 세워주셨습니다. 그들은 여러 가지 어려움을 극복하면서 가나안의 문턱인 가데스 바네아에 도착했습니다

읽으며 묵상하며 : 원망하기 시작하는 백성들(민 11:1-15)

여호와께서 들으시기에 백성이 악한 말로 원망하매 여호와께서 들으시고 진노하사 여호와의 불로 그들 중에 붙여서 진영 끝을 사르게 하시매 민 11:1

이스라엘 백성들은 희망찬 마음으로 가나안을 향해 출발했으나 곧 어려움을 만나게 되었습니다. 그런데 첫 난관은 뜻밖에도 외부의 대적이 아니라 내부적인 원망의 문제였습니다. 원망하는 마음은 하나님과의 관계를 어렵게 하는 치명적인 문제입니다. 원망의 이유가 무엇이며, 어떻게 원망하지 않을 수 있습니까?

받은 은혜를 감사함으로 탐욕을 극복해야 합니다. 섞여 사는 무리 즉, 결혼하였거나 출애굽에 동조하여 이스라엘을 따라 나와 함께 사는 이방인들이 탐욕을 품고 매일 먹는 만나에 대해 불만을 가지자 이스라엘 백성들도 하나님을 원망하게 되었습니다. 탐욕은 육체의 만족을 위하여 필요한 것 외에 더 가지려는 열망입니다. 이러한 탐욕이 누구에게나 있는데, 받은 은혜를 감사하지 않을 때 이것이 슬며시 고개를 들고 우리를 지배하게 됩니다.

이스라엘 백성들은 처음 만나를 먹었을 때 하나님이 주시는 생명의 양식으로 받았고 또 꿀 섞은 과자의 맛을 느끼며 맛있게 먹었습니다. 그런데 오랫동안 만나를 먹게 되자 감사한 마음을 잃어버리고 애굽의 노예 시절에 먹던 것을 사모하게 되었습니다. 노예 음식이 어찌 맛이 있으며 풍성할 수가 있었겠습니까? 감사를 잃어버리자 과거와 현재를 왜곡 과장되게

해석하고 원망하는 것입니다. 이처럼 오늘날 성도들도 원망하게 되는 것은 예수님을 주신 하나님의 무한한 사랑을 받았음에도 불구하고 감사치 못하는데서 비롯됩니다. 감사치 못하는 탐욕이 원망을 가져옵니다. 사랑하는 성도님! 받은 은혜를 감사하는 마음으로 원망하고 있는 상황들을 재해석해 보십시오.

지나친 부담을 버리고 하나님을 의지해야 합니다. 원망하는 백성들을 보고 모세는 지도자로서 지나친 책임감 때문에 자신도 하나님을 원망하면서 차라리 자기를 죽여 달라고 합니다. 그렇지 않아도 몇 번씩 사양하다가 맡은 지도자의 직분인데 시작 단계에서 벌써 이런 일을 만나니 완전히 자신감을 상실했습니다. 출발부터 이렇게 곤고한 일을 만난다면 이 백성들을 이끌고 어떻게 계속 가나안 행군을 할 수 있을 것인가 생각하며 차라리 죽는 것이 낫겠다고 말하는 것입니다. 지도자로서의 그의 중압감이 이해가 가지만, 그의 태도는 아주 잘못 되었습니다. 하나님을 의지하지 않고 자기가 다 책임져야겠다는 교만한 생각 때문에 원망이 생긴 것입니다.

출애굽을 시킨 분이 하나님이시며, 가나안 땅을 약속하신 분도 하나님이십니다. 모세 자신은 단지 앞장서는 선두 주자일 뿐, 이스라엘을 친히 이끄시고 인도하는 책임자는 바로 하나님이신 것입니다. 이런 믿음을 갖고 문제가 생길 때마다 먼저 기도로써 하나님의 도움을 청하는 것이 지도자의 마땅한 자세입니다. 당신도 하나님의 일을 하는 리더의 위치에 있다면, 지나친 부담을 버리고 겸손히 하나님을 의지하시기 바랍니다.

– 「일용한 양식」, 기독대학인회(ESF), 2005. 1. 18.

살며 생각하며 : 세상에 이런 일이

명절 귀성객 차량이 쏟아져 나와 도로를 가득 메워 이루 말할 수 없는 혼잡한 상황이었을 때의 일입니다. 고향으로 향하던 부부는 밀리는 시간을 피하여 자정이 넘은 시각에 도로를 달리고 있었습니다. 두 시간쯤 어둠속을 달린 그들은 잠시 눈을 붙이려고 길 한 쪽 옆에 차를 세워 두고 잠을 청했습니다. 그리고는 이내 잠이 들었습니다. 그런데 아뿔싸! 차 문을 모두 닫아서 시간이 흐를수록 차 안의 산소가 부족하게 되었던 것입니다. 그래서 그들은 잠결에 질식되어 정신을 잃고 말았습니다.

이튿날 아침, 다행히도 그들은 순찰을 나온 교통 경찰관에게 발견되었습니다. 당황한 경찰관은 차 문을 부수고 이들을 구해 급히 병원으로 옮겼습니다. 운 좋게도 죽음의 문턱에 다가갔던 부부는 한 경찰관의 도움으로 목숨을 건질 수 있었습니다. 그런데 며칠 후 아주 기막힌 일이 연출되고 있었습니다. 구사일생으로 살아난 부부는 경찰을 상대로 손해 배상을 청구했습니다. 자동차의 문을 부수고 유리를 깬 것에 대하여, 목숨을 살려 준 것만도 더

할 나위 없이 고마운 일인데, 세상에 이런 일이...

하나님께서 내려주시는 만나는 싫고, 더 좋은 음식을 달라며 불평을 하는 이스라엘 백성들의 모습에서 우리는 큰 교훈을 얻습니다. 하나님의 은혜에 감사해 하지는 않고, 자신의 큰 고통과 부족함을 오히려 하나님 탓으로 돌리며 원망하는 이스라엘 백성들, 혹 지금 이 시대를 살아가고 있는 우리가 그 모습을 하고 있지는 않은가?

– 「그랜드 종합주석」 3권, '예화'란에서, 성서교재간행사, p161

정리하며 확신하며 : 모세의 생애를 통한 교훈

	모세의 생애를 통한 교훈	참고 성경 구절
1	믿음으로 장성함	히 11:24
2	바로의 공주의 아들이라 칭함을 거절함	히 11:24
3	불의를 보고 분노함	출 2:11, 12
4	온유함	민 12:3
5	하나님의 온 집에서 종으로 충성함	민 12:7, 히 3:5
6	하나님의 백성과 고난 받기를 죄악의 낙을 누리는 것보다 좋게 여김	히 11:25
7	그리스도를 위하여 받는 능욕을 애굽의 보화보다 큰 재물로 여김	히 11:26
8	눈에 보이는 애굽 임금보다 보이지 않는 하나님을 더 두려워 함	히 11:27
9	기도로 모든 문제를 해결함	민 14:13-25

– 「그랜드 종합주석」 3권, 성서교재 간행사, p163

Day : 8주(화)

찬송 : (새) 447장, 448장

08

민수기 13:1-14:45 정탐꾼 파견

- 민 13장 : 정탐꾼의 엇갈리는 보고
- 민 14장 : 치명적인 결과 : 방황
- 시편 90:1-17

하나님은 가데스 바네아에서 이스라엘 백성들에게 가나안으로 들어가라고 명령하셨습니다. 그러나 이스라엘 백성들은 정탐꾼을 보내서 먼저 그 땅을 정탐하자고 제안했습니다. 모세는 그 제안(신 1:19-46 참조)을 하나님께 보고했으며, 하나님은 그대로 하도록 허락하셨습니다. 모세는 하나님의 지시대로 각 지파에서 한 명씩 대표를 뽑아서 가나안 정탐 대를 만들었습니다. 그들의 임무는 가나안 땅의 수비 상태와, 그 땅의 상태, 그 땅에서 나는 소산물 등을 조사하는 일이었습니다. 그 12명의 정탐위원회는 40일 후에 각각 맡겨진 정보를 입수해서 돌아왔습니다. 그런데 그들 중에서 절대 다수인 10명은 가나안 땅에 대해 매우 부정적인 보고를 했습니다. 그리고 2명만이(여호수아, 갈렙) 그 땅에 대해 긍정적인 보고를 했습니다. 이 보고를 들은 백성들은 크게 낙심하여 모세를 돌로 치고, 애굽으로 돌아가자고 위협했습니다. 이 일은 하나님을 진노케 만들었으며, 이로 인해 이스라엘 백성들은 가나안에 들어가지 못하고 말았습니다. 믿음 없는 이스라엘 백성들은 그 후 40년 동안 광야에서 방황을 해야만 했습니다.

읽으며 묵상하며 : 그들은 우리 밥이라 (민 14:1-10)

여호와께서 우리를 기뻐하시면 우리를 그 땅으로 인도하여 들이시고 그 땅을 우리에게 주시리라 이는 과연 젖과 꿀이 흐르는 땅이니라 오직 여호와를 거역하지는 말라 또 그 땅 백성을 두려워하지 말라 그들은 우리의 먹이라 그들의 보호자는 그들에게서 떠났고 여호와는 우리와 함께 하시느니라 그들을 두려워하지 말라 하나 민 14:8, 9

애굽으로 돌아가고자 하는 백성들 앞에서 그들은 우리 밥이라고 외치는 여호수아와 갈렙의 모습은 믿음이 어떠한 용기를 가져다주는지 확실히 보여주고 있습니다. 그들의 믿음과 용기를 묵상하고 배워봅시다.

정탐꾼들의 절망적인 보고를 들은 이스라엘 백성들의 낙심은 이만 저만이 아니었습니다. 밤새도록 소리를 높여 울며 부르짖고는 아침이 되자 새 지도자를 세워 애굽으로 다시 돌아가고자 합니다. 그들의 불신앙은 용기와 감사를 송두리째 빼앗아 갔고, 그들을 원망과 절망의 노예로 전락시키고 말았습니다. 그들은 보이는 모세와 아론을 원망하고 나아가 하나님을 원망합니다. 그들의 원망은 출애굽의 그 모든 은혜를 망각하고 부인하는 완악한 마음이었습니다. 여기에서 백성들의 낙담과 원망은 바알스본에서(출 14장), 신 광야에서(출 16장) 그리고 르비딤에서(출 17장)의 태도와 맥을 같이합니다. 매번 어떤 도전이 올 때, 그들은 그 도전에 책임 있게 맞서기 보다는 회피하려합니다. 고통을 기꺼이 당하기보다는 차라리 오래 전에 죽었기를 바라고 있습니다. 하나님께서 우리에게 자유를 주셨는데, 그 자유에는 책임이 따릅니다. 그러므로 우리는 인생의 여러 도전들을 책임있게 감당해 나가는 자세가 있어야합니다. 조그만 어려움에도 쉽게 불평하고 원망하는 것은 하나님께 완악한 마음을 갖는 것이며, 자기 인생에 책임을 지지 않으려는 비겁한 태도임을 알고 회개해야합니다.

그러나 여호수아와 갈렙은 달랐습니다. 비록 그들이 강하지만 하나님이 함께 하시면 이길 수 있다고 믿었습니다. 그래서 분연히 일어나서 그들을 두려워 말라고 합니다. 그들은 우리 밥이라고 합니다. 돌을 들어 치려는 백성들 앞에서도 용기를 잃지 않았습니다. 지도자는 어려울 때 용기를 내는 사람입니다. 모두가 울 때 그들은 우리 밥이라고 외칠 수 있는 사람입니다. 이런 용기와 도전을 위해서는 믿음이 필요합니다. 여호수아와 갈렙은 백성들이 보지 못한 하나님의 임재와 능력을 영적으로 보았기 때문에 이러한 믿음을 가질 수 있었습니다. 그 믿음이 용기와 지도력을 가져왔습니다. 적들의 "보호자"는 "그들에게서 떠났다"고 백성을 설득합니다. 여기서 보호자는 직역하면 그림자인데, 말하자면 강렬한 태양과 같으신 하나님이 이스라엘의 보호자가 되셨으므로, 태양 앞에 그림자가 사라지듯 인간적이든 신적이든 적들의 보호는 사라졌다는 것입니다. 그러므로 적들은 떡먹듯이 쉽게 정복된다는 것입니다. 결국 이스라엘의 가나안 정복은 이 두 사람의 믿음에 의해 이루어졌습니다. 하나님께서 지금 나에게 원하시는 믿음의 용기가 무엇입니까?

– 「일용할 양식」, 기독대학인회(ESF), 2005. 1. 23.

살며 생각하며 : 진정으로 두려워 할 것은?

영국 웨스트민스터 대 사원에는 역대 국왕과 위대한 인물들이 안장되어 있는데, 그 중 로렌스 경의 기념비에는 이런 글이 새겨져 있어 이곳을 찾는 이들로 하여금 정신적으로 큰 힘을 얻게 합니다.

"이 사람은 하나님을 아주 두려워하며 살았기 때문에 어떤 류의 사람도 거의 두려워하지 않았다."

또한 요한 빅커스토스(John L. Bickerstoth)라는 사람이 죽은 후, 그의 책상 서랍 속에서는 이런 기도문이 발견되었습니다.

"오! 주님, 오지 주님만을 두려워하고 다른 아무 것도 두려워하지 않는 용기를 허락해 주옵소서!"

다른 것을 두려워 할 것이 아니라, 바로 하나님만을 두려워한 것이 이들의 성공 비결이었습니다.

우리의 삶을 돌아봅시다.

우리는 과연 무엇을 존경하고 두려워하며 살았는가? 재력을 가진 사람? 권력을 가진 사람? 그러나 알고 보면 재력이나 권력은 한낱 사라지고 말 헛된 것에 불과할 뿐입니다.

우리는 이미 알고 있지 않습니까? 이 세상의 모든 것을 주관하시고 다스리시는 하나님만이 우리의 존경과 두려움의 대상이라는 것을…

–「그랜드 종합주석」 3권, 성서교재간행사, p199

정리하며 확신하며 : 여호수아와 갈렙의 신앙을 통한 교훈

	여호수아와 갈렙의 신앙을 통한 교훈	참고 성경 구절
1	하나님의 약속에 근거한 긍정적 사고방식	민 14:7, 8
2	승리의 확신에 찬 강한 믿음	민 13:30
3	하나님의 뜻을 거역하지 않으려는 순종의 자세	민 14:9, 신 1:36
4	약속의 말씀에 대한 굳은 믿음	민 14:7, 8
5	하나님의 보호하심에 대한 굳은 믿음	민 14:9
6	하나님의 함께 하심에 대한 굳은 믿음	민 14:9
7	하나님의 인도하심에 대한 굳은 믿음	민 14:8
8	대적을 두려워하지 않는 용기	민 14:9
9	하나님을 온전히 따르려는 신중함	민 14:24

–「그랜드 종합주석」 3권, 성서교재간행사, p189

Day : 8주(수)

찬송 : (새)274장, 332

08

민수기 15:1-20:29 광야에서의 죽음

- 민 15-16장 율법과 고라당
- 민 17-18장 제사장
- 민 19-20장 정결의식

가나안에 들어가지 못하게 된 이스라엘 백성들은 광야에서 방랑 생활을 하면서 죽음과 소망을 동시에 기다렸습니다. 그들은 가데스 바네아에서 하나님의 명령을 거역한 일로 인해 광야에서 죽기만을 기다리는 신세가 되고 말았습니다. 그러나 다음 세대들에게는 아직 소망이 남아 있었습니다. 그들은 이전 세대가 세상을 떠난 후에 다시 가나안으로 진격할 수 있었습니다. 이스라엘 백성들은 광야에서 방랑하는 동안에 하나님께서 세우신 모세의 권위에 도전했습니다. 하나님은 각 지파대로 지팡이를 가져오라고 말씀하신 후에, 아론의 지팡이에서 싹이 나고 열매를 맺게 하셨습니다. 하나님은 이러한 방법으로 모세와 아론의 권위를 지켜주셨습니다. 또 하나님은 백성들을 대신해서 하나님께 제사를 드릴 제사장과 레위인들을 세워주셨습니다. 하나님은 이스라엘 백성들을 위해서 붉은 암 송아지의 피를 흘리게 하셨습니다. 이 송아지는 인류를 위해 희생된 그리스도를 상징합니다.

읽으며 묵상하며 : 므리바 사건(민 20:1-13)

모세와 아론이 회중을 그 반석 앞에 모으고 모세가 그들에게 이르되 반역한 너희여 들으라 우리가 너희를 위하여 이 반석에서 물을 내랴 하고 모세가 그의 손을 들어 그의 지팡이로 반석을 두 번 치니 물이 많이 솟아나오므로 회중과 그들의 짐승이 마시니라

민 20:10, 11

이스라엘 자손이 여호와와 다투었으므로 이를 므리바 물이라 하니라 여호와께서 그들 중에서 그 거룩함을 나타내셨더라 민 20:13

이제 출애굽 2세대들이 장성하여 가나안으로 향하고 있습니다. 이들은 부모세대들이 광야에서 죽어야 했던 사실을 까마득히 잊어버리고 물이 없음을 원망하고 불평을 하고 있습니다. 그들은 눈앞에 드러난 하나님의 영광을 보고도 현실적인 어려움에 직면할 때 곧 바로 하나님을 원망하고 있습니다. 그러나 모세와 아론은 즉시 불평하고 원망하는 그들 앞을 떠나 하나님 앞에 엎드립니다. 오직 문제의 해결은 하나님 밖에 없음을 잘 알고 있었습니다. 하나님께서 엎드린 그들에게 해결방법을 말씀하셨습니다.

나는 어떤 문제로 인해 고통 가운데 있습니까? 원망보다 문제해결이 하나님께 있다는 것을 깨닫고 하나님 앞에 엎드리시기 바랍니다.

말씀보다 혈기가 앞설 때 범죄합니다(10-13절). 이제 모세와 아론이 문제해결 방법을 하나님으로부터 받았습니다. 하지만 모세는 분노로 인해 하나님의 능력을 드러내기 보다는 마치 자신이 물을 내는 것처럼 교만함을 들어냈습니다. 반석을 향해 명령하라는 말씀에 오히려 모세는 지팡이로 반석을 두 번 쳤습니다. 반석에서 물을 내는 분은 하나님이시지 모세와 아론이 아닙니다. 그리고 하나님의 말씀이 능력이 있지 모세가 든 지팡이가 능력이 있는 것이 아닙니다. 이로 인해 모세와 아론은 꿈에도 그리던 가나안 땅에 들어가지 못하게 되었습니다. 지금 나에게 주어진 모든 환경이나 여건이 하나님의 은혜임을 알고 있습니까? 그렇다면 하나님의 영광과 은혜를 누릴 수 있는 것은 겸손과 순종임을 늘 기억합시다.

–「날마다 주님과 함께」, 학생신앙운동(SFC), 2003. 02. 25.

살며 생각하며 : 처칠의 대답(민 20:2–5, 롬 9:19–29)

우리에게 유능한 정치가로 알려져 있는 영국 수상 윈스턴 처칠은 그림 그리기에 뛰어난 솜씨를 가지고 있었습니다. 그래서 세계적인 화가 피카소는 그의 그림을 보고, "그림 그리는 일을 직업으로 삼아도 수입이 아주 많을 것 같다"고 호평하였습니다. 그런데 처칠은 유독 풍경화만 고집하여 그것만을 그렸습니다. 이에 대해 그의 친구가 물었습니다.

"자네는 왜 늘 풍경화만 그리나?"

"왜 궁금한가?"

"그럼, 궁금하고말고. 인물화를 그려도 이에 못지않게 잘 그릴 것 같은데 왜 이것만 그리지? 인물화에 손을 대지 않는 무슨 특별한 이유라도 있나?"

그러자 처칠은 다음과 같이 대답했습니다.

"나무는 내가 어떻게 그리든지 자기를 그린 것에 대해 절대 불평하는 법이 없지, 그러나 사람들은 안 그래. 사람들은 불평을 늘 입에 달고 다니거든"

이스라엘 백성은 자신들의 처지를 한탄하며 모세와 아론을 공박하고 여호와 하나님을 원망하였습니다. 광야의 생활에서도 끊임없이 계속되는 하나님의 보호에 감사하지 않고 , 또 가나안 복지를 향한 소망을 무시한 채 불평과 불만을 토로하는 이스라엘 백성들, 혹 이와 같은 불평불만의 주범이 비로 우리가 아닌지...

–「그랜드 종합주석」 3권, 예화, 성서교재간행사, p267

Day : 8주(목)

찬송 : (새)419장, 478장

08

민수기 21:1-25:18 놋 뱀과 경솔한 예언자

- 민 21장 승리
- 민 22-24장 발람의 예언
- 민 25장 백성의 재난

마침내 하나님께 범죄 한 이전 세대들이 모두 죽고 말았습니다. 이제 이스라엘 백성들은 다시 가나안을 향해 진격할 수 있게 되었습니다. 그러나 그들이 가는 길에는 중요한 대적들, 즉 가나안, 아모리, 바산의 대적들이 막고 있었습니다. 그러나 하나님은 그 모든 대적들을 물리칠 수 있게 해주셨습니다.
그러나 그들은 승리 후에 불평하다가 하나님의 징계로 인해 불 뱀에 물려 큰 고통을 겪게 되었습니다. 그때에 모세는 그들을 위해 중보기도를 했습니다. 하나님은 모세에게 놋 뱀을 만들고 그것을 바라보는 자는 낫게 될 것이라고 말씀하셨습니다. 그 말씀대로 놋 뱀을 바라본 사람들은 모두 나음을 얻었습니다.
발락 왕은 이스라엘의 승리가 이스라엘의 신 때문이라는 정보를 입수하고, 종교적인 힘을 이용하려고 발람 선지자를 데려왔습니다. 그러나 하나님의 개입으로 인해 발람은 이스라엘을 축복하고 말았습니다. 그러나 제물에 눈먼 발람은 발락 왕에게 이스라엘을 해칠 방책을 알려주었습니다. 발람의 꾀에 말려든 이스라엘 남자들은 우상숭배와 간음에 빠져 하루에 24,000명이 죽는 대재난을 겪게 되었습니다.

읽으며 묵상하며 : 발람의 예언(민 23:13-26)

어찌 그 말씀하신 바를 행하지 않으시며 하신 말씀을 실행하지 않으시랴 민 23:19

발람으로부터 이스라엘에 대한 저주를 기대했다가 오히려 축복의 말을 들은 발락은 발람을 다른 곳으로 이끌고 갑니다. 그는 발람이 이스라엘의 위세에 눌려 그런 말을 한 것이라 생각하고 이스라엘의 후미 쪽으로 발람을 데리고 간 것입니다. 이에 발람은 별다른 저항 없이 발락이 이끄는 대로 따라가서 그를 위한 사술(邪術)을 베풀기 위해 제사를 드립니다. 발람은 그의 이러한 행위를 통해 여호와를 만날 수 있는 것처럼 착각하고 있지만 두 번째도 역시 하나님이 그를 주관하고 계심을 알 수 있습니다. 그는 자신의 사술로 발락의 비위를 맞추려고 하지만 하나님은 그의 입에 말씀을 주사 발람이나 발락이 아닌 하나님이 원하는 말만을 하게 하십니다. 하나님의 강권적인 역사는 그 어떤 궤계나 사술로도 결코 막을 수 없습니다.

발람의 입을 통해 전해진 두 번째 예언의 내용은 크게 세 가지로 볼 수 있습니다. 첫째는 하나님은 자기가 한 약속을 반드시 지키신다는 것입니다. "식언치 않으시고"란 말은 '언약한 말대로 반드시 이루신다', '절대로 거짓된 말을 하시지 않는다'라는 의미입니다. 특히 변치 않는 하나님과 쉽게 변하는 사람을 대비시킴으로써 이 뜻을 더욱 분명히 밝히고 있습니다. 둘째는 하나님은 자기 백성을 보호하신다는 것입니다. 비록 이스라엘에 허물이 있고 패역함이 있다고 해도 하나님은 그의 백성과 함께 거하십니다. "왕을 부르는 소리가 그 중에 있도다"라는 말은 이스라엘 백성들이 하나님 한 분만을 섬기며 칭송하는 모습을 나타내고 있습니다. 셋째는 하나님은 그의 백성이 원수를 무찌르는 데 필요한 힘을 주신다는 것입니다. "암사자같이 일어나고, 수사자같이 일어나서 움킨 것을 먹으며"라는 표현은 승승장구(乘勝長驅)하며 적을 무찌르는 모습을 추측해 볼 수 있습니다. 이러한 하나님의 말씀을 들은 발락은 좌절하면서 저주도 말고 축복도 하지 말고 차라리 침묵할 것을 발람에게 요구했습니다. 하지만 그의 이러한 말은 하나님께 대한 항복이 아니라 자신의 기대가 좌절된 것에 대한 분노의 표출일 뿐입니다. 하나님을 대적하는 자들에게 돌아오는 것은 형통이 아니라 좌절이며, 기쁨이 아니라 슬픔뿐 입니다.

– 「날마다 주님과 함께」, 학생신앙운동(SFC), 2003. 3. 5.

살며 생각하며 : 약속의 열쇠

존 번연의 소설 「천로역정」에 나오는 그리스도인은 하나님의 길을 떠나 쉽고 편안해 보이는 길을 따라갔습니다. 하지만 그 길은 의심과 암혹 같은 절망의 세계로 통하는 길이었습니다. 결국 그리스도인은 의심과 절망의 성에 사로잡혀 지하 감옥에 감금되었고 끝내는 자살을 생각하게 되었습니다.

"나는 아무 쓸모없는 존재구나, 나에겐 온통 실패와 좌절뿐이야, 차라리 죽는 게 낫겠어." 바로 그때, 그는 동료 그리스도인을 만나게 되는데, 주인공은 동료로부터 과거에 승리했던 기억들을 다시 상기하도록 도움을 받았습니다. 마침 그날은 토요일이었는데, 그는 주일 새벽녘까지 계속 기도를 드렸습니다.

동틀 무렵, 그는 이런 생각을 갖게 되었습니다. "자유로워야 할 내가 이런 의심과 절망의 성 속에 갇혀 있다니…. 그래, 나는 이 성안의 어떤 자물쇠도 열 수 있는 '약속'이라는 만능열쇠를 지니고 있다. 주저 말고 가슴속에서 그 열쇠를 꺼내어 한 번 사용해 보자!"

그러자 그 순간 그를 옭아맸던 의심과 절망의 성문은 활짝 열렸습니다.

하나님은 우리에게 '식언치 않으시고 말씀하신 바를 행하시리라'는 약속을 하셨습니다. 그 약속의 열쇠로 열지 못할 어떤 자물쇠도 없다는 사실을 알고 있습니까?

– 「그랜드 종합주석」 예화, 성서교재간행사, p306

Day : 8주(금)

찬송 : (새)595장, 372장

08

민수기 26:1–29:40 두 번째 연구조사

- 민 26장 인구조사
- 민 27장 새로운 후계자
- 민 28–29장 예배규례

이제 이스라엘 백성들은 가나안 땅이 눈에 보이는 모압에 이르게 되었습니다. 이스라엘은 가나안 정복과 정복할 땅의 분배를 위해서 두 번째 인구조사를 했습니다. 모세는 그가 했던 실수로 인해 가나안 땅에 들어갈 수 없었습니다. 그러므로 그는 자기 뒤를 이어 가나안 정복을 인도할 후계자를 임명해야 했습니다. 하나님은 모세의 후계자로 여호수아를 선택하셨습니다. 그는 이미 오랜 전부터 모세의 후계자로 훈련을 받아왔었습니다. 그는 가데스 바네아에서 가나안 땅을 정탐한 후에 긍정적인 보고를 했습니다. 그러므로 그는 갈렙과 같이 죽지 않고 약속의 땅 가나안에 들어갈 수가 있었습니다. 이제 이스라엘은 하나님께서 세워주신 새로운 지도자의 인도를 받아 약속의 땅을 정복할 때가 되었습니다.

읽으며 묵상하며 : 모세를 보라 (민 27:12–23)

모세가 여호와께서 자기에게 명령하신 대로 하여 여호수아를 데려다가 제사장 엘르아살과 온 회중 앞에 세우고 그에게 안수하여 위탁하되 여호와께서 모세에게 명령하신 대로 하였더라 민 27:22, 23

만약 본문을 한자 한자 묵상하며 읽어 본다면 적어도 우리는 한 인간으로서의 모세를 무척 좋아하게 될 것입니다. 그는 지금 하나님의 책망을 들으며 죽음을 예언 받고 있습니다. 천신만고 끝에 이스라엘 백성을 애굽으로부터 끌고 나와 이제 겨우 가나안을 목전에 두고 있으나 하나님께서는 그에게 '너는 가나안 땅을 밟아 보지도 못하고 네 조상들이 있는 곳으로 돌아가게 될 것이다'라고 말씀하십니다.

단 한 번의 실수, 그것도 패역한 백성들 앞에서 분을 내다 저지른 실수 때문에 이토록 뼈아픈 벌을 받아야 한다는 말인가? 그러나 모세는 조금도 불평하지 않습니다. 오히려 자신이 떠난 후 목자 없는 양같이 방황하게 될 이스라엘 백성을 걱정하는 모습을 보십시오!

어디 그 뿐인가요? 그런 자기 대신 이스라엘 백성을 이끌고 가나안 땅으로 들어갈 젊은 후계자 앞에서 질투하지도 않습니다. 더불어 자기가 쌓은 공적이나 희생에 대해서는 아무 말도 없습니다. 어쩌면 에덴동산에서 하나님과 함께 거닐던 죄 짓기 전의 아담의 심정이 바로 그와 같았을 것입니다.

하지만 오늘날 모습은 어떠한가요? 당연히 해야 할 일을 하고서도 힘껏 뻐기지 않는가? 반면 할 일을 하지 않고서도 부끄러워 할 줄도 모르지 않는가요?

모세는 겸손한 사람이었습니다. 또 자신의 부족한 것을 숨기지 않고, 잘못을 시인하며, 하나님께 따지지 않는 신앙의 사람이기도 했습니다.

그런 그가 하나님 보시기에 얼마나 사랑스러운 인간이었을까?

모세를 생각해 보십시오. 그리고 스스로 자신의 봉사가 충분하다고 여기며 하나님께 감히 무엇을 요구하곤 했던 우리의 부끄러운 과거를 이제 청산하여야 하지 않겠습니까?

– 「호크마 종합주석」 4권 QT, 기독지혜사, p502

살며 생각하며 : 다시 세워진 페스탈로치의 동상

18세기 말부터 19세기 초까지 살았던 스위스의 위대한 교육자 페스탈로치(Pestalozzi)의 이름을 모르는 사람은 없을 것입니다, 그는 어린이들을 하나님의 사랑으로 보살피며 그들의 잠재능력을 키워 줌으로써 스스로 생각하고 깨달을 수 있도록 교육한 사랑의 교육자입니다

그래서 그는 특히 어린이들로부터 가장 존경받고 사랑받는 위인들 중 한 사람이기도 합니다. 하지만 우리가 페스탈로치를 평가할 때에 간과해서 안 될 또 한 가지 사실은 그가 철저하게 하나님 중심적 인물이었다는 점입니다. 페스탈로치가 죽었을 때에 몇몇 사람들은 그의 자비롭고 헌신적인 삶을 기념하기 위해 동상을 세워 줘야 한다고 주장 했습니다. 그것은 스위스 국민 모두의 일반적 의견이기도 했습니다. 그래서 어느 유명한 조각가가 페스탈로치의 동상 제작에 들어갔는데, 그는 모든 사람들이 동상을 바라볼 때에 존경과 경탄의 눈으로 바라볼 수 있도록 페스탈로치 생전의 모습을 그대로 재현시키고자 노력 했습니다

마침내 심혈을 기울인 동상이 완성되고, 많은 사람들이 동상 제막식에 참석 했습니다. 사람들은 동상을 덮고 있던 흰 보가 치워지자 조각가 의지했던 대로 감탄사를 연발 했습니다. 그것은 페스탈로치가 무릎을 꿇은 자세로 그의 얼굴을 응시하고 있는 한 어린아이를 내다보는 동상이었습니다.

하지만 그 동상이 매우 훌륭하게 제작된 예술 작품이었음에도 불구하고 평소 페스탈로치와 친분 관계에 있었던 몇몇 사람들은 고개를 설레설레 흔들었습니다. 그들은 그 위대한 교육자의 동상을 보는 순간, 조각가가 페스탈로치의 숭고한 정신을 표현하는 데는 실패했음을 느꼈습니다.

페스탈로치의 교육 이상은 우리로 하여금 자신을 경탄의 눈으로 바라보게 하는데 있지 않았던 것입니다. 이를 잘 알고 있었던 그의 친구들은 이렇게 말했습니다.

"그는 언제나 어린이들의 눈이 아직 도달하지 못한 또 높은 목표와 하나님께로 향하기를 원했습니다.

그래서 페스탈로치의 동상엔 수정이 가해지게 되었습니다. 두 번째 동상 제막식에서 사람들은 무릎 꿇은 아이가 페스탈로치의 얼굴이 아닌, 그가 손짓하는 하늘 저 너머를 응시하고 있는 새로운 동상을 보았습니다. 그 동상은 마치 '모든 성공의 원인을 하나님께 돌리며 모든 사람들의 시선을 그분께로 향하게 하는 사람들만이 진정한 하나님의 백성이다'라고 말한 것 같았습니다. (Walter B. Knigh)

– 「호크마 종합주석」 4권 예화, 기독지혜사, p501

정리하며 확신하며 : 성령 충만했던 대표적 인물과 그 특징

대표적 인물과 그 특징			참고 성경 구절
	인 물	특 징	
1	모세	하나님과 대면하여 말함	민 11:17, 12:8
2	여호수아	권위를 얻게 되어 백성들이 순종함	민 27:18, 신 34:9
3	세례 요한	많은 사람을 하나님께로 돌이킴	눅 1:15, 16
4	마리아	그리스도를 잉태함	눅 1:35
5	사가랴	예언함	눅 1:67
6	마가 다락방의 120문도	각각 다른 방언을 말함	행 2:4
7	베드로	로마 관원들에게 그리스도를 증거함	행 4:8-12
8	스데반	큰 기사와 표적을 행하고 순교함	행 6:8, 7:55
9	바울	이방인의 사도가 됨	행 9:17, 13:9
10	그리스도	인류의 구속 역사를 담당하심	마 3:16

– 「그랜드종합 성경주석」 3권, 성서교재간행사, p343

Day : 8주(토)

찬송 : (새)333장, 381장/ (새)342장, 395장

08

■ 이번 주 읽은 성경 요약 및 못 읽은 부분 읽고, 한 주간 생활 묵상하며 가정 예배드리기
■ **주제 : 성서적 가정 생활의 회복**(마 19:1-12)

읽으며 묵상하며 : 결혼과 이혼 대한 교훈(마 19:1-12)

이혼을 비롯한 여러 가지 이유로 가정이 붕괴되고 있는 위기의 시대입니다. 붕괴되어져 가는 가정을 지켜야 합니다. 예수께서는 이혼과 독신에 대한 질문에 답변을 하시면서 결혼의 윤리를 가르치셨습니다. 주님이 가르치신 결혼의 윤리는 무엇입니까?

이혼하지 말라는 것입니다.

이혼에 대한 바리새인들의 공격적인 질문을 받으신 예수님은 창조의 원리에 근거하여 결혼 윤리를 가르치셨습니다. 결혼은 남자와 여자를 만드신 창조주 하나님께서 제정하신 것으로서 사람이 부모를 떠나서 아내와 합하여 한 몸을 이루는 것이며 하나님께서 짝지어 주신 것을 사람이 나누지 못한다고 하셨습니다. 창조의 원리에 근거해 볼 때 이혼은 안 된다는 것입니다. 이혼은 창조의 질서에 위반되는 것입니다. 그렇지만 성적인 부정의 경우에는 모세의 가르침과 같이 예외를 인정하셨습니다. 오늘날 결혼 윤리의 붕괴는 엄청난 위기로 다가오고 있습니다. 신앙공동체가 이 문제를 제대로 대응하지 않는다면 재앙이 될 것입니다. 한국 부부의 이혼율이 47.4%(2003년 보건복지부)에 달하며 작년 한 해 동안 306,000쌍이 결혼했고 145,370쌍이 이혼했으며 하루 평균 840쌍이 결혼하고 398쌍이 이혼했습니다. 이혼의 직접적인 이유로는 성격차이가 44.7%, 가족 간의 불화 14.4%, 경제문제 13.6%, 배우자의 부정 8.6%, 정신적 육체적 학대 4.8% 순이었습니다. 과히 이혼의 홍수시대라 할 만합니다. 주님의 가르침에 순종하여 결혼 윤리를 회복함으로 위기를 극복해야 하겠습니다.

독신은 은사라는 것입니다.

이혼의 문제에 대한 예수님의 강력한 가르침에 제자들은 그렇다면 결혼하지 않고 독신으로 사는 것이 좋겠다고 하였습니다. 이에 예수님은 독신은 아무나 할 수 있는 것이 아니라 오직 타고난 자라야 할 수 있다고 하셨습니다. 물론 선천적인 이유로 결혼생활을 하지 못할 경우도 있지만, 즉 독신은 은사라는 것입니다. 그러나 하나님 나라를 위하여 결혼을 포기하고 독신으로 사는 것이 영적으로 우월한 삶이라고 성경은 가르치고 있지는 않습니다. 오히려 참을 수 없는 욕정으로 고통 중에 살기보다는 결혼하는 것이 낫다고 성경은 말씀합니다(고전 7:9). 요즘 결혼하지 않고 혼자 사는 사람들이 늘어나고 있습니다. 결혼을 하고 싶지만 여러 가지 사정으로 여의치 않을 경우 혹시 내가 독신의 은사를 받은 것이 아닌가라고 생각되기도 하지만 쉽게 판단할 수 있는 문제는 아니며 내가 아직 결혼하지 못한 것이 나의 편협한 결혼관 때문이 아닌가 하며 자신을 돌아보며 심사숙고해야 합니다. 오늘날 미혼자들 가운데 여러 가지 이유로 혼기를 놓친 경우도 있지만 시대적인 조류에 영향을 받아 육신의 안락을 위해 혼자이기를 고집하는 경우도 있습니다. 이것은 은사일 수 없습니다.

– 「일용할 양식」 말씀 묵상, 기독대학인회(ESF), 2004. 7. 19.

살며 생각하며 : 행복한 사람

에스키모인의 늑대 잡이는 특이합니다. 사냥꾼이 시퍼런 칼날에 붉은 피를 묻혀 꽁꽁 얼게 합니다. 늑대가 서식하는 곳으로 가서 칼날은 밖으로 나오게 한 채 땅바닥에 파묻습니다. 이내 피 냄새를 맡은 늑대들이 몰려와 칼날을 핥기 시작합니다. 먹잇감을 구하지 못해 허기진 늑대는 피 묻은 칼날을 점점 더 세게 핥게 됩니다.

알래스카의 툰드라 기후는 얼마나 혹독한지 늑대는 자기가 핥고 있는 것이 예리한 칼날이라는 사실을 전혀 눈치 채지 못합니다. 혓바닥조차 얼어붙어 감각이 없습니다. 미친 듯이 칼날을 핥고 또 핥던 늑대는 자기가 흘린 피를 빨고 있다는 사실도 모릅니다. 마침내 늑대는 자기 피를 먹다가 탈진 상태에 빠져 죽고 맙니다. 칼날에 묻은 약간의 피를 탐내다가 스스로의 목숨을 삼키고 마는 것입니다.

존재하는 만물은 그 나름대로 다 선합니다. 우리를 불행하게 만드는 것은 어떤 대상이 아니라 우리의 탐심입니다. 황금 그 자체는 좋은 것이지만 우리의 물욕이 문제입니다. 음식 그 자체는 좋은 것이지만 폭식이 문제입니다. 포도주 그 자체는 좋은 것이지만 폭음이 문제입니다. 이 세상에 다양한 선으로서 존재하는 대상들 그 자체가 아닌, 언제나 탐욕으로 일그러진 우리의 오도된 사랑이 문제인 것입니다. 더 좋은 선을 버리고 덜 좋은 선을 향해 굴러 떨어지는 사랑의 혼선과 도착이 잘못입니다.

오늘 우리의 영혼은 사랑의 방향을 바로잡아 더 선하고 아름다운 대상을 향해 상승운동을 하지 못하고, 덜 선하고 추한 대상을 따라 하강운동을 하다가 알래스카의 늑대처럼 탐욕을 빨며 서서히 죽어갈 수 있습니다.

인간은 자신이 원하는 것을 가질 때 행복합니다. 그러나 무조건 그런 것은 아닙니다. 불을 갖고 싶어 안달인 아기가 수중에 불을 넣을 때 도리어 불행합니다. 부와 명예와 인기와 권력을 일거에 보장해줄 수 있는 지위에 올랐다고 해도 그 자리가 자신의 인품이나 성격, 능력에 걸맞지 않을 때 불행합니다.

우리가 행복해지기 위해 갖고 싶은 대상들은 쉽게 잡히지 않습니다. 그 대상들의 오고 감을 맘대로 통제할 수도 없습니다. 간절히 원하는 것들을 얻지 못할 가능성이 높고, 피눈물 나는 고생을 해서 막상 얻었다고 할지라도 또 다시 쉽게 잃어버릴 위험성이 있습니다. 부나 명예나 인기나 권세나 연인이나 그 어떠한 대상들도 얻지 못할 실패의 염려와 얻은 후 상실의 두려움 없이 지속적으로 붙들 수 없습니다. 그러므로 우리가 진짜 행복해지려면 어떤 운이나 우연에 의해 왔다 갔다 하는 무상한 대상, 즉 좌절과 상실의 두려움을 주는 대상이 아닌 영원히 지속적인 대상을 붙잡아야 합니다. 오직 하나님 한 분만이 영원히 지속적입니다. 그러므로 하나님을 가진 사람은 행복합니다.

– 김홍규 목사(내리교회 담임목사) / 『김홍규 컬럼』, 2008. 08. 13.

돌아보며 다짐하며 : 당신 나 사랑해?

"당신, 나 사랑해?" 아내들의 물음입니다.
아내는 남편이 자기를 사랑하고 있는지 끊임없이 사랑을 확인하고 싶어합니다.

"당신 사랑해" "당신 최고야" "역시 당신밖에 없어" 이런 정감 있는 말 한마디가 때로는 아내를 감격케 하고 행복케 합니다. 모처럼 사들고 온 꽃 한 송이, 부드러운 말 한마디에 황홀할 정도의 행복을 느끼는가 하면 별것 아닌 말이나 행동에 상처받고 우울해 하기도 합니다. 아내는 거창한데서 행복감을 느끼기보다 사소한 일, 자상한 말 한 마디, 이해해주고 동감하며 인정해주는 남편의 부드러운 말 한마디에 때로는 더 감격하고 눈물 흘리기도 합니다. 남편들이여, 이제라도 아내에게 사랑을 표현하십시다. '사랑한다'는 말을 평생에 한 번도 못 들어보고 사는 불행한 여성들이 얼마나 많은가요. 내 가정이 말 한마디로 작은 천국이 된다면 못할 이유가 어디 있을까요?. "I Love You" 표현되는 사랑이 아름답다. "당신이 최고야!" "당신밖에 없어." "여보 사랑해."

– 두상달 장로(한국가정문화원 이사장)

오늘의 기도 : 아름다운 부부가 되게 하소서.

사랑의 하나님 아버지시여, 주님의 이름으로 한 몸 되게 하심을 진심으로 감사드리나이다. 아담과 하와를 짝지어 주시고 "뼈 중의 뼈요, 살 중의 살이라." 환호케 하시며, "보시기에 좋았더라." 흐뭇해 하셨던 주님을 기억하나이다.

주여! 주님의 놀라운 생명의 향기를 맡으며, 아름다운 부부가 되게 하소서. 우리의 모든 것을 주님께 위탁하며, 주님의 인도하심에 우리의 보조를 맞추게 하소서.
둘이 한 몸이 되는 신비한 은혜, 죽을 때까지 이 은혜 속에서 살기 원하나이다. 주님의 향기를 가정에 풍기며, 이웃에 풍기기 원하나이다.
항상 복음을 전하는 진정한 그리스도인이 되게 하셔서 서로 이해하며 용서하는 삶을 널리 펴나가게 하소서. 우리 부부 항상 사랑의 줄로서 매어지게 하소서.
우리의 영원한 신랑 예수님의 이름으로 기도드립니다. 아멘.

Day : 9주(월)

찬송 : (새)349장, 387장

09

민수기 30:1–32:42 정복을 위한 준비

- 30장 예배 의식
- 31장 전쟁
- 32장 두 지파의 결정

모세는 인생의 마지막 시기에 세 가지 중요한 일을 했습니다.
첫째로 그는 이스라엘 군대의 최고사령관 역할을 했고, 둘째로 그는 민족 내부의 일을 주관하는 행정관이었으며, 셋째로 그는 이스라엘 백성을 모압 평지로 인도하는 안내자 역할을 했습니다. 이스라엘 백성들은 전에 이스라엘을 속여서 우상을 섬기게 만들었던 미디안 족속을 죽였습니다. 그 후에 르우벤과 갓, 그리고 므낫세 반 지파가 모세를 찾아왔습니다. 그들은 요단 강 건너편에서 기업을 차지하지 않고, 이미 정복한 요단 동편에 정착할 수 있게 해달라고 요청했습니다. 모세는 그들의 건의가 요단강을 건너 전쟁을 해야 하는 다른 부족들에게 부정적 영향을 줄 수 있다는 것을 잘 알고 있었습니다. 그러므로 모세는 그들의 요구를 허락하는 대신에, 그들도 다른 지파들이 요단 서편에서 기업을 얻을 때까지 같이 가서 전쟁에 참여하라고 지시했습니다.

읽으며 묵상하며 : 오직 하나님의 은혜로만(민 31:25–54)

군대의 지휘관들 곧 천부장과 백부장들이 모세에게 나아와서 모세에게 말하되 당신의 종들이 이끈 군인을 계수한즉 우리 중 한 사람도 축나지 아니하였기로 우리 각 사람이 받은바 금 패물 곧 발목 고리, 손목 고리, 인장 반지, 귀 고리, 목걸이들을 여호와께 헌금으로 우리의 생명을 위하여 여호와 앞에 속죄하려고 가져왔나이다 민 31:48–50

전쟁에는 항상 전리품이 있기 마련입니다. 이 전리품은 대개 군인들의 몫이었습니다. 그런데 하나님은 이 전리품을 싸움에 나간 군인들 뿐 아니라 싸우지도 않은 백성들과도 함께 나누라고 하셨습니다. 이스라엘은 참으로 세상과는 다른 원리에 의해 움직여지는 나라였습니다. 직접 싸움에 참여한 자든 뒤에 남아 있든 자든 상관없이 모두 승리의 기쁨에 참여한 것입니다.

하나님의 일을 하는 데는 주연과 조연이 따로 없습니다(25-47절). 은사를 따라 봉사할 따름입니다. 교회는 다른 지체의 기쁨과 열매에 같이 기뻐하고 슬픔도 함께 나누는 참된 공동체입니다. 이런 겸손한 섬김과 나눔이 가능했던 이유는 바로 하나님을 향한 신앙 때문이었습니다. 군인들은 그 전리품의 1/50을, 백성들은 1/500을 하나님께 바쳐야 했는데 이는 이 전쟁의 승리가 하나님으로부터 왔다는 것을 고백하는 행위였습니다. 모든 것이 하나님의 은혜로 이루어진 일이라는 것을 고백하게 될 때 우리는 겸손하게 그 열매와 기쁨을 다른 지체들과 함께 나눌 수 있는 것입니다.

감사는 은혜에 대한 반응입니다(48-54절). 참으로 놀라운 것은 이 전쟁에서 이스라엘은 한 사람의 전사자가 나오지 않았다는 것입니다. 이 사실은 이 전쟁이 참으로 하나님께 속한 전쟁이었다는 것을 알게 해 줍니다. 그리고 이 점은 또한 출애굽 1세대가 여호수아와 갈렙을 제외하고는 한 사람도 가나안 땅에 들어가지 못하고 죽은 것과 비교됩니다. 하지만 하나님은 출애굽 2세대는 가나안 땅에 거하게 될 것이라고 약속하여 주셨습니다. 이제 이스라엘은 기적과 같은 한 명의 전사자도 생기지 않은 이 전쟁을 치르면서 하나님의 약속을 더욱 믿게 되었을 것입니다.

이런 기적과 같은 하나님의 은혜를 경험한 이들은 가만히 있지 않고 자발적으로 예물을 드렸습니다. 헌신은 은혜를 경험한 사람이 나타내는 당연한 반응입니다. 주님이 나에게 어떤 은혜를 주셨습니까?

– 「날마다 주님과 함께」, 학생신앙운동(GTM), 2003. 3. 22.

살며 생각하며 : 구조 받은 표류자들

2차 대전 당시 북해에서 고기잡이를 하던 스코틀랜드의 트롤선(저인망 어선) 한 척이 나치의 폭격기에 의해 침몰을 당했습니다. 때는 2월, 지독하게도 추운 겨울 날씨였습니다. 작은 구명보트 하나에 가까스로 올라탄 10명의 선원들은 누군가가 자신들을 발견하고 구해줄 것을 간절히 기대하며 노를 저었습니다. 그렇게 표류하기를 40시간, 아무도 그들의 보트를 발견하지 못했습니다. 선원들은 하나 둘 지쳐 쓰러져 노를 저을 수 없게 되었습니다. 비상식량도 거의 다 떨어져 갔습니다.

10시간이 더 지났습니다. 배고프고 지친 표류 자들에게 그것은 몇 갑절 더 길게 느껴지는 시간이었습니다. 그 때 먼 하늘에서 비행기 한 대가 나타났습니다. 친구인가, 적인가? 오, 표류 자들의 심정은 얼마나 크게 고동치고 있었는지! 선원들은 그것이 연합군의 정찰기라는 사실을 곧 알아차렸습니다. 하지만 저 비행기가 그들을 보아 줄까? 다행히도 순찰중인 비행사의 예리한 눈은 거대한 바다 한가운데서 이리저리 떠밀리고 있는 구명보트를 놓치지 않았습니다. 이때에 노 저을 힘도 다 빠져 버린 표류 자들은 보트 바닥에 누운 채 마음을 졸이며 비행사에게 손을 흔들 뿐 이었습니다.

비행기가 낮게 날았습니다. 표류자들은 비행사가 자신들을 발견했으며, 이제 곧 도움의 손길이 뻗쳐 올 것이라는 사실을 알았습니다.

비행사는 15마일 정도 밖에 두 척의 소해정(바다 속에 던져 둔 기뢰 따위의 위험한 물건을 찾아내는 임무를 맡은 해군 함정)이 떠 있는 것을 발견하고 불빛으로 따라오라는 신호를 했습니다.

잠시 후 탈진 상태에 있던 표류 자들은 비행기의 불빛을 보고 따라온 한 척의 소해정에 의해 모두 구조되었습니다. 한편 그 고마운 비행기는 트롤선의 선원들이 완전히 구조될 때까지 그 위를 빙빙 돌다 날아갔습니다. 하지만 2마일쯤 날아갔을까 비행사는 표류 자들을 구조해 준 소해정의 신호 램프가 자신에게 무언가 신호를 보내고 있다는 것을 알았습니다. 무슨 문제가 생겼는가? 비행사가 신호를 보내자 소해정의 신호 램프가 깜박이며 대답했습니다.

"아니다. 우리는 다만 고맙다는 말을 전하고 싶은 것뿐이다!"

이 이야기는 우리에게 한 가지 질문을 던져 줍니다. 그것은 '당신도 하나님께서 당신의 생명을 위해 하신 일에 대해서 감사해 본 적이 있는가?' 하는 것입니다

-「호크마 종합 주석」 구약 3권 예화, 기독지혜사, p562

정리하며 확신하며 : 욕심의 원인과 제거 방법

	내 용	참고 성경 구절
원인	타락한 마음의 결과	마 7:20-22
	사탄의 역사	엡 2:2, 3
	옛 사람의 습성	엡 4:22
	부하게 되려는 이유	딤전 6:9
	타인의 유혹	딤후 3:6
제거 방법	하나님의 경고를 기억하므로	민 15:39
	주 예수 그리스도를 옷 입음으로	롬 13:14
	성령님을 따라 행함으로	갈 5:16
	육체와 함께 욕심을 십자가에 못 박음으로	갈 5:24
	옛 사람을 벗어버리고 세 사람을 입음으로	엡 4:22-24
	정욕을 피함으로	딤후 2:22

-「그랜드 종합 성경주석」 3권, 성서교재간행사, p395

Day : 9주(화)

찬송 : (새)413장,470장

09

민수기 33:1-36:13 정복을 위한 지침

- 33장 여정의 요약
- 34장 경계선
- 35-36장 도피성, 상속법

민수기는 마지막 부분에서 각 지파별로 차지할 땅의 경계를 자세히 기록하고 있습니다. 그러고나서 민수기는 기업을 기다리는 아홉 지파와 반 지파에게 땅을 분배할 책임자를 지명함으로 끝을 맺고 있습니다. 레위인들은 성막의 일을 담당해야 했기 때문에 따로 기업을 분배받지 못했습니다. 대신에 그들은 기업을 얻은 다른 지파들이 제공한 48개의 성읍을 얻었습니다. 하나님은 살인할 의도 없이 사고로 살인한 경우에 그들이 피할 수 있도록 도피성을 마련해 주셨습니다. 이 도피성은 성도의 피난처가 되시는 예수 그리스도를 상징합니다. 하나님은 남자 상속자가 없는 가족의 기업을 보호하기 위해서 여인들이 같은 족속에게 결혼을 하라고 지시했습니다. 하나님은 이러한 방법으로 각 지파에게 주신 기업이 타 지파에게 넘어가지 않도록 해주셨습니다.

읽으며 묵상하며 : 이스라엘 백성의 여정들(민 33:1-49)

모세와 아론의 인도로 대오를 갖추어 애굽을 떠난 이스라엘 자손들의 노정은 이러하니라 모세가 여호와의 명령대로 그 노정을 따라 그들이 행진한 것을 기록하였으니 그들이 행진한 대로의 노정은 이러하니라 민 33:1, 2

하나님은 모세에게 이스라엘 백성들이 출애굽하여 지금까지 이르게 된 여정을 기록하라고 하셨습니다. 이렇게 기록하면서 또 기록한 것을 읽고 들으면서 모세와 이스라엘 백성들은 그들의 생애에 함께 해주신 하나님의 복을 다시 한 번 기억하며 살필 수 있었을 것입니다. 그렇다면 우리도 가끔씩 삶의 여정을 한 번 기록해 보는 것도 좋을 것입니다. 물론 그 내용은 다를 것입니다. 하지만 하나님이 나의 삶을 어떻게 인도해주셨는지 기록할 것이 분명 있을 것입니다. 이런 기록이 우리에게 많아지게 될 때, 이것이 신앙의 유산이 되어 우리의 후손들에게 전달될 수 있을 것입니다.

이스라엘 백성들은 하나님의 큰 권능으로 출애굽 하였습니다. 그리고 이스라엘 백성을 해방하시면서 애굽에 내린 여러 재앙들은 다름 아닌 이집트의 신들에 대한 하나님의 벌이었습니다. 하나님은 이처럼 당신이 유일하신 참 신이신 것을 시위하며 백성들을 권능 중에 이끌어 내셨습니다. 하나님은 나의 구원을 위해서도 큰 권능을 베푸셨습니다. 유일하신 참된 신이신 하나님이 나를 위해 이런 권능을 베푸셨다는 것은 우리의 자존감을 높여주기에 충분합니다. 이런 하나님과 함께 지낼 수 있게 된 것을 감사하며 살아야 하겠습니다.

이스라엘 백성들이 발행하며 진을 치는 기준은 구름기둥과 불기둥의 움직임이었습니다. 이스라엘 백성들은 불기둥과 구름기둥이 서면 진을 치고 움직이면 발행하는 일을 반복하며 광야 생활을 하였습니다. 이것이 백성들을 위한 하나님의 인도 방법이었습니다.

오늘 우리도 이와 같이 하나님의 인도를 잘 받으며 일어서고 앉아야 합니다. 하나님이 일어서라고 하시는데 앉아 있다든지, 앉아 있으라고 하는데 일어서는 경우가 간혹 있기 때문입니다. 이와 같이 우리가 앉고 일어서는 때를 잘 분별할 수 있도록 하나님은 우리에게 하나님의 말씀을 주셨습니다. 하나님의 말씀을 묵상하며 기도할 때 하나님은 우리에게 이런 분별의 지혜를 주실 것입니다

– 「날마다 주님과 함께」, 학생신앙운동(GTM), 2003. 3. 26.

생각하며 살며 : 이렇게 까지 인도하시다니

안개가 짙게 낀 어느 날 밤, 빅토리아 여왕을 태우고 달리던 급행열차는 갑작스레 '끽!'하는 소리를 내며 철로에 멈춰 섰습니다. 갑작스런 멈춤에 화들짝 놀란 승객들은 저마다 얼떨떨한 표정이었습니다.

잠시 후 기관사는 안내 방송을 통해 승객들에게 열차를 멈춘 이유를 설명했습니다.

"안개 낀 밤엔 특별히 조심스럽게 열차를 운행합니다. 그런데 갑자기 헤드라이트 불빛에 철로 중앙에 서서 손을 흔드는 사람이 비쳤습니다. 그래서 급부레이크를 밟았습니다. 잠깐 내려서 원인을 살피고 오겠습니다."

조수와 함께 내려 전방을 살피러 나간 기관사는 아연실색하지 않을 수 없었습니다. 바로 앞에 있어야 할 철교가 뚝 끊어져 버렸던 것입니다. 조금만 더 달렸어도…. 기관사는 안도의 한숨을 내쉬면서도 한편 의아한 심경이었습니다.

"휴, 기차를 새운 것이 천만 다행한 일이구나. 그렇다면 조금 전 손을 흔들어 열차를 멈추게 했던 존재는 무엇이었을까?"

다시 기차로 돌아와 기관의 여기저기를 점검하던 기관사는 해드 라이트 속에서 죽어 있는 나방 한 마리를 발견했습니다. 그는 '혹시…'하는 심정으로 그 죽은 나방을 유리에 붙이고 라이트를 켜보았습니다. 그러자 불빛 속에 나타난 그 모습이 모든 의문을 해결해 주었습니다. 그 죽은 그림자가 불빛에 비치어 마치 서 있는 사람처럼 보였던 것입니다.

이윽고 이 모든 사실이 여왕에게 보고되었을 때 빅토리아 여왕은 이런 말을 했습니다.

"그것이 우연이었다고 생각지는 않습니다. 그것은 우리를 보호하시고 인도하신 하나님의 방법이었습니다."

이스라엘의 광야 여정 또한 하나님의 세심한 인도 하에 진행되었습니다. 우린 이러한 하나님의 인도하심을 늘 느끼며 살아갑니까?

정리하며 확신하며 : 도피성 제도 설정이 주는 교훈

	교훈	참고 성경 구절
1	하나님은 사람의 생명을 사랑하신다	창 9:5, 6, 요 3:16
2	하나님은 인간의 실수를 용서하신다	시 86:5, 130:4
3	사람이 범한 실수와 죄는 대제사장의 중보에 의해서 사해진다	레 4:31, 히 7:26, 27
4	하나님은 고범죄(故犯罪)는 용서하지 않으시는 공의로우신 분이시다	민 15:30, 31
5	하나님은 인간의 연약함을 잘 아신다	시 103:14
6	인간은 하나님이 정하신 규례 안에서만 보호를 받을 수 있다.	요 15:4-6
7	하나님은 연약한 자가 실수로 인해 처벌받는 것을 원치 않으신다	시 103:9-14

–「그랜드 종합 성경주석」 3권, 성서교재간행사, p428

Day : 9주(수)

찬송 : (새)430장, 456장

09

신명기 1:1–5:33 순종의 동기

- 1장 과거의 실패
- 2–3장 하나님의 신실하심
- 4–5장 미래의 권고

모세는 가나안에 들어갈 새 시대를 위해서 모압 평지에서 세 가지 설교를 했습니다. 모세의 첫 번째 설교는 1장에서 시작해서 4장에서 끝나고 있습니다. 모세는 이 설교에서 과거를 돌아보면서 새 시대에게 필요한 교훈을 하고 있습니다. 모세는 새 시대에게 옛 시대가 가데스 바네아에서 저지른 실수를 회상시켜 주었습니다. 그때에 옛 조상들은 하나님의 명령을 거역하다가 가나안에 들어가지 못하고, 광야에서 방황하다 죽고 말았습니다. 그러므로 모세는 새 시대에게 이러한 실수를 반복하지 않도록 경계했습니다. 하나님은 40년이 지나서 불신앙의 옛 시대가 모두 죽은 후에 비로소 새 시대를 가나안으로 인도하셨습니다. 하나님은 그들 앞을 가로막던 시혼과 옥을 멸하시고, 그들을 가나안 땅 건너편에 있는 모압으로 인도해 주셨습니다. 이제 그들은 가나안 땅에 들어가려고 준비하고 있었습니다. 모세는 이러한 새 시대 사람들에게 옛 조상처럼 불신앙으로 행동하지 말고, 믿음으로 순종하여 승리하라고 권고했습니다. 그들은 이 말을 마음 깊이 새겨야 했습니다.

읽으며 묵상하며 : 확실한 미래 (신 1:19–33)

광야에서도 너희가 당하였거니와 사람이 자기의 아들을 안는 것 같이 너희의 하나님 여호와께서 너희가 걸어온 길에서 너희를 안으사 이곳까지 이르게 하셨느니라 하나 신 1:31

모세가 새로운 영토를 눈앞에 두고 있는 출애굽 2세대들에게 40여 년 전의 가데스 바네아에서의 뼈저린 아픔의 역사를 다시금 언급하는 것은 미래에 대한 두려움을 극복하게 하기 위해서입니다. 40년 전 똑같은 상황에 직면한 출애굽 1세대들의 실패와 그 고통의 원인을 다시금 생각해보라는 것입니다. 두려움, 정탐꾼을 보내지 않으면 안 될 불안감, 주저하고 머뭇거림, 이것이 가나안 땅에서 새로운 역사를 만들어가야 할 출애굽 1세대들이 보여준 40년 전의 영적, 정신적 상황이었습니다. 그들은 싸워보기도 전에 이미 마음이 무너진 상태였습니다. 하나님께서 우리의 삶에 어떤 것을 이루시고자 하시는 데 새로운 발걸음을 내딛기를 주저하고 있지는 않습니까? 우리에게 주어진 현실이 어떠한 것이든지 하나님의 인도하심을 믿고 힘차게 나아갑시다.

출애굽 1세대들은 장대한 아낙 자손과 성벽만 바라보고 그것을 기필코 주시겠다는 하나님의 약속을 저버렸습니다. 자신들 앞에 펼쳐진 기가 막힌 현실에 매몰되어 미래를 포기해버린 것입니다. 그러나 가나안 땅은 어디까지나 하나님이 일방적으로 주신 선물입니다. 그러니 가나안 땅은 이스라엘의 미래가 아니라 하나님의 미래입니다. 그 미래를 이루기 위해 하나님의 섭리적인 돌보심이 있을 것입니다. 왜냐하면 하나님이 주신 선물이기 때문입니다. 그러니 지금 이스라엘 백성들이 직면한 삶의 현실이 어떠하든 결코 이스라엘의 미래는 두려운 것이 아닙니다. 새로운 일을 시작할 때에는 무엇보다도 미래는 우리의 손으로 우리의 능력으로 만들어지는 것이 아니라 하나님의 선물임을 기억해야 합니다. 그래야 삶이 곤고하지 않고, 미래에 대한 두려움으로 영적인 파산을 당하지 않습니다.

– 「날마다 주님과 함께」, 학생신앙운동(SFC), 2003. 4. 3.

살며 생각하며 : 아폴로 13호의 귀환

1970년 4월 11일 13시 13분(미국 중앙 표준시)에 발사하였습니다. 이때 과학들이 말하기를 '이 아폴로 13호는 모든 과학을 총망라해서 만든 것이므로 아주 완전한 것이다. 이것이 고장날 확률은 백만 분지 일이다"라고 하였습니다. 그렇게 자랑을 하면서 세계 과학의 선물인 아폴로 13호를 달나라를 향해 발사했습니다. 달나라를 향해 올라갔습니다. 지구를 떠나서 2십만 마일 벗어났을 때에 이 아폴로 13호에 고장이 났습니다. 산소통이 터졌습니다. 더 이상 우주비행을 계속할 수가 없었습니다. 그때에 우주 비행사들은 텍사스 휴스톤에 있는 우주 지휘소를 향해서 이 아폴로 13호가 고장이 났으니 어떻게 방향을 잡아야 돌아갈 수 있겠느냐고 물었습니다. 우주 지휘소에서는 창밖을 내다보면 북극성이 보일 것이니 북극성을 기점으로 해서 돌아오도록 하라고 했습니다.

이 세 우주 비행사는 영원한 우주의 미아가 되는 위험에 빠졌습니다. 그때에 미국에서는 대통령을 비롯해 모든 국회의원들과 전 국민이 오전 9시를 기해서 하나님 앞에 기도했습니다. 그리고 아폴로 13호는 4월 17일 무사히 태평양에 떨어졌습니다. 구조된 우주 비행사가 제일 처음 한 일은 대기하고 있던 군목과 손을 잡고 하나님께 감사기도를 드린 것입니다. 머리를 숙이고 기도하는 장면이 그 주간 타임지 표지에 크게 게재되었습니다. 그 비행사 중에 한 사람인 수위저트(Swigert)는 기자 회견 석상에서 "우리들은 지구에 계신 여러분들과 함께 하나님께 열심히 기도했습니다. 기도의 힘으로 돌아왔다고 우리는 확실히 믿습니다."라고 간증했습니다.

– 「기독교 문장 대백과사전」 4권, 성서연구사, p117

Day : 9주(목)

찬송 : (새)461장, 519장

09

신명기 6:1–9:21 순종의 척도

- 6–7장 옛 율법과 새 율법
- 8–9장 과거 회고, 미래 정복

모세의 두 번째 설교는 5장에서 시작하여 26장까지 계속되고 있습니다. 모세의 두 번째 설교는 십계명 강해로 시작되고 있습니다. 십계명은 율법의 핵심을 요약한 것이었습니다. 그러므로 모세는 이것을 강해함으로 이스라엘 백성들이 십계명 정신을 마음에 새기고 지키기를 원했습니다. 모세는 새 세대에게 부모가 먼저 말씀을 준행하고, 그 후에 자녀들에게도 그 말씀을 부지런히 가르치라고 지시했습니다. 부모들은 자녀들이 하나님을 경외하고 말씀에 순종하도록 기도하며 인도해야 합니다. 또 모세는 새 시대가 가나안에 들어가서 풍요롭게 살게 된 후에, 여호와를 잊지 말도록 경계하고 있습니다. 사람들은 어려울 때에 하나님을 잘 섬기지만 풍요롭게 되면 하나님을 잊고 자만해 지기 쉽습니다. 그러므로 새 시대 백성들은 하나님의 축복으로 형통하게 될 때에 교만하여 하나님을 잊지 않도록 힘써야 합니다. 모세는 그들이 하나님의 명령에 순종하면, 모든 민족들과 싸워 승리할 수 있을 것이라고 말했습니다. 이러한 점에서 새로운 시대의 백성들에게 필요한 것은 말씀에 대한 순종이었습니다.

읽으며 묵상하며 : 성별된 백성의 구별된 삶(신 7:1–11)

그런즉 너는 알라 오직 네 하나님 여호와는 하나님이시요 신실하신 하나님이시라 그를 사랑하고 그 계명을 지키는 자에게는 천 대까지 그의 언약을 이행하시며 인애를 베푸시되 신 7:9

하나님의 뜻은 이스라엘 백성들이 이제 주어진 땅에서 택함 받은 하나님의 백성으로 거룩하게 살아가는 것이었습니다.

'거룩하다'는 것은 특별한 목적을 위해 '구별되었다'는 말입니다. 제사장은 하나님의 종으로 '구별되었기' 때문에 거룩했으며, 안식일은 하나님의 특별한 날이기에 거룩했습니다. "너는 여호와 네 하나님의 성민이라"(6절)는 말은 그들의 거룩함이 공포된 사실이라는 것을 보여 줍니다. 그리스도인의 거룩함은 우리의 행함이 아니라 하나님이 우리를 위해 행하신 것과 더불어 시작됩니다. 스스로의 힘으로 도저히 할 수 없는 일 곧 가나안 땅을 취하는 것은 하나님이 행하심으로 가능한 것입니다. 하나님께서 이미 승리를 약속하신 싸움에 대해 백성들은 명령에 순종할 것을 요구받았습니다. 그 명령은 적들을 완전히 진멸하고, 그들과 언약을 맺거나 혼인하지 말며, 우상 숭배를 한 제단과 주상들과 우상들을 멸절하는 것이었습니다. 그것은 그들이 하나님과 언약의 사랑으로 묶여 있으며, 이방의 거짓 신들을 섬기는 더러움에서 벗어나 거룩함을 유지하기 위한 안전장치였습니다.

하나님께서 특별히 이스라엘을 선택하신 이유는 그들이 도덕적으로 우월하거나 수적으로 우세하기 때문이 아니었습니다(7절). 그 이유는 두 가지로 나타납니다. 첫째는 여호와께서 이스라엘을 사랑하시기 때문이고, 둘째는 그들의 열조에게 하신 맹세를 지키기 위해서였습니다(8절). 이스라엘에 대한 하나님의 사랑과 신실함의 증거는 그들이 종살이에서 속량된 출애굽의 역사였습니다. 이것은 기독교 대속론의 구약적 배경입니다. 언약 관계에 있는 사람들은 상호 간의 사랑과 신실함을 요구합니다. 백성들 역시 하나님을 사랑하고 하나님께 신실해야 했습니다. 하나님은 그를 사랑하고 그 계명을 지키는 자들과 사랑의 언약을 맺으시고 지키시겠다고 말씀하셨습니다.

–「묵상하는 사람들」, 프리셉트, 2006. 3. 17.

살며 생각하며 : 너는 그들을 두려워 말라

중세 시대, 데인(Dane)군의 큰 병력이 스코틀랜드에 침입했을 때의 일입니다. 데인군은 몰래 스코틀랜드 국경을 넘어 밤이 되기를 기다리고 있었습니다. 스코틀랜드 병사들이 잠든 틈을 이용해 기습하려는 작전이었습니다.

한편, 스코틀랜드군은 위험이 그렇게 가까이 다가오고 있는 줄은 꿈에도 모르고 별 빛 아래 누워 조용이 잠을 청하고 있었습니다. 데인 군은 발자국 소리를 더욱 줄이기 위해서 맨발로 살금살금 다가갔습니다. 하지만 그들이 잠들어 있는 스코틀랜드 진영 바로 가까이에 이르렀을 때 어느 운 나쁜 데인 병사 하나가 그의 조심성 없는 발로 뺏뺏이 서 있는 엉겅퀴 위를 밟고 말았습니다.

고통에 못이긴 데인 병사의 비명 소리는 마치 그 트럼펫이 울리듯이 캠프에 정적을 갈라놓았습니다. 그 순간 고이 잠자던 스코틀랜드 병사들은 모두 일어나 무기를 움켜잡았습니다. 데인 군이 참패한 당한 것은 두 말할 필요도 없었습니다. 이런 일이 있는 후로 엉겅퀴는 스코틀랜드의 국화가 되었다 합니다.

하나님은 이처럼 천하고 약한 것도 당신의 백성을 지키는데 사용하시는 것입니다

–「호크마 종합 주석」 구약 5권 예화, 기독지혜사, p140

Day : 9주(금)

찬송 : (새)407장, 465장

09

신명기 10:1-14:29 순종의 동기와 의식 법

- 10장 순종하라!
- 11-14장 법규들(음식, 우상, 짐승)

모세는 새 시대에게 하나님의 신실 성을 상기시켜 주고 있습니다. 하나님은 언제나 동일하신 분이십니다. 그러므로 하나님은 과거와 같이 앞으로도 말씀에 순종하면 복을 주시고, 불순종하면 징계하실 것입니다. 그러므로 새 시대 백성들은 말씀을 준수하는 것만이 그들이 살 길임을 알아야 합니다. 모세는 미래를 바라보면서 새 시대 사람들이 가나안에 정착해서 살아갈 때에 지켜야 할 규례를 지시했습니다. 이스라엘은 하나님의 백성으로 살기 위해서 주변에 있는 민족과 구별된 삶을 살아야 했습니다. 거룩함은 종교생활뿐 아니라, 일상적인 삶속에서도 나타나야 했습니다. 그러므로 하나님은 새 시대 백성들에게 정결한 음식을 먹고, 우상을 제거하며, 정결한 삶을 살도록 인도해 주셨습니다.

읽으며 묵상하며 : 참된 예배(신 12:9-14)

너희는 너희의 하나님 여호와께서 자기 이름을 두시려고 한 곳을 택하실 그곳으로 내가 명령하는 것을 모두 가지고 갈지니 곧 너희의 번제와 너희의 희생과 너희의 십일조와 너희 손의 거제와 너희가 여호와께서 원하시는 모든 아름다운 서원물을 가져가고 너희와 너희의 자녀와 노비와 함께 너희의 하나님 여호와 앞에서 즐거워할 것이요 신 12:11-12상

이스라엘 사람들은 하나님이 "자기 이름을 두실" 지정된 장소에 여러 가지 희생물을 가지고 와야 했습니다. 그 중 '번제'는 온전히 그대로 바치는 제물입니다. 제사장은 아무 것도 남겨 두어서는 안 되며, 그 전부를 가져와야 했습니다. 이것은 하나님에 대한 신자의 온전한 헌신을 나타냅니다.

우리의 예배도 이에 못지않게 희생적이어야 합니다. 우리가 짐승을 제물로 바칠 필요는 없습니다. 그러나 우리에게는 훨씬 더 값비싼 대가가 요구됩니다. 우리는 우리 자신, 하나님이 우리에게 맡기신 몸을 드려서 그것이 그리스도를 섬기는 일에 사용될 수 있도록 해야 합니다. 이것이 영적으로 드리는 산제사입니다(롬 12:1-2).

이스라엘 백성들이 하나님께 제물을 드리려고 함께 모였을 때, 그들은 대단히 행복했습니다(12절). 그들은 감사한 마음으로, 갚을 수 없는 빚을 졌다는 심정으로 하나님 앞에 나왔던 것입니다. 오늘 우리도 경배와 찬양을 드리기 위해 함께 만날 때마다, 하나님의 유일한 합당하심과 그리스도의 비교할 수 없는 아름다움을 기뻐해야 합니다. 예배는 결코 따분하거나 싫증나고 단조로우며 지루한 일이 되어서는 안 됩니다. 우리의 예배는 우리를 사랑하신 하나님, 우리를 위해 죽으신 그리스도 그리고 이 위대한 진리를 개인적으로 체험할 수 있게 해주신 성령님께 무한한 은혜를 입은 것에 대한 표현입니다. 그러니 우리가 예배 가운데 기뻐하는 것은 너무도 당연합니다.

– 「날마다 주님과 함께」, 학생신앙운동(SFC), 2003. 5. 17.

살며 생각하며 : 아빠와 함께 있길 원해요

어느 저명한 의사가 매우 바쁘게 글을 쓰고 있었습니다. 그 때 어린 아들이 조용히 방으로 들어와서 아버지 옆에 다가섰습니다. 일에 몰두해 있던 그는 손을 호주머니에 넣고 동전을 꺼내어 소년에게 주며 만나는 일을 거절했습니다. 그러자 아이는 이렇게 말했습니다.

"아빠, 저는 돈을 원하지 않아요." 잠시 놀랐지만 여전히 그는 일에 열중했고 아이는 여전히 아빠 옆에 서 있었습니다. 몇 분이 지난 후에 그는 책상 서랍을 열어 과자를 꺼내 주었습니다. 그러나 아이는 고개를 흔들면서 말했습니다.

"아빠, 저는 과자도 원하지 않아요." 그 때 아빠는 하던 일을 멈추었습니다.

"너는 돈도 과자도 원하지 않는구나. 네가 원하는 것이 무엇인지 이야기해 보거라."

"아빠, 저는 어느 것도 원하지 않아요. 저는 단지 아빠와 함께 있길 원해요."

이것이야 말로 거룩한 예배입니다.

– 「기독교 문장 대백과사전」 15권, 성서연구사, p759

Day : 9주(토)

찬송 : (새)333장, 381장/ (새)342장, 395장

09

■ 이번 주 읽은 성경 요약 및 못 읽은 부분 읽고, 한 주간 생활 묵상하며 가정 예배드리기

■ **주제 : 성도의 언어 생활**(전 10:5-20)

읽으며 묵상하며 : 어리석은 자의 모습 (전 10:5-20)

어리석은 자는 어리석은 말을 한다. 어리석은 말이 무엇인지 언어 생활에 대해 설명하고 있습니다.

어리석은 입술

사람은 말의 실수를 하지 않을 수 없는 존재입니다. 그러나 하나님을 경외하는 지혜로운 자는 그 언어가 경건해지며 예수님을 닮아갑니다. 지혜자의 입술은 은혜로워서 그가 말을 하면 남을 격려하고 도우며 분위기를 좋게 만들고 그 말로 인해 은혜를 입습니다. 그러나 우매자의 입술은 분위기를 망칠 뿐만 아니라 결국 자기 자신을 망칩니다. 언어는 말이기 이전에 인격입니다. 하나님을 경외하고 하나님을 닮아가는 그리스도인들에게는 언어의 변화가 나타납니다. 곧 하나님을 경외하며 이웃을 사랑하고 남을 돕는 언어를 많이 사용하게 되는 것입니다. 이것은 기독교적인 용어를 많이 쓰는 것을 의미하지는 않습니다.

언어에 관한 교훈

이스라엘 백성들은 출애굽 당시 하나님을 향하여 부정적인 언어를 사용하였습니다(민 14:2). 그러나 갈렙과 여호수아는 믿음의 언어, 긍정적인 언어를 사용하였습니다. 이 두 부류의 결과는 우리에게 어떠한 언어를 사용해야 할지를 잘 알려 줍니다. 우리가 사용하는 이웃을 향한 부정적인 언어로는 교만한 말, 분노나 욕, 저주를 표출하는 것, 언어적인 학대를 가하는 것 등이 있습니다. 성경은 부정적인 언어 사용을 줄이기보다 긍정적인 믿음의 언어를 더 많이 사용할 것을 권합니다. 우리는 내 입의 파수꾼을 세워 지키게 해 달라는 기도(시 141:3)와 더불어, 이웃을 살리고 격려하며 하나님께 영광 돌리는 입술이 되도록 노력해야 합니다. 언어는 인격입니다. 인격은 예수 그리스도를 모시고 닮아갈 때 변하게 됩니다. 지혜자의 언어는 모든 사람에게 힘과 격려를 주며 하나님을 영화롭게 한다는 것을 기억하십시오.

- 「묵상하는 사람들, 메시지」, 프리셉트, 2006. 6. 13.

살며 생각하며 : 가는 말이 고와야 오는 말이 곱다

할머니와 할아버지가 나들이를 가게 되었습니다. 한참 걷다가 피곤함을 느낀 할머니가 "영감, 나 좀 업어줄 수 없어?"라고 했습니다. 할아버지는 업어주기 싫었지만 나중에 들을 잔소리가 겁이 나 할머니를 업어주었습니다. 업혀 가던 할머니는 조금 미안했던지 "나, 무겁지?"라고 하였습니다. 그러자 할아버지는 "그럼, 무겁지!"하고 퉁명스럽게 쏘아붙였습니다. 할머니가 "왜?"하고 되묻자 할아버지는 "머리는 돌덩이지, 얼굴은 철판이지, 간은 부었으니까 그렇지"라고 대답했습니다.

돌아오는 길에는 할아버지가 다리를 다쳤습니다. "할멈, 다리가 아파. 나 좀 업어 주라." 할머니가 갈 때의 일도 있고 해서 할아버지를 업어주었습니다. 이에 미안한 할아버지가 "나, 무겁지?" 하면 자기를 따라할 것 같아서 "나, 가볍지?"하고 물었습니다. 그러자 할머니는 "그럼 가볍지!"라며 "머리는 비었지, 입은 싸지, 허파엔 바람만 잔뜩 들었으니까."라고 대답했습니다. 아무리 친한 사이라 해도 듣기 싫은 말은 농담이라도 삼갑시다.

– 홍병호 목사(시흥 열린교회)

돌아보며 다짐하며 : 버려야 할 10가지 말

사람들은 실수를 많이 합니다. 그 중에서도 말에 있어서 실수를 많이 합니다. 야고보 선생님은 "말에 실수가 없는 사람은 온전한 사람이라"(약 3:2)고 했습니다. 사람의 입 안에 있는 혀는 배의 키와 같고 불과 같다고 했습니다. 말 하는 것을 보고 그 사람의 인격을 판단할 수가 있습니다. 그러므로 우리 기독교인들은 항상 남을 기쁘게 하는 말, 칭찬하는 말, 덕이 되는 말을 함으로 화평을 이루도록 노력해야 합니다.

얼마 전 강원도 춘천에서 "버려야 할 10가지 말"을 소개한 일이 있었습니다. 간단하게 요약해 볼까 합니다.

① 일을 더 한다고 봉급을 더 주나!(무사안일)
② 대충 대충하지 뭐(적당주의)
③ 다른 부서에서는 어떻게 일을 하지?(소신부족)
④ 설마 무슨 일이 있으려고(주인의식 결여)
⑤ 시키면 시키는 대로 해야지(권위주의)
(⑥ 똑똑한 사람이 하도 많아서(냉소주의)
⑦ 출세하려면 줄을 잘 서야(기회주의)

⑧ 이건 우리가 할 일이 아니다.(책임회피)
⑨ 규정이 그렇게 돼 있는데(형식주의)
⑩ 공무원이 하는 일이 다 그렇지(패배주의)

과연 우리는 얼마나 이러한 말을 많이 썼던가요?
"내 아들아 내 말을 지키며 내 계명을 간직하라"(잠 7:1)

– 「생활공감대책」, 대구교육대학교, 2006. 7. 7.

오늘의 기도 : 믿음의 냄새가 나게 하소서

주님!
하루의 시간 중 어디에 있든지 예수 믿는 믿음의 냄새가 나게 하소서.
전혀 알지 못하는 처음 가는 동네에 가서도 나의 작은 행위 하나에서 예수님의 향기가 배어나게 하소서.
나를 모르는 사람 앞에서도 나의 모습을 보고 예수님을 발견하는 자리가 되게 하소서.
거리에서, 버스에서, 직장에서도 나의 작은 행위 하나가 보는 이들에게 전도 되게 하소서.
나의 말 한마디 나의 작은 행위 하나를 그들이 보고 들었을 때 그들의 마음에도 예수님을 믿을 마음이 생겨나도록 오늘도 예수님의 빛이 되고 소금 되게 하소서.
극한 상황이 벌어지고 분기탱천하여 참을 수 없는 억울함이 깊어도 그 시간 그 자리에서 나의 모습은 세상 사람보다는 달라지게 하소서.
절망하고 좌절하고 철저하게 실패한 자리라도 소망 없는 세상 사람들 보다는 나의 모습에서 예수님의 소망을 나타나게 하시어 나를 보는 모든 사람들이 예수 믿을 마음이 생겨지게 하소서 예수님의 이름으로 기도합니다. 아멘.

– 홍기웅(장승혜, 홍기웅 홈페이지). 2006. 11. 1.

Day : 10주(월)

찬송 : (새)405장, 458장

10

신명기 15:1–19:21 시민법

- 15–16장 절기들
- 17장 왕의 규례
- 18장 참 선지자
- 19장 도피성

하나님은 이스라엘 백성들이 지켜야 할 절기들을 제정해 주셨습니다. 이스라엘 백성들은 1년에 세 번씩(유월절, 오순절, 초막절) 예루살렘에 가서 하나님 앞에서 절기를 지켜야 했습니다. 이러한 절기는 흩어져 사는 이스라엘 백성들을 여호와 중심으로 연합되게 했습니다. 또 이스라엘 백성들은 7년마다 안식년을 지키면서 형제들의 빚을 탕감해 주도록 요청받았습니다. 이를 통해서 이스라엘 백성들은 주기적으로 실수를 만회할 수 있는 기회를 얻을 수 있었습니다. 또 하나님은 이스라엘 백성들을 위해 시민법을 제정해 주셨습니다. 재판장은 뇌물 받는 일이 금지되었고, 공의로 재판할 것이 요청되었습니다. 또 하나님은 이스라엘 백성들이 우상을 섬기는 일을 금하셨습니다. 통치자는 하나님께서 정하신 규례를 따라 선출해야 했으며, 율법의 원리를 따라 이스라엘을 통치해야 했습니다. 하나님은 레위인을 구별하여 성소의 일을 하게 하셨습니다. 또 하나님은 백성들에게 참 선지자와 거짓 선지자를 구별할 수 있는 방법을 가르쳐 주셨습니다. 그 후에 하나님은 실수로 살인한 사람들이 보복을 당하지 않도록, 그들이 피할 수 있는 도피성 제도를 제정해 주셨습니다.

읽으며 묵상하며 : 도피성 (신 19:13)

> 네 하나님 여호와께서 네게 기업으로 주신 땅 가운데에서 세 성읍을 너를 위하여 구별하고 네 하나님 여호와께서 네게 기업으로 주시는 땅 전체를 세 구역으로 나누어 길을 닦고 모든 살인자를 그 성읍으로 도피하게 하라 신 19:2–3

사람이 살면서 부지중에 다른 사람에게 해를 입히거나 전혀 의도하지 않았음에도 불구하고 사람을 죽이기까지 할 수 있습니다. 이런 사람들은 복수를 하려는 사람들에게 쉽게 희생당할 수 있기에 무모한 피 흘림과 보복의 악순환을 막기 위하여 하나님은 도피성을 마련하게 하였습니다. 이 도피성은 이스라엘 전역에 일정한 간격으로 설치하여 살인자가 그리로 쉽사리 도피할 수 있게 하였고, 정당한 재판을 받아 그 무죄함이 드러나기까지 복수하려는 사람들로부터 안전하게 생명을 지킬 수 있는 곳입니다. 이러한 도피성의 제정은 생명이 하나님께 얼마나 귀중한가를 이스라엘에게 가르치는 본보기입니다. 비록 우연히 이웃을 죽였다 해도 그는 장기간에 걸쳐 많은 자유를 포기하지 않으면 안 되었습니다.

요즘 우리는 거의 매일같이 신문에서 생명을 경시하는 풍조를 접할 수 있습니다. 인간의 생명은 둘도 없는 것이며, 다른 모든 것 보다 높이 평가되어야 합니다. 하나님은 살아계신 하나님, 생명을 주신 하나님이십니다.

부지중에 범한 살인이 아니라 의도적으로 살인을 한 자가 도피성으로 피할 경우에는 하나님의 백성 중에서 제해 버려야 합니다. "사람이…미워하여…엎드려 기다리다가…죽게 하고"(11절)라는 말은 인간의 죄를 있는 그대로 보여주는 장면으로, 미움으로 시작하여 살인이라는 잔인한 행동으로 끝을 맺는 인간의 흉측함을 엿볼 수 있습니다. 마음에서 시작한 죄는 이처럼 인간의 생명을 무참히 짓밟는 파괴적인 힘으로 나타나는 것입니다. 하나님은 이러한 죄를 범하는 자를 결단코 긍휼히 보지 말고 어떤 식으로든 죄를 처리하여 그 잔인한 발걸음을 멈추게 하고, 사회가 인간생명의 유일무이한 가치를 인식하도록 하였습니다. 예수님께서는 우리의 모든 허물을 용서해주셨습니다. 그럼에도 불구하고 아직도 내 속에서 "이는 이로, 눈은 눈으로" 대하려고 하는 부분은 없습니까? 사랑은 모든 죄를 덮습니다(벧전 4:8).

– 「날마다 주님과 함께」, 학생신앙운동(SFC), 2003. 7. 7.

살며 생각하며 : 용서하지 못할 사람도 용서받지 못할 사람도 없습니다.

용서는 망각이 아닙니다. 깊은 상처는 좀처럼 사라지지 않지만 용서는 상처의 고통에서 자유롭게 해 주며 망각은 용서의 부산물이지 필수적인 결과물은 아닙니다. 용서는 화해가 아닙니다. 용서는 가해자에 대한 복수를 의도하지 않고 상대를 용서할 수 있으나 가해자의 행동이 바뀌지 않는 한 화해란 어려운 것입니다. 화해는 용서의 결과일 뿐입니다.

용서는 사면이 아닙니다. 용서는 사면의 권리가 없음을 인정하고 무조건으로 다른 사람의 잘못을 덮어주겠다는 의도적인 결정입니다.

용서는 행동이며 선택입니다. 사람은 어떻게 느끼는지는 통제할 수 없으나 어떻게 행동하는지에 대하여서는 통제할 수 있습니다. 용서하지 못하면 마음의 쓴 뿌리는 독이 되어 자신도 모르게 미워하는 상대를 닮아가게 되고 자신조차 미워하게 됩니다. 용서하지 못하면 가장 큰 피해는 자신이 받습니다.

세상엔 용서하지 못한 사람도 용서받지 못할 사람도 없습니다. 단지 용서하지 않고 괴로워하는 사람이 있을 뿐입니다.

– 김필곤 목사(열린교회 담임목사) 「열린 편지」

Day : 10주(화)

찬송 : (새)310장, 410장

10

신명기 20:1-25:19 사회법

- 20장 평화 규정
- 21-22장 가정에서의 성결
- 23-25장 약자 보호

하나님은 이스라엘 백성들이 인권을 존중하기를 원하셨습니다. 그들은 전쟁할 때에도 다른 백성들의 인권을 존중해야 했습니다. 하나님은 범인이 확인되지 않은 미결 살인 사건을 해결하는 법을 가르쳐 주셨습니다. 하나님은 이스라엘 백성들에게 외국인 포로들의 인권을 존중하도록 요구하셨습니다. 하나님은 그들이 적극적으로 이웃에게 선을 행하고, 성적으로 순결하라고 명하셨습니다. 하나님은 이스라엘 백성들의 거룩을 유지하기 위해서 종교, 윤리적으로 부패한 민족들이 총회에 참여하는 일을 금지하셨습니다. 하나님은 이스라엘 백성들에게 깨끗한 제물을 드리라고 명하셨으며, 특히 약자들을 보호할 것을 요구하셨습니다. 또 하나님은 법을 집행할 때에 인권을 존중하고, 공정히 법을 집행하도록 명하셨습니다. 모세는 구체적인 상황을 해결하기 위해서 "만일 …할 경우에는 이렇게 하라!"는 형식을 사용해서 여러 가지 자세한 문제에 대한 해결책을 제시하고 있습니다.

읽으며 묵상하며 : 다른 이들을 위한 배려 (신 24:19-22)

> 네가 밭에서 곡식을 벨 때에 그 한 뭇을 밭에 잊어버렸거든 다시 가서 가져오지 말고 나그네와 고아와 과부를 위하여 남겨두라 그리하면 네 하나님 여호와께서 네 손으로 하는 모든 일에 복을 내리시리라 신 24:19

"곡물을 추수할 때나 과일을 수확할 때 모조리 거두어들이지 말고 조금씩 남겨두어 가난한 자의 생계가 되게 하라." 하나님은 이 명령을 통해 이스라엘 백성들로 하여금 가난한 이웃들에게 적극적이고 구체적인 관심을 가지게 하여 사랑과 긍휼을 베풀게 하셨습니다. 그렇게 하여 자신들이 항상 하나님의 은혜와 사랑 가운데 살아가고 있는 존재임을 자각토록 하셨던 것입니다.

위와 같은 본문을 대할 때 우리는 정녕 각박하지 않은 훈훈한 정을 느낄 수 있지 않습니까? 그런데 본문의 명령을 들을 때, 어떤 이는 이렇게 말할지도 모릅니다.

"전 농부가 아닙니다. 때문에 추수에 관하여 아는 바가 없고, 감람나무는 이 추운 나라에서는 자라지도 않습니다. 그리고 우리나라에는 포도를 재배하는 인구가 얼마가 되지도 않습니다. 그런데 이 말씀이 나와 무슨 상관이 있다는 말입니까?"

이는 오직 자신과 자신의 가족의 행복만을 추구하며 매정하게 살아가는 오늘 우리 현대인이 흔히 말해 버릴 수 있는 표현입니다. 그러나 분명한 사실은 하나님께서는 그 옛날 이스라엘 백성에게 요구하셨던 것처럼 오늘날 우리에게도 나그네나 과부나 고아에게 본문의 교훈대로 행하기를 원하신다는 것입니다. 다시 말하면, 나그네와 과부와 고아와 같이 곤고하고 궁핍한 자들 모두에게 힘과 평안과 기쁨을 주라는 것입니다. 그러면 우리는 어떻게 이 일을 행할 수 있습니까? 어쩌면 하나님의 이 같은 명령 앞에 우리 모두는 자신의 호주머니에 손을 찌르고 지폐, 또는 동전의 수를 계산하게 될지도 모릅니다. 그러나 분명한 것은 우리들 중 아무리 가진 것이 없는 자라 할지라도 힘과 평안과 기쁨을 필요로 하는 사람들에게 그것을 줄 수 있는 여유와 능력을 하나님께서 우리에게 충분히 주셨다는 사실입니다.

어디 많은 돈이 그 일을 할 수 있겠습니까? 첨단을 걷는 과학이 그 일을 할 수 있겠습니까? 아니면 명예와 권력입니까? 아닙니다. 그 모든 것들은 진정한 의미의 힘과 평안과 기쁨을 어려운 이웃들에게 전해 주지 못합니다. 그러나 우리의 선한 말, 사랑이 가득 찬 부드러운 손길은 곤고하고 궁핍한 자들에게 진정한 평안과 기쁨을 선사 할 수 있지 않을까요?

예수 그리스도의 인생을 생각해 봅시다. 예수 그리스도는 병든 자, 힘없는 자들에게 따뜻하고 부드러운 말을 아끼지 않으셨습니다. 그리고 소외된 자, 천대 받는 자, 악한 죄인들과 더불어 식탁에 마주 앉는 사랑의 행위를 통해 굳어버렸던 그들 심령들을 뜨거운 사랑의 도가니로 변화시켰습니다.

이처럼 우리에게 필요한 것은 따뜻하고 선한 말과 부드럽고 자상한 희생과 봉사의 손길인 것입니다. 진정 우리 주위의 어려운 사람들을 향한 한 마디의 부드러운 말, 따뜻한 한 조각 사랑의 실천이 그들의 마음에 힘이 되고 기쁨을 줄 수 있음을 기억합시다.

아마 이 세상에서 가장 비참한 사람은 자기 자신만을 위하여 사는 사람일 것입니다. 반면, 가장 행복한 사람은 자신을 잊고 남을 위해 사는 사람, 자기 소유의 일부분에 타인의 권리를 인정해 주는 사람일 것입니다. (Moorehouse).

–「호크마 종합주석」 구약 6권 'QT'에서, 기독지혜사, p388

살며 생각하며 : 진짜 비저너리(visionary)–성 프랜시스의 삶

13세기 사랑의 성자 성 프랜시스는 당대의 재벌 2세였습니다. 어느 날, 그는 공허를 느끼고 홀로 말을 타고 교외로 나갔습니다. 말을 달리던 중, 그는 온 몸이 문드러져 소름끼치게 생긴 나병자를 만났습니다. 신비한 감동에 이끌려 그는 말에서 내려 돈을 주고 나병자의 손에 입을 맞췄습니다. 그리고 다시 말에 올라타 가다가 왠지 뒤를 돌아보고 싶었습니다. 멀리서 돌아보니 거기에 나병자는 없었고 예수님이 환하게 미소 짓고 있었습니다. 그때부터 그는 맹렬히 낮은 자와 함께 하는 삶을 살았습니다.

어느 날, 그가 십자군 전투에서 돌아오는 한 노병을 만났습니다. 노병은 누더기 옷을 입고 쓸쓸히 빼빼 마른 말을 끌고 길을 가고 있었습니다. 그때 찬바람이 불자 노병이 몸을 부르르 떨었습니다. 그 모습에 너무 안쓰러워 프랜시스는 자기의 망토를 그에게 씌워주었습니다. 그날 밤, 꿈에 예수님이 그가 벗어준 망토를 입고 나타나셨습니다.

가장 더러운 모습은 남을 더럽게 보고 내치는 모습이고, 가장 아름다운 모습은 남을 아름답게 보고 껴안는 모습입니다. 약자에게 가까워질수록 전능자에게 가까워집니다. 큰 사람을 기쁘게 대접하는 것은 작은 대접이고, 작은 사람을 기쁘게 대접하는 것은 큰 대접입니다. 저 낮은 곳에 민감해질수록 저 높은 곳에 민첩해집니다.

약자를 얕보는 자는 최대의 약자이고, 장애자를 멸시하는 자는 최대의 장애자입니다. 공허는 무관심의 열매입니다. 약자는 하나님이 우리의 공허한 삶을 채우려 보낸 사랑의 편지입니다. 큰 자를 찾는 자는 작은 자이고 작은 자를 찾는 자는 큰 자입니다. 큰 사람은 내게 주어진 작은 선물이고, 작은 사람은 내게 주어진 큰 선물입니다.

부를 가짐이 행복이 아니라 부를 나눔이 행복입니다. 내 것을 나눌 사랑의 대상이 있는 것이 행복입니다. 사랑의 대상인 하와가 생긴 때부터 아담의 행복은 시작되었습니다. 행복은 나눌 줄 아는 철든 인생에게 주어집니다. 주는 재미가 최고의 재미입니다. 받는 가치관은 '상처의 어머니'이지만, 주는 가치관은 '행복의 어머니'입니다.

기복주의와 이기주의는 있던 복까지 앗아갑니다. 복은 병자에게 소망을 주고, 배고픈 자에게 먹을 것을 주고, 외로운 자에게 벗이 되어 주고, 살맛을 잃은 자에게 살맛을 줄 때 옵니다. 약자에게 민첩하게 다가갈 때 복은 바람처럼 다가올 것입니다.

'있는 사람을 찾아 나의 부족함을 채우려고 기대하는 것'보다 '없는 사람을 찾아 그의 부족함을 채우려고 대기하는 것'이 행복의 씨앗입니다. 남의 부족을 신나게 채우려 할 때 나의 부족은 신비하게 채워질 것입니다. 자기 응석을 받아달라는 이기심의 껍질을 깰 때 하늘의 열린 문이 보일 것입니다. 진짜 비저너리(visionary)는 미래를 환히 내다보는 자가 아니라 고통의 현장에 동참해 하늘을 맛보는 자입니다.

– 이한규(분당샛별교회 담임목사)의 '사랑의 컬럼'에서

Day : 10주(수)

찬송 : (새)455장, 507장

10

신명기 26:1-28:68 언약에의 헌신

- 26장 인간관계의 성결
- 27장 예식들
- 28장 약속된 축복

모세는 이스라엘 백성들을 성결케 한 후에 그들에게 하나님과 맺은 언약에 대해 새롭게 헌신할 것을 요구하였습니다. 이스라엘 백성들은 약속의 땅에 들어가서 소산을 거두게 되면, 첫 열매와 십일조를 하나님께 드림으로 하나님의 주권을 인정해야 했습니다. 또 그들은 그리심 산과 에발 산에 서서 언약을 갱신하는 예식을 해야 했습니다. 이러한 예식은 이스라엘 백성들의 생사가 율법 준수 여부에 달려 있다는 것을 마음에 새기게 하기 위한 중요한 예식이었습니다. 그들은 이 예식을 통해서 율법을 지키면 축복이 임하고, 율법을 어기면 저주가 있을 것을 명심할 수 있었습니다. 그 후에 모세는 율법을 지키는 자에게 임할 축복과 불순종했을 때에 임할 저주에 대해서 구체적이고 자세하게 기록했습니다. 모세는 이러한 일을 통해서 율법에 순종하는 것만이 이스라엘이 살 수 있는 길임을 가르쳐 주었습니다.

읽으며 묵상하며 : 성경이 말하는 축복 (신 28:1-14)

네가 네 하나님 여호와의 말씀을 청종하면 이 모든 복이 네게 임하며 네게 이르리니

신 28:2

본문은 모압 평지에서 언약을 갱신하는 동안 모세가 선포한 축복에 대한 기록입니다. 이스라엘이 여기에 기록된 풍성한 복을 받는 비결은 오직 말씀을 삼가 듣고 그것을 지켜 행하는 것입니다(1절). 2절과 8절은 이렇게 할 때 축복이 그들에게 임하여 미치려고 준비하고 있는 듯한 느낌을 줍니다. 이처럼 복은 사람이 추구해서 얻어야 하는 것이 아니라 하나님의 허락으로 복이 사람을 따라야 하는 것입니다. 말씀 순종에 따르는 구체적인 복을 살펴보면, 이스라엘은 어디서나 복을 받고(3절), 무엇이나 복을 받으며(4-5절), 언제든지 복을 받게 될 것입니다(6절). 또한, 대적에 대해 승리를 얻게 되고(7절), 하나님이 함께하시는 여호와의 성민임이 만민에게 알려져 두려움과 존경의 대상이 될 것입니다(8-10절). 그리하여 이스라엘은 차고 넘치는 그 같은 복을 다른 민족들에게 나누어주고(12절), 앞서서 그들을 바른길로 인도하는 민족이 되리라는 것입니다(13절). 이처럼 복의 근원이 되고 복의 전수자가 되는 것이 이스라엘이 받은 원래 소명입니다. 그리고 이 같은 소명의 성취는 온전히 말씀에 순종함으로 하나님과 올바른 관계를 가지는 데 있는 것입니다(14절).

오늘날 신자들에게 흔히 축복 장으로 알려져 있는 오늘 본문은 잘못 이해되고 있는 부분이 많습니다. 먼저는 지나치게 개인주의적으로 해석되고 있다는 점입니다. 사실 여기에 나타나는 축복은 이스라엘 민족을 모든 민족 위에 뛰어나게 하시고, 그 결과 세계 모든 민족에게 복을 나누어주고 의의 길로 인도하는 방편으로 제시된 것입니다. 곧 축복은 영적 이스라엘인 교회로 하여금 지상명령을 성취할 수 있도록 허락된 도구라는 것입니다. 이것을 망각한 이기적인 축복 추구는 바알 신앙과 다를 바가 없는 것입니다. 두 번째는 순종과 축복의 관계설정에 대한 잘못입니다. 사실 말씀에 대한 순종은 복을 받기 위한 수단이 아니라 복 자체이신 하나님을 모시는 삶의 방식입니다. 왜냐하면, 복이란 하나님께서 인간들에게 베푸시는 어떤 유익의 단계를 넘어 바로 하나님 자신이 복 그 자체이기 때문입니다. 말씀에 대한 순종은 복을 받기 위한 수단이 아니라 하나님께서 우리의 복이 되어 주신 데 대한 감사이자, 하나님 나라 백성으로서의 의무입니다. 그리고 이에 따르는 축복은 당신의 기쁘신 뜻대로 우리에게 내리시는 하나님의 은총인 것입니다.

– 「GT, 세계를 품는 경건의 시간」, GTM, 2006. 7. 24.

살며 생각하며 : 축복의 어머니

미국 북 장로교회 선교사 소알론 박사 부부가 솔래교회 전도를 지원키로 마음을 정하고 마을 유지를 초청했습니다. 선교사 부부는 안방에 놓여 있는 요강을 아주 귀하고 큰 밥그릇으로 생각했습니다. 부부는 놋요강 다섯 개를 빌려와 깨끗이 씻어, 그 속에 흰 쌀밥을 가득 담았습니다. 전직 대감의 부인 안성은 씨도 모임에 참석했습니다. 안 씨는 선교사의 갸륵한 마음에 감동받아 예수를 영접했습니다. 그리고 온갖 박해를 받으며 황해도 서해안 일대를 전도했습니다. 안씨는 2남 4녀를 두었는데 큰아들 김윤방은 솔래교회 초대 장로가 되었고, 둘째아들은 한국 최초의 외과 의사가 되었습니다. 셋째 딸은 김규식 박사와 결혼했습니다.

안성은 권사는 솔래교회의 증인이요, 장한 어머니요, 황해도 서해안의 전도자요, 한국교회사에 빛나는 복 받은 여인이 됐습니다. 복음이 평범한 한 여인을 특출한 여인으로 완전히 바꾸어 놓은 것입니다. 복음에는 생명이 있습니다. (장자옥 목사, 인천 간석제일교회)

– 한태환 목사, 「설교 예화 자료 집,복」

Day : 10주(목)

찬송 : (새)395장, 450장

10

신명기 29:1-31:29 언약을 맺는 백성

- 29장 언약의 조건
- 30장 민족의 헌신
- 31장 후계자

모세는 죽기 전에 광야에서 태어난 새로운 세대들에게 다시 한 번 율법을 요약해 주었습니다. 그리고 모세는 그들에게 다시 하나님 앞에서 언약에 헌신하게 했습니다. 그때에 모세는 이 언약이 그들 뿐 아니라, 앞으로 태어날 이스라엘 후손들에게도 적용된다고 선언했습니다. 하나님의 말씀은 우리들에도 역시 적용되는 말씀입니다. 또 모세는 이스라엘 백성들이 범죄하여 심판을 받는 경우에, 그들이 회개하면 다시 축복을 받을 수 있다고 가르쳐 주었습니다. 마지막으로 하나님은 모세를 통해서 이스라엘 백성들에게 이렇게 말씀하셨습니다. "내가 오늘날 생명과 사망과 복과 저주를 네 앞에 두었은즉, 너와 네 자손이 살 기 위하여 생명을 택하고, 네 하나님 여호와를 사랑하라!" 그 후에 하나님은 모세에게 그가 담당했던 일을 마치게 하셨습니다. 그리고 하나님은 그를 대신해서 이스라엘 백성들을 약속의 땅으로 인도할 후계자로 여호수아를 세우도록 지시 하셨습니다.

읽으며 묵상하며 : 어려운 것도 아니오 먼 것도 아니니 (신 30:1-20)

내가 오늘 네게 명령한 이 명령은 네게 어려운 것도 아니요 먼 것도 아니라 하늘에 있는 것이 아니니 네가 이르기를 누가 우리를 위하여 하늘에 올라가 그의 명령을 우리에게로 가지고 와서 우리에게 들려 행하게 하랴 할 것이 아니요 신 30:11, 12

많은 사람들이 하나님의 말씀을 깨닫는 것을 어려워하고 지켜 행하는 것을 힘들어합니다. 그러나 오늘 본문은 우리에게 하나님의 말씀이 얼마나 쉽고도 우리 가까이에 있는 가를 가르쳐 줍니다. 믿는 자들에게 있어 하나님의 말씀은 어떠합니까?

본문은 하나님의 계명이 우리에게 어려운 것이 아니라고 말씀합니다(11절). 율법은 인간으로서는 어찌할 수 없을 정도로 기이하거나, 놀라운 것이 아니며, 너무 어려워서 그 도를 깨달을 수 없는 것이 결코 아니라는 뜻입니다. 실제로 하나님의 말씀은 하늘에 감추어져 있는 비밀스러운 것이 아니라, 이미 인간에게 밝히 계시되어 있어서 누구라도 쉽게 깨닫고 이해할 수 있습니다. 다만 인간의 심령이 너무 완악하여 상대적으로 말씀을 깨닫기가 어려울 뿐입니다.

그러므로 하나님의 말씀을 대함에 있어서는 무엇보다도 어린아이와 같은 겸손하고 가난한 심령을 가져야 하며, 또한 믿음이 있어야 합니다. 하나님의 말씀은 세상의 지식이나 인간의 지혜로 깨닫게 되는 것이 아니라 오직 믿음으로 깨달아지기 때문입니다. 그래서 예수님께서는 "지혜롭고 슬기 있는 자들에게는 숨기시고 어린아이들에게는 나타내심을 감사하나이다"라고 말씀하셨습니다(마 11:25).

우리가 어린 아이와 같이 겸손한 믿음으로 하나님의 말씀을 읽고 배운다면 "송이 꿀 보다 더 달다"는 다윗의 고백대로 말씀을 깨닫는 기쁨과 환희를 맛보게 될 것입니다.

또한 여호와의 명령은 하늘에 있는 것도 아니요 바다에 있는 것도 아니라고 말씀합니다(12, 13절). 하나님의 말씀은 우리가 닿을 수 없을 만큼 먼 곳에 있는 것이 아니라, 우리 곁에 가까이 있어 우리 현실의 삶에 구체적이고도 실제적인 교훈을 준다는 의미입니다. 실제로 이스라엘 백성들에게 있어서 하나님의 계명은 하나님을 섬기는 법도뿐만 아니라 삶의 모든 영역에서 구체적인 지침이 되었습니다. 그러므로 하나님의 말씀은 우리가 준행하기에 쉽습니다. 하나님의 말씀이 결코 인간이 지키기에 불가능한 것이 아닙니다.

그래서 사도 요한은 "그의 계명은 무거운 것이 아니라"고 강조하고 있습니다(요일 5:3). 하나님의 말씀은 하늘 위나 바다 건너에 있는 초월적인 메시지가 아닙니다. 오늘 우리의 삶에 쉽고 구체적으로 적용될 살아있는 하나님의 메시지입니다. 믿음으로 기쁘게 말씀을 청종하는 자는 "주의 말씀은 내 발에 등이요 내 길에 빛이니이다"(시 119:105)라는 다윗의 고백처럼 삶 속에서 살아 있는 말씀의 능력을 경험하게 될 것입니다. 매일 경건의 시간을 통해 다윗이 누렸던 기쁨과 감격을 누릴 수 있기를 바랍니다.

–「일용할 양식」 말씀 묵상, 기독대학인회(ESF), 2005. 4. 11.

살며 생각하며 : 성경을 읽는 자세

성경은 일반 서적과는 달라서 기도하고 읽으며 성령의 조명하심이 필요하며 읽는 자세도 다릅니다. 성경을 읽으면 졸리다는 사람은 제일 좋은 시간에 연속극 보고 신문 보다가 할 일 없으면 성경 읽으려고 하니 그 때는 피곤하여 졸릴 때이므로 책을 펴면 졸리게 되어 있습니다. 좋은 시간을 성경 읽는데 써야 합니다.

① 성경은 높이 읽어야 합니다. 이는 겸손한 마음으로 읽어야 한다는 말입니다.
② 성경은 깊이 읽어야 합니다. 이는 한 번 정도 읽고 치워버릴 책이 아니라 몇 번이고 계속 읽어야 한다는 말입니다.
③ 성경은 넓게 읽어야 합니다. 성경의 일부분만 읽고 나름대로 해석하게 되면 성경의 참 뜻을 모르고 과오를 범하게 되므로 성경 전체를 읽어야 한다는 말입니다.

성경을 영의 양식이라 함은 먹고 힘을 내야 한다는 의미와 함께 음식을 매일 먹어야 하듯 성경도 매일 읽어야 합니다.

아무리 미련한 사람이라도 쌀 한말을 밥해서 한 번에 먹고 일주일을 굶지는 않는데, 젊은이들은 매일매일 읽는다는 것은 힘들어하며 밤 새워 읽은 후 한 달은 쉬고 하는 식입니다. 그날그날의 양식과 사랑으로 살듯이 매일 성경을 읽는 노력과 그 말씀대로 살려는 각오가 필요합니다.

"너희가 성경에서 영생을 얻는 줄 생각하고 성경을 연구하거니와 이 성경이 곧 내게 대하여 증언하는 것이니라"(요 5:30)

– 신현주 목사 ,「예화 철학」, 도서출판 누가, p195

정리하며 확신하며 : 회개에 따른 축복과 약속

	축복과 약속	참고 성경 구절
1	하늘에서 회개 기도를 들으심	대하 7:14
2	긍휼히 여기심	신 13:17
3	죄사함을 얻게 하심	막 1:7
4	구원을 주심	사 59:20
5	하나님과의 관계를 회복시키심	신 30:3, 4
6	그를 다시 기뻐하심	신 30:10
7	새 역사 새 인생을 시작하게 해 주심	고후 5:17
8	모든 상처를 치유하심	호 6:1
9	다시 범죄하지 않게 하심	히 6:6
10	원수들의 공격에서 보호하심	신 30:7
11	진리를 알게 하심	딤후 2:15
12	하나님에 관한 지식에 있어서 더욱 풍성하게 하심	욥 42:5
13	마음과 영을 새롭게 하심	겔 18:31
14	성령을 주심	행 2:38, 39
15	모든 일에 선을 이루게 하심	롬 8:28
16	천사들의 기쁨이 되게 하심	눅 15:7, 10
17	과거 잘못을 기억조차 않으심	사 43:25
18	영생의 소망을 더욱 강하게 하심	요일 5:13

–「그랜드 종합성경주석」 3권, 성서교재간행사, p846

Day : 10주(금)

찬송 : (새)333장, 381장

10

신명기 31:30–34:12(참고:시 90편) 모세의 마지막 노래

- 32장 마지막 노래
- 33장 축복
- 34장 죽음

모세는 성령을 통해서 장차 이스라엘이 하나님을 떠나 범죄할 것이며, 이로 인해 하나님의 징계를 받게 될 것을 알고 있었습니다. 그러므로 모세는 그때에 이스라엘이 자기 죄를 깨닫고 하나님께 돌아올 수 있도록 미리 노래를 지어 기록했습니다. 이 노래의 내용은 이스라엘 백성들이 잘못하여 범죄한 경우에 그들이 당할 재앙에 대한 예언이었으며, 또한 범죄한 그들에게 회개를 촉구하는 내용이었습니다. 후에 이스라엘 백성들은 이 노래를 읽으면서 자신들이 죄로 인해 징계를 받았다는 사실을 깨닫고 하나님께 돌아가게 될 것입니다.

모세는 이 노래를 지어서 기록한 후에, 이스라엘의 미래를 바라보면서 12지파에게 예언적인 축복을 했습니다. 그러고 나서 그는 비스가산 꼭대기에서 장차 이스라엘 백성들이 들어갈 가나안 땅을 바라보면서 생을 마감합니다. 그때에 모세의 안수를 받은 여호수아에게 지혜의 신이 충만하게 임합니다.

읽으며 묵상하며 : 죽음의 고독 앞에서(신 34:1–8)

여호와께서 그에게 이르시되 이는 내가 아브라함과 이삭과 야곱에게 맹세하여 그의 후손에게 주리라 한 땅이라 내가 네 눈으로 보게 하였거니와 너는 그리로 건너가지 못하리라 하시매 이에 여호와의 종 모세가 여호와의 말씀대로 모압 땅에서 죽어 신 34:4, 5

모세는 자기가 죽을 곳인 느보산 정상을 향해 한 걸음 한 걸음 신중한 발걸음을 내딛으며 위로 올라갔습니다. 이렇게 그가 느보산 봉우리를 향해 천천히 올라갈 때, 이스라엘 백성들은 눈물어린 눈으로 모세의 뒷모습을 바라보았습니다. 그러나 모세는 그에 연연하지 않고 계속하여 위를 향해 발을 내디뎠습니다. 실로 모세가 걸음을 옮길 때마다 하나님께서는 모세가 그토록 알지 못하는 거룩한 곳으로 모세를 인도하셨습니다. 그런데 과연 그렇게 힘겹게 산봉우리를 향해 올라가는 모세의 마음에 어떤 생각들이 밀려오고 있었을까요? 정녕 모세는 이스라엘 민족의 태동기 때부터 그들을 돌보아 왔으며, 그들이 자신에게 온갖 비난과 불평을 퍼부을 때도 묵묵히 견디며 그들 옆에 있어왔습니다. 그럼에도 불구하고 이제 생명처럼 사랑했던 그들 백성을 남겨두고 떠나가야 하는 것입니다.

지난 40년의 광야생활 동안 이스라엘 백성들을 위해 모든 시련을 인내로, 사랑으로 감수해 왔는데 지금에 와서 그들과 헤어져야 하다니…. 진정 이스라엘 백성들은 끊임없이 그를 괴롭게 했던 자들이었습니다. 하지만 모세는 백성 한 사람 한 사람을 무척이나 사랑하고 아껴오지 않았습니까? 그런데 이제 하나님의 부르심을 받아 사랑하는 이스라엘 백성들을 등 뒤에 남겨두고 자기만 홀로 죽음의 길로 떠나야하는 것입니다. 바로 그때의 모세는 얼마나 깊고 뼈저린 고독을 느꼈겠습니까? 눈에 익숙해 있던 모든 것과 작별하고 홀로 생의 저편에 있는 낯선 곳으로 떠나가야만 했던 모세…. 이러한 고독의 주인공이 비단 모세뿐이겠는가? 확신하건데 누구든지 죽음을 앞에 두고는 한번쯤은 이처럼 뼈저린 고독을 체험해야만 할 것입니다. 그러기에 우리는 느보산에 오르는 모세가 철두철미하게 경험했던 바로 그 고독을 준비하며 또한 그 같은 고독에 익숙해질 필요가 있습니다. 그리하여 그처럼 고독한 죽음의 시간 앞에서 결단코 두려워하지 말아야 할 것입니다. 대신 하나님의 약속과 사랑을 기억하며 죽음 저 너머에 있는 신비한 하늘나라에로 조용히 눈을 돌려야할 것입니다. 평화와 소망의 마음으로….

– 「호크마 종합주석」 구약 5권 QT, 기독지혜사, p564

살며 생각하며 : 사랑은 함께 있고 싶은 것

서재에서 설교 준비를 하려고 문을 닫고 성경을 읽으며 묵상하고 있었습니다. 전화도 받지 않는 시간인데도 딸아이가 슬며시 들어왔습니다. 냉정하게 "무슨 일이니?" 물었습니다.

"아빠, 용건이 있는 것이 아니고 함께 있고 싶어서요."

수영이는 여자를 사귀게 되어 연인관계가 되었습니다. 시도 때도 없이 만나다 보니까 공부가 뒤쳐져 새 마음을 먹고 공부를 하고 있는데 애인이 찾아왔습니다. "무슨 일이니?" 물었더니, "오빠, 일이 있는 것이 아니고 함께 있고 싶어서지!"

신혼인 광래는 아내 신옥이가 몸살이 난듯하여 쉬도록 하고 자신은 거실에서 TV를 보고 있었습니다. 보도 프로그램을 보고 있는데 아내가 옆으로 왔습니다. "안 아파?" 물었더니, "아니, 그냥 함께 있고 싶어서, 그러면 나을 것 같아."

'함께 있다'는 것은 창조의 섭리로서 하나님은 아담 혼자 있는 것이 좋지 않아 하와를 창조하여 '함께'있게 했습니다. 임마누엘은 '하나님이 우리와 함께 계시다'는 뜻이며, 예수님의 제자 선택 이유도 "함께 있게 하시기"위함이 있습니다. 인간은 고독하면 힘들지만 함께 하는 사람이 있으면 힘이 되고 위로도 되기에 그런 사람이 그대에게 있다면 복입니다. 예수님은 두세 사람이 함께 기도하는 곳에 함께 있겠다 했습니다. "이에 열둘을 세우셨으니 이는 자기와 함께 있게 하시고 또 보내사 전도도 하며"(막 3:14)

– 신현주 목사, 「예화 철학」, 도서출판 누가, p326

Day : 10주(토)

찬송 : (새)333장, 381장/ (새)342장, 395장

10

■ 이번 주 읽은 성경 요약 및 못 읽은 부분 읽고, 한 주간 생활 묵상하며 가정 예배드리기

■ **주제 : 축복받은 자의 가정**(시 128:1-6)

읽으며 묵상하며 : 축복받은 가정 (시 128:1-6)

사필귀정(事必歸正)이란 말이 유명무실하게 느껴지는 세상이지만 계시록 말씀은 거듭하여 진리가 승리하고 악은 반드시 멸망함을 말씀합니다. 마지막 대접 재앙이 주는 교훈이 무엇입니까?

수고의 열매를 먹으며 복되고 형통하게 삽니다

노동은 저주가 아니라 하나님께서 주신 복의 통로입니다. 하나님께서 수고의 열매를 먹게 하신 것은 놀라운 은혜입니다. 사람이 남을 의지하거나 남의 수고로 사는 것이 아니라 스스로 노동을 하여 얻은 결과로서 사는 것이 복되고 형통한 모습입니다(2절). 그러나 사람이 수고한대로 열매를 맺고 복되게 하는 것은 아닙니다. 아무리 수고하고 애를 써도 허망하게 날아가버릴 때도 있습니다. 부지런히 손을 놀려서 애지중지하게 키운 농작물이 태풍이나 폭설로 완전히 망치는 경우도 많습니다. 잠을 자지 않고 쉬지 못하고 열심히 준비한 것이 한순간에 수포로 돌아가 버린 경우도 있습니다.

사람이 수고의 열매를 충분히 얻어서 먹고 사는 것이 우연히 아니고 하나님께서 주신 것인데, 너무나 하나님을 무시하고 사는 사람들이 많습니다. 하나님을 경외하며 그 말씀으로 행하는 자의 삶은 하나님께서 반드시 보상해주십니다. 그래서 복되고 형통한 삶을 누리게 되는 것입니다. 하나님을 무시하고 잘되고 형통한 것은 잘 된 것이 아니며, 언젠가 허망하게 없어질 것들입니다. 복된 가정을 원하십니까? 하나님을 경외하며 사시길 바랍니다.

충실한 열매와 같은 가정을 이루며 행복하게 삽니다.

복된 가정의 모습은 아내와 자식들을 주목해보면 알 수 있습니다. 집 내실에 있는 아내의 모습은 결실한 포도나무와 같고, 상에 둘러앉은 자식들은 어린 감람나무와 같다고 말합니다(3절).

아내가 결실한 포도나무와 같다는 것은 많은 자녀를 낳고 훌륭하게 길러낸 것을 뜻하며, 자식들이 어린 감람나무와 같다는 것은 어린 감람나무처럼 활기차게 자라가는 모습을 나타내줍니다. 이것은 남성 중심의 관점에서 본 것이 아니라 대표성을 두고 표현한 것입니다. 하나님을 경외하는 가정이 누릴 행복은 부부와 자녀들에게 나타나는 것입니다. 그리고 가정이 복을 누려야 국가와 후손들이 잘 되는 것입니다(5, 6절).

가정에서 아내가 결실하지 못하고, 자식들이 활기차게 미래를 준비해가지 못할 때 가정의 행복은 있을 수가 없는 것입니다. 그래서 복된 가정은 먼저 부부 사이가 좋아야 하고, 그 다음에 자식들이 잘 자라가도록 가정의 토양을 만드는 것이 중요합니다. 어떻게 이런 가정을 만들 수 있을까요? 하나님은 하나님을 경외하는 가정에 이런 지혜를 주십니다. 축복받은 가정의 첫 번째 특징은 하나님을 잘 섬긴다는 것입니다. 힘들고 어려운 일이 많아도 하나님을 잘 섬기는 것을 첫 번째 목표로 정하시길 바랍니다.

– 「일용한 양식」, 기독대학인회(ESF), 2008. 10. 16.

살며 생각하며 : 두 가정의 후손 비교

미국의 초기 청교도 역사 속에서 가장 위대한 영향을 끼쳤던 사람 중 조나단 에드워드라는 사람이 있습니다.

에드워드는 주님을 지극히 사랑하는 신앙적인 여인과 결혼해서 신혼 초기부터 철저하게 기독교적 원리에 입각해서 그리스도인의 가정을 형성해 갔습니다.

같은 때에 뉴잉글랜드에서 그와 같이 자란 동네친구였던 맥스 쥬크는 신앙이란 전혀 찾아볼 수 없고 방탕했던 여인과 결합하여 나중에 자신도 신앙을 저버려 그의 사람됨이 점차 잘못되기 시작했습니다.

어떤 사람이 이 두 사람의 가계를 추적했습니다. 그들의 후손이 과연 어떻게 되었을까요? 에드워드는 오늘날까지 617명의 후손을 두었는데 대학의 총장을 지냈던 사람이 12명, 교수가 75명, 의사가 60명, 성직자가 100명, 군대 장교가 75명, 저술가가 80명, 변호사가 100명, 판사가 30명, 공무원이 80명, 하원의원이 3명, 상원의원이 1명, 미국 부통령을 1명을 배출했습니다.

맥스 쥬크는 1,292명의 후손을 두었는데 유아로 사망한 사람이 309명, 직업적인 거지가 310명, 불구자가 440명, 매춘부가 50명, 도둑이 60명, 살인자가 70명, 그저 그렇고 그런 사람이 53명이었습니다.

이것은 극단적인 예일지도 모릅니다. 그러나 영성이 풍부한 가정과 그리스도가 떠나버린 가정과의 차이를 여실히 볼 수 있는 좋은 예입니다. 당신의 가정에도 영성을 회복하십시오. 신앙적인 원리가 당신의 가정에서부터 실천되도록 하십시오.

당신의 가정은 어떻습니까?

당신의 가정은 깨끗합니까?

그리고 가족 모두가 한결같이 하나님을 사랑하십니까? 또한 늘 영성이 넘쳐 찬양과 기도가 끊이지 않습니까?

돌아보며 다짐하며 : 생존과 사명

이 세상에는 생존으로 사는 사람이 있고 사명으로 사는 사람이 있습니다.

1. 생존으로 사는 사람은 모든 일을 '먹고 살기 위해서' 하는 사람입니다.

무엇을 먹을까? 무엇을 입을까? 어떤 집에서 살까? 무슨 차를 탈까? 노후 준비는 어떻게 할까? 온통 어떻게 먹고 살까? 하는 생각으로 가득 찬 사람은 '생존'으로 사는 사람입니다.

지금 내가 하고 있는 일을 "다 먹고 살려고 하는 짓이지"라고 생각한다면 그 일이 무슨 일이든지 그것은 '생존'을 위한 일입니다. 만약 목사님이 그런 말을 했다면 목회는 '생존'을 위한 직업에 불과 하겠지요?

그러나 성경은 '생존'은 인간이 고민해야 될 문제가 아니라, 하나님이 책임져주시는 일이라고 합니다(마 6:19-34).

2. 사명으로 사는 사람은 모든 일을 '사명을 이루기 위해서' 하는 사람입니다.

비록 내가 굶어 죽는 한이 있어도 이 일을 하겠다면 누군가가 아무리 말리고 방해를 하고 고통을 주고 조롱하고 비웃어도 오히려 더욱 그 일을 가열하게 하고야 마는 사람은 '사명'으로 사는 사람입니다.

지금 내가 하고 있는 이 일을 "내가 하지 않으면 안 되지"라고 생각한다면 그 일이 무슨 일이든지 그것은 '사명'입니다.

하나님은 우리를 이 땅에 '사명'을 이루라고 보내셨습니다. 내가 하고 싶은 일이 사명이 아니라, 하기 싫어도 내가 하지 않으면 안 된다는 생각이 드는 그 일이 사명입니다.

만약 나의 어린 자식들이 해야 될 공부는 안하고 "뭘 먹고 살까, 뭘 입고 살까." 걱정하고 있다면 부모인 저는 속이 터질 것입니다. "야! 그런 것은 아빠가 책임질 일이지 네가 걱정할 일이 아니야. 너는 지금 공부를 열심히 해야 할 때라고!"

– '최용우의 햇빛 같은 이야기'에서 (2008. 9. 27 328쪽)

오늘의 기도 : 가정을 위한 기도

하나님 아버지, 가정을 주셔서 감사드립니다. 때로는 바쁘다는 핑계로 가정의 소중함을 잊고 살았는데, 회개합니다.

시편 128편의 말씀대로 저의 가정이 하나님을 경외함으로 하나님께서 허락하시는 아름다운 믿음의 가정과 복이 넘치는 가정을 이루어 가게 하옵소서.

하나님 아버지! 우리의 가정을 주님 앞에 내놓고 주의 통치를 기다립니다. 우리를 다스려 주시옵소서.

우리의 가정이 참 안식의 터전이 되게 하시고, 주의 교양과 훈계로 자녀를 양육하며, 주의 사랑으로 서로 사랑하는 식구들이 되게 하시옵소서.

우리에게 더 높은 삶의 목표를 주시기 원합니다. 주님을 위해 살고자 하는 섬김의 거룩한 목표를 주시옵소서.

그리하여 우리의 가정에 가득 채워진 이 향기의 근원이 예수님이신 것을 알고 주님을 자랑하고 그리스도의 향기를 나타내는 가정이 되도록 도와주시옵소서. 예수님의 이름으로 기도드립니다. 아멘.

– 홍기웅. 1990. 12. 23.

Day : 11주(월)

찬송 : (새)352장, 390장

11

여호수아 1:1–6:27 전쟁의 준비

- 1장 강하고 담대하라!
- 2장 여리고 정탐
- 3장 요단강 도하
- 4–5장 할례 의식
- 6장 여리고 점령

모세가 죽은 후에 하나님은 여호수아를 선택하여 모세의 직분을 대신하게 하셨습니다. 하나님은 주저하는 여호수아에게 나타나셔서 그와 함께 하실 것을 약속하셨습니다. 하나님은 여호수아에게 율법을 묵상하고 그대로 행하라고 지시하셨습니다. 여호수아는 하나님의 위로를 통해 용기를 얻고, 가나안 정복을 위해 백성들을 준비시켰습니다. 이제 바야흐로 약속의 땅에 들어갈 때가 이르게 되었습니다. 그러나 당시에 요단강은 물이 불어 넘쳐흘렀고, 그들은 그 곳의 지리에 생소했습니다. 또한 그들이 정복해야 할 여리고 성은 난공불락의 성처럼 보였습니다. 그러므로 여호수아는 먼저 여리고성을 정탐하기 위해서 정탐꾼들을 보냈습니다. 정탐꾼들은 위기에 빠졌지만, 라합의 도움을 받아 무사히 돌아올 수 있었습니다. 여리고에서 돌아온 정탐꾼들은 여리고 성 정복에 대해 매우 긍정적인 보고를 했습니다. 마침내 이스라엘은 요단강을 건넜습니다. 사나운 요단 강은 언약궤를 멘 제사장들의 발 앞에서 멈춰 섰습니다. 이스라엘 백성들은 요단 강을 마른 땅처럼 걸어서 건넜습니다. 여호수아는 요단 강에 있던 12개의 돌을 취하여 요단 강을 건넌 일을 기념하게 했습니다. 하나님은 여호수아에게 이스라엘 백성들에게 할례의식을 행하여 성결케 하라고 지시하셨습니다. 그 후에 여호수아는 하나님의 군대장관을 만났습니다. 그리고 그는 하나님의 군대 장관의 지시를 따라 여리고 성을 매일 한 바퀴씩 돌았습니다. 그리고 제 7일째에 이스라엘은 견고한 여리고성을 점령할 수 있었습니다.

읽으며 묵상하며 : 믿음의 행진 (수 3:9–17)

온 땅의 주 여호와의 언약궤를 멘 제사장들의 발바닥이 요단 물을 밟고 멈추면 요단 물 곧 위에서부터 흘러내리던 물이 끊어지고 쌓여 서리라 수 3:13

여호와의 궤를 멘 제사장들은 요단강에 길이 열릴 때까지 기다리지 않았습니다. 그리고 그들을 따르는 이스라엘 백성들 역시 하나님의 명령에 따라 각각 천막을 걷고 짐을 쌌으며 행진하기 좋은 형태로 정렬하여, 물이 흐르고 있는 강둑 앞에까지 내려왔습니다. 그리고 법궤를 맨 제사장들의 뒤를 쫓아 강물에 뛰어 들었습니다.

그 당시, 만약 앞서가던 제사장들이 흐르는 요단강 속으로 발을 집어넣지 않고 오히려 물살이 갈라지기만을 기다리고 요단강 바깥에 마냥 서있었다면 과연 어떻게 되었을까요?

두 말할 필요도 없이 그들의 기다림은 헛수고로 돌아갔을 것이고, 또한 그들을 뒤따르던 모든 백성들은 분노로 길들여진 애굽인의 창과 칼에 모조리 죽어갔을 것입니다. 그러기에 자신과 백성들의 생명을 책임진 제사장들은 요단강의 물살이 갈라지기를 기다리지 않고 오직 믿음으로 용기 있게 강물에 뛰어든 것입니다.

진정 하나님을 자신의 왕이요 주인으로 믿고 있는 우리들은 앞으로 나아갈 수 있는 길이 보이지 않는 암울한 상황 중에서도 다만 하나님의 말씀을 믿고 곧장 앞으로 나아가야 할 의무가 있습니다. 실로 우리는 살아가면서 자주 우리 자신이 감당하기 어려운 난관에 부딪치게 됩니다. 그런데 그 난관들이 우리에게 치명적인 그것들이 말끔히 제거되기만을 바란다는 데 있습니다.

만약 우리가 불가능한 환경들을 버리지 말고 오직 그 환경들 위에 계시는 하나님의 권능을 믿는 참 믿음을 가지고 곧장 앞으로 나아가기만 한다면 하나님께서는 반드시 우리들 앞에 넓고 곧은길을 활짝 열어주실 것입니다.

그렇다면 당신은 마치 장애물이 거기에 없는 것처럼 앞으로 나아가야 할 믿음과 결단의 시간에 누군가가 그 장애물들을 제고해 주기를 기다리며 여전히 그대로 서 있지는 않는가요?

– 「호크마 종합주석」 구약 6권, 기독지혜사, p95

살며 생각하며 : 결코 당신을 버리지 않겠어요?

남북 전쟁이 일어났을 때 아름다운 소녀와 약혼한 한 청년이 군인으로 부름을 받았습니다. 그들의 결혼은 당연히 지연되게 되었습니다. 젊은 군인은 광야 전투에서 마침내 중상을 입게 되었습니다. 그가 사랑한 그 처녀는 그의 처지를 알지 못하고 그가 귀가할 날만을 세고 있었습니다. 마침내 그녀는 낯선 글씨체의 봉투를 받게 되었습니다. 봉투를 열어 보니

"내가 양팔을 다 잃었다는 사실을 말하는 게 아주 어렵소! 나 스스로 쓸 수 없지만 한 친구가 나를 대신해서 이것을 써 주고 있소. 당신은 영원한 나의 사랑이오. 그러나 나의 남은 여생은 다른 사람을 의지하며 살 수밖에 없게 됐소. 그러므로 나는 당신과 맺은 약혼의 의무에서 당신을 자유롭게 해주고 싶소." 라고 쓰여 있었습니다.

즉시 젊은 처녀는 다음 기차를 타고 그녀가 사랑하는 사람이 있는 병원으로 달려갔습니다. 그녀의 눈이 그와 마주친 순간 그녀는 자기 팔로 그의 목을 껴안고 그를 포옹하며

"나는 당신을 결코 버리지 않겠어요! 나의 양손이 당신을 도울 것이며 나는 당신을 돌봐 줄 수 있어요. 내가 당신을 보호하겠어요." 하고 울먹였습니다.

그녀의 확고부동한 헌신은 젊은 군인의 문제를 해결 했으며 그에게 큰 기쁨과 평안을

가져다 주었습니다.

이처럼 우리가 비극적인 일에 사로 잡혀 있거나 병으로 불구가 되었거나 복잡한 문제에 얽혀 슬픔에 잠겨 있거나 할 때 우리는 우리 자신을 돌볼 수 없을지 모릅니다.

그러나 영원한 사랑으로 우리를 지키시는 분이 계십니다. 우리를 보호하시는 주님께 우리의 생을 드리십시오.

– 「어미 새의 사랑」, 두란노, p44

정리하며 확신하며 : 요단강 도하(渡河)의 영적 교훈

	영적 교훈	참고 성경 구절
1	하나님의 명령에 따름	수 3:1-3
	인간의 힘으로 갈 수 없음	요 3:13
2	언약궤를 따라감	수 3:1-17
	그리스도를 따라감	요 14:6
3	언약궤와 일정 관계를 유지함	수 3:4
	주를 경외하는 자가 들어감	말 3:16
4	성결케 함	수 3:5
	죄사함을 받은 자가 들어감	행 2:38
5	머뭇거리지 않고 요단강에 들어감	수 3:8
	결단하여 믿는 자가 들어감	행 16:31
6	백성들이 다 건널 때까지 제사장들이 요단 가운데 섰음	수 4:9-11
	완전한 보호와 은혜를 힘입어 들어감	시 91:3-7
7	마침내 요단 강을 건넘	수 3:17
	하나님의 약속을 반드시 성취됨	요 15:24
8	약속의 땅에서 기업을 얻음	수 5:12
	그리스도께서 예비하신 집을 얻음	요 14:2-4

– 「그랜드 종합성경주석」 4권, 성서교재간행사, p116

Day : 11주(화)

찬송 : (새)93장, 93장

11

여호수아 7:1–10:43 정복

- 7장 아이성 패배
- 8장 승리
- 9장 기브온과 조약
- 10장 남방 정복

이스라엘은 가나안 땅의 중부로 들어가서 여리고 성을 점령함으로 가나안의 허리를 점령했습니다. 이것은 하나님 말씀을 따른 결과로 얻은 큰 성공이었습니다. 그러나 여리고의 승리로 인해 자만해진 이스라엘은 작은 아이 성 정복에 실패했습니다. 패배 후에 여호수아는 하나님께 나아가 엎드렸습니다. 하나님은 그때에 여호수아에게 패배의 이유를 가르쳐 주셨습니다. 하나님은 아간이 하나님의 지시를 어기고, 하나님께 드려진 물건을 취했으며, 이로 인해 이스라엘이 패했다고 말씀하셨습니다. 여호수아는 하나님의 지시를 따라 아간과 그 가족을 죽임으로 죄악의 요소를 제거했습니다. 그 후에 여호수아는 다시 아이 성을 공격하여 그 성을 점령할 수 있었습니다. 여리고와 아이 성이 함락되었다는 소식을 들은 기브온 거민들은 크게 당황했습니다. 그들은 거짓 속임수를 써서 이스라엘과 평화조약을 맺음으로 멸망의 위기에서 벗어날 수 있었습니다. 기브온이 이스라엘과 평화조약을 맺었다는 소식을 들은 예루살렘 왕 아도니세덱은 남부 왕들과 동맹하여 기브온 성을 공격했습니다. 기브온 주민들은 즉시 이스라엘에게 구조요청을 했으며, 여호수아는 그 요청을 듣고 조약을 따라 급히 달려가서 기브온 성을 구원했습니다. 여호수아는 계속해서 남부 동맹군을 추격하여 멸하였습니다. 그리 이 사건으로 인해 여호수아는 중부에 이어 남부 지역도 점령할 수 있게 되었습니다.

읽으며 묵상하며 : 아이 성 제2차 공격(수 8:1–17)

여호와께서 여호수아에게 이르시되 두려워하지 말라 놀라지 말라 군사를 다 거느리고 일어나 아이로 올라가라 보라 내가 아이 왕과 그의 백성과 그의 성읍과 그의 땅을 다 네 손에 넘겨 주었으니 수 8:1

이스라엘은 하나님 앞에서 자신들의 근본적인 참패 원인을 해결하고 주도면밀한 전투 준비를 갖춥니다. 실패를 딛고 일어서는 모습입니다. 용기있는 계획이 어디에서 오는지 생각하는 시간입니다.

이스라엘은 복병 전술을 사용했습니다. 아이 성 1차 공격 때와는 달리 2차 공격에서는 자만이 없었습니다. 오히려 아이 성이 적을지라도 모든 군사력을 동원하여 매복 전술을 하면서 최선의 노력을 합니다. 오히려 아이 성의 군대가 자만하여 성문을 열고 추격하는 모습을 보게 합니다(17절). 이스라엘은 아이 성 참패로 내재한 내부의 죄악을 청산하고 아이 성 정복에 있어 세밀한 작전 계획까지 수립하여 지휘합니다. 물론 하나님이 이스라엘의 최고 사령관으로 진두지휘하시고 이 같은 지휘에 따라 여호수아도 지휘합니다. 하나님은 참패당하여 회개한 이스라엘로 상처받은 명예를 회복시켜주시고, 가나안 정복 사업을 추진해 갈 수 있도록 용기도 주시고, 아이 성 함락 명령도 주십니다. 어두운 밤을 택하여 아이 성 서쪽에 병사들을 매복시킵니다. 날이 밝자 여호수아는 곧바로 자신이 직접 또 한 부류를 이끌고 아이 성 동쪽에서 공격을 시작합니다. 하나님께서는 죄악을 심히 미워하시지만 참회하고 돌이키는 자에게는 용서하시고 새로운 힘과 용기를 주십니다. 실패를 통하여 배우면 하나님의 은혜는 더 크게 느껴집니다.

아이 성 전략은 매복 전술과 더불어 유도 작전을 사용합니다. 아이 성 1차 전투는 계획성이 없었습니다. 그러나 2차 전략은 철저합니다. 사병들과 잔 여호수아는 아침 일찍 일어나 백성들 점호하고 장로들과 함께 공격에 앞장섭니다. 솔선수범하여 주도면밀한 계획을 지시하고 비장한 각오로 나아갑니다. 이 때 여호수아는 마치 패한 것으로 가장하고 다시 골짜기 깊숙한 곳으로 퇴각하였고 아이 성 군대는 퇴각하는 여호수아 군대를 격파하기 위하여 계속 쳐들어갔습니다. 유도작전을 한 것입니다. 그런데 이러한 상황을 오판한 아이 성 군사들은 지난 번 승리에 도취된 나머지 성문을 활짝 열어놓고 동쪽에서 진격해 오는 이스라엘 병사들을 향해 돌진해 간 것입니다. 하나님은 자신들의 죄악과 허물을 깊이 뉘우치고 참회한 자들에게는 복된 길로 나아가도록 인도하십니다. 그들의 삶을 후원해 주십니다. 그러나 자만심에 빠진 아이 성 사람들은 대실수를 하게 됩니다. 당신은 세상과 마귀의 궤계에 대항하는 자세가 어떠한지요? 여호와를 경외함으로 전략에서 승리하시길 바랍니다.

–「일용할 양식」 말씀 묵상, 기독대학인회(ESF), 2004. 11. 6.

살며 생각하며 : 홍해의 기적

성경의 기적을 믿지 않는 여선생님이 학생들에게 말을 했습니다.

"성경에 있는 기적은 진짜로 있었던 것이 아니란 말이에요. 예를 들어 우리가 알다시피 모세가 백성들을 끌고 홍해바다를 건너갔을 때 바다의 깊이가 6인치 밖에 안 되는 갈대밭을 건너간 것이지 어떤 기적이 있었던 것이 아니거든요."

선생님의 말이 끝나자 뒤에 앉은 학생 한 명이 "기적을 인하여 하나님께 영광을 돌립니다"라고 했습니다. 좀 기분이 좋지 않은 선생님은 "무슨 기적이란 말이에요?"라고 묻자 학생은 다음과 같이 대답했습니다.

"하나님이 모세와 이스라엘 백성을 따라오던 애굽의 군대를 모두 홍해 바닷물에 빠져 죽게 했는데 6인치 깊이의 물에다 애굽의 그 많은 대군을 다 빠뜨려 죽게 하신 하나님의 일이 진짜 기적이 아니겠습니까?

–「기독교 문장 대백과사전」 4권, 성서연구사, p416

정리하며 확신하며 : 하나님의 말씀의 12대 능력

	말씀의 12대 능력	참고 성경 구절
1	만물을 창조함	창 1:1, 시 33:6
2	고난 중에 있는 자를 위로	시 119:49, 50
3	성도에게 기쁨과 즐거움을 줌	렘 15:16
4	마귀를 물리침	마 4:1-11
5	병을 고치고 죽은 자를 살림	마 8:18, 요 11:43, 44
6	죄를 깨끗하게 함	요 15:3, 엡 5:26
7	구원과 영생을 줌	요 6:68, 행 13:26
8	성결케 된 자를 견고히 세움	행 20:32
9	만물을 붙듬	히 1:3
10	듣는 자의 심령과 골수를 쪼갬	히 4:12
11	거듭나게 함	벧전 1:23
12	사탄과, 그에 속한 세상을 심판하심	벧후 3:5-7, 계 19:13-15

–「그랜드 종합주석」 No.16, 성서교재간행사, p73

Day : 11주(수)

찬송 : (새)354장, 394장

11

여호수아 11:1-15:63 정복의 완성과 분배

- 11장 북방점령
- 12장 전략개요
- 13-15장 땅의 분배

이스라엘은 단 시일 내에 가나안의 중부와 남부 지역을 점령했습니다. 그 후에 다시 가나안 북쪽 지역에서 동맹군이 조직되었습니다. 북부 동맹군들은 메롬 물가에서 이스라엘과 싸우기 위해서 진을 치고 있었습니다. 그때에 하나님은 여호수아에게 북부 동맹군을 치라고 명령하셨습니다. 여호수아는 그 명령을 따라 즉시 군사들을 이끌고 북쪽지역을 향해 머나 먼 행군을 감행했습니다. 여호수아는 북쪽 지방에 도착한 후에 북부 동맹군을 기습했습니다. 북부 동맹군들은 이스라엘 군대의 기습을 받고 당황하여 흩어져 도망치고 말았습니다. 이 전쟁은 이스라엘의 승리로 끝났으며, 여호수아는 이 6전쟁으로 인해 가나안 북부지역 마저 차지할 수 있게 되었습니다. 이제 이스라엘은 가나안 중부와 남부, 그리고 북부의 땅과 산지와 평지를 모두 정복했습니다. 요단 동편 땅은 이미 르우벤, 갓, 므낫세 반 지파에게 돌아갔고, 요단 서편의 남부 지역은 유다지파에게 돌아갔습니다. 그때에 85세나 된 갈렙은 선봉에 서서 당시에 가장 강력했던 헤브론 성을 쳐서 정복했습니다.

읽으며 묵상하며 : 신앙인의 표본 갈렙 (수 14:8)

나와 함께 올라갔던 내 형제들은 백성의 간담을 녹게 하였으나 나는 내 하나님 여호와께 충성하였으므로 수 14:8

히브리어 성경은 돛을 다 펴고 오직 하나의 목적을 향하여 전력 질주하는 배 한 척을 그림 같은 언어로 다음과 같이 묘사하고 있습니다. '나는 나의 하나님 여호와를 온전히 좇았으므로...' 이것은 바로 신실한 주의 종 갈렙에 대한 묘사입니다. 처음부터 끝까지 갈렙에게는 아무런 제한이나 속박이 없었습니다. 그는 하나님의 종으로 부음 받은 그 순간부터 마치 부는 바람에 온 몸을 내 맡긴 돛처럼 자신의 몸과 영혼의 모든 힘을 오로지 하나님을 은총, 하나님의 영, 그리고 하나님의 섭리에 내 맡겼습니다. 더욱이 그는 어떤 일이든지 꽁무니를 빼거나 자기 생명을 아끼려 하지 않았습니다. 비록 당장에 손해 보는 일이 있다 할지라도... 어디 그 뿐인가.

그는 하나님의 계획들 중에서 어떤 것은 자기한테 적합하기 때문에, 또 어떤 것은 구미가 담기지 않기 때문에 자기 맘대로 택하고 버리는 교만한 행동을 조그만큼도 보이지 않았습니다. 진정 갈렙은 하나님의 주권에 의해서 계획되어진 일에 모두 적극적이고 헌신적인 자세로 참가했던 것입니다. 참으로 하나님께 온전히 자기 자신을 바치는 사람들은 나이가 들어감에 따라 더욱 더 열심있는 사람들이 되어 갑니다. 또한 만일 그 같은 헌신 자에게 어려운 일들이 증가 될수록 주님께서는 더욱 큰 힘으로 그들의 허리띠를 바짝 졸라매어 주실 것입니다. 그러기에 어쩌면 하나님께 온전히 헌신하는 이들의 역량은 생의 피나는 투쟁을 통해서 더욱 성장되어 가는 것이 아닐까요?

일반적으로 노인들은 남의 말을 잘 이해하며 쉽사리 회의를 품지 않습니다. 마치 가장 멀리 간 사람들이 가장 많은 것을 볼 수 있듯이 그들은 인생을 넓게 볼 줄 압니다. 마찬가지로 다양한 경험들을 하면서 머나먼 순례자의 길을 여행한 신앙인들은 날이 바뀌고 해가 바뀔수록 더욱 견고한 신앙과 열성을 소유하게 됩니다. 또한 그런 이들은 눈에 보이지 않는 영원한 것에 대해서 놀라울 정도의 이해력을 갖게 되는 것입니다. 여기에 그런 사람의 표본이 있으니, 그는 바로 85세의 노인 갈렙입니다. 갈렙은 마음을 다 받쳐 하나님께 충성한 사람으로서 팔순이 넘는 나이에도 불구하고 여전히 또렷하고 맑은 정신과 믿음을 잃지 않은 순례자로서 우리에게 위대한 신앙의 표본을 보여주고 있지 않습니까? 그리고 자신 있게 '나는 여호와를 온전히 좇았다'고 고백하고 있지 않습니까?

–「호크마 종합주석」 구약 6권, 기독지혜사, p298

살며 생각하며 : 충성스러운 헌신자에게 주어진 기업

30년 동안 흑암의 대륙 아프리카에서 온 생을 바쳐 헌신한 위대한 선교사 리빙스턴(Livingstone)에 대한 일화입니다. 스탠리(Stanley)라는 영국인이 오랜 밀림 생활 끝에 늙고 쇠약해진 리빙스턴을 발견하고는 그에게 함께 영국으로 돌아갈 것을 강권했습니다. 그러나 그는 단호한 어조로 돌아가기를 거절했습니다. 그 일이 있은 지 이틀 후 리빙스턴은 일기에 자신의 심정을 이렇게 기록 하고 있습니다.

"3월 19일 오늘은 내 생일이다. 나의 왕이시고, 내 생활의 전부 이신 나의 주님, 이제 또 다시 내 모든 것을 당신께 바치기로 결심하였나이다. 이를 허락하시고 나를 받아주소서. 자비로우신 아버지, 이 한해가 가기 전에 제 일을 마무리 질 수 있도록 도와주소서. 예수님의 이름으로 간구하나이다. 아멘." 그로부터 일 년 후, 무릎을 꿇은 모습으로 리빙스턴은 하나님께서 약속하신 영원한 안식일 나라로 떠나갔습니다. 진정 성실히 하나님의 뜻을 좇아 일생을 살아가는 자에게 하나님께서는 안온한 휴식처를 제공하실 것입니다.(Tom M. Olson)

–「호크마 종합주석」 구약 6권, 예화, 기독지혜사, p298

Day : 11주(목)

찬송 : (새)492장, 544장

11

여호수아 16:1-21:45 나머지 기업 분배

- 16-19장 나머지 분배
- 20장 도피성
- 21장 레위인의 성읍

유다 지파는 적극적으로 정복에 나섬으로 남방의 넓은 영토를 차지했습니다. 그때에 요셉 지파는 자신들이 인구가 많은 데 적은 땅을 받았다고 불평했습니다. 여호수아는 자기 지파인 요셉 지파에게 중부의 산지 지역을 스스로 개척해서 소유하라고 말했습니다. 그때에 하나님께서 거하시던 성막은 요셉 지파의 영토에 있는 실로로 옮겨졌습니다. 그 후로 실로는 당분간 이스라엘의 예배 중심지가 되었습니다. 그러나 아직도 정복 전쟁에 적극적으로 나서지 못했던 나머지 7지파는 아직도 기업을 얻지 못하고 있었습니다. 여호수아는 아직 정복하지 못한 땅을 지도에 그려오도록 지시했습니다. 여호수아는 그 지도를 가지고 제비를 뽑아서 나머지 7지파들에게 분배해 주었습니다. 이제 7지파는 자신이 분배받은 지역을 스스로 정복해서 자기의 소유로 삼아야 했습니다. 그 후에 하나님은 실수로 살인한 사람들이 피할 수 있도록 각 도시 중에서 도피성을 구별하라고 지시하셨습니다. 레위지파는 성막 일을 해야 했기 때문에 기업 분배에서 제외되었습니다. 그러므로 하나님은 각 지파들에게 명하여 그들이 받은 기업 중에서 레위인이 거할 성읍을 제공하라고 지시하셨습니다.

읽으며 묵상하며 : 지체하지 말라 (수 18:1-7)

여호와께서 너희에게 주신 땅을 점령하러 가기를 어느 때까지 지체하겠느냐 수 18:3

인생의 황혼기에 접어든 여호수아의 마음은 찢어질 것만 같았습니다. 아직도 치루어야 할 전쟁이 남아 있는데도, 이스라엘 백성들은 현실 생활에 안주 해 버리고 말았기 때문입니다. 그들은 쉴 새 없는 전쟁의 고난 끝에 겨우 얻은 약속의 땅에서 장차 누리게 될 참 기쁨보다는 한낱 전리품을 향유하는데 만족해 버리고 말았던 것입니다. 그들은 하나님의 약속도, 그들의 사명도 잊어버린 것입니다.

장차 주어 질 엄청난 기쁨과 축복보다도 현재의 작은 괴로움을 피하는 것이 그들에게는 달콤하게 느껴졌던 것입니다. 그러한 이스라엘 백성들에게 영원한 영광을 차지하기 위해 나태한 무관심을 내 버리고 어서 일어나 약속의 땅을 차지하라는 여호수아의 호소는 얼마나 달갑지 않는 것이었겠습니까?

풍성한 열매는 나태한 자의 것이 아닙니다. 겉옷을 벗고, 소매를 걷어 올린 자 만이 열매를 맺을 수 있습니다. 이마에 구슬 같은 땀을 흘릴 때에야 비로소 황금빛 들 판을 바라보는 기쁨을 누릴 수 있는 것입니다. 그렇다면 우리 자신의 모습은 어떠한가요? 우리도 현재 생활에 안주하여 미래의 사명을 잃어버리지는 않았는가요?

아직도 가야 할 길이 멀고, 해야 할 일들이 산더미처럼 많은데 중도에서 땀 흘리기를 포기해 버리지 않았는가요?

넓고 평탄한 길로 가고자 하여, 호화로운 나날을 보내고자 하여 하나님의 일에 대한 의욕을 상실하지는 않았는가요? 그 일에 무관심해 지지는 않았는가요?

여호수아는 이러한 우리들에게 담대하게 외칩니다.

"왜 그 땅을 점령하러 가기를 지체하느냐?" 하나님께서 우리에게 맡겨주신 그 일은 두고두고 생각해 볼 것도 아니며, 여유를 가지고 음미해 볼만한 아름다운 것도 아닙니다. 그저 "예"하고 앞으로 나아가기만 하면 되는 것입니다

그러므로 우리는 주님의 부르심이 있을 때에 망설이지 맙시다! 누구보다도 먼저 앞으로 나갑시다. 잠시 귀를 기울여 봅시다. 주님께서 우리를 부르시는 소리가 들리지 않는가?

–「호크마 종합주석」 구약 6권, 기독지혜사, p363

살며 생각하며 : 1m 철학

1849년 미국 캘리포니아에서 금이 쏟아져 나와 그 해를 '황금의 해'라고 부릅니다. 어떤 청년이 일확천금의 꿈을 안고 캘리포니아의 금광을 사서 열심히 채굴했지만 금이 나오질 않자 금광을 팔아치웠습니다. 그런데 새로 인수한 사람이 1m쯤 파고들어 가자 노다지가 터져 나왔습니다.

금광을 판 청년은 여기서 황금보다 귀한 교훈을 얻었습니다. 최후의 순간까지 최선을 다해야 성공할 수 있다는 것을 깨닫고 스스로 '1m 철학'을 정립하고 모든 일에 임했습니다.

그는 보험회사 영업사원으로 들어가 1m 철학을 실천했습니다. 고객을 대할 때마다 내가 여기서 포기하면 이때까지 기울인 모든 수고가 헛것이 된다는 생각으로 끝까지 최선을 다해 보험 가입을 성사시켰습니다. 1m 철학이 결국 그를 거부로 만들었습니다.

기도에도 1m 철학이 필요합니다. 하나님은 우리의 기도에 반드시 응답하십니다. 다만 사람들은 응답까지 1m를 남겨놓고 포기하는 경우가 많습니다. 끝까지 믿고 기도하는 사람은 반드시 응답을 받습니다.

–「호크마 종합주석」 구약 6권, 예화, 기독지혜사, p298

Day : 11주(금)

찬송 : (새)516장, 365장

11

여호수아 22:1-24:33 마지막 권면

- 22장 장래를 위한 기념물
- 23장 현재를 위한 부탁
- 24장 서약

먼저 요단 동편에서 땅을 분배받은 르우벤과 갓과 므낫세 반 지파는 요단강을 건너서 나머지 지파들이 요단 서편을 정복할 수 있도록 도왔습니다. 그들은 나머지 지파들이 땅을 분배 받은 후에 임무를 마치고 자기 기업인 요단 동편으로 돌아갔습니다. 그러나 그들은 요단 동편으로 돌아간 후에 한 가지 걱정거리가 생겼습니다. 그것은 시간이 지난 후에 요단 서편에 사는 지파들이, 요단 동편에 사는 사람들을 형제로 인정하지 않을 가능성이 있었기 때문입니다. 그러므로 그들은 강가에 큰 제단을 쌓고 요단 동편과 서편이 같은 이스라엘 민족이라는 것을 나타냈습니다. 요단 서편의 지파들은 이 소식을 듣고, 그들이 하나님을 버리고 다른 신을 섬기려고 다른 제단을 쌓았다고 오해했습니다. 이로 인해 요단 서편 지파들과 요단 동편 지파들 간에 동족상잔이 일어날 위기에 놓였습니다. 그러나 요단 동편 지파들이 장로들을 요단 서편에 파견하여 자신들이 제단을 만든 이를 설명했습니다. 요단 서편 지파들은 그 설명을 듣고 오해를 풀게 되었습니다. 그들은 서로 화해를 한 후에 서로 서로 축복했습니다. 여호수아는 세상을 떠나기 전에 마지막으로 이스라엘 백성들을 소집했습니다. 그리고 그들에게 오직 여호와만을 섬기도록 간곡히 권고했습니다. 그는 "모든 이스라엘이 다른 신을 섬길지라도 나와 내 집만은 여호와를 섬길 것"이라고 말했습니다.

"너희가 섬길 자를 오늘 택하라. 오직 나와 내 집은 여호와를 섬기겠노라"(24:15). 이 말을 들은 모든 이스라엘 지파들은 자신들도 여호수아를 따라서 오직 여호와만 섬기겠다고 약속했습니다. 그 후에 여호수아는 110세를 일기로 생애를 마치고 열조에게 돌아갔습니다.

읽으며 묵상하며 : 여호와만 섬기라 (수 24:14-18)

> 만일 여호와를 섬기는 것이 너희에게 좋지 않게 보이거든 너희 조상들이 강 저쪽에서 섬기던 신들이든지 또는 너희가 거주하는 땅에 있는 아모리 사람의 신들이든지 너희가 섬길 자를 오늘 택하라! 오직 나와 내 집은 여호와를 섬기겠노라 수 24:15

지금까지 이스라엘에게 행하신 하나님의 크신 일에 대해 말한 여호수아는 결론적으로 여호와를 경외하며 성실과 진정으로 그를 섬기라고 권면하고 있습니다(14절상). 이것은 그들이 인류 2대 문명 발상지인 유브라데 강 저편의 메소포타미아 신들과 이집트에서 섬기던 신들을 제하여 버리는 것에서 시작됩니다(14절하). 여호수아는 이스라엘 백성들에게 만약 여호와를 섬기는 것이 좋지 않게 보인다면 오늘 메소포타미아의 월신(月神)이나 이집트의 태양신 혹은 대부분의 지역에 퍼져 있던 저급한 부족신의 표본인 아모리 사람들의 신들 중 섬길 자를 택하라고 촉구합니다. 그러면서 자신과 자기 집은 오직 여호와를 섬기겠노라고 선언합니다. 하나님 신앙은 자기 민족이나 가족의 믿음에 의해 자동으로 이어지는 것이 아니라 진지한 자기 결단으로 선택해야 하는 것입니다.

이에 백성들은 하나님을 버리고 다른 신을 섬기는 일을 결단코 하지 않겠노라고 다짐합니다. 그들은 이 같은 선택이 여호수아의 강요에 의한 것이 아니라 충분한 자기 확신과 이유가 있음을 말하고 있습니다. 곧 하나님께서 그들을 위해 애굽과 광야와 가나안 땅에서 행하신 그 위대하고 친절하신 일들을 생각할 때 그분만을 섬기는 것이 당연하다고 고백하고 있는 것입니다(17절). 이스라엘 백성들은 이제 하나님이 여호수아만의 하나님이 아니라 자신들의 하나님이라고 고백하고 있습니다(18절). 하나님만 섬기기로 결정한 여호수아와 이스라엘 백성들의 이 선택은 가장 가치 있는 선택임에 틀림없습니다.

– 「GT, 세계를 품는 경건의 시간」, GTM, 2005. 12, 14.

살며 생각하며 : 성경을 택한 아들

1870년대 후반 스코틀랜드 선교사 매킨타이어 목사가 만주에서 전도할 때의 일입니다. 그는 만주를 왕래하며 장사하는 의주 출신 한국인들에게 관심을 갖고 접근했습니다. 그는 한국인들의 관심을 끌기 위해 성경이나 「덕혜입문」, 「후아진언」과 같은 기독교서적뿐 아니라 양초도 나누어 주면서 전도했습니다. 의주사람 하나가 그에게서 양초와 성경 등 기독교 책을 얻어 고향에 돌아왔습니다. 그는 양초에만 관심을 두었습니다. 신기한 양초가 타는 모양을 보면서 동네 사람들에게도 자랑했으나 책은 거들 떠 보지도 않았습니다. 그런데 그 집의 아들이 아버지가 버려둔 책들에 눈을 돌렸습니다. 한문으로 된 성경과 책들을 읽어가면서 그 내용에 빠져들었습니다.

2년 후 그 아들은 기독교 진리를 받아들이기로 결심했습니다. 그리고 그 책을 주었다는 만주의 선교사를 찾아 나섰습니다. 매킨타이어를 만나자마자 그는 입신 결심을 밝혔습니다. 매킨타이어는 몇 마디 질문으로 그의 신앙을 점검해 본 후 의심 없이 그를 교인으로 받아들이고 세례를 주었습니다. 그때(1879절) 세례 받은 그 아들의 이름이 백홍준입니다. 이로써 백홍준은 1879년에 탄생된 한국 개신교 최초 세례교인 4명중 한 사람이 되었습니다. 백홍준은 세례를 받자마자 만주에 있으면서 일도 하고 돈도 벌지 않겠느냐는 선교사의 권유를 뿌리치고 의주로 돌아왔습니다. 그의 만주 여행 목적은 처음부터 교인되는 것이었지 돈벌이가 아니었기 때문이었습니다. 양초를 선택한 아버지와 성경을 선택한 아들의 차이가 이렇게 확실히 나타났습니다.

– 「기독교 문장대백과사전」 9권, 성서연구사, p808

Day : 11주(토)

찬송 : (새)333장, 381장/ (새)342장, 395장

11

■ 이번 주 읽은 성경 요약 및 못 읽은 부분 읽고, 한 주간 생활 묵상하며 가정 예배드리기

■ **주제 : 인가귀도(引家歸道) 된 고넬료 가정(행 10:1–8)**

읽으며 묵상하며 : 경건한 고넬료의 가정(행 10:1–8)

고넬료의 경건생활(1–2)

본문에 등장하는 고넬료라는 사람은 로마인이며 팔레스타인을 정복하고 있는 정복자 군대의 백부장으로 기독교에 있어서 최초의 이방인 개종자라고 할 수 있습니다. 그러므로 고넬료 가정에 역사하신 성령의 사역은 기독교 선교 역사에 중요한 의미를 갖기 때문에 성경은 한 장 전체를 할애하여 기록하고 있습니다. 고넬료는 로마의 군대 장교이면서도 온 가족이 유대인이 믿는 하나님을 경외하고 있었으며, 유대인들이 믿는 신앙의 관습에 따라 구제하는 일과 기도하는 일에 열심이 있는 경건한 자였다는 것은 놀라운 일입니다. 비록 그는 정복자로서 군대 장교이고 로마인임에도 불구하고 교만하지 않고 오히려 유대인들을 사랑하고 그들을 불쌍히 여기며 구제를 많이 하였습니다. 참된 경건이란 무엇입니까? 바로 성경이 말하는 것처럼 고아와 과부를 그 환난 중에 돌아보고 또 자기를 지켜 세속에 물들지 아니하는 것입니다(약 1:27). 고넬료의 경건생활을 본받도록 합시다.

고넬료를 향한 하나님의 계획(3–8)

어느 날 고넬료는 제 9시, 지금의 오후 3시쯤 환상을 보았습니다. 환상 중에 하나님의 사자가 고넬료에게 다가와서 말하기를 고넬료의 기도와 구제가 하나님 앞에 상달하여 기억하신바 되었다고 하시면서 지금 욥바에 있는 베드로를 청하라고 말했습니다. 천사가 떠나자 고넬료는 즉시 집안 하인 둘과 신앙적으로 경건한 사람 하나를 불러 욥바로 보내었습니다. 고넬료가 행한 기도와 구제를 하나님께서 기쁘게 받으셨으며, 하나님의 위로와 격려가 주어졌습니다. 고넬료의 기독교 개종은 하나님의 직접적인 개입을 통해 이루어졌습니다. 이는 이방인 선교의 정당성을 보증합니다. 모든 그리스도인들의 소망은 하나님이 기쁘게 받으시는 삶을 살며, 하나님의 기억하신 바가 되는 것입니다. 오늘 내가 돌아보아야 할 고넬료는 누구입니까?

– 도서출판 학생신앙운동(FSC) / 날마다 주님과 함께 2003년 07월 23일

한없이 가깝다가도 다툼이 생기면 원수같이 느껴지는 부부 사이, 말 한마디가 부부싸움의 원인이 되는가 하면 싸움을 끝내는 해결의 열쇠가 되기도 합니다. 잉꼬같은 금실을 자랑하는 부부들이 싸움 후에도 흔들리지 않는 애정 전선 유지하는 대화의 기술입니다.

꽁~한 남편 화 풀어주는 아내의 말

"나 아파~"

신랑이 화났을 때는 최대한 불쌍한 표정으로 아프다고 합니다. 남편이 이것저것 챙겨주고 돌봐주는 사이 화가 풀립니다. 싸움이 길어지면 시어머니나 친정어머니께 전화를 겁니다. 부부싸움 했다는 내색은 하지 않고 이런 저런 얘기를 하다가 아무렇지 않게 신랑을 바꿔주고, 통화 내용을 서로 전해주며 언제 싸웠냐는 듯이 자연스럽게 대화가 오가게 됩니다.

"이거 한번 먹어볼래요?"

맛있는 음식을 주문하거나 스페셜 메뉴로 저녁상을 차립니다. 음식 냄새를 맡고 어느새 옆으로 다가온 남편을 향해 "맛보세요." 하고 한마디 날리면 OK! 역시 남자들은 단순합니다!

"요즘 무슨 렌즈 갖고 싶다고?"

남편의 취미가 사진 찍기와 카메라 렌즈 수집인 사람들이 많습니다. 아무리 큰일로 싸워도 이 말 한마디면 금세 화색이 도는 얼굴로 달려와서는 사고 싶은 렌즈에 대해 열과 성을 다해 설명할 것입니다. 물품 공세는 돈이 많이 들어서 그렇지 싸움을 크게 해서 풀 방법이 없을 때는 묘약입니다.

"우리 사이좋게 지내자"

남편에게 손을 내밀고 악수를 청하면서 말합니다. 유치원에 다니는 아이들이 하는 것처럼. 당신과 싸우기 싫다. 서로 웃기만 하면서 행복하게 살자고 하면 남편도 그러자면서 웃을 것입니다.

"내가 믿고 의지할 사람은 당신밖에 없어."

남편과 싸운 뒤 화해하고 싶을 때 쓰는 말. 내가 짜증이 날 때 속마음을 털어 좋을 사람이 당신밖에 없노라고 미안하다고 말하면 남편도 이해해 줄 것입니다. 이때 "내가 사랑하는거 알잖아" 라고 말하면서 애교작전을 펼치면 효과가 더 좋답니다.

"ㅇㅇ아~ 아빠한테 미안하다고 전해줘."

부부 싸움을 하다가도 또, 부부싸움을 하고 나서 남편에게 화해를 청하고 싶은데, 직접 말하기 쑥스러울 때 아이에게 이렇게 말합니다. 아이가 어려 직접 말을 전하지 못해도 옆에서 듣고 있던 남편에게 화해를 하고 싶다는 마음을 어색하지 않게 전해 보십시오.

"여보!! 미안해!"

예전에는 잘잘못을 떠나 남편이 먼저 사과를 해야 싸움이 끝났을 겁니다. 일주일 넘도록 말 한마디 안 하고 지낸 적도 많을 것입니다. 생각을 바꿔 먼저 사과하는 연습을 해봅시다. 다툼이 생길 경우 제가 먼저 미안하다고 하면 남편도 그 노력을 알고 바로 화를 풀 것입니다.

– 라황용 목사(세계로교회), 2009. 6. 6.

돌아보며 다짐하며 : 부부로 사는 특별한 행복

부부 갈등은 대부분 서로에게 원하는 것을 상대방이 들어주지 않았을 때 시작됩니다. 서로 생각이 다른 두 사람이 함께 살아가면서 상대에게 바라는 점이 생기는 것은 사실 당연한 일입니다. 문제는 원하는 것이 있을 때 무엇을 왜 원하는지 차분히 이야기하지 않고 "왜 내 마음을 몰라줄까", "그 정도는 척척 알아서 해줘야지", "사람이 정말 이해심이라고는 눈곱만큼도 없어" 하고 혼자 생각하면서 발생합니다. 일단 생각이 앞서서 나가 버리면, 상대를 향한 말도 곱지가 않고 결국 싸움이 시작되는 것입니다.

예를 들어 대청소를 한 날 저녁, 아내는 '오늘같이 내가 힘든 날은 남편이 설거지를 좀 해주겠지' 하는 기대를 합니다. 하지만 남편이 무심히 식탁에서 일어나면 갑자기 화가 나고 서운한 마음이 드는 것입니다. '이런 날 설거지 좀 해주면 좀 좋아? 나는 하루 종일 쓸고 닦고 허리가 빠지는데, 자기는 앉아서 텔레비전이나 보고 있고…' 하는 생각이 들면 이미 아내의 마음은 화가 화를 부르는 상황. 급기야 남편에게 가서 "당신은 왜 설거지 한번 안 해? 내가 이 집 파출부로 보여?" 하며 화를 내게 됩니다.

그러면 남편은 가만히 잘 있다가 난데없이 왜 이러나 하는 얼굴로 쳐다보는 경우가 대부분. 설거지를 해 달라고 부탁한 적이 없으면서 갑자기 화를 내는 아내가 당황스럽고 짜증스러워지기도 합니다.

예전에도 이런 식으로 아내가 느닷없이 화를 낸 적이 있었다면 아마 남편은 '또 시작이구나' 하면서 아예 아내 말을 무시할 수도 있습니다. 만약 아내가 "아, 오늘 하루 종일 청소했더니 진짜 힘들다. 오늘은 자기가 설거지 좀 해주면 안 돼?" 하고 바라는 바를 명확하게 말했다면 상황은 전혀 다르게 진행되었을 것입니다.

바라는 것이 있으면 솔직하게 이야기를 하고, 불평을 하기 전에 부탁을 하는 습관을 들이면 부부 갈등은 크게 줄어듭니다.

– 라황용 목사(세계로교회 담임) / 2008. 4. 11(12:22) from

오늘의 기도 : 순종하게 하옵소서

은혜로우신 하나님 감사합니다. 주께서 진정 원하시는 사람이 누구인지 잘 알고 있습니다. 주님은 수많은 희생 제물보다 마음의 중심에 순종함이 있는 사람을 쓰십니다. 제가 진정 순종의 사람이기를 원합니다. 저로 하여금 불순종과 결별하고, 순종과 하나 되도록 가르쳐 주옵소서.

고넬료 가정처럼 온 가족이 한 마음으로 하나님을 경외하고 구제하고 기도함으로 하나님의 사업에 쓰임 받는 복된 가정이 되게 복을 내려주옵소서.

경건의 모양만 갖추는 자가 아니라 경건의 능력을 소유하게 하소서 우리의 삶이 하나님께 상달되고 기억하신바 되게 하소서. 예수님의 이름으로 기도합니다. 아멘.

Day : 12주(월)

찬송 : (새)528장, 318장

12

사사기 1:1-5:31 사사시대의 개관

- 1-2장 군사적, 영적 실패
- 3-5장 초기의 다섯 사사들

유다와 요셉 족속이 땅을 정복한 후에, 다른 족속들도 가나안 정복에 나섰습니다. 그러나 그들은 그 땅의 거민들을 다 쫓아내지 못했습니다. 그들은 왜 가나안 주민들을 쫓아내지 못했을까? 그것은 그들이 가나안 문화에 동화되었기 때문이었습니다. 하나님은 그들에게 사자를 보내어 가나안 족속과 언약을 맺지 말고, 그들이 섬기는 신을 섬기지 말며, 그들의 제단을 모두 헐어버리라고 명하셨습니다. 그러나 여호수아와 그 세대 사람들이 죽게 되자, 그 후에 일어난 세대들은 여호와를 버리고 그 땅의 신들을 섬겼습니다. 이러한 타협적인 자세로 인해서 하나님은 그들이 더 이상 가나안 족속들을 쫓아내지 못하게 하셨습니다. 하나님은 가나안 족속들을 통해서 이스라엘 백성들이 여호와의 명령을 지키는지 안 지키는지 시험하셨습니다. 이스라엘은 하나님을 떠나서 가나안 주민들의 신을 섬기고 그들의 악한 행위를 좇았습니다. 이스라엘은 영적, 정치적, 도덕적으로 점점 타락해만 갔습니다. 그러므로 하나님은 이스라엘을 대적들에게 붙이셔서 그들의 압제를 받게 하셨습니다. 그러나 하나님은 이스라엘 백성들이 고통 중에 부르짖으면 즉시 사사들을 일으켜서 그들을 구원해 주셨습니다. 이러한 상황 속에서 사사 옷니엘과 에훗과 드보라, 그리고 바락이 이스라엘의 구원자로 역사 무대에 등장하게 되었습니다. 이때에는 사람들이 하나님이 주신 율법을 따르지 않고 각 사람이 자기 소견에 옳은 대로 행했습니다.

읽으며 묵상하며 : 거룩한 집념으로 사랑하시는 하나님(삿 3:8-11)

> 이스라엘 자손이 여호와께 부르짖으매 여호와께서 이스라엘 자손을 위하여 한 구원자를 세워 그들을 구원하게 하시니 그는 곧 갈렙의 아우 그나스의 아들 옷니엘이라 삿 3:9

사사기 전체를 통해 일관되게 나타나는 구절이 있습니다. 그것을 간추려 보면 "이스라엘 자손이 여호와 목전에 악을 행하여...", "여호와께서 이스라엘에게 진노하사...", "이스라엘 자손이 여호와께 부르짖으매...", "여호와께서 그들을 위하여..." 이러한 말씀들은 이스라엘의 삶의 양태를 축약한 표현들로서 이를 달리 표현하면 이스라엘의 타락과 반역, 그로 인한 하나님의 징계, 고통을 당한 이스라엘의 자성과. 회개와 간구, 용서하시는 하나님의 사랑, 그리고 다시 타락하는 이스라엘.

정녕 이스라엘의 가나안 정착 초창기 역사는 그야말로 추악한 범죄의 악순환으로 점철되어 있지 않습니까? 그런데 이처럼 지겹도록 반복되는 타락의 악순환, 절망의 깊은 소동 속에서도 놀랍고도 소망스러운 사실 한 가지를 발견할 수 있습니다. 그것은 '그럼에도 불구하고' 이스라엘을 '끝까지' 사랑하시는 하나님의 거룩한 집념! 진정 하나님께서는 한번 선택하신 자를 결단코 버리지 않으십니다. 참으로 집요한 사랑으로써 말입니다. 그분은 타락한 당신 백성의 자존심을 무참히 짓밟으시고, 두 다리를 분질러서라도, 그리고 그들을 황폐화, 초토화시켜서라도 기어코 그들로 하여금 자신들의 허물을 자각하고 끝끝내 당신의 품으로 다시 돌아오게 만드십니다. 이 큰 사랑, 불가항력적인 은총은 질곡의 현장에서 허덕이는 오늘 우리에게도 조용히 다가오고 있지 않습니까? 이제 당신은 부러진 다리를 만지며, 깨어진 평안을 주어 담으며 하나님의 거룩한 집념을 감사하고, 노래하지 않겠습니까?

– 「호크마 종합주석」 구약 6권, 기독지혜사, p556

살며 생각하며 : 사랑하기 때문에

위대한 기독교 작가 가운데 한 사람인 보함은 자기에게 커다란 영향을 주었던 다음의 사건을 가록하고 있습니다. 내가 아직 청년이었을 때에 나는 친구의 집에서 그 친구와 함께 보낸 적이 있었습니다. 나는 그 집에 처음 갔었고, 그 친구는 나에게 응접실 건너편에 있는 방은 출입금지의 방이기 때문에 그쪽으로는 절대로 가지 말라고 주의를 주었습니다. 아무도 그 방에는 들어갈 수 없다는 친구의 말을 따라서 나는 그 방에는 가지 않았습니다. 그러던 어느 날 밤중에 나는 잠이 깨었는데 그때 출입금지의 방에서 인기척이 났습니다. 그래서 방문을 조금 열고 밖을 내다보니 그 방의 문이 조금 열려 있었고, 침대위에 한 어린 소년이 누워 있었습니다. 그 소년은 정신병으로 아무것도 깨달을 수 없는 소년이었습니다. 그 소년이 누운 침대 앞에 친구의 어머니가 무릎을 꿇고 앉아 정신 이상인 아들에게 속삭이던 그 어머니의 말을 결코 잊을 수 없습니다.

"나는 너를 세상에 태어나게 했고 너에게 생명을 주었다. 나는 너에게 먹을 것도 주며 너의 모든 것을 사랑하고 지켜주고 있단다. 그런데도 너는 나를 알지 못하는구나."

그 어머니의 고민은 사랑 없음 때문이 아니라 사랑하기 때문에 오는 고민이었습니다. 모든 것을 아낌없이 주었으나 자식은 아직도 아무것도 깨닫지 못하는 일방적인 사랑의 고민을 그 어머니는 하고 있었습니다. 이스라엘 민족을 향하신 하나님의 고민도 사랑의 고민이었습니다. 이스라엘은 하나님께 계약 관계를 맺은 백성 이상이었습니다. 계약대로 한다면, 하나님과의 약속을 포기하고 우상과 음행으로 얼룩진 이스라엘이 온전할 리가 없습니다. 그러나 하나님께서는 아직도 손을 벌리고 계십니다. 이것은 자식을 사랑하는 부모의 고민입니다. 당신은 진정 하나님의 고민을 함께 느껴 본 적이 있습니까? "그런데도 너는 나를 알지 못하는구나"하는 하나님의 탄식을 들어 본적이 있습니까?

– 「어미새의 사랑」, 두란노, p62

Day : 12주(화)

찬송 : (새)353장, 393장

12

사사기 6:1-8:35 기드온과 미디안 족속

- 6장 부름 받은 기드온
- 7-8장 기드온의 정복

이스라엘은 구원을 받은 후에 평안해 지면 또 다시 하나님의 명령을 거역했습니다. 그러므로 하나님은 그들을 다시 미디안의 손에 붙이셨습니다. 이스라엘은 미디안들로 인해 크게 고통을 받았으며, 고통 중에서 하나님께 부르짖었습니다. 그러자 하나님은 다섯 번째 사사 기드온을 불러서 이스라엘의 구원자로 삼으셨습니다. 기드온은 부름 받은 날 밤에 하나님의 지시를 따라 아비가 섬기는 바알과 아세라 상을 찍고, 하나님께 제단을 쌓고 번제를 드렸습니다. 그때에 다시 미디안 인들이 이스라엘을 침략해 왔습니다. 그리고 하나님의 신이 기드온에게 임하셨습니다. 믿음이 약했던 기드온은 하나님께 두 가지 표적을 구했으며, 하나님은 그 요청을 들어주셨습니다. 이제 기드온은 하나님의 부르심을 확신할 수 있게 되었습니다. 기드온은 미디안 인들과 싸우기 위해서 이스라엘 백성들을 소집했습니다. 하나님은 그 곳에 모인 이스라엘의 군사들이 너무 많다고 말씀하셨습니다. 그러므로 기드온은 하나님의 지시를 따라 이스라엘 군사들 중에 300명만 남겨두고 모두 집으로 돌려보냈습니다. 기드온은 그 300명의 군사들을 데리고 하나님의 지시를 따라 전쟁터로 나아갔습니다. 기드온은 군사들에게 빈 항아리와 횃불과 나팔을 들게 했습니다. 그리고 그는 300명의 군사들을 이끌고 전쟁에 임하여 강력한 미디안 군사들을 물리쳤습니다. 하나님은 연약한 기드온과 소수의 군사들로 대적을 이기게 하심으로, 자신이 살아 계심을 나타내셨습니다. 하나님은 연약한 기드온과 소수의 군사들로 이기게 하심으로, 그 승리가 하나님께로부터 왔음을 분명히 보여 주셨습니다.

읽으며 묵상하며 : 하나님이 사용하시는 군사 (삿 7:1-8)

여호와께서 기드온에게 이르시되 내가 이 물을 핥아 먹은 삼백 명으로 너희를 구원하며 미디안을 네 손에 넘겨 주리니 남은 백성은 각각 자기의 처소로 돌아갈 것이니라 하시니 이에 백성이 양식과 나팔을 손에 든지라 기드온이 이스라엘 모든 백성을 각각 그의 장막으로 돌려보내고 그 삼백 명은 머물게 하니라 미디안 진영은 그 아래 골짜기 가운데에 있었더라 삿 7:7-8

기드온을 따르는 무리의 수는 적군의 1/4이 채 안 되는 삼만 이천 명이었습니다. 그러나 하나님은 기드온에게 "너를 따르는 백성이 너무 많으니 그들의 손에 미디안을 넘기시지 않겠다"고 말씀하셨습니다(2절). 그들이 전쟁에서 승리하게 되면 자칫 자신들의 능력으로 구원을 이루었다고 교만해질 수 있기 때문입니다. 하나님은 먼저 누구든지 두려워 떠는 자는 집으로 돌아가게 하라고 명하셨습니다. 그러자 그 중 이만 이천 명이 돌아가게 되었습니다(3절). 여기서 두려워 떠는 자란 인간적으로 겁이 많은 사람을 말하는 것이 아니라 하나님에 대한 믿음이 없는 자를 가리키는 말입니다. 만약 인간적인 두려움까지 포함한다면 기드온 역시 집으로 돌아가야 했을 것입니다(삿 7:10). '전쟁 시에 두려워하는 자는 돌려보내라' 이것은 일찍이 모세를 통하여 주신 영적전쟁의 중요한 원리입니다. 왜냐하면 그들은 다른 형제들의 마음까지 낙심시킬 수 있기 때문입니다(신 20:8). 하나님은 당신에 대한 믿음이 없는 자들의 헌신은 받지 않으십니다. 당신은 하나님에 대한 믿음이 없음으로 인해 두려워 떠는 자는 아닙니까?

하나님은 남은 만 명도 많다고 하시면서 시험을 위해 물가로 내려가게 하셨습니다(4절). 그리고 양 무릎을 땅에 대고 개의 핥는 것 같이 물을 마시는 자들과, 손으로 물을 움켜 입에 대고 핥는 자들을 따로 구분하여 세우게 하셨습니다(5절). 이것은 삶의 자세가 흐트러져 있는 자와, 잠시도 방심하지 않는 태도를 갖춘 자를 나누기 위함입니다. 그런데 백성들 중 손으로 움켜 입에 대고 핥는 자는 삼백 명 밖에 없었습니다(6절). 이들은 미디안의 십삼만 오천 군사를 생각할 때 너무나도 작은 숫자입니다. 하지만 하나님은 신중한 태도를 가진 이들 삼백 명 만을 남기고 모두 돌려보내게 하셨습니다. 그리고 바로 그 삼백 용사를 통하여 미디안을 물리치시겠다고 약속하셨습니다(7절). 헌신자에게 있어서 하나님을 향한 담대한 믿음도 중요하지만 근신하는 삶의 태도 역시 중요합니다. 당신에게는 근신하는 삶의 자세가 있습니까?

– 「GT, 세계를 품는 경건의 시간」, GTM, 2005. 1. 20.

살며 생각하며 : 당신의 놀라운 성공의 비결은 무엇입니까

링컨 대통령에게 어떤 사람이 질문을 했습니다.

"당신의 놀라운 성공의 비결은 무엇입니까? 많은 사람들로부터 높은 존경을 받는 그 삶의 비결은 도대체 무엇입니까?"

그는 껄껄 웃으면서 특유의 기지를 발휘하여 이렇게 말했습니다.

"그것은 간단합니다. 나는 다른 사람들보다 더 많은 실패를 경험했기 때문입니다"

사실 그는 많은 실패를 경험했습니다. 그러나 그는 그 많은 속에서도 믿음을 지켰습니다. 그래서 존경받았던 것입니다. 간단합니다.

요한 웨슬레 목사가 87세 때 알렉산더 메어즈라고 하는 분에게 편지를 썼는데 그 내용 중에 이런 말이 있습니다.

"죄가 아니면 두려울 것이 전혀 없는, 하나님이 아니면 원하는 것이 전혀 없는, 그런 전도자를 내게 100명만 주십시오. 그 사람이 성직자이든 평신도이든 상관없습니다. 그런 사람이라야 지옥의 문을 부술 수 있고, 자상에 하나님 나라를 건설할 수 있기 때문입니다."

정말로 하나님을 사랑하는 사람 100명만 있다면 이 나라를 구원하겠다는 말입니다.

빌리 그레이엄 목사도 말했습니다.

"전적으로 진실로 하나님께 헌신 할 수 있는 사람 700명만 주십시오. 700명만 있으면 그 넓은 미국은 산다고 했습니다.

사실입니다. 정말로 하나님께 헌신하는 사람 그 몇 사람에 의해서 몇 명만 있어도 나라도 민족도 사는 것입니다. 하나님의 시각, 하나님의 마음은 오늘도 하나님께서 원하시는 그 사람을 찾고 계십니다.

– 「낙송의 집(예화집)」, 곽선희 목사

정리하며 확신하며 : 탐심의 결과

	탐심의 결과	참고 성경 구절
1	죄에 빠짐	창 3:6, 삿 8:24-27
2	억압을 당함	창 31:41
3	시험과 올무에 빠짐	신 7:25
4	도둑질을 하게 됨	수 7:2
5	불순종하게 됨	삼상 15:9
6	거짓말을 하게 됨	왕하 5:22-25
7	강탈하게 됨	왕상 20:6
8	살인을 하게 됨	왕상 21:1-16
9	하나님을 배반하게 됨	시 10:3
10	하나님을 시험하게 됨	시 78:18
11	자기의 집을 해롭게 함	잠 15:27
12	장수하지 못하게 됨	잠 28:16
13	서로 다투게 됨	잠 28:25
14	자기의 생명을 잃게 됨	잠 1:18, 19
15	매사에 실망하게 됨	전 5:10
16	말씀의 결실을 맺지 못함	막 4:19
17	비웃음을 당함	눅 16:14
18	하나님 나라를 못 얻음	고전 6:9
19	해로운 정욕에 빠짐	딤전 6:9
20	믿음에서 떠나게 됨	딤전 6:10

– 「그랜드 종합 성경주석」 4권, 성서교재간행사, p548

Day : 12주(금)

찬송 : (새)88장, 88장

12

사사기 9:1-12:15 사사들과 내전

- 9장 아비멜렉
- 10장 돌라, 야일
- 11장 입다
- 12장 입산, 엘론, 압돈

세월이 지나 기드온은 70인의 아들을 남겨 놓고 죽게 되었습니다. 그때에 기드온의 아들 아비멜렉이 다른 모든 왕자들을 죽여 버리고 왕이 되었습니다. 그때에 간신히 피한 왕자 요담은 그를 저주했습니다. 그리고 그 저주대로 아비멜렉은 집권한 지 3년 만에 성을 공격하다가 한 여인이 던진 맷돌에 맞아 죽고 말았습니다. 그 후에도 이스라엘 백성들은 계속하여 하나님을 버리고 우상을 섬겼습니다. 그러므로 하나님은 또 다시 그들을 이방인의 손에 붙이셨습니다. 이스라엘 백성들은 이방인의 압제 속에서 또 다시 하나님께 부르짖었습니다. 그때에 하나님은 고통 받는 자기 백성을 인해 근심하시고, 다시 돌아와 야일을 보내어 그들을 구원해 주셨습니다. 그 후에 하나님은 다시 이스라엘을 기생이 나은 서자 입다를 통해서 구원해 주셨습니다. 그는 온 힘을 다해 대적들과 싸워서 이스라엘을 구원했습니다. 그러자 에브라임 족속은 그에게 와서 불평했습니다. 에브라임 족속들은 싸울 때에 자기 신들을 부르지 않은 일로 인해 입다에게 트집을 잡았습니다. 그리고 그 후에도 하나님은 계속해서 사사 입산과 엘론과 압돈을 보내어 이스라엘을 구원해 주셨습니다.

읽으며 묵상하며 : 입다의 서원 (삿 11:29-40)

> 그가 여호와께 서원하여 이르되 주께서 과연 암몬 자손을 내 손에 넘겨 주시면 내가 암몬 자손에게서 평안히 돌아올 때에 누구든지 내 집 문에서 나와서 나를 영접하는 그는 여호와께 돌릴 것이니 내가 그를 번제물로 드리겠나이다 하니라…입다가 미스바에 있는 자기 집에 이를 때에 그의 딸이 소고를 잡고 춤추며 나와서 영접하니 이는 그의 무남독녀라 삿 11:30, 31, 34

입다는 하나님께 서원하고 전쟁에 나가 싸워서 이겼습니다. 그러나 경솔한 서원 때문에 외동딸을 번제로 드려야 했습니다. 우리가 하나님 앞에 서원을 갖고 살고자 할 때 입다를 통해서 배우는 교훈이 무엇입니까?

서원을 함부로 해서는 안 됩니다. 입다는 암몬과의 전쟁을 앞두고 전쟁에서 승리하게 해주시면 자신을 맞이하러 나오는 첫 번째 사람을 하나님께 번제물로 바치겠다는 서원을 하였습니다. 서원이란 하나님께 무엇을 하겠다거나 일정 기간 동안 하지 않겠다고 자발적으로 약속하는 것을 말합니다. 서원은 보통 하나님의 도우심을 받기 위해서나 베풀어주신 은혜에 감사하기 위해 했습니다. 입다가 전쟁을 앞에 두고 서원을 한 것은 이 전쟁에서 하나님의 도우심을 얻고자 하는 열망이 강했기 때문입니다. 그는 하나님을 향한 열망을 가진 사람이었습니다. 그러나 그는 서원을 경솔하게 함으로 큰 실수를 하고 말았습니다. 사람을 제물로 드리는 것은 이미 하나님께서 금지하신 일이었습니다(레 20:2-5). 그런데 그는 이방땅 돕에서 오래 생활하다보니 그들의 풍습에 젖어 잘못된 서원을 한 것입니다. 아무 서원도 없이 하나님을 향한 열망을 갖지 않고 사는 것도 나쁩니다. 그러나 열망이 있어도 일시적인 감정과 인간적 판단에 따라 경솔하게 서원해서는 안 되는 것입니다. 경솔한 서원은 결국 입다와 같이 큰 낭패를 당하기 때문입니다. 서원을 지키기 위해 그는 무남독녀를 제물로 바쳐야 했습니다. 서원은 반드시 지켜야 합니다. 입다는 비록 경솔한 서원을 했지만, 일단 하나님과 약속한 것은 반드시 지켜야 된다는 자세를 가졌습니다. 그래서 그는 전쟁에서 승리하고 집에 돌아왔을 때 딸이 소고를 치고 춤을 추며 그를 맞으러 나오자 너무나 놀라고 당황해서 자기 옷을 찢었습니다. 그는 자신의 슬픔을 표현하면서 "내가 여호와께 약속을 했는데, 그것은 깨뜨릴 수 없는 것"이라고 말합니다. 이에 그의 딸도 "아버지가 여호와께 약속하셨으니, 그 약속대로 하세요"라고 말하고, 결혼도 못하고 죽는 자신을 위해 친구들과 산에 가서 울 수 있도록 2개월의 기한을 줄 것을 청합니다. 여기서 우리는 일단 하나님께 서원한 것은 그것이 자기에게 해가 된다 할지라도 반드시 지켜야 한다는 것을 다시 확인하게 됩니다(신 23:21-23; 전 5:4). 서원은 하나님의 이름으로 하는 것이므로 서원을 파기하는 것은 하나님의 이름을 망령되이 일컫는 죄가 되는 것입니다. 오늘날 하나님께 한 서원을 지키는 우리의 자세는 어떠합니까? 서원을 쉽게 하고, 밥 먹듯이 그 서원을 파기하며 변개하는 경우가 많지 않습니까? 우리는 하나님의 사랑을 말하기 전에 하나님을 두려워할 줄 알고 약속한 것은 반드시 지키는 신앙의 기본자세를 다시 새롭게 해야겠습니다.

– 「일용할 양식」 말씀 묵상, 기독대학인회(ESF), 2005. 6. 2.

살며 생각하며 : 하나님 이번에는 죄송하게 되었습니다

어떤 사람이 "저에게 3,000만 원을 주신다면 1,000만 원은 병든 자를 위하여, 1,000만 원은 가난한 자를 위하여, 500만 원은 헌금으로, 나머지 500만 원은 저를 위하여 쓰겠습니다."라고 간절히 기도하였습니다.

그런데 놀랍게고 그의 삼촌이 세상을 떠나며 그에게 3.000만원을 물려줌으로써 그 기도가 응답되어졌습니다. 그러나 돈을 손에 쥔 이 사람의 마음이 바뀌기 시작했습니다.

"병든 사람은 의사가 잘 돌봐 줄 것이고, 가난한 사람이야 내 돈 1.000만 원쯤으로야 어림도 없지 않겠어? 그러나 3,000만 원을 한 데 투자한다면 가장 적절하겠지? 하나님이 나 쓰라고 주신 건데….

이렇게 생각한 그는 결국 3,000만원 모두를 가지고 사업을 하기로 결심했습니다.

그리고 다시 기도하기로 했습니다.

"하나님 이번에는 죄송하게 됐습니다, 사업을 해서 다음에 더 많이 생기면 그때는 꼭 하나님과의 약속을 이행 하겠습니다"

이렇듯 사람이 서원기도 했다 해도, 더더욱 자기 눈앞의 손해를 감수하면서도 하나님과의 약속을 이행하기란 결코 쉬운 일이 아닙니다. 그러나 믿음으로 하나님과의 약속을 지켰던 많은 신앙의 선배들을 보십시오. 본문의 입다 역시 비록 경솔히 서원을 했지만 그래도 사랑하는 외동딸을 하나님께 바치지 않았던가, 내게 있어서 아직 지키지 못하고 있는 하나님과의 약속은 없습니까?

–「그랜드 종합 성경주석」 성서교재간행사, p614

정리하며 확신하며 : 실패의 원인

	실패의 원인	참고 성경 구절
1	과욕	창 13:10
2	대적에 대한 두려움	민 14: 9
3	확신의 부족	민 14:9
4	죄	수 7:1-12
5	교만	약 4:6
6	하나님이 막으심	삿 9:23
7	게으름	잠 26:13-16
8	무지	호 4:6
9	기도 부족	마 17:15-20
10	시기를 놓침	마 25:11-13
11	최선을 다하지 않음	마 25:24-30
12	계획 부족	눅 14:28-32
13	하나님의 말씀에서 벗어남	엡 6:13
14	불신앙	히 4:6
15	불순종	삼상 15:19

–「그랜드 종합 성경주석」 4권, 성서교재간행사, p567

Day : 12주(목)

찬송 : (새)518장, 252장

12

사사기 13:1–16:31 삼손과 블레셋

- 13장 삼손의 출생
- 14–15장 위대한 용사
- 16장 타락과 종말

이스라엘은 그 후에 또 다시 하나님을 배반했으며, 하나님은 다시 이스라엘을 40년 동안 블레셋 인의 손에 붙이셨습니다. 이스라엘 백성들의 고통이 극에 달했을 때에 그들은 또 다시 부르짖었고 하나님은 그 응답으로 삼손을 보내주셨습니다. 그는 이스라엘을 구원하기 위해서 날 때부터 나실 인으로 구별되었습니다. 그러므로 그는 나실 인의 규례를 따라 자신을 부정한 것에서 멀리해야 했습니다. 하나님께서는 이스라엘을 블레셋의 손에서 구원해 주시려고 삼손에게 초자연적인 힘을 주셨습니다. 그는 블레셋 인을 치기 위해서 블레셋 여인과 결혼하여 그들을 칠 기회를 노리고 있었습니다. 그러나 삼손은 여인의 유혹에 말려들어서 많은 세월 동안 나실 인의 규례를 어기면서 지냈습니다. 마침내 그는 여인에게 유혹되어 자제력을 잃고 자신의 비밀을 털어 놓고 말았습니다. 그 결과 그는 힘과 시력을 잃고, 적들의 노리개가 되어 연자 맷돌을 돌리게 되었습니다. 그러나 하나님은 이스라엘을 위해 그에게 다시 힘을 주셨고, 그는 임종 시에 평생에 죽인 블레셋 사람보다 더 많은 사람을 죽게 했습니다.

읽으며 묵상하며상 : 삼손의 출생 (삿 13:1–25)

그 여인이 아들을 낳으매 그의 이름을 삼손이라 하니라 그 아이가 자라매 여호와께서 그에게 복을 주시더니 소라와 에스다올 사이 마하네단에서 여호와의 영이 그를 움직이기 시작하셨더라 삿 13:24, 25

삼손은 가장 유명한 사사중의 한 명입니다. 하나님은 약속대로 초자연적인 능력으로 마노아의 가정에 아들을 주셨습니다. 삼손의 출생과 관련하여 그 가정에 있었던 일들을 통해서 하나님께서 우리에게 주시는 교훈이 무엇입니까?

불행을 만나도 하나님을 신뢰하고 기도해야 합니다. 이스라엘의 범죄로 인해 블레셋의 압제가 40년 동안 계속되었습니다. 이러한 때에는 하나님께서 자기 백성을 버리시고 돌보지 않는다고 생각하기 쉽습니다. 마노아 가정은 자식이 없으므로 더욱 하나님께 버림받았다는 느낌을 갖기 쉬웠을 것입니다. 그러나 그 가정은 낙심하지 않고 하나님께 기도하고 순종하며 살았습니다. 남편 마노아는 아내로부터 수태고지를 전해 듣고 여호와께 기도하여 '낳을 아이를 어떻게 기를 것인가'를 여쭙는 것을 보면 이 부부가 기도하며 경건한 생활을 했음을 알 수 있습니다. 더욱이 여호와의 사자로부터 수태고지를 듣기도 하고, 기도에 대한 응답도 받는 그의 아내는 남편보다도 더 영적으로 성숙한 기도의 사람이었음을 짐작케 합니다. 하나님은 이처럼 큰 어려움이나 불행, 고통가운데서도 하나님을 신뢰하고 기도하는 사람들을 통해서 하나님의 뜻을 이루어 가십니다. 삼손뿐 아니라 사무엘, 세례요한 등도 다 부모가 오랫동안 자녀를 낳지 못하다가 기도의 응답을 받아 하나님께 크게 쓰임을 받은 사람들입니다. 불임으로 어려움을 당하는 그리스도인 가정들도 많습니다. 불임이나, 그 밖의 어떤 종류의 불행이나 어려움을 당할지라도 우리 성도님들은 하나님을 신뢰하고 기도하는 경건한 삶을 사시기 바랍니다.

하나님의 지시에 따라 자녀를 양육해야 합니다. 마노아는 수태고지를 듣고 즉시로 태어날 아기에게 어떻게 행하는 것이 하나님의 뜻에 합당한 일인지를 가르쳐 달라고 하나님께 기도하였습니다. 이를 통해 그리스도인들이 어떻게 자녀를 양육해야 하는지를 알 수 있습니다. 무엇보다도 우리는 자녀 교육을 세상적인 방법에 의존하는 것이 아니라 하나님의 지시에 따라 교육해야 합니다. 하나님은 '자녀를 노엽게 하지 말고 주의 교양과 훈계로 양육하라'고 하셨습니다. 자녀 양육에 대한 책임은 다른 사람이나 교육기관에 있지 않고 부모에게 있으므로, 부모는 어떤 사업을 이루는 것보다 자녀 양육에 우선권을 두어야 합니다. 실제적으로 일을 줄이고 시간과 정성을 들여 자녀를 돌보고 말씀으로 훈계하며 기도하며 삶의 본을 보이지 않으면 자녀를 바르게 양육하기가 어렵습니다. 하나님을 경외하며 사랑하는 마음을 어려서부터 깊이 심어주려면 부모의 신앙의 모범과 관심이 절대적입니다. 또한 자녀 교육은 어머니에게만 맡겨진 임무가 아니라 부모 모두에게 맡겨진 사명입니다. 특히 이 나라의 아버지들은 자녀를 양육하려는 책임감을 가져야 하고, 아이들과 함께 시간을 보내기 위해 자신의 일이나 취미를 좀 더 희생할 필요가 있습니다.

–「일용할 양식」 말씀묵상, 기독대학인회(ESF), 2005. 6. 4.

살며 생각하며 : 성공적인 가정 생활

가정의 성공과 행복을 위해서 크게 영향을 줄 좋은 원리를 여기에 소개합니다. 이것은 미국의 네브라스카 대학교의 인간 계발 및 가정 연구부에서 많은 조사와 실험의 결과로 발표한 것입니다.

어린 아이를 그냥 놓아두어서 잘 되는 일이 없고, 가정의 성공을 위해서 노력하지 않고 행복한 가정을 이룩할 수 없다는 사실을 명심하며 다음의 원리를 행하도록 합니다.

첫째로, 성공적이고 행복한 가정일수록 가족들 간에 감사하는 마음이나 말이 아주 풍부하다는 것입니다. 불평이나 원망의 조건이 전혀 없는 가정이나 환경은 이 세상에 존재하지 않을 것입니다. 그런데 그것들을 감사하는 마음과 말로 덮어버리고 밝은 면을 보는 가족들은 행복하다는 것입니다.

둘째로, 가족들이 함께 시간을 많이 갖는 가정들이 성공적인 가정이 된다는 것입니다. 즉, 함께 수고를 하고, 함께 즐겁게 놀고, 함께 음식을 먹는 가족들은 훌륭한 가정을 이루고 자녀들에게도 아름다운 추억과 부모에 대한 존경심을 남겨 준다는 것입니다.

셋째로, 가족끼리 서로 대화를 많이 갖는 가정이라는 것입니다. 불행하게도 우리의 가정들은 여기에서 뜻하는 좋은 대화보다는 잔소리와 불평의 대화들이 더 많은 것 같은데 좋은 대화를 갖도록 노력을 해야 할 것입니다.

넷째로, 신앙을 갖는 가정들이 아주 결정적으로 행복을 유지했다는 것입니다. 지금 우리가 살펴보는 이 조사와 연구는 40년 동안에 실시된 것인데, 그 기간 동안에 신앙을 가진 가정이라는 이 조건은 가정의 성공에 가장 크게 역할을 하는 것으로 계속 꼽혀왔다는 것입니다.

다섯째로, 가정에 어려움이 올 때에 그것을 긍정적으로 해석하고 처리하는 가정들입니다. 이런 가정은 역경이 닥쳐와도 희생이 되지 않는다는 것입니다. 힘이 들어도 앞을 바라보고 서로 웃는 부부요, 어려움에 빠진 자녀들을 희망으로 위로하고 격려하는 부모였다는 것입니다.

– 「기독교 문장대백과사전」 1권, 성서연구사, p233

정리하며 확신하며 : 나실인 규례의 의미

	규 례	의 미	참고 성경 구절
1	몸을 하나님께 구별하여 드림	순결한 헌신	롬 12:1, 2
2	포도주와 독주를 금함	세상 쾌락을 버림	요일 2:15-17
3	삭도를 머리에 대지 않음	머리는 권위를 상징하는 바 하나님의 권위를 존중함	고전 11:3
4	시체를 가까이 하지 않음	죄로 인한 부정을 막음	엡 4:22

– 「그랜드종합 성경주석」 4권, 성서교재간행사, p629

Day : 12주(금)

찬송 : (새)274장, 332장

12

사사기 17:1-21:25 우상 숭배와 부도덕

- 17-18장 만연한 우상 숭배
- 19-21장 만연한 부도덕

연대순으로 볼 때, 오늘 읽은 내용은 사사기 3장 뒤에 놓이는 것이 적절해 보입니다. 그러나 주제로 보면 이 내용은 사사기 전체의 결론에 적합합니다. 사람들이 하나님의 말씀을 좇지 않고 "자기의 소견에 옳은 대로 행하면" 어떤 일이 일어나는가? 오늘 본문에는 이러한 때에 일어났던 소름 끼치는 이야기들이 기록되어 있습니다. 이스라엘 백성들은 미가의 가정과 같이 집집마다 우상을 만들어 섬겼습니다. 그리고 제사장과 레위인들은 돈에 끌려 다니는 가정의 고용인이 되었습니다. 단 지파는 동족을 살해하고 미가의 우상을 빼앗아 갔습니다. 특히 베냐민 지파의 죄는 절정에 올라 있었습니다. 그들은 한 레위인의 처를 돌아가면서 음행하여 죽게 만들었습니다. 그 레위인은 죽은 처의 시체를 나누어 이스라엘 12지파에게 전달했습니다. 각 지파들은 이 충격적인 "전보"를 받고 큰 분노를 느끼게 되었습니다. 이스라엘 지도자들은 베냐민 지파를 징계하기 위해서 군사를 소집했으며, 이로 인해 이스라엘과 베냐민 지파 간에 동족상잔의 비극이 일어났습니다. 이 일로 인해 베냐민 지파는 크게 감소했지만, 은혜로 인해 완전히 멸족되지는 않았습니다. 이스라엘이 하나님과 율법을 떠나서 "제 소견에 옳은 대로 산 결과", 그들의 타락은 극에 달하게 되었습니다. 사사시대는 이와 같이 개인주의와 비전 부재의 시대였으며, 우상숭배와 부도덕이 극에 달한 시대였습니다.

읽으며 묵상하며 : 자기 생각대로 사는 사람들(삿 17:1-13)

유다 가족에 속한 유다 베들레헴에 한 청년이 있었으니 그는 레위인으로서 거기서 거류하였더라 그 사람이 거주할 곳을 찾고자 하여 그 성읍 유다 베들레헴을 떠나 가다가 에브라임 산지로 가서 미가의 집에 이르매 미가가 그에게 묻되 너는 어디서부터 오느냐 하니 그가 이르되 나는 유다 베들레헴의 레위인으로서 거류할 곳을 찾으러 가노라 하는지라 미가가 그에게 이르되 네가 나와 함께 거주하여 나를 위하여 아버지와 제사장이 되라 내가 해마다 은 열과 의복 한 벌과 먹을 것을 주리라 하므로 그 레위인이 들어갔더라 그 레위인이 그 사람과 함께 거주하기를 만족하게 생각했으니 이는 그 청년이 미가의 아들 중 하나 같이 됨이라 삿 17:7-11

사람이 하나님을 왕으로 모시지 않고 자기 생각대로 살 때 타락할 수밖에 없습니다. 자기 소견에 옳은 대로 사는 사람들의 타락상이 어떠합니까?

1. 종교 혼합주의

미가가 어머니의 돈 일천 일백을 훔쳤는데, 그의 모친이 마구 저주를 퍼붓고 그 아들 미가에게도 알렸습니다. 그러자 미가는 모친의 저주에 두려움을 느끼고 그 어미에게 사실을 고한 다음 훔친 은전을 돌려주었습니다. 이에 미가의 모친은 그 중 일부를 취하여 우상을 만들었습니다. 그녀가 우상을 만든 것은 자신의 저주로 인해 아들이 화를 당하지 않도록 하기 위한 미신적 행위였습니다. 그러자 미가는 한 걸음 더 나아가 에봇과 드라빔을 만들어 자기 아들에게 입히어 자기 신당을 관리할 제사장으로 삼았습니다. 이 신상은 훗날 우상숭배의 온상이 되었습니다(18:31).

여기에서 우리는 사사 시대의 영적 타락상을 볼 수 있습니다. 당시엔 여호와 신앙과 이방의 우상 숭배의 신앙이 혼합된 종교적 혼합주의가 심각했습니다. 이러한 종교 혼합주의는 사람들이 하나님의 율법을 거역하고 자기 소견에 옳은 대로 행한데서 온 결과였습니다. 하나님의 말씀이 없을 때 종교적 열심은 있었지만, 하나님이 기뻐하시는 참된 신앙을 가질 수가 없었습니다.

오늘날에도 기복신앙이 팽배하고 돈과 명예와 권력 등을 하나님보다 더 위하는 교회의 모습은 사사시대와 같이 심각한 위기의 때임을 보여줍니다. 이러한 때 말씀을 회복하여 순수한 신앙을 회복하고 하나님께 순종하는 순결한 백성이 되어야겠습니다.

2. 사명 없는 종교인

미가는 거할 곳을 찾지 못하고 베들레헴을 떠나 방황하던 레위 소년을 발견하고 그에게 해마다 은 열과 의복 한 벌, 그리고 식물을 주기로 약조하고 그를 데려다 자기 집의 제사장으로 삼습니다. 여기서 우리는 두 가지 문제를 발견합니다.

첫째, 당시 레위인들은 그들의 직분을 사명이라기보다는 직업으로 여기고 있었다는 것입니다. 레위인은 하나님을 섬기도록 거룩하게 구별된 자들이었음에도 불구하고 돈 몇 푼에 신앙 양심을 팔고 레위인 가운데서도 오직 아론 자손만이 수행할 수 있던 제사장 직분을 외람되게 수락하였던 것입니다.

둘째, 당시 이스라엘 백성들은 그들의 당연한 본분을 망각하고 하나님을 섬기는 레위인을 푸대접했습니다. 레위인들은 그 직임상 기업을 얻지 못했고 레위인의 생계는 다른 지파 사람들이 담당해야만 했습니다. 그러나 그들이 레위인들에 대한 의무를 소홀히 했기 때문에 레위인들이 생계를 위하여 유랑할 수밖에 없었던 것입니다. 이것은 곧바로 신앙적 지도를 받지 못하는 백성의 타락이라는 악순환을 가져왔습니다. 이런 악순환을 끊으려면 교역자들은 물질에 따라 움직이는 것이 아니라, 사명감을 갖고 양떼들을 말씀으로 충실하게 섬겨야 하겠고, 성도들은 교역자를 물질적으로 섬기는 일에 인색하지 말아야겠습니다.

– 「일용할 양식」 말씀 묵상, 기독대학인회(ESF), 2005. 6. 9.

살며 생각하며 : 금 연꽃 위의 송곳니

2인치 길이의 변색된 송곳니, 이것은 세계 불교인들이 세상에서 가장 신성한 물건으로 생각하고 있는 것입니다. 이유인즉, 그 송곳니는 B.C. 543년경 부처의 화장더미에서 발견된 것이기 때문이라는 것입니다. 그것은 발견 후 800년이 지난 뒤 실론으로 옮겨졌고, 결국 칸디(Kandy)에 있는 '이 사원'(the Temple of the Tooth) 안에 보관되게 되었습니다. 그것도 금으로 만든 연꽃 위에… 그리고 이 '신성한 이'(?)를 보기 위해 세계의 수십만 신도들의 그 발길이 끊지 않고 있다고 합니다.

한편, 희랍 사람들은 악티움 신전에서 '파리 신'에게 매년마다 황소를 바쳤다고 합니다.

로마에서는 헤라클레스의 신전에서 파리들에게 제사를 드렸다고 합니다. 화장더미에서 발견된 송곳니, 불결하고 악취가 나는 곳에는 어김없이 자리하고 있는 파리에게서 도대체 무엇을 얻겠다는 것입니까?

본문의 미가 역시 은으로 신상을 만들어 숭배했으며, 이런 갖가지의 허탄한 우상숭배는 전 역사동안 계속되어졌습니다. 오늘 우리는 어떠한가요? 우리에게도 특별한 형상의 우상은 아니더라도 돈, 명예 등의 무형의 우상이 혹 있지는 않은가 합니다.

– 「그랜드 종합 주석」 4권 예화, 성서교재간행사, p697

정리하며 확신하며 : 기도 응답의 7대 유형

	응답의 7대 유형	참고 성경 구절
1	즉각적인 응답	출 9:33, 왕하 13:4
2	지연되는 응답	삿 10:13, 16, 시 22:2, 합 1:2
3	구한 것을 초월한 응답	왕상 3:7-14, 엡 3:20
4	요구한 것과 다른 응답	출 33:18-20
5	요구한 것보다 나쁜 응답	시 106:14, 15
6	무응답의 응답	고후 12:8, 9, 마 21:22
7	구하기 이전에 예비된 응답	막 11:24, 25

– 「그랜드종합주석」 No. 4 (삿)10:10–16, p587

Day : 12주(토)

찬송 : (새)333장, 381장/ (새)342장, 395장

12

■ 이번 주 읽은 성경 요약 및 못 읽은 부분 읽고, 한 주간 생활 묵상하며 가정 예배드리기

■ **주제 : 신앙 유산의 결과**(삼상 2:17–26)

읽으며 묵상하며 : 올바른 신앙교육 (삼상 2:12–26)

한 사람에게 행해진 올바른 신앙교육이 미래를 결정합니다. 엘리와 한나가 자녀에게 행한 신앙교육이 가정과 국가에 지대한 영향을 끼쳤습니다. 어떻게 올바른 신앙교육을 해야 합니까?

1. 하나님을 알며 하나님 앞에 서도록 가르쳐야 합니다.

엘리와 한나를 보면 자녀의 신앙교육에 있어서 분명한 대조를 보이고 있습니다. 12절에서 엘리의 아들들이 불량자이며 여호와를 알지 못하였다는 것은 의아한 생각을 갖게 합니다. 어떻게 제사장의 아들들이 이렇게까지 되었을까? 그러나 좀 생각해보면, 엘리는 회막에서 제사장 업무에 치중하여 아들들의 신앙교육에는 거의 방치하다시피 했던 것으로 보입니다. 자녀가 하나님을 어떻게 알고 있으며, 하나님 앞에서 어떻게 살고 있는지에 대하여 무관심하였습니다. 반면 한나는 사무엘을 3살 때 하나님의 전에 바친 후에도 엘리 제사장에게만 맡기지 않고 매년 찾아와서 신앙교육을 확인하였으며, 날마다 기도로 키웠으며, 사무엘이 하나님을 알아가며 하나님 앞에 섰는지 깊은 관심을 가졌습니다. 믿음의 가정이나 목회자의 가정에서 자라난 자녀들이 하나님을 알지 못하는 것은 심각한 일입니다. 물론 일시적으로 방황하는 경우도 있겠지만 하나님을 대적하고, 예배를 방해하고, 하나님의 전을 더럽히고 음란한 짓을 교회 안에서까지 한다면 보통 심각한 일이 아닙니다. 신앙교육은 먼저 가정에서 철저히 이루어져야 하며, 교회학교 교사나 영적 리더는 부모와 같은 심정으로 신앙교육을 해야 합니다. 참된 신앙교육은 하나님을 알게 하며, 하나님 앞에 세워지도록 하는 교육입니다.

2. 사랑과 공의를 겸비하여 가르쳐야 합니다.

엘리의 자녀들은 아버지의 말을 듣지 않을 뿐더러 하나님까지 노골적으로 무시하게 되었습니다. 그는 자녀들의 심각한 죄 문제를 들었으면서도 단호하고 엄중하게 대하지 않고 인간적인 정으로 적당히 덮어 둠으로 돌이킬 수 없게 만들었습니다. 공의가 없는 사랑은 참 사랑이 아닙니다. 오히려 자녀를 더 나쁜 길로 빠지게 하여 자녀를 죽이는 격이 되고 맙니다(25절). 그러나 한나는 어렵게 얻은 아들이지만 모든 인간적인 정을 극복하고 하나님 앞에서 키웠습니다. 그녀는 귀한 아들 사무엘을 자신의 품 안에서 키우고 싶은 마음이 많았겠지만, 철저히 하나님 앞에서 키웠습니다. 부모들은 자녀들을 무조건적으로 감싸지 말아야 합니다. 사랑과 공의로 키워야 합니다. 정말 자녀를 사랑한다면 더 의롭게 키워야 합니다.

"매를 아끼는 자는 그의 자식을 미워함이라 자식을 사랑하는 자는 근실히 징계하느니라"(잠 13:24).

우리는 자녀들이나 피교육자를 사랑과 의로 교육해야 합니다. 참 교육이 없는 곳은 무질서와 혼란스러운 곳이 되고 맙니다. 신앙교육의 목표는 하나님과 사람들에게 은총을 받게 하는 것입니다. 이것은 하나님께 올바를 뿐만 아니라 사람들에게도 옳은 사람이 되게 하는 목표입니다. 이러한 교육운동이 가정과 교회와 선교단체 등에서 체계적으로 이루어지도록 힘써야 하겠습니다.

– 기독대학인회(ESF), 2005. 6. 16.

살며 생각하며 : 어머니의 유언

미국의 뉴멕시코 주에 열두 살 된 흑인 소년이 어머니의 손을 잡은 채 흐느끼고 있었습니다. 어머니는 가쁜 숨을 몰아쉬며 아들에게 유언을 남겼습니다.

"아들아, 네게 남겨줄 것이 아무 것도 없구나. 그러나 이 말씀을 꼭 기억하거라. 인생을 살아가는데 세 가지 보석이 있단다. 그것은 믿음과 소망과 사랑이다."

소년은 눈물로 어머니를 떠나보냈습니다. 1년 전 아버지를 잃은 소년은 고아가 되어 할머니의 집에 맡겨졌습니다. 소년은 소아마비 장애인이어서 거동이 불편했습니다. 인종차별과 가난과 병마가 그를 괴롭혔습니다. 그러나 한 번도 꿈을 포기하지 않았던 것은 어머니에게 배운 '믿음' '소망' '사랑'의 가르침이었습니다. 그는 흑인으로서는 최초로 1950년 노벨 평화상을 수상했습니다. 이 사람이 바로 미국의 정치학자 랠프 번치 박사입니다. 어머니의 가르침이 절망에 처한 소년에게 힘을 주었습니다. 좋은 가르침은 성공의 씨앗입니다.

한 주간 생활 묵상 : 팔자가 아니라네

어느 날 신밧드라는 이름을 가진 청년이 동네에서 가장 큰 부자의 잔치에 참석합니다. 온갖 먹음직스러운 음식이 비싼 그릇에 담겨 고급 테이블에 차려져 있고,

일류 음악가들이 초청되어 아름다운 음악을 잔잔히 연주하고 있었으며, 유명한 사람들이 그 잔치를 준비한 부자를 보기 위해 찾아왔습니다. 그런데 그 부자의 이름도 신밧드였습니다.

청년 신밧드는 이렇게 중얼거렸습니다.

"젠장, 이 사람은 무슨 팔자가 이리 좋을까. 똑같이 신밧드인데 누구는 찢어지게 가난하고 누구는 엄청난 부자이고... 하나님 불공평해요"

그런데 그 소리를 우연히 부자 신밧드가 들었습니다. 부자 신밧드는 청년 신밧드를 부른 다음 이렇게 말했습니다.

"어이 신밧드. 내가 이렇게 큰 부자가 된 것은 팔자 때문이 아니야. 지금부터 내가 어떻게 해서 부자가 되었는지 한번 들어 보겠나?"

그렇게 자신이 목숨을 걸고 모험을 하여 보물 상자를 찾아온 이야기를 해 준 것이 그 유명한 '신밧드의 모험'입니다.

어떤 사람이 한 분야에서 성공했다면 그 사람에게는 그동안 혼자서 감당할 수밖에 없었을 정말 힘들고 고통스러운 인고의 나날이 있었을 것입니다. 이 세상에 팔자 같은 것은 없습니다. 팔자라는 것은 게으른 사람들이 자신의 게으름을 변명하기 위해서 만들어낸 것입니다. 팔자타령 할 시간에 노력하세요.

– '최용우의 햇빛 같은 이야기', 2008. 9. 2.

오늘의 기도 : 자녀를 위한 기도

주님! 어지러운 세상 중에 살고 있는 아이들 맑은 마음 깨끗한 양심 지켜 주고자 새벽 별을 봅니다. 예수님이 그리하셨듯이 나도 두 손을 모으고 세상에서 가장 겸허한 마음으로 기도합니다.

내가 낳았고 내가 길렀고 내 품안에 있지만 나의 것으로 여기지 아니하고 하나님의 사람으로 자라나도록 주님 앞에 내려놓습니다. 아이들이 세상에 존재하는 동안에 내가 바라는 것, 내가 원하는 대로 욕심내어 키우지 않도록 주의 말씀과 의로 양육하게 하옵소서.

사람보다 하나님을 경외하고 두려워하여 하늘아래 부끄럼 없도록 거룩하고 경건한 삶을 살게 하옵소서.

부모를 공경할 때에 생명이 길고 복을 누린다고 주께서 말씀하셨으니 아이들의 삶이 복되도록 부모를 공경하게 하옵소서.

동기간에 우애 있게 지내고 서로 돌아보아 선을 행하며 유익을 주는 행복한 가정을 이루게 하옵소서.

사회에서 어떤 직업을 갖든지 하나님께 영광 돌리게 하시고 삶의 현장에서 꼭 필요한 사람이 되게 하옵소서.

불쌍한 이웃을 긍휼히 여기는 따뜻한 마음 내가 가진 것을 힘써 나눠주는 베푸는 마음 그리고 성숙한 인격이 되게 하옵소서.

주여! 사랑하는 아이들이 이 땅에 사는 동안 저 천성의 본향을 잊지 않게 하시고 이 세상은 잠시 왔다가 돌아가는 나그네 인생인 것을 늘 기억하게 하옵소서.

주께서 이 땅에 보내신 사명을 잘 감당하고 백발이 되어 죽는 날엔 기쁨으로 찬양하도록 후회 없는 인생이 되게 하옵소서. 예수님의 이름으로 기도드립니다. 아멘.

– 장승혜, 2004. 11. 13.

Day : 13주(월)

찬송 : (새)93장, 93장

13

룻기 1:1-4:22 사랑의 간주곡

- 1-2장 : 룻과 나오미
- 3-4장 : 룻과 보아스

이스라엘의 사사시대는 부도덕과 우상숭배, 그리고 전쟁으로 얼룩진 시대였습니다. 그들의 죄로 인해 이스라엘에 흉년이 찾아오게 되었습니다. 이 흉년은 하나님의 징계로 인한 것이었기 때문에 이스라엘 백성들은 회개하고 하나님께 돌아가야 했습니다. 그러나 엘리멜렉은 흉년이 들게 되자, 가족을 이끌고 약속의 땅을 떠나서 모압으로 갔습니다. 엘리멜렉은 모압에서 자기의 두 아들들을 이방 여인과 결혼시켰습니다. 이로 인해 그는 다시 한 번 하나님의 명령을 어겼습니다. 결국 이로 인해 엘리멜렉과 그의 두 아들은 모압 땅에서 죽고 말았습니다. 그 후에 엘리멜렉의 아내 나오미는 하나님께서 이스라엘에 풍년을 주셨다는 소식을 듣게 되었습니다. 나오미는 그 소식을 듣고 자부들을 고향으로 돌려보내고 고향으로 가기로 결심했습니다. 첫째 며느리 오르바는 나오미의 청을 받아들여 고향에 남았습니다. 그러나 둘째 며느리 룻은 자기 동족과 고향을 떠나 시어미를 따라 베들레헴으로 갔습니다. 하나님은 약속의 땅을 찾은 룻의 헌신적인 신앙을 보시고, 그녀에게 은혜를 베풀어 경건한 보아스의 밭으로 인도해 주셨습니다. 그녀는 그곳에서 보리 이삭을 주워서 시어머를 공양했습니다. 그 후에 그녀는 나오미의 주선으로 경건한 유다 자손인 보아스와 결혼하게 되었습니다. 그녀는 보아스를 통해서 다윗 왕의 조상이 될 아들을 낳았습니다. 하나님은 자기 신과 고향을 버리고 하나님을 찾아온 룻을 축복하여 다윗의 증조모가 되게 해 주셨습니다. 이방 여인 룻은 그녀의 신앙으로 메시아의 계보를 잇는 여인이 될 수 있었습니다.

읽으며 묵상하며 : 현명한 선택 (룻 1:16-18)

> 룻이 이르되 내게 어머니를 떠나며 어머니를 따르지 말고 돌아가라 강권하지 마옵소서 어머니께서 가시는 곳에 나도 가고, 어머니께서 머무시는 곳에서 나도 머물겠나이다 어머니의 백성이 나의 백성이 되고 어머니의 하나님이 나의 하나님이 되시리니 룻 1:16

'인간의 일생은 선택의 연속'이라는 말이 있습니다. 비단 일생 뿐만 아니라 매일 매일의 생활에서 우리는 선택 행위를 반복하고 있습니다. 예를 들어, 아침에 일어나면 '오늘은 무슨 옷을 입을까'부터 시작해서 점심에는 '오늘은 무엇을 먹을까'하고 고민하고, 저녁에는 '퇴근 후에는 무엇을 할까'등 우리의 하루가 온통 선택으로 일관하게 됩니다. 작게는 위와 같은 일들을 선택하게 되지만 크게는 인생의 진로를 결정짓는 대학을 선택한다든가, 평생을 함께 할 동반자를 선택하게 됩니다. 이렇듯 '선택함'은 우리 인생을 결정짓는 중요한 행위인 것입니다.

이러한 선택의 기로에 섰을 때, 당신은 무엇을 기준으로, 또한 궁극적으로 어디를 향해 당신의 선택을 결정짓습니까? 아마 당신이 장사를 하는 사람이라면 보다 많은 이윤을 남기는 방향으로 선택을 할 것이고, 정치를 하는 사람이라면 보다 많은 여론이 호응하는 쪽을 선택할 것이 틀림없습니다. 그리하여 당신이 선택한 것이 매우 큰 만족을 가져다주게 되면 당신은 매우 흡족한 표정으로 자신의 선택을 즐거워하게 될 것입니다.

바로 그렇습니다! 자신에게 효과를 가져다주고 즐거움을 가져다주는 쪽으로 자신의 의지가 향하는 것은 당연한 일입니다.

본문에서도 룻도 그러했을 것입니다. 추측컨대 그녀는 홀로 된 시모 나오미가 너무 불쌍하고 측은해서 마지못해, 그녀에게는 이방인 이스라엘로 그녀의 시모를 따라 행한 것은 아닐 것입니다. 아마도 그녀는 이스라엘인인 남편에게서 하나님에 관한 많은 이야기를 듣지 않았겠습니까? 그래서 그녀는 하나님을 선택하는 것이 그녀의 인생에 있어 가장 잘한 선택임을 알았을지도 모릅니다.

과연 그녀의 선택은 옳았습니다. 그녀의 선택의 결과로 그녀는 이방 여인의 신분으로서 예수님의 족보의 반열에 오른 영광을 부여받았던 것입니다.

현명한 선택에는 그에 상응하는 만족하는 결과가 뒤따릅니다. 만일에 그러한 것이 뒤따르지 않는 선택이라면 그것을 어찌 현명한 선택이라 할 수 있겠습니까!

이제 우리는 우리의 선택의 기준을 정할 수 있을 것입니다.

하나님을 향한 선택! 그것이야말로 우리의 미래를 보장받는 길이 아닙니까!

–「호크마 종합주석」 구약 6권, 기독지혜사, p917

살며 생각하며 : 순간의 선택은 영원한 행복을 좌우한다

두 불구자의 이야기가 있습니다. 한 청년은 축구, 레슬링, 권투 등 만능선수로 알려진 라이트였는데 그는 1979년 권투 시합에서 하반신을 쓰지 못하는 불구자가 되었습니다. 의사는 몇 해 동안 훈련받고 보조기를 사용하면 혼자 걸을 수 있다고 말했지만 1982년, 친구들에게 산에 데려가 달라고 부탁하여 잠깐 혼자 있게 해달라고 하더니 숨겨온 권총으로 자살하고 말았습니다.

다른 청년은 유명한 맥고원이라는 사람이었는데 그는 불량배에게 심한 매를 맞고 하반신이 완전 마비되어 불구자가 되었습니다. 그러나 그는 굴하지 않고 그의 투지와 의지로 노력한 결과 포코노 호수에서 낙하산 점프의 묘기를 보였고 취사, 세탁 청소를 혼자 할 수 있었으며 특수장비 자동차를 운전하고 다니게 되었습니다. 그는 스포츠에 관한 세 권의 책도 출판하였습니다.

한 사람은 죽음을 택하고 다른 한 사람은 생명을 선택한 것입니다. 순간의 선택은 영원한 행복을 좌우합니다. "예수 믿으세요"라고 말하면 쉽게 거절하는 것을 봅니다. 그러나 이는 행복을 포기하는 것입니다. 신앙의 길을 선택한 것은 영원한 천국의 복락을 바라보고 선택한 것입니다. 누가 뭐라고 하여도 후회할 것이 없는 선택이 되어야 합니다. 내가 선택한 예수, 십자가의 길, 이는 바른 선택인 것입니다. 기독교는 현실적인 것만을 강조하지 않습니다. 영원한 축복을 약속하는 종교인 것입니다.

사람에게는 두 개의 방향밖에 없습니다. 하나님을 향한 방향과 하나님을 등진 방향입니다. 인간도 이 두 종류의 인간밖에는 없습니다.

아브라함 링컨은 전쟁 한복판에서도 그 부하들에게 늘 말했습니다. "나의 관심사는 하나님이 우리 편을 들어 주시는 것이 아니고, 내가 하나님 편에 서 있는가 하는 것이다. 나는 이 점을 늘 걱정하고 있다." 여러분의 관심사는 어디에 있습니까?

성경에 "너희는 먼저 그의 나라와 그의 의를 구하라 그리하면 이 모든 것을 너희에게 더하시리라"(마 6:33)하였습니다. 중요한 일을 선택할 때 이 말씀을 항상 기억하시기 바랍니다.

"좁은 문으로 들어가라 멸망으로 인도하는 문은 크고 그 길이 넓어 그리로 들어가는 자가 많고 생명으로 인도하는 문은 좁고 길이 협착하여 찾는 이가 적음이라"(마 7:13-14)

– 「기쁨의 샘」, 한태완 지음, 요나출판사

정리하며 확신하며 : 현숙한 여인의 특징

	현숙한 여인의 특징	참고 성경 구절
1	여호와를 경외함	룻 1:17
2	정욕을 따르지 않음	룻 3:10, 11
3	부모를 공경하여 섬김	룻 3:5
4	타인의 칭찬을 받음	룻 3:10
5	남편에게 선을 행함	잠 31:12
6	가사를 근실히 돌봄	잠 31:13-19
7	가난한 자의 구제에 힘씀	잠 31:20
8	타인에게 지혜를 베풂	잠 31:26
9	남편의 칭찬과 자식의 공경을 받음	잠 31:28, 29
10	사치하지 않고 자기를 단장함	딤전 2:9, 10

– 「그랜드 종합 성경주석」 4권, 성서교재간행사, p805

Day : 13주(화)

찬송 : (새)459장, 514장

13

사무엘상 1:1-3:21 사무엘의 부르심

- 1장 : 한나의 기도
- 2장 : 엘리의 거역
- 3장 : 부르심

사사 시대가 이제 거의 막바지에 이르렀습니다. 이스라엘의 부도덕과 영적 타락은 더 이상 방치할 수 없을 정도로 심각한 상태에 이르렀습니다. 바로 그때에 하나님은 자녀를 낳지 못하던 한나를 통해서 이스라엘의 마지막 사사 사무엘을 낳게 하셨습니다. 하나님은 사무엘을 통해서 극도로 타락한 이스라엘을 구원하려고 하셨습니다. 당시 제사장이었던 엘리의 두 아들은 하나님의 제사를 멸시했고 성전에서 수종드는 여인과 간음죄를 짓고 말았습니다. 그들의 악행은 아버지 엘리 제사장의 권고에도 불구하고 수그러들지 않았습니다. 그러므로 하나님은 마침내 그들을 죽이기로 작정하시고, 어린 사무엘을 통해서 그 뜻을 엘리에게 알려주셨습니다. 그 후로 하나님은 사무엘과 함께 계셨으며, 그의 말이 하나도 땅에 떨어지지 않게 해주셨습니다. 그러므로 이스라엘 모든 사람들은 사무엘이 하나님의 선지자로 세움 받았다는 것을 알게 되었습니다. 사무엘은 엘리의 두 아들과는 달리 부지런했고, 어린 시절부터 성전에서 하나님의 말씀을 듣고 그 말씀에 순종했습니다.

읽으며 묵상하며 : 하나님의 음성을 들으십니까? (삼상 3:1-14)

> 여호와께서 임하여 서서 전과 같이 사무엘아 사무엘아 부르시는지라 사무엘이 이르되 말씀 하시옵소서 주의 종이 듣겠나이다 하니 삼상 3:10

아이 사무엘이 여호와를 섬길 때는 여호와의 말씀이 희귀했고, 엘리의 눈조차 어두웠습니다. 하나님이 사무엘을 세 번이나 부르셨으나 사무엘은 하나님이 부르신 것을 모르고 엘리에게 갑니다. 엘리의 지도로 하나님이 부르셨음을 알게된 사무엘은 결국 하나님께로부터 엘리의 집에 임할 심판에 대해 듣게 됩니다. 하나님이 말씀하셨을 때 사무엘은 엘리의 소리라고 생각했습니다. 그러나 하나님은 사무엘에게 "그것도 못 알아듣느냐?"라고 꾸짖지 않으셨습니다. 끝까지 참으시며, 그가 알아듣도록 부르셨습니다. 사무엘을 부르신 하나님은 이스라엘 또한 부르셨습니다. 그들의 무지함과 잘못에도 불구하고 참으시면서 이스라엘을 이해시키려고 하셨습니다. 결국 이스라엘은 하나님의 말씀에 귀를 기울이지 않아 멸망의 길을 갔습니다. 하지만 그 후에도 하나님은 그분의 백성들이 들을 때까지 계속해서 부르셨습니다. 이제 예수님을 통한 하나님의 궁극적인 부르심이 우리에게 임하여 그 참으심 때문에 우리가 멸망치 않고 구원을 받게 됩니다. 하나님의 음성에 귀를 기울이지 않는 우리에게 하나님은 오늘도 여러 가지 환경과 성경을 통해 부드럽게 계속 말씀하고 계십니다. 하나님의 말씀에는 짝이 있습니다. 하나님이 어떻게 행하시겠다는 말씀이 나오면 다음에는 그 일이 일어났다는 말씀이 반드시 나옵니다. 하나님은 확실함을 강조하기 위해 두 번 말씀하시곤 합니다.

요셉에게도 꿈을 두 번 주셨고 느부갓네살 왕에게도 두 번 주셨습니다. 하나님의 사람이 먼저 엘리에게 전한 하나님의 말씀이 다시 사무엘을 통해 엘리에게 전해졌습니다. 하나님이 반드시 이루시겠다는 의지의 표현이었습니다. 그 하나님이 우리에게도 경고하십니다. 우리가 이 세상에서 사랑하는 어떤 것보다 하나님을 사랑하고 하나님을 우선으로 생각해야 한다는 것입니다. 엘리는 사랑하는 자식들의 죄악을 말리지 않는 죄를 범했습니다. 이처럼 마땅히 해야 할 것을 하지 않는 것도 죄라는 사실을 기억해야 합니다.

–「생명의 삶」 말씀 해설, 두란노서원, 2004. 10. 7.

살며 생각하며 : 처음부터 알고 있었다

어느 날 아침, 운전하며 길을 내려가고 있을 때 주님께서 내게 말씀하셨습니다. "교회 안에 정말로 도움을 필요로 하는 한 가족에게 500불을 주어라. 그리고 그 일을 성탄절에 익명으로 해라." 그것이 하나님의 음성이라는 사실은 분명했습니다. 그러나 그 액수가 우리의 예산으로는 너무 커서 나는 "주님께서 정말 제가 이 일을 하기 원하신다면 주님의 말씀이라는 사실을 확신시켜 주십시오."라고 말씀드렸습니다. 그 후로 3시간 동안이나 하나님 아버지와 나 사이의 모든 의사소통이 차단되었습니다. 나는 계속해서 기도했지만 하나님께서 내 기도에 귀를 기울이시지 않는 것처럼 느껴졌습니다. 마치 하나님께서 고의적으로 나를 무시하시는 것 같았습니다. 나는 그것이 무엇을 의미하는지 몰라 미칠 것 같은 기분이었습니다. 3시간이 지나갈 무렵, 하나님께서 다시 부드럽게 말씀하셨습니다.

"아들아, 왜 나의 말을 네게 확신시켜 달라고 했느냐? 너는 내 음성을 알고 있다. 너는 처음부터 그것이 나였다는 것을 알고 있었다." 두말할 것 없이 나는 회개했고, 하나님의 말씀을 따라 재정을 사용했으며, 하나님과의 교제는 다시 회복되었습니다. 당신은 '내게 말씀하시는 하나님의 음성'임을 알면서도 그것을 고의적으로 거절하고 있진 않은가? 만약 하나님께서 어떤 이에게 사과하라고 당신에게 말씀하셨는데, 그것을 거부한다면 하나님께 '거역'하는 죄를 범하는 것입니다. 이와 같은 불순종은 우리와 하나님의 교제를 막는 원인이 됩니다(피터 로드의 '하나님의 음성 듣기').

–「생명의 삶」 묵상과 삶, 두란노서원, 2004. 10. 7.

Day : 13주(수)

찬송 : (새)290장, 412장

13

사무엘상 4:1-8:22 이스라엘의 패배

- 4장 : 언약궤
- 5-8장 : 회개와 국가의 재건

하나님은 하나님을 떠난 이스라엘을 블레셋에게 패배하게 만드셨습니다. 그러나 이스라엘 백성들은 엎드려 회개하지 않았습니다. 그들은 언약궤가 승리를 안겨줄 것이라고 믿고, 언약궤를 전쟁터로 가지고 나갔습니다. 그러나 그들은 전쟁에서 패배하고 30,000명이 전사하는 실패를 경험했습니다. 이 전쟁에서 엘리의 두 아들이 전사했으며, 언약궤마저 블레셋에게 빼앗기고 말았습니다. 이 소식을 들은 엘리는 뒤로 넘어져서 목이 부러져 죽고 말았습니다. 엘리 가족은 하나님을 멸시하고 거듭된 경고에도 불구하고 계속해서 죄를 짓다가 멸망하고 말았습니다. 그 후에 하나님은 사무엘을 새로운 민족의 지도자로 세워주셨습니다. 사무엘은 모든 이스라엘 백성들을 미스바로 모이게 한 후에, 백성들에게 우상을 버리고 여호와만 섬기라고 촉구했습니다. 그때에 블레셋이 이스라엘이 미스바에 모였다는 소식을 듣고 그들을 치려고 올라왔습니다. 그때에 사무엘이 여호와께 부르짖었으며, 하나님은 그 기도를 들으시고 이스라엘이 승리할 수 있게 해주셨습니다. 그 후에 사무엘은 각 도시를 순회하면서 백성들에게 율법을 가르쳤습니다. 이로 인해 이스라엘은 다시 영적으로 부흥하게 되었습니다. 그러나 말년에 이르러 사무엘의 아들들 역시 제사장직을 더럽히고 말았습니다. 이스라엘 백성들은 이러한 모습을 보고 실망하여 사무엘에게 다른 나라들과 같이 왕정 제도를 요구했습니다. 그러나 하나님은 이러한 백성들의 요구를 기뻐하지 않으시고, 장차 그들이 왕정제도를 선택했을 때 임할 재앙을 가르쳐 주셨습니다. 그러나 이스라엘 백성들은 완강하게 왕을 요구했습니다.

읽으며 묵상하며 : 사무엘의 미스바 기도회 (삼상 7:5-17)

사무엘이 이르되 온 이스라엘은 미스바로 모이라 내가 너희를 위하여 여호와께 기도하리라 하매 그들이 미스바에 모여 물을 길어 여호와 앞에 붓고 그 날 종일 금식하고 거기에서 이르되 우리가 여호와께 범죄하였나이다 하니라 삼상 7:5, 6

기도하는 지도자가 하나님께 귀하게 쓰임을 받습니다. 사무엘은 백성들에게 하나님만을 섬길 것을 촉구하면서 기도회로 모이게 하였습니다. 미스바 기도회를 통해서 어떤 은혜를 경험하게 되었습니까? 백성들의 침체된 믿음이 회복되었습니다.

사무엘의 미스바 기도회는 대내적으로는 온 이스라엘의 영적 각성 운동이었으며, 대외적으로는 블레셋의 종속국으로서의 조약을 파괴하고 독립을 천명하는 성격을 지니고 있었습니다. 사무엘은 엘리 제사장 가문의 몰락, 혼합 종교의 만연, 여호와의 언약궤 파동 등으로 혼란기에 있는 이스라엘을 새롭게 하고자 미스바 성회를 개최하게 되었습니다. 이로 인하여 백성들은 금식하며 자신의 마음을 쏟아놓는 회개를 하였습니다. 그동안의 묵은 심령, 침체된 믿음을 새롭게 하였습니다. "우리가 여호와께 범죄하였나이다"라는 고백은 자신들의 범죄함을 알고 깊이 뉘우치는 회개였습니다. 진정한 회개는 범죄의 심각성을 깨닫고 하나님과의 올바른 관계로 나가는 것입니다. 특히 블레셋 사람들이 쳐 들어온다는 말을 듣고 이스라엘 백성들이 사무엘에게 간절한 기도를 부탁한 것은 그들의 신앙이 회복된 증거입니다. 침체된 믿음은 인간적인 방법을 찾거나 포기하는 모습이지만, 회복된 믿음은 하나님께 의지하는 모습을 갖습니다. 깨어있는 리더는 자신이 기도로 깨어 있으며, 공동체가 기도하도록 이끄는 리더입니다. 공동체가 침체된 원인은 리더의 책임이 큽니다. 리더가 기도를 등한히 하고 다른 일에 힘쓴다면 공동체의 회복은 이루어지지 않습니다. 개인기도나 공동체 기도회를 힘써 이루시는 성숙한 그리스도인이 되시길 바랍니다.

하나님의 온전한 도우심을 경험했습니다.

미스바 기도회를 통해서 영적 회복을 이룬 사무엘과 백성들은 하나님의 도우심을 분명하게 경험하였습니다. 하나님께서는 사무엘의 기도에 즉각적으로 응답하여 주셨는데, 온 이스라엘이 눈으로 보고 현장에서 느낄 정도로 도우셔서 구원해 주셨습니다. 하나님께서 큰 우뢰를 발하여 위협적인 블레셋 사람들을 어지럽게 하시므로 이스라엘은 손쉬운 승리를 거두었습니다.

하나님께서 함께 하시니까 그처럼 두려움과 공포의 대상이었던 블레셋 사람도 아무것도 아니었습니다. 오히려 이스라엘은 전혀 밀리지 않고 일방적인 승리를 거두게 된 것입니다. 이때 사무엘은 전승 기념비를 세워 '에벤에셀'(여호와께서 여기까지 도우셨다)이라 칭하여 승리의 원인이 오직 하나님께 있음을 교육하였습니다. 그 후 블레셋은 사무엘이 사는 날 동안에는 다시는 이스라엘 내에 들어오지 못하였으며, 이스라엘은 블레셋 사람에게 빼앗겼던 모든 성읍을 회복하게 되었습니다.

우리가 하나님의 도움을 경험할 수 있는 길은 기도밖에 없습니다. 신실한 기도의 사람만이 하나님의 도우심과 능력을 경험할 수 있습니다. 예수님은 "기도 외에 다른 것으로는 이런 종류가 나갈 수 없느니라"(막 9:29)고 하셨습니다. 교회와 공동체가 침체되고 어려운 상황에 직면해도 깨어 기도하는 사람이 있으면 회복됩니다.

– 「일용할 양식」 말씀 묵상, 기독대학인회(ESF), 2005. 7. 20.

살며 생각하며 : 자유를 얻은 단 한 사람

스페인의 바르셀로나 항구에 죄수들이 노를 젓도록 되어 있는 죄수선 한 척이 정박하고 있었습니다. 그런데 때마침 스페인을 방문한 나폴리의 총독이 이 죄수선에 오르게 되었습니다. 그는 죄수를 한 사람씩 불러 죄 지은 까닭을 물었습니다. 그런데 그들의 대답은 한결같았습니다.

"죄 지은 사람은 제가 아니라 제 동료인데 억울하게도 제가 누명을 쓴 것입니다."

"그놈의 판사 때문에 제가 여기엘 왔지 뭡니까! 뇌물을 받고서 제게 죄를 뒤집어씌운 것이라구요."

"제 경우는 참으로 억울합니다. 우연히 사고 현장을 지나가다가 잡혔다구요."

그들의 말을 들어보니 그들 중 죄인은 한 사람도 없는 것 같았습니다.

이제 마지막으로 한 청년이 총독 앞으로 나왔습니다.

"저는 가게에 들어가 시계를 훔쳤습니다. 그것을 팔아 돈을 마련하려고 했던 거지요. 역시 제 생각이 잘못된 것이었습니다. 그렇기에 제가 이 벌을 받는 것은 당연한 일이지요."

총독은 그의 손을 붙잡고 일어서며, 이렇게 말했습니다.

"이처럼 자기 죄를 시인하고 달게 벌을 받는 자는 다시는 죄짓는 일이 없다! 어서 이 청년을 풀어주어라!"

얼마 후 청년은 자유의 몸이 되었습니다.

미스바에 모여서 자기들의 죄를 뉘우치며 여호와의 도우심을 바라고, 끝내는 블레셋과의 전투에서 승리를 거둔 이스라엘, 이것이야말로 죄인의 회개를 통한 하나님의 복이 아니겠습니까?

– 「그랜드 종합 주석」 5권, 성서교재간행사, p127

정리하며 확신하며 : 성경의 20가지 역할

	성경의 20가지 역할	참고 성경 구절		성경의 20가지 역할	참고 성경 구절
1	단련시킴	시 106:19	11	거룩하게 함	요 17:17
2	깨끗게 함	시 119:9	12	그리스도를 증거함	행 18:28
3	범죄하지 않게 함	시 119:11	13	영적으로 든든히 세워줌	행 20:32
4	영혼을 소성케 함	시 119:25	14	믿음을 줌	롬 1:16, 17
5	위로함	시 119:50	15	교훈함	딤후 3:16
6	지혜롭게 함	시 119:98	16	책망함	딤후 3:16
7	기쁨을 줌	시 119:11	17	바르게 함	딤후 3:16
8	갈 길을 밝혀 줌	시 119:101, 102	18	의로 교육함	딤후 3:16
9	영생의 길을 알려 줌	요 5:39	19	마음과 뜻을 감찰함	히 4:12
10	자유케 함	요 8:32	20	거듭나게 함	벧전 1:23

– 「그랜드종합 성경주석」 8권, 성서교재간행사, p1241

Day : 13주(목)

찬송 : (새)384장, 434장

13

사무엘상 9:1-12:25 사울의 선택

■ 9-11장 : 사울의 즉위 과정
■ 12장 : 사무엘의 충고

이스라엘 백성들이 끝까지 왕을 요구하자, 하나님은 그들을 위해서 사울을 준비해 주셨습니다. 사울은 부모를 잘 섬겼고, 왕다운 품위와 체격을 갖추고 있었습니다. 그러므로 그는 누가 보아도 왕의 후보로 적격이었습니다. 사무엘은 하나님의 지시를 따라서 사울을 은밀히 만났습니다. 그리고 사무엘은 하나님께서 그를 왕으로 세워주셨다는 사실을 가르쳐 주었습니다. 사무엘은 때가 되자, 온 백성들을 모아놓고 제비를 뽑아서 사울을 선택했습니다. 그리고 나서 사무엘은 미스바에서 사울에게 기름을 붓고 그를 이스라엘의 왕으로 세웠습니다. 그러나 많은 사람들은 아직 그를 왕으로 신뢰하지 못했습니다. 그러므로 하나님은 자신이 사울을 왕으로 세웠다는 것을 보여주실 필요가 있었습니다. 그 때에 암몬 족속들이 이스라엘에 쳐들어왔으며, 하나님은 사울을 통해서 그들을 무찌르게 해주셨습니다. 하나님은 이렇게 해서 자신이 사울을 이스라엘의 왕으로 세워주셨다는 사실을 증명해 주셨습니다. 그 후에 그는 다시 길갈에서 공개적으로 이스라엘의 왕으로 세움을 받았습니다. 그러나 그때에 사무엘은 이스라엘 백성이 하나님을 버리고 왕을 요구한 일이 잘못된 일이라는 사실을 가르쳐 주었습니다.

읽으며 묵상하며 : 깨끗한 하나님의 사람, 사무엘 (삼상 12:1-5)

> 내가 여기 있나니 여호와 앞과 그의 기름 부음을 받은 자 앞에서 내게 대하여 증언하라 내가 누구의 소를 빼앗았느냐 누구의 나귀를 빼앗았느냐 누구를 속였느냐 누구를 압제하였느냐 내 눈을 흐리게 하는 뇌물을 누구의 손에서 받았느냐 그리하였으면 내가 그것을 너희에게 갚으리라 하니 그들이 이르되 당신이 우리를 속이지 아니하였고 압제하지 아니하였고 누구의 손에서든지 아무것도 빼앗은 것이 없나이다 하니라 삼상 12:3, 4

능력 있는 삶은 하나님을 경외하는 인격, 청결한 양심, 청렴결백한 삶에서 나옵니다. 사무엘은 이런 삶의 모델입니다. 사회적으로나 교계적(教界的)으로나 비리가 난무한 시대에 정말 깨끗한 사람이 필요합니다. 사무엘은 어떤 삶을 살았습니까?

1. 늙어 머리가 희어질 때까지 하나님을 섬겼습니다.

사무엘은 어머니의 젖을 뗄 때부터 머리가 희어질 때까지 중심을 지켜서 하나님을 섬겨왔습니다. 하나님을 섬기되 대충 대충 섬기지 않고 전심으로 섬겼습니다. 자신이 그렇게 살지 않았다면 백성들에게 그렇게 살라고 하지 못했을 것입니다(7:3). 특히 그는 이스라엘의 영적 암흑기에 사사로서, 선지자로서 외로이 등불을 밝혀왔습니다. 그가 하나님을 섬기는 자세는 흐트러짐이 없는 하나님께 대한 절대적인 경외심, 오직 하나님을 충성스럽게 섬기는 일편단심, 초지일관의 자세를 가졌습니다. 이러한 사무엘의 삶은 하나님을 섬기는 모든 그리스도인들에게 좋은 모델이 되고 있습니다. 대부분 사람들은 초심을 지키기가 쉽지 않습니다. 처음에는 잘 나가다가 어느 정도 인정받고 높아지면 변심을 하게 됩니다. 그래서 타락하고 지탄의 대상이 되는 것입니다. 하나님을 섬기는 일도 마찬가지입니다. 소위 잘나가는 목회자, 그리스도인들도 중도에 무너지는 경우가 종종 있습니다. 왜 그렇습니까? 오직 하나님을 섬겨야 한다는 마음이 희미해지고 자기 영광을 구하기 때문입니다. 정말 머리가 희어질 때까지, 주님 나라에 갈 때까지 오직 하나님을 섬기는 하나님의 사람, 깨끗한 지도자, 깨끗한 평신도가 되시기를 바랍니다.

2. 백성 앞에서 청렴결백, 공명정대한 삶을 살아왔습니다.

사무엘은 자신의 깨끗한 삶을 고백합니다. 이것은 자신을 백성들에게 자랑하고 싶은 의도에서 한 것이 아니라 교육적 고백이라고 봅니다. 그는 거짓이 없었음을, 뇌물을 받지 않았음을, 자신의 권력으로 압력을 가하지 않았음을 백성들 스스로가 증거 하도록 합니다. 그는 하나님 앞에서 떳떳하게 살아왔음을 증거 함으로 사울 왕과 백성들도 그러한 삶을 살기 원한 것입니다. 사실 사무엘은 정치적, 종교적 최고 지도자로서 장기간 있었기 때문에 시시 때때로 다양한 유혹이 많았을 것입니다. 그런데 그는 모든 유혹을 극복하고 청렴결백, 공명정대한 삶을 살아왔습니다. 권력을 가진 사람이나 소위 장 자리에 앉은 사람은 유혹이 많습니다. 특히 인사 청탁, 특혜청탁, 판결청탁 등은 거액의 뇌물이 오가기 때문에 욕심에 끌리지 않을 사람이 거의 없습니다. 정말 우리는 교계, 정치, 교육, 경제, 문화 등 비리가 관행이 되어버린 구조 속에서 살고 있습니다. 우리는 깨끗한 하나님의 종, 깨끗한 그리스도인이 되어야 하고 구조적인 비리를 바꿔나갈 수 있는 실력 있는 그리스도인이 되어야 합니다. 깨끗한 하나님의 사람이 되려면, 하나님 앞과 사람 앞에서 거짓이 없어야 하며, 날마다 말씀의 거울 앞에 자신을 비추어야 합니다.

– 「일용할 양식」 말씀 묵상, 기독대학인회(ESF), 2005. 7. 29.

살며 생각하며 : 진품인생과 위조인생

화가 임마누엘 닝거는 20달러짜리 위조지폐를 매우 정교하게 그렸습니다. 이웃의 야채가게 주인이 물 묻은 손으로 그 위조지폐를 만져 물감이 묻는 일이 벌어지기 전까지는 아무도 의심하지 않았습니다. 그가 화폐 위조범으로 교도소에 있는 동안 그의 위조지폐 20달러짜리는 5000달러에 경매되었습니다. 그는 하나님이 주신 화가로서의 재능을 잘못 사용한 것입니다.

유명한 보석감정가 아베 메리는 가짜와 진품을 바꾸는 수법으로 절도를 하다가 18년을 교도소에서 복역한 후 "나는 내 인생의 3분의 2를 스스로 도둑질했다"고 통탄했습니다.

하나님은 누구에게나 성공할 수 있는 능력과 기회를 주셨습니다. 하나님께서 우리의 삶을 계산하시는 날이 있음을 명심해야 합니다. 성도는 행복할 능력을 받은 것이 아니라 하나님의 명령에 순종할 능력을 부여받은 사람입니다. 하나님의 계산대 앞에서는 얼마나 행복했느냐가 아닌 어떻게 순종을 했는가를 계산 받게 됩니다. 진품 인생과 위조 인생이 하나님 앞에서는 확연하게 드러납니다.

– 이철재 목사(서울 성서교회)

정리하며 확신하며 : 중보 기도의 목적

	중보 기도의 목적	참고 성경 구절
1	함께 승리하기 위하여	출 17:9-12
2	영적 복을 받게 하기 위하여	민 6:23-26
3	죄를 용서받게 하기 위하여	신 9:18-20, 욥 42:19-20
4	기도 응답을 받게 하기 위하여	삼상 7:5-9, 약 5:14-1, 6
5	하나님의 법도를 잘 따르도록 하기 위하여	삼상 12:23, 욥 1:5
6	대적으로부터 구원을 위하여	사 37:4
7	회개를 촉구하고 하나님의 의를 깨닫게 하기 위하여	롬 10:1-4

–「그랜드 종합 성경주석」 5권, 성서교재 간행사, p188

Day : 13주(금)

찬송 : (새)449장, 377장

13

사무엘상 13:1-15:35 사울의 버림받음

- 13-15장 : 블레셋, 아말렉과의 전투
- 16장 : 다윗

사울은 재위 2년 만에 결정적인 시험에 직면하게 되었습니다. 그때에 블레셋 군대들이 이스라엘을 점령하기 위해서 맹공격을 가했습니다. 사울은 군사들을 소집하고 사무엘을 기다렸습니다. 그러나 사무엘이 늦게 오게 되자, 사울은 길갈에서 직접 제사를 드렸습니다. 그는 제사를 드리는 일이 율법에 어긋나는 일인 줄 알았지만, 다급한 마음에서 직접 제사를 집례하고 말았습니다. 바로 그때에 사무엘이 그 곳에 도착했습니다.
사무엘은 경거망동한 사울에게 하나님께서 그를 버렸다고 선언했습니다. 그 말을 듣고 다급해진 사울은 자신의 실수에 대해 변명했습니다. 그는 그 후에 하나님의 일을 열심히 해서 실수를 만회해 보려고 애를 썼습니다. 그러나 그는 하나님의 방법을 따르지 않고 계속해서 인간적인 방법으로 일을 처리했습니다. 그의 인본주의 정책으로 백성들은 많은 혼란을 겪게 되었습니다. 후에 하나님은 사울에게 아말렉 족속을 진멸하라고 명하셨습니다. 그러나 그 때에도 사울은 하나님의 명령을 어겼습니다. 그러므로 하나님은 사울로부터 왕의 직분을 거두기로 결정하셨습니다.

읽으며 묵상하며 : 가장 귀한 제사 순종(삼상 15:16-23)

순종이 제사보다 낫고 듣는 것이 숫양의 기름보다 나으니 삼상 15:22

본문에서 사울의 모습에 크게 실망한 사무엘은 그의 변명의 말을 막고는 하나님의 말씀을 전달했습니다. 그는 먼저 하나님께서 사울을 왕으로 높이신 이유에 대해 말하고 있습니다. 그것은 그가 자신을 작은 사람이라고 여기고 겸손했기 때문입니다(17절). 이어서 사무엘은 하나님께서 부탁하신 아말렉 진멸 명령이 아말렉을 향한 하나님의 거룩한 진노를 대신하는 중요한 사명임을 환기시키면서(18절), 왜 하나님의 목소리를 청종하지 않고 탈취하기에만 급급했느냐고 책망했습니다(19절).

하지만, 사울은 다시 한 번 자신은 하나님께 순종했다고 주장하며 자기의 승리를 열거하였고(20절), 단지 남겨둔 것은 백성들이 여호와께 제사 드리기 위함이라는 변명만을 늘어놓았습니다(21절). 이와 같은 모습은 사울의 교만을 잘 보여주고 있습니다. 겸손은 하나님의 말씀을 그대로 받아들이는 것입니다. 그러나 교만은 말씀보다 자기주장과 자기 이론을 더 내세우는 것입니다. 한편, 사울은 하나님을 자기의 하나님이라고 부르지 않고 당신의 하나님이라고 부르고 있습니다(21절). 이것은 그와 하나님과의 거리가 멀찍이 떨어져 있음을 잘 보여줍니다. 범죄했는지의 여부는 하나님과의 거리를 재어보면 가장 정확히 알 수 있습니다.

가장 귀한 제사는 순종입니다. 사무엘은 계속해서 자신의 불순종이 제사 드리기 위함이었다고 핑계 대는 사울에게, '하나님께서 순종을 제사보다 낫게 여기고 말씀을 듣는 것을 숫양의 기름을 바치는 것보다 더 귀히 여긴다'라고 선언했습니다(22절). 또한 사무엘은 불순종은 점쟁이가 귀신을 불러들이는 행위와 똑같은 것이며, 교만하게 고집을 부리는 것은 우상을 숭배하는 것과 똑같은 것이라고 지적했습니다(23절상). 이어서 사무엘은 '왕이 여호와의 말씀을 버렸으므로 여호와께서도 왕을 버려 왕이 되지 못하게 할 것'이라고 선언하고 있습니다(23절하).

우리는 불순종을 과소평가하는 경향이 있습니다. 하지만, 사울이 살려놓은 아말렉의 자손인 아각 사람 하만이 이스라엘 민족 전체를 얼마나 큰 위험에 빠뜨렸는지를 생각할 때(에 3:1), 불순종의 대가가 얼마나 큰 것인지 새삼 깨닫게 됩니다. 우리는 순종이야말로 우리가 하나님께 드릴 수 있는 가장 귀한 제사이며, 불순종이야말로 우리의 삶에 악령을 끌어들이는 가장 빠른 방법이라는 사실을 잊지 말아야 합니다.

－「GT, 세계를 품는 경건의 시간」 해석도움, GTM, 2007. 6. 12.

살며 생각하며 : 순종했더니

리처드 목사가 아프리카의 선교사로 있을 때의 일입니다. 그는 선교의 사명에 불 타 하나님의 말씀을 그 곳 토인들에게 열심히 전했으나 그가 노력한 것만큼 많은 사람들이 하나님께로 돌아오지는 않았습니다. 그러나 그는 포기하지 않고 토인들에게 하나님의 말씀을 꾸준히 전했습니다.

그러던 중, 리처드 목사는 토인들에게 성경 공부를 가르치기로 결심하고 우선 누가복음을 택하여 1장부터 차례로 매일 10절씩 번역하여 가르쳤습니다.

그러던 어느 날 저녁이었습니다. 리처드 목사는 다음 날의 성경 공부를 위해 본문을 번역하던 중 6장 30절의 말씀에서 번역을 멈추고 말았습니다.

"네게 구하는 자에게 주며 네 것을 가져가는 자에게 다시 달라 하지 말며"

이 말씀을 보는 순간 그는 그렇지 않아도 토인들의 믿음이 장성하지 않았는데 이 말씀을 전했다가는 그들이 리처드 목사의 소유를 전부 자기들에게 다라고 할 것 같은 생각이 들었습니다. 그래서 그는 이 부분을 건너뛰고 그 다음절부터 다시 번역하였습니다.

다음날 리처드 목사는 전날 번역해 놓았던 누가복음 6장 부분을 가지고 토인들을 가르쳤습니다. 그러나 그의 마음에는 무언가 불편한 구석이 있었습니다. 며칠이 지났습니다.

리처드 목사는 며칠 전의 그 일이 아무래도 마음에 걸려 하나님께 순종하는 마음으로 누가복음 6장 30절의 말씀을 번역하여 토인들에게 가르쳤습니다.

그러자 예상했던 대로, 토인들은 리처드 목사에게 그의 소유물을 요구해왔습니다. 이에 리처드 목사는 자신의 소유물을 토인들에게 모두 주었습니다. 그런데 이게 웬일인가. 자기의 소유물을 아낌없이 전부 내어놓은 그의 모습을 보고 토인들은, '이 사람은 진정 하나님의 사람이구나!'하고 감동하여 그 자리에서 무릎 꿇고 회개하며 진정한 마음으로 예수님을 영접하는 것이었습니다. 이렇듯, 하나님의 말씀에 순종하면 우리의 생각을 초월한 그 이상의 복이 흘러넘치게 됩니다.

– 「그랜드 종합 주석」 예화, 성서교재간행사, p248

정리하며 확신하며 : 순종에 따르는 15대 복

	15대 복	참고 성경 구절
1	자손 번영의 복을 받음	창 26:4, 5
2	거룩한 백성이 됨	출 19:6
3	자손까지 복을 받음	신 5:29
4	하나님이 뛰어나게 하심	신 28:1
5	모든 소산을 풍요케 하심	신 28:4
6	하나님의 긍휼을 얻음	신 30:2, 3
7	모든 일이 형통하게 됨	수 1:8
8	역경 중에도 보호됨	마 7:24, 25
9	하나님의 가족이 됨	마 12:50
10	하나님의 사랑을 받음	요 14:23
11	성령을 힘입음	행 5:32
12	의에 이름	롬 6:16
13	온전하게 됨	히 5:8, 9
14	영혼이 깨끗해 짐	벧전 1:2
15	영생을 얻음	요일 2:17

– 「그랜드 종합 성경주석」 5권, 성서교재간행사, p236

Day : 13주(토)

찬송 : (새)333장, 381장/ (새)342장, 395장

13

■ 이번 주 읽은 성경 요약 및 못 읽은 부분 읽고, 한 주간 생활 묵상하며 가정 예배드리기

■ **주제 : 성도의 생활 원리** (골 3:18-4:1)

읽으며 묵상하며 : 가정과 직장에서의 관계 설정(골 3:18-4:1)

우리의 삶의 자리는 주로 가정과 직장입니다. 그렇다면 그리스도인은 가정과 직장에서 어떻게 살아야 합니까?

가정에서의 삶

가정에서 가장 필요로 하는 것은 서로의 인격을 존중하고 사랑의 질서를 세우는 것입니다. 아내는 자유롭고 책임 있는 행위자로서 남편에게 복종하는 것이 전적으로 합당하기 때문에 남편에게 자발적으로 '복종하라'는 요구를 받게 됩니다. 복종은 남편의 지도력을 존중하고 인정하며, 남편이 가족 안에서 그의 역할을 실천하도록 돕는 아내의 소명을 가리킵니다. 아내를 사랑하는 것은 또한 남편의 의무입니다. 그는 그녀를 '사랑'하라는 명령을 받았습니다. 이것은 단순히 남편이 아내에게 애정을 갖거나 성적 매력을 느끼는 문제가 아닙니다. 그보다는 아내의 전 존재를 끊임없이 보호하고 사랑으로 돌보는 것을 요구하고 있습니다. 엡 5:25~33에 보면, 교회에 대한 그리스도의 사랑이 아내에 대한 남편의 사랑의 모델로 제시되고 있습니다. 따라서 남편은 생각이나 말이나 행동으로 아내를 비참하게 만들지 말아야 합니다. 또한 자녀는 하나님이 세우신 부모의 권위를 인정하고 순종해야 합니다. '순종한다'는 말은 기꺼이 명령을 따라 잘 이행한다는 것을 뜻합니다. 부모들도 자녀를 너무 엄하고 지나치게 강제적이며 혹독하게 대해서는 안 됩니다. 왜냐하면 이러한 부모의 행동이 자녀로 하여금 낙심하게 만들기 때문입니다. '낙심하다'는 의미는 '마음이 무기력하고 언짢으며 침울한 상태'로 된다는 것을 의미합니다.

직장에서의 삶

가정에서와 마찬가지로 직장에서도 하나님이 세워 주신 질서가 존재합니다. 무엇보다 아랫사람은 자기에게 맡겨진 일을 주께 하듯 성실하게 해야 합니다. 윗사람이 없다고 해서 일을 게을리 하거나 적당히 해서는 안 됩니다. 또한 윗사람은 아랫사람을 정당하고 공정하게 대해야 합니다. 로마 세계에서 노예에게는 아무런 권리도 없었지만, 여기에서 바울은 의무가 종들에게만 일방적으로 이행되어서는 안 된다고 서슴없이 가르치고 있습니다. 왜 그렇습니까? 종이든 주인이든, 아랫사람이든, 윗사람이든 늘 우리에게는 하늘에 계신 분이 우리의 상전이 되시기 때문입니다. 늘 우리를 지켜보시고, 우리에게 여러 가지 일을 통해 세상을 섬기게 하신 하나님이 계시기 때문에 그 분 앞에서 일하는 자세가 우리에게 요구됩니다.

살며 생각하며 : 부부간 친밀감과 균형 유지하기

임신한 아내의 정서 상태는 남편에 의해 크게 좌우됩니다. 남자와 여자라는 두 사람의 인격체로 만나 사랑의 결정체로 가진 아기와의 새로운 관계 설정을 위해선 부부간의 신뢰와 협력이 필수로 전제가 되어야 하기 때문입니다. 실제 사랑으로 지속될 것 같은 결혼생활이나 가족 구성원들 간의 기대도 임신이나 출산, 육아의 과정 동안 여러 가지 위기 상황에 부딪힐 수 있습니다. 이를 위한 현명한 극복법과 부부간의 신뢰를 쌓아가는 방법은 무엇일까요?

남자는 신뢰하고 인정받는 사랑을 원하고 여자는 관심과 이해를 통한 사랑을 원합니다. 남녀 간의 친밀감은 두 사람이 서로 자아를 여는 것이 포함됩니다. 내가 상대의 삶에 감정적, 사회적, 육체적, 영적으로 들어간다는 의미입니다. 그런데 결혼생활에서 이런 친밀감이 사라지는 이유는 뭘까요? 남녀 간의 사랑이라는 낭만적 감정은 뇌의 화학적 반응으로 2년 이상을 지속되기가 어렵습니다. 부부는 사랑이라는 감정을 통해 안전감을 원하고 이 안전감이 사라질 때 위기를 겪는 것입니다.

부부란 어린 시절 성장 단계에서 필요한 발달 과정을 겪었는지 아닌지에 따라 여러 가지 성격유형으로 구분되는데 거의가 서로 반대유형의 사람끼리 만나 부부생활을 하게 되며 부부 간의 갈등은 이러한 성격구조를 이해하지 못할 때 발생합니다. 남녀가 서로 대화하기 어렵다는 것은 존 그레이의 '화성에서 온 남자, 금성에서 온 여자'를 통해 많은 이들이 알고 있는 것처럼 우리는 사회화 과정을 통해 남자는 감정표현과 감각표현에 여자는 생각표현과 행동표현을 상실하며 살아가게 됩니다. 결국 자아를 잃어버린 남녀가 서로 사랑에 빠지게 되는 것입니다.

부부가 또는 남녀가 대화할 때 남성은 결론과 문제해결, 중요한 사업, 정치 토론, 감정표현의 억제에 관심이 있고 여성은 결론에 이르는 과정 설명, 사소한 내용의 대화, 정서적인 지지에 관심이 있습니다. '삶의 보람과 행복을 어디에 두느냐?'라는 질문에는 남성은 사회적인 지위, 성취, 업적, 친구관계에 있고 여성은 남편과의 애정, 자녀의 성공, 시집 친척과의 관계 등에 있습니다.

결혼생활의 중요한 점이 남성은 경제적인 역할, 음식, 세탁 등 편의성, 집안 정돈 등이며 여성은 자신의 성적인 매력 유지(미의 관리), 가정의 안정, 부부간의 애정표현, 부부가 같이 보내는 시간 등으로 생각합니다.

이제 어떤 남녀도, 부부도 서로 다름을 인정하였으면 서로에게 어떤 방법을 취해야 할까요? 서로 친밀함 감정을 유지하려면 자신을 상대에게 계속 드러내야 합니다. 우리는 어릴 때부터 자기감정을 부인하는 훈련을 받아서 자신의 감정과 접촉하기 어렵습니다. 감정을 드러내지 못하는 이유는 상대의 반응을 두려워하는 것도 있습니다.

부부간의 대화는 반영하기, 인정하기, 공감하기, 교대하기 등의 방법으로 합니다.

반영하기는 상대방의 말을 듣고 그대로 따라서 말하는 것입니다.

인정하기는 상대방의 말에 대해 '당신이 그런 생각을 하는 것을 이해해요.' 라고 말하는 것이며 공감하기는 '당신은 정말 슬펐겠어요.' '무시당한 느낌이었겠어요.' 하며 상대의 감정을 같이 드러내고 표현해주는 것입니다. 그 다음 상대 말이 다 끝났을 때 서로의 역할을 바꾸어 듣고 똑같이 반영하고 인정해 주는 것으로 교대를 합니다.

남편이 부인에게 바라는 사항

- 친구 남편들 및 자녀들과도 자주 비교하지 말라. 남편을 비판하고 평가하지 말라.
- 여러 사람들 앞에서 남편의 단점을 자주 이야기하지 말라.
- 인정하고 칭찬을 자주 해 주어라. (특히 애정을 표현할 때 고맙다고 해주어라.)
- 과거의 서운한 점이나 잘못을 반복해서 들추어 내지 말라. 고치려고 많이 노력했는데도 안 고쳐지는 단점들하고 같이 살아 주었으면 함.
- 알아서 해주지 말고 물어보고 해주어라. 간섭 받는다는 것에 대한 반감.
- 남편의 자존심에 상처를 주지 않으면서 자신의 의견을 이야기하라.
- 시집에 대해 알아서 잘 해주어라.
- 성을 무기로 사용하지 말라.
- 명령식으로 이야기하지 말고 제안 식으로 물어주어라.

부인이 남편에게 바라는 사항

- 감정적인 지지와 이해에 힘써주어라.
- 부인의 이야기를 듣고 기분을 이해해 주어라.
- 칭찬을 많이 해주어라. (옷차림, 헤어스타일, 음식솜씨)
- 성의 목적이 아닌 신체접촉을 많이 해주어라.(포옹, 손잡고 걷기, 마사지, 등 긁어주기)
- 부인에게도 존중하고 예의를 지켜 주어라. 부인에게 명령하지 말라.

- 밖에 나가서 다른 사람(특히 다른 여자)에게 잘하는 것 반만이라도 부인에게 해주어라.
- 가족과 부인과 시간을 보내주어라.
- 자녀의 진로에 관심 갖고 칭찬해 주어라.
- 화나는 감정을 파괴적으로 표현하지 말라.
- 친정에 알아서 잘해주어라.

– 한국결혼가족센터 내용 참조

돌아보며 다짐하며 : 지혜있는 사람의 인생덕목(人生德目)

말(言) : 말을 많이 하면 필요 없는 말이 나온다. 양 귀로 많이 들으며, 입은 세 번 생각하고 열라.

책(讀書) : 수입의 1%를 책을 사는데 투자하라. 옷이 헤어지면 입을 수 없어 버리지만, 책은 시간이 지나도 위대한 진가를 품고 있다.

노점상 : 할머니 등 노점상에서 물건을 살 때 깎지 말라. 그냥 돈을 주면 나태함을 키우지만, 부르는 대로 주고 사면 희망과 건강을 선물하는 것이다.

웃음(笑) : 웃는 연습을 생활화 하라. 웃음은 만병의 예방약이며, 치료약이며, 노인을 젊게하고, 젊은이를 동자(童子)로 만든다.

TV(바보상자) : 텔레비젼과 많은 시간 동거하지 말라. 술에 취하면 정신을 잃고, 마약에 취하면 이성을 잃지만 텔레비젼에 취하면 모든게 마비 된 바보가 된다.

성냄(禍) : 화내는 사람이 언제나 손해를 본다. 화내는 사람은 자기를 죽이고 남을 죽이며 아무도 가깝게 오지 않아서 늘 외롭고 쓸쓸하다.

기도(祈禱) : 기도는 녹슨 쇳덩이도 녹이며 천 년 암흑 동굴의 어둠을 없애는 한줄기 빛이다. 주먹을 불끈 쥐기보다 두 손을 모으고 기도하는 자가 더 강하다. 기도는 자성을 찾게 하며 삶을 요익하게 하는 묘약이다.

이웃(隣) : 이웃과 절대로 등지지 말라. 이웃은 나의 모습을 비추어 보는 큰 거울이다. 이웃이 나를 마주할 때. 외면하거나 미소를 보내지 않으면 목욕하고 바르게 앉아 자신을 곰곰히 되돌아 봐야 한다.

사랑(慈愛) : 머리와 입으로 하는 사랑에는 향기가 없다. 진정한 사랑은 이해. 관용. 포용. 동화. 자기낮춤이 선행된다. 존경하는 김수환 추기경 말씀, “사랑이 머리에서 가슴으로 내려온는 데 칠 십년 걸렸다.”

멈춤(止觀) : 가끔은 칠흑 같은 어두운 방에서 자신을 바라보라. 마음의 눈으로. 마음의 가슴으로. 주인공이 되어 “나는 누구인가. 어디서 왔나. 어디로 가나” 조금

함이 사라지고 삶에 대한 여유로움이 생기나니.

– 김상현 / 「(재)명원문화재단」, 2009. 1. 13.

오늘의 기도 : 질서있는 삶을 살게 하옵소서

질서대로 세상을 창조하신 하나님 아버지,
창조 뿐 아니라 삶을 살아갈 때에도 질서를 따라 살아가게 하셨는데, 하나님이 세우신 질서를 잘 기억하고 그 질서를 따라 아름답게 살아가는 삶을 살게 하소서.
가정생활을 통해서도 질서를 지키게 하시고 직장생활에서도 질서를 지켜 하나님께서 기뻐하시고 저희 가정들도 복된 가정, 복된 직장이 되게 하옵소서.
예수님의 이름으로 기도합니다. 아멘.

Day : 14주(월)

찬송 : (새)585장, 384장

14

사무엘상 16:1-19:24 사울의 궁에 거하는 다윗

- 16장 : 다윗 선택
- 17장 : 다윗과 골리앗
- 18장 : 미갈과 결혼함
- 19장 : 다윗의 도피

하나님은 계속해서 사울이 불순종하게 되자, 그를 대신해서 다윗을 왕으로 세워주셨습니다. 사울은 사람의 마음에 들었지만, 다윗은 하나님 마음에 두는 사람이었습니다. 다윗은 돌팔매질을 잘하고, 수금을 잘 타는 어린 목동이었습니다. 그는 베들레헴에 살던 이새의 여덟 아들 중 막내아들 이었습니다. 그의 마음은 오직 여호와께로 향해 있었습니다. 그가 어린 소년으로 거인 골리앗을 물리친 것도 하나님께 대한 전적인 헌신 때문이었습니다. 후에 다윗은 사울의 궁중 악사로 부름을 받게 됩니다. 그리고 이를 계기로 그는 사울 앞에서 서서히 자기의 위치를 확보하게 됩니다. 후에 다윗은 여러 가지 공적을 남기고, 사울의 딸 미갈과 결혼하게 됩니다. 그러나 사울은 다윗이 자기보다 인기가 많은 것을 보고 시기하여 다윗을 죽이려고 합니다. 다윗은 위기의 순간에 사울의 딸 미갈의 도움을 받아 사울의 손에서 겨우 피할 수 있었습니다.

읽으며 묵상하며 : 믿음의 전투 하나님의 승리 (삼상 17:42-58)

또 여호와의 구원하심이 칼과 창에 있지 아니함을 이 무리로 알게 하리라 삼상 17:47

골리앗은 다윗의 모습을 보고 업신여기며 그를 짐승들의 먹이가 되게 하겠노라고 위협합니다. 그러나 다윗은 온갖 무기(칼, 창, 단창)를 가지고 나온 골리앗을 향해, 자신은 "하나님의 이름"으로 왔다고 담대히 말합니다(45절). 또한 골리앗을 죽이는 것은 물론이고 블레셋 군대를 전멸시킴으로써 이스라엘에 하나님이 계신 줄을 알게 할 것이라고 선언합니다. 결국 전쟁은 여호와께 속한 것이며, 특별히 블레셋과의 이 전쟁을 통해 여호와께서 이스라엘과 함께 계심을 알도록 하는 것이 다윗의 궁극적인 목적이었습니다. 다윗은 자신의 이름을 드러내지 않고 하나님의 이름으로 대적하여 승리함으로써 여호와의 존재를 알리기 원했습니다.

우리도 삶 속에서 우리의 이름을 알리는 것이 아니라, 오직 하나님의 전능하심과 살아계심을 사람들에게 알리는 도구가 되어야 할 것입니다. 나의 이름은 감추고 모든 영광을 하나님께 돌림으로써 오직 하나님의 이름만 드러나도록 합니까?

물매로 돌을 날려서 골리앗을 죽인 다윗은 그의 목을 베고, 이를 본 블레셋 사람들은 모두 도망칩니다. 상식적으로 생각할 때 소년 다윗과 거인 골리앗의 싸움은 골리앗의 일방적인 승리로 끝날 것 같았지만, 결과는 정반대였습니다. 교만한 말과 최신 무기와 보호 장비를 앞세운 골리앗은 칼 한 번 휘둘러보지 못하고 죽임을 당했습니다. 하나님의 이름을 앞세운 다윗은 아무런 보호 장비도 없었지만 하나님에 대한 믿음으로 돌 하나를 던져 골리앗을 간단히 제압했습니다.

다윗과 골리앗의 이야기를 통해 무엇이 우리에게 진정한 승리를 가져다주는지 다시 한 번 되새겨 보아야 합니다. 우리가 가진 것이 비록 보잘것없어도 하나님은 우리의 믿음을 보시고 큰일을 행하십니다. 모든 승리는 하나님으로부터 옵니다. 나는 작고 연약하지만, 위대하고 전능하신 하나님 안에서 모든 것을 할 수 있음을 믿습니까?

– 「생명의 삶」말씀해설, 두란노서원, 2004. 11. 9.

살며 생각하며 : 이빨과 발톱을 뽑힌 사자

옛날 옛적에 사자 한 마리가 어여쁜 아가씨를 사랑하게 되었습니다. 사자는 아가씨와 결혼을 하기로 마음먹고, 산 아랫마을에 사는 아가씨의 아버지를 찾아갔습니다.

"따님과 결혼하려 합니다. 그렇게 아시고 준비하십시오!"

사자는 쩌렁쩌렁 울리는 큰 소리로 으름장을 놓았습니다.

이에 아버지는 사자의 그 얼토당토아니한 말에 말문이 막혔으나 일단은 사자를 고이 돌려보내고 나서 대책을 마련해야겠다는 생각에 이렇게 말했습니다.

"사자님만 원하신다면야 그렇게 해야지요. 그런데 제 딸의 생각도 물어보아야겠어요. 그 애도 물론 찬성할 겁니다.

그리하여 사자는 다음날 다시 오기로 하고, 기분이 좋아서 산으로 되돌아갔습니다.

이제 아가씨의 집에서는 난리가 났습니다. 아무리 궁리를 해도 결혼을 막을 수는 없는는 일 같았습니다. 그러던 중 아버지가 묘안을 생각해 냈습니다.

다음날 아침 사자가 다시 찾아왔습니다. 아버지는 사자를 집 안으로 맞아들이며 이렇게 말했습니다.

"우리 딸도 대찬성이랍니다. 그런데 한 가지 사자님의 이빨과 발톱이 무섭대요. 그렇다고 그것만 뽑아버리면 혼례를 치르겠다지 뭡니까!"

아버지의 말에 사자는 싱글벙글 웃더니 그 자리에 벌렁 눕는 것이었습니다. 그리고는 이빨과 발톱을 뽑으라며 입을 벌리고 네 발을 모으는 것이 아니겠어요!

잠시 후 사자는 한 마리의 '볼품없는' 사자가 돼버리고 말았습니다. 이에 아버지는 기회를 노칠 세라 몽둥이를 들고 와 사자를 마구 때렸습니다. 그런데도 사자는 이미 이빨과 발톱이 뽑힌 뒤라 오히려 아무런 힘도 쓰지 못하고 줄행랑을 치며 달아났습니다.

이렇듯 '지혜'와 '담대함'은 그 사람으로 하여금 위기를 모면하게 하기도 합니다.

본문의 다윗을 보십시오. 다윗이 거인 골리앗 앞에 가지고 나간 것은 물매와 돌 몇 개뿐이었으나 그를 거뜬히 쓰러뜨리지 않았습니까? 무엇보다도 그에게는 하나님께서 주신 지혜와 담대함이 있었습니다.

오늘날 우리를 대적해 우는 사탄에 맞서 우리가 지녀야 할 것 역시 하나님께서 주시는 지혜와 담대함이 아니고 무엇이겠습니까? (이솝 우화)

– 「그랜드 종합 주석」 5권, 성서교재간행사, p286

 정리하며 확신하며 : 잘못된 선택의 원인

	잘못된 선택의 원인	참고 성경 구절
1	육신을 먼저 생각함	창 25:29, 34
2	하나님께 불순종함	민 14:1-45
3	외모를 중요시 여김	삼상 16:7
4	재물을 사랑함	마 19:16-22
5	유혹에 연약함	마 24:4, 24
6	불신앙	요 3:18-21
7	완고한 마음	행 13:44-48
8	영적 지식의 결핍	엡 4:17-19

– 「그랜드 종합 성경주석」 5권, 성서교재간행사, p253

Day : 14주(화)

찬송 : (새)288장, 204장

14

사무엘상 20:1–23:29 도망하는 다윗

- 20장 : 살인음모
- 21장 : 놉, 가드
- 22장 : 아둘람
- 23장 : 광야로 피신함
- 시편 34편, 52편 (다윗이 아히멜렉 앞에서 미친 체 하다가 쫓겨 난 후에 기록한 시)

다윗을 죽이려는 사울의 음모가 알려지자 다윗은 급히 피신했으며, 사울의 아들 요나단이 그의 도피를 도와주었습니다. 다윗은 먼저 놉으로 가서 제사장에게 음식과 칼을 얻었으며, 아둘람 굴로 피신했습니다. 그때에 억울한 일을 당한 사람들이 다윗을 찾아왔고, 다윗은 그들의 대장이 되었습니다. 후에 다윗은 사울을 피하기 위해서 이스라엘을 떠나 모압 땅으로 갔습니다. 그러나 그는 그 곳에서 선지자의 지시를 받고 다시 이스라엘로 돌아왔습니다. 사울은 후에 제사장들이 다윗에게 무기와 음식을 주었다는 말을 듣고 제사장들을 살해하는 죄를 저질렀습니다. 그일라가 공격을 받게 되자, 다윗은 어려움에 처한 그 성을 구하고 그 성에 머물러 있었습니다. 그러나 다윗이 그일라에 있다는 소식은 곧 사울에게 전해졌습니다. 그러자 사울은 다윗을 잡으려고 군대를 이끌고 그일라로 출발했습니다. 그러나 그때에 사울은 블레셋이 이스라엘 영토를 침략했다는 소식을 듣고 다시 돌아갔습니다. 그 후에 다윗은 그일라 성을 떠나서 엔게디 요새에 거했습디다.

읽으며 묵상하며 : 우정 속에서 빛나는 믿음 (삼상 20:12–23)

다윗에 대한 요나단의 사랑이 그를 다시 맹세하게 하였으니 이는 자기 생명을 사랑함 같이 그를 사랑함이었더라 삼상 20:17

요나단은 그의 아버지 사울이 다윗을 죽이려고 하는 것이 사실이라면 반드시 그가 피할 수 있도록 알려 주겠다고 다짐합니다. 이것은 자칫하면 요나단조차 위험에 처할 수 있는 일이었습니다. 다윗을 자신의 생명처럼 사랑한 요나단은 생명 그 자체를 걸고 다윗의 생명을 구해 주고자 했던 것입니다. 인간에게 가장 소중한 생명으로 인해 연결된 다윗과 요나단의 관계는 참으로 이상적(ideal)입니다.

우리는 모든 일이 잘 풀려 나갈 때는 그럴듯한 하나님의 백성처럼 보이지만, 정작 위기의 순간들을 만나면 그렇지 못할 때가 더 많습니다. 친구와의 관계에서도 그렇습니다. 그러나 오히려 어려움을 당할 때에도 과감히 행동할 수 있는 견고함과 지혜가 필요합니다. 점점 이기주의화되어 가는 이 시대는 하나님의 사랑으로 서로를 대하는 마음이 진정으로 필요한 때입니다. 진정 어려운 때에 도움을 청할 수 있는 친구가 있습니까? 세상 친구와 믿음의 친구는 어떻게 다릅니까?

요나단은 사울 왕의 의도를 알게 되었을 때 그것을 다윗에게 알려 줄 방법을 설명합니다. 요나단은 다윗에게 일어날 일들이 하나님이 역사하시는 일임을 믿었으며, 하나님을 증인으로 해서 자신이 말한 일들을 반드시 행하겠다고 다짐합니다. 다윗의 이야기 속에서 요나단은 조연에 지나지 않을 수도 있습니다.

그러나 성경은 그의 믿음을 통해서 우리에게 우정과 하나님을 향한 믿음을 보여 줍니다. 이처럼, 사람들로 하여금 더불어 살아가게 하신 것은 다른 사람을 통해서 나의 신앙을 더욱 돈독히 하고, 그들의 언행을 체험하면서 나의 언행을 다듬어 가게 하려는 하나님의 배려입니다. 불협화음이 생길 때도 있지만, 그럼에도 불구하고 우리는 서로에게 거울의 역할을 하며 함께 하나님 앞에서 성장해 가는 것입니다. 이웃 중에 깊은 믿음을 보여 주는 사람이 있습니까? 나는 그와 어떤 관계를 맺어 나가고 있습니까?

– 「생명의 삶」 말씀해설, 두란노서원, 2004. 11. 16.

살며 생각하며 : 에스터에게 가장 소중한 것

에스터는 13년 동안 단 한 가지 꿈을 품고 있었습니다. 하계 올림픽에 출전하는 것이었습니다. 그녀는 올림픽 태권도 경기에 미국 대표로 나가는 날만을 꿈꾸며, 여덟 살 때부터 시간만 있으면 태권도 훈련에 매달렸습니다. 훈련을 하던 중에 그녀는 케이 폴이라는 친구를 사귀었고, 그 둘은 가장 친한 친구가 되었습니다. 두 소녀는 누구보다 열심히 훈련에 임했습니다. 그래서 사람들은 그들이 콜로라도 스프링스에서 열린 '2000년 하계 올림픽 미국 대표 선수 결정전'에 출전하게 된 것을 당연하게 생각했습니다.

그러나 두 사람이 서로 맞붙게 되었다는 것을 알고는 다들 놀랐습니다. 둘은 한 번도 서로를 적수로 해서 싸워 본 적이 없었기 때문입니다. 하지만 경기가 진행되면서 겨루지 않을 수가 없는 상황이 온 것입니다. 두 사람이 겨루게 되면 둘 중에서 이긴 사람이 호주 시드니 올림픽에 출전하게 되어 있었습니다.

그 순간을 더욱 극적으로 만들어 주는 일이 일어났습니다. 그 사실은 에스터 킴의 가슴을 찢어 놓았습니다. 케이가 바로 전 경기에서 다리에 부상을 입었다는 사실이었습니다. 케이는 대련은커녕 걷기도 어렵게 되었습니다. 케이의 부상으로 인해 에스터는 싸우지 않고도 이길 수 있는 상황이었습니다.

이때 에스터가 어떻게 했는지 보자. 경기장에 들어선 에스터는 그녀의 친구이자 적수에게 경례를 했습니다. 에스터도 케이도 그 경례의 의미가 무엇인지 알았습니다. 그러한 행동은 경기가 시작되기도 전에 실격패를 당하는 행동이었습니다. 그래서 에스터는 실격패되어 대표선수가 되지 못하고 부상당한 그의 친구며 대결자인 케이 폴이 올림픽에 출전하게 되었습니다.

에스터에게 있어서 승리보다 중요한 것은 친구와의 우정이었던 것입니다.

–「아주 특별한 사랑」, 맥스 루케이도

정리하며 확신하며 : 참 된 우정의 12대 조건

	참된 우정의 조건	참고 성경 구절
1	하나님이 자신을 사랑한 것처럼 친구를 사랑함	삼상 18:1, 3, 4
2	투철한 신앙 안에서 교류되어야 함	롬 16:3, 4
3	인간적인 동기에서만 비롯되어서는 안 됨	요 2:11-13
4	서로 의지가 되어주며 붙들어 주어야 함	전 4:9-12
5	위급할 때일수록 더 도움이 되어 주어야 함	잠 17:17
6	재물의 많고 적음에 좌우 되지 않아야 함	잠 19:4, 6
7	친구의 허물을 덮어주어야 함	잠 11:13
8	슬픔과 기쁨을 같이 나누어야 함	삿 11:37, 요 3:29
9	친구를 위해 기도해야 함	요일 2:10, 딤후 1:3
10	유익한 권면을 해주어야 함	잠 10:20, 27:9
11	때로 자기희생도 불사함	요 15:13, 롬 5:7
12	말과 혀로만 아니라 행함과 진실함으로 해야 함	요 3:18

–「그랜드 종합 성경주석」 5권, 성서교재간행사, p317

Day : 14주(수)

찬송 : (새)212장, 347장

14

사무엘상 24:1-26:25 사울에 대한 다윗의 자비

- 24, 26장 : 다윗의 자비
- 25장 : 아비가일과의 결혼
- 시편 54편, 142편 (다윗이 사울을 피해 굴에 있을 때)

그 후에 다시 사울은 다윗을 죽이기 위해서 다윗을 추격했습니다. 그러나 이때에 사울은 오히려 다윗의 손에 죽을 뻔한 위기를 당했습니다. 그러나 다윗은 자기 손으로 여호와께서 기름을 부어 세운 왕을 해치기를 원하지 않았습니다. 그는 하나님을 사랑했으며, 항상 하나님이 원하시는 대로 행동했습니다. 그때에 이스라엘을 인도하던 마지막 사사 사무엘이 죽어서 라마에 있는 그의 집에 장사되었습니다. 그 후에 다윗은 바란 광야로 갔으며, 그 곳에서 부자 나발에게 도움을 요청했습니다. 그러나 나발은 다윗의 요청을 일언지하에 거절했습니다. 다윗은 분노하여 그를 죽이려고 군사를 이끌고 출발했습니다. 그러나 그때에 나발의 아내 아비가일이 급히 다윗을 영접하여 큰 살인극을 피할 수 있었습니다. 나발이 죽게 되자, 다윗은 지혜로운 나발의 아내 아비가일을 자기 아내로 삼았습니다. 그때에 사울은 다시 다윗을 체포하기 위해 내려왔습니다. 이번에도 다윗은 사울을 해칠 기회를 얻었습니다. 그러나 다윗은 사울을 해치기를 원하지 않았습니다. 사울은 후에 이 사실을 깨닫고 나서 다윗을 축복하고 궁전으로 돌아갔습니다.

읽으며 묵상하며 : 악을 선으로 갚는 다윗 (삼상 24:1-7)

다윗의 사람들이 이르되 보소서 여호와께서 당신에게 이르시기를 내가 원수를 네 손에 넘기리니 네 생각에 좋은 대로 그에게 행하라 하시더니 이것이 그 날이니이다... 자기 사람들에게 이르되 내가 손을 들어 여호와의 기름 부음을 받은 내 주를 치는 것은 여호와께서 금하시는 것이니 그는 여호와의 기름 부음을 받은 자가 됨이니라 하고 다윗이 이 말로 자기 사람들을 금하여 사울을 해하지 못하게 하니라 사울이 일어나 굴에서 나가 자기 길을 가니라 삼상 24:4, 6-7

다윗이 엔게디 황무지에 있다는 소식을 들은 사울은 3천 명의 군사를 이끌고 다윗을 찾아다니다가 뜻하지 않게 다윗과 그 일행이 숨어있는 동굴로 들어가게 됩니다. 이에 다윗의 일행은 이를 하나님께서 주신 절호의 기회로 생각하여 다윗에게 사울을 처치하도록 조언합니다. 하지만 다윗은 사울의 겉옷만 베었을 뿐 그의 일행에게 하나님의 기름 부음을 받은 사울을 헤치지 못하도록 지시합니다.

다윗과 그의 사람들의 견해는 조금 달랐지만 다윗은 결코 '나와 사울'이라는 개인적 차원에서만 문제를 보지 않았습니다. 공동체의 질서는 하나님이 세운 권위에 대한 기본적 존경이 없이는 유지될 수 없다는 원칙을 가지고 있었던 것입니다.

이러한 사실을 볼 때 다윗은 철저하게 하나님의 주권과 그의 의로운 심판을 믿었던 사람임을 알 수 있습니다. 다윗은 하나님이 자기 개인이나 사울의 일생을 주관하시는 분이시며 이스라엘 역사의 모든 사건을 통치하고 계심을 믿었습니다. 그러므로 하나님께서 비록 악한 사울 정권이라 하더라도 숨은 계획을 두고 섭리하고 계신다는 사실을 믿었던 것입니다. 그래서 원수를 갚을 수 있는 절호의 기회가 주어졌으나 다윗은 그 기회를 자기의 소견대로 사용하지 않았습니다. 또한 겉옷 자락을 벤 것도 마음의 가책을 받았습니다. 주께서 기름 부으신 종들을 대적하는 것은 하나님의 권위에 대한 도전으로 알았기 때문입니다. 오늘 당신은 주의 사역자들과 관계가 어떠합니까?

– 「날마다 주님과 함께」 본문해설, 학생신앙운동(SFC), 2001. 5. 18.

살며 생각하며 : 백인을 용서한 카피르 원주민

남아프리카에 사는 한 백인 개척자가 자기 마굿간 근처에서 카피르(Kaffir) 부족 한 사람을 발견하고는 그를 말(馬)도둑으로 몰아 세웠습니다.

"아닙니다! 나는 그저 지름길을 통해, 집으로 가려했을 뿐입니다!"

그 원주민은 애써 자신의 결백을 주장했지만 , 백인은 카피르족에 대한 믿음이 없는 터였습니다.

'이 녀석들은 정직하지 못해, 언제나 나와 내 재산을 노리고 있는 게 분명해. 이 기회에 단단히 혼을 내줘야겠어. 내가 어떤 사람이라는 것을 보여줘야지,'하고 생각한 그는 무고한 원주민을 나무에 매달고는 그의 오른손을 잘라버렸습니다.

그로부터 몇 달 후, 이 백인은 자기 오두막간으로부터 멀리 떨어진 곳에서 무서운 폭풍을 만났습니다. 때는 칠 흙 같이 어두운 밤이어서 할 수 없이 가까이 있는 카피르 부족의 오두막 중 한 곳에 들어가 음식과 잠자리를 제공받게 되었습니다.

다음날 아침, 잠자리에서 일어난 그는 너무 당황한 나머지, 심장이 멎어버리는 것만 같았습니다.

그의 머리맡에는 몇 달 전 자기에게 손목이 잘리운 그 원주민이 두 눈을 동그랗게 뜨고서 있었기 때문입니다.

그 원주민은 백인을 향해 잘려진 한 쪽 팔을 들어 올렸습니다.

'이제 올 것이 왔구나,'

백인은 모든 것을 체념한 상태로 마지막 순간이 다가오기만을 기다렸습니다. 그런데 그 카피르족 남자는 천천히 오른 팔을 내리며 말했습니다.

"이곳은 내 오두막이고 당신은 지금 내 손 안에 있소. 이 팔을 보시오. 당신은 나를 일평생 병신으로 살아가게 만들었소. 내가 복수를 하려 든다면 얼마든지 더 끔직한 복수극을 벌일 수도 있소. 하지만 난 그리스도인으로서 당신을 용서하겠소."

섣부른 복수보다 과감히 한 번 용서하는 것이 이 얼마나 가치 있고, 통쾌한 일입니까?

–「호크마 종합주석」 구약 7권, 예화, 기독지혜사, p471

정리하며 확신하며 : 참된 회개의 12대 요소

	회개의 12대 요소	참고 성경 구절
1	죄로 인해 근심함	고후 7:10, 삼하12:13
2	하나님을 진심으로 찾음	암 5:6, 습 2:3
3	하나님의 공의와 겸손을 구함	습 2:3
4	하나님 앞에 죄를 모두 고백함	요일 1:9
5	죄악 된 길을 버림	잠 28:13, 사 55:7
6	진리 가운데로 돌아섬	딤후 2:25, 갈 6:1
7	또 다시 죄악을 짓지 않음	겔 33:15
8	지속적인 반성이 있어야 함	고후 4:16
9	삶의 새로운 변화로 드러나야 함	행 26:20
10	회개에 합당한 열매를 맺어야 함	마 3: 8
11	새 하늘과 새 땅에 대한 소망을 가짐	벧후 3:9, 13
12	그리스도를 아는 지식에서 자람	벧후 3:18

「그랜드 종합 성경주석」 5권, 성서교재간행사, p376

Day : 14주(목)

찬송 : (새)93장, 93장

14

사무엘상 27:1-31:13 사울의 죽음

- 27장 : 블레셋의 다윗
- 28장 : 무당 앞의 사울
- 29-30장 : 위기
- 31장 : 전사
- 대상 10:1-14 사울의 죽음
- 시편 55, 56, 57편 다윗이 사울을 피해 굴에 있을 때

다윗은 계속되는 사울의 추격에 큰 위협을 느꼈습니다. 그는 이스라엘에 있다가 결국 사울에게 잡혀서 죽게 될 것이라고 생각했습니다. 그러므로 그는 이스라엘을 떠나서 블레셋 땅으로 피신했습니다. 블레셋 왕은 이스라엘 침공 전쟁에 다윗을 앞세워서 그를 이스라엘 백성들에게 미움을 받게 하려고 했습니다. 그는 이렇게 하면 다윗을 자기 사람으로 만들 수 있다고 생각했습니다. 이로 인해 다윗은 큰 곤경에 빠지게 되었으나 하나님의 도움을 입어 위기에서 벗어날 수 있었습니다. 블레셋 왕의 신하들은 다윗이 이스라엘 군대와 손잡고 블레셋을 공격할 것을 두려워하여, 다윗이 함께 전쟁에 참여하는 것을 강하게 반대했습니다. 이로 인해 다윗은 발을 돌려 집으로 돌아올 수 있었습니다. 그러나 다윗이 집에 돌아왔을 때에 그가 살던 마을은 불에 타고 그의 모든 가족들은 아말렉 족속들에게 사로잡혀 가고 말았습니다. 다윗의 부하들은 이를 보고 슬퍼서 울다가 화가 나서 다윗을 죽이려고 했습니다. 그러나 다윗은 여호와를 의지하고 그 위기를 벗어날 수 있었습니다. 다윗은 용기를 내서 군사를 이끌고 아말렉을 추격했습니다. 그는 아말렉 족속을 기습하여 그들을 물리치고 가족들을 다시 찾아왔습니다. 한편 블레셋과의 전쟁을 앞둔 사울 왕은 하나님의 계시가 없게 되자 크게 두려워했습니다. 그는 참다못해서 무당을 찾아가서 자기의 앞일을 물었습니다. 그러나 그는 무당을 통해서 이번 전쟁에서 전사하게 될 것이라는 소식을 들었습니다. 그리고 그 예고대로 사울은 블레셋과의 전쟁에서 전사하고 말았습니다.

읽으며 묵상하며 : 하나님의 침묵(삼상 28:6-7)

사울이 여호와께 묻자오되 여호와께서 꿈으로도, 우림으로도, 선지자로도 그에게 대답하지 아니하시므로 삼상 28:6

당신은 몹시 화가 나는 일이 있을 때에 어떤 식으로 그 분풀이를 합니까? 어떤 이들은 책상을 꽝꽝 두드리며 언성을 높이는가 하면 , 또한 어떤 이들은 아주 냉정하게 이성을 잃지 않고 화를 나게 한 상대방과 마주 앉아 조목조목 따지며 시시비비를 가립니다. 그렇게 하고나면 치밀었던 분노가 차츰 가라앉고 점차로 마음의 평화를 되찾게 됩니다. 그런데 이렇게 우리가 분풀이를 할 때에 우리의 화를 더 돋우는 스타일의 사람이 있습니다.

그 사람들은 다름 아닌 침묵을 지키는 사람들입니다. 나는 화가 나서 소리 지르고 있는데, 상대방은 전혀 관심도 없다는 듯이 함구한 채 그저 먼 하늘만 쳐다보고 있다면 얼마나 가슴 답답한 일이겠습니까! 이러한 침묵이 사람을 답답하게 만드는 또 다른 경우가 있습니다. 만일 당신이 주위에 있는 어떤 사람에게 무슨 일을 부탁했다고 생각해봅시다. 부탁을 들은 그가 '싫다', 혹은 '좋다'라는 식의 의사 표시 없이 그저 또 며칠씩 '무슨 일이 있었냐'는 듯이 침묵을 지킨다면 이 또한 얼마나 답답한 일이겠습니까! 그저 그의 대답만을 기다리기에 지친 당신은 당신의 부탁을 들어 줄만한 다른 사람을 찾아보게 될 것입니다.

그런데 우리 그리스도인들에게는 또 다른 경우가 한 가지 더 있습니다. 그것은 바로 하나님의 침묵입니다 애타는 심정으로 간구했지만 하나님으로부터 응답의 기색이 전혀 없을 때, 우리는 심장마저 타들어 가는 갈증을 느끼게 됩니다. 사울이 신접한 여인을 찾게 된 것도 바로 하나님께서 그의 기도에 아무런 응답도 주시지 않았기 때문입니다. 그러나 엄밀히 말하면 하나님께서 사울에게 침묵하셨던 것은 아닙니다. 사울과 하나님 사이엔 교통이 두절될 수 밖에 없는 벽이 있었습니다. 그것은 사울의 불순종이었던 것입니다. 이미 악한 영의 지배를 받게 된 사울에게 하나님의 목소리가 들릴 리 만무했고, 사울의 목소리가 그 벽을 뛰어넘어 하나님의 귀에까지 도달할 수가 없었습니다. 때로 우리에게도 이 같은 상황이 오곤 합니다. 그러나 그때는 하나님께서 침묵하시는 때가 아니라 우리 안에 하나님과의 교통이 두절될 수밖에 없는 장애물이 있다는 사실을 기억해야만 합니다

– 「호크마 종합주석」 구약 7권, 기독지혜사, p545

살며 생각하며 : 딱다구리의 교만

작은 딱따구리 한 마리가 이른 아침부터 땅거미가 내리도록 쉬지 않고 죽은 나무줄기를 쪼고 있었습니다. 그런데 갑자기 마른하늘에서 벼락이 치더니 그 죽은 나무를 두 조각으로 갈라놓았습니다. 다행이 아무 해도 입지 않고 몸을 피한 딱따구리는 나무 있던 자리를 돌아보며 동료 딱따구리들에게 이렇게 외쳤습니다. "얘들아, 내가 한 일 봤니?" 이 우화는 모든 업적에 대한 영광을 오직 자기 자신의 것으로 가로채려 하는 교만한 인간의 모습을 풍자합니다. 이미 사울이 이 딱따구리와 같은 교만으로 하나님을 저버렸기에, 더 이상 하나님께서는 그를 보살피지 않으셨습니다.

– 「호크마 종합주석」 구약 7권, 기독지혜사, p544

Day : 14주(금)

찬송 : (새)220장, 278장

14

사무엘하 1:1–4:12 헤브론에서 왕이 된 다윗

- 1–2장 : 사울의 죽음을 애도함
- 3–4장 : 사울 집과의 싸움

사무엘상은 사울의 죽음과 어두운 분위기로 끝이 났습니다. 그러나 이어지는 사무엘하는 희망의 빛이 밝게 비취고 있습니다. 사무엘상에서 사울 왕조가 무너졌으며, 사무엘하에서는 다윗 왕조가 세움을 받게 되었습니다. 사울이 죽은 후에 다윗은 어떻게 해야 할지 알기 위해서 여호와께 기도했습니다. 다윗은 하나님의 지시를 따라 블레셋을 떠나서, 유다 지방의 헤브론으로 이동했습니다. 유다 지파 사람들은 헤브론에서 다윗에게 기름을 붓고 그를 유다의 왕으로 세웠습니다. 다윗은 그 곳에서 7년 반 동안 유다를 통치했습니다. 다윗이 유다의 왕으로 있는 동안에 사울의 가문과 다윗의 가문이 동시에 나라를 다스렸습니다. 다윗은 먼저 죽은 선왕 사울의 죽음을 애도했습니다. 그때에 일부 사람들이 위험을 무릅쓰고 사울의 시체를 찾아서 장사를 지냈습니다. 다윗은 그들을 해치지 않고, 오히려 그들을 불러서 칭찬하고 격려했습니다. 다윗은 때를 기다리면서 미래를 위해 준비했습니다. 시간이 지남에 따라 서서히 사울 가문의 영향력이 감소되고, 다윗의 세력이 강성해 졌습니다. 다윗은 서서히 반대 세력과 반역 요소들을 제거해 나가면서 때를 가다렸습니다.

읽으며 묵상하며 : 요나단의 사랑 (삼하 1:17–27)

내 형 요나단이여! 내가 그대를 애통함은 그대는 내게 심히 아름다움이라 그대가 나를 사랑함이 기이하여 여인의 사랑보다 더하였도다 삼하 1:26

다윗은 사울과 요나단을 기리는 '활의 노래'라는 조가를 지어 유다 백성들에게 가르치라고 명령했습니다. 다윗은 이스라엘의 영광이요, 방패(보호자)였던 두 용사의 죽음에 대해 깊은 슬픔을 표현하면서(21절). 사울의 죽음으로 말미암아 하나님 없는 이방인들이 즐거워하며 승리의 개가를 부르게 될 것에 대해 깊은 우려를 나타내고 있습니다(20절). 이어서 다윗은 사울과 요나단이 이스라엘에게 행한 업적을 회고하며 기리고 노래합니다(22-33절). 그리고 사울로 말미암아 이스라엘이 경제적인 부요함을 누리게 되었음도 잊지 말고 고마워해야 한다고 당부하고 있습니다(24절).

사실 다윗은 누구보다도 사울의 죽음에 대해 기뻐하고, 그의 악행에 대해 자세히 기억함직한 인물이지만, 이 노래에서 나오는 대로 다윗은 진심으로 사울의 선한 업적을 간과하지 않고 애도하고 있습니다. 여기서 우리는 다윗의 성품이 얼마나 하나님 닮은 모습으로 성숙하여 있는지를 확인하게 됩니다.

이제 노래는 그의 친구 요나단에 대한 슬픔에 집중하고 있습니다(25-26절). 다윗은 요나단을 '나의 형'이라고 부르고, 자기에게 요나단은 심히 아름다운 사람이었으며, 요나단 역시 자신을 여인의 사랑보다 더한 기이한 사랑으로 사랑했었노라고 회고하고 있습니다. 사실 다윗을 향한 요나단의 우정은 사람이 친구를 위해 보여줄 수 있는 가장 큰 사랑이었습니다(요 15:13). 그는 다윗을 자기 생명보다 아꼈으며, 그를 위해 기꺼이 자기의 자리를 희생했습니다. 만약 요나단이 없었다면 결코 다윗이 존재할 수 없었을 것입니다. 그러므로 이 같은 우정의 선물이야말로 하나님 앞에서 끊임없이 기억하고 감사해야 할 가장 아름다운 축복입니다. 그리고 리더 된 자는 다윗처럼, 자기 한 사람이 세워지기 위해 반드시 누군가의 특별한 희생과 사랑이 있었음을 잊지 말아야 합니다.

–「GT, 세계를 품는 경건의 시간」 해석도움, GTM, 2007. 7. 26.

살며 생각하며 : 전장에 망울진 우정의 꽃봉오리

동서고금을 막론하고 전쟁 뒤에는 무수한 뒷이야기가 숨어있게 마련입니다. 미국 남북 전쟁 당시에도 듣기에 흐뭇한 뒷이야기가 있었습니다. 남군과 북군의 싸움이 한창인 격전지에서 진두지휘를 하고 있는 리(Robert Lee) 장군은 남군의 사령부를 지키고 있던 스톤웰(Jackson Stonwall)장군에게 이러한 전문을 띄었습니다. ' 당분간 격전은 없을 것 같소. 이곳은 무사하오. 군량도, 무기도, 군사들의 사기도 모두 만족스럽소. 며칠 후 장군을 만나러 한번 사령부를 방문할 계획이오.' 그런데 오히려 스톤웰 장군이 방문할 준비를 하고 있었습니다. 그가 사령부로부터 8마일이나 떨어진 눈보라 속을 달려 리 장군에게 도착했을 때는 리 장군이 아침 식사를 마치고 막 자리에서 일어서려는 순간이었습니다. 예기치 않은 귀한 손님의 방문에 화들짝 놀란 리 장군은 동그랗게 눈을 뜨고 입을 다물지 못한 채 서 있을 수밖에 없었습니다. " 아니 무슨 일로 이리도 황급히 눈보라 속을 달려오셨소?" 그러자 스톤웰은 호탕한 웃음을 지으며 얘기했습니다. "나를 보러 당신이 사령부로 온다고 하지 않았소? 그래서 당신의 바램을 내가 먼저 이루어 주는 것이 우정이 아닐까 해서 이렇게 왔소이다."

전쟁의 와중 속에서도 마음을 나눈 이들이야 말로 진실한 우정의 꽃을 피운 자들이 아니겠습니까? 또한 우리는 친구 요나단의 전사 소식을 듣고 진심으로 슬퍼하는 다윗의 모습을 통해서도 진실한 우정의 또 한 면을 엿볼 수가 있습니다.

–「그랜드 종합 주석」 5권, 예화, 성서교재간행사, p507

Day : 14주(토)

찬송 : (새)333장, 381장/ (새)342장, 395장

14

■ 이번 주 읽은 성경 요약 및 못 읽은 부분 읽고, 한 주간 생활 묵상하며 가정 예배드리기

■ **주제 : 술의 해악** (잠 23:19–31)

읽으며 묵상하며 : 술의 해악 (잠 23:19–31)

12가지 잠언의 주된 내용은 탐욕(재물, 음행, 술, 음식)에 대한 경계와 가정에서 지킬 교훈에 관한 것입니다. 술에 대해 성경은 단호한 입장을 취합니다. 술은 가난과 패가망신의 원인이 됩니다(21절). 술은 다른 사람과 싸우게 하며, 근심과 원망을 더합니다. 또한, 원인모를 육체적인 질병의 원인이 될 수 있습니다(29절). 그리고 결국에는 착시현상을 일으키고(33절), 그것에 중독되어 삶이 황폐하게 됩니다(35절). 겉으로 보기에는 아름답지만, 그 결과는 독사의 독처럼 참혹한 것입니다(31절). 따라서 술은 보지도 말아야 하고(31절), 마시는 사람과 사귀지도 말아야 합니다(20절). 또한 고기나 잠도 사람의 탐욕의 대상입니다. 탐식과 잠자기를 즐겨하는 것은 가난의 중요한 원인이 됩니다(21절). 음란 역시 우리를 망하게 합니다(27절). 음란은 강도처럼 우리를 상처 입히고 모든 것을 빼앗아 갑니다(28절).

부모 공경

잠언 30가지 중 15번째로 나오는 본문은 잠언서에서 계속 반복되는 부모 공경에 관한 주제입니다. 아버지의 말씀을 잘 듣고 따라야 합니다. 어머니의 가르침을 무시해서는 안 됩니다(22절). 부모님이 전수해 주신 말씀은 대가를 지불해서라도 사야 합니다. 또한 한 번 얻은 진리와 지혜, 명철, 훈계는 소멸하거나 망각해서는 절대 안 됩니다(23절). 마음속에 새기고, 삶의 현장 속에서 계속 적용해야 합니다. 부모의 즐거움은 다른 곳에 있지 않습니다. 오직 자녀들이 말씀 가운데 바로 서서 말씀 안에 굳게 서서 살아가는 것뿐입니다.

– 「묵상하는 사람들, 메시지」, 프리셉트, 2008. 8. 12.

살며 생각하며 : 운명의 갈림길

'엇갈린 운명'이라는 글이 있습니다. 미국의 남북전쟁으로 빚어진 두 사람의 인생이야기입니다. 미국은 남북전쟁의 소용돌이 속에서 모든 것이 엉망이 되었습니다. 그 전

쟁의 와중에서 죽음의 사선을 함께 넘던 두 사람의 젊은 친구들이 있었습니다. 전쟁이 끝나자 그들은 살았다는 기쁨을 안고 고향으로 돌아 왔습니다. 그들이 고향 마을이 보이는 언덕 위에 도착하여 그리던 고향 마을을 보면서 감격에 눈물을 흘리고 있었습니다. 거기에는 전쟁터에서의 피비린내 나는 모습과는 전혀 다른 평화와 아름다움이 있었습니다.

'그래 바로 저거야! 이제껏 내가 바라던 세계야 내가 꿈꾸던 저 세계야' 깊은 감회에 젖어 있는 그 두 젊은이의 눈에 문득 보이는 것이 있었습니다.

한 청년의 눈에는 교회 뾰족 탑 위에 십자가가 들어왔습니다.

'맞아! 바로 저것이다. 지금까지 하나님이 나를 지켜주셨어. 하나님이 보호해주셔서 이렇게 살아 온 거야' 그는 한걸음에 교회로 달려갔습니다. 그리고는 하나님께 감사 기도를 드리기 시작했습니다. 그런데 다른 친구는 언덕 위에서 다른 것을 보았습니다. 그의 눈에는 카페와 술집과 여인들이 있는 집이 들어 왔습니다. 입가에 웃음을 머금은 그는 '그래 바로 저거야! 그 동안 얼마나 굶주렸던고, 얼마나 그리웠던고. 가서 실컷 퍼마실 거야. 실컷 놀아 볼 거야.'

단숨에 술집으로 달려간 그는 밤새도록 마셨었습니다.

그 후로부터 삼십 년이 지나갔습니다. 어느 날 운명의 갈림길에서 술집으로 향했던 그 친구는 감옥 속에서 한 장의 신문 을 들고 오열을 하며 떨기 시작했습니다.

'이 친구야. 바로 이 친구야. 나와 전쟁터에서 손을 잡고 사선을 넘어가던 친구야.' 그는 미국의 22대 대통령의 취임식 기사가 실린 신문에서 그 친구 클리블랜드의 사진을 발견했던 것입니다. 30년 전, 고향 언덕의 그 운명의 갈림길에서 한 사람은 하나님의 품을 찾아갔고, 한 사람은 술집을 찾아갔는데 그렇듯 엄청나게 서로 다른 현실로 나타났던 것입니다.

 돌아보며 다짐하며 : Thinking, Trying, and Trusting in God

필라델피아에 존이라는 13세의 소년이 있었습니다. 벽돌공장에서 노동하는 아이였습니다. 그런데 존의 마음을 아프게 하는 것은 교회로 들어가는 길이였습니다. 비가 조금만 내려도 진창길이 되어 몹시 불편했습니다. 그러나 어른들은 대책을 안 세웠습니다. 자기 집 같으면 벌써 훌륭하게 벽돌이나 돌로 포장되었을 것입니다. 어느 주일 존은 결심했습니다.

이미 존의 눈에는 벽돌로 포장된 길과 그리로 들어가는 많은 아이와 어른들이 보였던 것입니다. 존은 7센트의 임금 속에서 날마다 벽돌을 한 장씩 자기 공장에서 사서 깔기 시작했습니다. 이 길고 넓은 길을 존 혼자서 완성하려면 2년이 걸릴 것이었습니다. 그러나 기적은 1개월 내에 일어났습니다. 존의 모습을 보고 이기적이며 형식적이었던 신앙생활을 반성한 교인들은 길뿐이 아니라 낡은 교회당을 헐고 신축하기로 결의했던 것입니다. 이 소년의 이름이 존 워너메이커입니다. 미국의 백화점 왕이 되었고 미국과 전 세계에 YMCA 건물을 수없이 지어주었는데 서울 종로 2가에 있던 Y벽돌건물도 워너메이커의 기증이었습니다. 꿈을 가진 소년, 진창 속에 아름다운 벽돌 포장도로를 본 소년, 구름을 뚫고 무지개를 본 소년이었습니다. 워너메이커가 평생에 지녔던 표어는 세개의 T였습니다.

"Thinking, Trying, and Trusting in God"

(올바르게 생각하기, 올바르게 행동하기, 올바르게 느끼기)

– 「좋은 생각」 존 와나메이커의 일화, 1999. 12. 07.

오늘의 기도 : 변화된 삶을 살게 하옵소서

날마다 우리에게 기쁨을 주시는 하나님!
크신 은혜로 섬길 수 있도록 인도하시고 그 섬김으로 큰 기쁨을 주시니 감사합니다.
이 기쁨은 세상이 줄 수도 없고 알 수도 없는 기쁨이오니 놀라운 주님의 사랑에 감사와 찬양을 드립니다. 이 감사의 기쁨으로 더욱 헌신하게 하시고 더 사랑을 나누는 삶으로 인도 하시옵소서.
주님의 일을 하면서 다가오는 고통이 있더라도 인내하며 손해 보는 기쁨, 때로는 남을 위하여 희생하고 포기할 줄 아는 넉넉한 기쁨을 주시기 원합니다.
옥합을 깬 여인처럼 우리의 심령을 깨뜨려 주님만을 따르며 살게 하시고, 하나님의 사랑과 인도하심을 날마다 체험하며 살게 하옵소서.
하나님!
우리의 기도를 들어 주시고 응답하여 주시옵소서. 기도로 매일 승리하게 하시고 주님의 뜻이 이루어지게 하옵소서.
나의 삶이 하나님 중심의 삶이 되게 하시고 오직 주님의 이름으로 살게 하여 주시옵소서.
오늘도 성령 충만을 허락하사 심령 구석구석마다 은혜와 사랑으로 가득 채워 주옵소서.
나의 삶이 주님과 동행하는 삶이 되게 하시고 나의 삶이 주님께 헌신하는 삶이 되게 하옵소서.
주님만이 나의 피난처시요, 요새요, 반석이심을 믿사오니 나를 선한 목자되시는 주님의 날개 아래 보호하여 주시고 주님의 임재 가운데 살게 하옵소서.
기도를 통하여 세미한 하나님의 음성을 듣는 자가 되게 하시고 예전 것들을 버리고 작은 것부터 주님의 뜻을 이루면서 새롭게 변화된 삶을 살아가는 자가 되기를 원하오며 예수님의 이름으로 기도드립니다. 아멘.

– 장승혜 / 2008. 7. 31.

Day : 15주(월)

찬송 : (새)215장, 354장

15

사무엘하 5:1-6:25, 대상 11:1-15:29 다윗 왕국의 통일

- 5장 : 다윗이 통일 왕국의 왕이 됨
- 6장 : 다윗이 법궤를 메어 옴.
- 역대기상 11:1-15:29

기름 부음을 받은 다윗은 마침내 통일 왕국의 왕이 되었습니다. 그는 30세에 왕이 되어, 헤브론에서 7년 6개월, 예루살렘에서 33년(총 40년) 동안 이스라엘을 다스렸습니다. 다윗은 예루살렘 성을 정복하고, 그 성을 자기 이름을 따서 다윗성이라고 불렀습니다. 그 후에 블레셋이 이스라엘을 쳐들어 왔습니다. 그러나 다윗은 하나님의 도우심으로 블레셋을 물리칠 수 있었습니다. 그 후에 다윗은 자기 궁전을 건축했습니다. 그러나 그는 자기는 좋은 집에 거하면서 언약궤를 방치하는 것이 마음에 걸렸습니다. 그러므로 그는 하나님의 법궤를 예루살렘에 옮길 계획을 세웠습니다. 그는 수소문 끝에 언약궤를 찾았으며, 그 언약궤를 예루살렘으로 올려오려고 했습니다. 그러나 그는 하나님의 법대로 법궤를 운반하지 않았기 때문에, 사고를 당해서 웃사가 죽임을 당하고 말았습니다. 다윗은 웃사가 죽는 것을 보고 두려워서 언약궤를 예루살렘으로 옮겨오는 일을 중단하고 그것을 오벳에돔의 집에 두었습니다. 그 후에 하나님은 오벧에돔의 집을 축복해 주셨습니다. 다윗은 이를 보고 용기를 얻어서 다시 언약궤를 예루살렘으로 옮기는 일을 추진했습니다. 다윗은 하나님의 법궤를 예루살렘으로 옮길 때에, 힘을 다해 춤을 추면서 기뻐했습니다. 그러나 사울의 딸 미갈은 이러한 다윗의 모습을 보고 다윗을 비웃고 비난했습니다. 그러나 다윗은 하나님을 인해 어린 아이처럼 되는 것을 부끄러워하지 않았습니다. 그리고 다윗을 보고 비웃은 미갈은 평생 자식을 낳지 못하게 되었습니다

읽으며 묵상하며 : 통일왕국의 왕이 된 다윗 (삼하 5:1-12)

만군의 하나님 여호와께서 함께 계시니 다윗이 점점 강성하여 가니라 삼하 5:10

다윗은 사무엘에게서 기름 부음을 받은 후(삼상 16:13) 쓰라린 연단의 과정을 통하여 유다 지파의 왕이 되어 7년 6개월을 통치한 후(2:4) 드디어 이스라엘 전체 왕으로 추대됩니다. 마침내 통일 왕국의 왕이 된 것입니다.

다윗은 하나님의 때를 기다렸습니다.

다윗은 이제 명실 공히 유다뿐만 아니라 이스라엘까지 통일 왕국을 이루게 되었습니다. 그러나 다윗은 통일 왕국을 이루고자 조급하지 않았습니다. 또한 동족상잔의 전쟁도 피하고 평화스런 방법으로 이루고자 하나님의 때를 기다렸습니다. 하나님의 선지자 사무엘로부터 기름 부음을 받은 이래 20여년의 세월과 사울의 집을 따르던 이스라엘 모든 지파들이 헤브론에 나아와 다윗을 왕으로 추대하기까지 하나님을 의지하며 자신을 준비하며 기다

린 것입니다. 이것은 매우 지루하고 무의미한 시간으로 보였을 수가 있었을 것입니다. 성경에서도 다윗이 통일왕국을 이룬 것이 탁월한 재능이나 지혜 때문이라고 말씀하기보다는 '만군의 하나님 여호와께서 함께 하셨기 때문'이라(10) 강조합니다. 세상의 어떠한 세력과 권력이 아니라 하나님이 함께 하시어 다윗을 세우신 것입니다. 하나님이 함께 하시는 인생은 더딘 것 같아 보여도 실패할 수가 없습니다. 하나님이 후원자이시기 때문입니다. 우리의 번영과 평안은 하나님이 우리와 함께 하시느냐 그렇지 못하느냐에 달려 있습니다. 당신은 이러한 생각에 동의하십니까?

다윗은 수도를 예루살렘으로 옮겼습니다.

이스라엘의 통일왕국 왕으로 기름부음을 받은 다윗은 먼저 수도를 옮겼습니다. 그때까지 수도가 헤브론에 있어 너무 남쪽에 치우쳐 있었고 또 유다 지파만을 대변하는 도시였기 때문입니다. 그래서 다윗은 그때까지 정복하지 못한 여부스 족속이 거주하는 예루살렘을 정복하여 통일 왕국의 수도로 삼았습니다. 이곳은 이스라엘의 중심부일 뿐만 아니라 천혜의 전략 요충지로 적합했기 때문입니다. 게다가 동쪽 기드론 골짜기에는 기혼 샘이 있어 유사시에는 충분한 수원까지 확보할 수 있는 곳이었기 때문입니다. 다윗은 그곳을 수도로 삼고 다윗성이라 이름 하였고, 통일왕국은 날로 번창하고 강성해져 갔습니다. 그러자 두로 왕 히람도 화친의 사절단을 보내어 궁궐 건축을 위해 백향목과 목수와 석수를 보내주었습니다. 베들레헴 시골 지방의 목동 다윗이 이토록 성군이 되어 번영과 부강을 누릴 수 있었던 이유가 어디에 있는지 생각해 보십시오. 하나님을 절대 신뢰하고 순종함으로 축복을 누리는 여러분이 되길 바랍니다.

– 「일용할 양식」 말씀 묵상, 기독대학인회(ESF), 2005. 10. 09.

살며 생각하며 : 길고 큰 하나님의 손

교회학교 유년부에 출석하고 있는 여덟 살 난 꼬마가 신이 나서 콧노래를 부르며 집 안으로 들어왔다.

"엄마, 교회 다녀왔습니다."

꼬마는 큰소리로 엄마를 부르면서 달려가, 손에 들고 있던 스케치북을 펼치는 것이었다.

"이것 좀 보세요. 오늘 성경공부 시간에 그림을 그렸는데 내가 그린 그림이 제일 훌륭하다고 선생님께 칭찬 받았어요. 그래서 많은 아이들이 내 그림을 구경했어요."

아들이 신나게 늘어놓는 자랑에 엄마의 마음은 흐뭇하였다.

"엄마, 이것 좀 보세요."

"그래, 이게 무슨 그림이지?"

"예, 이건요 하나님의 손이예요."

"오, 그래? 그런데 하나님의 손이 굉장히 길고 크구나!"

"그건요, 하나님의 손은 이 세상 구석구석까지 닿아야 하니까 이렇게 긴 거구요, 또 하나는, 많은 사람들을 도와주어야 하니까 이렇게 큰 거예요."

다윗을 도우셔서 그로 하여금 강성하도록 만드신 여호와 하나님. 다윗은 분명, 하나님의 길고 큰 손에 의해 이끌림 받았던 것이다. 이와 같이 우리도 하나님의 손길에 이끌림을 받는다면, 우리의 삶 역시 다윗의 생애처럼 강성하여질 수 있을 것이다.

– 「그랜드 종합 주석」 5권, 성서교재간행사, p565

정리하며 확신하며 : 선한 목자의 7대 특징

	선한 목자의 7대 특징	참고 성경 구절
1	성실함으로 양들을 돌봄	창 31:38-40
2	각 양들의 특성을 잘 이해함	창 33:13, 14
3	위험으로부터 용감하게 양들을 보호함	삼상 17:34-36
4	적절하게 양들의 필요를 채워줌	시 23:1
5	사리사욕 없이 양들을 사랑함	눅 15:3-6
6	양들로 하여금 영생을 얻도록 함	요 10:10
7	양들을 위하여 목숨까지 버림	요 10:11, 14, 15

– 「그랜드 종합 성경주석」 7권, 성서교재간행사, p130

Day : 15주(화)

찬송 : (새)285장, 209장

15

역대기상 16:1-54, 시편 15, 24, 96, 105, 106편 다윗과 백성들의 감사 제사

다윗은 마침내 언약궤를 예루살렘에 옮겨 왔습니다. 그리고 그는 그 궤를 위해 특별히 준비한 장막 안에 두었습니다. 다윗은 법궤를 예루살렘으로 옮겨 온 후에 번제와 화목제를 드렸습니다. 그러고 나서 그는 그 곳에 축하하기 위해 모인 백성들을 축복하고 그들에게 음식을 나누어 주었습니다. 또한 다윗은 율법에 명한 모든 규례대로 종교 직분을 감당할 직분 자들을 세웠습니다. 그리고 그들은 언약궤 앞에서 하나님을 위해 섬겼습니다. 다윗은 레위인들을 세워서 언약궤 앞에서 섬기게 했으며, 또한 하나님께 감사하고 그 이름을 찬양하는 일을 하게 만들었습니다. 그 때에 찬양대의 지도자는 유명한 아삽이었습니다. 또한 여러 가지 악기를 다루는 사람들이 아삽과 함께 하나님을 찬양하는 일에 참여했습니다. 그 후에 다윗은 기뻐하여 여호와를 찬송하는 시를 지었으며, 백성들은 이 노래에 대해서 아멘으로 화답했습니다.

읽으며 묵상하며 : 다윗의 찬양시 (대상 16:1-14)

또 레위 사람을 세워 여호와의 궤 앞에서 섬기며 이스라엘 하나님 여호와를 칭송하고 감사하며 찬양하게 하였으니 대상 16:4

다윗은 하나님의 궤를 장막에 안치하는 번제와 화목제를 드린 후 감사의 찬양을 시작합니다.

우여곡절 끝에 하나님의 궤는 예루살렘에 도착하여 예비 된 장막에 안치됩니다. 춤을 추며 언약궤를 맞이했던 다윗은 이제 감사의 제사와 찬양의 노래들을 하나님께 드립니다.

본문을 묵상하면서 발견할 수 있는 가장 중요한 사실은 하나님을 높이고 있는 다윗입니다. 다윗은 전문 사역자들을 세워서 "하나님 여호와를 칭송하고 감사하며 찬양하게" 하였고(4절), 그 구체적인 찬양의 내용들이 8절부터 본 장 끝까지 계속되고 있습니다. 찬양은 기본적으로 '기억'을 전제로 하고 있습니다. 다윗은 이스라엘 백성들에게 여호와께서 역사 속에서 행하신 일들을 기억하고, 그 일들을 근거로 감사와 찬양을 하나님께 드릴 것을 권면하고 있습니다(8-9절). 여기에 찬양의 중요한 본질이 담겨 있습니다. 그것은 하나님께서 행하신 구체적인 일들을 기억하는 것입니다. 그 일들에 대해 감사하는 것입니다. 그리고 그 일들에 대해 하나님을 높이고, 하나님을 자랑하는 것입니다(10절).

기억과 감사와 자랑, 이것이 넘치는 삶이 복된 삶이며 행복한 삶입니다. 한 가지 더 생각할 수 있는 것은 하나님을 높이는 다윗의 삶이 백성들에 대한 축복과 나눔으로 이어지고 있다는 것입니다(2-3절). 이것은 하나님과의 화목, 사람들과의 화목을 위한 화목제의 본질을 이해한 것이며(레 7:15-18 참조), 건강한 기독교 영성의 구현이라고 할 수 있습니다.

다윗은 여호와를 구하는 자에게 즐거움이 있고, 항상 그 얼굴을 구하라고 노래하고 있습니다(10-11절). 잠시도 하나님의 곁을 떠나지 않는 사람이 복이 있다는 것입니다. 이는 시편 1편을 기억나게 합니다. "복 있는 사람은…오직 여호와의 율법을 즐거워하며 그 율법을 주야로 묵상하는 자로다"(시 1:1-2). 다윗은 진정한 즐거움, 진정한 행복의 본질을 파악하고 있었습니다. 진정 복된 사람은 돈이 많거나, 지위가 높은 사람이 아닙니다. 하나님을 구하는 사람, 하나님의 얼굴을 구하는 사람, 언제나 하나님 곁을 떠나지 않는 사람, 그러한 인생이 복된 인생임을 기억하시기 바랍니다.

–「묵상하는 사람들, 멧시지」, 프리셉트, 2004. 5. 25.

살며 생각하며 : 기적을 일으킨 찬송

한국전쟁이 낳은 일화 중에 '노래하는 헌병'이 있습니다. 주인공은 미 해병 제5연대 F중대의 셜츠(William Shurts, 21세) 하사입니다. 그는 수시로 찬송을 불렀습니다.

노래를 썩 잘 부르는 편은 아니었으나 그의 찬송을 듣는 군인들은 깊은 감명을 받았습니다. 어느 날 밤 개인 참호에서 보초를 서다가 유격대의 습격을 받아 총에 맞았습니다. 갑자기 조용하던 밤이 사나운 총소리로 깨졌습니다. 그 한가운데에 조용한 찬송이 울려나오고 있었습니다. 셜츠 하사가 죽어가며 부르는 찬송은 "저기 갈보리 산 험한 십자가"였습니다. 놀라운 것은 침입했던 적군이 이 노래가 끝나기 전에 모두 도망쳤고 오히려 습격 받은 해병들은 용기백배 하였다는 것입니다.

5연대의 군목이 셜츠 하사를 회상하여 이렇게 말했습니다.

"그의 찬송은 정말 신비한 힘이 있었다. 목청은 과히 좋지 않았으나 정성을 다해 간절히 부르는 그의 찬송을 들으면 무한한 용기와 위로를 받았었다."

–「기독교 문장대백과사전」 21권, 성서연구사, p39

Day : 15주(수)

찬송 : (새) 386장, 439장

15

사무엘하 7:1-8:18, 역대기상 17:1-18:17
시편 59, 60, 108편 다윗 언약과 승리

- 7장 : 언약
- 8장 : 다윗의 승리

다윗은 백향목 궁전에 살면서 하나님의 언약궤를 휘장 안에 둔 것이 마음에 걸렸습니다. 그러므로 그는 나단 선지자에게 하나님의 성전을 짓겠다는 계획을 밝혔습니다. 나단은 하나님께 가서 다윗의 계획을 전했습니다. 하나님은 그 말을 들으신 후에, 나단 선지자를 통해서 몇 가지 약속을 해주셨습니다. 하나님은 다윗을 버리지 않으실 것이며, 그의 후손들이 계속해서 왕이 될 것이라고 약속해 주셨습니다. 또한 하나님은 다윗의 집을 견고하게 세울 것이며, 그 후에 그의 아들을 통해서 성전을 건축하실 것이라고 약속하셨습니다. 하나님은 다윗의 아들을 지켜 줄 것이며, 그를 아들로 삼겠다고 약속하셨습니다. 다윗은 나단을 통해서 그 말을 듣고 감격하여 하나님께 감사를 드렸습니다. 그 후에 다윗은 하나님의 도움으로 블레셋, 모압, 암몬, 소바, 아멜렉, 아람 등을 차례로 쳐서 정복할 수 있었습니다. 그리고 다윗은 이러한 전투에서 얻은 전리품을 가져다가 장차 성전을 지을 헌물로 드렸습니다. 또한 다윗은 적절한 행정 관리들을 세워서 그들을 통해 나라를 지혜롭고 공의롭게 통치했습니다.

읽으며 묵상하며 : 실현되지 못한 소망(삼하 7:1-17)

여호와께서 주위의 모든 원수를 무찌르사 왕으로 궁에 평안히 살게 하신 때에 왕이 선지자 나단에게 이르되 `볼지어다 ! 나는 백향목 궁에 살거늘 하나님의 궤는 휘장 가운데에 있도다'…그는 내 이름을 위하여 집을 건축할 것이요 나는 그의 나라 왕위를 영원히 견고하게 하리라 삼하 7:1, 2, 13

젊은 이들은 매우 원대한 포부를 지니고 있습니다. 그들의 가슴 속에는 크고 화려한 미래가 살아 숨 쉬고 있으며 그들의 눈은 밝은 희망으로 아름답게 반짝입니다. 그러나 수십 년이 지난 후의 그들의 모습은 어떠할까요? 거의 대부분이 극히 평범한 생활인이 되어 있을 것입니다.

그렇다고 그들이 모두 불행한가요? 그렇지 않습니다. 그들은 평범한 생활 속에서도 행복감과 안락감을 느낍니다. 왜냐하면 그 위대한 포부들이 모두 자신의 몫이 될 수 없음을 시간의 흐름과 더불어 느꼈기 때문입니다.

당신이 원했던 것을 갖지 못했다고 좌절하거나 실망하지 마십시오. 묵묵히 참고 기다리십시오. 그리하면 먼 훗날 하나님께서는 생활을 통해 우리에게 그 이유를 알려 주시고 또한 무한한 축복을 내려주실 것입니다.

다윗은 하나님의 성전을 거룩히 하고자 하는 자신의 소원은 좌절되었지만 그 일을 통해 하나님의 참된 뜻을 깨달았습니다. 그리하여 성전을 짓고자 했던 자신의 열성을 그 성전 건축에 필요한 재료 준비에 모두 사용하였습니다. 이것이 다윗 자신이 하나님을 기쁘시게 할 수 있는 최선의 길임을 알았던 것입니다.

당신의 온 삶을 바쳐 실현하고자 하는 이상이 정해졌을 때는 먼저 하나님께 여쭈어 보십시오. 그리하여 하나님께서 응답하시면 즉시 그 뜻대로 행하십시오. 그러나 설사 이해하기 어렵게 응답하신다 해도 그 속에는 하나님만의 크고 비밀한 뜻이 숨어 있음을 믿으십시오.

–「호크마 종합주석」 구약 7권, QT, 기독지혜사, p737

살며 생각하며 : 아버지의 유언

한 부자가 다음과 같은 유언을 남기고 죽었습니다.

'나의 전 재산을 가장 힘이 센 종 아빌에게 주겠다. 그리고 나의 하나 밖에 없는 아들에게는 나의 전 재산 중에 단 한 가지만을 선택하여 가질 수 있는 권리를 주겠다.'

장례식을 마친 아들은 아버지의 남긴 유언장을 다시 한 번 더 훑어보았습니다. 그러나 아무리 읽어 보아도 자신에게 주겠다는 것은 한 가지 선택 밖에 없었습니다.

평소에 자신을 사랑해 주고 아껴주시던 아버지의 모습으로는 도무지 생각되지 않았습니다. 몹시 실망한 그는 며칠을 우울하게 아버지만을 원망하며 보냈습니다.

그러던 어느 날, 평소에 아버지와 가깝게 지내시던 랍비가 그를 방문하였습니다.

"자네 얼굴이 몹시 상했군, 자네 아버지가 자네의 그런 모습을 보시면 얼마나 실망하시겠나?"

"저로서는 도대체 이해할 수 없습니다. 어째서 아버지께서는 저에게 그토록 가혹하게 했는지 정말 모르겠어요."

"자네는 자네의 아버지가 자네를 져버렸다고 생각하나?"

"그렇지 않고서야 어떻게 그럴 수가 있습니까?"

랍비는 잠시 망설이더니 그의 눈을 지그시 쳐다보며 말했습니다.

"만일 아버지께서 자네에게 전 재산을 상속하였다면 아마 힘세고 포악한 아빌이 자네를 다치게 할 것이 틀림없네."

"아니 그렇다구 아빌에게 재산을 다 주어버린단 말입니까?"

"이보게 좀 진정하게나, 자네는 아버지의 갚으신 뜻을 모르는구먼, 잘 생각해 보게나,

종은 누구의 종인가? 종은 주인의 소유니 따라서 자연히 종이 가진 재산도 그 주인의 소유라네. 비록 아빌이 전 재산을 차지했지만 자네가 아빌을 선택한다면 어떻게 되겠는가?"

그제서야 아들은 아버지의 깊으신 뜻을 알고 고개를 숙였습니다.

–「호크마 종합주석」 구약 7권, 예화, 기독지혜사, p736

정리하며 확신하며 : 다윗의 감사 기도가 주는 교훈

	감사 기도가 주는 교훈	참고 성경 구절
1	다른 무엇보다 먼저 하나님께 기도함	삼하 7:18
2	귀중한 시간을 드려서 기도함	삼하 7:18
3	하나님의 성소로 직접 나아가 머물며 기도함	삼하 7:18
4	하나님께 받은 은혜를 헤아리며 기도함	삼하 7:18-21
5	받은바 은혜에 감탄과 감사를 드리며 기도함	삼하 7:18-21
6	자신을 겸손히 낮추면서 기도함	삼하 7:18-21
7	자신이 인간적으로 어떤 능력도 없음을 감조하며 기도함	삼하 7:18
8	하나님과의 교제가 더욱 깊어지기를 바라며 기도함	삼하 7:20
9	하나님을 찬양으로 높이며 기도함	삼하 7:22-24
10	하나님을 위해 해야 할 일이 무엇인가를 분명히 인식하며 기도함	삼하 7:25-27
11	하나님께 대한 헌신적인 사랑을 보이며 기도함	삼하 7:22-24, 28
12	하나님의 말씀에 대한 굳은 믿음으로 기도함	삼하 7:29

–「그랜드종합 성경주석」 5권, 성서교재간행사, p582

Day : 15주(목)

찬송 : (새)353장, 391장

15

역대기상 11:10-47, 사무엘하 22:1-51, 시편 18편 다윗 왕국의 관리들

왕이 된 다윗은 자기를 도와 나라를 견고하게 세운 사람들을 지도자를 삼았습니다. 그리고 그들은 백성들의 지도자가 되어 충성스럽게 나라를 다스렸습니다. 그들은 위험한 전쟁에서 목숨을 아끼지 않고 다윗과 함께 했던 용사들이었습니다. 그들 중에는 왕의 갈증을 해결하기 위해서 목숨을 걸고 물을 떠 온 사람들도 있었습니다. 그들 중에는 사자를 죽인 사람도 있었고, 어떤 사람은 거인과 싸워서 이기기도 했습니다. 다윗은 왕권을 견고하게 한 후에, 그 모든 일이 하나님의 은혜로 되었다는 것을 깨닫게 되었습니다. 그러므로 그는 대적들을 물리친 후에 하나님의 은혜에 감사하는 시를 지어서 감사의 노래를 부르게 했습니다. 그는 오직 하나님만 의지하고 적진을 달렸으며, 하나님을 의지하고 담을 뛰어 넘었습니다. 그의 승리의 비결은 하나님 한 분만을 의지한 것이었습니다.

읽으며 묵상하며 : 목숨을 걸고 충성한 사람들(대상 11:10-47)

다윗에게 있는 용사의 우두머리는 이러하니라. 이 사람들이 온 이스라엘과 더불어 다윗을 힘껏 도와 나라를 얻게 하고 그를 세워 왕으로 삼았으니 이는 여호와께서 이스라엘에 대하여 이르신 말씀대로 함이었더라 대상 11:10

다윗에게 충성한 자들이 있었습니다(11:10-19) 다윗은 홀로 그의 나라를 세운 것이 아닙니다. 다윗이 왕이 되고 그의 나라를 견고히 세운 데는 목숨을 걸고 충성한 용사들이 있었기 때문입니다. 야소브암, 엘르아살과 이름 모를 한 사람이 바로 그들이었습니다. 특히 삼십 두목 중 세 사람은 다윗의 어리석은 요청에도 불구하고 생명을 걸고 베들레헴 우물에서 물을 길어 온 자들이었습니다(15-19절). 다윗은 이 물을 하나님께 부어 드리면서 이들을 "생명을 돌아보지 아니하고 갔던 사람들"이라고 하였습니다. 이렇게 다윗에게 생명을 걸고 충성했던 사람들로 인해 다윗의 나라는 견고히 확장되어 갔던 것입니다. 하나님은 그분의 나라를 위해 다윗의 용사들처럼 생명을 건 충성된 자들을 찾으십니다. 우리는 그리스도의 군사로 부름을 받은 사람들입니다. 좋은 군사는 주인을 기쁘게 하기 위하여 충성을 다합니다. 다윗의 세 용사처럼 생명을 건 충성의 사람이 필요합니다. 하나님은 그 충성된 자가 바로 나 자신이기를 원하십니다.

함께 참여하는 것이 소중합니다(11:20-47). 현대 사회는 우리 삶에 있어서 소중한 공동체를 잃어버린 것 같습니다. 개인의 삶만 소중하게 여기고, 함께하는 삶에 대해서는 등한히 하고 있습니다. 본문에는 다윗의 나라를 세우는데 참여했던 소중한 사람들이 기록되어 있습니다. 50여 명이 넘는 이름들이 기록되어 있는데, 이것은 다윗 왕국의 건설에 이스라엘 백성 모두가 참여했다는 것을 보여주고 있습니다. 그들은 그들의 능력을 다윗 왕국을 세우는데 전적으로 사용하였습니다. 우리의 삶의 목적은 '그의 나라와 그의 의'입니다. 우리는 하나님의 나라와 의를 위하여 함께 노력해야 합니다. 통일왕국을 세우는데 다윗을 중심으로 온 이스라엘이 동참했듯이 오늘날 하나님 나라의 확장에 우리 모두 참여하는 것이 중요합니다. 나는 내가 속한 공동체를 든든히 세우는데 얼마나 헌신하며 자신의 능력을 활용하고 있습니까?

– 「생명의 삶」 말씀해설, 두란노서원, 2002. 7. 3.

살며 생각하며 : 귀족 여인의 변화

1970년 미국의 어느 신문에 이런 기사가 실렸습니다.
"알베르트 슈바이처(Albert Schweitzer) 박사는 이 세상 사람들을 두 부류로 나누었습니다. 하나는 '돕는 자'이고 다른 하나는 '돕지 않는 자'입니다. 마리안 프레밍거(Marian Preminger)는 생애의 전반은 돕지 않는 자에게 속했다가 그 후반은 돕는 자에게 속해 영광된 크리스천으로 개선하였습니다."

마리안 프레밍거는 1913년 헝가리 귀족의 집안에서 태어나, 돈과 미모와 여러 가지 악기를 다루는 재능으로 교만하고 방탕한 삶을 살았습니다. 그녀는 의사와 영화감독과 번갈아 결혼했지만 두 번의 결혼을 모두 실패하였습니다.

1948년 그녀는 어느 작은 시골 교회에서 슈바이처 박사를 만난 후 방탕한 생활을 뉘우치고 참된 기독교인이 되었습니다. 그리고 아프리카 병원의 간호사로 자원하여 일하였습니다. 빨래나 부엌일은 손도 대지 않던 귀족의 딸이 이때부터 20여 년 동안 흑인들을 위하여 병원에서 슈바이처를 도와 헌신적으로 일했습니다. 그녀는 이렇게 말했습니다.

"예수님께서 나를 파멸에서 건져 주셨으니 나도 그 사랑의 복음을 환자에게 전하는 것이 마땅합니다."

– 하천덕 편저, 「키워드로 불러보는 설교 예화」, 아가페, p567

Day : 15주(금)

찬송 : (새)268장, 202장

15

사무엘하 9:1-12:31, 역대기상 19:1-19, 시편 51편 다윗의 정복과 범죄

- 9장 : 사울의 집에 은혜를 베푸는 다윗
- 10장 : 암몬과 아람을 정복함
- 11-12장 : 다윗의 범죄와 하나님의 책망

다윗은 왕위를 견고하게 하던 중에 요나단과 맺은 언약을 기억했습니다. 다윗은 그 약속을 지키기 위해서 사울의 집에 남은 자손을 찾았습니다. 그 결과 다윗은 므비보셋이라는 사울의 아들이 남아 있다는 것을 알게 되었습니다. 다윗은 므비보셋을 불러서 그를 아들처럼 대접하고, 평생 동안 자기상에서 먹게 했습니다. 그 후에 다윗은 선을 악으로 갚은 암몬 족속을 치려고 요압을 보냈습니다. 요압은 그 전쟁에서 용맹하게 싸워 암몬인들을 격퇴했습니다. 그 후에 아람 족속들이 용병을 사서 다시 다윗을 공격했습니다. 그러나 그들 역시 요압에 의해 정복되고 말았습니다. 다윗은 요압이 전쟁터에 나가서 싸우고 있을 때에 왕궁에 혼자 남아 있었습니다. 그때에 그는 부하 장수 우리아의 아내에게 미혹되어 그녀를 범하고 말았습니다. 밧세바가 임신을 하게 되자, 다윗은 그 죄를 숨기기 위해 우리아를 전쟁터에서 불러서 아내와 동침하게 만들었습니다. 그러나 우리아는 전쟁이 계속되는 상황에서 아내와 함께 쉬기를 원하지 않았습니다. 그 후에 다윗은 요압에게 편지를 보내서 우리아를 죽이라고 지시했다. 다윗은 우리아를 죽게 만든 후에, 우리아의 아내를 자기 아내로 삼았습니다. 그 후에 하나님은 나단 선지자를 다윗에게 보내어 그의 죄를 엄히 책망하셨습니다. 그때에 다윗은 책망을 듣고 슬피 울면서 자기 죄를 회개하고 용서를 구했습니다. 하나님은 그의 회개 기도를 들으시고 그를 용서해 주셨습니다. 그러나 그는 이 일로 인해 평생 동안 칼의 위협에서 벗어나지 못하게 되었습니다.

읽으며 묵상하며 : 유혹의 수렁 (삼하 11:6-27)

> 아침이 되매 다윗이 편지를 써서 우리아의 손에 들려 요압에게 보내니 그 편지에 써서 이르기를 '너희가 우리아를 맹렬한 싸움에 앞세워 두고 너희는 뒤로 물러가서 그로 맞아 죽게 하라' 하였더라 삼하 11:14-15

한 낮의 뜨거운 햇볕이 조금 누그러져 선선해진 저녁 시간, 왕궁의 평평한 지붕 꼭대기 위에서 한가로이 시간을 보내고 있는 사람이 있었습니다. 지금도 변방에선 치열한 전쟁 중이었건만 그는 하는 일 없이 시간을 보내고 있었던 것입니다.

그러자 아름다운 여인의 모습으로 가장한 유혹이 그에게 찾아왔고, 그는 그 유혹에 이끌려 돌이킬 수 없는 끔찍한 범죄를 저지르게 되었습니다. '간음과 살인이라는....'

어찌하여 여호와를 사랑하고 또 여호와의 사랑을 한 몸에 받고 있는 그가 이와 같은 일을 저지를 수 있었습니까? 이에 대한 대답을 어렵지 않습니다. 그는 우리와 똑같은 허약한 육체를 가지고 태어난 인간이며, 그러한 유혹에 대하여 자신을 단련시켜 놓지 않았기 때문입니다. 그가 어떤 유혹에 잘 빠질 런지 끊임없이 살펴온 사탄은 드디어 그의 약한 곳을 발견하고 그 부분에 집중적인 유혹의 손실을 뻗쳤던 것입니다.

우리도 언젠가 영과 육의 갈등을 경험합니다. 무절제한 육체적 욕망이 옳지 못한 일임을 알고 있으면서도 쉽게 주위에 있는 유혹의 손길을 단호히 뿌리치지 못하고 파멸의 길로 나아가고 있지는 않습니까? 유혹의 손길에 빠지는 순간부터 우리의 평화는 사라지며 우리의 일생은 파멸의 길을 향해 달음질치는 것임을 기억하십시오.

어느 날 세 사람의 현자가 '인간에게 미칠 수 있는 최대의 불행은 무엇인가'에 대해 토론을 하였습니다.

이 주제에 대하여 한 사람이, '가난으로 핍박받는 노년'이라고 주장하자, 이에 대해 다른 한 사람은, '도저히 참을 수 없는 고통이야말로 최대의 불행'이라고 반박했습니다. 그런데 세 번째 사람의 대답에 모두 고개를 끄덕이게 되었습니다. 그의 대답은 '그 길을 밝혀 줄 선한 행위도 없이 죽음을 맞이하는 임종의 침상'이라는 것이었습니다.

실로 생의 최후의 날을 맞이하였을 때, 인생을 허무하게 보냈다는 것을 깨닫게 된다면 이보다 더 큰 불행이 어디에 있겠습니까!

당신의 생활을 돌아보도록 하십시오! 혹시 다윗과 같이 깊은 유혹의 수렁에 빠지지 않았습니까! 당신이 지금까지 지켜왔던 그 모든 거룩한 것을 잃어버리고 있지는 않습니까!

만약에 그렇다면 지금이라도 돌아와 그것을 찾도록 하십시오! 오늘 당장 찾지 않는다면 당신은 참으로 슬픈 비극의 종말을 맞이해야만 할 것입니다.

일순간의 욕망으로 파멸의 길을 갈 뻔 했던 다윗도 종국엔 자신의 죄를 하나님께 부르짖음으로 용서를 받지 않았습니까!

그리스도는 오늘도 당신을 기다리고 계십니다. 당신이 세속의 유혹에서 벗어나는 순간을 기다리고 계신 것입니다.

–「호크마 종합주석」 구약 7권, QT, 기독지혜사, p798

살며 생각하며 : 배반자의 최후

노벨 문학상을 수상한 오에겐 자부로의 작품 「사육」은 한 명의 흑인 병사를 짐승처럼 사육하는 일에 종사하는 소년이 체험한 비극을 소재로 하고 있습니다.

2차 대전 때 소년은 도시에서 떨어진 산마을의 공동 창고에서 살고 있었습니다. 어느 날 소년이 살고 있는 마을에 커다란 비행기가 떨어졌습니다. 마을 사람들은 곧 수색에 나섰고, 저녁 무렵 비행복을 입은 흑인 병사 한 명을 끌고 왔습니다. 마을 사람들은 멧돼지 덫으로 쓰이는 쇠사슬로 흑인 병사의 양쪽 발목을 묶고 지하 창고에 가두고는 짐승처럼 사육하였습니다. 그러던 어느 날 소년은 멧돼지 덫에 묶여진 흑인 병사의 살갗이 벗겨져 염증이 생긴 것을 보고 덫을 풀어 주었습니다. 소년의 도움으로 흑인 병사는 자유를 누리며 살아갈 수 있었습니다. 그러나 그와 같은 평화는 오래가지 못했습니다. 시청에서 흑인 병사를 끌고 오라는 지시가 내려졌기 때문입니다. 이러한 낌새를 알아차린 흑인 병사는 지레 겁을 먹고 당황하여 자기에게 자유를 주고 먹을 것을 주었던 소년을 인질로 잡아서 난동을 벌이는 반역을 하였습니다. 결국 흑인 병사는 소년의 아버지 손에 죽고 말았습니다.

모든 인류가 죄의 족쇄에 채워져 자유를 누리며 살아갈 수 없었을 때, 예수님께서는 이 땅에 오셔서 십자가를 지심으로 우리에게 자유를 주셨습니다. 그런데 그 예수님을 끝까지 믿지 못하고 환경에 지레 겁먹고 당황하여 예수님을 배반한다면, 그것은 곧 반역입니다. 그 반역의 결과는 영원한 죽음입니다.

– 정장복, 주승중 / 「말씀의 징검다리」

정리하며 확신하며 : 하나님께 감사할 15대 근거

	하나님께 감사할 근거	참고 성경 구절
1	그리스도로 인한 죄에서의 구원 때문에	롬 7:23-25
2	하나님의 섭리적 구원하심 때문에	시 136:1-26
3	대적과 환난에서 구원하심 대문에	시 44:7, 8, 54:6, 7, 98:1
4	하나님의 인자하심과 성실하심 때문에	시 89:1, 100:4, 5, 136:1, 2
5	그리스도의 능력과 통치하심 때문에	계 11:17
6	사망을 이기게 하심 때문에	고전 15:50-55
7	기도에 응답하여 주심 때문에	요 11:14
8	육체적인 필요를 공급하심 때문에	롬 14:6, 7, 딤전 4:3, 4
9	그리스도가 주시는 은사 때문에	고후 9:15
10	믿는 자 안에서 하나님의 말씀이 효과적으로 역사하시기 때문에	살전 2:13
11	그리스도 안에서의 복음의 승리 때문에	고후 2:14
12	다른 사람의 회심 때문에	롬 1:8, 6:17
13	다른 사람이 보인 믿음 때문에	롬 1:8, 살후 1:3
14	하나님께 즐겁게 예물 바침으로 인해	대상 29:6-14
15	모든 일에 형통하게 하심 때문에	고후 9:11, 엡 5:20, 딤전 2:1

– 「그랜드 종합 성경주석」 5권, 성서교재간행사, p801

Day : 15주(토)

찬송 : (새)333장, 381장/ (새)342장, 395장

15

■ 이번 주 읽은 성경 요약 및 못 읽은 부분 읽고 한 주간 생활 묵상하며 가정 예배드리기

■ **주제 : 자족하는 마음**(빌 4:1-23)

읽으며 묵상하며 : 자족하는 마음을 갖자 (빌 4:1-23)

바울은 빌립보 교회의 성도들이 보내준 물질에 대해 감사를 표하는 동시에 아주 민감하게 사람의 도움보다는 주님을 의지하는 영적인 원리를 강조하고 있습니다. 물질에 대하여 어떤 자세를 가져야 할까요?

어떤 형편 속에서도 자족하는 마음을 가져야 합니다.

바울은 어떤 형편에서든지 물질 문제에 있어서 자족하는 방법을 배웠다고 말하고 있습니다. 그 이유는 물질의 주인이신 주님께서 자신에게 필요한 것을 틀림없이 주실 것이며, 그를 강하게 하여 모든 상황에 직면하게 하실 것을 알고 있었기 때문입니다. 바울의 자족은 자기 자신이 아니라, '내게 능력 주시는 자' 곧 살아계신 주 예수로 말미암는다고 말합니다. 하나님께서는 자신의 풍성하심을 따라 우리의 모든 필요들을 넘치도록 채워주시는 분이십니다. 그렇기 때문에 우리는 자족하는 마음을 가져야 합니다. 물질이 많다고 주님의 일을 많이 할 수 있는 것도 아니고, 물질이 부족하다고 주님의 일을 할 수 없는 것도 아닙니다. 물질의 많고 적음에 개의치 않고 능력 주시는 자 되시는 주님으로 인하여 자족하는 마음으로 주의 일을 감당하는 자세를 가져야 합니다.

물질은 하나님의 은혜의 선물입니다.

바울은 빌립보 성도들이 에바브로디도를 통해서 전해준 물질을 아름다운 향기요, 하나님께서 받으시는 제물, 하나님을 기쁘시게 하는 제물이라고 말하고 있습니다. 주님이나 다른 사람들을 위하여 우리가 하는 모든 것은 사랑과 감사에서 나온 것이어야 합니다. 다른 사람들을 위해 한 것은 주님을 위해 한 것으로 인정되어야 합니다. 그러므로 우리가 받는 모든 것은 전적인 하나님의 은혜의 선물인 것입니다. 그러므로 하나님께 감사와 영광과 찬양을 드리는 것이 마땅합니다. 물질을 나눔은 하나님의 은혜의 선물인 물질에 사랑의 마음을 나누는 것입니다.

물질은 나누면 나눌수록 더욱 풍성해집니다.

"나의 하나님이 그리스도 예수 안에서 영광 가운데 그 풍성한 대로 너희 모든 쓸 것을 채우시리라"(빌 4:19). 바울은 자신에게 선물을 보내준 빌립보 성도들을 향하여 하나님께서 하나님의 풍성하심을 따라 모든 쓸 것을 채워주실 것이라고 확신하고 있습니다. 수학적으로 계산하면 빌립보 성도들이 자신의 것을 나누어 주었으므로 모자라야 합니다. 그러나 물질의 주인하신 풍성하신 하나님께서 빌립보 성도들의 모든 쓸 것을 채우실 것을 말씀하고 있습니다. 나누면 풍성해지는 원리는 하나님이 우리 가운데 계셔서 우리의 필요를 더욱 풍성하게 채우시기 때문입니다. 그러므로 많이 나누어서 하나님의 풍성하게 채우심을 더욱 경험할 수 있었으면 합니다.

–「일용할 양식」 말씀 묵상, 기독대학인회(ESF), 2007. 3. 20.

살며 생각하며 : 골동품 경매장에서 생긴 일

골동품 경매장에서 일어난 일입니다.

경매장에는 많은 사람들이 모였고, 여러 가지 진귀한 물건들이 높은 가격에 경매되어 팔리고 있었습니다. 그런지 얼마 후에 경매인이 부서지고 낡은 바이올린을 끄집어내어 높이 치켜들며, '얼마'라고 소리치자 모든 사람들이 킥킥대고 웃었습니다. 사실 그것은 너무 낡고 보잘것없는 바이올린이었기 때문입니다. 그러자 한 사람이 값을 1쉴링(1파운드의 20분의 1)이라고 부르니 폭소가 일어나며 그 값으로 그에게 주라고들 하였습니다. 경매인은 잠깐 멈추더니

"이것을 누가 켜 볼 사람이 없습니까?"하고 물어보았습니다.

잠시 침묵이 흘렀습니다.

이때 고요한 틈을 헤치고 어떤 노인이 단위에 올라서더니 그 바이올린을 턱에 괴고 몇 번 활을 시험해 보고서는 그 낡은 악기로부터 절묘한 선율을 켜내니 듣는 사람이 모두 감동한 나머지 눈물을 머금었습니다.

그리하여 아름다운 연주가 끝나자 경매장이 터져라고 격찬과 박수갈채가 쏟아져 나왔습니다. 경매인은 다시 그것을 집어 들고 값을 물었습니다.

5파운드에서 10파운드로 값이 뛰어올라 결국 100파운드로 낙찰되었습니다. 이것이 도대체 어찌된 일입니까? 그것은 전과 다름없는 바이올린이었으나 이제 그들은 대가의 손으로 연주된 감동적인 연주를 들었기 때문입니다.

바로 우리의 삶이 이러한 삶이 아니겠습니까? 나 자체로서는 쓸모없고 무력한 존재이지만, 바로 늙은 노인의 손에 들린 낡은 바이올린에서 아름다운 연주가 흘러나오듯이 우리

가 하나님의 손에 들려진다면 능치 못할 일이 없는, 모든 것을 할 수 있는 자가 되지 않겠습니까?

-「그랜드 종합 주석」 15권, 예화, 성서교재간행사, p792

 돌아보며 다짐하며 : 할 수 있다 생각하면 할 수 있다

다음은 로버트 슐러 목사가 지은 「그래도 희망은 있다」라는 책에 소개된 이야기입니다.

16살에 멕시코에서 결혼한 배널로스는 2년 만에 이혼을 당한 채 두 자녀를 키우며 엘파소 세탁소에서 하루에 1달러씩 받으며 일했습니다. 그러던 중 캘리포니아에서 살면 생활이 더 나을 것이란 말을 듣고는 두 아이를 데리고 로스앤젤레스로 가는 버스를 탔습니다. 그때 그녀가 가진 재산이라고는 주머니 속에 든 7달러가 전부였습니다.

캘리포니아에서 그녀는 "나는 할 수 있다"고 마음에 다짐하며 접시를 닦는 일은 물론 그녀의 힘으로 할 수 있는 일은 무엇이든 즐거운 마음으로 일했습니다. 그는 400달러가 모이자 한 흑인 할머니와 함께 조그마한 빵공장 하나를 샀고 얼마 후 동업하던 흑인 할머니가 사업에서 손을 떼자 그녀는 할머니의 지분을 인수해서 빵 공장 주인이 되었습니다.

그리고 마침내는 그 빵 공장이 3백 명 이상의 종업원을 갖고 연 매출액이 5백만 달러를 초과하는 미국에서 가장 거대한 도매식품 회사인 멕시코 아메리칸 회사로 발전했습니다. 그러자 그녀는 '우리는 우리들 자신의 은행이 필요하다'고 생각하고는

"나는 할 수 있다"고 다짐하며 로스앤젤레스에 판아메리칸 내셔널은행을 세우기로 마음먹었습니다.

전문가들은 "멕시코계 미국인은 은행을 세울 수 없다", "배널로스는 은행을 세울 자격이 없다", "당신은 은행 설립인가를 얻을 수 없다."며 부정적인 의견을 보였지만 그녀는 "나는 할 수 있다" 는 의지를 굽히지 않았습니다.

그녀는 새로운 은행의 인가를 받기 위해 세 명의 변호사를 선임하여 드디어는 은행의 설립인가를 얻었습니다. 그러나 그 지역에서 멕시코계 은행의 주식을 판다는 것은 대단히 어려웠습니다. 미국인들은 맥시코인들에 대한 믿음이 없었기 때문입니다.

멕시코계 주민들도 말했습니다. "우리 멕시코인이 은행을 가질 수 있다고 믿기 어렵습니다. 여사께서도 아시다시피 우리는 15년간이나 노력해 왔지만 멕시코인 은행가들은 없지 않습니까?"라며 부정적인 태도를 보였습니다. 그녀는 말했습니다. "멕시코인들은 뒤떨어진 민족이라는 허무맹랑한 이야기를 그대로 믿고 있습니다. 나는 어렸을 때 멕시코에서 자라났습니다. 따라서 이제는 그 누구도 나에게 그 허황된 이야기를 믿게 할 수는 없습니다. 나

는 멕시코 출신임을 자랑스럽게 생각합니다." 이제 그 은행은 로스앤젤레스에서 새롭고 획기적인 성공담의 하나로 남겨지고 있습니다. 은행의 자산은 약 2천 2백만 달러 이상인데 그 중 80%가 라틴계 출신의 예금자들입니다. 대통령은 그녀를 미국 제34대의 재무성 출납국장으로 임명했습니다.

맥시코인들이 스스로 가지고 있던 "우리는 할 수 없다"는 자기비하 혹은 부정적인 관념을 내어 버리자 그곳에 그들이 세워지지 못한 것으로 여겨졌던 그 곳에 멕시코계 은행이 서게 된 것입니다. 우리들 마음에 자리 잡고 있는 부정적인 생각이 우리의 성공을 방해할 때가 많습니다. 긍정적인 사고로 무장할 필요가 있다고 생각합니다. "내게 능력 주시는 자 안에서 내가 모든 것을 할 수 있느니라"(빌 4:13)

– 정충영 교수(경북대학교) 「남산편지」 874호, 2008. 11. 18.

오늘의 기도 : 풍성한 삶이 되게 하소서

자비로우신 아버지 하나님!
저의 삶에 풍성한 결실을 맺기 원하오나 저의 마음속에 끝없는 욕심이 있음을 고백합니다. 그 욕망의 사슬에 붙잡혀서 선한 웃음도 메마르고 순박한 진실도 흐려지고 있나이다.
주님!
저의 거짓됨과 어리석음을, 미워함과 불의함을 은혜로 씻어 주옵소서.
받음으로써가 아니라 줌으로써 만족하고, 누림으로써가 아니라 섬김으로써 감사를 배우게 하옵소서.
우리에게 빈 마음이 되라고 하심은 채우기 위한 빈 마음이 아니라 주기 때문에 생기는 마음인 것을 깨닫게 하소서.
주님의 사랑 때문에 감격하게 하시고 그 사랑으로 인하여 우리의 삶이 풍성한 삶이 되게 하옵소서.
예수님의 이름으로 기도드립니다. 아멘.

– 홍기웅(장승혜/홍기웅 기도문), 2003. 3. 3.

Day : 16주(월)

찬송 : (새)447장, 448장

16

사무엘하 13:1-16:23 죄의 결과

- 13장 : 근친상간과 형제 살인
- 14-15장 : 압살롬의 반역

나단 선지자의 예언대로 범죄 한 다윗의 가정에는 칼이 떠나지 않았습니다. 왕자 암논은 압살롬의 누이인 다말을 사랑하게 되었습니다. 그는 친구의 충고를 받아들여 거짓으로 병에 걸린 것처럼 꾸몄습니다. 그는 부친 다윗에게 누이 다말을 시켜서 자기의 병간호를 부탁했습니다. 다윗의 허용으로 인해 다말은 암몬을 간호하게 되었고, 암논은 다말과 단 둘이 있는 틈을 타서 그녀를 겁탈했습니다. 그 후에 그는 그녀를 자기 처소에서 강제로 내쫓아 버렸습니다. 압살롬은 암논이 자기 누이를 욕보였다는 소식을 듣고 크게 노했습니다. 그는 복수할 기회를 노리다가 마침내 암논을 죽이고 말았습니다. 그러고 나서 그는 아버지 다윗을 두려워해서 도망을 쳤습니다. 오랜 후에 요압 장군의 요청으로 다윗은 압살롬을 용서하고 궁으로 돌아오도록 허락했습니다. 그러나 다윗은 더 이상 압살롬을 가까이 하지 않았습니다. 그때부터 압살롬은 왕위를 찬탈하기 위해서 모반을 준비했습니다. 그리고 그는 결국 반역을 일으켜서 다윗의 왕좌를 차지하려고 했습니다. 이때에 다윗은 맨 발로 울면서 궁전에서 도망을 쳤습니다. 그리고 압살롬은 아비도벨의 모략을 따라서 만인이 보는 앞에서 다윗의 후궁들을 겁탈하고 말았습니다.

읽으며 묵상하며 : 사랑의 채찍(삼하 14:1-33)

요압이 왕께 나아가서 그에게 아뢰매 왕이 압살롬을 부르니 그가 왕께 나아가 그 앞에서 얼굴을 땅에 대어 그에게 절하매 왕이 압살롬과 입을 맞추니라 삼하 14:33

고대 로마의 브루투스에게는 티투스와 티베리우스라는 아들이 있었습니다. 그런데 어느 날 느닷없이 그런 그의 아들들이 반정부 음모에 가담했다는 소식을 들었습니다. 그는 참으로 선택하기 곤란한 양자택일의 기로에 서게 되었습니다. "사랑하는 아들을 살릴 것인가? 조국에 충성할 것인가?"

그러나 그는 담대하게 선고를 내렸습니다. "이 자들을 법에 따라 채찍질을 한 뒤 광장에서 사형시키도록 하라" 그 후 아들들을 향해 고개 한 번 안 돌리고 눈물 한 방울을 안 흘렸다는 것입니다. 지금도 암스테르담의 궁전에는 브루투스를 기념하는 글귀가 아로 새겨져 있습니다. "사람이 태어나서 자식은 여러 명 낳을 수 있지만 나라는 하나밖에 가질 수 없다."

이미 인생의 황혼기에 들어선 다윗은 아들 압살롬을 그리워하게 되었습니다. 비록 그가 이복형제인 암논을 죽인 살인자이긴 하지만 아버지 다윗은 그를 용서해 주고 싶었던 것입니다. 하지만 다윗은 그 아들을 용서에 주기 전에 먼저 따끔한 징계를 통해 아들로 하여금 그 자신의 잘못을 뉘우치게 했어야 했었습니다. 그러나 그는 완전히 감정에 치우쳐 무조건적으로 아들을 용서해 버리고 말았습니다.. 결국 자신의 죄에 대한 뼈아픈 뉘우침이 없었던 압살롬은 이스라엘 전체를 혼란에 빠뜨리는 반란까지 일으키게 되지 않았습니까! 실로 공의를 저버린 다윗의 사랑이 그의 아들을 멸망의 길로 인도해 준 것입니다. 아들을 향한 사랑의 체질을 아끼지 않았었더라면.......

그렇다면 잘못된 길을 가고 있는 자녀에 대한 하나님의 방법은 어떠한가요? 하나님께서는 사랑이 많으시므로 우리들을 무조건적으로 용서하십니까! 그렇지 않습니다. 하나님께서는 우리에 대한 사랑이 보다 더 값진 것이 되게 하기 위해 사랑과 함께 심판을 가하십니다. 당신은 당신의 사랑하는 사람들이 나쁜 습관의 노예가 되어 고민하고 있습니까? 그렇다면 먼저 그들의 영혼을 위해 기도하고 사랑의 채찍을 통해 그들이 삶의 검은 부분을 완전히 제거하도록 도와주십시오.

– 「호크마 종합주석」 구약 7권, QT, 기독지혜사, p860

살며 생각하며 : 성장 배경의 아픔

주일 학교의 김행자 선생님은 타고난 성품도 좋거니와 사랑을 흠뻑 받고 자랐습니다. 어린이들을 사랑하여 그가 설교를 하면 그 속에서 사랑과 행복의 모습이 넘쳐났습니다. 어느 주일 어린이들에게 '탕자의 비유'(눅 15장)를 본문으로 '하나님 아버지의 사랑'을 증거하고 있었습니다. 아들이 외국에 가서 아버지의 재산을 다 탕진하고 초라한 꼴로 아버지께 돌아올 때 아버지가 사랑으로 맞이하는 장면을 극적으로 전하며 김 선생님은 흥분해서 말했습니다.

"멀리 자기 집이 보이고 거기에서 아버지가 보고 있다가 아들에게로 달려왔습니다. 아버지는 아들을 어떻게 했을까요?" 흥분한 한 어린이가 얼굴이 상기되어 소리쳤습니다.

"그 아들을 막 때렸을 거예요."

오늘의 모습은 지난날의 내 성장과정을 말해주기도 합니다. 교회학교의 그 어린이는 아마도 매를 맞고 자란 아픈 세월의 경험이 자신도 모르게 표출되었을 것입니다.

'고기도 먹어본 사람이 더 먹는다'는 속담처럼, 사랑도 받아보고 해본 사람이 남을 사랑하고 인생을 사랑하게 됩니다. 내가 선택한 것은 아닐지라도 지난날의 아픔으로 현재에 고통이 있다면 지금이라도 사랑을 훈련해야 합니다.

– 신현주 목사, 「예화 철학」, 도서출판 누가, p349

Day : 16주(화)

찬송 : (새)290장, 412장

16

사무엘하 17:1-19:43, 시편 3, 63편 압살롬의 반역과 죽음

- 17장 : 나쁜 계획을 따르는 압살롬
- 18장 : 압살롬의 죽음
- 19장 : 회복

다윗은 지혜로운 모사 아히도벨이 압살롬의 편에 섰다는 말을 듣고 크게 두려워했습니다. 아히도벨은 기도하여 모사를 결정했기 때문에 추호로 틀림이 없는 자였습니다. 그러므로 다윗은 하나님께 그의 모사가 실행되지 못하게 해달라고 기도했습니다. 그때에 다윗의 친구 후새가 다윗을 찾아왔습니다. 다윗은 그를 압살롬에게 보내면서 그에게 아히도벨의 모사를 방해하도록 지시했습니다. 하나님은 다윗의 기도를 들어주시고, 압살롬이 아히도벨의 모략을 포기하고 후새의 모략을 받아들이게 만드셨습니다. 압살롬이 후새의 모략를 따라 전면전을 하기로 결정하게 되자, 아히도벨은 압살롬의 패배를 예견하고 고향으로 돌아가서 스스로 목숨을 끊었습니다. 압살롬이 전면전을 준비하는 동안, 다윗은 무사히 요단강을 건너가서 전쟁 준비를 할 수 있었습니다. 마침내 다윗과 압살롬의 군대 간에 전면전이 벌어졌습니다. 이 전쟁은 다윗의 승리로 끝났으며, 압살롬은 군대 장관 요압에게 죽임을 당하고 말았습니다. 다윗은 아들 압살롬이 전쟁에서 죽었다는 말을 듣고 크게 슬퍼했습니다. 그러나 그는 요압의 권유를 듣고 슬픈 마음을 정리한 후에 승리한 군사들을 위로했습니다. 그 후에 다윗은 다시 예루살렘으로 돌아와서 왕권을 회복할 수 있었습니다.

읽으며 묵상하며 : 내 생명의 날이 얼마나 있사옵겠기에 (삼하 19:31-39)

왕이 바르실래에게 이르되 '너는 나와 함께 건너가자 예루살렘에서 내가 너를 공궤하리라.' 바르실래가 왕께 아뢰되 '내 생명의 날이 얼마나 있사옵겠기에 어찌 왕과 함께 예루살렘으로 올라가리이까' 삼하 19:33, 34

가까워 온 죽음을 준비하느라 예루살렘에서 함께 살자는 다윗의 제안을 거절하는 바르실래를 보면서 '죽음을 준비하는 인생'에 대해 묵상해 보십시다.

영국의 한 사회학자는 엘리자베스 여왕의 만년에 대해 다음과 같이 말했습니다.

"세월이 흐름에 따라 여왕은 이상할 정도로 삶에 더욱 애착을 가졌습니다. 그녀는 67세 때에도 30세 때에 했던 것과 똑같이 젊은 신하들과 사냥하고 춤추며 신나게 떠들어대는 등 야단법석을 떨었습니다. 여왕은 죽기 몇 달 전까지도 젊었을 때의 패기와 활발함을 잃지 않았습니다. 또한 충신들이 반대에도 불구하고 이쪽에서 저쪽 별장으로 떼를 지어 옮겨 다니기를 좋아 했습니다"

여왕은 노년에 이르기까지 젊은 시절의 습관을 계속 즐기는 것이 얼마나 허무한 것인가를 깨닫지 못하는 우매한 여인이었습니다. 더욱이 그녀는 노년을 적절히 즐길 수 있는 일들을 예비하지 않았던 것입니다. 노후를 위하여 현명하게 준비해 해나간 사람과 그러지 않는 사람과하는 엄청난 차이가 있게 됩니다. 노후나 죽음을 미리 염두에 두지 않은 사람은 그러한 시간이 다가올 때에 커다란 실망과 불안을 경감하게 됩니다. 웅변가들은 웅변을 할 때 처음부터 끝까지 세심한 배려와 압축을 사용하긴 하지만 막바지에 이르렀을 때 가장 깊은 인상을 남기기 위하여 청취자들의 감정과 열정을 사로잡을 수 있도록 최선의 기교와 재능을 발휘 합니다. 마찬가지로 우리의 인생도 하나님께 드리는 끈질기고 설득력 있는 웅변이라 할 수 있습니다. 그러므로 우리는 우리 생애의 마지막을 어떻게 장식해야 할는지 생각해 놓아야 합니다. 그 마지막 순간에 하는 생각과 행실들이 최선의 것들이 되어야 하지 않겠습니까?

사도 바울은 다음과 같이 그의 인생의 마지막을 정리했습니다. "이제 이 세상을 떠날 시간이 얼마가 남지 않았다 내가 곧 열납될 시간을 위해 그 때까지 나의 영혼을 최대한 청결하고 완전하게 해야겠다." 이제 마지막 순간을 준비하며 맞이하는 그의 모습이 아름답지 않습니까!

–「호크마 종합주석」 구약 7권, QT, 기독지혜사, p969

살며 생각하며 : 어머니의 짧은 편지

성공을 향하여 정신없이 달리는 전형적인 미국 청년인 에디 캔도(Eddie Cantor)가 어느 날 시골에 사는 어머니로부터 한 문장밖에 안 되는 짧은 편지를 받았습니다.

"에디야, 너무 빨리 달리지 마라. 그렇게 하면 좋은 경치를 못 보고 지나친단다."

이때부터 에디는 열심히 달리다가도 다음과 같은 4개 조항을 수첩에 적어놓고 스스로의 발걸음을 조절하였습니다.

첫째, 나는 맹목적인 야심을 위해 달리고 있는가? 보다 높은 가치를 위해 달리고 있는가? 둘째, 나는 나의 경력을 쌓기 위해 달리고 있는가? 나의 가족의 행복을 위해 달리고 있는가? 셋째, 나는 물질적인 성공을 위해 달리고 있는가? 인생의 참다운 보물을 위해 달리고 있는가? 넷째, 나는 나 자신을 위해 달리고 있는가? 남을 위해 달리고 있는가?

시골에 계신 어머니의 편지는 에디의 발걸음을 조절하게 하였고, 그 결과 에디는 미국의 가수이며 라디오 방송인으로 크게 성공했습니다. (최요섭/ 뜻을 돌이키는 하나님)

–「기독교 문장대백과사전」 18권, 성서연구사, p778

Day : 16주(수)

찬송 : (새) 629장, 9장

16

사무엘하 20:1-24:25, 역대기상 20:1-21:30 다윗에 대한 평가

- 20장 : 세바의 반란
- 21장 : 기브온의 원수를 갚음
- 22-24장 : 말년

다윗이 다시 돌아올 때에 베냐민 지파 세바가 다시 반란을 일으켰습니다. 그러나 그는 다윗의 군대장관 요압에게 죽임을 당하고 말았습니다. 그 후에 이스라엘에는 3년간 큰 기근이 들게 되었습니다. 다윗은 그 일로 인해 여호와께 나아가서 그 원인이 무엇인지 물었습니다. 하나님은 그 기근이 사울 집안이 평화 조약을 맺은 기브온 거민들을 죽였기 때문이라고 가르쳐 주셨습니다. 다윗은 기브온 사람을 불러서 어떻게 하면 원한을 풀 수 있는지 물었습니다. 그들은 사울 집안의 사람 중에 몇을 죽이게 해달라고 요청했습니다. 다윗은 그 요청대로 사울 집안사람 몇을 그들에게 내주었습니다. 그들이 사울 집안사람을 죽여서 원한을 풀게 되자, 이스라엘에는 다시 비가 내리게 되었습니다. 그 후에 다윗은 블레셋과의 전쟁에서 큰 위기를 맞았습니다. 그러나 그는 아비새의 도움으로 겨우 그 위기에서 벗어날 수 있었습니다. 그 후로부터 군대 장관은 다윗에게 다시는 전쟁에 나가지 말라는 요청을 듣고 그 요청을 받아들였습니다. 마침내 다윗은 모든 대적과 사울의 집에서 구원을 받고 그의 왕권이 든든히 서게 되었습니다. 그때에 다윗은 감사의 시를 지었고, 마지막 말을 남겼습니다. 그러나 그 후에 다윗은 교만해져서 인구조사를 하다가 하나님께 징계를 받았습니다. 그 후에 다윗은 자기의 죄를 회개하고 타작마당에서 화목제를 드렸으며, 하나님은 그 제사를 받으시고 이스라엘에 내렸던 재난을 그치셨습니다.

읽으며 묵상하며 : 구원의 노래 (삼하 22:1-20)

여호와는 나의 반석이시요 나의 요새시요 나를 위하여 나를 건지시는 자시요 삼하 22:2

다윗은 용맹스런 통치자로서의 모습일 뿐만 아니라 수금을 잘 타는 음악가요(삼상 16:18), 시인이기도 합니다. 본문은 모든 대적으로부터 구원받은 후 하나님께 영광을 돌리는 감사의 노래로 시편 18편과 흡사합니다. 그의 인생을 잘 요약한 시를 통하여 나의 구원의 하나님을 묵상하길 바랍니다.

다윗은 "여호와는 나의 구원자시라"라고 여호와를 찬양합니다. 다윗은 자기의 인생을 회고해 볼 때 참으로 파란만장한 삶이었습니다. 다윗만큼 환난 많고 고난 많은 생을 산 사람도 많지 않을 것입니다. 홍수가 나서 덮치는 것 같이 적이 그를 죽이려고 에워싸 두려움에 떨기도 했고(5절), 사냥꾼이 짐승이나 새를 잡기 위해 함정을 파고 덫을 놓으며 사방에서 포위해 들어가는 것처럼 적이 포위하여 죽음의 위협에 놓이기도 했습니다(6절). 때때로 즐겁고 아름다운 날들이 있었으나 그것은 잠깐이요, 고난과 반역과 쓰라림이 더 많은 위기의 연속이었습니다. 이런 가운데 하나님은 다윗을 때마다 돕고 인도하신 구원의 하나님이었습니다. 다윗은 이러한 하나님의 은혜와 사랑을 생각하니 감격적인 찬양이 터져 나왔습니다. 자신의 체험 속에서 하나님과의 관계를 표현한다면 '하나님은 반석이시요, 요새시요, 건지시는 자시요, 피할 바위시요, 방패시요, 구원의 뿔'이십니다. 하나님은 안전한 피난처요, 적의 공격으로부터 구원하시는 분이라 고백할 수 있습니다. 당신은 하나님을 어떠한 분으로 표현하시겠습니까? 다윗보다 더 아름다운 하나님을 찬양할 수 있길 바랍니다.

다윗은 '환난 중에 부르짖었더니 여호와께서 들으셨다'고 여호와를 찬양합니다. 다윗이 어려운 삶 속에서 하나님과 깊은 교감을 가질 수 있었던 것은 그의 기도에 있었습니다. "내가 환난 중에서 여호와께 아뢰며 나의 하나님께 아뢰었더니"(7절) 하나님께 부르짖고 호소하였습니다. 인간적인 힘으로 도저히 극복할 수 없을 때 좌절하지 않고 오히려 하나님께 부르짖음으로 나아갔습니다. 성도의 가장 큰 특권이 하늘 보좌를 향해 입을 벌려 간구할 수 있다는 것입니다. 기도하는 자는 극한 환난으로부터 능히 피할 길을 얻게 됩니다. 하나님은 다윗의 기도를 응답하였습니다. "그 전에서 내 소리를 들으심이여" 하나님은 미천한 자신을 구원하기 위하여 친히 하늘 보좌를 버리시고 이 땅에 강림하사(10절) 인생사에 개입하시어 택한 백성을 보호하시며 또한 불의한 자를 엄히 다스리심을 체험하였습니다. 천지를 진동시키는 능력! 연기와 불꽃의 위엄 속에 계시는 하나님! 번개와 뇌성과 같은 음성으로 원수들에게 소리쳐 공포에 떨게 하시는 위대한 하나님! 등 하나님은 살아서 역사하시는 구원의 하나님이십니다. 당신이 고민하는 문제가 무엇입니까? 하나님께서 한번 뇌성을 발하시면 모든 원수가 물러납니다. 이러한 하나님을 깊이 경외하는 자가 되길 바랍니다.

–「일용할 양식」 말씀 묵상, 기독대학인회(ESF), 2005. 12. 3.

살며 생각하며 : 하나님과의 통화료

이스라엘 수상 메나헴 베긴이 미국을 방문하였을 때 당시의 대통령이었던 레이건의 안내로 대통령 집무실에 들어갔습니다. 거기서 베긴은 테이블에 놓인 세 대의 전화기를 보았습니다. 베긴이 전화기의 용도를 묻자 레이건이 이렇게 대답했습니다.

"흰 것은 행정부로 통하는 것이며 주로 공무에 쓰입니다. 빨간 것은 소련과 직결되어 있는 비상전화입니다. 그리고 황금색 전화기는 하나님과 통화하는 것입니다.

그 말을 들은 베긴이 또 물었습니다. "하나님과 통화할 할 때 통화료는 얼마입니까?"

레이건이 대답했습니다. "일만 달러입니다."

그 후에 레이건이 이스라엘을 방문하여 베긴 수상의 집무실을 안내 받았습니다. 거기에도 전화기가 세대 놓여 있었는데 레이건이 물었습니다.

"이 전화기들은 어디에 쓰는 겁니까?

"흰 것은 국회의사당과 연결된 것이고, 빨간 것은 이집트와 연결된 비상전화입니다. 그리고 노란 것은 하나님과 통화하는 전화입니다."

그러자 레이건이 또 물었습니다. "당신이 하나님과 통화할 때는 통화료를 얼마나 냅니까?"

"15센트 냅니다."

"왜, 그렇게 쌉니까?"

레이건이 놀란 듯이 묻자 베긴이 웃으며 대답했습니다.

"이스라엘은 하나님 나라에 속해 있어서 시내통화료만 냅니다."

성도는 하나님과 통화할 때 통화료가 전혀 필요하지 않습니다. 예수님께서 이 땅에 오셔서 온갖 고난을 받으시면서 직통 전화선을 깔아 주셨기 때문입니다. 수화기를 들고 하나님을 부르면 하나님께서 바로 응답하십니다.

– 하천덕 편저, 「키워드로 불러보는 설교 예화」, 아가페, p645

정리하며 확신하며 : 하나님이 인간에게 말씀하시는 10대 방법

	인간에게 말씀하시는 방법	참고 성경 구절
1	환상과 꿈을 통해 말씀하심	창 15:12-16, 37:19
2	천사들을 통해 말씀하심	창 18:1-22, 마 1:18-21
3	역사적 사건을 통해 말씀하심	출 6:6, 7, 신 3:24
4	자연을 통해 말씀하심	삼하 21:1, 2, 시 19:1-6
5	성경을 통해 말씀하심	시 119:105, 딤전 3:15, 16
6	선지자들을 통해 말씀하심	단 10:1, 벧전 1:12
7	성도의 믿음을 통해 말씀하심	마 11:25, 롬 1:17
8	사도들을 통해 말씀하심	고전 2:10, 갈 1:16
9	그리스도를 통해 알려 주심	갈 1:2, 히 1:1, 2
10	성령을 통해 계속 말씀하심	엡 1:17, 골 1:9

– 「그랜드종합 성경주석」 5권, 성서교재간행사, p786

Day : 16주(목)

찬송 : (새)94장, 102장

16

열왕기상 1:1-53, 역대기상 22:1-25:31, 시편 2, 4, 5, 6편 아도니아의 왕위 찬탈과 솔로몬의 등극

다윗 왕은 나이가 많아져서 이불을 덮어도 따뜻하지 않게 되었습니다. 그러자 그의 신하들은 젊은 여인을 구해서 다윗 왕을 모시게 했습니다. 그러나 다윗은 그녀를 가까이하지 않았습니다. 그때에 압살롬의 동생인 아도니야가 솔로몬을 제치고 왕이 되려고 했습니다. 그는 군대장관 요압과 제사장 아비아달을 자기편으로 만들고, 왕권을 차지하려고 했습니다. 나단 선지자는 그 소식을 듣고 즉시 솔로몬의 어머니인 밧세바를 찾아갔습니다. 그는 밧세바에게 다윗에게 아도니아의 소식을 고하고, 솔로몬을 왕으로 세워 달라고 요청하도록 지시했습니다. 다윗은 밧세바를 통해서 아도니야의 반역 소식을 들었습니다. 그리고 나서 다윗은 즉시 제사장 사독과 선지자 나단과 브나야를 불렀습니다. 다윗은 그들에게 즉시 솔로몬을 왕위에 앉히는 즉위식을 거행하라고 지시했습니다. 이로 인해서 어린 솔로몬은 기혼에서 이스라엘의 3대 왕으로 등극하게 되었습니다. 그때에 왕위 찬탈을 위해 모여 있었던 아도니야는 솔로몬이 왕이 되었다는 소식을 듣게 되었습니다. 그는 솔로몬을 두려워하여 성전으로 달려가서 제단 뿔을 붙잡았습니다. 솔로몬은 아도니야가 제단 뿔을 잡고 있다는 소식을 듣고, 그가 다시 반역하지 않는다는 것을 약속받고 그를 살려주었습니다.

읽으며 묵상하며 : 왕이 되려는 아도니아 (왕상 1:1-14)

그 때에 학깃의 아들 아도니야가 스스로 높여서 이르기를 내가 왕이 되리라 하고 자기를 위하여 병거와 기병과 호위병 오십 명을 준비하니 왕상 1:5

사람은 늙으면 쇠잔해 집니다. 열왕기상은 한때 누구보다도 젊고 용맹스러웠던 다윗의 쇠잔해진 모습을 그리며 시작하고 있습니다. 그래서 신하들은 그의 기력을 돕기 위해 고대사회에서 흔히 사용되던 방법을 쓰고 있습니다. 40년을 왕위에 있었으며, 그토록 숱한 역경 가운데서도 흔들리지 않는 삶을 살아왔던 다윗마저도 인생의 황혼 앞에서는 어쩔 수 없었던 것입니다. 우리는 여기서 모든 인생의 종국이 어떠한지를 깨닫게 됩니다. 한편 다윗은 노년이 될수록 점점 더 판단력이 흐려지게 되었습니다. 그것이 가장 잘 나타나는 부분은 자녀들에 대한 태도입니다.

본문에 등장하는 아도니야에 대한 태도뿐 아니라 여동생을 범한 암논의 경우, 그리고 반역을 일으킨 압살롬의 경우를 보아도 알 수 있듯이 그는 자녀들에게 공의를 세우지 않고 일방적으로 두둔하기만 했던 것입니다. 이렇게 되자 생존해 있는 아들들 가운데서 최연장이였던 아도니야는 솔로몬으로 다윗의 왕위를 계승 시킬 것이라는 하나님의 말씀을 무시하고 스스로 왕이 되려고 합니다(5절). 사탄은 다윗의 약점을 이용하여 하나님의 왕국을 송두리째 자신의 손에 넣을 음모를 꾸미고 있는 것입니다.

다윗에게는 귀한 용사들이 있었습니다. 아도니야의 계략은 이미 대세가 된 것처럼 보입니다. 그 계략에 가장 노련하고 영향력 있는 정치인인 요압과 종교인의 대표인 예루살렘 성막의 대제사장 아비아달도 동참한 것입니다. 하지만 이런 분위기 속에서도 전혀 동요하지 않은 무리가 있었습니다. 그들은 '다윗에게 속한 용사들'이라 불리는 일단의 충신들이었습니다. 그들은 요압이나 아비아달 등의 기회주의자와는 달리, 승계자에 대해 이미 밝힌 바 있는 연로한 다윗의 뜻을 그대로 받들기 위해 위험을 무릅쓰는 무리였던 것입니다. 그리고 그들이 그럴 수 있었던 것은 솔로몬을 세우는 것이 하나님의 마음에도 합한 것이라는 확신 때문이었을 것입니다. 그 중 선지자 나단은 솔로몬의 생모 밧세바를 찾아가 솔로몬을 왕위에 옹립하기 위한 구체적인 방법을 강구하고 있습니다.

오늘도 예수님의 말씀을 그대로 받들고 온전히 지키기 위해 고난을 무릅쓰는 사람들은 '예수님께 속한 용사들'이라는 칭호를 받게 될 것입니다.

– 「GT, 세계를 품는 경건의 시간」, GTM, 2007. 1. 9.

살며 생각하며 : 맨드라미 꽃

옛날 로마에 힘세고 용감한 베르로라는 장군이 있었는데 그는 싸움에서 항상 승리를 했으나 간신들의 훈장만을 늘려 줄 뿐 십년 만에야 고국에 돌아올 수 있었습니다. 그러나 더러운 간신의 행동을 보자 다시 싸움터에 있기를 청했으나 왕은 배르로 장군이 왕위를 탐낸다는 간신의 말을 믿고 결투를 명했습니다. 그러자 많은 무사들이 장군을 둘러쌓습니다. 넓은 들이라면 이런 무사들은 문제가 아니었으나 좁은 방이라 그는 깊은 상처를 입고 쓰러졌습니다. 간신 두목은 이것이 기회라 생각하고 왕을 몰아내려고 덤벼들었습니다. 이 때 넘어졌던 베르로 장군이 마지막 힘을 내어 간신들을 모두 찔러 죽이자 왕도 그제서야 장군의 충성을 알았습니다. 그가 묻힌 무덤에서 피어난 방패처럼 생긴 꽃이 맨드라미였습니다.

– 「기독교 문장대백과사전」 21권, 성서연구사, p440

Day : 16주(금)

찬송 : (새)569장, 442장

16

시편 7-9, 11-14, 16, 17, 19-23편

다윗은 말기에 반역자들에게 쫓겨 다니면서 구원을 요청했던 일들을 시로 썼습니다. 그리고 그는 구원을 받은 후에 하나님께 감사를 드린 내용도 시로 썼습니다. 그는 자연을 보면서 하나님의 위대하신 신성과 능력을 발견하고 시를 쓰기도 했습니다. 때로 그는 자기 기업을 지켜 주시고, 자신을 눈동자처럼 보호해 주시며, 주의 날개 아래 품어 주신 여호와의 은혜를 노래하는 시를 쓰기도 했습니다. 시 22편은 다윗이 반역자들에게 쫓기면서 극한 고난 중에 쓴 시였습니다. 이 시는 후에 그리스도의 수난을 상징하는 유명한 시가 되었습니다. 다윗은 평생 동안 여호와를 자기 목자로 삼은 어린양처럼 살았습니다. 그는 이러한 삶을 살면서 고난 속에서도 부족함이 없는 삶을 살 수 있었습니다. 그는 하나님께서 자기 앞에 베푼 상이 풍부하며, 하나님의 은혜 안에서 영원히 하나님의 집에 거하게 될 것이라고 고백할 수 있었습니다.

읽으며 묵상하며 : 여호와는 나의 목자시니 (시 23:1-6)

여호와는 나의 목자시니 내게 부족함이 없으리로다. 그가 나를 푸른 초장에 누이시며 쉴만한 물가로 인도하시는도다 시 23:1, 2

본시는 모든 시편 중에서 가장 잘 알려지고 가장 많이 사랑을 받고 있는데, 그 이유는 인간의 실존적인 필요를 대변해주기 때문이라고 봅니다. 목동 출신이면서 이스라엘의 최고의 왕으로 추앙받은 다윗의 고백을 깊이 묵상해봅시다.

여호와 하나님은 나의 목자입니다. 이 시의 배경은 다윗이 압살롬의 반란으로 왕궁에서 쫓겨나 유다 광야에서 피난 생활을 할 때라고 전해지고 있습니다. 다윗은 여호와 하나님을 자신의 목자라고 고백하고 있습니다. 그는 어릴 때부터 베들레헴에서 아버지의 양을 치던 목자 생활을 하였기 때문에 목자의 역할을 누구보다도 잘 알고 있었습니다. 목자는 양을 치는 사람인데, 양을 먹이고, 양을 인도하고, 보호하게 됩니다. 특히 양의 특징은 순하고 공격적이지 않아서 친근감이 있지만, 늘 다니는 길조차도 알지 못하고 잊어버리고 위험한 곳인줄도 모르고 아무데나 돌아다닌다고 합니다. 그래서 양은 사람의 모습과 비슷한 점이 많습니다. 다윗은 목동생활을 하면서, 하나님과 자신의 관계가 목자와 양인 것을 체험하면서, 여호와 하나님을 자신의 목자라고 고백한 것입니다. 이러한 고백은 하나님께서 자신을 먹이시고 인도하시고 보호하시는 목자라는 고백이며, 자신은 목자 되신 하나님을 따르는 양이라는 것입니다. 예수님은 제자들에게 자신이 선한 목자이며 양들을 위하여 목숨을 버린다고 말씀하셨으며, 실제로 그렇게 사셨습니다. 우리는 하나님을 너무 피상적으로 생각할 때가 많습니다. 자신의 실제적인 삶속에서 밀접하게 도우시고 함께 하신다는 것을 잘 모르고 삽니다. 우리는 목자의 음성을 들으며 목자의 인도하심과 보호하심을 믿고 살아야 합니다.

목자의 인도함을 받을 때 부족함이 없습니다. 사람은 목자 되신 하나님의 인도하심을 받을 때 부족함이 없고 가장 만족스럽게 됩니다. 다윗은 목자 되신 하나님께서 자신에게 하신 일을 서정적으로 표현하고 있는데, '푸른 초장에 누이시며 쉴만한 물가로 인도하신다. 영혼을 소생시키며 의의 길로 인도하신다. 사망의 음침한 골짜기로 다닐지라도 함께 해주신다. 지팡이와 막대기로 안위해주신다. 원수의 목전에서 융숭한 대접을 해주신다. 평생토록 선하심과 인자하심이 반드시 따르기에 여호와의 집에 영원히 거하게 된다'고 고백합니다.

다윗은 하나님을 목자로 모시고 살아감으로 만족을 누리며 살았습니다. 그의 인생길은 순풍에 돛다는 것 같은 때만 있는 것이 아니었고, 원수들이 거친 파도와 같이 밀어닥칠 때도 있었습니다. 그리고 지치고 피곤하고 영혼이 시들어버린 것 같은 한계에 부딪칠 때도 있었고, 죽음의 골짜기를 다니는 것 같을 때도 있었습니다. 하지만 어느 때나 목자 되신 하나님을 따라서 살았던 것입니다. 우리는 시대의 조류나 스타들을 따라 가거나 자신의 감정에 따르기보다도 목자 되신 하나님을 따라 살아야 하겠습니다.

–「일용할 양식」 말씀 묵상, 기독대학인회(ESF), 2007. 9.15.

살며 생각하며 : 부족함이 없는 은혜

한 부부가 해변으로 놀러갔다가 부인이 넘어져 왼쪽 팔목이 부러지는 중상을 입었습니다. 이에 문병 온 남편의 친구 한 사람이 말했습니다.

"부인은 참 운이 좋으시군요. 만약 왼쪽 팔목이 아니리 오른쪽 팔목이었더라면 더 불편할 뻔 하지 않았습니까? 그러자 또 다른 친구들은 "뒤로 넘어졌더라면 허리를 다쳐 고생이 심했을 텐데 앞으로 넘어져 팔목을 다쳤으니 정말 운이 좋으십니다.

"뭐니 뭐니 해도 담당 의사가 자리를 비우지 않을 때에 다쳤으니 부인은 정말 운을 타고난 사람입니다."라고 말했습니다. 결국 이 여인은 팔이 부러졌는데도 엄청난 행운을 타고난 사람이 되어 버렸습니다. 조금 우습기도 하지만 사실 일리가 있는 이야기가 아닙니까? 우리들의 생활은 부족함도 있고, 사고가 뒤따르며 오늘 무사했어도 내일 어찌 될지 모르는 상황의 연속입니다. 그러나 이런 우리들에게 하나님은 "내 은혜가 네게 족하다"고 말씀하셨으며, 다윗은 "여호와는 나의 목자시니 내게 부족함이 없으리로다"라고 고백하고 있습니다. 진정 우리도 어떠한 중에도 하나님 은혜의 풍성함을 고백할 수 있습니까?

–「그랜드 종합주석」 8권, 성서교재간행사, p602

Day : 16주(토)

찬송 : (새)333장, 381장/ (새)342장, 395장

16

■ 이번 주 읽은 성경 요약 및 못 읽은 부분 읽고, 한 주간 생활 묵상하며 가정 예배드리기

■ **주제 : 노동의 가치**(살후 3:6-18)

읽으며 묵상하며 : 일하기 싫거든 먹지도 말라(살후 3:6-18)

말씀에 대한 잘못된 생각은 잘못된 생활습관을 낳고 잘못된 생활습관은 멸망의 지름길입니다. 그러므로 종말의 때에 승리하는 삶을 살기 위해서는 말씀대로 살아야 합니다. 말씀대로 살도록 사도 바울이 권면한 것은 무엇입니까?

바울 자신을 본받으라.

당시 주님의 재림에 대하여 오해를 한 사람들은 규모 없이 행하였습니다. 일하기를 싫어하고 게으름을 피우며, 일하지 않고 먹으며 공동체 안에서 문제를 일으키고 하나님의 말씀대로 살지를 않았습니다. 사도 바울은 이러한 병폐를 지적하면서 나를 본받으라고 권면하였습니다. 사도 바울은 규모 없이 행하지 않았습니다. 빈들거리며 놀지 않았습니다. 심지어 복음역사를 위하여 헌신하였지만 성도들에게 폐를 끼치지 않기 위하여 주야로 일을 하면서 복음사역을 하였습니다. 다른 사람의 양식을 먹을 때에는 늘 값을 치렀습니다. 바울은 성도들에게 본이 되도록 사역하고 산 것입니다. 하나님 나라에 대한 소망과 믿음이 있노라 하면서 게으르고 일하지 않으며, 놀고먹거나 다른 사람에게 폐를 끼치는 것은 죄입니다. 하나님의 말씀대로 사는 것이 결코 아닙니다. 말씀대로 사는 자는 부지런하고 충성됩니다. 악하고 게으른 자는 하나님 나라에 합당하지 않습니다. 오직 착하고 충성된 종만이 하나님 나라에서 상급을 받게 됩니다(마 25:15-28). 종말의 때에 사람들의 본이 되고 복음사역을 감당하는 자가 되길 기도합니다. 예수님도 본을 보이셨습니다(요 13:13-15).

일하기 싫거든 먹지도 말라.

사도 바울은 일하기 싫거든 먹지도 말라고 강력하게 권면하였습니다. 주님이 곧 오실 것인데 땀 흘리며 일할 필요가 어디 있는가? 하며 놀고먹었던 자들, 재림열광주의자들에게 강력하게 말한 것입니다. 당시 게으른 노동자들에게는 저녁 먹는 것을 금하는 제도가 있었는데 바울이 이러한 제도를 교회 안에 적용한 것입니다. 하나님은 일하시는 분이십니다. 6

일 동안 열심히 일하시고 하루를 쉬셨습니다. 에덴동산에서 아담도 하나님의 명을 받아 동물들의 이름을 지어주며 동산을 가꾸는 일을 하였습니다. 타락이전에 일은 곧 하나님이 주신 복이었습니다(창 1:28). 그런데 죄로 인하여 일은 곧 저주가 되고 말았습니다(창 3:17). 그러나 예수님이 오셔서 죄 문제를 해결하셨고 세상을 새롭게 창조하셨습니다. 그러므로 그리스도 안에서 성도들이 일하는 것은 저주가 아니라 복입니다. 주님이 다시 오시는 그날까지 신자는 일하면서 복을 누리는 것입니다. 일하기를 싫어하는 것은 복을 차버리는 행위이며, 예수님 안에서 새롭게 된 자기 자신을 제대로 발견하지 못한 사람입니다. 말씀대로 사는 진정한 기독인은 게으르지 않고 부지런히 일하는 사람입니다.

– 「일용할 양식」 말씀 묵상, 기독대학인회(ESF), 2007. 6. 30

살며 생각하며 : 세상에 공짜는 없다

옛날 어른들은 서로 다투다가 곧잘 '에끼 이 불한당 같은 놈'이라는 말을 하였습니다. 불한당이란 말은 글자 그대로 하면 '땀을 흘리지 않는 무리'라는 뜻인데 이 말은 애써 수고하여 재물을 얻는 것이 아니라 떼를 지어 다니며 재물을 강탈하는 강도를 의미합니다. 땀을 흘리지 않는 사람, 불로소득(不勞所得)을 하는 사람, 이런 사람은 강도와 다를 바가 없다는 뜻입니다. 한국 사람들은 조선시대 양반의 근성이 남아 있는지 아직도 불한당이나 불로소득 하는 무리들을 부러워합니다. 공짜라면 양잿물도 마신다는 속담까지 나올 정도입니다. 바울 사도는 우리에게 엄격히 교훈합니다. '누구든지 일하기 싫어하거든 먹지도 말게 하라.'

어느 한 왕이 신하들을 불러 놓고 다음과 같이 엄명을 내렸습니다.

"너희들은 지금부터 가서 백성들이 살아가는 데 필요한 성공의 비결에 관한 책을 써 오너라." 몇 달 후 신하들이 제각기 심혈을 기울여 책을 지어 왔는데 그 분량이 한 수레는 족히 되었습니다. 왕은 다시 명령하였습니다. "시간 없는 백성들이 어디 볼 수 있겠는가? 한 마디로 요약해 오너라." 그리하여 신하들이 머리를 맞대고 요약하고 또 요약한 끝에 얻은 한 마디는 '세상에 공짜는 없다'였습니다. 지금 이 세상 풍조는 '어떻게 하면 적게 노력하고 많은 것을 얻을 수 있을까?' 하는 생각이 팽배해 있습니다. 성도인 우리는 어떠합니까? 세상 사람들과 똑같은 생각으로 일확천금을 노리고 있지는 않은가요?

– 「그랜드 종합 주석」 15권, 예화, 성서교재간행사, p998

돌아보며 다짐하며 : 행복한 가정

노동은 근심과 걱정을 잊게 합니다. 노동에 의해 가난한 자는 가난의 근심 걱정을 잊고 노인은 늙음의 우고(憂苦)를 잊는 것입니다. 그런데 이 최대의 망우제(忘憂劑)를 갖지 않는 자는 달리 근심 걱정을 제거할 길을 가지고 있으므로 무엇이든 자기의 불평을 남에게 전가시키려 하려는 것입니다. 동양적인 가정에서 불쾌한 일이 많은 것은 온전히 이 노동에 관한 그릇된 사상 때문인 것입니다. 일하는 것을 괴로운 일로 알고, 손해로 생각하기 때문에, 노동을 극력 피하려함으로써 가계(家計)는 부족을 가져오며, 한사람이 여러 사람을 먹여 살리지 않으면 안 되게 되는 관계로 일하는 자는 노하며, 불평하고 일하기 싫어지는 것이요, 뿐만 아니라 말할 수 없는 괴로운 일들이 한없이 생깁니다. 이에 반하여 노동을 최대의 쾌락으로 알기만 하면 집안사람은 다투어 일하게 되고, 노동은 노동을 낳아 가계는 구하지 않더라고 풍부하게 되는 것입니다. 행복에 행복은 더해지고, 누구도 불평이 없어지며, 찬송은 끊이는 일 없이, 그리고 밤이 오면 노동의 피로로 단잠을 자게 되는 것입니다(잠 10:4).

– 「기독교 문장대백과사전」 4권, 성서연구사, p830

오늘의 기도 : 직장에서 드리는 기도

하나님! 일터를 주신 것을 감사드립니다. 직장의 동료들과 함께 일할 수 있게 하여 주심을 감사합니다. 이렇게 일할 수 있는 건강을 주신 것을 감사합니다. 오늘도 일자리가 없어 직장을 찾아다니는 무직자들을 기억합니다. 세계의 경제가 흥하고 발전하여 실직자들이 복직하고, 무직자들이 직장을 얻을 수 있기를 기도합니다. 저들을 대신하여 저는 지금 이 일터에서 일하고 있음을 알고 책임 있게 일하게 하옵소서. 내가 이렇게 일할 수 있도록 뒷바라지를 아끼지 않는 우리 가정을 주신 것을 감사합니다. 저는 가정의 재정수입을 위하여 대표하여서 일하는 일꾼이오니 오늘도 성실히 일하게 하옵소서. 그리고 우리 가정의 부모님, 학교에 간 아들 딸들, 집에 있는 아내도 다 각각 자기의 맡은 일을 열심히 하게 하옵소서.

주여! 지금 내가 하는 일이 이 직장에 보탬이 되고 도움이 되게 하시며, 인류와 세계에 공헌되는 일이 되게 하옵소서. 나는 지금 하나님이 인류와 세계를 위해 하시는 일에 동참하고 있음을 믿고 감사하며 즐거운 마음으로 성실히 일하게 하옵소서. 윗사람들에게 순종하고, 아래 직원들을 사랑하고, 동료들과 협력하여 모범적인 일꾼이 되게 하옵소서. 일할 때에 열심히 일하고 쉴 때에 충분히 쉬고, 잠을 주실 때 단잠을 자게 하소서.

예수 그리스도의 이름으로 기도 드립니다. 아멘.

– 홍기웅. 2000. 8. 29.

Day : 17주(월)

찬송 : (새)352장, 390장

17

시편 25-32, 35-40편 다윗이 고난 속에서 지은 시들과 회개의 시

25편 : 다윗이 하나님의 용서와 보호를 위하여 간구한 시.
하나님은 회개하는 영혼을 용서하시고, 자신을 구하는 영혼을 구원해 주십니다.
(시편 26-28편 : 압살롬을 피하면서 지은 시들)
26편 – 자신의 순결을 주장하면서 하나님께 대한 충성을 서원한 시
27편 – 하나님을 신뢰하는 자는 두려움이 없으리라!
28편 – 기도와 응답
29편 – 폭풍 후의 평화
30편 – 아침에는 기쁨이 오리로다
31편 – 깊은 환난 중의 부르짖음, 성실한 자를 보호하시는 하나님
32편 – 회개시
35편 – 가난한 자와 빈핍한 자를 구원하심
35편 – 공의로운 판단에 호소함

읽으며 묵상하며 : 나는 네 구원이라 (시 35:1-10)

창을 빼사 나를 쫓는 자의 길을 막으시고 또 내 영혼에게 나는 네 구원이라 이르소서
시 35:3

하나님의 사람은 혈과 육에 맞서 싸우지 않습니다(엡 6:12). 다윗처럼 지혜로운 싸움을 벌입니다. 다윗은 기도로 대적과 싸웠습니다. 그는 직접 나서지 않고 전능하신 하나님이 자기 대적과 싸워 주시기를 요청했습니다. 또 여호와의 사자를 보내 주셔서 대적을 몰아내 주시도록 요청했습니다(35:1-6). 그는 기도 중에 만군의 하나님이 그의 대적과 싸우시고 승리하시는 멋진 장면을 보았습니다. 모든 싸움이 '영적 전쟁'인 것과 하나님이 "전쟁에 능한 여호와"(시 24:8)이심을 인정하는 사람은, 다윗처럼 대신 싸워 주시는 하나님을 믿음의 눈으로 볼 수 있습니다. 다윗은 하나님으로부터 "나는 네 구원이라"(3절)는 말을 듣고 싶어 했습니다. 이 말은 승리를 향한 돌격 깃발입니다. 하나님의 약속을 확인받는 것은 승리의 보장입니다.

날마다 영적 전쟁을 인식하며 살아갑니까? 기도하는 자가 '승리하는 용사'임을 인정한다면, 현재 나의 기도 생활에는 어떤 변화가 필요합니까?

하나님의 사람을 대적하는 자들은 대체로 '은밀한' 일을 꾸며 하나님의 사람을 궁지로 몹니다. 없는 일을 만들고, 거짓을 지어내고, 나쁜 소문을 퍼뜨리고, 마음이 약한 자를 협박해 자기편으로 끌어들이고, 동조 세력을 불러 모아 자기들의 강한 위세를 드러내려 합니다. 이것은 사탄이 늘 행하는 일입니다. 상대적으로 하나님의 사람은 가난하고 궁핍합니다. 모든 것을 빼앗기고 노략을 당하는 것 같습니다. 하지만 다윗의 영혼은 하나님을 즐거워하고 기뻐했습니다. 그의 모든 뼈까지도 하나님을 노래했습니다. 그는 "여호와와 같은 자"(10절)가 없으며, 구원자는 하나님 한 분뿐이라고 고백했습니다(35:7-10).

하나님은 참으로 가난한 자를 그보다 강한 자에게서 건지시고, 가난하고 궁핍한 자를 노략하는 자에게서 건져 내시는 분입니다.

관계가 어려운 사람이 있습니까? 나보다 강한 힘을 가진 그가 나쁜 소문을 퍼뜨리며 모함할 때 나는 어떤 태도를 취합니까?

– 「생명의 삶」 오늘의 말씀, 두란노서원, 2007. 8. 9.

살며 생각하며 : 나폴레옹과 넬슨

나폴레옹이 전쟁에 나가려는데 부하가 "각하, 목사님을 모셔다가 기도를 하고 나가시지요." 하고 말했습니다. 나폴레옹이 대답했습니다. "그런 건 필요 없어. 전쟁은 내가 하는 것이지 하나님이 하시는 것이 아니야. 전쟁과 하나님은 아무 상관이 없어." 나폴레옹은 전쟁에서 패했습니다. 수많은 부하들이 죽었고 나라도 망하고 자신도 비참한 최후를 맞이했습니다.

영국의 해군 제독 넬슨은 "여호와께서 집을 세우지 아니하시면 세우는 자의 수고가 헛되며 여호와께서 성을 지키지 아니하시면 파수꾼의 깨어 있음이 헛되도다"(시 127:1)라는 성경 말씀을 외우며 믿었고 전투에 나가기 전에 군목과 함께 갑판 위에서 무릎을 꿇고 기도했습니다.

하나님은 그의 전쟁을 이기게 하셨고 그 결과로 영국이 살고 자기도 살고 부하들도 살았습니다. 같은 장군이지만 하나님을 의지하는 장군과 자기를 의지하는 장군의 종말은 하늘과 땅처럼 달랐습니다. 하나님은 믿는 자의 편이십니다

"그가 내게 간구하리니 내가 그에게 응답하리라"(시 91:15)

– 김상복 목사(할렐루야교회) / 「국민일보」, 겨자씨, 2007. 2. 7.

Day : 17주(화)

찬송 : (새)70장, 79장

17

시편 53, 58, 61, 62, 64, 65, 68-73, 86편 하나님만이 나의 피난처

53편 – 모두가 죄를 범하였으므로 하나님의 은혜가 필요합니다
58편 – 악인의 형벌을 바라는 기도–아브넬과 사울의 사람을 저주함
61–62편 – 다윗이 압살롬을 피하면서 반석이요 피난처이신 하나님을 바람
64편 –사울의 핍박을 당할 때에 다윗이 하나님의 보호를 위해 기도함
65편 –절기 때에 하나님의 은혜로 땅이 비옥함을 감사함
68편 – 다윗이 법궤를 시온 산으로 모셔 오면서 부른 시
69편– 여호와는 궁핍한 자의 부르짖음을 들으십니다
70편 – 고난 속에서 주 만이 자신을 도우시는 자임을 고백함

읽으며 묵상하며 : 암울할 때의 소망 (시 62:1–12)

그의 앞에 마음을 토하라 하나님은 우리의 피난처시로다 시 62:8

여러분은 이것을 직접 느껴보았거나, 아니면 적어도 다른 사람들이 이것에 대해 이야기하는 것을 들어보았을 것입니다. 암울함, 즉 어두운 낙심의 시간 말입니다. 리넷 조이는 hristianwomentoday. com에 기고한 글에서 그러한 어두운 시간을 겪게 될 때 이 세상의 빛이신 주님께로 나아가기 위해 우리가 취할 수 있는 몇 가지 행동방침을 이야기합니다.

기도로 당신의 마음을 밝히십시오.

마음이 괴로울 때 하나님께 당신의 마음을 다 토해놓으십시오(시 62:8). 기도로 당신의 걱정을 그분께로 가져가십시오(빌 4:6-7). 그리고 당신이 기도를 일기에 적거나 어떤 식으로든 기록해 둔다면 나중에 하나님께서 어떻게 그 기도에 응답하셨는지 뒤돌아 볼 수 있을 것입니다.

진리로 당신의 마음을 밝히십시오.

하나님의 말씀을 매일 적어도 몇 분 동안이라도 읽으십시오. 삶에 희망이 없다는 당신의 잘못된 생각에 주님의 진리가 도전하고 침투하여, 그 생각을 변화시키도록 만드십시오

(시46:1; 롬12:2).

하나님의 뜻에 따라 행함으로써 당신의 삶을 밝히십시오.

당신에 대한 하나님의 뜻은 주님을 경배하고 섬기는 것입니다. 다른 사람들과 함께 하나님을 경배하고 교제하며 섬길 수 있는 교회에 열심히 참석하십시오(히 10:25). 이러한 행동이 하나님에 대한 믿음을 자라게 하는 데 도움이 될 것입니다.

어둠이 우리에게로 다가오기 시작하는 것을 느끼면, 우리는 빛이신 예수님께로 향해야 합니다. 주님은 피난처가 되어 주실 것이며(시 62:7-8), 우리가 계속해서 나아가도록 힘을 주실 것입니다. (Anne Cetas)

– 「오늘의 양식」, 오늘의 양식사, 2006. 8. 7.

살며 생각하며 : 손수건의 잉크 방울

한 화가가 아동 복지시설(보육원)을 방문했습니다. 그런데 이 화가가 도착해 보니 자신이 갈 때마다 돌보아주던 예쁜 어린 소녀가 울고 있었습니다. 화가가 우는 이유를 묻자 그 아이는 아주 예쁘고 작은 손수건 한 장을 보여 주며 말했습니다.

"이 손수건은 우리 엄마가 내게 물려주신 아주 소중한 것인데 오늘 그만 실수로 잉크를 떨어뜨렸지 뭐에요 아무리 빨아도 지워지지가 않아요."

이 말을 듣는 화가는 그 손수건을 며칠 만 자기에게 빌려 달라고 했습니다.

울음을 그친 아이는 화가 아저씨에게 손수건을 주었고, 며칠 후 소포가 하나 날아왔습니다. 그것을 본 아이는 자기의 눈을 의심했습니다. 화가 아저씨가 자기 손수건에 떨어진 잉크 방울을 기초로 하여 더 멋진 무늬를 그려 넣어 보내준 것이었습니다. 이제 그 소녀의 손수건은 예전보다 훨씬 더 아름다워졌습니다.

마찬가지로 우리가 낙망하며 애타하는 그 문제도 하나님의 도우심만 있다면 오히려 더 찬송거리가 되지 않겠습니까!

이전에 도우심으로 난관을 벗게 하신 하나님의 은총, 그것을 지금 바라보십시오.

– 「그랜드 종합 주석」 8권, 성서교재간행사, p738

Day : 17주(수)

찬송 : (새)220장, 278장

17

시편 103, 109, 110, 122, 124, 131, 133, 138–141, 143–145편 : 하나님의 인자를 노래함

103편 – 여호와의 영원한 인자를 노래함
109편 – 다윗이 자신의 연약을 고백하면서 구원을 요청함
110편 – 다윗이 예수께서 승천하여 온 우주의 왕과 대제사장이 된 것을 증거함
122편 – 순례자의 노래–여호와의 전을 사랑하라!
124편 – 성도들을 위험에서 벗어나게 하시는 하나님
131편 – 어린아이와 같이 하나님을 전적으로 신뢰함
134편 – 야간 성전 봉사자들을 축복함
138편 – 낮은 자를 하감하시는 하나님
139편 – 하나님의 전지하심을 노래함
140편 – 원수들에게서 보호해 주실 것을 노래함
141편 – 저녁시–겸손히 자신의 영혼을 하나님께 맡김
143편 – 상한 심령의 외침
144편 – 여호와를 자기 하나님으로 삼은 백성의 축복
145편 – 하나님의 위대하심을 찬양함

읽으며 묵상하며 : 하나님의 집 (시 122:1–9)

사람이 내가 말하기를 여호와의 집에 올라가자 할 때에 내가 기뻐하였도다. 예루살렘아 우리 발이 네 성문 안에 섰도다 시 122:1, 2

본 시편 기자는 바벨론 포로 생활을 하던 몇 년 동안 하나님의 율법에 따라 예루살렘에서 경배 드리지 못하고 있다가 이제 처음으로 예루살렘에 입성하면서 이렇게 노래하고 있습니다.

"사람이 내가 말하기를 여호와의 집에 올라가자 할 때에 내가 기뻐하였도다. 예루살렘아 우리 발이 네 성문 안에 섰도다."(1, 2절)

과연 얼마나 많은 사람들이 본문의 순례자처럼 삶의 진정한 기쁨의 원천이 교회 안에 있음을 알고 있을까요?

목사인 나는 하나님께서 성도들에게 교회를 주셨다는 사실이 얼마나 감사해야 할 일인지를 설교할 때마다 우리 교회성도인 귀가 거의 들리지 않는 한 여자 성도 이야기를 들려주곤 합니다.

그녀는 무릎이 시큰거리고 통증을 느끼기 때문에 제대로 걷지도 못하지만 주일 예배뿐 아니라 새벽 기도회에도 빠지지 않았습니다. 어느 날, 나는 그녀에게 소리도 잘 들리지 않는데 어떻게 그토록 꼬박꼬박 예배에 참석하느냐고 물었습니다.

그녀는 이렇게 대답했습니다.

"비록 제대로 들을 수는 없어도 하나님의 집에 오는 것이 좋기 때문입니다. 나는 예배드리는 것을 좋아하고, 또 내가 하나님의 섭리 안에 있는 것을 보길 원합니다.

또한 나는 나로 하여금 달콤한 생각을 하게 만드는 성경을 펼쳐보기를 좋아합니다. 그리고 하나님의 집에서 하나님의 임재하심을 가장 직접적으로 느낄 수 있으며 선한 친구들과 진실한 교제를 나눌 수 있습니다. 나는 하나님께 개인적으로 예배드리는 것에 만족하지 않습니다.

정기적으로 꾸준히, 누구보다 존귀한 하나님의 성도들인 선한 친구들과 함께 예배에 참석함으로써 하나님께 영광 돌리는 것이 나의 의무이자 특권이라고 생각합니다."

친구를 좋아하는 사람에게 있어서 친한 친구와의 교제보다 기쁜 것이 없습니다. 아빠를 좋아하는 아이에게 있어서는 자기 아빠의 포옹보다 달콤한 것은 없습니다. 그 아이는 밖에 나갔던 아빠가 되돌아 올 때 매우 기뻐합니다.

그와 마찬가지로 구세주의 도래하심을 환영하며 천국을 사모하는 자는 하늘나라의 모습을 미리 보여주는 교회를 사랑하며 하나님의 집에서의 장엄한 의식에 기쁜 마음으로 참여합니다. (J. F Haynes)

–「호크마 종합주석」 구약 15권, QT, 기독지혜사, p605

살며 생각하며 : 감사할 이유 있네

다음 글은 송명희 시인의 어머니 되시는 남정임씨의 간증입니다.

"엄마, 엄마가 결혼하기 전에 주님께 약속을 했다고 그랬었지?"

어느 날 명희는 나에게 이런 질문을 던졌습니다. 딸아이의 질문은 열여섯 살 때의 나를 생각나게 하였습니다. 그 때 나는 그리스도인인 어떤 여자 분의 모습을 보고 큰 감동을 받은 적이 있었습니다. 그분은 독신으로 지내면서 장애자들을 헌신적으로 돌보고 계셨습니다. 조그마한 몸집에 어떤 어려움이 닥쳐와도 변치 않을 것 같은 굳은 의지가 서린 환한 얼굴의 그분이 사춘기 소녀였던 내 눈에는 천사처럼 보였습니다.

'나도 저분을 닮아야지. 평생을 장애자들의 손과 발이 되어 그들을 도와야지…'

그때 나는 이런 약속을 스스로에게 했었습니다. 그러나 세월이 가고 그런 약속도 시들해진 채 결혼도 하고 남을 돕는 아무런 일도 하지 않고 있었습니다.

“그래 명희야! 나의 거짓 약속 때문에 네가 이런 시련을 당하는지도 몰라.” 이 말을 하며 나는 조용히 웃었다. 명희도 따라 웃었습니다. 그러나 곧이어 명희는 순수함이 묻어나는 듯한 미소를 지으며 말했습니다.

“아니야 엄마, 나를 통해서 주님의 일을 하고 있잖아.”

명희의 이 한마디는 내가 주님의 일을 하고 있다는 확실을 주었습니다.

‘처녀 시절 주님께 했던 약속, 지체 장애자들을 돌보면서 주님을 위해 일하겠다는 약속이 실현된 것이 아닐까요? 그래, 나는 딸아이를 통해서 그리고 딸아이와 함께 주님의 일을 하고 있는 거야. 단순히 내 딸만을 돌보는 엄마로서가 아니고...’ 이런 생각이 들자 이상하게도 ‘나는 행복한 여자’ 라는 생각이 들었습니다. 그 동안의 고생이 다 의미 있는 고생이라는 깨달음이 밀물처럼 내 가슴의 문을 열고 들어왔다. 이 얼마나 감사한 일인가요?

딸애의 뒤치다꺼리 하는 것이 나의 하루 일과입니다. 빨래하는 일, 밥 차리는 일, 휠체어를 끄는 일, 계단을 오르내리는 일, 특히 명희가 교회의 초청을 받아 말씀을 전할 땐 자꾸만 비뚤어지는 그 애의 턱을 정면에 고정시키기 위해 내 억센 팔이 필요합니다. 그러나 이러한 생활 속에서도 내가 내 딸과 함께 주님의 일을 한다는 것을 알기에 내 마음은 큰 감사로 젖어듭니다.

– 「호크마 종합주석」 구약 15권, 예화, 기독지혜사, p605

Day : 17주(목)

찬송 : (새)543장, 342장

17

시편 42-44, 49, 50, 75-77, 84, 85, 87-88편 : 고라 자손의 노래-위기에 처한 다윗의 시에 곡을 붙임

42-44편-다윗이 압살롬에게 쫓겨 다니면서 한 묵상을 고라 자손이 곡조를 붙인 노래들
43편-다윗이 피난하면서 도우시는 하나님을 바람
44편-성도가 지난날의 구원을 생각하며 용기를 얻음
49편-재물을 의지하는 자의 어리석음
84편-다윗이 압살롬의 반역으로 예루살렘을 비웠을 때 성전을 사모하며 쓴 시
85편-국가를 위한 기도의 시
87편-하나님 나라에 대한 예언시
88편-고통 중에 처한 신앙인의 간구

읽으며 묵상하며 : 밤 (시 42:1-11)

내 영혼아! 네가 어찌하여 낙망하며 어찌하여 내 속에서 불안해 하는가 너는 하나님께 소망을 두라! 그가 나타나 도우심으로 말미암아 내가 여전히 찬송하리로다 시 42:5

매혹적이면서도 사람의 마음을 뒤흔드는 책 '밤'에서, 저자 엘리 위젤은 유대인 대량학살의 수많은 희생자 중 한 사람으로서 그가 소년 시절에 겪었던 경험들을 이야기합니다. 그는 자기 집에서 쫓겨 나와 아버지(아버지도 결국 죽음의 수용소에서 죽임을 당합니다)를 제외한 모든 가족과 헤어진 후, 그 누구도 경험하지 못할 영혼의 암흑 속으로 빠져들게 됩니다. 그 일로 인해 하나님에 대한 그의 생각과 신념은 흔들려 버립니다. 그의 순결함과 믿음은 인간의 악행과 어두운 죄악의 제단에 제물이 되었던 것입니다. 다윗도 영혼의 암흑 속에서 헤맸던 적이 있었습니다. 많은 학자들은 이로 인해 다윗이 시편 42편을 쓰게 된 것 같다고 말합니다. 반란을 일으킨 자신의 아들 압살롬에게 쫓기며 시달렸던 것으로 보이는 다윗은(삼하 16-18장) 밤이 주는 고독 속에서 느끼는 고통과 공포를 계속해서 이야기합니다. 바로 그런 상황에서 어두움은 우리를 사로잡아 마음에 고통을 안겨주고 하나님을 의심하게 만듭니다. 시편기자는 하나님이 곁에 없는 것 같다고 슬퍼했지만, 그 가운데에서도 앞에 놓인 어려움들에 대해 평안과 확신을 주는 밤의 찬송을 불렀습니다(8절). 우리가 어둠속을 헤맬 때에도 하나님이 그 속에서 역사하고 계신다고 굳게 믿으십시오.

-「오늘의 양식」, 오늘의 양식사, 2007. 7. 26.

살며 생각하며 : 음악의 신비

일본에서 빵이나 음식을 제조하는 과정에 음악을 사용하는 방법이 널리 알려지게 되었습니다. 음식이 발효 과정에 있을 때 효모균에게 베토벤이나 모차르트의 교향곡을 들려준 결과 빵 맛이나 음식 맛이 훨씬 좋아졌다는 것입니다.

젖소에게도 음악을 들려주었을 때 젖의 양이 많아졌다는 실험 결과가 나와서 이 방법이 낙농가에 널리 보급되었습니다.

식물 재배에도 음악이 이용되고 있는데, 일본의 사운드 재배 하우스에서는 모차르트 채소, 브람스 토마토를 생산하고 있습니다. 이 회사의 실험에 의하면 시끄러운 유행가나 포크송은 식물의 성장에 도움이 안 되었습니다. 또한 좋은 음악이라도 음악적 자극을 너무 오랫동안 줄 경우에는 오히려 역효과가 생겼다고 합니다.

사람도 좋은 음악으로 많은 도움을 받고 있습니다. 심리 치료에도 음악이 사용되고, 정신적 안정과 휴식에도 음악이 많은 도움이 되고 있습니다.

성도가 하나님을 찬양하는 것에는 많은 유익이 있습니다. 먼저 하나님께 영광이 되고, 성도는 큰 기쁨과 평안과 안식과 즐거움을 얻게 됩니다.

– 하천덕 편저, 「키워드로 불러보는 설교 예화」, 아가페, p549

정리하며 확신하며 : 성도가 영적으로 만족을 얻는 방법

	만족 얻는 방법	참고 성경 구절
1	만족의 근원이신 주께 나아감	고후 3:5
2	잠잠히 하나님만 바라봄	시 42:11
3	주를 앙망함	시 63:1, 5
4	주의 말씀을 청종함	시 81:13-16
5	주를 경외함	잠 19:23
6	타인을 불쌍히 여김	사 58:10, 11
7	하나님을 절대 신뢰함	합 3:17-19
8	의에 주리고 목마름	마 5:6
9	성도 간에 교제함	롬 15:24
10	만족하기를 배움	빌 4:11, 12
11	항상 감사함	딤전 6:6-8
12	주의 약속을 믿음	히 13:5

– 「그랜드 종합 성경주석」 8권, 성서교재간행사, p732

Day : 17주(금)

찬송 : (새)204장, 379장

17

시편 78, 80–83, 89편 영원한 다윗의 언약

- 78편 – 선조들의 역사로부터 교훈을 받음
- 80편 – 멸망 속에 처한 이스라엘의 회복을 위한 기도
- 89편 – 언약에 신실하신 하나님

하나님은 다윗에게 그의 나라를 영원히 세워 주실 것을 약속해 주셨습니다. 시인은 이러한 하나님의 약속이 영원히 변치 않을 것을 확신하고 있습니다. 그러나 이때는 이스라엘이 원수들의 손에 의해 멸망을 당한 때였습니다. 시인은 이러한 상황 속에서 하나님께서 다윗에게 하셨던 언약을 기억하고 이스라엘을 다시 회복시켜 달라고 간구하고 있습니다.

읽으며 묵상하며 : 어린이의 호기심 (시 78:1–8)

이는 그들로 후대 곧 태어날 자손에게 이를 알게 하고 그들은 일어나 그들의 자손에게 일러서 그들로 그들의 소망을 하나님께 두며 하나님께서 행하신 일을 잊지 아니하고 오직 그의 계명을 지켜서 그들의 조상들 곧 완고하고 패역하여 그들의 마음이 정직하지 못하며 그 심령이 하나님께 충성하지 아니하는 세대와 같이 되지 아니하게 하려 하심이로다 시 78:6–8

19세기 스코틀랜드에 한 젊은 어머니가 세 살 난 아들의 탐구적인 본성을 관찰하고 있었습니다. 그 아이는 움직이거나 소리를 내는 것이라면 뭐든지 흥미를 갖고 있는 것처럼 보였습니다. 제임스 클라크 맥스웰은 그의 어릴 적 호기심을 계속 견지하여 뛰어난 과학자가 되었습니다. 그는 전기와 자성에 관한 독창적인 연구를 계속해 나갔습니다. 훗날, 아인슈타인은 맥스웰의 연구 결과를 놓고 "뉴턴 이래로 물리학에 있어서 가장 훌륭한 업적"이라고 말했습니다.

맥스웰은 어린 시절부터 신앙생활이 인생의 모든 면에 영향을 끼쳤습니다. 헌신적인 그리스도인인 맥스웰은 다음과 같이 기도하였습니다. "당신의 손으로 창조하신 세상을 배울 수 있도록 가르쳐 주시고, 당신이 하신 일에 대한 깨달음을 더욱 깊게 하소서." 소년시절에 형성된 영적생활과 호기심이 맥스웰로 하여금 평생토록 과학을 통해 하나님을 섬기게 하였습니다.

믿음의 공동체는 항상 젊은 세대들의 재능을 잘 양육하고 그들의 삶이 주님을 향하도록 이끌어서 "그들은 일어나 그들의 자손에게 일러서 그들로 그들의 소망을 하나님께 두도록" (시 78:6-7) 할 책임을 지녀 왔습니다.

자녀들에게 배움에 대한 열정을 북돋워 주고 동시에 그들 마음에 믿음을 확고히 심어주는 것은 미래에 대한 중요한 투자입니다. 오늘 자녀들에게 무엇을 가르치느냐에 따라 내일의 세계가 만들어집니다.

– 「오늘의 양식」, 오늘의 양식사, 2008. 5. 12.

살며 생각하며 : 꿀을 바른 성경책

이스라엘 인구는 460만 정도이며 면적도 2만 7천㎢이므로 우리나라의 1/5밖에 안 되면서도 큰 세력을 가졌습니다. 이들은 박해 속에서도 이스라엘 민족의 동질성을 구축했는데 그것은 성서(구약) 속의 하나님의 약속과 보호를 믿었기 때문입니다. 그 중에서도 토라(율법)는 생명선이 되었습니다.

아이가 겨우 사물을 구분할 줄 아는 때가 되면 '타나크'(성서)를 꺼내어 그 표지에 꿀물을 발라서 빨아먹게 한 다음, "이 꿀이 달듯이, 하나님의 말씀은 달고, 인생에 있어서 모든 지혜를 주신다. 그러므로 너는 죽을 때까지 이 말씀을 사랑해야한다."고 가르칩니다. 또한 역사 속에 일어난 모든 고증들을 잘 보관하고 실제로 현장을 찾아다니며 산교육을 합니다.

유대인은 13세가 되면 성인식과 같은 '바르미스바'라는 의식을 갖으며, 16세만 되어도 다 무기를 다룰 줄 압니다.

대략 4천년의 역사 속에서, 다 합쳐도 2백년 미만의 짧은 기간 동안만 전쟁의 위협을 받지 않았을 뿐 줄곧 정복을 당했거나 짓밟히거나 포로가 되었으며 최근세사에는 나치에 의해 600만 대학살의 참담함을 겪었습니다. 그럼에도 역사에서 '하티크마'(희망)에 찬 미래를 내다봅니다.

"여호와의 법도 진실하여 다 의로우니 금 곧 많은 순금보다 더 사모할 것이며 꿀과 송이꿀보다 더 달도다" (시 19:9-10)

– 신현주 목사, 「예화 철학」, 도서출판 누가, p203

Day : 17주(토)

찬송 : (새)333장, 381장/ (새)342장, 395장

17

■ 이번 주 읽은 성경 요약 및 못 읽은 부분 읽고, 한 주간 생활 묵상하며 가정 예배드리기

■ **주제 : 현숙한 여인상** (잠 31:20-31)

읽으며 묵상하며 : 현숙한 아내 (잠 31:20-31)

지혜로운 자로서 현숙한 여인이란, 여호와를 경외하는 확고한 신앙의 중심에서 드러납니다. 이러한 자에게는 그로 인한 하나님의 넉넉하고도 의로운 보상이 보장되어 있습니다.

덕행으로 존귀케 되는 여인

현숙한 여인은 이기적인 여인이 아니라 간곤한 자와 궁핍한 자를 돕고 사랑을 베푸는 인자한 여인입니다. 연약한 자를 위로하는 것은 실질적으로 그들을 돕는 행위로서, 지혜와 신앙이 행동으로 드러나는 표현입니다. 현숙한 여인은 어떠한 상황이 벌어져도 가족을 보호할 수 있도록 미리 적절한 준비를 하는 현명함을 지니고 있습니다. 또한 이 여인은 집안 전체를 돌보고 자기 자신도 아름답게 가꾸기를 게을리 하지 않습니다. 현숙한 여인의 지혜로운 행동은 가정을 번창하게 하며, 남편으로 하여금 대외적인 일에 전념하여 사람들의 존경을 받는 지도자의 위치에 서게 합니다. 그리하여 현숙한 여인의 남편은 가정에 대해서 안심하고 공사에만 전념할 수 있게 됨으로써, 그가 보살피는 가족은 형통하게 됩니다.

지혜로움으로 칭찬받는 여인

그녀는 부지런함과 지혜로움의 대가로 큰 번영과 풍요를 누리고, 하나님으로부터 선행을 인정받아 보상을 받게 됩니다. 현숙한 여인은 문제 해결에 있어서도 신중하고 합당한 말과 방법으로 지혜롭게 해결합니다. 말과 행동 가운데 친절과 겸손, 상대방을 긍휼히 여기는 인자한 모습은 많은 사람들의 존경과 선망의 대상이 될 뿐만 아니라, 가족 구성원들로부터 사랑과 존경을 받게 합니다. 현숙한 여인은 입을 열어 지혜를 베풀고 그 혀로 인애의 법을 말함으로 남편으로부터 아내의 지혜와 덕스러움을 칭찬받는 사람입니다.

지혜로운 여인은 외모나 재물에 집착하지 않고, 자신의 모든 삶의 목표를 오직 여호와를 경외하는 데 둡니다. 이처럼 사람이 참된 축복과 행복을 누릴 수 있는 비결은 바로 하나님을 경외하는 것입니다.

–「묵상하는 사람들」, 프리셉트, 2005. 5. 3.

살며 생각하며 : 부부의 의미

"훌륭한 남편 뒤에는 항상 훌륭한 아내다 있다"는 말을 다시금 실감나게 하는 내용입니다.

19세기 말 디트로이드 시의 한 전기 회사에 주당 11달러를 받는 기사가 있었습니다. 그는 매일 10시간 넘게 일을 하고 집에 와서는 밤이 깊도록 엔진을 만들었습니다. 농부였던 그의 아버지는 아들을 '쓸모없는 놈'으로 취급했지만, 오직 그의 아내만은 자기 남편을 믿고 일이 끝날 때까지 늘 곁에 있었습니다. 아내의 내조가 얼마나 지극했던지 그 젊은 전기 기사는 자기 아내를 '나의 신자(信者)'라고 부를 정도였습니다.

엔진을 만들기 시작한 지 3년이 되던 1893년, 그 청년이 30세 생일을 맞던 그날, 이상한 소리에 마을 사람들이 모두 놀라서 나와 보니, 이 청년과 그의 아내가 말이 없는 마차를 타고 거리를 달리고 있었습니다.

이 사나이가 바로 자동차의 왕 헨리 포드(Henry Ford, 1863-1947)였습니다. 사람들은 헨리 포드를 가리켜 '산업의 아버지'라고 부릅니다. 그런데 그 산업의 아버지 뒤에는 '산업의 어머니'인 그의 아내가 있었습니다. 부부의 의미를 되새겨 보게 해주는 이야기입니다.

–「잠언으로 여는 매일 묵상집」, 아가페, p384

돌아보며 다짐하며 : 참 맑고 좋은 생각

우리는 남의 단점을 찾으려는 교정자가 되어서는 안 됩니다. 남의 단점을 찾으려는 사람은 누구를 대하든 나쁘게 보려합니다 그래서 자신도 그런 나쁜 면을 갖게 됩니다. 남의 나쁜 면을 말하는 사람은 언젠가는 자신도 그 말을 듣게 됩니다. 우리는 남의 좋은 면, 아름다운 면을 보려 해야 합니다. 그 사람의 진가를 찾으려 애써야 합니다. 아름다운 사람을 보면 감동하며 눈물을 흘리고 싶을 만큼의 맑은 마음을 가져야 합니다.

남의 좋은 점만을 찾다 보면 자신도 모르는 사이 그 사람을 닮아갑니다. 남의 좋은 점을 말하면 언젠가는 자신도 좋은 말을 듣게 됩니다.

참 맑고 좋은 생각을 가지고 남은 날들을 예쁘게 수놓았으면 좋겠습니다. 마음이 아름다운 사람을 만나면 코끝이 찡해져오는 맑은 마음을 가졌으면 좋겠습니다.

누구를 만나든 그의 장점을 보려는 순수한 마음을 가지고 남을 많이 칭찬할 수 있는 넉

녁한 마음을 가졌으면 좋겠습니다. 말을 할 때마다 좋은 말을 하고 그 말에 진실만 담는 예쁜 마음의 그릇이 내 것이었으면 좋겠습니다...

–「마음을 열어주는 따뜻한 편지」 최복현

오늘의 기도 : 사랑하는 남편을 위한 기도

오, 하나님 아버지!
생각할수록 감사합니다. 제가 무엇이기에 이처럼 귀한 남편을 저에게 허락하여 주셨는지 다 알 수가 없습니다. 하나님께서 저를 사랑하셔서 주신 축복인줄 믿고 감사합니다.
하나님! 이 시간 사랑하는 제 남편을 위하여 기도합니다. 제 남편에게 믿음과 은혜와 지혜와 용기와 인내와 덕을 더하여 주셔서 그가 맡은 책임이 중차대하오니 이 무거운 책임을 잘 감당할 수 있도록 도와주시기를 원합니다.
때로는 감당하기 어려운 일에 직면하여 몸부림칠 때도 있사오니 그 때마다 주님이 함께 하셔서 능히 이기고도 남을 능력을 더하여 주옵소서.
사랑의 하나님!
지금 제 남편이 생각하고 계획하는 일이 있습니다. 이것이 사람의 생각에 그치지 말게 하시고 하나님의 뜻에 합한 것이 되어 꼭 이루어져 하나님께 영광 돌리게 하여 주옵소서.
주님! 그이는 우리 가정의 가장입니다. 제 남편이요, 아이들의 아버지입니다. 이 소중한 책임을 사랑으로 잘 감당할 수 있도록 은총 내려 주시기를 기도합니다.
부족한 저로 하여금 제 남편이 아무런 마음에 부담 없이 나가서 활발하게 활동할 수 있도록 지혜 있게 내조할 수 있도록 도와주시옵소서. 그래서 우리 가정은 사랑과 기쁨과 화평이 넘치는 가정, 하나님이 기뻐하시는 가정, 세상에서 본이 되는 가정이 되게 하옵소서.
예수님의 이름으로 기도합니다. 아멘.

Day : 18주(월)

찬송 : (새)28장, 28장

18

시편 1, 10, 33, 35-40, 66, 67, 91-95, 96, 97-99편 신뢰와 감사의 시

1편 - 시편의 총 주제(악을 떠나고, 말씀을 묵상하며 행하는 자의 복)
10편 - 환난 당하는 자가 악인의 심판을 간구함
33편 - 하나님의 말씀과 행사를 기억하면서 하나님을 찬양함
66편 - 하나님의 구원의 은혜를 감사함
67편 - 절기 때에 복 주신 하나님을 찬송함
71편 - 도움을 바라는 노인의 기도
91편 - 하나님을 신뢰하는 자의 안전함
92편 - 안식일에 하나님을 찬양함
93 - 94편 - 하나님께서 온 세상을 통치하심
94편 - 하나님은 우리의 반석이시며, 행악 자를 대적하십니다
95편 - 하나님을 찬양하고 그를 시험치 말라
96편 - 세상의 통치자 하나님을 찬양하라!
97편 - 하나님의 통치를 기뻐함
98편 - 하나님의 승리
99편 - 거룩하신 하나님의 이름을 찬송하라!

읽으며 묵상하며 : 행복의 열쇠(시 1:1-6)

그는 시냇가에 심은 나무가 철을 따라 열매를 맺으며 그 잎사귀가 마르지 아니함 같으니 그가 하는 모든 일이 다 형통하리로다 시 1:3

1. 행복한 사람이 되는 길 | (1절)

시편 1편은 행복한 사람에 대해 소개하고 있습니다. 행복한 사람은 '악인들의 꾀를 따르지 아니하며 죄인들의 길에 서지 아니하며 오만한 자의 자리에 앉지 않는 사람'입니다. 여기서 '악인'이란 '표준이 없는 사람'을 말하는데, 하나님이 없는 사람에게는 표준을 기대할 수 없습니다. '죄인'은 '목표가 없는 사람'을 말하는데 목표를 잃어버리고 사는 사람을 가리킵니다. 또한 '오만한 사람'은 '하나님을 거스르는 사람' 혹은 '하나님께 반역하는 사람'을 말합니다. 이처럼 하나님이 없는 생각, 무신론적 사고방식에 의해 목표가 없는 삶, 하나님께 반역하는 삶을 살게 되면 행복할 수가 없는 것입니다. 따라서 행복한 사람이 되는 길은 오직 하나님께만 초점을 맞추는데 있습니다.

2. 행복한 사람이 되는 길 II(2-4절)

행복한 사람은 여호와의 율법을 즐거워하며 그 율법을 주야로 묵상하는 사람입니다. 즉, 행복한 사람은 여호와의 모든 말씀에 온 마음이 집중이 되어 말씀이 지시하는 바는 무엇이든 기쁨으로 받아들이는 사람입니다. 또한 그 말씀을 실행에 옮기기 위하여 주야로 묵상하고 암송하는 사람입니다. 그런 사람은 '시냇가에 심은 나무'와 같으며 그렇지 않은 사람은 '바람에 나는 겨'와 같다고 말씀하고 있습니다. 오늘 이 말씀 앞에 당신은 어떤 마음 자세를 가지고 있습니까?

3. 행복한 사람과 불행한 사람의 마지막(5-6절)

행복한 사람과 불행한 사람, 두 종류의 인생의 마지막에 대해 성경은 분명하게 밝히고 있습니다. "의인들의 길은 여호와께서 인정하시나 악인들의 길은 망하리로다."

여러분은 하나님의 말씀을 따라 여호와께서 인정하시는 삶을 살고 있습니까? 아니면 망해버릴 인생을 살고 있습니까? 선택은 당신에게 있습니다.

– 「날마다 주님과 함께」 본문해설, 학생신앙운동(SFC), 2000. 12. 30.

살며 생각하며 : 복 있는 사람

영국 런던의 테임즈 강변에 재판소가 있는데 그 재판소의 뜰에 포도나무 한 그루가 있었습니다. 그런데 이 포도나무에서 열리는 포도는 영국에서 가장 맛이 좋았습니다. 그래서 식물학자들이 이 포도나무를 번식시켜 널리 보급하기 위하여 조사를 해보니 다른 포도나무와 조금도 다른 점이 없었습니다. 학자들이 어떻게 하여 이 포도나무가 다른 포도나무보다 맛있는 열매를 맺는지 자세히 알아봤더니 이 포도나무의 뿌리가 강 밑바닥에까지 뻗어 있었습니다. 뿌리가 강 밑바닥에 뻗어 있으니 웬만한 가뭄에도 충분한 수분을 빨아들일 수 있었고 다른 곳보다 더 많은 영양을 섭취할 수 있어 영국에서 가장 맛있는 열매를 맺을 수 있었던 것입니다.

시편에서 말하는 복 있는 사람이란 뿌리를 물 근원에 두고 있는 그 포도나무처럼 하나님께 믿음의 뿌리를 두고 있는 성도를 가리킵니다. 하나님을 믿는 성도들이라고 해서 환난과 어려움이 닥치지 않는 것이 아닙니다. 그러나 심한 기근과 같은 어려움이 온다고 해도 하나님께 믿음의 뿌리를 두고 있는 성도들은 그 모든 환난을 이겨낼 힘을 얻을 수 있습니다. 시편 기자는 "야곱의 하나님을 자기의 도움으로 삼으며 여호와 자기 하나님에게 자기의 소망을 두는 자는 복이 있도다"(시 146:5)라고 말하고 있습니다.

– 「시편을 통한 매일 묵상집」, 아가페출판사, 2009. 1. 9.

Day : 18주(화)

찬송 : (새)67장, 31장

18

시편 100, 102, 104, 107, 111-117편 하나님을 찬양함

100편 – 여호와의 선하심과 진실하심을 찬양하라!
102편 – 곤고한 자의 기도
104편 – 창조주 하나님의 위대한 섭리를 찬양함
107편 – 구원받은 자의 찬송
111편 – 여호와의 행사를 묵상하며 찬양함
112편 – 여호와를 경외하고 그 계명을 따르는 자의 축복을 노래함
113 – 114편 – 궁핍한 자를 도우시는 전능하신 하나님
115편 – 우상의 무력함과 하나님의 전능하심
116편 – 영혼을 구원하신 하나님을 찬양함
117편 – 찬양에의 초대

읽으며 묵상하며 : 하나님이 창조하신 우주 (시 104:31-36)

여호와의 영광이 영원히 계속할지며 여호와는 자신께서 행하시는 일들로 말미암아 즐거워하시리로다 시 104:31

태평양 밑바닥으로부터 10 킬로미터나 높이 솟아있고 120 킬로미터나 넓게 퍼져있는 하와이의 마우나로아 화산은 이 지구상에서 가장 큰 화산입니다. 그러나 화성 표면에 있는 올림퍼스 몬스라는 이름의 화산이 태양계에서 지금까지 발견된 것 중 가장 큰 화산입니다. 이 화산은 에베레스트 산보다 3배나 높고, 마우나로아 화산보다 100배나 더 큽니다. 얼마나 큰지 하와이군도 전체를 다 담고도 남을 정도입니다!

아주 오래 전 다윗은 밤하늘을 쳐다보면서 창조주가 지으신 우주의 신비로움에 경외감을 나타내며 "하늘이 하나님의 영광을 선포하고 궁창이 그의 손으로 하신 일을 나타내는도다"(시19:1)라고 기록했습니다. 그러나 별들과 하늘만이 고대 시편기자의 경외감을 자아낸 것은 아닙니다. 지진과 화산 또한 창조주에 대한 경외감을 불러 일으켰습니다. 시편 104편은 "그가 땅을 보신즉 땅이 진동하며 산들을 만지신즉 연기가 나는도다"(32절)라고 기록하고 있습니다.

태양계에 대한 우주탐사의 탐험이 계속되면서, 아직 알려지지 않은 우주의 신비로움이 계속 밝혀질 것입니다. 그러나 무엇이 발견되든지 모두가 다 동일한 창조주의 작품입니다

(창1:1).

오래 전 한 목동이 하늘을 우러러봤을 때 우주의 신비로움이 그 소년을 감동시켰듯이, 그 신비로움은 하나님을 찬양하는 마음이 들도록 우리들도 마찬가지로 감동시킬 것입니다(시8:3-5). (Dennis Fisher)

– 「오늘의 양식」, 오늘의 양식사, 2006. 10. 13.

살며 생각하며 : 마지막 찬양

어떤 감리교도인 노(老) 가수가 후두암으로 수술을 받기 위해서 병원에 입원했을 때의 일입니다. 그는 의사에게 안타까운 목소리로 "선생님, 이 수술이 끝난 후에 다시 노래할 수 있을까요?"라고 물었지만 의사는 자신 있게 대답할 수 없었습니다.

그러자 그 가엾은 가수는 힘없이 고개를 떨어뜨리고 눈물을 흘리며, 의사에게 자신을 좀 부축해 달라고 부탁했습니다. 의사의 도움으로 일어나 앉은 그는 떨리는 목소리로 이렇게 말했습니다.

"나는 지금까지 하나님을 찬양하는 노래를 불렀습니다. 그런데 이제 하나님께서 제가 다시는 노래를 할 수 없다고 하시니 마지막으로 하나님을 향한 감사와 찬양의 노래를 부르겠습니다."

말을 마친 그는 눈을 지그시 감더니 널리 알려진 와트 박사의 찬송시를 불렀습니다.

"내 호흡이 다 할 때까지, 내 평생 주님을 찬양하리!"

참으로 나를 위해 행하신 하나님의 놀라운 은혜를 알고서도 우리가 어찌 평생 하나님을 찬양하지 않을 수 있으리까? (Sunmday Circle)

– 「그랜드 종합 주석」 8권, 성서교재간행사, p1158

Day : 18주(수)

찬송 : (새)200장, 234장

18

시편 118–119편 바벨론 포로 때의 시

118편–이 시는 바벨론에서 돌아온 이스라엘 백성들이 첫 번째 장막절을 지키면서 부른 노래로 간주됩니다. 이스라엘 백성들은 여호와께서 정해주신 날에 하나님의 구원을 노래하고, 하나님께 감사의 제사를 드리면서 하나님을 찬송하고 있습니다.

119편–이 시는 바벨론 포로와 같은 어려운 기간 중에 하나님의 말씀을 그리워하면서 부른 노래입니다. 이 시는 히브리어 알파벳(22개)의 순서에 따라서 각 글자마다 8절씩 쓴 시입니다(총 196절). 시인은 고난 중에 하나님의 말씀을 묵상하면서, 그 말씀을 깨닫게 해달라고 기도하고 있습니다. 그 는 말씀을 통해 곤고한 중에서 위로를 받았습니다. 그리고 그는 이로 인해 더욱 더 말씀을 사랑하고 그 말씀에 굳게 서서 하나님께 감사하고 있습니다.

읽으며 묵상하며 : 영혼을 위한 것 (시 119:9–16)

내가 주의 법도들을 작은 소리로 읊조리며 주의 길들에 주의하며, 주의 율례들을 즐거워하며 주의 말씀을 잊지 아니하리이다 시 119:15, 16

우리에게 진솔한 감동을 주는 예화나 이야기로 가득 찬 「영혼을 위한 치킨 수프」 시리즈는 금방 베스트셀러가 되었는데, 이것은 전혀 놀라운 일이 아닙니다. 제목에 있는 '치킨수프'라는 단어는 감기로 인해 막힌 코나 칼칼한 목을 푸는 데는 따뜻한 담요나 어머니가 만들어준 김이 무럭무럭 나는 닭고기 쌀 수프밖에 없던 어린 시절의 추억을 떠올려 주기 때문입니다. 그때의 어머니는 상당히 현명하였다는 것이 과학적으로 증명되고 있습니다. 닭고기 수프는 감기를 퇴치하는 데 좋습니다. 이것은 또한 사람들이 '편안한 음식'이라고 여기는 것 중의 하나입니다.

몸이 아니라 마음이 아플 때 나는 하나님의 말씀이 주는 위로를 갈망합니다. 즉 "너희 염려를 다 주께 맡겨 버리라 이는 그가 너희를 돌보심이라"(벧전 5:7) 같이 마음에 진정을 주는 말씀, 또는 아무것도 "우리를 우리 주 그리스도 예수 안에 있는 하나님의 사랑에서 끊을 수"(롬 8:38-39) 없다는 확신의 말씀이 주는 위로를 갈망합니다.

세계적으로 역대 최고의 베스트셀러인 성경은 약속, 조언, 도전 및 하나님에 대한 지식으로 가득 차 있습니다. 낙심하게 되면 하나님 말씀을 크게 한 순갈 떠서 잡수어 보십시오. 성경을 가까이 하면(마음속에 두면 더 좋습니다) 어머니의 닭고기 수프를 끊임없이 얻을 수 있습니다. 말씀은 당신의 심령을 따뜻하게 해주고 당신을 치유하기 시작할 것입니다. (Cindy Hess Kasper)

– 「오늘의 양식」, 오늘의 양식사, 2007. 6. 5.

살며 생각하며 : 성경 번역자의 순교

윌리암 틴데일(William Tyndale)은 당시 라틴어와 헬라어로 되어 있어서 사제들만 읽었던 성경을 일반 성도들이 읽도록 영어로 번역하였습니다. 그러나 틴데일은 영국 왕 헨리8세가 보낸 첩자에게 체포되었고 옥고를 치렀습니다. 그리고는 높은 장대에 달렸다가 교수형을 당하고 다시 화형을 당한 순교자가 되었습니다.

교수형 전에 틴데일은 마지막 기도를 드렸습니다. “주여 영국왕의 눈을 열어 주소서.”

그 후 1611년에 영국 왕 제임스의 명령으로 영어역 성경이 번역되었습니다. 그것이 바로 아직도 가장 전통 있고 권위 있는 성경으로 정평이 나있는 흠정역 성경(King James Version)입니다. 종교개혁(1517년) 약 백년 후의 일입니다. 윌리암 텐데일은 성경번역의 씨를 뿌린 중요한 공헌을 하고도 배척받고 순교하였지만 그 열매를 후대에 거두었습니다.

하나님의 나라를 위하여 최선을 다해 눈물로 씨를 뿌리는 일에 전념하는 사람을 하나님은 기뻐 받으십니다. 현재, 성서는 세계 각국어로 번역되어 있고, 그 번역에는 많은 분들이 흘린 순교의 피가 묻어 있기에 더 고귀합니다. 이 성경을 언제나 귀중히 여기며 가까이 하고 읽어야 합니다. “눈물을 흘리며 씨를 뿌리는 자는 기쁨으로 거두리로다. 울며 씨를 뿌리러 나가는 자는 반드시 기쁨으로 그 곡식 단을 가지고 돌아오리로다”(시 126:5-6)

– 신현주 목사, 「예화 철학」, 도서출판 누가, p301

Day : 18주(목)

찬송 : (새)559장, 305장

18

시편 120-132, 134, 146-150편 : 성전에 올라가는 시

120편 – 성전에 올라가면서 대적(유다를 침공한 나라)들의 멸망을 노래함.
121편 – 환난 때에 창조주 하나님의 도우심을 바람
122편 – 여호와의 집을 노래하면서 예루살렘의 화평을 구함
123편 – 여호와의 긍휼을 바라는 기도
124편 – 극적인 구원을 회상함
125편 – 여호와를 의뢰하는 자의 굳건함
126편 – 하나님께서 이스라엘을 바벨론에서 돌이켜 주신 역사를 노래함
127편 – 여호와께서 함께하는 자의 복
128편 – 축복 받은 가정
129편 – 시온을 미워하는 자가 받을 저주
130편 – 회개하는 기도
131편 – 하나님에 대한 전적인 신뢰
132편 – 성전 봉헌식의 노래
134편 – 야간 성전 봉사자들을 축복함
146 – 150편 : 시편의 결론(바벨론에서 돌아온 후에 성전을 짓고 찬양한 시들)
146편 – 할렐루야! ❶ 여호와를 의지하고 찬양함
147편 – 할렐루야! ❷ 하나님을 찬양함이 마땅한 이유
148편 – 할렐루야! ❸ 모든 피조물이 여호와를 찬양함
149편 – 할렐루야! ❹ 하나님의 백성들의 찬양
150편 – 할렐루야! ❺ 할렐루야 아멘!

읽으며 묵상하며 : 인생의 지휘자 (시 128:1-6)

네 집 안방에 있는 네 아내는 결실한 포도나무 같으며 네 식탁에 둘러앉은 자식들은 어린 감람나무 같으리로다. 여호와를 경외하는 자는 이같이 복을 얻으리로다 시 128:3, 4

나와 친구는 연주회장에 일찍 도착하였습니다. 객석은 텅 비어 있었고 무대에서는 교향악단이 조율을 하고 있었습니다. 그것은 거대한 혼돈이었습니다. 호른과 바이올린, 목관 악기와 타악기까지도 경쟁하듯 그 혼돈에 참여하였습니다. 교향악단의 마지막 총연습을 위해 지휘자가 나타나자 비로소 소란이 멎었습니다.

지휘자가 지휘봉을 들자 모든 악기가 제자리를 찾고 모든 눈이 그에게 집중되었습니다.

마침내 그는 시작하라는 신호를 보냈습니다. 그러자 음악이 장중하게 울려 퍼지며 강당 안을 가득 채웠습니다.

오케스트라가 조율하는 것은 마치 내가 하나님의 인도에 따르지 못할 때 일어나는 내 삶이 혼란과도 같이 들렸습니다. 오케스트라에 지휘자가 있더라도 단원들이 그의 명령에 따르는 것을 거부한다면 그 교향악은 실패할 수밖에 없는 것처럼 만일 내가 주의 계명을 지키지 않는다면 내 삶 또한 무질서한 소음이 될 것입니다.

본문은 우리 주 하나님에 대한 순종이 하나님의 사랑의 복을 가져다준다는 사실을 상기시켜 주고 있습니다.

본문에서 시편 기자가 하나님께 순종하는 자들에게 약속한 첫 번째 복은 건강과 사업상의 성공을 포함하는 일반적인 복입니다(2절).

두 번째는 가장 가까운 관계에 있는 부부, 부모 자식 간에 누리는 행복의 복입니다(3절).

마지막으로 하나님의 율법에 순종하는 자들은 하나님의 자비로 말미암아 오랜 세월 동안 국가와 후손이 번영하는 것을 눈으로 지켜보게 될 것임을 언급하고 있습니다(5, 6절).

나의 삶에 있어서도 내가 하나님께 '예'라고 응답할 때 나는 더 많은 생산력을 소유했었습니다. 나는 그것이 하나님께서 당신의 말씀을 듣고 순종하는 사람들에게 그 사랑을 부어주시고자 기다리시기 때문이라고 확신합니다. (Magaret Weyer Kipper)

–「호크마 종합주석」 구약 15권, QT, 기독지혜사, p643

살며 생각하며 : 하나님의 복

중국 남방에 한 빈한한 교인이 있었습니다. 그의 성은 송이요 전도에 헌신하였던 고로 '전도'라고 불리었습니다. 송전도가 별세한 후, 그의 부인도 가장의 뜻을 이어 열심으로 믿고 성의껏 연보하였습니다. 이 부인은 몇 끼씩 굶으면서도 십일조 이상의 연보를 드리며 5명의 자녀를 훌륭하게 길러내었습니다.

이 빈한하던 송전도의 아들이 금일 중국의 재정 총장 송자문이요, 차녀가 장개석의 처요, 삼녀가 남경 정부 수석 공상회의 처요, 장녀가 손문의 후실이 되었던 것입니다.

이처럼 빈한하던 기독교인 가정이 중국 재정 총장 등의 권력가와 권력가들의 부인을 배출하게 된 것은 전도로 헌신하였던 부친과 굶으면서도 십일조 이상을 헌금한 모친의 음덕과 그 음덕을 돌보시는 하나님의 복이 아닐 수 없습니다.

–「호크마 종합주석」 구약 15권, 예화, 기독지혜사, p643

Day : 18주(금)

찬송 : (새)50장, 71장

18

역대기상 26-29장, 사무엘하 23:1-7, 열왕기상 2:1-12 다윗의 죽음과 솔로몬의 즉위

- 26장 : 성전 직무자의 명단
- 27장 : 군대 조직과 행정 조직
- 28장 : 다윗의 마지막 당부의 말
- 29장 : 건축 예물을 드린 다윗과 솔로몬의 즉위식

다윗은 성전에서 봉사할 사람들을 선정했습니다. 문지기 명단에는 하나님의 법궤를 모셨다가 축복을 받았던 오벧에돔이 포함되어 있습니다(삼하 6:6-11 참조). 다윗은 창고지기, 유사, 재판관도 선정했습니다. 그리고 희생을 감수하면서 자기를 도왔던 용감한 군사들 중에서 군대장관과, 관리들을 뽑아 세웠습니다. 세월이 흘러서 다윗이 세상을 떠날 때가 다가왔습니다. 다윗은 모든 관리들을 소집한 후에 그들에게 솔로몬을 도와서 성전을 건축해 달라고 부탁했습니다. 그리고 다윗은 솔로몬에게 오직 하나님만 경외하라고 부탁했습니다. 다윗은 모든 유언을 마친 후에 성전을 위해 정성껏 준비한 예물을 드리고 하나님의 이름을 찬양했습니다. 다윗은 나이가 많아지고 연로할 때까지 부와 존귀를 누리다가 세상을 떠나게 되었습니다. 이것이 하나님만 사랑하고 높였던 다윗의 인생의 결말이었습니다. 그는 그의 삶을 통해서 하나님을 사랑하는 자의 결말이 어떤 지 보여주었습니다. 다윗이 죽은 후에 그의 아들인 솔로몬이 그 뒤를 이어 이스라엘의 왕이 되었습니다.

읽으며 묵상하며 : 봉헌과 기쁨 (대상 29:1-9)

백성들은 자원하여 드렸으므로 기뻐하였으니 곧 그들이 성심으로 여호와께 자원하여 드렸으므로 다윗 왕도 심히 기뻐하니라 대상 29:9

다윗은 백성들에게 성전 건축이 하나님을 위한 것임을 역설하고, 백성들은 다윗의 솔선수범에 따라 자발적으로 막대한 양의 헌물을 드립니다. 다윗은 자신이 성전을 위해 봉헌한 것들을 나열하면서 모든 백성들의 동참을 독려하고 있습니다.

성전을 향한 다윗의 '사모'하는 마음은 왕으로서 공적인 절차를 통해 성전 건축을 위한 물자들을 확보하는 선에 그치지 않았습니다. 그는 사유의 금과 은을 봉헌했습니다(3절). 본문은 그것을 "오빌의 금"과 "천은"이라고 언급하고 있습니다. 최고의 순도를 가진 최상금의 금, 은이었다는 것입니다. 오늘날의 도량형(1달란트≒34kg)으로 환산하면 100t이상의 무게가 되는 막대한 양이었습니다. 이렇게 드린 후에 다윗이 묻습니다. "오늘 누가 즐거이 손에 채워 여호와께 드리겠느냐"(5절). 지도자인 자신이 먼저 앞장서서 하나님께 드리고 난 후에 외치는 이 말의 중량감은 결코 작은 것이 아니었습니다. 자신이 솔선수범하여 실천한 리더의 권유는 단순히 직책에서 나오는 권위와 결코 비교할 수 없습니다. 진정한 리더십은 리더가 자신의 것을 내어 놓고, 자신을 비우고, 자신을 낮출 때 발휘되는 것임을 발견할 수 있습니다. 사람은 본능적으로 자신의 소유에 집착하게 되어 있습니다. 자신의 것을 내놓는 것을 손해라고 인식하게 되어 있습니다. 그런데 오늘 본문을 보면 백성들과 다윗은 많은 헌금을 드리고도 기뻐하고 있습니다(9절). 그 이유를 살펴보면 우리가 어떤 상황에서 드리는 기쁨을 누릴 수 있는지를 발견할 수 있습니다. 우선 의미 있는 일에 드릴 때 기쁨을 누릴 수 있습니다. 이들이 지금 기뻐하는 이유는 지금 하나님을 위한 일에 자신의 것을 드리고 있기 때문입니다(1절). 두 번째는 모든 구성원이 함께 참여할 때 드리는 기쁨을 누릴 수 있습니다. '십시일반(十匙一飯)'을 통해 큰 성과가 나타나는 기쁨을 누릴 수 있고, 다른 사람과 비교하면서 피해의식을 갖지 않기 때문입니다. 끝으로 성심으로, 즉 준비된 마음으로 자발적으로 드릴 때 기쁨을 누릴 수 있습니다. 하나님은 드려진 예물 자체보다 드리는 마음에 관심이 있으시기 때문입니다(고후 9:7 참조).

– 「묵상하는 사람들」, 프리셉트, 2004. 06. 13.

살며 생각하며 : 20년 만에 확인된 결실

영국의 어느 교회에서 선교 헌금을 하는데 5살 어린이가 성경을 사서 인도에 보내기로 하여 일 달러를 헌금하였습니다. 적은 돈이지만, 어린아이의 뜻과 믿음을 중시 여겨서 성경을 보내는 중에 신약성경 한권을 더 샀습니다. 그리고 그 책에 어린이의 이름을 써서 인도에 함께 보냈습니다. 모두들 그 일을 잊고 있었습니다.

20년 후에 목사님이 인도에 들려 어느 교회를 방문하게 되었습니다. 그 마을에 복음이 전해진 경위를 듣게 되었습니다. 20년 전에 선교사가 전해 주고 간 얇은 성경 한 권이 믿음의 불씨를 일으켰다. 기념으로 간직한 그 성경에는 어린아이의 이름이 쓰여 있었습니다. 목사님은 너무도 깜짝 놀라 말했습니다.

"만약에 어린이의 정성을 무시했다면 어떻게 되었겠는가?"

하나님의 나라는 찬란한 팡파르로 시작되는 것이 아니라 작은 정성의 시작으로도 이루어집니다. 성전의 물두멍은 여인들이 드린 구리거울로 만들어졌습니다.

이 사회와 한국 교회에 큰 소리, 큰 인물은 많으나 순수한 작은 정성, 작은 소리, 작은 봉사는 그리운 때입니다. 작은 불이 큰 불을 일으키듯, 과부의 두 렙돈처럼, 한 어린이의 일 달러가 구원 사역에 귀중히 사용되었습니다. "잘하였다 착한 종이여 네가 지극히 작은 것에 충성하였으니 열 고을 권세를 차지하라…" (눅 19:17)

– 신현주 목사, 「예화 철학」, 도서출판 누가, p297

Day : 18주(토)

찬송 : (새)333장, 381장/ (새)342장, 395장

18

■ 이번 주 읽은 성경 요약 및 못 읽은 부분 읽고, 한 주간 생활 묵상하며 가정 예배드리기

■ **주제 : 그리스도인의 자존감** (고전 6:12-20)

읽으며 묵상하며 : 그리스도인의 자존감 (고전 6:12-20)

'자존감'이란 말 그대로 스스로를 귀하게 여기는 것을 말합니다. 그런데 뜻밖에도 그리스도인들 가운데서도 자존감이 낮은 사람이 많습니다. 어린 시절의 좋지 않은 경험들이 쓴 뿌리가 되어 그런 경우도 있고, 갑갑한 현실의 문제 때문이거나 미래에 대한 불안감 때문에 그런 경우도 있습니다.

하지만 그리스도인에게 있어서 자존감은 현실의 삶과 관련되어 있지 않습니다. 자신이 가지고 있는 어떤 것(이를 테면 외모나 물질, 학벌 등)과 연관된 것도 아닙니다. 우리가 스스로를 존귀하게 여길 수 있는 근거는 오직 하나님과의 관계 속에서만 발견됩니다. 하나님은 우리를 사랑하셔서 독생자를 주셨고, 독생자 예수님께서도 우리를 사랑하셔서 기꺼이 십자가를 지셨습니다. 또한 성령님은 우리 안에 거주하시면서 우리를 하나님의 자녀로 확증해 주십니다. 이처럼 우리는 삼위 하나님의 비할 수 없는 사랑을 받은 존재입니다. 나는 하나님 앞에서 존귀한 존재임을 깨닫고 그에 따른 성경적인 자존감을 가지고 있습니까? 비록 여러 가지 현실적인 어려움들이 나를 누를지라도, 나 자신이나 현실이 아닌 오직 나를 사랑하시는 하나님을 바라보면서 나의 존귀함을 발견하고 그 존귀함에 기초해서 살아갑시다.

– 「날마다 주님과 함께」 본문해설, 학생신앙운동(SFC), 2008. 3. 13.

살며 생각하며 : 생각을 바꾸면

프랑스 파리에 앙또앙누라는 한 걸인이 있었습니다. 그는 파리의 대로에 앉아서 지나가는 사람들에게 손을 내밀었습니다. 아르노라는 한 중년의 신사는 매일 그에게 동전을 던져주었습니다. 그러나 걸인의 몸이 건강한 것을 보고 하루는 통렬하게 그를 꾸짖었습니다.

"당신처럼 사지가 멀쩡한 사람이 구걸을 한다는 것은 스스로에게 부끄러운 일이오. 나도 한때는 당신처럼 걸인이었소. 그러나 나는 돈 대신 책을 구걸했소. 리어카를 끌고 마을을 다니며 헌책과 종이를 모아 제지소에 팔았소. 지금은 그 돈으로 제지공장을 세워 사장이 됐다오." 그날부터 거리에서 앙또앙누의 모습이 사라졌습니다.

한번은 아르노 씨가 파리의 한 서점에 들렀더니 서점 주인이 다가와 절을 하며 말했습니다.

"제가 10년 전 파리의 걸인입니다. 선생님의 따끔한 충고를 받아들여 지금은 50명의 직원을 거느린 서점의 주인이 됐지요"

사람을 황폐하게 만드는 것은 절망입니다. 생각을 바꾸면 희망의 미래가 보입니다.

– 한태완 목사(하나교회), 설교 예화 자료홈

돌아보며 다짐하며 : 자존감 효과

부모라면 누구나 자녀들이 공부를 잘 하기를 바랍니다. 그러나 마음만큼 쉽지 않은 것이 사실입니다. 그러나 자녀를 공부 잘하게 하는 방법이 있습니다.

얼마 전, 언론에서 발표된 내용에 의하면 온 가족이 함께 저녁식사를 하는 횟수가 많으면 아이들의 학교성적이 올라간다고 합니다. 인과관계 면에서 학교성적과 가족식사가 별 상관 없어 보이지만, 임상실험 결과라니 믿어도 좋을 듯합니다. 이것은 가정에서 오는 심리적 안정이 자녀들의 사고에 긍정적인 영향을 끼친 결과라 하겠습니다.

여기 비슷한 사례가 또 있습니다.

미국의 교육학자들이 생각하는 공부 잘하는 첫째가는 방법으로 '자존감'과 '자신감'을 꼽고 있습니다. 그동안 우리가 가졌던 자녀 교육에 대한 생각과 많은 차이가 있을 것입니다. 심리학자 윌리엄 제임스는 "인간은 무한한 능력을 가지고 태어나지만, 그 중 10분의 1정도만 활용하다가 죽는다."고 했습니다. 그 원인은 '열등감'때문이라 했습니다.

그러므로 공부를 잘하기 위해서는, 자녀들에게 열등감을 없애주고, 자존감과 자신감을 회복시켜주면 되는 것입니다.

자존감과 자신감은 각각 영어로 'Self-respect'와 'Self-confidence'이다. 자존감은 자신을 존중한다는 말이고, 자신감은 자신을 신뢰한다는 말입니다.

그렇다면 어떻게 자신을 존중할 수 있고, 신뢰할 수 있을까요? 자존감과 자신감은 먼저 내가 누군지 정확히 아는 것입니다. 내가 누군지, 어떤 존재인지 정확히 알 때, 우리는 자존감과 자신감을 회복할 수 있습니다.

기독교 가치관에 뿌리를 내린 서구사회에서는 자녀들의 자존감과 자신감을 높이는 방법으로 '내가 하나님의 형상대로 지음 받았음'을 '인정'하는 것과 '하나님의 섭리 가운데 태어난 사랑하는 자녀'라는 것을 '일깨워 주는 것'이라고 합니다.

생각이 바뀌면 인생이 달라집니다. 우리는 물론이거니와 아이들도 항상 두 개의 자아가 존재합니다. '긍정적인 자아'와 '부정적인 자아'가 바로 그것입니다. 이것은 항상 상대적이어서 하나가 커지면, 나머지 하나는 작아집니다. 어떻게 하면 긍정적인 자아를 커지게 할 수 있을까요?

재미있게 드는 예화 하나를 소개하고자 합니다.

검은 고양이와 흰 고양이가 싸우면 누가 이기겠습니까? 정답은 밥 많이 먹은 고양입니다. 원리는 마찬가지입니다. 아이들의 사고에 긍정의 힘을 많이 심어주는 것입니다. 자녀들은 좋든 싫든 부모의 영향력을 가장 많이 받으며 자랍니다. 자녀의 미래와 자존감에 부모의 역할이 정말 중요합니다.

인물은 길러지고, 명문가는 만들어진다고 합니다. 우리의 자녀를 좋은 인물, 명망 있는 명문가로 키우고 싶습니까? 자존감과 자신감 회복이야말로 우리 아이들의 미래에 있어 손에 잡히는 학교 성적표보다 더 중요하고, 시급한 과제라 하지 않을 수 없습니다.

열등감을 죽이고, 자존감과 자신감 살리기! 이것이 바로 우리 자녀를 훌륭한 인물로 키우는 기본기입니다.

– happymaker column 2008. 7. 8

오늘의 기도 : 자신감을 갖게 하소서

주님! 계획한 일들이 뜻대로 되지 않을 때 도망치고 싶은 마음에 모든 것을 자꾸만 핑계로 가리고 싶어집니다.

부모님을 잘 만났더라면, 좋은 학교를 졸업했더라면, 돈이 많았더라면, 좋은 친구가 있었더라면 하는 갖가지 이유로 자신의 부족함을 변명하게 됩니다. 이 모든 어리석은 생각과 행동에서 벗어나겠습니다. 잘못된 생각은 아무런 도움이 되지 않습니다. 이 세상에 나 하나쯤 없어도 별 문제가 없을 것입니다. 그러나 내가 있음으로 한 사람이 더 행복해질 수 있다면 내 삶은 가치 있는 삶입니다. 용기를 내어 자신감을 갖고 살고 싶습니다.

나에게는 엄청난 축복이 예비 되어있고 수많은 장점들을 갖고 있음을 알아 자신 속에 숨어 있는 능력을 개발하여 잘 활용하겠습니다. 미련하고 나약하게 하는 쓸데없는 공상에 빠지지 않고 어리석은 생각에서 새처럼 벗어나겠습니다. 난 할 수 있다고 외치고 싶습니다. 성공할 것이라는 믿음을 갖고 힘차게 출발하겠습니다.

오 주님! 부족하고 나약할 때만 주님의 도움을 청하는 것이 아니라 일의 시작부터 끝까지 주님의 인도하심을 원합니다. 늘 서툰 몸짓이지만 주님의 인도하심과 기쁨과 즐거움 속에 모든 것이 새롭게 되기를 소망합니다. 그동안의 모든 실패를 배움의 기회로 삼게 해

주시기를 원합니다. 삶에 용기가 넘치게 하시기를 원합니다.
가슴 속으로부터 행복한 웃음이 터져 나왔으면 좋겠습니다. 웃는 사람들은 사랑을 주고, 화목을 주고, 평안을 주고, 축복을 주고, 자신감을 줍니다.
날마다 새롭게 변하기를 기도합니다. 주님이 주신 기회를 마음껏 활용하여 멋진 승부에서 이겨 환호를 지르게 될 날을 기다립니다.
그동안의 실패와 다시 마주쳐도 두려움 없이 똑바로 응시하여 넘어뜨리고 주님께 감사드리기를 원합니다. 모든 것이 주님의 사랑임을 믿사오며 예수님의 이름으로 기도드립니다. 아멘.

– 용혜원

Day : 19주(월)

찬송 : (새)452장, 505장

19

열왕기상 2:13–4:34, 역대하 1:1–13, 시편 45, 72편 솔로몬 왕의 등극

- 왕상 2장 : 왕이 된 솔로몬
- 왕상 3장 : 지혜의 왕 솔로몬
- 왕상 4장 : 솔로몬왕국의 번영
- 시 45편 : 왕의 등극시
- 시 72편 : 솔로몬 왕의 기도

다윗은 임종 직전에 솔로몬에게 하나님의 말씀대로 행하도록 당부했습니다. 그러고 나서 다윗은 마지막으로 반역의 소지가 있는 사람들을 지혜롭게 처리하라고 지시했습니다. 아도니야는 솔로몬에게 했던 약속을 어기고 솔로몬이 왕이 된 후에 반역 음모를 꾸몄습니다. 솔로몬은 아도니야의 반역 음모 소식을 듣고, 결국 아도니야와 정적들을 모두 제거하고 말았습니다. 그 후에 그는 하나님께 1000번제를 드리고 헌신을 다짐했습니다. 그 날 밤 솔로몬의 꿈에 하나님께서 나타나셔서 그에게 무엇을 원하는지 물으셨습니다. 그때에 솔로몬은 백성들을 올바르게 재판할 수 있는 지혜를 구했습니다. 그의 기도는 하나님의 마음에 들었고, 하나님은 지혜와 함께 그가 구하지 않은 것들도 함께 주셨습니다. 솔로몬은 하나님께 받은 지혜로 모든 일을 바르게 처리했습니다. 그는 인재를 뽑아 관리로 등용했으며, 국가의 번영을 주도했습니다.

읽으며 묵상하며 : 솔로몬의 예배와 간구 (왕상 3:1–15)

> 주께서 택하신 백성 가운데 있나이다 그들은 큰 백성이라 수효가 많아서 셀 수도 없고 기록할 수도 없사오니 누가 주의 이 많은 백성을 재판할 수 있사오리이까 듣는 마음을 종에게 주사 주의 백성을 재판하여 선악을 분별하게 하옵소서 왕상 3:8, 9

왕위에 오른 솔로몬은 기브온 산당에서 일천번제로 하나님께 헌신적인 예배를 드리고 있습니다. 그가 이 같이 예배드린 것은 하나님께서 자기에게 베푸신 은혜가 얼마나 큰 것인지 절감했기 때문입니다. 이것은 그가 기도를 시작할 때 드렸던 6절의 고백에서 잘 나타나 있습니다. 솔로몬이 일천번제를 드린 또 하나의 이유는 왕이 된 후 자신의 부족함을 뼈저리게 절감했기 때문입니다(7-9절). 이처럼 하나님의 큰 은혜에 대한 감사와 자신의 지극히 연약함에 대한 고백으로 나아가는 예배는 하나님의 응답을 이끌어 냅니다. 그리하여 하나님은 솔로몬에게 "내가 네게 무엇을 줄꼬 너는 구하라"는 아름다운 응답을 주고 계십니다. 넘치는 은혜를 입었을 때, 자신의 부족을 절감할 때 그 때는 우쭐대거나 낙담할 시간이 아니라 하나님을 예배할 시간입니다. 한편 2-4절에서 솔로몬이 산당에서 예배드릴

수밖에 없었던 것에 대한 언급이 반복되어 나오는 것은 그가 성전 건축의 당위성을 인식하기 시작했음을 부각시켜 주는 표현입니다. 솔로몬이 하나님께 구체적으로 구한 것은 지혜로운 마음이었습니다. 이 말은 문자적으로는 듣는 마음, 곧 하나님의 율법과 의도를 조심스럽게 청종할 수 있는 마음이란 뜻입니다. 백성들을 하나님의 계명으로 가르치고 하나님의 의로 판단할 수 있는 지혜를 구하는 솔로몬의 이 같은 기도는 하나님의 마음에 꼭 합한 것이었습니다. 왜냐하면 이스라엘은 열국과 달리 하나님께서 직접 통치하는 나라였으며 왕의 위치는 하나님의 대행자였기 때문입니다. 그래서 하나님은 솔로몬에게 놀라운 지혜를 주셨으며 그와 함께 그가 구하지 않은 부와 영광도 조건 없이 허락해 주셨습니다(13절). 영혼을 하나님의 뜻대로 섬기려는 사람은 언제나 자신의 지혜가 부족함을 절감하게 됩니다. 우리 모두는 솔로몬처럼 무엇보다도 지혜를 구해야 합니다. 그리하면 후히 주시고 꾸짖지 아니하시는 하나님께서 생명을 구하는 지혜를 풍성히 내려주실 것입니다. 한편 하나님은 솔로몬에게 장수만은 율법을 준행할 때 주시겠다고 말씀하셨습니다(14절). 솔로몬이 오십대 초반의 나이로 임종한 것은 그가 하나님의 말씀을 버렸기 때문입니다.

– 「GT, 세계를 품는 경건의 시간」, GTM, 2007. 1. 16.

살며 생각하며 : 기도로 낳은 딸

원주 모 교회에서 교회 관리를 하는 김 집사님은 결혼 후 7년이 지나도록 아기가 없어서 고민하다가 기도로 딸을 낳았습니다. 그동안 여러 전문 병원을 다녔고 고생을 하다가 결국 병원에서 최후의 방법으로 시험관 아기 시술을 하기로 했습니다.

한번 시술비가 3백만 원이나 되었는데, 첫 번째는 그만 실패가 되고 말았습니다. 얼마의 기간이 지난 후에 다시 3백만 원을 마련하여 병원에 예약된 날, 무슨 마음이 들었는지 남편은 그 돈을 새벽기도회에 가서 서원예물로 드리고 기도했습니다.

이 사실을 안 교회는 함께 기도를 했고 3개월이 지나 자연임신을 했습니다. 이보다 더 큰 경사가 어디 있겠습니까? 40세가 넘어 얻은 딸은 기도의 결실이기에 어디든 데리고 다니고 어디서든 간증거리가 되어 하나님께 영광을 돌리며 살고 있습니다. 여전도회 연합회에 강사로 초빙되어 갔었을 때, 옆에서 식사를 하던 집사님이 이제 막 뛰어다니는 아기를 자랑스러워하며 '기도해서 얻은 딸'이라며 간증에 침을 튀겼습니다. 자녀들을 쉽게 얻었다면 하나님께 더 감사해야 하지 않겠습니까?

'한나'는 자식이 없어 고통 중에 하나님께 기도하므로 아들을 얻고 그를 하나님께 드렸으니 그가 곧 '사무엘'입니다.

– 신현주 목사, 「예화 철학」, 도서출판 누가, p277

Day : 19주(화)

찬송 : (새)420장, 212장

19

열왕기상 5–6장, 역대기하 2:1–5:1 성전 건축

- 5장 : 성전건축 준비
- 6장 : 성전 건축

솔로몬은 다윗 왕의 유언을 따라 성전을 건축하기 시작했습니다. 솔로몬이 성전 건축을 시작한 때는 솔로몬이 왕이 된지 제 4년이었습니다. 이때는 이스라엘이 애굽에서 나온 지 480년이 되는 해였습니다. 솔로몬은 두로 왕 히람에게 성전을 지을 백향목을 공급해 달라고 요청했으며, 히람은 그 요청을 흔쾌하게 받아들였습니다. 마침내 솔로몬은 성전을 건축한 지 7년 반 만에 성전을 완성했습니다. 그는 성전을 완성한 후에 성전을 봉헌하는 예식을 거행했습니다. 그리고 그 후에 하나님께서 다시 한 번 솔로몬에게 나타나셨습니다. 하나님은 그때에 솔로몬에게 하나님의 법도와 율례와 계명을 지키면, 부친 다윗에게 약속하신 모든 것을 이루실 것이라고 다짐하셨습니다. 하나님은 솔로몬에게 자신이 이스라엘과 함께 할 것이며, 이스라엘을 버리지 않겠다고 약속해 주셨습니다.

읽으며 묵상하며 : 침묵 속에 이루어지는 역사 (왕상 6:1–14)

이 성전은 건축할 때에 돌을 그 뜨는 곳에서 다듬고 가져다가 건축하였으므로 건축하는 동안에 성전 속에서는 방망이나 도끼나 모든 철 연장 소리가 들리지 아니하였으며, 중층 골방의 문은 성전 오른쪽에 있는데 나사모양 층계로 말미암아 하층에서 중층에 오르고 중층에서 셋째 층에 오르게 하였더라 왕상 6:7, 8

수천 년 전, 예루살렘에 성전을 건축하는 일은 무척 거대한 공사였습니다. 그런데 본문에 보면 이 막대한 공사가 시끄러운 소리 하나 없이 진행되었다고 합니다(7절). 육중하고 거대한 돌덩이들을 깎고 다듬는 방망이 소리, 도끼소리, 철 연장 소리가 하나도 들리지 않는 침묵 속에서...

침묵과 고요! 이것만이 흐르는 가운데, 세세토록 추앙받아 오고 있는 아름다운 성전이 건축되다니.... 참으로 훌륭한 건축가의 놀라운 솜씨가 아닐 수 없습니다. 이렇게 위대한 건축가이신 하나님께서는 요란스럽게 삐걱거리는 소리, 덜커덕 거리는 굉음, 복잡한 소음을 피한 침묵과 고요 속에서 그의 거대한 작품인 온 우주의 역사를 잠잠히 진행시켜 나가십니다. 우리들 개개인에 관한 세밀한 부분까지도...

경이는 침묵 속에 이뤄지는 법, 사상과 사상이 침묵 속에 쌓이듯, 진리의 성전은 하늘까지 맞닿네.
망루를 지닌 요새가 든든하듯 힘 있는 영혼은 은연중에 강성한 것.
눈 위를 달리는 썰매와 같이 소리 없이 숲의 나무는 거목이 되고 밤하늘의 별도 침묵 속에 빛난다네.
매일매일 이 세상도 침묵 속에 회전하지.
추위는 강물의 흐름을 멈추게 하고
온 세상의 회전에 족쇄를 채우지만 조용히 햇볕이 나리면 족쇄는 풀려
강물은 다시 흐르고 세상은 다시 자유를 얻는다네. (Homilist)

–「호크마 종합주석」 구약 8권 , QT, 기독지혜사, p180

살며 생각하며 : 별장에 그려진 벽화

유명한 동물화가 에드윈 렌시어 경에 대한 이야기입니다. 그의 걸작중 하나는 스코틀랜드의 울퉁불퉁한 산악 지대에 위치한 아름다운 별장의 한쪽 벽에 그려져 있는데, 이 그림에 대한 이야기를 시작하려면 수 년 전으로 거슬러 올라가야 합니다.

그 별장을 새로 지어 축하연이 벌어졌을 때였습니다. 많은 사람들이 아름다운 별장의 완공을 축하하기 위해 곳곳에서 모여들어 축하 분위기가 한층 무르익어 갈 즈음, 갑자기 한 사람이 '펑' 하고 샴페인을 터뜨렸는데 그것이 그만 새 하얗게 회칠한 벽에 지저분한 다갈색 얼룩을 만들고 말았습니다.

즐겁던 장내는 갑자기 찬물을 끼얹은 듯 차분해졌습니다. 이윽고 별장 주인은 버럭 화를 낼 듯한 기세였고, 본의 아니게 얼룩을 만든 사람은 미안해 어쩔 줄 몰라 했고, 장내의 사람들은 여기저기서 웅성거리기 시작하였고…

그 모여든 사람들 틈을 비집고 걸어 나온 에드윈 렌시어 경은 그의 가방을 열더니 물감과 붓을 꺼내 벽을 향하여 섰습니다. 붓을 든 그의 손이 갈색 벽의 여기저기에 닿는 순간 갈색 얼굴은 기기묘묘한 바위로 변했고 붓이 가는 곳마다 삼나무, 소나무, 전나무, 그리고 바위 주위에는 하얀 거품을 뿜고 있는 골짜기의 물줄기가 그려졌습니다.

이를 지켜보던 축하객들의 입에서는 찬사가 끊이질 않았습니다. 멋쟁이 화가 렌시어 경은 흉한 얼룩을 아름다운 한 폭의 그림으로 바꾸어 놓았습니다. 이는 그의 남다른 능력과 오묘한 솜씨가 빚어낸 작품이었습니다. 최고급의 자재와 솔로몬의 정성으로 세워진 성전은 가히 전천후적 아름다움을 가진 건축물이었습니다. (Robert Shuller)

–「호크마 종합주석」 구약 8권, 예화, 기독지혜사, p180

Day : 19주(수)

찬송 : (새)9장, 629장

19

열왕기상 7:13-8:66 성전 완성과 봉헌

- 7장 왕궁 건축과 성전 치장
- 8장 성전 완성과 봉헌

솔로몬은 성전을 건축한 후에 두 개의 큰 기둥을 만들어서 성전 앞에 세워놓았습니다. 또한 그는 종교 예식에 사용하기 위해서 놋 바다(물통)와 놋 받침, 그리고 성전에서 쓰는 놋으로 된 기구들을 만들었습니다. 성전이 모두 완성된 후에 솔로몬은 하나님의 법궤를 성전 안에 들여놓았습니다. 법궤를 성전 안에 안치한 순간, 성전 안은 하나님의 임재를 상징하는 연기로 가득 찼습니다. 연기가 너무도 많았기 때문에, 그 날 제사장들이 일을 하기가 어려울 정도였습니다. 이 구름은 성전 안에 하나님의 영광이 임재 하셨음을 상징하는 것이었습니다. 솔로몬은 자신이 건축한 성전 앞에서 하나님께 긴 기도를 드린 후에, 성전 봉헌식을 거행했다. 이 절기는 2주일 동안 계속되었습니다.

읽으며 묵상하며 : 성전에 가득한 하나님의 영광 (왕상 8:1-21)

제사장이 성소에서 나올 때에 구름이 여호와의 성전에 가득하매, 제사장이 그 구름으로 말미암아 능히 서서 섬기지 못하였으니 이는 여호와의 영광이 여호와의 성전에 가득함이었더라 왕상 8:10, 11

성전 건축을 완성하고, 모든 성전기구를 준비한 솔로몬이 언약궤를 모셔 드릴 때 성전에 여호와의 영광이 가득 찼습니다. 성전에 가득한 영광 가운데 계신 하나님, 그 하나님을 향해 우리는 어떤 태도를 가져야 합니까?

1. 경외심을 가져야 합니다.

성전 건축을 완성한 솔로몬은 언약궤를 시온에서 모리아 산에 지은 새 성전으로 옮깁니다. 언약궤를 옮기는 일에 솔로몬은 최대한의 정성을 드려서 준비합니다. 이스라엘의 모든 장로와 모든 지파의 족장들을 모으고, 이전에 아버지 다윗왕의 실패(삼하 6:1-11)를 반복하지 않기 위해 제사장들로 하여금 정성들여 언약궤를 옮기도록 합니다. 그리고 이 모든 절차를 하나님께서 받아 주시도록 온 백성과 더불어 온 힘을 다해 기쁨의 제사를 하나님께 올려 드렸습니다. 하나님은 크고 두려우신 하나님으로서 우리가 경외심을 가져야 할 분이십니다.

신령과 정성으로 마음을 다해 섬겨야 할 분이십니다. 하나님을 향한 경외심을 잃지 않도록 해야 하겠습니다.

2. 약속에 대한 믿음을 가져야 합니다.

하나님께서는 솔로몬과 그 백성의 마음을 기꺼이 받으시고, 크게 기뻐하셨습니다. 그리고 그 영광스러운 임재를 충만하게 나타내셨습니다(10, 11절). 광야 생활 이후, 장막 시대가 끝나고 솔로몬의 성전 시대가 새롭게 시작되었습니다. 여호와 하나님께서 다윗에게 말씀하신 대로 그 약속이 신실하게 성취된 것입니다(15, 20절). 하나님은 약속하신 바를 반드시 이루시는 분이십니다. 약속의 성취가 더디고, 어렵게 보일지라도 믿음을 잃지 말고 끝까지 믿음과 소망을 잃지 말아야 하는 것입니다. "주의 약속은 어떤 이의 더디다고 생각하는 것 같이 더딘 것이" 결코 아니기 때문입니다(벧후 3:9). 오늘도 약속을 반드시 지키시는 신실하신 하나님을 의지하고 소망을 가지고 나아갈 수 있기를 바랍니다.

–「일용할 양식」 말씀묵상, 기독대학인회(ESF), 2005. 12. 17.

살며 생각하며 : 나 한 사람쯤은

옛날 어느 임금이 온 국민을 불러 놓고 대연회를 열기로 했습니다. 음식은 왕이 마련하고 참석자는 그저 포도주 한 병씩만 가져 오도록 했습니다(미국에는 실제로 BYOB라고 파티가 있습니다. "Bring Your Own Bottle"의 약자로서 번역하면 "당신이 먹을 음료는 당신이 가져오시오"라는 뜻입니다. 주인은 간단한 음식과 그릇, 따위만 제공하여 줍니다). 잔칫날이 왔습니다. 사람들이 가져온 술들은 모두 큰 동이에 모아졌습니다. 그리고 사람들은 식탁에 앉아 그 포도주를 잔에 따라 마시기 시작하였습니다. 그러나 술맛은 맹물이었습니다. 그 이유는 누구나가 다 남들은 포도주를 가져올 것이니까 나 한 사람쯤은 술 대신 물을 가져와도 모르겠거니 했던 것입니다. 누구나가 다 맛있는 포도주를 마시려면 모두가 맛있는 포도주를 가져와야 합니다. 그래야 멋진 잔치를 모두가 즐길 수 있게 되는 것입니다. 교회도 마찬가지입니다.

하나님 앞에 나와 매주 드리는 예배는 반드시 교인 모두가 주님을 경외하는 마음으로 참여해야 합니다. 만일 '나는 믿음도 없는데', 또한 '나는 드릴 것도 없는 데', '나 대신 다른 사람들이 어떻게 하겠지' 하면서 오늘은 집에서 쉬어야겠다는 생각은 예수님이 초대하신 잔치의 기쁨을 깨뜨려 놓는 결과가 되는 것입니다. 예배는 BYOB가 아니라 하나님이 주신 것을 주님 앞에 가져 오는 것입니다. 당신은 진정으로 아무 것도 받지 않았다고 생각합니까?

아닙니다. 하나님은 우리 자신에게 만물을 주셨고 내 자신도 주셨습니다. 그리고 예수 그리스도를 우리에게 주셨습니다.

–「기독교 문장대백과사전」 2권, 성서연구사, p230

Day : 19주(목)

찬송 : (새)516장, 265장

19

열왕기상 7:1-12, 역대기하 5:2-8:18 솔로몬의 건축 사업

하나님은 솔로몬이 진행하는 성전 건축 공사가 잘 진행될 수 있게 해주셨습니다. 성전 봉헌식이 마친 후에, 하나님은 밤에 솔로몬에게 나타나셔서 말씀하셨습니다. 하나님은 솔로몬이 기도한대로 예루살렘 성전을 하나님을 섬기는 전이 되게 할 것이라고 약속하셨습니다. 하나님은 백성들이 죄를 지어 징계를 받을 경우에, 그들이 겸비하고 기도하며 악한 길에서 떠나면, 그들을 용서할 것이며, 그 땅을 고쳐주실 것이라고 약속하셨습니다. 또한 하나님은 자신의 눈과 마음이 항상 성전을 향해 있을 것이라고 약속하셨습니다. 하나님은 솔로몬이 다윗과 같이 하나님의 말씀을 지켜 행하기만 하면, 다윗과 맺은 모든 언약을 모두 이루실 것을 다짐하셨습니다. 그러나 하나님은 그가 만일 하나님을 버리고 우상을 섬기면, 이스라엘을 뿌리째 뽑아버리실 것이라고 경고하셨습니다. 솔로몬은 성전을 지은 후에 그의 궁전을 건축했으며, 13년 만에 그의 궁전을 완성할 수 있었고 이렇게 해서 솔로몬은 20년 만에 성전과 궁전 건축을 완료했습니다.

읽으며 묵상하며 : 축복이냐 저주냐 (대하 7:12-22)

네가 만일 내 앞에서 행하기를 네 아버지 다윗이 행한 것과 같이 하여 내가 네게 명령한 모든 것을 행하여 내 율례와 법규를 지키면, 내가 네 나라 왕위를 견고하게 하되 전에 내가 네 아버지 다윗과 언약하기를 이스라엘을 다스릴 자가 네게서 끊어지지 아니하리라 한 대로 하리라. 그러나 너희가 만일 돌아서서 내가 너희 앞에 둔 내 율례와 명령을 버리고 가서 다른 신을 섬겨 그들을 경배하면 내가 너희에게 준 땅에서 그 뿌리를 뽑아내고 내 이름을 위하여 거룩하게 한 이 성전을 내 앞에서 버려 모든 민족 중에 속담거리와 이야깃거리가 되게 하리니 대하 7:17-20

어떤 화랑에 두 화가의 그림이 나란히 전시되어 있었습니다. 그 중 한 그림은 폭풍우 치는 바다의 사나운 파도 속에 죽어가는 사람의 몰골이 그려져 있는 작품이었고, 또 다른 하나는 폭풍우 치는 바다 한가운데 있는 커다란 바위 사이로 아름다운 꽃과 둥우리를 짓고 앉아 있는 한 마리의 새가 그려져 있는 작품이었습니다. 그 두 그림 밑에는 모두 '인생'이라는 똑같은 작품명이 붙어 있었습니다.

이것은 바로 우리 인생의 두 단면을 나타냅니다. 즉, 모든 인간은 똑같이 험하고 힘든 세파를 살아나가지만 어떤 인생은 그 속에서 피난처를 찾지 못하고 결국 죽어가기도 하며, 또 어떤 인생은 그 속에서도 주님의 위로와 보호를 받으며 평화를 얻기도 한다는 사실을 보여주는 것입니다. 결국 우리들의 인생은 '주님 안에서의 평안이냐, 아니면 주님을 떠난 절망이냐'의 두 가지 중 하나인 것입니다. 그러기에 오늘 본문에서도 하나님께서는 이러한 분명한 사실을 다시 한 번 선포하고 계시지 않습니까!

"너희가 만약 악에서 떠나 나를 바라보며 내 명령을 지켜 행하면 내가 너희를 돌아보고 복을 줄 것이지만, 반대로 너희가 나를 배반하고 세상을 따라가면 너희는 재앙을 면하지 못할 것이다."

당신의 인생은 어느 쪽입니까? 축복된 인생입니까? 아니면 재앙으로 고통 받는 인생입니까? 혹시 아직도 자신의 인생이 어느 쪽인지 분별하지 못하고 있지는 않습니까?

그렇다면 기억하십시오. 결국 자신의 인생의 모습을 결정짓는 것은 각각 자기 자신의 신앙 자세라는 사실을….

훌륭한 건물이 완성된 후 그에 따른 보상을 받는 자들은 그 건물의 건축에 직접 참여했던 자들일 뿐, 바깥에서 방관하던 자들은 아닙니다. 또한 넓은 밀밭을 소유할 수 있는 자는 오직 주어진 밀을 밭에 뿌려 가꾼 자들일 뿐, 그 밀을 창고에 쌓아두고 썩히는 자들은 결코 아닌 것입니다. 그러므로 이제 우리는 '축복이냐, 재앙이냐'의 두 갈림길에서 우선 먼저 우리가 주님 앞에서 겸비하게 회개하고 순종하느냐, 아니면 자고자대(自高自大)한 마음으로 불순종의 길을 가느냐의 문제부터 선결해야 합니다. 그 길만이 우리가 올바르게 우리 인생의 모습을 확인하고 교정 받을 수 있는 유일한 통로인 것입니다.

– 「호크마 종합주석」 구약 11권, QT, 기독지혜사, p131

살며 생각하며 : 우뇌와 좌뇌의 조화

우리 인간의 두뇌에는 우뇌와 좌뇌가 있습니다. 우뇌는 지성을 담당하고 좌뇌는 감성을 조절합니다. 사람들이 사진을 찍을 때도 오른 쪽으로 서면 지성적으로 약간 차갑게 보이고, 왼쪽으로 서면 감성적으로 조금 따뜻하게 보인다고 합니다.

우리의 신앙생활도 이와 비슷한 원리입니다. 하나님의 은혜로 구원받고 주님의 피 값으로 세워진 교회를 위해서 뜨겁게 헌신하며 봉사하는 삶은 우리 성도에게 매우 귀하고 아름다운 삶의 모습니다. 그러나 너무 감성적으로 뜨겁게만 나아가서는 안 됩니다. 때로는 냉정한 지성을 갖고 우리 자신의 신앙을 객관적으로 점검해 볼 필요가 있습니다.

우뇌는 신앙에 질서(order)를 잡아주며 좌뇌는 신앙에 열심(ardor)를 주는 것입니다. 그러므로 성도의 신앙은 뜨거운 감성의 은혜와 냉철한 지성의 은혜를 적절하게 조화를 이루어야 합니다.

– 피영민 목사(강남중앙침례교회), 「조화에 관한 예화」에서

Day : 19주(금)

찬송 : (새)352장, 357장

19

왕상 9:1-11:43, 역대기하 1:14-17, 9:1-31 솔로몬 왕국의 영광

솔로몬은 하나님께서 주신 지혜로 이스라엘을 부강한 나라로 만들었습니다. 그가 가진 지혜와 영광은 주변 모든 국가에 널리 알려질 정도로 풍부했습니다. 그때에는 스바 여왕이 그의 소문을 듣고 이스라엘을 방문하기도 했습니다. 그러나 솔로몬은 명성이 높아지고 계속해서 형통하게 되자, 부친 다윗이 한 충고를 잊고 말았습니다. 그는 하나님의 율례와 법도를 떠나서 살기 시작했습니다. 그는 후에 율법에서 왕에게 금지한 세 가지 일을 모두 자행하고 말았습니다. 그는 애굽에서 좋은 말을 많이 사들였으며, 수많은 이방 여인들을 아내로 삼았고, 또한 자기를 위해서 수많은 은과 금을 쌓아 놓았습니다. 그는 결국 말년에 이르러서 이방에서 데려온 아내들을 좇아 우상들을 섬기기 시작했습니다. 그리고 이로 인해 그의 나라는 점점 쇠퇴하기 시작했습니다. 그러나 하나님은 다윗에게 하셨던 약속을 지키기 위해서 솔로몬 때에 그 나라를 치지는 않으셨습니다. 그러나 솔로몬이 죽은 후에 솔로몬의 아들인 르호보암 때에 가서 이스라엘은 둘로 갈라지고 말았습니다.

읽으며 묵상하며 : 어디로부터 오는가? (대하 9:13-28)

왕이 예루살렘에서 은을 돌 같이 흔하게 하고 백향목을 평지의 뽕나무 같이 많게 하였더라 솔로몬을 위하여 애굽과 각국에서 말들을 가져왔더라 대하 9:27-28

어떤 선교사의 선교 지역에서 있었던 놀라운 일입니다. 한번은 그 선교 지역에 심한 기근이 닥쳐와 주민들이 먹을 것이 없어 아주 곤란한 지경에 처하게 되었습니다. 아무 곳에서도 식량을 구할 수 없었고 상황은 날로 악화되어 갔습니다.

그래서 이를 보다 못한 선교사는 교인들과 함께 모여 하나님께 매달릴 수밖에 없었습니다. 그들은 실로 간절히 하나님의 도우심을 구했습니다.

그런데 그렇게 기도를 시작한 지 사흘째 되는 날이었습니다.

갑자기 멀리서부터 검은 구름이 몰려들기 시작하더니 우박이 억수같이 쏟아져 내렸습니다.

그런데 이게 웬일인가!

자세히 보니 쏟아지는 것은 우박이 아니라 곡식 알갱이들이었던 것입니다. 도저히 믿을 수 없는 일이 벌어진 것입니다.

어쨌든 약 1시간 동안 정신없이 쏟아진 곡식 알갱이들은 땅에 수북이 쌓였으며 그것으로 그 지역은 무사히 기근을 넘길 수 있었습니다. 그런데 나중에 알고 보니 그 곡식들은 그

곳으로부터 약 1,500마일이나 떨어진 몽고 지방의 심한 폭풍우로 인해 파괴된 곡식 창고로부터 바람에 실려 운반된 것이었습니다.

이 얼마나 놀라운 일입니까! 도대체 우리는 이 일을 어떻게 이해해야 합니까?

아마 '우연 발생론'(Theory of Contingency)을 믿는 사람들은 이를 단순히 우발적인 사건으로 접어둘지도 모릅니다. 또 '운명론자'(fatalist)들은 자연 법칙에 의해 일어날 수 있는 일이 일어났을 뿐이라고 단정 짓기도 할 것입니다. 혹시 당신도 이 두 의견 중 하나에 고개를 끄덕이지 않습니까?

그러나 하나님을 믿는 우리들은 이 두 의견이 매우 어리석은 것임을 알아야 합니다.

우리에게는 참된 진리인 '확실성의 이론'(doctrine of certainty)이 있지 않습니까! 바로 천지를 지으신 분도 하나님이시오 운행하시는 분도 하나님이시므로 그 일 또한 하나님께로부터 연유된 것이라고 믿는 믿음 말입니다. 이러한 믿음이 우리에게 있기에 우리는 모든 일이 하나님 안에서 진행되며, 또 우리에게 주어진 모든 것을 또한 하나님으로부터 온 것임을 아는 것입니다.

솔로몬에게 주어진 넘치는 축복 또한 위는 이 '확실성 이론'으로 이해할 수 있습니다. 즉, 그에게 주어졌던 본문의 모든 부(富)는 그의 지혜로 인한 것도, 그의 능력으로 인한 것도 아니었으며 우연히 생겨난 것은 더더욱 아니었던 것입니다. 오직 하나님의 은혜, 하나님으로부터 오는 축복, 바로 그것일 뿐….

그런데 우리는 종종 이 분명한 사실을 망각할 때가 있습니다. 주님 것을 내 것인 양, 주님께로부터 오는 것을 나에게서 비롯된 것인 양 착각하곤 하는 것입니다.

집에서 기르는 강아지도 자기에게 밥 주는 사람은 분별할 줄 아는데 하물며 인간이, 그것도 신앙인들이 하나님으로부터 수없이 주어지는 은혜와 축복 속에서도 그것이 어디로부터 오는 것인지 분별하지 못한다면 도대체 그 죄를 어찌 다 감당할 것입니까!(Joseph S. Exell)

– 「호크마종합 주석」 구약 11권, QT, 기독지혜사, p161

살며 생각하며 : 은혜로 주머니를 열었다

조지 휫필드(George Whitefield)의 부흥집회에 미국 독립운동의 아버지인 벤자민 프랭클린(Benjamin Franklin)이 참석했습니다. 시간이 지남에 따라 프랭클린의 부정적인 마음이 누그러졌고, 감동되어 동전만 내겠다고 생각한 것이 부끄러워 은화까지 내기로 했습니다. 설교 마지막쯤에는 결국 남아있는 금화까지 모두 헌금접시에 내어 놓았습니다.

같이 참석한 프랭클린의 친구는 휫필드의 설교에 감동되면 순간적으로 헌금하지나 않을까 염려스러워 돈을 집에 두고 왔습니다. 그러나 설교가 진행되는 동안 마음이 움직였고 옆에 있던 홉킨슨에게 돈을 빌려달라고 했습니다.

홉킨슨은 그 집회에서 은혜를 받지 아니한 유일한 사람이었기에 이렇게 대답했습니다.

"나는 언제라도 돈을 빌려줄 수 있지만 지금은 아니네. 자네는 지금 올바른 판단력을 잃은 것 같아 보이기 때문이야."

조지 휫필드는 18세기 중엽, 미국의 제1차 대각성운동의 주역으로 부흥집회에 사람들이 많이 보였으며, 벤자민 프랭클린은 미국독립운동의 아버지이며 철학자요 정치가였습니다. 휫필드는 사람들을 회심시켜 참 신자들을 만들었고, 그가 조지아주에 설립하려는 고아원의 후원금을 모금하는 목적을 가진 집회를 열었기에 사람들의 마음에 도전을 주었습니다.

하나님께서는 우리를 위해 자신의 아들까지 내어 주셨습니다.

"너희가 모든 일에 넉넉하여 너그럽게 연보를 함은 그들이 우리로 말미암아 하나님께 감사하게 하는 것이라"(고후 9:11)

– 신현주 목사, 「예화 철학」, 도서출판 누가, p257

정리하며 확신하며 : 시험을 이긴 자의 7대 축복

	시험을 이긴 자의 7대 복	참고 성경 구절
1	주워 사람을 복되게 함	대하 9:7
2	하나님의 영광을 드높임	대하 9:8
3	더 많은 복을 얻음	욥 42:10-17
4	높은 곳에 거함	사 33:15, 16
5	생명의 면류관을 얻음	약 1:2-12
6	칭찬과 영광과 존귀를 얻음	벧전 1:7
7	장차 시험의 때를 면함	계 3:10

– 「그랜드 종합 성경주석」 7권, 성서교재간행사, p426

Day : 19주(토)

찬송 : (새)333장, 381장/ (새)342장, 395장

19

■ 이번 주 읽은 성경 요약 및 못 읽은 부분 읽고, 한 주간 생활 묵상하며 가정 예배드리기

■ **주제 : 예수님의 효도** (요 19:17-30)

읽으며 묵상하며 : 십자가에서 남기신 말씀 (요 19:17-30)

하나님의 아들이신 예수님께서 십자가 위에서 마지막 고난을 이기시고 운명하십니다. 오늘 본문은 예수님의 옷을 제비 뽑는 로마 군병들과, 육신의 어머니에 대한 예수님의 효도, 그리고 십자가상에서 마지막 고난을 감당하시는 모습을 보여 줍니다.

보소서 아들이니이다

군병들이 예수님을 십자가에 못 박고 예수님의 옷을 가지고 밑에서 옥신각신하고 있을 때, 예수님의 마음은 그 모친 마리아에게 향하고 있었습니다. 예수님께서는 그 모친 마리아에게 "보소서 아들이니이다"(26절)라고 말씀하시고, 요한에게는 "보라 네 어머니라"(27절)고 하셨습니다. 그 모친 마리아를 요한에게 부탁하셨던 것입니다. 그러나 이것은 단순한 부양을 부탁한 것만은 아닙니다. 만약 모친의 부양을 부탁하려면 당연히 자신의 친동생들에게 하셔야 했습니다. 그러나 요한으로 모친 마리아를 모시게 한 것은 주님을 믿는 자들이 한 가족임을 가르쳐 주신 것입니다. 왜냐하면 예수 안에 있는 사람들은 예수의 피를 나눈 사람들이기 때문입니다. 이것은 예수 안에서 하나됨을 의미합니다.

다 이루었다

십자가 위에서 고통 가운데 계신 예수님은 이제 모든 것이 성취되었음을 아셨습니다. 주님께서 "내가 목마르다"(28절)라고 말씀하시자 사람들은 신 포도주를 권했으며, 이것을 받으신 후에 "다 이루었다"(30절)라고 말씀하신 후 머리를 숙이고 영혼이 돌아가셨다고 성경은 증거하고 있습니다. '다 이루었다'라는 뜻은 하나님께서 계획하신 인간 구속의 역사가 완성되었음을 선언하신 것입니다. 사탄은 여러 방법을 통해 예수님을 십자가에 죽임으로 하나님의 구속계획을 훼방하려 했으나, 하나님은 오히려 십자가의 죽음을 통하여 당신의 구속계획을 완전히 이루신 것입니다. 따라서 '다 이루었다'라는 예수님의 외마디는 승리의 선포인 것입니다. 이제는 누구든지 예수님을 믿기만 하면 예수님의 피 값으로 죄의 종 노릇에서 자유케 되었음을 선언하신 것입니다(롬 6:17-18).

–「묵상하는 사람들, 메시지」, 프리셉트, 2006. 4. 14.

살며 생각하며 : 부모님께 효도하는 방법 10가지

① 부모님과 가능한 많은 대화를 나누십시오. 부모는 자식과 대화의 시간을 가장 즐거워하십니다.

② 부모님께 일감을 드리십시오. 효도란 부모님을 방구석에 가만히 모셔만 놓는 것이 아닙니다.

③ 부모님도 취미를 가지시도록 도와 드리십시오. 친구들과 어울려 즐길 수 있도록 해 보자, 특히 가정에서 취미 활동을 하시도록 협조해 드리는 것이 좋습니다.

④ 여행의 기회를 드리십시오. 노인은 새로운 분위기와 경험을 즐기십니다.

⑤ 부모님을 이해하려고 노력하십시오. 연세가 드시면 기억력도 쇠약해지고, 마음도 소심해지고, 잔소리도 늘게 되고, 공연한 고집도 부릴 때가 있습니다. 그 이유를 파악하십시오. 하고 싶은 이야기를 제대로 못하는 부모님의 마음을 미리 알아 이해 해드려야 합니다.

⑥ 가족끼리 외출할 때 노부모님도 종종 모시고 가도록 노력하십시오. 어린 자녀들만 데리고 나가는 아들과 며느리에 대해 섭섭함을 가질 때가 있습니다.

⑦ 집에 손님이 오면 부모님께 먼저 인사드리도록 한 후 대화를 나누십시오. 이런 예법을 어린 손자 손녀들에게 가르치십시오.

⑧ 사소한 병이라도 나시면 꼭 병원으로 모시고 가십시오. 연세가 드실수록 생명에 대한 애착, 건강에 대한 근심이 더 많아집니다.

⑨ 매월 일정한 용돈을 드리십시오. 부모님의 이름으로 통장이라도 만들어 드리시면 더욱 좋아하실 것입니다.

⑩ 부모님께 신앙의 기회를 드리십시오.

돌아보며 다짐하며 : '친(親)'과 '효(孝)'

한자에는 묘한 뜻들이 있습니다. 시골에는 닷새 만에 장이 서게 됩니다. 장이 서면 아들은 그동안 모은 나뭇짐을 지게에 지고 장터에 팔러갑니다. 집에 계시는 어머니는 뜰 안의 여러 농사일들과 집안 일을 하십니다. 그러나 생각은 장에 간 아들에게 있습니다. 오늘 갖고 간 물건을 팔았는지, 올해는 넘기지 말고 장가를 보내야 하는데 등등, 마침내 저녁이 되어 해가 뉘엿뉘엿 넘어가는데도 아들은 아직 돌아오지 않습니다.

저녁을 다 지어놓고 기다리다 못해 동구 밖까지 나가봅니다. 언덕에 올라보니 장터에 갔던 사람들이 하나 둘 돌아오고 있습니다. 아들은 보일 듯 말듯 합니다. 마침 언덕에 소나무 한 그루가 있습니다. 그 나무에 올라가서 멀리 장터를 향해봅니다. 이 애틋한 마음을 한자에서는 '어버이 친(親)'이라 합니다. 어버이 친 자는 나무 위에 올라서서 보고 있는 모습을 말합니다. 여기에 버금가는 한자가 '효도 효(孝)'입니다. 아들은 갖고 간 것을 늦게까지 다 팔고서 고등어 몇 마리와 어머니께 드리려고 화장품 한 곽을 사들고 오는데 동구 밖의 어머니를 만납니다.

"어머니, 다리 아프실 텐데 어떻게 여기까지 오셨습니까? 제가 업어드리겠습니다. 저의 지게 위에 타십시오." 그래서 지게 위에 태워오는 모습이 한자의 효도할 때의 효자입니다. 즉 노인을 업고 오는 아들의 모습입니다. 이러한 한자의 모습, 친자와 효자가 가정에 있을 때 그 가정은 복을 받지 않을 수 없습니다. 성경에서도 "네 부모를 공경하라 그리하면 네 하나님 여호와가 네게 준 땅에서 네 생명이 길고 복을 누리리라"(신 5:16), "또 아비들아 너희 자녀를 노엽게 하지 말고 오직 주의 교양과 훈계로 양육하라"(엡 6:4)고 했습니다.

– 한태환목사 예화집(하나교회)

오늘의 기도 : 어버이를 위한 기도

우리에게 귀한 부모님을 주신 주님!
최초의 사랑과 아름다움을 깨닫도록 우리 부모님을 축복해 주시옵소서.
고우시던 얼굴이 늙어 주름지고 거칠어지심은 우리의 생존을 지킨 수고이셨으며 부모님의 손마디가 굵어지심은 자식을 위해 바친 희생의 땀방울입니다.
밤새 잠 못 이루시며 자식의 건강을 위해 자식의 지혜를 위해 자식의 앞길을 위해 자식의 영혼을 위해 눈물로 기도하시던 우리의 어버이 이제 주님의 은총속에서 평안을 누리게 하옵소서.
땅 위에서 얻을 것 보다 하늘에서 얻을 것에 더 많은 소망을 간직하게 하옵소서.
부모님의 건강을 위해, 평안을 위해, 기쁨을 위해, 영혼을 위해, 우리가 기도할 수 있게 하시고 어버이의 기도가 우리의 가슴을 적시는 사랑의 고백이 되게 하셔서 주님의 사랑안에서 부모님을 사랑하며 섬길 수 있게 하옵소서. 오늘만이 아니라 매일 매일이 그렇게 되게 하옵소서.
예수님의 이름으로 기도드립니다. 아멘.

– 홍기웅(장승혜. 홍기웅 홈페이지), 2006. 5. 8.

Day : 20주(월)

찬송 : (새)88장, 88장

20

아가 1-8장 사랑의 노래

- 1-3장 : 사랑에 빠짐
- 4장 : 사랑으로 하나가 됨
- 5-6장 : 사랑의 갈등
- 7-8장 : 성숙된 사랑

솔로몬 왕이 쓴 1000편 이상의 노래 중에서(왕상 4:32) 아가서는 "노래 중의 노래"(1:1), 즉 최상의 노래로 알려져 있습니다. 아가서는. 솔로몬과 시골에 있는 그의 농장관리인의 딸(술람미 여인)과의 사랑을 노래하고 있습니다. 솔로몬은 시골에 있는 농장에 갔다가, 아름다운 술람미 여인을 발견하고 사랑에 빠집니다. 그 후에 두 사람은 사랑을 하게 되고, 서로 결혼을 약속하게 됩니다. 어느 날 솔로몬은 그녀를 데리러 오겠다는 약속을 남기고 시골을 떠났습니다. 솔로몬은 후에 그 약속대로 술람미 여인을 데려가기 위해서 군대와 가마를 동행하고 시골을 방문합니다. 이렇게 해서 두 사람은 극적인 결혼을 하게 되었으며, 여인은 왕궁에서 살게 됩니다. 그러나 결혼 후에 신부의 나태함으로 인해 두 사람의 사랑은 갈등에 빠집니다. 그러나 그들은 갈등을 거쳐서 다시 사랑을 회복하게 됩니다. 시간이 지나면서 두 사람의 사랑은 더욱 깊고 성숙해집니다. 사람들은 이러한 두 사람의 사랑의 책을 다음과 같이 이해하고 있습니다.

❶ 이스라엘 민족을 향한 하나님의 사랑
❷ 교회를 향한 그리스도의 사랑
❸ 솔로몬의 결혼 생활(왕상 11:3)

읽으며 묵상하며 : 우리를 향한 사랑의 노래 (아 1:1-17)

나의 사랑하는 자야 너는 어여쁘고 화창하다 우리의 침상은 푸르고 우리 집은 백향목 들보, 잣나무 서까래로구나 아 1:16-17

아가서는 두 남녀의 지순하고도 열정적인 사랑을 읊은 노래이며, 사랑의 행로에 초점을 맞춥니다. 아가서에 나타난 남녀 간의 사랑은 모든 인간의 마음속에 있는 그리스도와의 완전한 연합에 대한 갈망과 체험을 이미지화했습니다. 즉 아가서의 사랑 이야기는 그리스도와 우리의 사랑을 드러냅니다. 백옥 같은 피부가 아름답다고 여기던 당시에 포도원을 지키느라 검게 그을린 술람미 여인은 다른 여인들에 비해 아름답지 못했습니다. 그녀에게는 왕의 사랑을 받을 만한 조건이 없었으나, 그의 사랑을 얻고자 하는 간절한 마음은 어느 누구보다 간절했습니다. 사랑은 상대방을 간절히 원하는 마음이며, 진실한 사랑의 교제를 위해 전심을 다하는 것입니다. 우리는 술람미 여인이 사랑하는 사람을 향해 가지는 그 마음을 그리스도께 드려야 합니다. 열심히 신앙생활을 하는 이는 많으나, 주님과 깊은 사랑에 빠져 있는 이는 적습니다. 나는 진심으로 그리스도를 사랑하는 자입니까?

솔로몬과 술람미 여인은 생명력 넘치는 아름다움에 대해 서로 스스럼없이 찬사의 노래를 주고받습니다. 솔로몬은 술람미 여인을 향한 사랑의 희열로 자신의 가슴이 얼마나 벅차오르는지 표현했습니다. 그녀를 강력한 국력의 상징이며 온갖 보화로 치장한 애굽 왕의 병거를 끄는 준마에 비할 만큼 사랑스럽다고 말했습니다. 또한 그녀의 외모뿐 아니라 비둘기 같은 온유하고 성결한 성품을 칭찬했습니다. 이에 대해 여인은 사랑하는 솔로몬 왕 역시 꽃망울이 활짝 핀 것같이 밝고 아름답다고 화답했습니다. 친밀한 사랑으로 충만한 이들에게 모든 세상은 밝아 보입니다. 성도를 향한 그리스도의 사랑이 이러합니다. 그리스도는 당신을 어느 누구에게도 비교할 수 없을 만큼 아름답고 향기로운 존재로 여기며 사랑하십니다. 주님은 그분을 갈망하는 자에게 그분과 교제하는 기쁨을 주십니다. 오늘 내 삶의 우선순위를 주님과 나의 관계에 두시기 바랍니다.

－「생명의 삶」 말씀해설, 두란노서원, 2007. 3. 21.

살며 생각하며 : 끝없는 사랑

철강의 창업자인 철강 왕 앤드류 카네기의 일화입니다. 그가 공장에서 일하던 시절 같이 일하던 게으르고 불량기가 있는 바비라는 동료 카네기가 열심히 일하는 것을 늘 못 마땅히 여겨 카네기에게 험한 말들을 하였습니다. 하루는 바비가 카네기에게 폭력을 휘둘렀고, 참다못한 카네기도 그와 함께 싸웠습니다. 얼마 후 게으른 바비는 공장에서 쫓겨나게 되었습니다. 돈이 떨어진 바비는 카네기 집에 와서 카네기의 어머니를 속이고 돈을 훔쳤습니다. 이 사실을 안 카네기는 바비 집을 찾아갔습니다. 바비네 집은 누추했고 눈먼 어머니만 계셨습니다. 어머니는 카네기에게 "회사 동료라구요? 바비는 불쌍한 아이입니다. 잘 도와주세요."라고 부탁을 하였습니다. 어머니의 말씀에 카네기는 바비를 돕기로 결심하였습니다. 그는 공장장을 찾아가 바비를 다시 써달라고 부탁하였습니다. 그러나 공장장은 고개를 가로저었습니다. 결국 카네기는 친구 바비를 위해 자신이 인정받고 일하던 공장에 사표를 냈습니다. 그리고 바비와 함께 일할 곳을 찾아다녔습니다. 그 후 그들은 함께 취직하게 되었고 바비는 칭찬받는 직원이 되었습니다.

예수님께서는 우리를 끝까지 사랑하시며, 보호해 주십니다. 이런 예수님의 모습을 닮아 나의 가족, 친구, 주위의 모든 이들을 사랑하십시오.

주님! 주님과 같은 마음을 가지고 사랑하게 하소서.

지금 사랑하지 못하고 미워하고 있는 사람이 있습니까? (김장환 목사)

Day : 20주(화)

찬송 : (새)64장, 13장

20

시편 127편, 잠언 1-4장 지혜에 대한 일반적인 서론

- 1장 : 지혜의 시작
- 2장 : 지혜의 가치
- 3장 : 지혜의 상급
- 4장 : 훈련의 장소

시편 127편은 솔로몬이 쓴 시로 알려져 있습니다. 솔로몬은 이 시를 통해서 여호와의 궁극적인 보호와 축복을 노래했습니다. 잠언서는 솔로몬의 영향력이 지대하게 미친 책입니다. 잠언 기자는 먼저 잠언서를 쓰는 목적과 잠언서의 유익에 대해서 설명하고 있습니다(1:2-5). 그는 참된 지혜의 근본은 "여호와를 경외하는 것"이라고 선언합니다. 그는 지혜가 날마다 일상생활 속에서 우리를 향해서 소리치며 초청하고 있다고 말합니다. 만일 이 초청을 받아들이면 지혜의 길을 갈 수 있을 것입니다. 잠언서 기자는 우리가 보물을 찾는 것처럼 지혜를 찾고 구하면, 지혜를 만날 것이라고 약속합니다. 지혜자는 부모가 자녀를 권면하는 것처럼 우리에게 지혜의 길을 걷도록 권고합니다(3:1-12). 하나님은 자기 백성이 윤리적으로 선한 삶을 사는 "지혜로운(잘 훈련된)" 자들이 되기를 원하십니다. 또한 지혜자는 잠 1-9장에서 아버지가 젊은 아들을 권면하는 것처럼, 청중들에게 "여호와를 경외하는" 참된 지혜의 길을 가르쳐주고 있습니다.

읽으며 묵상하며 : 어느 길로 가고 있습니까? (잠 4:10-27)

> 내 아들아 들으라 내 말을 받으라! 그리하면 네 생명의 해가 길리라 내가 지혜로운 길을 네게 가르쳤으며 정직한 길로 너를 인도하였은즉 다닐 때에 네 걸음이 곤고하지 아니하겠고 달려갈 때에 실족하지 아니하리라 잠 4:10-12

본문에서는 가정 안에서 아이를 훈육시키는 듯한 분위기가 느껴집니다(10절). "정직한 길"은 단순히 도덕적으로 옳은 것을 의미하는 것이 아니라 '생명의 길'을 의미합니다(13절). 반면에 "사특한 자"는 상습적으로 악을 행하는 사람을 가리킵니다. 지혜의 길에는 빛이 있기 때문에 안전하게 지나갈 수 있습니다(12절). 반면 '어둠이 있는 길'(19절)은 지혜의 길과 줄곧 대조를 이루는데, 이 용어는 애굽에 임했던 '어둠'(출 10:22)과 동일하게 사용되었습니다. 이를 통해서 솔로몬은 그 길이 하나님을 경외하지 않는 이들에게 두려움을 가져다주는 길임을 간접적으로 나타냅니다. 마치 애굽 백성이 두려움으로 그 어둠의 시간을 보내야 했던 것같이 지혜 없는 자들이 겪어야 할 비참한 결과가 암시되고 있습니다. 하나님과 동행하지 못한 채 두려움의 길을 걸어본 경험이 있습니까? 그 결과는 어떠했으며 그

원인은 어디에 있었습니까?

지혜를 추구하는 가장 기초적인 방법은 마음을 지키는 일입니다. 왜냐하면 마음은 생명의 근원이기 때문입니다. 마음은 생각과 감정, 뜻을 포함합니다. 지혜자는 마음을 지키기 위한 구체적인 방편으로 궤휼과 사곡한 언어생활을 삼가고(24절), 삶의 바른 지향점을 가지며(21, 25절), 편견을 버리고 정도를 걸을 것(26, 27절)을 권면합니다. 결국 지혜를 추구하는 것은 끊임없이 매사에 조심하며, 자기를 수양하고, 한 가지 목적에 전심전력하는 것입니다. 그러므로 지혜로운 삶을 살기 위해서는 먼저 세상일로 부요해진 당신의 마음을 정리해 오직 하나님께 초점을 맞추어야 합니다. 그리고 말씀을 통해 교훈하시는 하나님의 지혜로 당신이 도달해야 할 지향점을 향해 나아가야 합니다. 좌우로 치우치지 않는 바람직한 삶을 살며 악에서 떠나십시오. 나의 마음이 세상적인 가치들로 너무 부요해져 있지는 않습니까? 그분께 초점을 맞추는 지혜의 삶을 사모하고 있습니까?

– 「생명의 삶」 말씀해설, 두란노서원, 2005. 12. 7.

살며 생각하며 : 마음에 대한 통제력

언젠가 관광지에서 아주 인상 깊은 광경을 보았습니다. 가족 단위로 오는 여행객들이 많은 곳이었는데, 여러 사람들 속에 묻혀 있어도 유독 눈에 띄는 두 가족이 있었습니다. 한 쪽은 아이들이 너무나 진지하게 부모님의 이야기를 경청하며 이곳저곳을 둘러보고 있었고, 또 다른 한 쪽은 제 맘대로 뛰어다니는 두 아이들을 부모가 땀을 뻘뻘 흘리며 좇아다니고 있어서 시선이 끌렸습니다. 아이들을 이끌어 많은 것들을 보여 주며 가르치던 부모의 모습과, 지친 채 짜증 섞인 얼굴로 아이의 손에 이리저리 끌려 다니던 또 다른 부모의 모습은 제게 신선한 충격을 주었습니다. 신자와 마음의 관계가 생각났기 때문입니다.

마음을 통제하며 사는 신자가 있는가 하면, 마음에 이리저리 휘둘리며 사는 신자가 있습니다. 그리고 전자의 삶에 비해 후자의 삶은 경건의 진보가 더딜 수밖에 없습니다. 사람의 마음은 야생동물과 같습니다. 잘 길들여지거나 가두어져 있을 때는 안전하지만, 그렇지 못하면 어느 순간에 야수의 본성을 드러낼지 모릅니다. 그러므로 우리는 한순간도 마음에 대해 방심해서는 안 됩니다. 은혜 안에 살면서 자기의 마음을 지키는 동안에는 부패한 욕구에 굴복하지 않지만, 그렇지 못할 때는 언제든지 야수와 방불한 삶으로 나아갈 수 있기 때문입니다. 그러므로 신자가 거룩한 삶을 살기 위해서는 늘 자신의 마음에 통제력을 유지해야 합니다.

– 「생명의 삶」, 두란노서원, 2005. 12. 7.

Day : 20주(수)

찬송 : (새)455장, 507장

20

잠언 5-9장 인생의 함정

- 5-6장 : 부도덕
- 7장 : 간음
- 8-9장 : 지혜의 덕목들

잠언 5장을 보면 잠언서 저자는 지혜를 매일의 삶 속에 구체적으로 적용하고 있습니다. 잠언서 저자는 특히 성적인 영역에서 청중들에게 경건한 삶을 살 것을 강조하고 있습니다. 지혜자는 독자들을 향해서 먼저 자기 가정을 잘 지키고, 정조 있는 생활을 하도록 권하고 있습니다. 미련한 자는 성적 방탕에 자신의 몸을 내던질 것이며, 이로 인해 결국 파멸의 길을 걷게 될 것입니다. 그러나 지혜자의 말을 듣고, 그 가르침을 따라 사는 사람은 생명을 얻고, "여호와께 은총을 얻게 될 것"입니다(8:35). 인생에 있어서 가장 지혜로운 길은 "여호와를 사랑하고 경외하는 것"이며, "하나님을 알고 그 뜻을 따라 살아가는 것"입니다.

읽으며 묵상하며 : 비판을 환영하라 (잠 9:1-10)

거만한 자를 책망하지 말라 그가 너를 미워할까 두려우니라 지혜 있는 자를 책망하라 그가 너를 사랑하리라 잠 9:8

로버트 굿 박사는 새로운 아이디어들을 생각해 내는데 엄청난 능력을 가진 정력적인 사람이었습니다. 내가 읽은 그에 대한 기사에 의하면, 그는 그가 마주친 어떤 정보도 활용할 수 있는 능력을 가졌었다고 합니다.

그러나 내게 가장 인상적이었던 것은 그가 자신의 이론 중에 잘못된 것이 있으면 그것을 기꺼이 인정하며 버리는 일에 있어 의학계의 어느 연구자보다도 빨랐다는 기사 내용이었습니다. 한 동료는 "굿 박사는 결코 그의 가설과 결혼하지 않기 때문에, 그 가설이 잘못된 것으로 증명될 때 이혼의 고통을 겪지 않습니다."고 말했습니다.

잠언 9장에서는 실수를 범하고 그것을 기꺼이 인정하는 일에 높은 가치를 부여합니다. 이 말씀에서는 자신의 실수로부터 배우기를 원하는 사람을 현명한 사람으로 묘사합니다. 그는 책망을 받게 될 때, 위협을 느낀 수고양이가 반격하는 것 같은 태세를 취하려는 충동을 자제합니다. 오히려 틀린 것을 바르게 함은 성실한 친구가 되며 발전을 위한 필수적인 수단이 됩니다(9절). 반면에 "거만한 자"는 책망 당할 때, 분노와 미움으로 반응합니다(8절). 그는 지나친 자만심 때문에, 잘못됨을 지적당할 때 듣지 않을 것입니다.

우리는 책망하는 말에 유념하여 현명의 길을 따라야 합니다. 진실로 현명해지려면, 우리 자신도 가끔은 어리석을 수 있다는 것을 기억해야만 합니다.

당신이 비판을 당할 때에 그 의도를 생각해 보십시오. 그것은 어쩌면 당신에게 보내시는 하나님의 진리일 수도 있습니다. 비판을 듣지 않으려는 사람은 비판으로부터 배울 기회를 놓치게 됩니다. (Mart De Haan)

– 「오늘의 양식」, 오늘의 양식사, 2006. 5. 23.

살며 생각하며 : 하늘 바람이 깃드는 영혼

미국에서 공부할 때 랜디 비비고스(Randy Bibighaus)라는 친구가 있었습니다. 키가 아주 크고 친절한 친구였습니다. 어느 날, 그가 약혼한다는 얘기를 듣고 약혼녀를 만나게 되었습니다. 약혼녀는 홍콩 여성이었는데 처음에 그녀를 보고 너무 스타일이 없어서 깜짝 놀랐습니다. 얼굴은 거의 네모였고, 눈은 와이셔츠 단추 구멍만 했고, 키는 어림잡아 145센티미터 정도밖에 되지 않았습니다. 랜디는 185센티미터가 넘었습니다.

그 이상한 커플에 대한 궁금증으로 그날 저녁 팀 스티만(Tim Stiemann)이란 룸메이트에게 물었습니다.

"미국인이 보는 관점에서 랜디가 잘생긴 얼굴이냐?"

한국인이 보기에는 랜디가 괜찮아 보여도 미국인들의 관점에서는 전혀 다를 수 있고, 그런 이유로 스타일이 없는 동양 여자와 결혼할지도 모른다는 생각이 들었기 때문입니다. 그런데 팀 스티만의 말에 의하면 미국인의 관점에서도 랜디는 잘생긴 편에 속한다는 것이었습니다. 그 말을 듣고 나는 잠깐 혼란에 빠졌지만 곧 그들의 관계 속에서 사랑의 실체를 이해할 수 있었습니다. 사랑은 거룩한 소경을 만듭니다. 사랑하면 허물이 보이지 않습니다. 허물을 드러내면 서로 불행해지지만 허물을 덮어주면 서로 행복해집니다. 서로의 허물에 대해 거룩한 소경이 되는 것! 이것이 사랑의 첫 단계입니다.

또한 사랑하면 과거의 불행이 기억나지 않게 됩니다. 기억력이 좋은 것이 꼭 축복만은 아닙니다. 행복한 일은 오래 기억하고, 불행한 일은 쉽게 잊는 것이 축복입니다. 과거의 불행에 대해 거룩한 건망증 환자가 되어 불행의 원인 제공자에 대한 미움을 날려버리는 것! 이것이 사랑의 둘째 단계입니다.

우리는 남보다 특별히 바르고, 특별히 떳떳한 존재가 아닙니다. 우리는 다 부족한 사람들이고, 다 실수하면서 사는 사람들입니다. 사실상 사람에게는 부족함과 허물이 있어야 매력도 있습니다. 그 점을 이해하고 서로의 허물과 서로의 과거를 덮어주면서 살아야 합니다. 우리가 타인의 허물을 들춰내기를 좋아한다면 그 행동은 결국 자신의 영혼과 행동과 앞날을 스스로 사슬로 묶는 불행을 자초하게 될 것입니다.

사랑은 망원경으로 보는 것이고 미움은 현미경으로 보는 것입니다. 겉으로 멀쩡한 것도 현미경으로 보면 세균이 득실득실합니다. 현미경으로 보면 어느 누구도 예외 없이 허물이 크게 보이지만 얼굴에 큰 점이 있어도 망원경으로 보면 그 점은 보이지 않게 될 것입니다. 그처럼 상대방의 허물을 덮어주는 넉넉한 마음을 가질 때, 그 영혼은 하늬바람이 깃드는 행복한 영혼이 될 것입니다.

– ⓒ 이한규(분당사랑교회)

정리하며 확신하며 : 성경에 언급된 미련한 자 15선

	미련한 자 15선	참고 성경 구절
1	하나님을 원망하는 자	욥 2:9, 10
2	하나님이 없다고 하는 자	시 14:1
3	음녀를 찾아가는 소년	잠 7:7, 8
4	시끄럽게 떠드는 계집	잠 9:13
5	우상 숭배자	렘 10:8
6	거짓 선지자	겔 13:3
7	모래 위에 집을 짓는 자	마 7:26
8	기름 준비하지 않은 처녀	마 25:1-13
9	바리새인들	눅 11:40
10	자기 배를 채우기만 급급했던 부자	눅 12:19-21
11	이방인들	롬 10:19
12	부활을 부인하는 자	고전 15:35, 36
13	자기를 자랑하는 자	고후 11:17
14	유혹에 넘어가는 자	갈 3:1, 3
15	불신자	딛 3:3

–「그랜드 종합 성경주석」 9권, 성서교재간행사, p128

Day : 20주(목)

찬송 : (새)204장, 347장

20

잠언 10-15장 지혜자의 길과 어리석은 자의 길

- 10장 : 입과 돈
- 11장 : 인도와 구제
- 12장 : 악한자와 일
- 13장 : 나태와 거짓
- 14장 : 이웃과 국가
- 15장 : 시기와 권면

솔로몬은 잠언 10장부터 구체적으로 어리석은 자와 지혜로운 자의 행위를 대조하여 설명하고 있습니다. 이 부분에서 잠언서 기자는 구체적인 삶의 영역, 즉 언어생활, 재물 사용, 친구 선택, 상거래, 분쟁 해결 등의 제반 영역에서 어떻게 여호와를 경외하면서 살아갈 수 있는지를 가르쳐 주고 있습니다. 이 부분을 보면 잠언서 기자는 특히 가정과 공동체 안에서 지혜롭게 살아가야 할 필요성을 강조하고 있습니다. 잠언서 기자는 여호와를 경외하는 태도가 이웃을 사랑하는 열쇠가 된다고 가르칩니다. 그는 지혜의 길을 따르는 자에게 평화와 번영을 약속하고, 올바른 대인관계가 이루어질 것이라고 말합니다.

읽으며 묵상하며 : 하나님이 기뻐하시는 삶의 비결 (잠 11:12-31)

지혜 없는 자는 그 이웃을 멸시하나 명철한 자는 잠잠하느니라 두루 다니며 한담하는 자는 남의 비밀을 누설하나 마음이 신실한 자는 그런 일을 숨기느니라 잠 11:12, 13

하나님이 기뻐하시는 삶이 무엇일까요(11:12-22). 상대에게 허물이 있든 없든 남을 험담하는 것은 결국 자기 손해로 돌아옵니다. 반대로 마음이 신실한 자는 남의 비밀이나 허물을 함부로 누설하지 않음으로 신뢰를 얻습니다(12-13절). 본문에서는 지략의 부족으로 인한 나라의 '망함'과 많은 지략으로 인한 나라의 '확실한 승리'가 대조됩니다(14절). 이는 진학, 직업 선택, 결혼 혹은 새로운 사업과 같이 중요한 일을 하기 전에 충분한 조언을 들어야 함과 동시에 지혜가 필요함을 말하는 것입니다.

선과 악의 주제가 함께 다루어지는 18-21절의 핵심 단어는 '정의'입니다. 심판 날에 악인과 의인은 각각 그에 합당한 보응을 받게 될 것입니다. 아름다움을 추구하는 여인을 가장 천한 동물로 여겨지던 돼지에 비유한 것은 슬기롭지 못하면서 외적인 것에만 신경을 쓰는 이들에 대한 풍자입니다. 다른 이들의 시선을 너무 의식한 나머지 그리스도인으로서 가져야 할 올바른 삶의 모습을 소홀히 여기고 있지는 않습니까?

성도는 아무리 환경이 어려워도 정의로운 삶을 살아야 합니다(11:23-31). 신앙에는 세상의 방식과 다른 역설의 원리가 있습니다. 24절 이하의 잠언들은 흉년이 들었을 때의 상황을 배경으로 하며, 가난한 가운데서도 나누는 자가 오히려 풍족하게 될 것임을 말합니다. 예언자 아모스도 흉년이 들었을 때 농산물을 사재기하여 부당한 폭리를 취하는 행위를 비난한 적이 있습니다(암 8:4-7). 여기서 재미있는 것은 '구제'와 '복'이 원어 상으로 동일한 단어라는 것입니다.

한편 29-30절의 핵심 단어는 "지혜로운 자"입니다. "자기 집을 해롭게 하는 자"는 게으름과 악한 마음과 헐뜯기 좋아하는 습성으로 인해 자기 가족을 괴롭히고 슬프게 하는 자를 의미합니다. 이와는 반대로 의인은 성장과 열매 맺는 일에 최선을 다하는 "생명나무"로서 다른 사람들까지 의의 길로 인도해 풍성한 삶을 살게 합니다. 내가 추구하는 성공적인 삶은 의로움에 기초한 것입니까? 내가 속한 공동체와 사회 속에서 올바른 하나님의 정의가 실현되기를 소망하고 있습니까?

– 「생명의 삶」 말씀해설, 두란노서원, 2005. 12. 17.

살며 생각하며 : 찢어진 예복

어느 음악회에서 일어난 일입니다. 그날 오케스트라를 지휘하기로 한 가난한 음악가는 새 예복을 장만할 여유가 없었기에 전부터 입어오던 낡은 예복을 입을 수밖에 없었습니다.

그런데 그만 지휘 도중에 그 낡은 예복이 찢어지고 말았습니다. 연주를 할 때는 반드시 예복을 입어야 함에도 불구하고 그 지휘자는 한 곡이 끝나자 낡아서 찢어진 예복을 벗어야만 했습니다. 셔츠 차림으로 지휘하는 그를 향하여 킬킬거리며 조롱하고 수군거렸습니다.

그러나 그는 열심히 지휘하였습니다. 이때 맨 앞에 앉아 있던 어느 신사가 조용히 자기가 입고 있던 겉옷을 벗음으로써 지휘자처럼 셔츠 차림이 되었습니다.

그것을 보고 있던 사람들도 웃음을 멈추고 하나, 둘 전부 웃옷을 벗었습니다.

그 결과 그날의 연주는 그 어떤 연주회보다 매우 감격스러웠고 성공적이었습니다.

이 얼마나 아름다운 이야기입니까?

그런데 우리는 혹 이웃의 실수나 아픔을 보며 아무렇지 않게 비웃거나 그것을 다른 사름들과 함께 비방하며 조롱하고 있지는 않은가요? 그보다는 이웃의 아픔을 감싸주며 진실로 함께 아파해 주는 마음, 마치 예화 속의 신사와도 같은 마음이 곧 그리스도의 마음이 아닐까요? 이웃을 향한 성도로서의 우리 모습은 과연 어떠한지….(곽선희 목사)

– 「그랜드 종합 주석」 9권, 성서교재간행사, p156

Day : 20주(금)

찬송 : (새)384장, 434장

20

잠언 16-20장 생활 속에서의 지혜로운 결정

- 16장 : 여호와의 율법
- 17장 : 친구들과 적들
- 18장 : 상처를 주는 말
- 19장 : 무감각한 아들
- 20장 : 악한 자의 걱정

잠언의 구조는 단순하지만 이 책이 다루고 있는 영역은 매우 넓습니다. 잠언서는 말과 혀, 인생의 목적, 생각과 동기 등의 영역에서 어떻게 지혜롭게 살 수 있는지 설명하고 있습니다. 잠언서 기자는 모든 일을 여호와께 맡기고 의지하면, 하나님께서 그 길을 인도해 주실 것이라고 약속하고 있습니다. 지혜자는 부정으로 얻은 많은 재물보다 정당한 방법으로 모은 적은 재물이 더 낫다고 말합니다. 특히 그는 가난한 자를 돌보는 일을 강조하고 있습니다. 이러한 일은 하나님께서 특별히 우리들에게 부탁하신 일입니다. 지혜자는 교만하고 이기적인 사람이 스스로 무리에서 분리되는 일을 금하고 있습니다. 독불장군처럼 사는 자는 미련한 사람이나, 겸손히 이웃과 협조하며 사는 사람은 지혜로운 사람입니다. 잠언서 기자는 진정한 피난처를 하나님 안에서 찾을 수 있다고 말합니다. 여호와 안에서만 우리는 진정한 승리의 보장을 받을 수 있습니다.

읽으며 묵상하며 : 사람의 계획, 하나님의 인도(잠 16:1-19)

너의 행사를 여호와께 맡기라 그리하면 네가 경영하는 것이 이루어지리라 잠 16:3

"여호와"의 이름이 8절을 제외한 모든 절에서 반복되고 있습니다(1-11절). 이는 지혜에 대한 간구와 여호와께 대한 경외가 소극적으로 언급되었던 지금까지와는 달리 하나님을 좇는 지혜에 대한 본격적인 교훈이 시작됨을 의미합니다. 이러한 의미에서 16장의 1-9절은 1-15장의 결론이자 16-22장의 서론 역할을 하고 있습니다.

1절은 하나님의 통치권에 대한 언급으로, 사람이 어떤 일을 계획하고 자신의 판단에 따라 일을 추진해 가지만 그 계획의 성패는 궁극적으로 하나님의 주권에 속해 있다는 사실을 강조합니다.

또한 7절은 여호와를 기쁘시게 하면 당신의 적들과도 화목하게 하신다는 놀라운 조언입니다. 하나님과의 관계가 올바로 정립되는 것은 원만하고 화목한 인간관계를 위한 선결 조건입니다. 세속 문화와 인본주의적 사고 속에서 나는 그분의 통치를 인정합니까? 하나님과의 관계성은 내 삶에서 얼마나 중요한 위치를 차지하고 있습니까?

왕에 대한 신하의 역할은 거짓된 말이나 아첨이 아닌 정직한 말과 직언을 중히 여기는 것입니다(13절). "왕의 희색"은 "왕의 진노"와 대조되는 말로 백성들에게 은혜를 주는 원인이 됩니다. 여기서 왕의 은택을 비유한 "늦은 비"는 팔레스타인 지방의 2~3월경에 내리는 비를 일컫는데, 이 비는 곡식을 여물게 하는 역할을 합니다. 즉 왕의 은혜가 백성에게 평안함과 풍요로움을 안겨준다는 사실을 상징적으로 표현한 것입니다.

"겸손한 자"는 히브리 원문에 의하면 '고난 받는 자'라는 의미를 담고 있습니다. 따라서 이 구절은 불의한 자들과 어울리는 기쁨에 동참해 멸망을 자초하는 것보다 자신을 낮추어 고난 받는 자들과 함께하는 생활이 참된 평안을 보장 받는 가치 있는 생활이라는 사실을 교훈합니다.

나는 직장에서 어떤 마음 자세로 상급자를 대합니까? 하나님을 섬기는 자로서 사람들에게 조언할 수 있는 용기와 겸손한 성품을 소유하길 원합니까?

–「생명의 삶」 말씀해설, 두란노서원, 2005. 12. 30.

살며 생각하며 : 하녀의 실수

"왜 이리 안 오신담…."

스펄젼(C. H. Spurgeon)목사는 이제 짜증이 날 지경이었습니다..

17세의 나이로 워터비치 교회에 부임한 지 반년 후 그는 자신의 진로에 대해 깊이 고민하게 되었습니다. 그는 결국 친구들의 권유에 따라 목회를 포기하고 더 큰 종이 되기 위해 리젠트 파크(Regent's Park) 대학에 입학하기로 결심했습니다. 때마침 그 대학 교수인 앵거스 박사가 캠브리지를 방문하게 되었고, 스펄젼은 이 기회에 맥밀란 댁에서 면접을 하기로 약속이 되었습니다.

그런데 부푼 가슴으로 지정한 시간에 도착한 후 하녀에게 인도되어 이 방에 들어온 지 두 시간이 넘도록 기다려도 앵거스 박사는 오지 않는 것이었습니다. 마침내 스펄젼 목사는 그 집을 나오면서 하녀에게 앵거스 박사에게 무슨 연락이 없었느냐고 물어 보았습니다. 그러자 하녀는 앵거스 박사가 누군가를 기다리다가 방금 런던 행 기차를 타기 위해 떠났다고 대답했습니다. 하녀의 실수로 각기 다른 방에서 기다린 까닭에 상면을 하지 못한 것이었습니다. 스펄젼은 크게 실망하고 맥없이 목회지인 워터비치로 발걸음을 옮기고 있었습니다. 착잡한 상념에 사로잡혀 나무다리를 위를 걷고 있을 때였습니다. 환상 가운데 큰 소리가 들려왔습니다.

"너는 너 자신의 이익만을 구하지 말라"

순간 스펄젼 목사는 비록 초라하긴 하지만 자기가 시무하는 워터비치 교회가 생각났고 그 교회의 사랑스런 양떼들의 모습 하나하나가 떠오르는 것이었습니다.

'그들은 얼마나 나를 의지하며 위하고 섬겨주었든가? 그러한 양떼들을 버리고 나의 이익을 위하여 떠나려고 하다니, 너무도 부끄러운 일 아닌가?'

스펄젼 목사는 대학 진학을 포기하고 가난한 농촌 교회의 교인들에게 계속하여 말씀을 증언해야겠다는 결단을 내렸습니다. 스펄젼 목사는 이때의 결단을 이후에 한 번도 후회해 본적이 없었습니다. 하녀의 조그만 실수에도 하나님의 뜻이 작용하여 스펄젼으로 하여금 비록 나이는 어리지만 목회 현장에서 구령(救靈)사업에 힘쓰도록 하였던 것입니다.

-「호크마 종합주석」 구약 16권, 예화, 기독지혜사, p241

정리하며 확신하며 : 친구를 사귈 때 유의할 것 12가지

	친구를 사귈 때 유의할 것	참고 성경 구절
1	지혜로운 자와 사귀고 미련한 자를 멀리 할 것	잠 13:20
2	친구의 허물을 덮어 줄 것	잠 17:9, 17
3	분별없이 많은 친구를 사귀지 말 것	잠 18:24
4	노를 품는 자와 사귀지 말 것	잠 22:24
5	울분한 자와 동행하지 말 것	잠 22:24
6	술과 고기를 탐하는 자와 사귀지 말 것	잠 27:20
7	충심으로 친구의 잘못을 책망해 줄 것	잠 27:6
8	친구를 결코 버리지 말 것	잠 27:10
9	넘어질 때 일으켜 줄 것	전 4:10
10	친구와의 약속을 끝까지 지킬 것	삼하 9:7
11	재물로 친구를 사귀는 데 쓸 것	눅 16:9
12	친구를 위해 기꺼이 희생 할 것	요 15:13

-「그랜드 종합 성경주석」 9권, 성서교재간행사, p208

Day : 20주(토)

찬송 : (새)333장, 381장/ (새)342장, 395장

20

■ 이번 주 읽은 성경 요약 및 못 읽은 부분 읽고, 한 주간 생활 묵상하며 가정 예배드리기

■ **주제 : 이상적인 가정**(엡 6:1–3)

읽으며 묵상하며 : 주 안에서 부모에게 순종하고 공경하자(엡 6:1–3)

노인들이 천대받고 부모들이 경홀히 여김 받는 시대입니다. 바울은 자녀들에게 무엇이라고 권고하고 있습니까? 또한 그런 자녀들에게 주어지는 하나님의 복이 무엇이라고 말하고 있습니까?

주 안에서 부모에게 순종해야 합니다(6:1, 2)

실용주의적 인간관이 성행하는 오늘날 노동력을 상실한 노인들이 더 이상 사회적으로 존경을 받지 못하는 일들이 많이 벌어지고 있습니다. 부모가 돈이 없다고, 무식하다고 무시하며 귀찮게 여기고 말다툼하고 심지어 구타까지 하는 천인공로할 일들이 벌어지기도 합니다. 그러나 성경은 부모를 공경하라고 명령하고 있습니다. 그리스도인이 부모를 공경하고 순종해야 하는 이유는 부모의 재산이나 소유 때문이 아니라 바로 하나님께서 명령을 주셨기 때문입니다. 자녀는 부모에게 순종하면서 자연스럽게 하나님께 대한 순종을 배워나갑니다. 눈에 보이는 부모에게도 순종하지 못하면서 보이지 않는 하나님께 순종하는 것은 더욱 힘든 일입니다. 하나님께서 가정의 최고 권위를 부모에게 맡기셨으므로 자녀가 부모에게 순종하는 것은 마땅한 것입니다. 그러나 부모에 대한 순종이 중요하지만 이것 역시 주 안에서 이루어져야 합니다. 하나님의 말씀에 대한 순종이 부모에 대한 순종보다 더 우선되어야 한다는 것입니다. 이는 부모의 권위가 하나님에게서 나온 것이기에 당연한 것입니다. 그렇다고 불신부모에게 순종을 경시하라는 말은 결코 아닙니다. 오히려 부모의 회심을 위해서라도 더욱 부모를 섬기고 공경하는 자녀가 되어야 할 것입니다.

땅에서 잘되고 장수할 것입니다(6:3)

성경은 부모를 공경하고 부모에게 순종하는 자녀가 땅에서 잘되고 장수할 것이라고 약속합니다. 물론 부모를 공경함에도 불구하고 힘들게 살다가 일찍 죽는 사람들도 있고 반대로 부모에게 불효하면서도 잘되고 오래 사는 사람도 있습니다. 그러므로 이 약속의 말씀은 개개인에 대한 약속이라기보다는 일반적으로 적용되는 약속으로 이해하는 것이 바람직합니다. 실제로 자녀가 불행에 빠지도록 가르치거나 위기에 처하도록 가르치는 부모는 없습니다. 이 세상에 대해 자녀들보다 앞선 풍부한 경험과 지식을 가지고 있는 부모는 자녀들이 안전하고 성공적인 인생을 살 수 있도록 인도해주는 가장 좋은 스승이요 안내자가 됩니다. 그러므로 부모를 공경하고 그 말에 순종하며 사는 자녀들은 그렇지 않은 자녀들보다 더욱 평탄하고 안전한 인생을 살 수 있을 것입니다. 그리고 주 안에서 부모를 공경하고 순종하는 자녀들은 하나님께 대한 순종의 삶을 살게 될 확률이 높습니다. 하나님께서 당신의 대리인으로 세우신 부모를 공경하고 나아가 하나님께 순종하여 땅에서 잘되고 장수하는 복을 누리시기 바랍니다.

–「일용할 양식」, 2007. 5. 8.

살며 생각하며 : 효도하면 복받습니다

효도의 본을 보인 강철왕 카네기

강철 왕으로 유명한 미국의 실업가인 카네기 씨의 어린 날은 매우 가난하고 불우했습니다. 그는 본래 스코틀랜드에서 출생하였으나 아버지가 경영하는 사업의 부진으로 미국으로 이민 가지 않으면 안 될 형편이었고 미국으로 이민을 한 다음에도 그의 아버지는 책상보를 만들어서 집집마다 돌아다니며 행상을 하였으나 생계는 말이 아니었습니다. 얼마나 그의 생활이 가난했던지 하나밖에 없는 아들 카네기에게 내의라고는 하나 밖에 없었기 때문에 그의 어머니는 아들이 잠자리에 든 다음, 밤마다 아들의 내의를 빨아 말리느라고 추운 겨울에도 하루 평균 16시간 내지 18시간을 일해야만 했습니다.

이와 같이 어머니의 고생하는 모습을 보던 카네기는 너무도 마음이 아파 22세가 되던 어느 날 어머니에게 다음과 같은 서약을 했습니다.

"어머니! 저는 어머님이 세상을 떠나시기 전에는 절대로 결혼하지 않겠습니다. 돈을 많이 벌어 어머님에게 비단옷을 한 벌 사 드리고 집 안에서 일하는 하인들도 많이 두고 어머님이 타실 마차도 사 드리겠습니다."

이렇게 어머니와 약속을 하고는 그것을 이루기 위하여 카네기는 뼈 저리는 분투를 아끼지 않았습니다. 그리고 카네기는 그가 어머니에게 서약한 대로 그의 어머니가 세상을 떠나시기까지 30년 동안을 결혼도 하지 않고 있다가 52세가 되던 해 결혼하고 62세가 되던 해에야 첫 자식을 보았습니다.

이것은 모두 어머니를 사랑하고 공경하는 마음에서 생긴 일이었지만 그로 인하여 카네기는 세계적인 강철왕으로 대 부호가 될 수 있었던 것입니다.

"너는 네 하나님 여호와께서 명령한 대로 네 부모를 공경하라. 그리하면 네 하나님 여호와가 네게 준 땅에서 네 생명이 길고 복을 누리리라"(신 5:16)

시골에 사는 한 어머니가 남편을 여읜 채 홀로 외아들을 정성껏 키웠습니다. 자신은 헐벗어도 아들에게는 좋은 옷을 입히려 했고, 자신은 굶어도 아들에게는 맛있는 음식을 먹이려고 애썼습니다. 아들이 공부하고 자라면서 점점 아버지를 닮아가는 모습을 지켜보는 것이 기쁨이요, 보람이었습니다. 그 아들이 마침내 서울로 유학을 갔습니다. 어느 날 아들이 보고 싶어 어머니는 서울로 올라옵니다. 그러나 하숙집을 찾을 수가 없었습니다. 하는 수 없이 어머니는 아들이 다니는 대학의 교문 앞에서 한나절이나 기다립니다. 드디어 많은 학생들 틈에 아들의 얼굴이 보였습니다. 아들은 여자 친구와 다정하게 이야기를 나누면서 교문을 나서고 있었습니다. 어머니는 반가운 나머지 아들의 이름을 부르며 뛰어갔습니다. 그러나 아들은 어머니로부터 고개를 돌립니다.

"저 사람 누구예요?" 여자 친구가 아들에게 묻습니다.

"우리집 식모야" 남루하고 초라한 시골 아낙네를 어머니라고 하기가 부끄러웠던 모양입니다. 어머니는 눈물을 흘리며 그 자리를 피했다고 합니다.

요즈음은 효도의 개념이 많이 달라졌습니다. 내가 잘되는 것이 효도이며, 내가 행복한 것이 부모에 대한 효도라고 생각합니다. 이론은 그럴듯 합니다마는 참으로 걱정스럽습니다. 무슨 대단한 일을 한다고 부모의 마음을 아프게 합니까? 우리는 부모님을 영광과 자랑과 행복의 근본으로 삼아야 합니다. 그분들의 아들 된 것을 자랑하고, 그분들의 딸 된 것을 영광으로 알고 기뻐할 때에 그것이 효도이며 여기에 약속이 있는 복이 함께 합니다(신 5:16, 잠 1:8-9, 15:20).

"너를 낳은 아비에게 청종하고 네 늙은 어미를 경히 여기지 말지니라"(잠 23:22)

– 한태완 목사, '설교예화집 모음'에서

돌아보며 다짐하며 : 어버이날 편지 부모님! 전상서

언제 어디서나 마음의 고향이 되어주신 부모님~

저희에게 세상에서 가장 귀한 부모님을 허락하시고 그 부모님을 통해 생명을 주심을 감사드립니다. 부모님의 해산의 아픔과 기르시는 수고의 희생을 먹고 오늘의 이 자리에 이르게 하심도 감사드립니다.

어려서는 품에 안아 길러 주셨고 자라서는 혹시나 그릇된 길로 나갈까 마음을 졸이시며 사랑으로 기다리셨던 부모님! 자식이 울 땐 같이 울어 주셨고 자식이 웃을 땐 함께 웃으며 기뻐해 주시며 평생을 자식 사랑으로 바쳤던 부모님을 주셨음을 감사드립니다. 한 평생을 자식을 위해 모든 것을 주셨기에 이제는 더 줄 것이 없어서 가슴 아파하시며 눈물지으시는 부모님~ 바삐 사는 자식들에게 더러는 잊혀지면서도 보이지 않게 함께 있는 바람처럼 끝없는 용서로 감싸 안은 당신의 하늘같은 마음.

삶이 고단하고 괴로울 때 눈물 속에서 불러보는 가장 따뜻한 이름... 어머니~ 아버지~ 집은 있어도 사랑이 없어 울고 있는 이 시대의 방황하는 자식들에게 영원한 그리움으로 다시 오십시오. 아직도 나에 대한 희망을 버리지 않으신 부모님의 뜻을 받들어 이 세상에서 빛이 되는 사람이 되어 자식들로 인하여 눈물 흘리시는 일 없도록 최선의 공경과 효도로 기쁨을 안겨 드리는 자녀가 되겠습니다.

– 정남진, 「좋은 글」 중에서 편집

오늘의 기도 : 부모님을 위한 기도

사랑의 주님!

저희에게 세상에서 가장 귀한 부모님을 허락하시고 그 부모님을 통해 생명을 주심을 감사드립니다. 해산의 아픔과 기르시는 수고의 희생을 먹고 오늘의 이 자리에 이르게 하심도 감사드립니다. 어려서는 품에 안아 길러 주셨고 자라서는 혹시나 세상길로 나갈까 마음을 졸이시며 사랑으로 기다리셨던 부모님! 자식이 울 땐 통곡하며 기도하시고 자식이 웃을 땐 기뻐 뛰며 찬송하시며 평생을 자식 사랑으로 바쳤던 부모님을 주셨음을 감사드립니다. 한 평생 자식을 위해 모든 것을 주셨기에 이제는 더 줄 것이 없어 가슴 아파하시며 눈물지으시는 부모님을 주께서 축복하여 주시옵소서.

주님! 이제는 부모님의 믿음을 배우게 하시고 이제는 부모님의 사랑을 배우게 하셔서 이제는 부모님의 뜻을 받들어 이 세상에서 주님의 뜻을 이루어 드리는 주님의 사람이 되게 하소서.

주님! 이제 부모님의 남은 생을 축복하셔서 영육의 강건함을 허락해 주시고 자식들로 인하여 눈물 흘리시는 일이 없도록 최선의 공경과 효도로 기쁨을 안겨 드리는 자녀가 되게 하소서 예수님의 이름으로 기도드립니다. 아멘.

– 홍기웅. 2005. 9. 1.

Day : 21주(월)

찬송 : (새)202장, 241장

21

잠언 21-24장 왕을 위한 지혜의 말

- 21장 : 왕의 마음과 악한 자의 부
- 22장 : 올바른 행위
- 23장 : 올바른 관계
- 24장 : 올바른 기대

잠언의 마지막 11장은 권세자들에 대한 건전한 권면을 포함하고 있습니다. 이 부분에 대한 열쇠는 첫 말씀에 있습니다. "왕의 마음이 여호와의 손에 있음이 마치 봇물과 같아서 그가 임의로 인도하시느니라. 사람의 행위가 자기 보기에는 모두 정직하여도 여호와는 마음을 감찰하시느니라"(잠 21:1-2). 이 부분에 기록된 내용은 부모에서 왕까지, 목사에서 권력자까지, 모든 지도자의 자리에 있는 사람들을 위한 지혜로운 권고들이 기록되어 있습니다. 지도자들은 모든 행동과 성품에 있어서 하나님을 경외하는 모습을 나타내야 합니다. 그리고 이를 위해서 지도자들은 하나님이 주신 영적 윤리적인 교훈들을 잘 배우고 실천해야 합니다.

읽으며 묵상하며 : 앞 바라보기 (잠 24:13-20)

> 내 아들아 꿀을 먹으라 이것이 좋으니라 송이 꿀을 먹으라 이것이 네 입에 다니라 지혜가 네 영혼에게 이와 같은 줄을 알라 이것을 얻으면 정녕히 네 장래가 있겠고 네 소망이 끊어지지 아니하리라 잠 24:13-14

콜린 파월 대장이 미국 국무장관으로 재직하고 있을 때, 유엔에서 행한 그의 연설의 일부가 잘못된 정보에 근거한 것이었음을 알게 되었습니다. 이 일은 오랜 세월에 걸친 그의 출중한 경력에 있어 굴욕적인 순간이었고 하나의 오점으로 기록되었습니다. "나는 실망했습니다. 그런 일이 발생한 것에 대해 유감으로 생각합니다. 그때 그것에 대해 더 잘 아는 사람들이 지적해 주었더라면 좋았을 것이라고 생각하지만, 그 외에는 더 이상 그것에 대해 뭐라고 할 말이 없습니다."라고 그는 인터뷰 기자에게 말했습니다.

과거에 얽매이는 대신 파월 장관은 "인생의 백미러에 초점을 맞추지 않고 앞 유리에 초점을 맞추기로" 선택했습니다.

우리 모두는 과거에 우리가 한 일 가운데 후회하는 일들이 있습니다. 그것이 단순한 실수일 수도 있고, 도덕적 실패이거나 어리석은 결정일 수도 있습니다. 우리는 그런 일이 발생하지 않았더라면 하고 바랍니다. 그것은 계속 우리 마음에 자리를 잡고 종종 우리를 아래로 끌어내립니다.

잠언의 저자는 "송이 꿀을 먹으라...이것이 네 입에 다니라 지혜가 네 영혼에게 이와 같은 줄을 알라 이것을 얻으면 정녕히 네 장래가 있겠고 네 소망이 끊어지지 아니하리라"(잠 24:13-14)라고 말합니다.

과거가 우리 삶의 한 부분으로 남아 있지만 그것이 우리의 장래를 결정하게 할 필요는 없습니다. 하나님의 지혜와 주님이 베푸시는 용서로(시 130:3-4; 행 13:38-39) 우리는 소망을 가지고 장래에 초점을 맞출 수가 있습니다. (David C. McCasland)

– 「오늘의 양식」, 오늘의 양식사, 2007. 5. 24.

살며 생각하며 : 지혜와 생명의 말씀을 가르쳐야

어떤 사람이 주일마다 교회에 가는 길목에서 늘 빈둥거리며 놀고 있는 소년들을 보았습니다. 한 주일은 그들에게 전도하기로 작정하고 평소보다 조금 일찍 나와서 그들에게 다가갔습니다.

"얘들아, 너희들 여기서 하루 종일 노느니 나와 함께 교회에 가지 않을래?"하고 말을 붙였더니 그들 중에 네 명이 따라왔는데 그들은 각각 자기에게 적당한 반에 들어가 교회학교 교육을 착실하게 받게 되었습니다.

여러 해가 지난 후에 그 네 명의 소년들은 모두 장성해서 각자 자기의 길로 갔고, 그들을 교회로 인도하고 주일 학교에서 가르쳤던 그 사람의 60회 생일이 되었습니다. 생일을 맞은 그는 과거 자신이 전도했던 그 네 소년들로부터 각각 생일축하 카드를 받았습니다.

한 통은 연방 정부의 은행 총재로부터,

한 통은 중국에서 선교사로 일하고 있는 목사로부터,

한 통은 당시 대통령이던 후버의 비서관이,

마지막 한 통은 하버트 후버 대통령이 직접 보낸 카드였습니다.

참으로 하나님의 지혜의 말씀인 성경을 잘 배우고 따르면 이와 같이 그 앞에 장래가 있겠고 소망이 끊어지지 않을 것입니다.

– 「그랜드 종합 주석」 9권, 예화, 성서교재간행사. p287

Day : 21주(화)

찬송 : (새)455장, 507장

21

잠언 25–29장 : 솔로몬의 잠언

- 25장 : 왕과 신하
- 26장 : 어리석은 자와 친구들
- 27장 : 입맞춤과 저주
- 28장 : 가난과 번영
- 29장 : 아첨과 은혜

의가 있는 나라는 영화롭게 되고(14:34), 그 백성이 평안하게 됩니다. 솔로몬은 잠언을 끝맺으면서 의로운 자의 풍요와 어리석은 자의 위태한 운명을 대조하고 있습니다. 잠언서 기자는 왕과 신하, 부지런한 자와 게으른 자, 신실한 자와 속이는 자를 대조하면서 이러한 삶의 결과에 대해서 말해주고 있습니다. 잠언서 기자는 사람들에게 할 말이 많이 있었습니다. 지혜를 가진 사람은 여러 가지 삶 속에서 올바르게 응답할 줄 압니다. 그리고 지혜자는 물질에 대해 올바른 시각을 가지며, 올바로 벌고 올바로 사용하는 법을 압니다.

읽으며 묵상하며 : 불이 꺼질 때(잠 26:17–28)

나무가 다하면 불이 꺼지고 말쟁이가 없어지면 다툼이 쉬느니라, 숯불 위에 숯을 더하는 것과 타는 불에 나무를 더하는 것 같이 다툼을 좋아하는 자는 시비를 일으키느니라

잠 26:20, 21

불은 연료를 다 태우면 꺼집니다. 이와 유사하게 소문을 더 이상 퍼뜨리지 않는 사람한테 그 소문이 도달하면 그것은 소멸됩니다.

소문은 다른 죄와 같이 "별식"(잠 26:22)과 같습니다. 우리는 그것이 "맛있기" 때문에 듣기를 좋아하고 다른 사람들과 나누기를 즐겨 합니다. 소문은 우리 자신에 대해 기분 좋게 느끼고 싶은 욕구에 그 뿌리를 두고 있습니다. 우리는 다른 사람들을 낮출 때 우리 자신이 올라가는 듯한 환상을 갖게 됩니다.

이것이 소문을 퍼뜨리는 것을 참기가 매우 어려운 이유입니다. 개인적으로 관심이 있는 것처럼 위장하거나, 고난에 빠진 죄 짓는 친구를 위해 기도해 달라는 식으로 위장하는 것을 포함하여 소문을 퍼뜨리는 것을 거부하거나, 심지어 소문을 듣는 것조차 거부하는 수준에 이르기까지는 기도와 하나님의 은혜가 필요합니다.

우리는 언제 말하고, 무엇을 말하며, 언제 우리의 입을 다물고 있어야 할지를 알 수 있도록 하나님께 지혜를 구해야 합니다. 왜냐하면 "말이 많으면 허물을 면하기 어려우나 그 입술을 제어하는 자는 지혜가 있기"(잠 10:19) 때문입니다.

가끔은 조용히 입을 다물고 말을 아끼는 것이 현명합니다. 그러나 만일 우리가 말을 해야만 한다면, 다른 사람들을 낙담시키거나 상처를 주는 그런 말을 하지 말고 그들이 하나님께 더욱더 가까이 갈 수 있도록 격려하는 말들을 합시다. "지혜로운 자의 혀는 양약과 같으니라"(잠 12:18). (David Roper)

-「오늘의 양식」, 오늘의 양식사, 2006. 3. 25.

살며 생각하며 : 심술쟁이 고양이

어느 마을에 독수리 가족과 산돼지 가족이 정답게 살아가고 있었습니다. 어느 날, 이 평화스러운 마을에 심술꾸러기 고양이가 이사를 왔습니다. 고양이는 먼저 독수리네 집으로 인사하러 갔습니다.

"독수리 아주머니, 안녕하세요? 그런데 어쩌자고 저 보기 싫은 산돼지와 같은 마을에 사는 거예요? 오다가 보니 못된 산돼지가 아주머니네 예쁜 아기들을 잡아먹을 궁리를 하던 걸요."

이렇게 거짓말로 독수리의 집안을 발칵 뒤집어 놓은 고양이는 이번에는 산돼지네 집으로 갔습니다.

"아주머니, 난 아주머니같이 좋은 분이 이웃에 계셔서 여간 마음이 놓이는 게 아니예요. 그나저나 저 독수리네 식구들은 조심하셔야겠어요. 글쎄 아주머니가 집을 비우는 틈을 타서 아주머니의 예쁜 아기들을 노리고 있던걸요."

사이좋던 독수리와 산돼지는 심술꾸러기 고양이의 말을 듣고 난 후부터는 서로를 의심하고 경계하기 시작했습니다. 어떻게 하면 상대방을 내쫓을 수 있을까를 궁리하기 시작했습니다. 그러던 어느 날 독수리 네와 산돼지 네는 급기야 크게 다투고 서로에게 깊은 상처를 남기게 되었습니다. 마침내 두 가족 모두 정든 그 마을을 떠나갔습니다. 이리하여 심술꾸러기 고양이는 독수리도 없고, 산돼지도 없는 마을에서 모든 것을 독차지했습니다.

불의한 혀는 다툼을 좋아하며 시비를 일으킨다고 했습니다. 마치 이 심술쟁이 고양이처럼 혹 우리도 무절제한 언어생활을 함으로 다툼과 분쟁을 일으키고 있지는 않습니까?

-「그랜드 종합 주석」 9권, 예화, 성서교재간행사, p308

Day : 21주(수)

찬송 : (새)579장, 304장

21

잠언 30-31장 여자에게서 나온 지혜의 말씀

- 30:1-6 : 하나님을 향한 말씀
- 30:7-33 : 인간을 향한 경고
- 31:1-9 : 경건한 어머니
- 31:10-31 : 경건한 아내

자신의 무지를 인정하는 사람은 찾아보기 어렵습니다. 그러나 아굴은 자신의 무지에 대해서 정직하게 고백했습니다. 그는 자연에 대한 질문을 통해서 독자들에게 하나님의 탁월하심을 깨닫게 합니다. 르무엘은 잠언의 마지막 덮개를 제공해 주고 있습니다. 그는 마지막 31장에서 현숙한 아내와 어머니의 덕을 찬양하고 있습니다. 하나님을 경외하는 것으로(1:7) 시작한 잠언은 바람직한 가정에 대한 언급으로 끝을 맺고 있습니다(31:15). 하나님을 경외할 줄 아는 사람은 일상생활 속에서 그 열매가 나타나게 됩니다.

읽으며 묵상하며 : 현숙한 여인 (잠 31:20-31)

고운 것도 거짓되고 아름다운 것도 헛되나 오직 여호와를 경외하는 여자는 칭찬을 받을 것이라 그 손의 열매가 그에게로 돌아갈 것이요 그 행한 일로 말미암아 성문에서 칭찬을 받으리라 잠 31:30-31

지혜로운 자로서 현숙한 여인이란, 여호와를 경외하는 확고한 신앙의 중심에서 드러납니다. 이러한 자에게는 그로 인한 하나님의 넉넉하고도 의로운 보상이 보장되어 있습니다.

현숙한 여인은 덕행으로 존귀하게 됩니다.

현숙한 여인은 이기적인 여인이 아니라 간곤한 자와 궁핍한 자를 돕고 사랑을 베푸는 인자한 여인입니다. 연약한 자를 위로하는 것은 실질적으로 그들을 돕는 행위로서, 지혜와 신앙이 행동으로 드러나는 표현입니다. 현숙한 여인은 어떠한 상황이 벌어져도 가족을 보호할 수 있도록 미리 적절한 준비를 하는 현명함을 지니고 있습니다. 또한 이 여인은 집안 전체를 돌보고 자기 자신도 아름답게 가꾸기를 게을리 하지 않습니다. 현숙한 여인의 지혜로운 행동은 가정을 번창하게 하며, 남편으로 하여금 대외적인 일에 전념하여 사람들의 존경을 받는 지도자의 위치에 서게 합니다. 그리하여 현숙한 여인의 남편은 가정에 대해서 안심하고 공사에만 전념할 수 있게 됨으로써, 그가 보살피는 가족은 형통하게 됩니다.

현숙한 여인은 지혜로움으로 칭찬받습니다.

그녀는 부지런함과 지혜로움의 대가로 큰 번영과 풍요를 누리고, 하나님에게 선행을 인정받아 보상을 받게 됩니다. 현숙한 여인은 문제 해결에 있어서도 신중하고 합당한 말과 방법으로 지혜롭게 해결합니다. 말과 행동 가운데 친절과 겸손, 상대방을 긍휼히 여기는 인자한 모습은 많은 사람들의 존경과 선망의 대상이 될 뿐만 아니라, 가족 구성원들에게 사랑과 존경을 받게 합니다. 현숙한 여인은 입을 열어 지혜를 베풀고 그 혀로 인애의 법을 말함으로 남편으로부터 아내의 지혜와 덕스러움을 칭찬받는 사람입니다.

지혜로운 여인은 외모나 재물에 집착하지 않고, 자신의 모든 삶의 목표를 오직 여호와를 경외하는 데 둡니다. 이처럼 사람이 참된 축복과 행복을 누릴 수 있는 비결은 바로 하나님을 경외하는 것입니다.

–「묵상하는 사람들, 메세지」, 프리셉트, 2005. 5. 3.

살며 생각하며 : 슈만의 아내

사회적으로 훌륭한 저명인사들 뒤에는 그만큼 부인의 훌륭한 내조가 숨어있는 경우가 흔합니다.

독일의 대작곡가 슈만(Schumann, Robert Alexander 1810-1856)의 경우에도 후세에 잊혀지지 않는 음악가가 되기까지 숨은 내조의 역할이 매우 컸음을 볼 수 있습니다.

그는 당시 자신의 피아노 교사였던 비크의 딸 클라라와 5년 간 열애 끝에 결혼하였습니다. 그의 결혼 생활은 대단히 행복했습니다. 클라라는 슈만을 실의에 빠지지 않도록 잘 격려하였고, 그로 하여금 늘 악상이 용솟음치게 했습니다. 실제로 슈만의 작품 중 가곡 〈시인의 사랑〉 등 많은 교향곡과 실내악들이 그의 결혼 이후의 작품인 것입니다. 뿐만 아니라 클라라는 여러 가지 의미에 있어서 슈만의 좋은 반려자였습니다. 슈만이 모든 힘을 작곡에만 쏟을 수 있도록 훌륭한 내조를 했을 뿐 아니라, 자신이 직접 그의 작품을 연주하여 세상에 알리기도 했습니다. 그리고 슈만이 죽은 후에는 베를린, 프랑크푸르트 등지에 살면서 남편이 남기고 간 유작들을 연주 소개했습니다.

현숙한 아내는 그 값이 진주보다 귀하다고 했습니다.

남편을 협조하고 분발케 하는 아내, 어찌 그를 아름답다고 하지 않을 수 있을까요?

–「그랜드 종합 주석」 8권, 성서교재간행사, p363

Day : 21주(목)

찬송 : (새)88장, 88장

21

전도서 1–6장 인생이 탐구한 의미

왕상 12:1–24, 대하 10:1–11:4 북쪽 지파들의 배반

- 1–2장 : 의미 없는 노력
- 3장 : 의미 있는 시간
- 4–6장 : 의미 없는 주변 상황

인생의 의미와 결말을 올바로 이해하는 일은 쉽지 않습니다. 전도서 기자는 이를 알기 위해서 인간들이 추구하는 모든 것들을 실험해 보았습니다. 그는 이러한 실험을 통해서 인생의 의미가 무엇인지 말하고 있습니다. 그는 사람들이 세상에서 추구하는 모든 것, 즉 권력과 명예와 지혜와 재물과 사업과 이성 등을 모두 소유해 보았습니다. 그러나 그는 그것들로 만족할 수가 없었습니다. 그에게 있어서 인간이 추구하는 모든 것은 공허하기만 했습니다. 그는 하나님께서 모든 인생에게 때와 기한을 정하셨으며, 인간의 운명이 그 손에 달려 있다는 것을 깨닫게 되었습니다. 그는 해 아래에 일어나는 모든 일이 헛된 것을 깨닫고, 인생의 의미를 창조주 하나님 안에서 찾을 것을 권고하고 있습니다.

읽으며 묵상하며 : 영원을 사모하는 마음 (전 3:1–15)

하나님이 모든 것을 지으시되 때를 따라 아름답게 하셨고 또 사람들에게는 영원을 사모하는 마음을 주셨느니라 그러나 하나님이 하시는 일의 시종을 사람으로 측량할 수 없게 하셨도다 전 3:11

많은 사람들이 그저 열심히 사는 것이 인생을 잘 사는 길이라고 말하고 있습니다. 하지만 솔로몬은 인간이 열심히 노력하는 것이 무슨 의미가 있느냐고 반문하고 있습니다. 왜냐하면 인생에는 자기의 노력으로 결코 좌우되지 않는 기한과 때가 분명히 있기 때문입니다.

본문에는 때라는 단어가 30번이나 나옵니다. 개인의 생로병사, 희로애락과 국가의 흥망성쇠 등 세상 모든 일에는 하나님의 정하신 기한이 있습니다. 하나님은 모든 것을 당신의 때에 당신의 뜻대로 주장하고 계십니다.

인간이 애를 쓰지만 이처럼 자기의 노력을 초월하는 '때'가 있고(10절), 인간이 측량할 수 없는 많은 일들이 있는 이유는 인생으로 하여금 자기가 피조물에 지나지 않음을 깨달아 영원을 사모하는 마음을 가지게 함입니다(11절). 그러나 많은 사람들은 이 같은 하나님의 때와 기한에 대해서 무지한 채 자기 노력만으로 인생을 살아가려고 애쓰고 있습니다. "나의 앞날이 주의 손에 있사오니"(시 31:15)라고 고백하며 살 수 있는 것은 행복입니다. 시편 62:8은 "백성들아 시시로 그를 의지하고 그의 앞에 마음을 토하라 하나님은 우리의 피난처시로다"라고 권면합니다. 영원하신 하나님을 사모하며 자기 마음대로 자행하지 않는 것이 인생을 사는 바른 길입니다.

– 「GT, 세계를 품는 경건의 시간」, GTM, 2003. 5. 21.

살며 생각하며 : 변하지 않는 예수님

미국의 부흥사 무디(D. L. Moody)는 이런 말을 했습니다.

"당신 자신을 믿어 보십시오. 반드시 실망할 때가 올 것입니다. 친구를 믿어 보십시오. 어느 날 죽거나 이별할 때가 있을 것입니다. 명예나 돈을 믿어 보십시오. 어느 날 사라질 때가 올 것입니다. 예수 그리스도를 믿어 보십시오. 후회 없는 삶을 살 것이요. 영원한 생명을 얻을 것입니다."

세상에 속한 것들은 다 변하고 썩고 사라질 것입니다. 영원히 변함없는 분은 오직 예수님뿐입니다. 이 예수님을 믿고 의지할 때에만 영원한 행복과 평안을 누릴 수 있습니다.

– 하천덕 편저, 「키워드로 불러보는 설교 예화」, 아가페, p618

정리하며 확신하며 : 하나님께서 성도에게 선물로 주시는 것들

	선물로 주시는 것들	참고 성경 구절
1	지혜와 지식과 희락	전 2:26
2	먹고 마시는 것들	전 3:13
3	수고함으로 낙을 누리는 것	전 3:143
4	재물과 부요함	전 5:19
5	풍성한 수확	사 30:23
6	성령	행 2:38, 39
7	믿음	엡 2:8
8	구원	엡 2:8
9	하나님의 은혜	엡 4:7
10	영혼의 강건함	엡 6:10
11	모든 쓸 것	빌 4:19
12	각양 좋은 은사	약 1:17

– 「그랜드 종합 성경주석」 9권, 성서교재간행사, p406

Day : 21주(금)

찬송 : (새) 175장, 162장

21

전도서 7–12장 인생의 의미

- 7장 : 악한 자 중에 있는 의인
- 8–10장 : 혼란 속에 있는 목적
- 11–12장 : 태어나 죽을 때까지 예배함
- 왕상 13:1–14:20 벧엘 제단 훼파 예언 및 유다 선지자와 벧엘 예언자

전도서 기자는 주로 인생의 문제에 관심을 두고 탐구했습니다. 그는 인생 문제에 대해서 깊이 탐구하는 동안에, 인생의 가치가 창조주 하나님과의 올바른 관계에 달려 있다는 사실을 깨닫게 되었습니다. 그러므로 그는 독자들에게 인생의 의미가 하나님 경외에 달려 있다고 말하고 있습니다. 그는 방종하기 쉬운 젊은이들에게 하고 싶은 일을 하되, 하나님의 심판이 있음을 경고하면서 책임 있는 삶을 살라고 권고하고 있습니다. 전도서 기자는 인생의 의미를 탐구한 후에 인간의 본분이 창조주 하나님을 경외하고, 그 말씀을 지켜 행하는 것이라고 결론짓고 있습니다 (전 12:13).

읽으며 묵상하며 : 곤고한 날에는 생각하라 (전 7:1–14)

초상 집에 가는 것이 잔칫집에 가는 것보다 나으니 모든 사람의 끝이 이와 같이 됨이라
전 7:2

사람이 태어날 때의 분위기는 기쁨과 흥분입니다. 인생의 덧없음이나 한계에 마음을 둘 시기가 아닙니다. 그러나 초상집의 분위기는 반대입니다. 그곳은 살아 있는 자로 생각하게 합니다. 현실이 분명하게 드러나는 곳입니다.

하지만 슬픔이 오히려 마음을 좋게 하는 것은, 하늘의 영원한 집을 사모하게 하기 때문입니다. 지혜자의 책망을 듣는 것도 그러합니다. 진리가 죄를 드러낼 땐 마음이 아프고, 부끄럽습니다. 하지만 진리의 치료를 받은 자에겐 깨끗한 회복이 선물로 주어집니다.

그러므로 사람은 하나님 앞에서 진지함을 회복해야 합니다. 우매자의 자멸적인 웃음소리에 동참하여 인생을 가볍게 살아선 안 됩니다(6절). 원하든 원하지 않든 탐학할 힘이 주어지고, 뇌물에 욕심이 동하면 지혜자라도 파멸하게 됩니다(7절). 깨어 기도하지 않는 한, 시험에 예외인 자는 없는 것입니다. 나는 책망과 교훈을 달게 받는 사람입니까? 곤고한 날에 내게 말씀하시는 성령의 소리를 들을 수 있습니까?

쉽게 감정을 품는 것은 교만한 우매자나 할 일입니다(9절). 노한 감정으로는 하나님의 의를 이루지 못합니다(약 1:19-20).

그러므로 불타는 의욕보다는 인내의 결실이 더 값집니다. 과거에 침잠하는 감정도 지혜가 아닙니다. 좋은 시절을 한숨지으며 추억하는 것은 삶의 진행을 막습니다. 우리는 과거를 벗어야 합니다. 과거에서 물려받을 참 유업이 있다면 그것은 지혜입니다(11절). 지혜는 지금 살아서 "햇빛을 보는" 우리에게 유익을 줍니다. 지혜는 아래 있는 음부에서 떠나게 하고 위로 향한 생명 길로 향하게 해서 지혜 얻은 자의 생명을 보존합니다(12절, 잠 15:24).

지혜 있는 자는 형통하면 기뻐하고, 곤고하면 생각합니다. 하나님의 행하시는 일을 스스로 헤아려 결론 내지 않고, 하나님의 주권에 생각을 맡깁니다.

나는 잘 참지 못하고 쉽게 노를 발합니까? 과거를 잊지 못한 채 계속 매여 있진 않습니까?

– 「생명의 삶」 말씀해설, 두란노서원, 2004. 5. 11.

살며 생각하며 : 노인들의 인생 철학

미국의 사회학자 안토니 캠보로가 95세 이상의 노인을 대상으로 설문 조사를 했습니다. 질문은 "만일 당신이 인생을 한 번 더 살 수 있다면 어떻게 살 것인가?"였습니다. 그는 노인들의 대답을 크게 세 가지로 요약할 수 있었습니다.

"첫째는 삶의 여유를 가지고 삶을 돌아보며 또 즐기며 살 것입니다."

"둘째는 인생을 더 많이 도전하고 모험할 것입니다."

"셋째는 죽은 뒤에 이름을 남길 것입니다."

이것은 노인들의 인생 경험에서 나오는 인생철학이고 소망입니다. 죽은 사람들에게 똑같은 질문을 할 수 있다면 어떤 답이 나올까요? 분명히 그들은 이렇게 대답할 것입니다.

"하나님께서 계시는 것과 하나님의 심판과 예수님께서 우리의 주세주가 되신다는 것을 더욱 굳게 믿으며 살 것입니다.

– 하천덕 편저, 「키워드로 불러보는 설교 예화」, 아가페, p705

Day : 21주(토)

찬송 : (새)333장, 381장/ (새)342장, 395장

21

■ 이번 주 읽은 성경 요약 및 못 읽은 부분 읽고, 한 주간 생활 묵상하며 가정 예배드리기

■ **주제 : 행복한 부부를 이루는 지혜** (잠 5:1-23)

읽으며 묵상하며 : 부부에 관한 지혜 (잠 5:1-23)

부부의 사랑이 허물어지면 가정도 허물어집니다. 왜냐하면 부부 간의 사랑이 가정의 기초를 이루기 때문입니다.

5장에서 솔로몬은 가정에 초점을 맞추어 가정에 대한 구체적인 지혜를 나누어 줍니다.

부부의 사랑

하나님은 인간을 남자와 여자로 창조하시고 결혼을 통해 한 몸이 되게 하셨습니다. 이것은 하나님의 오묘한 계획입니다. 부부는 성생활을 통해 세상에서 맛보지 못하는 일치감을 느끼며, 그 사랑으로 말미암아 생명력과 기력을 얻게 됩니다. 물은 생명력과 기력을 상징합니다.

"물을 마시라"(15절)는 권고는 바로 부부 간의 성생활을 통해 오는 행복감을 누리라는 권고입니다. 하나님은 부부 간의 성을 창조하신 분이며, 부부 간의 은밀한 사랑과 대화를 듣고 기뻐하십니다. 모든 사람의 길이 여호와의 눈앞에 있습니다(21절). 따라서 그리스도인들은 부부관계의 영역, 특히 성적인 부분까지도 솔직하게 하나님 앞에 내려놓을 줄 알아야 합니다. 주님께 맡기지 못할 삶의 영역은 아무것도 없습니다.

정절의 의무

의무 : 하지만 주의할 것은 성생활에서 오는 기쁨에는 반드시 경계선이 있습니다. 특히 주의해서 살펴볼 단어는 '네 우물', '네 샘'이라는 단어입니다(15절). 우물과 샘의 물은 내가 소유한 곳에서만 마셔야 합니다.

마찬가지로 남편은 젊어서 취한 그 아내만을 즐거워해야 합니다. 내 아내, 내 남편의 품으로 만족해야 하며, 그 안에서 최대한의 만족감을 누려야 합니다.

외도와 간음은 분명한 악으로 하나님은 이미 십계명의 제7계명을 통해서 간음하지 말 것을 엄중하게 권고하셨습니다.

외도와 간음의 결과는 파괴적입니다. 악에 걸려 넘어지게 할 뿐 아니라 죄의 포로가 되어 영적으로 죽고 마음이 혼미하게 됩니다(22-23절). 간음을 통해 자신의 심령은 물론이고, 부하의 가정까지 파괴한 다윗의 경우를 떠올려 보십시오. 외도는 가정을 파괴시키는 지름길입니다.

–「묵상하는 사람들」, 프리셉트, 2008. 7. 10.

살며 생각하며 : 행복한 부부생활을 위한 묘약

모든 사물에는 법칙이 있듯 부부가 살아가는 일에도 법칙이 없을 수 없다. 행복한 부부 생활을 위해 이런 법칙을 따라 볼 일이다.

1. 산울림의 법칙

한 소년이 엄마 품에 안겨 울먹거렸다. "엄마, 산이 날 보고 자꾸 바보라 그래요."

이야기를 들은 엄마가 물었다. "너가 뭐라고 했는데?" 아이가 대답했다.

"야, 이 바보야!" 순간 엄마가 빙그레 웃으며 아이에게 말했다. "그러면 내일은 산에 가서 '야, 이 천재야!' 하고 외쳐보렴"

그러자 정말로 산이 소리쳐 주었다.

"야, 이 천재야!" 대접받고자 하는 대로 대접하는 것이야말로 부부의 황금율이라 할 수 있다.

2. 실과 바늘의 법칙

부부란 실과 바늘의 악장이라 할 수 있다. 바늘이 너무 빨리 가면 실이 끊어지고 바늘이 너무 느리면 실은 엉키고 만다. 그렇다고 바늘대신 실을 잡아당기면 실과 바늘은 따로 놀게 된다. 더구나 실과 바늘은 자신의 역할을 바꿀 수도 없고 바꾸어서도 안 된다. 실과 바늘의 조화, 여기에 부부화합의 비밀이 있다.

3. 수영의 법칙

수영을 배워 물속에 뛰어드는 사람 없다. 모두들 물속에 뛰어들어 수영을 익힌다. 마찬가지로 사랑의 이치를 다 배워 결혼하게 되는 것이 아니라 결혼을 통해 사랑의 이치를 깨우쳐 가게 된다. 그러므로 피차 미숙함을 전제하고 살아갈 때 서로 인내할 수 있게 된다.

4. 타이어의 법칙

사막의 모래에서 차가 빠져 나오는 방법은 타이어의 바람을 빼는 일이다. 공기를 빼면 타이어가 평평해져서 바퀴 표면이 넓어지기 때문에 모래 구덩이에서 빠져 나올 수 있다. 부부가 갈등의 모래사막에 빠져 헤맬 때 즉시 자존심과 자신의 고집이라는 바람을 빼는 일이 필요하다. 그러면 둘 다 살 수 있다.

5. 김치의 법칙

배추는 5번 이상 죽어서야 김치가 된다. 땅에서 뽑힐 때, 칼로 배추의 배를 가를 때, 소금에 절일 때, 매운 고추와 젓갈과 마늘의 양념에 버무려 질 때, 그리고 입 안에서 씹힐 때. 그래서 입안에서 김치라는 새 생명으로 거듭난다. 행복이란 맛을 내기 위해 부부도 죽고 죽어야 한다. 그래야 행복이 피어난다.

6. 고객의 법칙

고객에게는 절대 화를 낼 수 없다. 항상 미소로 맞이해야 한다. 상대방이 무엇을 원하는지 재빨리 파악해야 한다. 그리고 최선을 다해야 한다. 부부란 서로를 고객으로 여겨 살 때만 멋진 관계를 유지할 수 있다. 배우자를 나의 마지막 고객이라 여겨라. 거기에 부부관계를 이어가는 해답이 있다.

돌아보며 다짐하며 : 꽉 찬 인생

너나 없이 매일매일 바쁘게 살아가는 것이 오늘을 사는 우리의 모습이다. 속된 말로 죽으려도 죽을 시간이 없다는 표현을 쓰리만큼 바쁘게 살아간다.

빡빡한 일정으로 정신없이 바쁘게 산다고 해서 꽉 찬 삶을 사는 것은 아니다.

자기에게 주어진 일이 자신뿐 아니라 이웃을 위한 일이고, 그렇다 하더라도 일에 임하는 자세에 따라 제삼자의 판단은 다르게 나타날 수도 있다. 순수한 마음으로 그 일에 몰두하여 초지일관하되 지치지 않도록 쉬어야 할 때는 쉴 줄도 알고, 사랑하는 마음으로 일 함으로 사랑을 받기도 하고, 도움을 주면서 도움을 받으며, 시간도 마음도 나누면서, 맛있게, 멋있게 하는 일 때문에 빡빡한 시간들, 그것이 바로 꽉 찬 삶이다.

'마스시다 고노스케'의 「해야 할 일은 해야 한다」라는 책 중에 "순수함은 사람을 강하고 올바르며 총명하게 만든다. 역경에 처해서도 그 환경을 순수하게 받아들이고 이겨내는 사람, 순조로운 환경에서 순수한 마음으로 자신의 성장을 위해 최선을 다 하는 사람, 그 여정은 다르지만 둘 다 강하고 올바르며 훌륭한 자질을 갖추고 있다." 라는 내용이 있다.

금세기를 우리와 함께 산 인물로 순수한 삶의 본보기를 들라면 1997년 9월 5일, 87세를 일기로 생을 마감한 '마더 테레사'를 꼽을 수 있다. 그의 순수한 삶에 대해서는 내가 논하지 않아도 모두가 잘 알고 있는 일이다. 1995년 '마더 테레사'는 한 인터뷰에서, "어떤 메시지를 유언으로 남기고 싶으십니까?" 라는 질문에 "예수님께서 여러분을 사랑하시듯 여러분도 서로 사랑하십시오. 그분께서 남기신 말씀입니다. 그런데 사랑하려면 순수한 마음이 필요합니다. 그리고 그것을 위해 기도해야 합니다. 순수한 마음이 있으면 하느님을 뵙고 말씀 드릴 수 있습니다. 기도하면 믿음이 깊어지고 사랑하기 시작합니다. 그리고 이 사랑은 이웃에 대한 섬김으로 나타납니다. 또 거기서 평화가 자랍니다. 따라서 기도하는 사람은 모든 것을 가진 사람입니다. 사랑과 평화. 한마디로 모든 것을…"

지금 내가 하는 일이 어떤 일이건 간에 꽉 찬 인생을 목표로 재점검하고 새롭게 출발하자. 혹자는 이미 때가 기울었다고 할 사람도 있을 것이다. 그러나 내 생활에 관한 한 내 마음 갖기에 달려 있다. 바로 오늘이 나의 전성기라고 생각하자. 오늘 하루가 최고의 전성기라고 생각하면 내일도 다시 전성기로 이어지고 모래도 전성기가 된다.

누구에게나 존경하는 인물이 있고, 닮고 싶은 사람이 있으련만 자신은 그 대상에서 제외시키고 있다. 나에게도 충분한 자질이 있음을 스스로 인정하고 노력할 때, 바로 꽉 찬 인생을 향한 발 거름은 이만치 와 있을 것이다.

– 김홍근(뉴욕 한인봉사센타 무궁화 상조회장), 2005. 11. 25.

오늘의 기도 : 행복한 가정을 위한 기도

전능하신 하나님!

가정의 질서를 통하여 하나님의 뜻을 이루심을 감사하나이다.

우리 가정이 하나님을 예배하는 아름다운 제단이 되게 하옵소서. 그리고 하나님의 사랑을 실현하여 단란한 낙원을 이루게 하옵소서.

그리스도가 교회를 사랑하고 교회가 그리스도를 사랑한 것과 같이, 남편은 아내를 사랑하고 아내는 남편을 사랑하여 하나가 되게 하옵소서.

우리의 가정을 나사렛 예수의 가정과 같이 축복하여 주옵소서.

요셉과 마리아가 예수를 사랑하고 하나님의 말씀으로 양육한 것과 같이 부모로 하여금 자녀를 사랑하고 하나님의 말씀으로 양육하게 하옵소서.

소년 예수가 요셉과 마리아를 공경한 것과 같이 자녀로 하여금 부모를 공경하게 하옵소서. 우리의 가정이 삶의 오아시스와 복음자리가 되게 하옵소서.

예수 그리스도의 이름으로 기도드립니다. 아멘.

Day : 22주(월)

찬송 : (새)342장,395장

22

열왕기상 14:21-15:24, 역대기하 11:5-16:14 남 유다의 초기 통치

- 14장 르호보암의 통치
- 15장 아비얌, 아사의 통치

북 이스라엘과 같이 남 유다 왕국도 여호와 보시기에 크게 악을 행했습니다. 그들은 산 위와 모든 푸른 나무 아래에 산당을 짓고, 온갖 우상과 아세라 목상을 세웠습니다. 또한 그들 중에는 남색하는 자들도 있었으며, 가나안 백성들이 저지른 모든 가증한 일을 쫓아 행했습니다. 솔로몬의 뒤를 이어 왕이 된 르호보암과 아비얌은 하나님께서 보시기에 크게 악을 행했습니다. 그들은 북 이스라엘의 여로보암 왕과 평생 동안 전쟁을 했습니다. 그러나 아비얌의 뒤를 이어 유대 왕이 된 아사는 부친과는 달리 여호와 보시기에 정직하게 행했습니다. 그는 유다에서 남색하는 자와 우상을 제거했고, 모친이 우상숭배를 하는 것을 보고 그녀를 왕후에서 폐하기도 했습니다. 그러나 그는 산당만은 제거하지 않고 그대로 두었습니다.

읽으며 묵상하며 : 말씀을 버린 자를 심판하심(대하 12:1-8)

그들이 여호와께 범죄하였으므로 르호보암 왕 제오년에 애굽 왕 시삭이 예루살렘을 치러 올라오니 대하 12:2

본문은 르호보암이 나라가 견고하고 세력이 강하여지자 여호와를 버렸다고 말씀하고 있습니다. 더 중요한 것은 이런 지도자의 행동을 온 이스라엘 백성들이 본받았다는 것입니다. 이것은 지도자의 행동이 얼마나 그의 백성들에게 영향력을 행사하는지를 잘 드러내주고 있습니다. 그 결과 여호와께서 애굽 왕 시삭을 사용하셨습니다. 그를 통해서 유다의 견고한 성읍을 취하게 하고 예루살렘까지 공격하도록 했습니다. 우리는 물질과 권력의 힘이 있을 때 삶 속에서 여호와의 말씀은 온데간데 없는 경우를 보게 됩니다. 때로 우리에게 다가오는 고난이 범죄 함으로 인해 찾아오는 고난일 수 있습니다. 그때 우리는 자신을 돌아보아야 합니다. 나는 혹시 자신을 너무 신뢰하고 있지는 않습니까? 성경은 나에게 충고합니다. "선 줄로 생각하는 자는 넘어질까 조심하라"(고전 10:12).

하나님은 사랑하시는 자를 징계하십니다. 하나님은 그 징계를 통해서 그분의 백성들을 바로 세우시기 원하시기 때문입니다. 유다 방백들이 예루살렘에 모였습니다. 그 이유는 시삭이 예루살렘을 치기 위하여 왔기 때문입니다. 그때 스마야 선지자는 그들에게 여호와의 말씀을 전하였습니다. 그것은 "너희가 나를 버렸으므로 나도 너희를 버려 시삭의 손에 붙였다"는 것입니다. 이때 방백들과 르호보암은 스스로 겸비하였습니다. 그 겸비함을 보고 하나님은 그들을 구원하시기로 결정하셨습니다. 그러나 그들을 시삭의 종이 되도록 하였습니다. 그 이유는 그들을 교훈하여 바로 세우기 위함이었습니다. 본문은 "나를 섬기는 것과 열국을 섬기는 것이 어떠한지 알게 되리라"고 말씀하고 있습니다(8절). 하나님 앞에 범죄했을 때 철저하게 그 대가를 지불해야 합니다. 그것이 범죄로 인한 대가의 고난이라면 감사함으로 그 가르침에 겸허하게 머리 숙여야 합니다. 그래야 바로 설 수 있기 때문입니다.

- 「생명의 삶」 말씀해설, 두란노서원, 2002. 8. 27.

살며 생각하며 : 죄의 습관

중국 춘추전국 시대에 복부제라는 사람이 선부라는 고을의 원님으로 있을 때의 일입니다. 이웃 제나라의 군사들이 쳐들어온다는 소식이 왔습니다. 복부제는 즉시 성문을 닫으라고 명령했습니다. 때마침 추수기여서 성문 밖에는 보리가 누렇게 익어 있었습니다. 백성들은 원님을 찾아가서 "기껏 농사지어 적병들에게 곡식을 넘겨줄 바에야 적이 도착하기 전에 모두 나가서 아무 밭에서나 자기 힘대로 거두어들이는 것이 어떻겠느냐"고 했습니다. 하지만 복부제는 그들의 청을 뿌리치고 성문을 닫게 했습니다.

복부제를 존경하던 백성들은 융통성이 없는 결정을 했다며 그를 원망하기 시작했습니다. 게다가 곡식을 다 수탈당한 백성들의 원성이 높아지자 적을 이롭게 했다는 죄목으로 복부제는 왕의 심문을 받게 되었습니다. 그는 왕 앞에서 "일 년 지은 곡식을 적병들에게 빼앗긴 것은 아깝기 짝이 없는 일이나 급하고 손쉽다고 해서 남의 곡식을 마구 베어다 먹는 버릇이 생기면 그것은 10년이 가도 고칠 수 없는 일입니다"라고 말했습니다. 복부제의 말을 들은 왕은 멀리 내다볼 줄 아는 그의 식견에 탄복했습니다.

죄를 미워하고 엄히 다스린 사회의 백성들은 비록 물질이 풍요롭지 못해도 마음을 합할 수 있고 어떤 어려움도 이겨낼 수 있습니다. 그러나 죄를 두려워하지 않는 사회는 물질의 풍요나 학식의 높은 수준이 오히려 죄의 불길에 휘발유를 끼얹는 결과밖에 되지 않습니다. 비록 먼 길로 우회한다 해도 맑은 물가를 걸으며 신선한 공기를 마시는 것이 모든 사람들의 바람이라는 것을 알아야 할 것입니다.

- 「생명의 삶」, 오늘의 묵상, 두란노서원, 2002. 8. 27.

Day : 22주(화)

찬송 : (새)540장, 219장

22

열왕기상 15:25-19:21 : 북 이스라엘의 초기 통치와 엘리야

- 왕상 15:25-16:7 나답, 바아사의 통치
- 왕상 16:8-16:20 엘라, 시므리의 통치
- 왕상 16:21-16:34 오므리, 아합의 통치
- 왕상 17:1-19:21 선지자 엘리야

북 이스라엘에서는 여로보암의 뒤를 이어 나답과 바아사가 왕이 되었습니다. 그들 역시 여로보암처럼 하나님께 악을 행했습니다. 하나님은 예후를 통해서 바아사의 멸망을 예고 하셨습니다. 그리고 그 예언대로 군대장관 시므리가 모반하여 바아사를 죽이고 말았습니다. 그 후에 또 다시 오므리라는 군대장관이 시므리를 죽이고 왕이 되었습니다. 오므리가 죽은 후에 그의 뒤를 이어 왕이 된 사람은 악명 높은 아합이었습니다. 아합은 철저한 우상 숭배자인 이세벨을 아내로 맞이했습니다. 그는 이세벨의 말을 듣고 이스라엘을 우상을 섬기는 나라로 만들고 말았습니다. 이로 인해 온 나라는 영적 인 암흑세계가 되고 말았습니다. 그때에 하나님은 불의 선지자 엘리야를 보내서 백성들의 마음을 하나님께 돌아오도록 만드셨습니다.

읽으며 묵상하며 : 말라버린 시냇가에서 (왕상 17:1-16)

이스라엘의 하나님 여호와의 말씀이 나 여호와가 비를 지면에 내리는 날까지 그 통의 가루가 떨어지지 아니하고 그 병의 기름은 없어지지 아니하리라 하셨느니라 왕상 17:14

우리 인생의 시내를 메마르고 건조하게 만드는 것은 무엇일까요? 친한 벗으로부터의 소외, 믿었던 이로부터의 배신, 자꾸 높아만 가는 이웃과의 벽, 풀어야 할 난제들, 잃어버린 건강 등에 대한 근심과 염려로 소망의 불빛이 희미해져 갈 때가 바로 인생을 메마르게 하는 때인 것입니다. 그럴 때면 우리는 흔히 이러한 생각을 하곤 합니다.

'하필이면 왜 내게 이런 불행이 생기는 걸까?' '앞으로 내 삶은 어찌 되는 거지?'

그러나 엘리야는 이렇게 메말라 버린 날에도 결코 좌절하거나, 절망하거나, 처지를 한탄하지 않았습니다. 그는 인간의 한계상황을 초월하시는 하나님의 능력을 믿었기 때문입니다. 본문에서 볼 수 있듯이 하나님께서는 엘리야를 위하여 이미 사르밧 과부와 그녀의 아들을 예비해 놓으시지 않았던가요! 엘리야로 하여금 어렵고 힘든 시간들을 겪게 하심으로 더욱더 그를 강한 신앙인으로, 보다 더 쓰임 받는 사람으로 만드셨던 것입니다.

왜 근심과 후회로 일을 더욱 악화시킵니까?

마음의 눈을 들어 기뻐하는 무리들과 하나가 되십시오.

소망의 물결 속에서 고통을 잊으십시오.

지금은 견디기 힘든 일들도 모두 사라지고 말 것입니다. 마치 산 중턱에 걸친 안개처럼.

시간은 우리의 상처를 아물게 하며 떨어지는 눈물을 마르게 하여 우리의 어깨에서 고달픈 멍에를 벗겨냅니다. 눈에 보이는 지속적인 고통은 없습니다. 찬란한 빛을 감추는 어두운 구름은 태양의 하얀 햇살로 곧 흩어질 것이며, 정오의 이글거리는 태양 아래서 그 자취를 감출 것입니다. 우리는 이것을 잊지 맙시다. 고난의 금요일 뒤에는 부활의 아침이 있음을. (William McMillan)

– 「호크마 종합주석」 구약 8권, QT, 기독지혜사, p427

살며 생각하며 : 하나마나한 말 같지만

우리가 사용하는 언어 중에 실제로는 아무 효과가 없는 것 같아도 하는 말이 많습니다. 이 말들은 그럼에도 필요합니다.

(1) "게 섰거라." - 아무리 도둑에게 명령해도 도망가는 도둑이 순종하여 멈추어 선 경우는 없습니다.

(2) "음식 잘해요." - 식당에서 이렇게 물은 들 '못한다'고 말해서 오는 손님들을 내 보내는 식당 주인은 없습니다.

(3) "어울려요." - 손님이 입어본 옷을 '어울리지 않으니 사지 말라'는 가게 주인은 없습니다.

(4) "나 사랑해?" - 아내의 물음에 감히 '아니'라고 대답해서 쫓겨날 멍청한 남편은 없습니다.

(5) "순종하라." - 하나님의 말씀에 '아니요'라고 말은 안 해도 실제 불순종하여 '하나마나한 말씀'으로 만들지는 않습니까?

가장 존귀히 순종해야 할 하나님의 말씀에 불순종하여 '하나마나'하게 하는 주범이 바로 오늘의 그리스도인입니다. 그럼에도 같은 말씀의 반복은 나도 모르게 세뇌되고 말씀이 마음에 심겨져 언젠가는 순종의 열매를 맺게 합니다.

사도신경을 매주 반복하는 것도 그 고백이 몸에 배어 필요할 때에 내 신앙고백으로 튀어나오고, 이단을 대처합니다. 좋은 말은 힘을 주지만 거짓된 말은 망하게 합니다.

"사람이 무슨 무익한 말을 하든지 심판 날에 이에 대하여 심문을 받으리니 네 말로 의롭다 함을…"(마 12:36-37)

– 신현주 목사, 「예화 철학」, 도서출판 누가, p126

Day : 22주(수)

찬송 : (새)322장, 357장

22

열왕기상 20:1–22:40 아합의 통치

- 20장 아람과의 승리
- 21장 나봇의 포도원을 빼앗음
- 22장 아합의 죽음

하나님은 아합의 악함에도 불구하고 자신의 이름을 위해서 북 이스라엘이 아람에게 승리할 수 있게 하셨습니다. 그러나 아합은 승리에 들떠서 하나님께서 죽이라고 지시한 아람 왕을 살려주고 말았습니다. 하나님은 즉시 선지자를 보내셔서 아람 왕 대신 아합이 죽게 될 것이라고 경고하셨습니다. 그 후에 사악한 이세벨은 거짓 증인을 세우고 의로운 나봇을 죽인 후에 그의 포도원을 빼앗고 말았습니다. 이로 인해 하나님은 아합의 가족이 멸절될 것을 예고하셨습니다. 아합은 이 경고를 듣고 즉시 하나님 앞에 겸비한 모습을 보였습니다. 하나님은 아합의 겸비함을 보시고 아합 때에 심판을 내리지 않고, 아들의 때에 재앙을 내릴 것이라고 말씀하셨습니다. 그 후에 아합은 거짓 영의 미혹을 받고 길르앗 라못 전투에 나갔다가 전사하고 말았습니다. 그때에 선지자의 예고대로 개들이 아합의 시체에서 흘러나온 피를 핥게 되었습니다.

읽으며 묵상하며 : 아내의 야망 (왕상 21:1–16)

> 이세벨이 나봇이 돌에 맞아 죽었다 함을 듣고 이세벨이 아합에게 이르되 일어나 그 이스르엘 사람 나봇이 돈으로 바꾸어 주기를 싫어하던 나봇의 포도원을 차지하소서 나봇이 살아 있지 아니하고 죽었나이다 왕상 21:15

우리 교회에서는 금년 초부터 이제 막 결혼 생활을 시작하는 부부들을 대상으로 하여 성경에 나오는 부부들에 대해 공부하는 시간이 계속되어 오고 있는데, 참여하는 이들의 열심이 대단합니다. 그동안 아담과 하와, 아브라함과 사라, 이삭과 리브가, 보아스와 룻 등 여러 쌍의 부부에 대하여 공부했는데, 오늘은 '아합과 이세벨'에 대한 내용으로 수업이 진행되었습니다.

먼저 이들의 생애를 살펴보면서 그들의 성장과 결혼, 왕과 왕후로서의 자세, 그리고 남편과 아내로서의 역할 등에 대해 알아보노라니 무척 흥미진진했습니다. 더욱이 성경에 나오는 대부분의 선한 부부들과는 달리 악명 높은 인물들이었기에 새롭게 흥미를 가중시켰던 것 같습니다.

이렇게 내용을 파악한 뒤, 연이어 현실 적용을 위한 토의에 들어갔는데, 여러 의견이 오고 간 끝에 이러한 결론을 내렸습니다. '의롭고 고상한 야망을 가진 부인은 그 남편의 인생에 고귀한 대의(大義)를 성취시킬 수 있지만, 무가치한 야망으로 가득 찬 천박한 부인은 철저하게 남편을 타락시킬 수밖에 없다'는 것이었습니다.

실로 아내가 하나님이 인정하시는 의롭고 고상한 야망을 가져야 한다는 것은 아합의 운명에서 보듯, 자명한 사실이지 않은가요! 아합의 아내 이세벨은 자기 권리도 아닌 왕의 옥쇄를 함부로 찍어 나봇 같이 선량한 백성을 죽였으며 그 포도원도 빼앗았습니다. 단지 아합이 채우지 못한 사소한 욕망을 채워줌으로 그의 기분을 풀어주려 했던 이세벨의 헛된 야망은 결국 아합 가(家)에 영원한 심판을 가져오고야 말았습니다.

그런데 이와는 대조적으로, 역사상에는 아내의 야망이 하나님 보시기에 올바른 방향으로 세워져 가치로운 삶을 영위한 부부들이 제법 있습니다.

로마의 황제 유스티누스(Justinus)는 자신이 제정한 현명한 법령들은 거의 그의 부인 데오도라(Theodora)가 암시해 준 것들이었다고 고백하였고 또한 마틴 루터(Martin Luther)는 자기 부인에 대해 "나는 그녀 없이 세상의 모든 부를 누리느니, 그녀와 함께 하는 가난을 선택할 것이다"라고 말하였습니다. 그리고 미국이 독립했을 당시 워싱턴은 40년 동안 어디를 가나 부인의 초상화가 그려진 목걸이를 걸고 다녔다고 합니다.

이러한 예들과 이세벨의 야망은 실로 대조적입니다. 이처럼 아내의 야망이 숭고한 것인지, 비천한 것인지에 따라 남편의 인생 여정이 크게 좌우되는 것입니다. 아내의 영향력이 이토록 클진대, 세상의 부인들이 그 영향력을 하나님과 가정을 위해 유감없이 발휘한다면 이 세상은 훨씬 살기 좋은 곳이 되지 않을까요? "아내 된 자들아 이와 같이 남편에게 순복하라 이는 혹 도를 순종하지 않는 자라도 말로 말미암지 않고 그 아내의 행위로 말미암아 구원을 얻게 하려 함이니"(벧전 3:1)

–「호크마 종합주석」 구약 8권, QT, 기독지혜사, p512

살며 생각하며 : 욕심의 끝은 멸망

아라이바의 상인 '타무트'는 사막에서 길을 잃고 말았습니다. 그런데 사막을 헤매다가 오아시스를 발견했고 그 길은 지름길이라는 것도 발견하는 횡재를 만났습니다. 이 사실을 알리면 다른 사람들이 오아시스를 고갈시킬 것 같아 혼자서만 그 길로 사막을 횡단하며 큰 야자수 아래에서 쉬고 체력을 회복했습니다.

어느 날 타무트는 염려하기를 이 야자수 때문에 사람들이 오아시스를 알아내면 어쩌나, 또 이 야자수의 뿌리가 귀한 샘물을 다 빨아먹어 버리면 어떡하나 하는 염려에 그 나무를 베어버렸습니다. 그는 장사를 마치고 여러 날 후에 그 길로 돌아오다가 깜작 놀랐고 목말라하며 이렇게 독백했습니다.

"마른 나무가 위치를 알려줄 뿐 오아시스는 흔적마저 다 사라져 버렸구나. 욕심이 나를 목말라 죽게 하는구나."

우리 민담의 '황금알을 낳는 오리'의 배를 가른 것처럼 욕심이 지나치면 있는 것마저 누리지 못하고 사라져 버립니다.

당장 눈앞의 이익만을 우구하면 그 결과는 비극입니다. 인생에 있어서 행운만큼 좋은 것이 어디 있겠습니까? 복권이 당첨된다거나, 예상 밖의 유산을 받을 때에 잘못된 욕심으로 그것을 바르게 활용하지 못하면 오아시스를 만났으나 욕심 때문에 죽은 아라비아 상인과 다를 것이 무엇이겠습니까?

"욕심이 잉태한즉 죄를 낳고 죄가 장성한즉 사망을 낳느니라"(약 1:15)

– 신현주 목사, 「예화 철학」, 도서출판 누가, p163

정리하며 확신하며 : 담대한 신앙의 특징

	담대한 신앙의 특징	참고 성경 구절
1	하나님의 도움을 확신함	수 10:25
2	환난과 죽음을 두려워하지 않음	요 16:33
3	힘차게 복음을 증거함	행 4:19, 20
4	사람들을 두려워하지 않음	행 5:29
5	성령이 충만함	행 6:10-15
6	하나님을 절대 신뢰함	빌 1:14
7	모든 일에 대해 기도함	빌 4:6
8	항상 감사함	살전 5:18
9	뒤로 물러서지 아니함	히 10:38, 39
10	세상이 감당하지 못함	히 11:38

– 「그랜드 종합주석」, No. 16, p74

Day : 22주(목)

찬송 : (새)391장, 446장

22

역대기하 17:1–20:37, 열왕기상 22:41–53, 열왕기하 1장 여호사밧의 유다 통치

- 17장 개혁 운동
- 18장 아합과의 동맹 전쟁
- 19–20장 여호사밧의 승리

유다에서는 아사 왕의 뒤를 이어 여호사밧이 왕이 되었습니다. 여호사밧은 아사 왕처럼 하나님 보시기에 정직하게 행했습니다. 하나님은 유다를 부강하고 강하게 만들어 주셨습니다. 그러나 여호사밧은 악명 높은 아합 왕과 사돈을 맺었으며, 이로 인해 큰 재난을 초래했습니다. 그는 후에 아합과 함께 길르앗 라못 전쟁에 나갔다가 큰 위험에 빠졌습니다. 그는 이 전쟁에서 하나님의 은혜로 겨우 목숨만 건져서 돌아오게 되었습니다. 그 후에 또 다시 모압과 암몬이 유다를 공격해 왔습니다. 그때에 여호사밧은 하나님께 간절히 기도했습니다. 그리고 하나님은 그 기도에 응답하시고 유다가 모압과 암몬을 물리칠 수 있도록 도와주셨습니다.

읽으며 묵상하며 : 여호사밧의 통치 (대하 17:1–9)

그가 전심으로 여호와의 길을 걸어 산당들과 아세라 목상들도 유다에서 제거하였더라

대하 17:6

여호사밧은 "스스로 강하게 하여" 이스라엘의 공격에 대비하는 군사력을 강화시켰습니다(1절). 이는 아람 왕에게 외교-군사적으로 의존했던 아사 왕과의 차별을 강조하고 있는 표현이라고 할 수 있습니다.

여호사밧의 종교 정책

여호사밧은 아버지 아사 왕 통치 초기에 하나님께서 아사랴를 통해 주신 교훈을 연상시키는 정책을 수행함으로 국력을 강화시키고 있습니다(대하 15:1-2 참조). 본문은 여호사밧과 하나님의 긴밀하고 역동적인 관계를 잘 보여 주고 있습니다. 여호사밧은 우상이 아닌 하나님께 구했고, 하나님의 계명을 행했습니다(4절). 그는 여호와의 도를 행하여 산당과 우상들을 제거했고(6절), 여호와의 율법 교육이 전국적으로 이루어질 수 있도록 교육 정책을 실시했습니다(7-9절). 하나님께서는 자신을 찾는 자들을 만나주시고, 함께하십니다. 그 언약대로 여호와께서는 여호사밧과 함께하셔서(3절) 그 나라를 여호사밧의 손에서 견고하게 하셨고, 그에게 부귀와 영광이 있게 하셨습니다(5절). 가장 행복한 사람은 이렇게 하나님의 길 위에서 하나님과 동행하면서 하나님께서 주시는 복을 누리는 사람일 것입니다.

여호사밧의 교육 정책

여호사밧은 방백들(7절), 레위 사람과 제사장(8-9절)들을 파견하여 전국을 순회하면서 여호와의 율법을 가르치게 했습니다. 그의 종교개혁은 단지 산당과 우상을 파괴하는 선에서 머무르지 않았습니다. 그는 교육 정책을 통해 모든 백성들이 동참하는 개혁을 추진했습니다. 모든 백성들이 하나님의 법을 배워 그 법대로 제사 드리고, 그 법대로 살아가게 하는 것이 진정한 의미의 종교개혁임을 그는 깨닫고 있었던 것 같습니다. 그는 또한 이러한 교육 정책을 통해 모든 백성들의 가치관이 여호와의 율법이라는 공통분모 아래 하나 됨을 이루게 하는 것이 국력 강화의 지름길이라는 사실도 알고 있었던 것 같습니다. 하나님의 말씀을 배울 때 우리는 바른 길을 걸어갈 수 있습니다. "주의 말씀은 내 발에 등이요 내 길에 빛"이시기 때문입니다(시 119:105).

– 「묵상하는 사람들」, 프리셉트, 2004. 12. 16.

살며 생각하며 : 성경말씀으로 변화된 젊은 이

북 아프리카의 다가스테라는 작은 고장에 방탕한 생활을 일삼던 한 젊은이가 있었습니다. 그러던 어느 해 젊은이는 자신이 그동안 신봉해 오던 마니교를 버리고 고향을 떠나 로마로 갔다가 밀라노로 옮겨왔는데 그곳에서 한 설교자에게 설교를 듣게 되었습니다. 바로 그때 젊은이는 복음의 진리에 감동을 받아 마음이 뜨거워지는 것을 느꼈습니다. 이에 젊은이는 자신이 큰 죄인이라는 사실을 깨닫고 회개 기도를 했습니다. 그 때 어디선가 이상한 소리가 들려오는 것이었습니다.

"성경책을 펴보라. 성경책을 펴보라!"

그는 사방을 두리번거리다가 친구의 성경을 빌려 펼쳐보았습니다. 그가 펼친 로마서에 다음과 같은 말씀이 있었습니다. "음란하거나 호색하지 말며 다투거나 시기하지 말고… 정욕을 위하여 육신의 일을 도모하지 말라" 자신의 죄를 크게 깨달은 그는 주께 헌신하기로 작정하고 모든 세상의 일을 끊어버렸습니다.

그 젊은이가 바로 오늘날 우리에게 잘 알려져 있는 성 어거스틴(Aurelius Augustine)입니다. 우리는 하나님의 말씀의 위력, 곧 죄인을 구원하시는 큰 힘을 보았습니다. 유대 왕 여호사밧은 하나님의 말씀을 방백과 레위인과 제사장으로 하여금 죄에 빠져 있는 백성들에게 교육하게 하였습니다.

– 「그랜드 종합주석」 7권, 성서교재간행사, p510

Day : 22주(금)

찬송 : (새)441장, 498장

22

열왕가하 2:1-8:15 선지자 엘리야

- 2장 사역의 시작
- 3장 모압 정벌
- 4장 수넴 여인과 엘리사
- 5장 나아만과 엘리사
- 6:1-8:15 아람 정벌과 엘리사의 마지막 사역

엘리야는 자기 일을 마친 후에 하나님의 부르심을 받고 승천했습니다. 그의 뒤를 이어서 엘리사가 선지자 사역을 계승했습니다. 그는 세상을 떠나는 엘리야에게 엘리야가 받은 영감의 갑절을 요구하였습니다. 그는 하나님의 영감을 받고 여러 가지 놀라운 일들을 행했습니다. 그는 쓴 물을 달게 했고, 전쟁에 관한 모든 비밀을 알 수 있었습니다. 그는 자신을 돌보아 준 과부의 아들을 살려주었으며, 독이 있는 쓴 채소를 달게 하여 먹을 수 있게 하기도 했습니다. 또한 엘리사는 이방인 나아만 장군의 나병을 고쳐주었으며, 물에 빠진 도끼를 물에 떠오르게 하여 되찾을 수 있게 했으며, 하나님의 지시를 따라 왕을 폐하고 세우는 일을 했습니다. 이러한 일은 엘리사가 엘리야의 갑절의 영감을 받았다는 것을 보여줍니다. 이스라엘은 세월이 흐르면서 더욱더 악해졌습니다. 그러므로 엘리사는 엘리야 때보다 더 큰 영감이 필요했습니다. 하나님은 가장 악한 시대에 엘리사를 통해서 이스라엘 백성과 이방에 하나님의 살아계심을 나타내셨습니다.

읽으며 묵상하며 : 엘리야의 승천과 엘리사 (왕하 2:1-11)

건너매 엘리야가 엘리사에게 이르되 나를 네게서 데려감을 당하기 전에 내가 네게 어떻게 할지를 구하라 엘리사가 이르되 당신의 성령이 하시는 역사가 갑절이나 내게 있게 하소서 하는지라 이르되 네가 어려운 일을 구하는도다 그러나 나를 네게서 데려가시는 것을 네가 보면 그 일이 네게 이루려니와 그렇지 아니하면 이루지 아니하리라 하고

왕하 2:9, 10

마지막 순방(1-8절)

하나님께서 엘리야를 데려가시기 앞서 그가 세운 선지학교를 순방케 함으로써 선지자의 생도들을 위로하고 격려하게 했습니다. 우상이 판을 치고 있는 어려운 시대에 엘리야는 세상을 한탄하거나 포기하지 않고 다음 세대를 책임질 제자들을 양육하고 있었습니다. 세대가 악할수록 다음 세대를 책임질 제자(일꾼)들을 당신의 가정에서, 자녀들에게, 학교에서, 교회에서 말씀으로 잘 양육하여 주님의 제자가 되어 귀하게 쓰임 받도록 해야 할 것입니다. 악한 세대를 바라보고 낙망하지 않고 하나님을 바라보며 주의 일을 감당할 수 있는 일꾼들

을 양육해 내어야 합니다. 우리 한 사람 한 사람이 큰일을 하는 것도 귀하지만 다른 사람으로 하여금 큰일을 할 수 있도록 기도해 주고 후원해 주고 양육하는 귀한 밑거름이 되는 것은 더욱 귀한 것입니다.

지금 내가 기도하며 후원하고 양육하고 있는 사람은 얼마나 됩니까? 이것이 나의 축복의 그릇이 될 것입니다.

그 스승에 그 제자(9-11절)

엘리야가 승천하려는데 엘리사가 계속 따라오니 "도대체 무엇을 얻으려고 따라오느냐? 부탁할 것이 무엇이냐"물었을 때 엘리야는 갑절의 영감을 구하였습니다. 권위를 달라거나 선지학교장이 되기를 구하지 않았습니다. 하나님께서는 당신의 일꾼들에게 일할 능력을 각자의 분량을 따라 주십니다. 중요한 것은 준비된 그릇만큼 주신다는 사실입니다.

나는 얼마나 준비하고 있습니까? 준비된 만큼의 능력을 구하고 있습니까? 아무리 위대한 사람이 이 땅에서 사라져도 하나님 나라의 사역은 또 다른 사람을 통해 변함없이 이루어져 갑니다. 모세가 죽은 후에 여호수아가 이스라엘을 섬겼듯이 엘리야가 회리바람을 타고 승천하고 없어도 엘리사가 계속 사역하게 된 것입니다. 하나님 나라의 사역을 위한 나의 영적 계보는 어떠합니까?

– 「날마다 주님과 함께」 본문해설, 학생신앙운동(SFC), 2002. 2. 18.

살며 생각하며 : 하나님이 계산하는 시간

미라엘 몰간은 대학시절 구원의 감격과 하나님의 은혜를 체험하고 하나님께 헌신된 삶을 살기로 열망했습니다. 당시 변호사 남편을 만나 20년의 '허송세월'을 보내며 하나님의 인도에 의아해 했습니다. 평범한 주부로 부부, 자녀, 생활, 인간관계 등의 스트레스를 받으면서 그렇게 살리라고는 상상도 못했습니다.

그런데 20년 후 그녀는 여성의 삶을 다룬 작가가 되었습니다. 단순한 이론이 아닌 철저한 체험에 근거한 것이고 성경적 시각이 배어 있었습니다. 수많은 불신 여성들이 눈물로 주님을 영접했고 빛바랜 그리스도인들이 은혜로 회복의 기쁨을 맛보았습니다.

"그때서야 20년의 세월이 헛된 것이 아니었고 헌신된 삶을 위한 준비단계였음을 깨닫게 되었습니다. 하나님께서 침묵하시는 시간에 기다림을 배우는 것이 복이요 은혜입니다."

하나님의 인도하심을 잘 알지 못해서 고통의 시간에 원망하면서 하나님의 가르치심과 연단을 부인하는 우를 범합니다. 지금도 다 모르지만 하나님의 연단학교에서 괴로워도 한탄할 일이 있어도 참고 기다리며 더 나은 미래를 바라봅니다.

하나님의 시간과 내 시간은 다를 수 있으므로 하나님의 시간에 맞추어서 믿음으로 살면 별보다 찬란한 날은 오므로 그리스도인들은 환난 중에도 즐거워 할 수 있는 것입니다.

"우리가 환난 중에도 즐거워하나니 이는 환난은 인내를, 인내는 연단을, 연단은 소망을 이루는 줄 앎이로다."(롬 5:3-4)

– 신현주 목사, 「예화 철학」, 도서출판 누가, p240

정리하며 확신하며 : 불화한 가정의 특징

	특 징	참고 성경 구절
1	하나님을 그 집의 주인으로 모시지 않음	계 3:20
2	남편이 아내를 바르게 다스리지 못함	창 3:16
3	남편이 여러 여자를 거느림	삼상 31:1-8
4	아내의 행실이 바르지 못함	삿 19:2
5	아내가 남편을 무시함	삼하 6:16
6	아내가 지아비의 욕을 끼침	잠 12:4
7	아내가 남편에게 복종하지 않음	엡 5:22, 23
8	아들이 제멋대로 방탕함	눅 15:11-18
9	자녀가 부모님께 순종치 않음	엡 6:1
10	부모가 자녀들로 복종케 못함	삼상 2:24, 25
11	부모가 자녀들의 잘못을 징계하지 않음	삿 19:2-9
12	가장이 가족을 돌보지 않음	딤전 5:8
13	친척들과도 불화함	사 58:7
14	형제간에 미움이 많음	창 4:8
15	불신이 기득함	요 7:3-10
16	불화가 끊이지 않음	잠 19:13, 27:15, 16
17	재산 상속으로 인한 다툼이 큼	눅 12:13-15

– 「그랜드 종합 성경주석」 4권, 성서교재간행사, p714

Day : 22주(토)

찬송 : (새)333장, 381장/ (새)342장, 395장

22

■ 이번 주 읽은 성경 요약 및 못 읽은 부분 읽고, 한 주간 생활 묵상하며 가정 예배드리기

■ 주제 : **바른 선택의 결과** (수 25:1-18)

읽으며 묵상하며 : 인생의 가장 중요한 선택 (수 25:1-18)

하나님의 구원 역사를 상기시킴으로써 하나님의 은혜와 주권적 통치를 깨닫게 한 여호수아는 나이가 많아 하나님의 부르심을 받을 날이 얼마 남아있지 않기에 이제 이스라엘 백성들에게 이방신을 섬길 것인지 하나님을 섬길 것인지를 택일하라고 결단을 촉구합니다. 이에 이스라엘은 오직 하나님만을 섬기겠다는 신앙의 결단을 했습니다.

결단의 시기는 '지금'

여호수아는 자신의 죽음이 임박한 시점(23:14)에서 백성의 장래에 대해 염려했습니다. 그는 하나님의 은혜를 망각하기 일쑤인 백성들이 너무나도 쉽게 하나님을 거스려 행악하게 될 것(19-20절)을 걱정한 것입니다. 그렇기 때문에 여호수아는 자신이 죽기 전에 백성들에게 신앙의 결단을 촉구했습니다(14절).

사실상 인생은 내일을 기약할 수 없는 존재입니다.

성경은 "보라 지금은 은혜 받을 만한 때요 보라 지금은 구원의 날이로다"(고후 6:2)라고 말합니다. 그러므로 우리도 이스라엘 백성처럼 지금 이 순간에 오직 하나님만을 섬길 것을 결단해야 합니다. 그렇지 않을 때 이를 갈며 슬피 우는 날이 언제 우리 앞에 닥칠지 모를 일입니다(마 24:42-51).

선택의 시간

인간은 두 주인을 동시에 섬길 수 없습니다. 왜냐하면 마음이 나뉘어 어느 한쪽도 제대로 섬길 수 없기 때문입니다. 이런 까닭에 여호수아는 백성들에게 양자택일을 촉구했습니다. 즉 하나님을 섬길 것인지 메소포타미아의 신, 애굽의 신, 가나안의 신과 같은 우상 신을 섬길 것인지를 선택하라고 한 것입니다(15절).

그러면서 여호수아 자신도 결단했습니다. 설령 모든 백성이 하나님을 저버릴지라도 "오직 나와 내 집은 여호와를 섬기겠노라"고 선언한 것입니다. 예수님은 무엇이든 주님보다 더 사랑하는 자는 주님께 합당하지 않다고 말씀하셨습니다(마 10:37). 이는 곧 우리가 하나님보다 다른 무엇을 더 사랑하면 그것이 바로 우상 숭배이자 하나님이 미워하시는 행위임을 일깨워 줍니다. 우리는 매순간마다 하나님만을 섬기겠다는 결단을 하며 살아야 합니다.

그는 우리 하나님이십니다(16-18절)

여호수아의 촉구와 결단을 들은 백성들은 즉각적으로 하나님께서 자신들에게 행하신 일을 말하면서 하나님만을 섬기겠노라고 고백합니다. 백성들이 이같이 즉각적으로 반응할 수 있었던 것은 여호수아의 신앙적 결단에 힘입은 바가 크다고 할 수 있습니다. 백성의 지도자로서 가나안 전쟁을 승리로 이끌었던 여호수아는 이제 그의 죽음을 앞두고도 담대한 신앙을 증언함으로 이스라엘을 하나님 편에 서게 합니다.

참된 지도자는 그가 가진 것들을 통해 사람들에게 영향력을 끼칩니다. 다른 한편 애굽에서, 광야에서, 가나안 전쟁에서 이스라엘을 이끄시고 보호하셨던 하나님, 그 하나님이 바로 지금도 살아계셔서 우리들을 지키는 하나님이십니다. 졸지도 아니하고, 주무시지도 아니하면서 이스라엘을 지키시는 여호와(시 121:4) 하나님만을 섬기며, 그 날개 아래 거하는 것이 참된 기쁨과 만족이 됩니다.

– 「묵상하는 사람들」, 프리셉트, 2006. 2. 13.

살며 생각하며 : 진리를 선택하기로 결단하라

"Yes, I Believe in God!"(그래, 나는 하나님을 믿어) 이 말은 17세 소녀 캐시 버넬이 자신을 겨누는 총구 앞에서 한 말입니다. 미국의 콜로라도 주의 덴버 시에 있는 리틀턴의 콜롬바인 고등학교에서 불량 동아리 소속의 두 남학생이 다른 학생들을 향해 총을 난사한 사건이 있었습니다. 총을 든 한 남학생이 캐시 버넬에게 다가가 총구를 겨누고 물었습니다. "너, 하나님을 믿어?"

버넬은 그를 똑바로 쳐다보며 말했습니다. "Yes, I Believe in God!'

그러자 남학생은 총구를 그녀의 가슴팍에 대고 소리쳤습니다. "하나님은 없어!"

그때도 바넬은 말했습니다. "아니야. 하나님은 살아계셔. 너도 그분을 믿어야 해."

화가 난 남학생은 방아쇠를 당겼고 캐시 버넬은 그렇게 목숨을 잃었습니다.

이 사건이 있는 후 미국의 청소년들 사이에 영적 부흥 운동이 일어났습니다. 그리스도인 십대들 사이에 "Yes, I Believe in God!"이라는 문구가 새겨진 티셔츠를 입고 다니는 운동이 일어난 것입니다. 한 알의 밀알이 땅에 떨어져 죽음으로써 많은 열매를 맺을 수 있었습니다.

지금도 하나님은 우리 안에 거룩한 음성을 들려주십니다.

"진리를 따르라. 선으로 악을 이기라. 하나님의 영광을 위해 하라."

우리가 하나님의 음성에 순종하기로 결단하면, 하나님은 우리를 도우십니다. 내 의지나 용기로는 오래 버티지 못하지만 하나님을 의지할 때 올바른 선택을 하고 선택한 것을 굳게 지켜 나갈 수 있습니다. 지금 진리를 선택하기로 결단하십시오.

– 예수님을 따른 삶 / 류호준

돌아보며 다짐하며 : 좋은 말이 사람을 키웁니다

어떤 상황에서 누가 강한 불만을 토로하면 "이렇게 할 수밖에 없는 속사정을 우린 잘 모르잖아요." 라고 조심스레 대꾸해 보고, 늘 자신을 비하하며 한탄하는 이들에겐 "걱정 마시고 힘을 내세요. 곧 좋아질 거예요." 라고 위로의 표현을 해 봅니다.

싫다, 지겹다는 말을 자꾸 되풀이하면 실제로 지겨운 삶이 될 테니 우선 말이라도 그 반대의 표현을 골라서 연습하다 보면 그 좋은 말이 우리를 키워 주는 걸 경험하게 된다고 감히 경륜 쌓인 교사처럼 친지들에게 일러 주곤 합니다.

누군가로부터 나의 잘못이나 허물을 지적받았을 때도 변명을 앞세우기보다는 일단 고맙다, 죄송하다는 말부터 먼저 하고 나면 마음이 자유롭고 떳떳해지는 승리감을 맛보게 된다는 이야기도 들려줍니다.

– 이해인, 좋은 글 나누기, 2007. 10. 28.

오늘의 기도 : 믿음으로 선택을 하게 하옵소서

하나님 아버지! 감사합니다.
만백성 중에서 저희를 성별하여 자녀로 선택해 주시고 영육 간에 넘치도록 축복해 주심을 감사드립니다. 이처럼 하나님의 은혜를 넘치도록 받고 살아오면서도 때로는 하나님을 사랑하고 말씀을 순종하기보다는 내 유익을 위해서 살 때가 종종 있었음을 고백합니다. 주여 용서하여 주옵소서. 저희들이 이 세상을 살아가면서 중요한 결정을 해야 할 때 여호수아처럼 하나님만을 섬기며 하나님이 원하시는 것을 할 수 있는 올바른 '믿음의 선택'을 할 수 있는 믿음과 용단을 주셔서 항상 바른 믿음을 통하여 하나님께 영광을 돌리는 삶이 되게 하옵소서. 예수님의 이름으로 기도합니다. 아멘.

Day : 23주(월)

찬송 : (새)597장, 378장

23

열왕기하 8:16-29, 역대기하 21:1-20, 요엘 1-3장 이스라엘과 유다의 동맹기간

이스라엘 왕 아합의 때에 이스라엘과 유다는 매우 우호적인 관계를 유지하고 있었습니다. 그 이유는 유다와 이스라엘 왕가가 사돈을 맺고 있었기 때문입니다. 이 시기에 여호사밧을 제외한 모든 유다 왕들은 이스라엘 왕 아합의 영향을 받아 타락의 길을 걸었습니다. 여호사밧의 아들 여호람은 죄를 짓고 징계를 받아 중병으로 죽었고, 그 아들 아하시야도 우상숭배를 하다가 죽임을 당하고 말았습니다. 그러나 하나님은 다윗과의 약속을 기억하시고 유다를 멸망시키지는 않으셨습니다. 요엘서는 언제 쓰여 졌는지 확인할 수가 없습니다. 요엘은 이스라엘에 임한 메뚜기 대재앙을 보고, 그 재앙이 이스라엘의 죄에 대한 하나님의 심판이라고 말했습니다. 그는 이스라엘이 계속해서 회개하지 않으면, 앞으로 메뚜기 떼와 같은 북방민족의 침입을 받고 멸망하게 될 것이라고 경고했습니다. 또한 요엘은 장차 하나님께서 말세에 만민에게 성령을 주실 것이라고 예고했습니다. 요엘은 그때가 되면 누구든지 주의 이름을 부르는 자마다 구원을 얻게 될 것이라고 예고했습니다. 그리고 이러한 요엘의 예언은 오순절 성령강림으로 성취되었습니다.

읽으며 묵상하며 : 마음을 찢고 돌아오라(욜 2:1-17)

너희는 옷을 찢지 말고 마음을 찢고 너희 하나님 여호와께로 돌아올지어다 그는 은혜로우시며 자비로우시며 노하기를 더디 하시며 인애가 크시사 뜻을 돌이켜 재앙을 내리지 아니하시나니 욜 2:13

이스라엘 백성에게 임한 모든 재앙은 하나님께 충성하지 못한 데서 빚어진 결과입니다. 따라서 요엘은 이스라엘 백성이 그 악한 길에서 돌이켜 하나님께 돌아오기를 촉구하고 있습니다.

장차 임할 여호와의 심판의 가공할 모습이 소개되고 있습니다. 그날은 이제 임박하였습니다. 나팔과 호각이 전쟁의 개시를 알리려고 합니다. 엄청난 파괴력으로 모든 것을 신속히 태워버리는 '불'의 심판의 위엄과 신속성을 보여 줍니다. 어둡고 두려움이 임하는 날이요, 이러한 것은 이제까지도 없었고 이후 세세로도 다시없을 큰 심판입니다. 민첩하고 조직적인 공격력 앞에서 어느 누구도 피할 수 없습니다. 이는 그 심판의 주체가 누구도 대항할 수 없는 여호와 하나님이시기 때문입니다.

심판의 지연은 계속되지 않습니다. 이제 더 이상 지체할 수 없는 상황이 되었습니다. 이스라엘에게 요구되고 있는 것은 참된 회개입니다. 금식하며 옷을 찢는 형식적인 행위가 아니라, 마음을 찢음으로 자신의 죄를 진실로 인정하고 하나님께 통회하는 것이 요구되고 있습니다. 또한 금식일과 성회라는 적절한 절차를 통해 하나님께 나아올 것을 명하셨습니다. 구체적 날과 장소를 정하여 회개의 의지를 드러내 보일 것을 요구하신 것입니다. 또한 이 회개는 모든 백성들에게 요구되는 민족적 회개였습니다.

본문의 13절은 선지자들의 메시지를 핵심적으로 요약해서 나타내 주고 있는 아주 감동적인 글이라고 할 수 있습니다. 선지자들은 하나님의 심판에 대해 경고하면서도 동시에 희망의 말씀을 전해 주었습니다. 임박한 여호와의 날이 선포되어도 여전히 범죄하고 있는 답답한 현실에 대해 요엘 선지자는 애타는 심정으로 그 재앙의 날의 고통을 생각하며 마음을 찢고 하나님께로 돌아오라고 외칩니다. 끝까지 회개치 않는 자에게는 가혹한 날이지만 회개하고 여호와를 앙망하는 자에게는 구원의 날이 될 것입니다.

–「묵상하는 사람들, 메시지」, 프리셉트, 2004. 7. 28.

살며 생각하며 : 그리스도 안에 있기만 하면

미국 헐리우드에 가면 헐리우드 크리스천 그룹이 있습니다. 이 집회를 시작한 사람은 텔레비전과 영화계의 유명한 3인조 가수 중에 한 사람인 팀 스펜서라고 합니다. 그는 명성도 있고 돈도 있으나 생활이 권태롭고 불만투성이라 술로 세월을 지냈습니다. 그는 영적인 만족을 얻지 못한 것입니다.

마침내 그는 자살을 하려고 어느 호텔에 들어갔습니다. 권총을 꺼내 머리에 대고 죽으려는 순간에 갑자기 "죽는 것이야 아무 때고 죽을 수 있으니 기도나 한번 하자"는 생각이 났습니다. 그는 어렸을 때 유년 주일학교에서 기도하던 모습이 떠올랐습니다. 그래서 무릎을 꿇고 "주여, 나를 불쌍히 여기소서. 술을 끊게 해주소서. 앞길을 인도하여 주소서"라고 생각나는 대로 기도를 했습니다. 그 날 저녁 그는 평안히 잤습니다. 그리고 다음날 아침에는 새사람이 되었습니다. 이전 생활은 다 잊었습니다. 술도 끊었습니다. 그는 전혀 딴 사람이 되었습니다. 그리고 동료에게 전도하기 시작해 80여 명이나 되는 회원이 생기고, 과거의 배우 생활을 청산하고 기독교 영화 제작에만 힘을 썼습니다.

하나님의 전능은 이렇듯 예전이나 지금이나 어느 곳이나 다름이 없습니다. 바울을 새사람으로 만드셨던 하나님은 영화배우 스펜서도 회개시키고 또한 우리들도 새사람으로 만드실 수 있습니다. 우리가 그리스도 안에 있기만 하면….

–「기독교 문장대백과사전」 22권, 회개예화, 성서연구사, p785

Day : 23주(화)

찬송 : (새)252장, 184장

23

열왕기하 9-11장, 역대기하 22-23장 예후의 숙청과 엘리야의 예언 성취

- 9장 예후가 왕이 됨
- 10장 예후의 대숙청
- 11장 아달랴의 섭정

하나님은 아합의 집이 죄악으로 치닫는 것을 보시고, 엘리사를 통해서 예후에게 기름을 부어 그를 왕으로 삼게 하셨습니다. 선지자의 예언을 들은 예후는 아합에게 반기를 들었습니다. 그는 아합의 아들 요람과 유다 왕 아하시야와 사악한 왕후 이세벨을 죽이고 말았습니다. 예후는 바알과 아세라 우상을 섬기는 제사장들을 모두 한 자리에 초청했습니다. 그리고 그들을 그 자리에서 모두 죽인 후에 이스라엘 왕이 되었습니다. 유다에서는 아하시야가 죽었다는 소식을 듣고 그의 모친 아달랴가 다른 왕자들을 죽이고 섭정을 했습니다. 그러나 하나님의 은혜로 요시아가 살아남게 되었습니다. 그리고 후에 그는 아달랴를 죽이고 유다의 왕이 될 수 있었습니다. 하나님은 이와 같이 다윗 자손이 멸족되는 것을 막아 다윗의 등불이 꺼지지 않게 해주셨습니다. 하나님은 이렇게 해서 다윗에게 하셨던 언약을 지켜주셨습니다.

읽으며 묵상하며 : 자기 행위대로의 보답 (왕하 9:30-37)

> 돌아와서 전하니 예후가 이르되 이는 여호와께서 그 종 디셉 사람 엘리야를 통하여 말씀하신 바라 이르시기를 이스르엘 토지에서 개들이 이세벨의 살을 먹을지라 그 시체가 이스르엘 토지에서 거름같이 밭에 있으리니 이것이 이세벨이라고 가리켜 말하지 못하게 되리라 하셨느니라 하였더라 왕하 9:36-37

우상숭배의 괴수요 아합의 왕비였던 이세벨의 마지막 모습은 너무나 참혹했습니다. 그녀는 혼례를 준비하는 신부처럼 안티모니로 눈을 그리고 머리를 장식 한 채 창가에 요염하게 기대서서 아래를 내려다보고 있었습니다. 자기 아들의 피로 붉게 물든 칼을 닫지도 않고 달려오는 예후에게 유혹의 눈길을 보내고 있는 것입니다. 그러나 그녀가 겉모습을 어떻게 단장하든지 스스로 지은 죄의 대가를 피할 수는 없었습니다.

이세벨은 무죄한 사람들로 하여금 많은 피를 흘리게 하였으며 또한 그것을 즐기었습니다. 그러나 이제는 그 죄악에 대한 대가를 치를 때가 온 것입니다. 바로 이 순간 그녀가 회개를 하였더라면 얼마나 좋았을까? 그러나 그녀는 마지막 순간까지 하나님 앞에 결코 무릎 꿇지 않았습니다. 그녀는 아주 철저히 악의 지배를 받고 있었던 것입니다.

결국 이세벨이 맞게 된 종말은 너무나 몸서리쳐지고 끔찍한 것이었습니다.

그녀의 피가 담과 말들에게 튀었고, 심지어 성내에 떠돌던 굶주린 개들이 피 냄새를 맡고 그녀의 시체에 달려들었습니다. 악의 사신이었던 오만한 이세벨은 이제 두개골과 손과 발밖에 남지 않은 처참한 죽음을 당했던 것입니다.

"개들이 이스라엘 성 곁에서 이세벨을 먹으리라"(왕상 21:33)는 하나님의 저주는 그대로 이루어졌습니다. 그런데 만약 그녀가 이 경고를 마음에 새기고 이 모든 것이 확실히 이루어질 것임을 믿었다면 그토록 철저히 죄악에 빠지지는 않았을 것입니다.

오늘 우리들은 되도록 죄의 흔적을 없애 버리기 위해 고심합니다. 그러나 이 얼마나 무모한 노력입니까! 우리는 인간들의 심판은 피할 수 있을지 모릅니다. 그러나 공의의 하나님의 심판은 피할 수 없습니다. 당신에게도 미처 회개하지 않은 죄가 있습니까? 혹시 그에 대한 징벌이 아직 임하지 않았다고 안심하고 있지는 않습니까?

그러나 기억하십시오. "각 사람의 행위대로 보답하겠다"고 선포하신 하나님의 징벌이 당신을 기다리고 있음을... 그런데도 아직 당신은 회개하지 않습니까?

–「호크마 종합주석」 구약 9권, QT, 기독지혜사, p214

살며 생각하며 : 프로메데우스의 비참한 최후

여러 신들이 살고 있는 올림푸스 산에는 언제든지 불이 타오르고 있는 제단이 있었습니다.

그런데 어느 날, 프로메데우스가 조심스레 올림푸스 산에 올라가 신들의 불을 훔쳐냈습니다. 그러나 그것은 곧 다른 신들에게 알려졌고, 그것으로 인해 그는 혹독한 죄과를 치러내지 않으면 안 되었습니다. 즉, 그는 코카서스 산맥에 높이 솟아오른 바위 끝에 매달려 죽음을 맞이해야 했는데, 그에게 있어 무엇보다도 가장 괴로웠던 것은 매일 한 차례씩 달려드는 독수리에 의해 그의 간이 뜯겨나가는 고통을 감수해야 하는 것이었습니다.

죽음 앞에 조차 편히 쉴 수 없었던 가련한 프로메데우스, 본문의 요람과 아하시아, 그리고 이세벨도 하나님을 거역한 그들의 범죄로 말미암아 이와 같은 비참한 최후를 맞을 수밖에 없었을 것입니다.

–「그랜드 종합 주석」 6권, 예화, 성서교재간행사, p559

Day : 23주(수)

찬송 : (새)93장, 93장

23

왕기하 12-13장, 역대기하 24장 요시야와 예후 왕가

- 12장 요시야의 통치
- 13장 예후 왕가의 통치

요아스는 제사장 여호야다의 도움으로 왕이 된 후에 여호와 보시기에 정직하게 행했습니다. 그는 제사장들에게 명하여 성전의 퇴락한 곳을 수리하게 하였습니다. 그 때에 북 이스라엘에서 예후의 뒤를 이어 여호아하스가 왕이 되었습니다. 그리고 여호아하스가 죽은 후에 그 뒤를 이어 요시야가 이스라엘의 왕위를 계승했습니다. 이때에 이스라엘은 왕들이 저지른 수많은 죄악으로 인해 아람에게 많은 고통을 받고 있었습니다. 그러나 이때에 하나님은 엘리사를 통해서 이스라엘을 여러 번 구원해 주셨습니다. 엘리사가 세상을 떠날 때가 되자, 이스라엘 왕 요시야가 엘리사를 방문했습니다. 그때에 엘리사는 요시야 왕이 아람을 세 번 쳐서 승리할 것이라고 예고했습니다.

읽으며 묵상하며 : 퇴락한 성전(왕하 12:5)

제사장들이 각각 아는 자에게서 받아들여 성전의 어느 곳이든지 파손된 것을 보거든 그 것으로 수리하라 하였으나 왕하 12:5

시간은 쉬지 않고 흐릅니다. 이 세상의 그 무엇도 시간을 멈추게 할 수 없고 변하지 못하게 할 수 없습니다. 세월이 흐름에 따라 몸의 모든 사물도 다 자연스럽게 변합니다.

솔로몬의 성전을 보십시오. 처음 지었을 당시 얼마나 아름다웠는가! 이는 뛰어난 기술과 값지고 희귀한 자재를 동원하여 무려 7년 반이나 걸려 완성 되었습니다. 가장 좋은 것으로 가장 아름답게 하여 가장 높은 이에게 바치고 싶어 하던 솔로몬의 원대로 뛰어난 건축물이었습니다.

그러나 이러한 솔로몬의 성전도 시간의 흐름 앞에서는 무기력 할 수밖에 없었는지 160여년이 지난 요아스 왕 시대에 와서는 처음의 그 우아한 모습은 어디론지 사라져 버리고 낡고 황폐한 모습이 되어버렸던 것입니다. 벽과 천정은 벌써 금이 갔으며 마룻바닥은 썩어서 삐그덕 거렸습니다. 그리고 여기저기 칠이 벗겨져서 매우 보기가 흉하였습니다. 이렇듯 자연계에 존재하는 모든 것은 어느 정도의 세월이 흐르면 스스로 파괴되거나 마명되어 버리는 것입니다. 이는 그 누구도 거부할 수 없는 자연계의 법칙입니다.

심지어 만물의 영장이라 불리는 우리 인간의 육체도 처음엔 새롭게 세상에 나왔다가 어느 정도 시간이 흐르면 쇠퇴해 가지 않습니까? 그런데 흔히 우리들은 낡고 허무하게 끝날 이 세상의 물건에 최고의 가치를 두고 그것에 전적으로 의지하는 어리석음을 범하곤 합니다. 왜냐하면 우리들은 우리가 가지고 있는 아름다운 집이나 물건들이 영원히 존속될 것 같은 착각 속에서 생활하기 때문입니다.

그러나 많은 세월이 흐른 뒤 우리는 우리가 의지했던 세상 것들이 퇴락하고 붕괴되는 것을 발견하고는 허무함과 공포 속에 휩싸일 것입니다.

'이렇게 추하게 변할 줄이야. 아, 허무한 세상이여!

당신은 무엇에 자신을 의지하고 있습니까? 혹시 언젠가는 황폐해질 솔로몬의 성전에 당신의 몸을 기대고 있지는 않습니까?

그러나 하나님께서는 오늘도 우리에게 말씀하고 계십니다. "그러나 아무리 오랜 시간이 흘러도 변하지 않는 것이 있다. 바로 내가 너희에게 준 영생의 말씀이다. 이는 어떠한 불로도 태울 수 없으며, 영원부터 영원까지 결코 변함이 없는 진리이다. 자, 이 진리에 너희 자신을 기대지 않겠느냐?"

– 「호크마 종합주석」 구약 9권, QT, 기독지혜사, p274

살며 생각하며 : 어떻게 살아가야 할는지

근대 실존주의 사상의 선구를 이룬 덴마크의 철학자 키르케고르가 진리를 설명하기 위하여 든 예화 가운데 이런 것이 있습니다.

어느 가을날 따뜻한 지방을 찾아 떼 지어 날아가던 철새들이 옥수수 밭을 발견하고는 그곳에 내려앉아 쉬면서 옥수수를 쪼아 먹었습니다. 모두가 배불리 먹고 나서는 다시 그대로 날아서 남쪽으로 향했습니다. 그런데 그 가운데는 '이렇게 먹을 것을 많이 두고 왜 날아가나' 라고 생각하는 철새 한 마리가 있었습니다.

그 철새는 동료 새들이 모두 떠난 뒤에도 그곳에 하루를 더 머물면서 배불리 옥수수를 더 먹었습니다. 날아간 새들은 모두 바보요 자신만이 똑똑하다고 그는 믿었습니다. 그는 이 많은 양식을 두고, 이 좋은 자리를 두고 구태여 멀리 가려고 하는 새들을 이해할 수 없었습니다. 이렇게 한동안을 머물다보니 어느새 겨울이 다가와 찬바람이 휘몰아치고 눈보라가 휘날렸습니다. 결국 그 철새는 얼어 죽고 말았습니다. 우리가 어떻게 살아가야 하는지 생각하게 해주는 이야기입니다.

– 곽선희 목사

Day : 23주(목)

찬송 : (새)359장, 401장

23

열왕기하 14–17장 이스라엘의 멸망

- 14장 여로보암 2세의 통치
- 15장 다섯 왕들의 타락
- 16–17장 이스라엘의 멸망

이스라엘의 마지막 시간이 임박해 오고 있었습니다. 하나님은 변절한 이스라엘에 대해 끝없이 참고 기다려 주셨습니다. 하나님은 계속해서 선지자를 보내어 그들을 회개시키려고 하셨습니다. 그러나 그들은 끝내 회개하지 않다가 결국 돌이킬 수 없는 파멸의 자리로 들어갔습니다. 엘리사가 죽은 후에 이스라엘은 결정적으로 파멸의 길로 들어서기 시작했습니다. 그러나 하나님은 이스라엘을 불쌍히 여시기고, 여로보암 2세를 통해 잠시 이스라엘의 영토를 회복시켜 주셨습니다. 이것은 하나님께서 이스라엘을 위해서 베풀어 주신 마지막 기회였습니다. 그러나 그 뒤를 이은 이스라엘 왕들은 이스라엘을 더욱 더 큰 죄악의 길로 끌고 갔습니다. 이스라엘의 마지막 아홉 왕 중에 단 한 명도 하나님의 뜻을 묻는 자가 없었습니다. 그러므로 결국 하나님은 앗수르를 통해서 끝까지 거역하는 이스라엘을 멸망시키고 말았습니다.

읽으며 묵상하며 : 우리가 숭배하는 거짓 신들 (왕하 16:3–4)

또 산당들과 작은 산 위와 모든 푸른 나무 아래에서 제사를 드리며 분향하였더라

왕하 16 : 4

우리는 아하스 왕을 가장 악한 우상 숭배자로 정죄하며 비난합니다. 그런데 과연 오늘의 우리들은 그를 비난할 만한 자격이 있다고 생각합니까? 우리는 전혀 우상 숭배에 물들지 않고 신앙의 순결을 지키고 있다고 자신할 수 있습니까? “너희는 내 앞에 다른 신을 두지 말지니라”는 계명에서 다른 신들은 힌두교나 아랍의 이슬람교 우상만을 말하는 것이 아닙니다. 우리가 지니고 있는 소유물이나 사람 등이 하나님보다 더 높게 취급될 때 그것이 바로 우리의 우상이 되는 것입니다. 마틴 루터는 우상을 다음과 같이 정의했습니다.

“무엇이든지 간에 네 마음이 쏠려있고 의지하는 것, 바로 그것이 네 우상이다.” 확실히 거의 모든 사람들은 그 나름대로의 우상을 가지고 있습니다.

영국의 한 교수는 “나는 대학에 왔을 때 지식인으로 인정받고 싶은 열망에 사로잡혔습니다. 그래서 나는 내가 믿던 기독교를 당분간 책상 서랍 속에 넣어두기로 하였습니다. 그런데 후에 내가 기독교가 필요해서 찾으려 했을 때는 이미 거기에 없었습니다.”라고 말한 바 있습니다. 이 대학 교수는 ‘명예’라는 우상에게 절을 하고 있었던 것입니다. 명예의 신을 섬김으로써 그는 하나님 아버지의 뜻을 의식적으로 저버렸던 것입니다.

이와 같이 우리는 의식적이든, 무의식적이든 수많은 보이지 않는 우상을 숭배하고 있습니다. 그중 우리는 일반적으로 명성, 힘, 세상적인 성공 등을 우상으로 열거할 수 있습니다.

그러나 더 나아가 음주, 호색, 남을 비판하는 것, 분노와 자만, 하나님의 뜻을 회피하게 함으로써 기독교인이 발해야 하는 빛을 발하지 못하게 하는 것이 바로 모두 우상 신들인 것입니다. 과연 이러한 신들이 당신의 마음속에는 하나도 없는가? 실로 "너희는 내 앞에 다른 신을 두지 말라"고 명령하신 하나님 앞에 조금의 부끄러움도 없이 바로 설 수 있는가? 혹시 지금 이 순간도 자만과 편견의 거짓 신을 숭배하고 있지는 않은가? 아니면 나태의 우상에 빠져서 하나님에 대한 열정이 식어버리지는 않았는가?

– 「호크마 종합주석」 구약 9권, QT, 기독지혜사, p358

살며 생각하며 : 전통을 깨뜨린 사건

오랜 역사를 갖고 있는 회사 가네보에는 직원이었다가 죽은 사람들을 기리는 신사(神社)가 있습니다. 회사 간부들은 매달 한 번씩 참배를 하며 직원들의 안전을 빌었습니다. 오오가키 공장 인사과장으로 있을 때 나는 안전기원제의 책임자 역할까지 맡아야 했습니다. 그런데 1962년 10월 5일 세례를 받고 크리스천이 되자마자, "너는 나 외에는 다른 신들을 네게 두지 말라"(출 20:3) 하신 말씀이 마음속에 '콱' 새겨졌습니다.

그 후로 나는 가네보 신사에서 하는 안전기원제에 더 이상 참석할 수 없다는 의사를 공장장에게 단호하게 선포했습니다. 가네보의 모든 공장 인사과장이 안전기원제의 사회를 보는 전통을 내가 거부했다는 소문은 금세 사내로 퍼져 나갔습니다. 이것은 오랜 가네보 역사 속에서 처음 있는 일이었습니다. 어떤 각도에서는 공장 인사의 중심핵인 인사과장이 직무유기를 했다고 볼 수 있는 큰 사건이었습니다. 어느 날 본사로부터 호출이 왔습니다.

"자네, 일을 택할 건가 아니면 신앙을 택할 건가? 만일 신앙을 선택하면 경우에 따라 사표를 쓰게 될지도 몰라." 그 순간 확실하게 "저는 신앙을 택하겠습니다"라고 대답했습니다. 이미 각오는 되어 있었습니다. 그러나 두 번 다시 이 일에 대한 언급은 없었습니다. 그로부터 약 1년 반 동안 오오가키 공장 인사과장으로 일했지만 단 한 번도 신사참배를 하지 않았습니다. 하나님의 은혜였습니다. 크리스천이기 때문에 받게 된 어려움이었지만, 오히려 축복의 기회가 되었습니다. 이후로 하나님이 나를 가네보의 CEO 자리까지 오르도록 인도해 주셨으니 말입니다.

– 미타니 야스또, 「역전 인생」

Day : 23주(금)

찬송 : (새)360장, 402장

23

역대기하 25–28장 이스라엘 말기의 유다 왕국

■ 25장 젊은 아마샤
■ 26장 웃시야
■ 27장 요담과 성읍건축
■ 28장 아하스와 그의 불신앙

유다 왕 웃시야는 유다 왕국을 위해 군사적으로 큰일을 했으며, 여러 가지 건축 사업을 했습니다. 그가 여호와를 구할 때에는 유다는 강성한 나라가 되었습니다. 그러나 그는 나라가 강성해지게 되자 교만해서 하나님께 죄를 범하고 말았습니다(26:5,16). 그는 이 일로 인해 말년에 나병에 걸려 별궁에 머물다가 죽고 말았습니다. 그의 뒤를 이어 그의 아들 요담이 유다 왕이 되었으며, 요담이 죽은 후에는 그의 아들인 아하스가 왕위를 계승했습니다. 그러나 아하스는 유다의 왕 중에서도 가장 사악한 왕에 속했습니다. 그는 하나님을 떠나 우상을 숭배했고, 어린아이를 제물로 드리기까지 했습니다. 그러나 하나님은 계속해서 아하스를 돌이키려고 노력하셨습니다. 그러나 아하스의 범죄는 점점 더 커져만 갔습니다. 이로 인해 결국 유다도 멸망의 길로 달려가고 있었습니다

읽으며 묵상하며 : 아마샤의 일백 달란트 (대하 25:5–10)

또 은 백 달란트로 이스라엘 나라에서 큰 용사 십만 명을 고용하였더니…아마샤가 이에 에브라임에서 자기에게 온 군대를 나누어 그들의 고향으로 돌아가게 하였더니 그 무리가 유다 사람에게 심히 노하여 분연히 고향으로 돌아갔더라 대하 25:6, 10

모든 인간의 행동에는 이에 선행하는 결단의 과정이 있는 것 같습니다. 무엇을 입고, 무엇을 먹고, 언제 차를 타고, 어디로 일하러 가느냐 하는 것 등 가운데 영향력이 큰 결단도 있으며, 영향력이 작은 결단도 있습니다.

행정부가 국가를 위해 내리는 끊임없는 결단이나 교회와 같은 기관들이 내리는 결단들은 수백만의 사람들에게 영향을 미칩니다. 행정부의 잘못된 결단 때문에 인류는 전쟁을 겪기고 하며 그리스도의 교회가 내린 잘못된 결단이 성도들을 분열시키기도 하는 것입니다.

본문에 등장하는 아마샤 또한 중대한 결단의 상황에 처하여 있었습니다. 그는 유다 군대를 크게 강화시키고 있었으며 북이스라엘에서 원군까지도 보장받았습니다. 그러나 아마샤가 일백 달란트의 삯을 주고 북이스라엘에서 십만 명의 용사들을 불러들였을 때, 이스라엘 군사들을 돌려보내라는 하나님의 명령이 임하였던 것입니다. 전쟁을 눈앞에 둔 마당에

하나님께서 이스라엘에서 삯을 주고 사온 용병들을 돌려보내라고 하니, 아마샤는 크게 당혹했을 것입니다. 하나님이 함께 하시지 않으면 에돔을 성공적으로 무찌를 수 없음을 누구보다 잘 알고 있었던 그로서는 군사들을 되돌려 보내지 않을 수 없었습니다.

그러나 다른 한편으로는 이스라엘 군대에게 삯으로 준 일백 달란트를 포기해야 하는 안타까움이 그의 마음을 짓눌렀습니다. 다시 말해 아마샤는 하나님의 명령을 따를 것인가, 아니면 눈앞의 이익을 고려하여 하나님을 거역해야 하는가 하는 갈등에 휩싸이게 되었던 것입니다. 아마샤가 맞게 된 선택의 갈등과 유사한 상황에 처했을 때, 나는 스스로에게 다음과 같은 질문을 던지곤 합니다.

'희생을 치르지 않고도 하나님을 섬길 수 있다면 이 세상에 하나님께 순종하지 않을 자가 어디 있겠는가?'

'고통 없이 그리스도의 종이 될 수 있다면 누군들 신앙인이 되지 않겠는가?'

쾌락을 따라 타락의 길을 걸을 것이냐, 하나님의 뜻을 완성하기 위하여 희생의 길을 걸을 것이냐를 선택하는 결단의 상황에서 오늘날 신앙인들의 모습은 어떠합니까?

수많은 신앙인들이 입으로는 하나님을 찾고 예수님을 구주로 모셔 들인다고 외치면서 자기 이해에 관계된 문제에 부딪히면 하나님의 명령이나 뜻을 외면하는 것이 현실의 모습은 아닙니까?

우리가 아깝게 생각하여 차마 버리지 못하고 연연해 하는 재물, 쾌락, 혹은 허영은 하나님의 뜻을 위해 아마샤가 버려야 했던 '일백 달란트'가 아닌지 생각해보십시오. (F. Storr)

– 「호크마 종합주석」 구약 11권, QT, 기독지혜사, p417

살며 생각하며 : 시장(市長)의 믿음

대만의 대북시(市)에서는 심한 태풍으로 댐이 자주 무너지는 바람에 시민들이 심한 식수난을 겪곤 했는데, 몇 년 전 부서진 댐의 보수 작업이 한창이던 때의 일입니다. 규모도 크고 다급한 공사여서 대북시의 시장도 현장에 나가 직접 공사를 지휘하고 있었습니다. 온갖 고생 끝에 간신히 댐의 보수 작업이 마무리되려는 시기였는데, 기상대에서는 대만 크기의 두 배에 달하는 태풍이 대북시를 향해 엄청난 속도로 불어오고 있다고 예보했습니다.

신실한 신앙인이었던 시장은 이 소식을 듣자마자, 공든 댐이 무너져 버릴 까 조바심을 내며 그 자리에 엎드려 하나님께 기도했습니다.

"하나님, 저는 최선을 다했습니다. 아직 댐 공사가 완전히 끝나지도 않았는데 또 큰 태풍이 불어온다면 이 댐은 또다시 무너져 버리고 맙니다. 그러면 대북 시민은 다시금 식수난에 시달려야 합니다. 하나님! 어쩌면 좋겠습니까?"

시장은 기도하던 중에 모든 일을 하나님께 맡겨야겠다는 확신이 섰습니다. 그리고 이내 '하나님이 태풍의 방향을 바꾸실 것이요'라고 사람들에게 알려야겠다는 마음이 솟구쳤습니다. 마치 위대한 전략을 전해야 하는 전령처럼, 기도를 마친 그는 이렇게 생각했습니다.

"이 사실을 어떻게 알릴까? 신문 기자들을 불러 모아 놓고 말하나? 그러면 틀림없이 그들은 나를 미쳤다고 조롱하겠지? 하지만 난 말해야 해." 그는 하나님이 주신 세미한 마음의 움직임에 순종하기로 했습니다.

한편, 큰 태풍이 몰려온다는 기상대 발표를 들은 기자들은 시장을 찾아왔습니다.

"일주일째 수돗물이 나오지 않는데 또 태풍이 다가온답니다. 이에 대해서 시장님은 어떤 대책을 세우고 계십니까?"

이러한 다급한 질문에 시장은 여유를 갖고 대답했습니다.

"여러분, 내가 믿고 있는 하나님께서 태풍의 방향을 바꾸어 주시겠다고 약속하셨습니다. 안심하십시오."

그러자 기자들은 어이없다는 듯이 웃으며 말했습니다.

"기상대에서 태풍이 몰려온다고 예보했는데 시장님의 기도로 태풍이 진로를 바꾼단 말입니까?"

그러나 잠시 후, 비웃던 무리들의 웃음이 무색해질 일이 벌어지고 말았습니다. 태풍이 대만 가까이까지 와서는 진로를 싹 바꾸었던 것입니다. 그러자 많은 사람들은 시장의 말을 상기하며 그가 믿고 있는 하나님의 능력에 대해서 감탄하게 되었습니다.

이 모든 좋은 일들은 그가 의심 없는 믿음으로 순종한 것에서 연유한 것입니다.

– 「호크마 종합주석」 구약 11권, 예화, 기독지혜사, p416

Day : 23주(토)

찬송 : (새)333장, 381장/ (새)342장, 395장

23

■ 이번 주 읽은 성경 요약 및 못 읽은 부분 읽고, 한 주간 생활 묵상하며 가정 예배드리기

■ **주제 : 좋으신 우리 하나님** (사 40:1-31)

읽으며 묵상하며 : 오직 여호와를 앙망하는 자 (사 40:1-31)

세상에서 어렵고 힘든 일이 많아도 하나님을 의지해야 합니다. 하나님을 의지하지 않고 자신의 힘이나 우상을 의지하는 것은 어리석은 것입니다. 오직 여호와를 의지하는 자는 어떤 자입니까?

무한하신 창조자를 의지하는 자입니다.

하나님의 세계는 인간의 지혜로 다 측량할 수 없지만, 얼마든지 하나님께서 행하신 일들을 볼 수 있고, 느낄 수 있기에 믿을 수 있습니다. 그런데도 수많은 사람들은 하나님을 고의적으로 거부하고 우상을 숭배하며 자신의 힘을 의지하여 살아가고 있습니다. 하나님은 우리를 사랑하시며 늘 도와주시길 원하시는 분입니다. 우리의 어떤 죄악이라도 사해주실 수 있는 분이시며(2절), 여호와의 영광을 모든 사람에게 보여주시는 분이시며(5절), 사람은 풀이나 꽃처럼 유한하지만 영원히 살아있는 말씀을 주시는 분이시며(6-8절), 목자같이 양무리를 먹이시는 분이시며(11절), 바다와 하늘과 산들과 짐승들과 산림들, 모든 피조물들을 지으신 분이시며(12-18절), 어떤 우상들이나 지혜 있는 사람이라도 비교할 수 없는 분(19-26절)이십니다. 한마디로 하나님은 무한한 권세와 능력을 가지신 창조주이십니다. 우리가 믿어야 할 하나님은 이런 하나님이십니다. 하나님을 믿는다고 하면서도 자기 힘과 지혜로 살아가려는 사람들이 많습니다. 무한하신 창조주 하나님을 믿지 못하고 세상을 바라보고 있지 않습니까? 믿음으로 산다는 것은 전능하신 하나님, 모든 피조물들을 주관하시는 하나님을 의지하고 사는 것입니다. 우리는 유한한 피조물을 의지하지 말고 하나님을 바라고 의지해야 합니다.

하나님으로부터 위로와 새 힘을 덧입는 자입니다.

살다보면 힘들고 억울한 일을 많이 만나게 됩니다. 누구의 위로도 위로가 되지 못할 때도 있습니다. 자신의 사정을 하나님께서도 모르시는 것 같고, 원통한 일을 하나님께서 해결해 주시지 않는다고 원망하기도 합니다(27절). 그러나 이사야는 그렇게 된 원인이 영원하신 하나님, 땅 끝까지 창조하신 하나님은 피곤치 아니하시며 곤비치 아니하시며 명철이 한이 없으신 하나님을 모르기 때문이며, 그 하나님을 의지하지 않기 때문이라고 지적해줍니다(28절). 하나님을 의지하지 않을 때, 참된 위로를 받을 수 없으며, 힘이 펄펄 나는 청년이나 장정이라도 넘어지고 자빠질 수 밖에 없지만 오직 여호와를 앙망하는 자는 독수리의 날개 치며 올라감 같은 새 힘을 얻게 됩니다. 우리가 하나님의 위로와 새 힘을 덧입을 수 있는 길은 오직 하나님을 의지하는 것 밖에 없습니다. 너무 힘들어서 주저앉고 싶고 더 이상 아무것도 할 수 없을 만큼 좌절감이 들 때는 없었습니까? 이때가 하나님을 깊이 만날 때입니다. 조용히 하나님께 위로를 구하고, 하나님을 의지해보십시오. 자신도 모르는 사이에 새 힘과 용기가 솟아오를 것입니다.

–「묵상하는 사람들」, 프리셉트, 2006. 6. 17.

살며 생각하며 : 불가능의 가능

1985년 5월 15일 미국 콜롬비아 대학의 학위수여식에 낯선 동양인 한 사람이 감격적인 눈물을 흘리며 참석하고 있었습니다. 이름은 전재경, 나이는 50세. 특별히 눈길을 끈 것은 그가 여느 사람과 달리 맹인아라는 사실이었습니다. 전 박사는 충남 부여에서 목수였던 아버지의 2남 5녀 중 여섯째로 태어나 다른 아이들처럼 정상으로 자랐으나 7살 되던 해 당시의 유행병인 안질(眼疾)을 앓다가 실명하게 되고 그때부터 고통과 불행의 나날을 보냈습니다. 그러나 서울맹아학교에 입학한 그는 좌절과 고통을 견뎌내며 열심히 공부했으므로 드디어 건국대 역사지리학과에 입학할 수 있었습니다. 4년의 과정을 무사히 마친 그에게는 여러 가지 장애요소가 많았지만 그대로 포기하지 않고 미국연수 1년 예정으로 도미하여 장학금까지 받는 행운도 얻었습니다.

그는 모든 것을 하나님께 감사하는 생활로 뉴욕의 복잡한 지하철을 세 번이나 갈아타고 가야 하는 맹인전용도서관을 20년이나 왕복했고, 50세가 되는 해인 1985년 드디어 철학박사 학위를 받게 된 것입니다. 그는 공부하던 중 그의 아내 에드나와 결혼했는데 신앙적인 아내의 도움이 없었다면 그의 학문연구는 전혀 불가능했을 것이라고 고백하였습니다.

역사상 승리의 월계관을 쓴 인물들은 모두가 자기의 운명을 저주하거나 포기하지 않고 하나님 앞에서 자기의 있는 그대로를 인정하고 평정으로 대처하였던 사람들입니다.

모든 사람은 하나님의 선한 뜻을 위해 태어났습니다.

"우리는 그가 만드신 바라 그리스도 예수 안에서 선한 일을 위하여 지으심을 받은 자니 이 일은 하나님이 전에 예비하사 우리로 그 가운데서 행하게 하려 하심이니라"(엡 2:10)

돌아보며 다짐하며 : 시한부 인생

미국의 오빌 켈리라는 사람이 암에 걸려 시한부 인생을 살게 되었습니다. 그가 절망에 빠져있던 어느 날 켈리 부인이 말했습니다.

"여보, 당신뿐만 아니라 나도 죽고 모두 죽게 되잖아요."

오빌 켈리는 순간 암흑 속에서 빛을 보는 것 같았습니다. 그는 이렇게 말했습니다.

"그렇구나. 그러면 생각 없이 죽음을 기다릴게 아니라 무언가 좋은 일을 해야겠어."

부부는 특별한 일을 계획하고 많은 사람들을 초청하여 잔치를 열었습니다. 그리고 모인 사람들에게 제안했습니다.

"이 모임은 '암 파티'입니다. 우리 부부는 MTC라는 단체를 시작하려고 합니다. MTC는 Make Today Count(오늘을 보람 있게)의 약자입니다. 암 환자에게 예수님을 전하여 천국의 소망을 갖게 합시다." 이날 시작된 MTC는 오늘날 많은 암환자들에게 의미 있는 소망을 안겨주며 그들을 구원의 길로 안내하고 있습니다.

모든 사람은 시한부 인생을 살아갑니다. 길어야 100년 안팎입니다. 이 땅에서 각자에게 주어진 시간이 제한되어 있음을 기억하고 그 시간 동안 소중한 일들을 이루고자 노력한다면 사람들은 조금 더 아름다운 인생을 살게 될 것입니다.

– 「일용할 양식」 말씀 묵상, 기독대학인회(ESF), 2006. 6. 17.

오늘의 기도 : 낙심치 말게 하소서

주님! 한 순간의 실수 앞에 낙심치 말게 하소서.
지금의 어두운 환경과 좌절에서 다시 일어설 수 있는 용기를 주소서.
나의 작은 신음소리까지도 듣기를 준비하시고 계시는 하나님이 우리의 아버지이심이 믿어지게 하소서. 오늘의 고통이 내일의 소망이 되고 지금의 한숨이 내일의 푸른 꿈이 될 수 있음을 믿어지게 하소서.
하나님 아버지, 연약하고 고달픈 인생들을 위로해주시며, 변하지 않는 진리의 말씀을 주시고, 천지 만물을 주권적인 능력으로 창조하시고, 힘과 능력을 공급해 주시는 하나님을 평생토록 앙망하며 살게 하소서. 예수님의 이름으로 기도합니다. 아멘.

– 홍기웅 / 2005.10.18

Day : 24주(월)

찬송 : (새)373장, 503장

24

요나 1–4장 인류에 대한 하나님의 사랑

- 1장 도피하는 요나
- 2장 물고기 속의 요나
- 3장 심판을 외치는 요나
- 4장 항변하는 요나

하나님은 선민 이스라엘뿐 아니라 이방 민족들에게도 관심을 가지고 계시며, 그들을 사랑으로 돌보십니다. 원래 이스라엘은 이방에 이러한 하나님의 사랑을 전할 도구로 부르심을 받았습니다. 그러나 그들은 종교적 우월성에 빠져서 하나님께서 자기들만 사랑하신다고 생각했습니다. 요나는 이러한 이스라엘의 배타적인 모습을 잘 보여주고 있습니다. 그는 앗수르의 수도 니느웨에 가서 심판을 선포하라는 명령을 듣고, 반대 방향인 다시스로 갔습니다. 그러나 하나님은 풍랑과 물고기를 통해서 강제로 요나를 니느웨로 보내어 심판을 선포하게 하셨습니다. 놀랍게도 니느웨 사람들은 요나의 경고를 듣고 재에 앉아서 회개하기 시작했습니다. 그러자 하나님은 그들을 용서하시고 심판하려고 하시던 뜻을 거두셨습니다. 그러자 요나는 하나님께 왜 죄인을 멸망시키지 않느냐고 항의했습니다. 그때에 하나님은 요나에게 이렇게 대답하셨습니다. "너는 박 넝쿨 하나도 그렇게 아끼는데, 내가 좌우를 분별하지 못하는 14만 명을 아끼는 것이 당연하지 않느냐?"

읽으며 묵상하며 : 스올의 뱃속에서 깨닫는 요나 (욘 1:17–2:10)

나는 감사하는 목소리로 주께 제사를 드리며 나의 서원을 주께 갚겠나이다 구원은 여호와께 속하였나이다 하니라 욘 2:9

깊은 바다의 심연에 던져지고 큰 물고기의 뱃속에 갇혀지는 경험을 통해 요나는 자신의 길을 돌이키고 하나님의 구원을 체험합니다. 고통은 사람을 깨닫게 하고 도피의 삶에서 돌이키게 만들어 원래의 올바른 자리로 돌아오게 합니다.

여호와의 낯을 피하여 도피하던 요나를 정신 차리게 한 것은 고난이었습니다. 요나는 고난의 원인이 자신에게 있음을 깨달았습니다. 그리고 그 고난을 주신 분이 누구인지를 알았습니다. 그러므로 그는 지금 고난당하는 현장에서 하나님께 부르짖었습니다. 요나의 기도에 나타난 표현들은 그가 바다의 심연 속에서 겪은 극심한 고통을 보여 주고 있습니다. 깊은 바다 속, 파도와 큰 물결, 머리를 에워싼 바다 풀, 해저 세계 속에서의 죽음의 경험이 그려지고 있습니다. 요나는 자신이 자초한 고통의 상황을 '주의 목전에서 쫓겨난 것'이라고 말하고 있습니다. 그 분의 낯을 피한 것으로 인해 말미암은 결과임을 알게 된 것입니다. 그러나 그는 다시 주의 성전을 바라보겠다는 회개의 태도를 분명히 고백하고 있습니다. 고통 속에서 오히려 올바른 정체성을 회복한 것입니다.

요나의 체험은 단순히 바다 속 심연의 고통과 물고기 뱃속에서의 부자유함만이 아니었습니다. 그는 자신에게 임한 하나님의 심판의 손길을 통해 니느웨인들이 돌이키지 아니하면 겪어야 할 고통을 미리 경험한 것이라고 추측해 볼 수 있을 것입니다. 하나님은 니느웨 백성들이 겪을 심판의 고통을 요나가 몸소 경험해 보게 함으로써 그 심판을 피할 길을 마련하고자 하시는 하나님의 마음을 요나가 깨닫기 원하셨을 것입니다. 그러므로 스올의 뱃속에서의 고통은 요나를 회개의 길로 인도하는 결과를 가져왔습니다. 더불어 회개치 아니하면 임박할 고통을 알게 하심으로 요나가 어떤 마음으로 선지자의 길을 가야 하는지도 알게 하셨음을 파악해야 합니다. 결국 요나는 말할 수 없는 고통 가운데 부르짖어 기도하며 자신의 서원을 새롭게 갱신하고 구원의 하나님을 체험하게 되었습니다. 고통의 원인을 바로 알고 원래의 사명의 자리로 돌아오게 되자 긴 고통은 막을 내리고 물고기는 요나를 육지로 토해 내게 됩니다.

–「묵상하는 사람들, 메시지」, 프리셉트, 2004. 10. 8.

살며 생각하며 : 회개함으로 바뀌어 진 삶

온갖 악행을 일삼다가 죄를 짓고 노예로 팔려가 아프리카의 집단 농장에서 일하던 죤 뉴톤이 그의 아버지의 친구였던 크리스천 선장에 의해 구조되어 영국으로 돌아오는 길이었습니다.

그들이 탄 배가 캐나다 부근의 바다를 지날 때였습니다.

갑자기 심한 풍랑이 일더니 배가 곧 뒤집힐 듯이 흔들렸습니다. 식량은 모두 바닷물에 씻겨 내려갔고 바닷물이 넘쳐 들어와 선원들이 사력을 다해 물을 퍼내야 했습니다. 그들은 모두 그 배에 요나와 같은 말썽꾸러기 뉴톤이 탔기 때문이라며 그를 바다에 던져야 한다고 목소리를 높였습니다.

뉴톤은 자기를 노예 생활에서 구조해 주었는데도 감사하기는커녕 늘 술에 만취되어 선원들에게 마구 욕설을 퍼부으며 행패를 부려 곧잘 싸움을 일으켰던 것입니다. 그러나 그렇듯 강퍅하고 완악한 그였지만 죽음을 눈앞에 두자 눈물로 회개하기 시작했습니다.

"주여, 자비를 베푸소서!"

그가 통렬히 회개하며 눈물로 울부짖자 바다는 곧 잔잔해졌고 그 공포의 7일간 단 한 사람의 희생자가 생겼을 뿐이었습니다.

죽음을 극적으로 모면한 뉴톤은 자기에게 향한 하나님의 뜻과 사랑을 깨달았고, 그 순간부터 그의 생활은 변화되기 시작했습니다.

그는 목사가 되어 곳곳을 다니며 자신의 삶을 간증함으로 많은 사람을 하나님 앞으로 인도했고, 그가 쓴 '나 같은 죄인 살리신 그 은혜 놀라와'라는 찬송은 오늘날 수많은 사람들의 가슴을 울리고 있는 것입니다.

진정한 회개는 우리의 모습을 변화시킵니다. 하나님을 피하여 도망하였던 요나가 회개함으로 다시 사명을 감당한 것처럼.

–「그랜드 종합 주석」11권, 예화, 성서교재간행사, p628

정리하며 확신하며 : 하나님의 소명에 대한 성도의 자세

	소명에 대한 성도의 자세	참고 성경 구절
1	즉각적으로 순종함	삼상 3:10
2	믿음으로 순종함	히 11:8-10
3	환경을 내세워 피하지 않음	마 16:24
4	하나님이 보내시는 곳이면 어디든지 감	행 1:8
5	소명 의식을 굳게 함	고전 4:1, 2
6	부르신 이에게 충성을 다함	고전 4:2
7	부르심을 받은 대로 행함	고전 7:17
8	사리사욕을 생각지 않음	갈 5:13
9	부르심에 합당한 생활을 함	엡 4:1-3
10	불러 주심에 감사해야 함	골 3:15
11	부르신 이의 뜻을 생각하며 삶	히 3:1
12	부르신 이의 뜻을 이뤄드림	벧전 2:9

–「그랜드 종합 성경주석」11권, 성서교재간행사, p608

Day : 24주(화)

찬송 : (새)427장, 516장

24

아모스 1–9장 정의의 메시지

- 1–2장 이스라엘에 대한 심판의 선포
- 3–5장 심판의 이유와 회개의 요청
- 6–7장 심판에 대한 묘사
- 8–9장 회복에 대한 약속들

아모스는 이스라엘의 마지막 부흥기에 부름을 받았습니다. 이스라엘은 계속해서 하나님을 거역했지만, 하나님은 그들에게 마지막으로 기회를 주셨습니다. 북 이스라엘 왕국은 외적으로 번영하고 있었고, 튼튼한 경제와 안정된 정부로 주목을 받았습니다. 그러나 이스라엘은 영적으로 깊이 타락해 있었습니다. 이스라엘은 우상숭배와 불의, 탐욕과 위선, 학대와 교만, 폭력이 깊이 뿌리박고 있었습니다. 그때에 하나님은 뽕나무를 재배하던 아모스를 불러서 이스라엘에 심판을 선포하게 하셨습니다. 그는 번영 속에서 사치한 삶에 젖은 사람들을 향해서 심판의 메시지를 전했습니다. 그는 이스라엘이 하나님을 떠나고 율법을 준행하지 않는 사실을 구체적으로 지적했습니다. 그는 이스라엘 백성들이 회개하지 않으면 멸망할 것이라고 경고했습니다. 그는 이스라엘을 멸망에서 돌이키기 위해서 이렇게 간절하게 외쳤습니다.

"너희는 하나님께로 돌아오고, 정의를 물같이, 공의를 마르지 않는 강 같이 흐르게 하라!"

읽으며 묵상하며 : 말씀을 듣지 못한 기갈(암 8:1–14)

주 여호와의 말씀이니라 보라 날이 이를지라 내가 기근을 땅에 보내리니 양식이 없어 주림이 아니며 물이 없어 갈함이 아니요 여호와의 말씀을 듣지 못한 기갈이라 암 8:11

이스라엘은 분별력과 판단력을 상실했습니다. 성장과 풍요에 취해서 정의를 잃어버렸습니다. 하나님께서는 이들에게 어떻게 행하십니까?

여름실과를 보이십니다.

여름실과 한 광주리가 아모스의 눈앞에 나타났습니다. 여름이 지나면 곧 추수의 때가 다가오듯이, 이는 하나님의 임박한 심판의 때가 다가왔다는 것을 나타내는 상징이었습니다. 왜 이스라엘이 이런 심판을 당합니까? 그들은 궁핍한 자와 가난한 자를 착취했습니다. 돈에 안달이 나서 월삭과 안식일도 거추장스러워했습니다. 저울을 속여서 부당하게 이익을 취했습니다. 돈을 못 갚는 가난한 사람에 대해서는 인간 이하의 취급을 하며 노예로 삼았습니다. 이스라엘 사회는, 사람은 보이지 않고 돈만 보이는 추악한 맘몬 왕국이 되어버렸습니다. 하나님께서는 이들의 행위를 잊지 않으십니다. 여름실과의 풍성함에 취해 있던 자들은 모두 심판의 때를 맞이하게 됩니다. 저울로 남을 속이던 자들은 하나님의 심판의 저울 위에 서게 될 것입니다. 지금 우리는 혹시 여름실과 광주리에 둘러싸여서 한시적 풍요의 단맛을 누리고 있지는 않습니까? 진실로 돈보다 사람을, 돈보다 하나님을 더 사랑하고 계십니까? 불의한 이익보다는 의로운 손해를 감당할 의인이 되고 싶지 않습니까? 눈앞에 풍성한 여름실과 광주리가 보일 때, 그 너머에 있는 하나님을 볼 수 있기를 바랍니다.

이스라엘 땅에 기근이 찾아옵니다. 그 기근은 양식과 물이 없는 기근이 아니라 하나님의 말씀을 듣지 못한 기갈이었습니다(11절). 이스라엘 사람들은 맹목적으로 '떡'을 위해 살았습니다. 돈이 된다면 정의도, 하나님의 말씀도 팽개치면서까지 이익 대열에 합류했습니다. 사실 이스라엘 사람들은 '떡'이 아니라 '하나님의 말씀'으로 사는 것을 보여주는 영적 표본 집단이었습니다. 그들은 출애굽 할 때, 물과 곡식이 없는 광야에서도 하나님이 주신 양식으로 살았던 사람들이었습니다. 하나님의 말씀을 떠나는 것이 곧 죽음의 길이라는 것을 뼈저리게 체험한 민족이었습니다. 그러나 그들은 눈앞의 떡을 위해 하나님의 말씀을 버렸습니다. 하나님의 말씀은 장식용 액세서리로 전락했습니다. 눈과 귀가 막힌 그들에게 하나님께서는 말씀의 기근을 보내십니다. 돈의 기근은 사람들에게 불편과 고통을 가져오지만, 말씀의 기근은 죽음을 가져옵니다. 그렇기 때문에 인생의 핵심 가치는 하나님의 말씀입니다.

하나님의 말씀을 잃어버리면 인생을 다 잃어버린 것입니다. 하나님의 말씀이 들리지 않거든, 그 자리에 서십시오. 그리고 하나님의 말씀을 회복하십시오. 그 다음에 인생의 발걸음을 옮기시길 바랍니다.

– 「일용할 양식」 말씀묵상, 기독대학인회(ESF), 2007. 4. 9.

살며 생각하며 : 술집에 기록된 성경말씀

우리나라는 세계 2위의 술 소비 국가이며 위스키의 큰 시장으로 망신스런 기록을 가지고 있습니다. 동네의 술집 파라다이스에서 예수님의 말씀으로 실내 벽면을 장식했고 분명히 성경을 정확히 인용한 것인데, 이 일로 이 술집은 유명해졌습니다. 예수님의 말씀을 보러 이 술집에 오면 평안히 쉬고 술을 더 마시고 즐거워하므로 손님들이 좋아했고 매상은 올라갔습니다.

소문을 듣고 이 동네의 목사가 술집에서 인용한 예수님의 말씀이 무엇일까 하여 주인을 전도도 할 겸 가보고는 예수님의 말씀에 자신의 눈을 의심하지 않을 수 없었습니다.

"평안히 쉬고 먹고 마시고 즐거워하자."

분명히 예수님이 이 말씀을 하셨지만 예수님은 어리석은 부자가 자신의 영혼에게 어리석게 한 말을 인용한 것인데, 이를 앞뒤를 잘라내고 다시 인용한 단장취의(斷章取義)입니다.

교회 안에서 다툼이 생기면 앞뒤 말을 다 잘라내고 한 부분만 가지고 남을 정죄하는 어리석은 일을 하는데, 힘들수록 진정 말씀에 바로 서야 꿀송이 같은 말을 할 수 있습니다.

말씀을 말씀되게 하는 것은 순전함으로 받아들일 때입니다.

"선한 말은 꿀송이 같아서 마음에 달고 뼈에 양약이 되느니라…말쟁이는 친한 벗을 이간하느니라."(잠 16:24, 28)

– 신현주 목사, 「예화 철학」, 도서출판 누가, p200

정리하며 확신하며 : 하나님의 계시가 나타나는 현상

	하나님의 계시가 나타나는 현상	참고 성경 구절
1	사람의 형상 자체를 통해서	창 1:26, 고전 11:7
2	직접적인 말씀을 통해서	창 3:8, 겔 6:1-7
3	환상과 꿈을 통해서	창 15:12-16, 암 1:1
4	천사를 통해서	창 18:1-22, 단 9:21-27
5	하나님의 현현을 통해서	창 32:22-30, 암 4:13
6	이적을 통해서	출 4:29, 요 2:11
7	역사적 사건을 통해서	출 6:6, 7, 신 3:24
8	우림과 둠밈을 통해서	출 28:30, 삼상 28: 6
9	제비 뽑기를 통해서	삼상 14:41, 행 1:24
10	자연 만물을 통해서	시 19:1-6, 암 5:8
11	성경을 통해서	시 19:7, 딤후 3:15
12	선지자를 통해서	단 10:1, 벧전 1:12
13	사도를 통해서	고전 2:10, 11:16
14	성령을 통해서	엡 1:7
15	그리스도를 통해서	갈 1:12, 히 1:2

– 「그랜드종합 성경주석」 11권, 성서교재간행사, p512

Day : 24주(수)

찬송 : (새)267장, 201장

24

호세아 1–14장 하나님의 사랑과 이스라엘

- 1–3장 선지자의 가정생활
- 4–6장 선지자 나라의 음행
- 7–8장 이스라엘의 반격
- 9–11장 이스라엘의 참화
- 12–14장 이스라엘의 소망

호세아는 이스라엘의 멸망 직전에 부름을 받은 선지자였습니다. 하나님은 호세아의 가정을 통해서 이스라엘이 멸망할 수밖에 없는 이유를 생생하게 보여 주셨습니다. 하나님은 호세아에게 음녀인 고멜과 결혼하라고 지시하셨고, 호세아는 그 명령을 따랐습니다. 호세아는 부정하고 음란한 아내를 통해서 이스라엘이 얼마나 하나님께 불신실하게 행하고 있는지 알 수 있었습니다. 결국 호세아의 아내는 다른 사람과 눈이 맞아 도망치고 말았습니다. 그리고 호세아는 그녀에게 이혼을 선언하고 말았습니다. 호세아는 이 사건을 통해서 하나님을 버린 이스라엘이 하나님께 버림을 받게 될 것을 선포했습니다. 그러나 하나님은 호세아에게 후에 도망친 고멜을 다시 데리고 와서 아내로 맞으라고 지시하셨습니다. 호세아는 그 명령을 따랐습니다. 호세아는 이 사건을 통해서 장차 하나님께서 멸망한 이스라엘을 다시 회복시켜 주실 것을 알 수 있었습니다. 하나님은 음녀와 같은 이스라엘을 심판하실 것입니다. 그러나 그들을 아주 버리시지 않고 다시 회복시켜 주실 것입니다. 그러므로 이스라엘은 이러한 하나님의 사랑을 깨닫고 죄에서 돌이켜 하나님께 돌아와야 했습니다.

읽으며 묵상하며 : 저가 백합화 같이 피겠고 (호 14:1–9)

내가 이스라엘에게 이슬과 같으리니 그가 백합화 같이 피겠고 레바논 백향목 같이 뿌리가 박힐 것이라 그 가지는 퍼지며 그의 아름다움은 감람나무와 같고 그의 향기는 레바논 백향목 같으리니 그 그늘 아래에 거주하는 자가 돌아올지라 그들은 곡식 같이 풍성할 것이며 포도나무 같이 꽃이 필 것이며 그 향기는 레바논의 포도주 같이 되리라

호 14:5–7

우리 앞에 언제나 신령한 은혜와 축복의 약속이 있습니다. 이 귀한 약속 앞에서 우리가 마땅히 취할 행동은 무엇이어야 합니까?

진실한 회개를 해야 합니다. 하나님은 이스라엘을 사랑하십니다. 그리하여 궁극적 축복을 약속합니다. “그가 백합화 같이 피겠고 레바논 백향목 같이 뿌리가 박힐 것이라”(5절). “나는 푸른 잣나무 같으니 네가 나로 말미암아 열매를 얻으리라”(8절). 이스라엘은 비참한 징계 속에서도 이 귀한 약속을 붙들어야 하고, 이 약속 앞에서 진실한 회개를 해야 합니다.

그리할 때 신령한 축복을 온전히 누리게 되는 것입니다. 이제 이스라엘은 이 귀한 약속을 믿고, 만천하에 외쳐야 합니다. "앗수르의 구원을 의지하지 아니하며…너희는 우리의 신이라 하지 아니하오리니"(3절). 진실한 회개는 어느덧 하나님 자리에 올라앉은 것을 끄집어 내리는 것입니다. 거만하게 자리 잡은 모든 세상의 가치들을 내 마음의 보좌에서 끌어내리고, 그리스도의 주권에 굴복케 하는 것입니다. 그렇게 회개하고 성경적 가치를 따라 삶을 개혁해나갈 때, 하나님의 모든 신령한 은총과 축복을 체험하기 시작하게 되는 것입니다. 말의 잔치에 그치는 회개, 습관적 회개로는 안 됩니다. 실제적인 변화를 가져오는 진정한 회개를 해야 합니다. 진정한 회개 속에서 하나님의 은총을 맛볼 수 있기를 바랍니다.

약속을 믿고 나아가야 합니다. 이스라엘은 하나님의 궁극적 축복의 약속에 대한 절대적 믿음을 가져야 합니다. 나락으로 떨어져 더 소망이 없을 것 같은 자신들을 백합화같이 피게 하겠다는 말씀을 믿어야합니다. 탄식과 슬픔만이 가득한 자신들을 바위를 뚫고 뿌리 내려 힘 있게 성장하는 레바논 백향목 같이 하시겠다는 그 말씀을 믿어야 합니다. 주신 언약의 말씀에 대한 확고부동한 믿음만이 이스라엘의 운명을 바꾸어 놓을 수 있기 때문입니다. 하나님의 모든 언약의 말씀은 믿어야 할 말씀입니다. "여호와의 도는 정직하니 의인은 그 길로 다니거니와 그러나 죄인은 그 길에 걸려 넘어지리라"(9절). 또 다시 믿지 못하면 그 도에 거쳐 넘어지게 될 것입니다. 하나님은 이스라엘에게 새로운 기회를 주고 계십니다. 믿고 그 도에 행할 때 이스라엘은 다시 번성하게 될 것입니다. 우리도 그러합니다. 과거의 실패와 죄를 십자가 앞에서 진실로 회개했다면, 이제 우리는 다시 언약의 말씀을 붙들고 새롭게 시작할 수 있습니다. 주신 약속의 말씀을 붙들고 나아가는 것입니다. 백합화 같이 피고, 백향목 같이 자라는 인생은 우리에게 주신 하나님의 약속입니다(요 10:10).

– 「일용할 양식」 말씀묵상, 기독대학인회(ESF), 2007. 3. 13.

살며 생각하며 : 우선 순위

프랑스의 왕 루이 9세는 왕비 마가렛과 결혼하면서 특별한 반지를 하나 선물했습니다. 그 반지에는 '첫째는 하나님, 둘째는 프랑스, 셋째는 마가렛'이라는 글귀가 새겨져 있었습니다. 마가렛을 하나님과 국가 다음으로 사랑하겠다는 약속의 증표였습니다.

루이 9세는 자신이 정한 우선순위를 지키며 왕비에게도 약속을 지켰고, 그 결과 성자라는 칭호를 받는 훌륭한 왕이 되었습니다.

하나님께 우선순위를 두는 사람은 하나님께서 책임을 지십니다. 푸른 초장과 쉴만한 물가로 인도하시며 모든 것을 아름답게 이루어 주십니다.

– 하천덕 편저, 「키워드로 불러보는 설교 예화」, 아가페, p386

Day : 24주(목)

찬송 : (새)292장, 415장

24

미가 1-7장 하나님과 같은 자 누구냐?

- 1-2장 참화와 그 원인들
- 3-5장 위로의 날
- 6-7장 쟁론과 언약

아모스와 호세아가 북 이스라엘을 위해 부름 받은 반면, 미가는 남 유다를 위해 부름 받았습니다. 그는 작은 마을의 평민 출신으로 약자의 편에 서서 유다의 지배계층을 향해 예언을 했습니다. 당시에 유다는 사회의 각 분야에 걸쳐서 죄가 깊이 침투해 있었습니다. 백성들은 우상숭배에 깊이 빠져있었고, 거짓 선지자들은 돈을 위해 설교했으며, 귀족과 관리들은 권력으로 가난한 자들을 억압했고, 부패한 재판관들은 돈을 받고 불공평한 재판을 했습니다. 미가는 이러한 죄들을 자세히 고발하면서, 그들에게 회개하고 하나님께 돌아오라고 외쳤습니다. 그러나 유다 백성들은 미가가 전하는 메시지에 귀를 기울이지 않았습니다. 그러므로 하나님은 미가를 통해서 장차 유다를 심판하기 위해서 침략군을 보낼 것이라고 경고하셨습니다. 그러나 하나님은 심판 후에도 유다가 회개하고 돌아오면, 다시 회복시켜 주실 것입니다. 미가는 그때가 되면 유다가 회복되어 메시야 왕국이 세워질 것이라고 예고했습니다.

읽으며 묵상하며 : 하나님나라를 대망하라 (미 4:1-13)

각 사람이 자기 포도나무 아래와 자기 무화과나무 아래에 앉을 것이라 그들을 두렵게 할 자가 없으리니 이는 만군의 여호와의 입이 이같이 말씀하셨음이라 미 4:4

오늘 말씀은 폭풍이 지나간 뒤 햇살이 비추이는 장면처럼 평화롭고 소망스럽습니다. 이제 곧 이스라엘 백성들은 나라를 빼앗기고 포로로 잡혀갈 것입니다. 그런 불행한 미래를 앞두고 있는 백성들에게 하나님은 희망적인 말씀을 들려주십니다.

오늘 본문의 미가 선지자의 메시지는 깨어있는 사람들에겐 큰 위로와 소망이 되었을 것입니다. 백성들은 여호와의 말씀을 무시하고 우상숭배에 빠져있고, 사회는 극도로 부패해 있는 때에 미가가 선포한 메시지, 성전은 허물어지고 온 국토는 폐허로 화할 것이라는 경고 메시지는 큰 긴장과 두려움으로 다가왔을 것입니다. 하지만 여호와의 나라는 결코 멸망하지 않고 반드시 회복될 뿐만 아니라 도리어 많은 이방 나라들이 여호와의 산에 있는 여호와의 전에 나아와 말씀을 듣고 그대로 행한다는 메시지는 큰 소망이 되고 놀라운 환상이 되었을 것입니다.

여호와의 심판은 너무나도 공정하고 옳아서 불만이 없기에 전쟁이 필요 없게 되는 나라입니다. 평화로울 뿐만 아니라 모두가 만족해 하는 삶을 영위하게 됩니다. 이 나라는 예수 그리스도를 통해 완성되는 나라입니다. 오늘날 우리도 마찬가지입니다. 이 땅에 미련을 두는 사람은 땅의 노예가 되고 맙니다. 쫓겨 다니는 인생, 늘 결핍인생처럼 여겨질 것입니다. 우리의 소망은 하나님의 나라에 있어야 합니다. 그래야 끌려 다니는 인생이 아니라 다스리는 인생이 될 수 있습니다. 심령에 있는 하나님 나라를 빼앗기지 말기를 바랍니다.

하나님의 평화의 나라는 아무에게나 주지 않습니다. 하나님을 위해 '저는 자', '쫓겨난 자', '환난 받는 자'들만이 하나님 나라의 백성이 될 수 있습니다. 즉 믿음으로 시련을 이겨내며 하늘의 소망을 가지고 대가를 치룬 사람들을 말합니다. 시련의 기간을 이겨낸다는 것은 쉽지 않습니다. 하지만 신자들의 고생은 해산하는 여인과 같아 일시적으로 괴로울지라도 자녀를 낳은 때의 그 기쁨이 크듯 소망이 있습니다.

하나님은 세상에서 상처받고 소외된 사람들을 모아 남은 백성을 삼고 강한 나라가 되게 하십니다. 세상에서 상처받고 절망 가운데 사는 사람들, 세상이 포기하고 버린 사람들일지라도, 하나님은 그들 가운데 겸손한 이들을 불러 모아 하나님 나라의 주인공들로 삼으십니다. 약한 자들을 통해서 하나님의 강함을 드러내십니다. 고난 뒤에 있는 영광을 볼 수 있어야 합니다. 울면서 주저앉는 인생이 되어서는 안 됩니다. 울더라도 씨를 뿌리는 인생이 되어야 합니다. 믿음의 대가는 반드시 열매를 맺습니다.

시련의 기간을 보내시는 성도님 계십니까? 우리의 눈물자국 마저도 닦아 주시는 주님으로 인해 소망을 가지시기 바랍니다.

–「일용할 양식, 말씀 묵상」, 기독대학인회(ESF), 2007. 4. 18.

살며 생각하며 : 무디 자신에 대한 예언

무디(D.L Moody)의 자서전에는 이런 글이 기록되어 있습니다.

"어느 날 신문에는 동부 노스필드에서 출생한 무디가 죽었다는 기사가 날 것이다. 그렇더라도 그 기사를 믿지 말기를 바란다. 그 때에 나는 지금의 나보다도 더 생생하게 살아 있을 것이다. 그 때 나는 낡은 육체를 떠나서 영원하고 높은 집에 올라가 있을 것이다. 그때에 나의 몸은 사망이 이기지 못하고 죄가 더럽히지 못하는 하나님의 영광스러운 몸처럼 변화되어 있을 것이다. 나의 육신의 몸은 1837년에 출생하였지만, 영혼으로는 1856년에 출생하였다. 육신으로 난 나의 몸은 죽을 것이지만, 영혼으로 난 나는 영원히 살게 될 것이다."

당신은 무디와 같이 이처럼 확신에 찬 예언을 할 수 있는 믿음이 있는가?

– 하천덕 편저, 「키워드로 불러보는 설교 예화」, 아가페, p698

Day : 24주(금)

찬송 : (새)323장, 355장

24

이사야 1-6장 하나님의 보좌 앞에 선 이사야

- 1장 유다에 대한 책망
- 2장 여호와의 집
- 3장 유다에 대한 심판
- 4장 여호와의 팔
- 5장 포도원의 노래
- 6장 부름 받은 이사야

이사야는 미가와 같은 시대에 유다를 위해 부름 받은 선지자였습니다. 이사야 때에 유다 왕국은 큰 위기가 닥쳤습니다. 유다는 온갖 죄악이 사회적, 정치적, 영적 생활에 깊이 침투해 있었습니다. 이러한 사악한 죄로 인해 하나님은 더 이상 그들을 그대로 둘 수 없었습니다. 그러므로 하나님은 이사야를 통해서 유대 민족이 회개치 않으면 멸망당할 것이라고 경고하셨습니다. 하나님은 거룩한 분이 시온을 다스리고 있음을 보여주기 위해서 그들의 죄악을 심판하실 것입니다. 그때에 하나님은 이스라엘로부터 축제와 즐거움을 제거하시고, 기근과 질병이 그 자리를 대신하게 만드실 것입니다. 하나님의 징계가 내리는 날에는 왕과 평민, 제사장과 예언자, 그리고 모든 백성들이 진노를 피할 수 없게 될 것입니다. 이사야는 하나님께서 이스라엘을 심판하기로 결정하신 후에 부름 받았습니다. 그러므로 하나님은 이사야가 메시지를 선포해도 백성들이 소경과 귀머거리처럼 그 말을 듣지 않을 것이라고 예고하셨습니다. 이사야는 영적으로 눈과 귀가 닫힌 백성들에게 회개와 심판의 메시지를 전해야만 했습니다.

읽으며 묵상하며 : 하나님의 부르심에 (사 6:1-8)

내가 여기 있나이다 나를 보내소서 사 6:8하

주일학교 교사 헌신예배 때 목사님께서 우리 교회에 교사가 없는 학급이 여럿 있는 것을 개탄하시며 설교를 하셨습니다. 예배에 참석하고 있던 나는 교사로서 봉사할 것을 권유받았을 때, 핑계를 대고 사양한 적이 있었기 때문에 심한 부끄러움을 느꼈습니다.

성경은 하나님의 부르심을 피해 보려고 애썼던 사람들의 이야기를 들려줍니다.

모세는 말 잘하는 연설자가 아니어서 자신의 백성을 인도하기에 부족하다고 사양을 하였습니다. 요나는 하나님의 낯을 피하여 다시스에 숨으려고 했으나, 결국 다시스에 도착하지 못했습니다. 사무엘이 왕으로 선출된 사울을 찾았을 때, 사울은 행구(行具) 사이로 몸을 숨겼습니다(삼상 10:22). 그러나 마침내 여호와께서는 사울이 행구 사이에 몸을 숨기고 있다는 것을 사무엘에게 알려주심으로써 사울이 도피하는 것을 허락하지 않으셨습니다.

나는 예배를 마친 후, 목사님께 주일학교 교사를 맡겠다고 말씀드렸습니다.

하나님께서는 내가 뻔히 들여다보이는 핑계 뒤에 숨는 것을 허용하지 않으시리라는 것을 깨달았기 때문입니다.

본문의 이사야는 하나님의 강권이 역사하기 전에 하나님의 부르심에 긍정적으로, 망설임 없이 반응하였습니다. 때문에 이사야가 하나님의 부르심에 헌신한 뒤, 하나님께서는 그를 주님의 특별한 사역으로 이끄셨습니다.

하나님께서는 지금 우리에게도 섬기는 자가 될 것을 부탁하십니다. 만약 우리가 이사야처럼 종의 역할을 받아들여, "내가 누구를 보낼 것인가?"하고 말씀하실 때, "제가 있지 않습니까. 저를 보내소서!"하고 망설임 없이 응답한다면, 하나님께서는 기뻐하시며 우리를 주 안에서 배우고 자라나게 하실 것입니다. 그리고 우리를 통하여 더욱 위대하고 특별한 일을 이루실 것입니다.

– 「호크마 종합주석」 구약 17권, 기독지혜사, p110

살며 생각하며 : 예수님을 위하여

버마에서 선교사로 활동하던 의사 메이슨은 부족들을 가르칠 교사 한 사람을 구하고 있었습니다. 마침 적당한 사람을 찾았는데 그는 뱃사공이었습니다. 메이슨은 그에게 교사 자격으로 가면 매달 5루피를 받을 것이라고 말하며 함께 가겠느냐고 물었습니다. 뱃사공은 시간을 달라고 했습니다. 그는 사공 일을 하면서 매달 20루피를 벌고 있었습니다. 뱃사공은 며칠 간 기도를 한 후에 메이슨을 찾아가 만났습니다. 메이슨이 다시 물었습니다.

"결정했습니까? 한 달에 5루피를 받으며 가겠습니까?" 그러자 사공이 대답했습니다.

"아닙니다. 한 달에 5루피를 받으려고 가고 싶지 않습니다. 다만 예수님을 위하여 가겠습니다."

– 하천덕 편저, 「키워드로 불러보는 설교 예화」, 아가페, p202

Day : 24주(토)

찬송 : (새)333장, 381장/ (새)342장, 395장

24

■ 이번 주 읽은 성경 요약 및 못 읽은 부분 읽고, 한 주간 생활 묵상하며 가정 예배드리기

■ **주제 : 자녀에게 말씀을 가르치라**(신 6:1–13)

읽으며 묵상하며 : 말씀이 숨 쉬는 가정(신 6:1–13)

하나님은 말씀하시는 하나님이시다. 하나님의 백성은 그분의 말씀을 듣고 순종해야 한다. 그래야만 살 수 있다.가정 역시 그 말씀을 청종해야 하는 영역이다.

하나님은 당신의 택하신 백성에게 친히 말씀하시는 분입니다. 젖과 꿀이 흐르는 가나안 복지에 들어가기 전 그곳에서 지켜야 할 명령과 규례와 법도를 말씀해 주셨습니다(1절).

말씀을 듣는 가정

가나안 땅의 주인은 가나안 거민이 아닌 하나님이셨습니다. 왕이신 하나님께서 당신의 백성들에게 새로운 땅을 선물하신 것입니다. 새 땅의 주인이신 하나님은 새로운 거주자 이스라엘에게 명령과 규례와 법도를 주십니다. 명령이란 하나님께서 직접주신 율법, 계명이라 할 수 있습니다. 규례와 법도란 하나님의 백성이 지켜야 할 사회적, 도덕적, 법적인 모든 조항을 말합니다. 한마디로 땅주인의 뜻대로 살아달라는 것입니다. 오늘날에도 하나님께서는 당신께서 택하신 가정을 향해 말씀하시며, 하나님의 나라인 가정 안에 당신의 명령과 규례와 법도가 살아 있기를 바라십니다. 왜냐하면 하나님은 우리 가정들의 주인이시기 때문입니다. 우리에게 순종해야 할 말씀을 주신 것은 우리를 부자유한 구속으로 몰아넣기 위함이 아니라 우리에게 복과 번성을 주시기 위함입니다.

말씀을 가르치는 가정

말씀은 세대를 거쳐 자자손손 물려주어야 합니다. 오늘날의 가정 안에서는 부모가 자녀에게 말씀을 가르치는 모습이 점차 사라져가고 있습니다. 하나님께서는 부모들에게 말씀을 가르칠 의무를 부여하셨습니다. 그러므로 장소적인 제한 없이 말씀을 가르쳐야 합니다(7절). 자녀가 어떤 상태에 있든지 말씀을 강조해야 합니다(8절). 집안 이곳저곳에 말씀을 볼 수 있도록 시청각적인 효과도 필요합니다. 이러한 교육의무를 이행하기 위해서는 먼저 선행되어야 할 것들이 있습니다. 부모가 먼저 하나님을 사랑해야 합니다. 마음과 성품과 힘을 다해야 합니다. 전 인격을 다해 하나님을 사랑해야 합니다. 또한 부모가 먼저 하나님의 말씀을 마음에 새겨야 합니다(6절). 자녀에게 강론하기 위해서는 부모가 먼저 말씀에 충만해야 함을 기억하십시오. 그래야 우리의 가정에 하나님의 말씀이 충만해집니다.

– 「묵상하는 사람들」 프리셉트, 2007. 5. 5.

살며 생각하며 : 요한 웨슬리 어머니 수잔나의 자녀 교육법

요한 웨슬리의 어머니 수잔나 여사는 탄광촌에서 목회하는 가난한 목사의 사모였습니다. 그녀는 열아홉에 자녀를 낳아 열세 명을 키웠습니다.

생활이 어려워 아이들을 학교에 보낼 수 없었던 그녀는 자신이 직접 교사가 되어 엄격한 가정교육, 신앙교육을 시켰습니다. 매일 가족 성경공부와 기도회를 저녁 6시에서 9시까지 가졌고 어린 자녀가 걷기 시작할 때면 그들의 손을 잡고 감옥과 병원, 양로원을 함께 심방하여 이웃 사랑의 정신을 키워 주었으며, 한주에 한 끼씩 금식하며 하루에 세 번 씩 소리내어 기도할 것을 가르쳤습니다.

밤 9시에 경건기도회가 끝나면 아이들을 세워놓고 물었습니다.

"애들아 ! 너희가 누구지?"

아이들은 대답합니다. "우리는 위대한 어린아이들이에요."

어머니가 다시 묻습니다. "누가 너희를 위대하다 했지?"

"하나님께서 우리를 위대한 사람이라고 하셨어요."

"그러면 너희들은 지금 무엇을 하고 있니?"

" 우리는 지금 역사를 만들고 있어요."

" 이 일을 누가 하게 했어?"

"우리를 위대하게 쓰시기를 원하는 하나님이 하게 하셨어요."

이 같은 문답이 끝나면 모두 "아멘"하고서 잠자리에 들어갔습니다.

오늘날 어린이들에 대한 관심이 지극히 높아졌습니다. 유치원에 들어가기 전부터 교육을 한다고 모두 야단입니다. 조기유학이란 말이 선택사항이 아니라 필수인 것처럼 말하고 있습니다. 그러나 우리는 어린이들에 대한 이러한 관심 속에서 희망찬 미래를 보지 못하고 오히려 암울한 현실을 한탄하게 됩니다. 우리들의 어린이들을 지식이나 재능으로 올바르게 자라나는 것이 아니라 올바른 마음을 갖도록 양육되어야 할 것이란 생각이 듭니다.

요한 웨슬리의 어머니는 가난한 자녀들에게 물질적인 것으로 만족을 주지 못했었지만 그들의 영적인 삶에 풍성함과 경건으로 채웠고 자녀들에게 오늘 하루 새 역사를 창조한다는 자긍심을 심어 주었습니다. 그가 양육한 두 자녀 찰스 웨슬리 요한 웨슬리가 이룩한 업적들은 그녀의 교육이 얼마나 뛰어났는가를 잘 말해주고 있습니다.

"또 아비들아 너희 자녀를 노엽게 하지 말고 오직 주의 교훈과 훈계로 양육하라"(엡 6:4)

– 정충영교수(경북대학교 교수) / 남산편지 665 「웨슬레의 어머니 수잔나」 2006. 10. 25.

돌아보며 다짐하며 : 최고의 생일 선물

첫눈에 반해서 '저 여자와 살았으면 평생 한이 없겠다'하고는 결혼을 했는데 막상 같이 살다보니 속도가 너무 느려서 답답합니다. 해오는 음식마다 맛이 없습니다. 결혼 전에는 낭만적일 것 같았는데 실제로는 무뚝뚝합니다.

'저 남자 같으면 내가 평생 의지할 만하다'고 생각했는데 결혼해 놓고 보니 나쁜 버릇이 한 두 가지가 아닙니다. 아침마다 늦잠을 자서 깨우는데 힘이 듭니다. 직장에서는 적응을 못해서 자주 조퇴를 합니다. 그렇지만 한 번 생각해 보십시오. 자기가 좋아서 탄 배인데 어떻게 하겠습니까?

카터 대통령에게는 현숙한 부인이 있습니다. 그런데 두 사람이 종종 싸우는 일이 있었다고 합니다. 카터는 시간을 칼같이 지키는 사람이어서 항상 약속 시간 1분 전까지 약속 장소에 도착해야 직성이 풀렸습니다. 따라서 약속에 절대 늦는 법이 없었습니다. 그런데 그 부인은 그것을 따라가지 못했습니다. 이것을 잘 알았던 카터는 대통령이 되기 전부터 부부동반 약속이 있으면 적어도 몇 십 분 전에 약속 장소에 미리 도착해야 한다며 부인을 재촉했다고 합니다. 그렇게 해서라도 약속 시간을 지키려고 애를 써본 것입니다. 그러나 부인들은 화장하느라고 앉으면 금새 시간이 많이 지나가지 않습니까? 그러니 싸움이 일어날 수밖에 없습니다.

한번은 부인의 생일날 카드를 쓰다가 이런 생각이 들었다고 합니다. '아무리 고치려고 해도 못 고치는 저 버릇을 이제는 내가 수용해야지'. 그래서 카드에 이렇게 썼습니다.

'내가 오늘까지 당신을 너무나 많이 괴롭혔는데 지금부터 당신은 시간을 지키는 것에 있어서 자유해도 좋아요'.

부인이 그것을 받고 얼마나 좋아했던지 이런 말을 자주 했다고 합니다.

"당신이 나에게 준 최고의 생일 선물은 시간을 지키는데서 자유하라는 말이었어요." 이것이 수용하는 것입니다.

아무리 고치려고 해도 못 고치는 상대방의 약점을, 아무리 잘해보려고 해도 여전히 갖고 있는 한계를 받아주는 것입니다. 이렇게 함으로써 우리는 짝지어 주신 하나님의 은혜를 따라 한 생을 행복하게 살 수 있는 것입니다.

행복은 하나님이 짝지어 주신 그 울타리 안에 있습니다. 그 속에서 행복을 찾아야지 밖으로 눈을 돌리면 안 됩니다. 그것은 어리석은 짓입니다. 이혼한 사람들을 대상으로 이혼한 것을 후회하지 않느냐고 물었더니 후회한다고 대답한 사람이 열 명 중 여덟 명이었습니다. 때로 울타리 밖으로 나오면 행복할 것처럼 보이지만 천만의 말씀입니다. 그러므로 짝 지어 주시고 사람이 나누지 못한다고 하신 하나님의 명령이 바로 우리의 행복을 위한 절대조건이라는 것을 인정하고 이 말씀대로 순종해야 합니다.

– 옥한흠 목사의 「빈 마음 가득한 행복」 중에서

오늘의 기도 : 자녀를 위한 기도

사랑하는 주님, 이 아이를 주님께 의탁합니다.

이 아이가 길이요 진리요 생명되신 예수 그리스도 안에서 하나님을 깊이 알고 하나님을 영화롭게 하는 삶을 살아가게 하여 주시옵소서. 구원의 감격을 깨닫고 누리는 하루하루의 삶이 되게 하여 주시옵소서. 세상의 시시한 것들을 추구하는 허망한 삶에서 벗어나게 하사 창조주 하나님을 마음의 중심에 모시고 진리 안에서 살아가는 삶이 얼마나 아름답고 풍성한지를 깨닫게 하여 주시옵소서.

세상풍조 속에 안주하여 편하고 쉬운 길로 가는 대신에 어렵고 힘들고 고통스럽더라도 바른 길을 선택하는 지혜와 용기를 주시옵소서. 공부를 위한 공부가 아니라 하나님의 영광을 위한 공부, 이웃을 사랑하고 섬기기 위한 공부를 하게 하옵소서. 꼭 필요한 사람이 되어 고통받는 이웃들을 사랑으로 품어주고 세계를 복음으로 변화시키고자 하는 열망이 학문의 목표가 되게 하옵소서.

가난해도 비굴하지 않고 부해도 오만하지 않으며 어떤 상황에 처하더라도 흔들리지 않는 확고한 믿음과 신념을 가지게 하옵소서.

자신에 대해서는 엄격하고 이웃에 대해서는 관대할 줄 아는 분별력을 주시되 엄격함에 유머 감각을, 유연함에 곧은 심지를 허락해 주시옵소서.

삶의 현장에서 날마다 사랑의 위대한 능력을 배우게 하시고 학교와 교회에서 공동체적 삶의 기쁨을 깨달아 알게 하옵소서. 이웃을 '사랑과 섬김의 대상'으로 보는 성경적 인간관을 갖게 하사 아름다운 만남과 풍성한 인간관계를 통해 날마다 성숙하게 하옵소서.

남과 비교하기보다는 남과 다른 점을 찾게 하시고 남을 이기는 것보다 남과 더불어 사는 것을 배우게 하옵소서.

약한 자를 멸시하지 않고 존경하며 사랑할 수 있는 마음과 소외된 자들을 돌보아주고 품어 주게 하옵소서.

부모님을 사랑하고 존경하는 마음을 날로 새롭게 하시고 가족들과 이웃들을 위해서 매일 사랑으로 기도하게 하옵소서. 스승의 고마움을 잊지 않게 하시고 어른의 말을 잘 경청하는 지혜를 주시고 친구와의 우정을 아름답게 키워가게 하옵소서.
지킬만한 약속만 하는 신뢰받는 아이가 되게 하시고 한 번 한 약속은 반드시 지킬 줄 아는 멋진 신사가 되게 하옵소서. 이 아이가 정직과 진실의 위대한 능력을 속히 깨닫게 하사 거짓과 위선을 멀리하게 하옵소서.
어떠한 상황에서도 예의 바르게 행동하는 습관을 생활화하게 하시고 불리한 여건에서도 자기비하에 빠지지 않게 하사 스스로의 명예와 품위를 지킬 줄 아는 성숙한 사회인이 되게 하여 주시옵소서. 가르치기 보다는 배우기를 좋아하고 말하기 보다는 듣기를 즐기며 말만 앞세우기 보다는 행동으로 보여주는 참된 용기와 결단을 허락하여 주시옵소서.
희생과 헌신의 의미를 알고 양보와 포기의 가치를 아는 사려 깊은 성품을 갖추게 하옵소서. 남에게 상처를 주기 보다는 치유하는 자로 살게 하시고 시험거리가 되기 보다는 믿음의 모델이 되는 아름다운 삶을 열망하게 하옵소서.
하나님이 주신 달란트를 그냥 땅에 묻어두고 다른 것을 달라고 기도하는 어리석음을 범치 않게 하시고 이미 주신 것을 100% 활용하는 지혜를 주시옵소서. 무조건 새로운 것, 큰일을 찾기보다는 작은 일의 소중함을 알고 맡은 일에 충성하는 성숙함을 허락해 주옵소서.
항상 자신의 건강을 최상으로 유지하고 시간을 황금같이 아낄 줄 아는 자기 관리의 대가가 되게 하옵소서.
이 아이에게 역사의 흐름과 현실을 꿰뚫어 보는 통찰력을 허락하시고 사건의 본질을 파악할 때 숲과 나무를 동시에 보는 안목과 포용력을 갖추게 하소서. 무엇보다 세계를 품은 그리스도의 제자로서 '세계 선교'와 '세계 경영'의 성경적 월드 비전을 가지고 온 인류를 섬김의 대상으로 여기는 위대한 하나님의 사람이 되게 하여 주시옵소서.
예수님의 이름으로 기도합니다. 아멘.

Day : 25주(월)

찬송 : (새)505장, 268장

25

이사야 7–12장 유다의 평강의 왕

- 7장 임마누엘
- 8–9장 평강의 왕으로 나실 아기
- 10장 장차 임할 재난
- 11장 의로운 징벌
- 12장 거룩하신 하나님

북 이스라엘과 아람이 연합하여 남 유다를 치려고 하자 유다 왕 아하스는 크게 두려워했습니다. 그때에 하나님은 이사야를 보내서 아하스 왕에게 두려워하지 말고 하나님을 의지하라고 말씀하셨습니다. 이사야는 아하스에게 징표를 구하면 하나님께서 보여 주실 것이라고 말했으나, 아하스는 징표를 구하지 않았습니다. 그러자 하나님은 친히 임마누엘의 징표를 주시면서 아하스에게 두려워하지 말고 하나님을 의지하라고 하셨습니다. 그러나 아하스 왕은 하나님을 의지하지 않고 앗수르를 의지했습니다. 그때에 하나님은 이사야의 아들의 이름을 통해서 장차 앗수르가 예루살렘을 치게 될 것을 상징적으로 예고해주셨습니다. 이사야는 심판 후에 하나님께서 유다를 다시 구원해 주실 것이라고 약속했습니다. 이사야는 그때에 "흑암에 거하던 백성이 큰 빛을 보고, 사망의 그늘진 땅에 거하던 자에게 빛이 비칠 것"이라고 말했습니다. 이사야는 그때에 하나님께서 "기묘자, 모사, 전능하신 하나님, 영존 하시는 아버지, 평강의 왕"이라 불리우는 한 아들, 즉 메시아를 주실 것이라고 말했습니다. 그리고 나서 이사야는 이새의 후손으로 오실 메시아의 구원을 바라보면서 구원의 하나님을 찬송했습니다.

읽으며 묵상하며 : 여호와를 기다리며 바라보리라 (사 8:11–22)

이제 야곱 집에 대하여 얼굴을 가리시는 여호와를 나는 기다리며 그를 바라보리라
사 8:17

이사야 선지자를 6장에서 부르시면서 사명을 주셨던 말씀의 보충설명이 나옵니다. '이 백성의 길'로 행치 말라는 경고와 더불어 오직 여호와만을 두려워하라는 권면을 '너희'라고 하는 이사야의 일행들에게 즉, 경건한 남은 자들의 무리에게 주십니다(11-15). 12절의 맹약한 자가 있다고 하는 표현은 다른 번역에 의하면 '이 백성이 모의하는 음모에 가담하지 말라'는 뜻으로 번역되기도 합니다. 아마도 앗수르에 도움을 구하는 일을 말하거나 혹은 맹약한다는 표현이 반역한다는 말도 되기에 앗수르에 도움을 구하는 일에 대항하는 이사야 선지자의 행동을 반역으로 여기는 아하스의 백성들에게 동조하지 말라는 권면이기도 합니다. 인생의 길은 오직 여호와를 두려워하는 것이어야 합니다. 여호와는 이스라

엘과 예루살렘의 거룩한 처소가 되십니다. 그러므로 성도는 그분의 함께 하심으로 든든하고, 거룩한 율법을 지킴으로 안전하게 됩니다. 임마누엘은 거룩한 자를 의지하고 그 말씀을 순종하는 자들에게 영원한 피난처가 됨을 기억합시다. 앗수르를 의지하고 마땅히 두려워해야 할 거룩하신 여호와를 배반한 이스라엘에게 내리시는 형벌은 말씀을 감추시는 것이었습니다. '얼굴을 가린다'는 표현은 언약적 축복에서 돌이키는 저주의 표현이기도 합니다. 오직 여호와를 의뢰하는 남은 자들만이 돌아오리라는 스알야숩(7:3)과 마헬 살랄하스바스(8:3)의 징조들은 아람과 북이스라엘 연합국에 대한 승리의 확신을 말합니다(16-22). 그러나 앗수르를 의지하며 여호와를 의뢰하지 않고, 신접한 자와 마술사에게 도움을 구하는 이 백성의 길은 망할 수밖에 없습니다. 주의 말씀을 두려움으로 받고 항상 지켜 행하는 자에게 주시는 축복을 소망합시다. '이 백성의 길'로 상징되는 시대의 소리보다는 여호와의 말씀에 귀를 기울이는 오늘 하루가 되도록 합시다.

– 「일용할 양식」 본문해설, 기독대학인회(ESF), 2002. 8. 17.

살며 생각하며 : 말씀이 인도하는 삶

평생 중요한 순간이 오면 윈스턴과 클레멘타인 처칠 부부는 성경 속에서 위로와 지침을 얻었습니다. 1911년 해군장관에 임명되기를 간절히 고대하고 있을 때, 윈스턴은 아내에게 두려운 마음을 털어놓았습니다. 그러나 아내 클레멘타인은 강한 확신을 보이며 잘될 거라고 말했습니다. 얼마 전 기도하는 마음으로 성경책을 펼쳤을 때 시편 107편 23-24절을 발견했기 때문입니다.

"배들을 바다에 띄우며 큰 물에서 일을 하는 자는 여호와께서 행하신 일들과 그의 기이한 일들을 바다에서 보나니"

성경의 말씀대로 윈스턴은 해군 장관으로 임명되었고, 영국 해군을 이끌고 세계대전에 참전하는 막중한 과업을 달성할 수 있었습니다. 처칠의 일생에 이런 일화는 아주 흔했습니다. 예루살렘의 스코푸스 산에서 팔레스타인의 랍비가 모세 율법이 적힌 두루마리를 선물로 증정하자 그는 수천 명의 유태인 앞에서 감격에 겨워 눈물을 줄줄 흘리며 모세 율법서를 두 손에 꼭 쥔 채 이렇게 다짐했습니다.

"유태인과 기독교인이 모두 인정하는 진리가 담긴 이 성경은 내게 대단히 소중한 책입니다. 이 선물은 우리 가문의 영원한 유물로 남을 것입니다."

처칠은 성경의 영감과 진리를 믿었으며, 자신의 이해를 넘어선 성경의 진리의 인도를 받아 역사상 그토록 중요한 시기에 지도자 역할을 감당해 낼 수 있었습니다.

– 스티븐 맨스필드, 「윈스턴 처칠의 리더십」

Day : 25주(화)

찬송 : (새)450장, 376장

25

이사야 13-23장 열방에 대한 심판 예고

- 13-16장 바벨론, 모압
- 17-20장 구스와 애굽
- 21-23장 예루살렘과 두로에 대한 심판 예고

이사야가 그리고 있는 하나님 나라는 전 세계적이었으며, 따라서 장차 있을 심판도 세계적이었습니다. 바벨론이 번영할 때에 그들은 이스라엘을 압제했습니다. 그러므로 그들도 장차 다른 민족에 의해 압제를 당하게 될 것입니다. 이러한 심판은 바벨론뿐 아니라 앗수르와 블레셋, 그리고 모압에도 내려질 것입니다. 다메섹은 영광이 사라진 후에 소수만 남아서 구원을 받게 될 것이며, 구스인은 처음에는 패배하지만, 후에는 여호와께 돌아와서 구원을 받게 될 것입니다. 또 애굽은 경제적 빈곤과, 영적인 빈곤이 있을 것이며, 그들이 섬기는 거짓 신들은 멸망하게 될 것입니다. 이사야는 예루살렘과 두로에 임하는 심판을 바라보면서 마음에 큰 고통을 느꼈습니다. 왜냐하면 심판은 공의롭지만, 그 심판을 당하는 모습을 바라보는 선지자의 마음은 아프기 때문입니다.

읽으며 묵상하며 : 하나님만 의지하는 인생(사 20:1-6)

그 날에 이 해변 주민이 말하기를 우리가 믿던 나라 곧 우리가 앗수르 왕에게서 벗어나기를 바라고 달려가서 도움을 구하던 나라가 이같이 되었은즉 우리가 어찌 능히 피하리요 하리라 사 20:6

이사야서의 전반적인 문맥은 일차는 북 왕국 이스라엘과 반앗수르 동맹국들의 유다나라 침략이고, 두 번째는 이 침략에 대응하기 위해서 유다가 앗수르에 도움을 요청한 것입니다. 그리고 앗수르는 두 연합국을 물리칠 뿐만 아니라 주변의 나라들을 계속해서 정복하고, 이제는 도움을 요청한 유다마저도 삼키려는 분위기입니다. 그래서 히스기야 시대에 침략했고 예루살렘만을 남겨놓을 만큼 거세게 유다를 몰아붙였던 것입니다. 이것이 이사야서 전반부의 분위기입니다. 이사야 선지자는 세상 나라들에게 도움을 구하는 일의 어리석음을 고발하고 있습니다. 특별히 자신의 삶의 모습을 통해서 더욱 알리고 있습니다.

허리에서 베를 두르고 발에서 신을 벗어서 벗은 몸과 벗은 발로 다님으로써 애굽과 구스가 앗수르의 포로가 될 것임을 예표로 보이도록 이사야에게 하나님이 명하십니다. 이것은 결국 유다로 하여금 애굽과 구스를 의지하지 말도록 권하는 것입니다. 이미 아스돗이 애굽에 도움을 구하였던 일이 어리석게 마칠 것임을 예언하면서 이스라엘, 즉 유다는 그러한 어리석은 일을 하지 말 것을 말합니다.

세상 나라를 의지하는 것의 어리석음을 거듭 말하고 있습니다. 온 세상을 통치하시는 주님을 바라봅시다. 하늘과 땅에 있는 모든 것을 통일시키는 것이 우리 주 예수 그리스도의 구속 사역입니다(엡 1:10). 이 말은 예수 그리스도께서 죽음의 권세를 이김으로 사탄을 무찔러서 사탄의 세력마저도 여호와 하나님께 바친다는 의미입니다. 한 주의 통치 아래 피조세계 전체가 있게 하신 것이 예수님의 구속사역이기에 우리는 이 땅에서 그의 주되심을 찬양하고 고백하고 그를 의지하여 세상을 이기게 되는 것입니다. 이것이 교회가 가진 충만의 영광이며, 교회와 가정 그리고 성도가 세상 속에서 사는 삶의 동력이 됩니다. 이사야 선지자의 벗은 몸을 기억합시다. 우리가 의지하는 것들이 이처럼 수치스러운 것으로 바뀌게 될 것입니다.

–「날마다 주님과 함께」 본문해설, 학생신앙운동(SFC), 2002. 9. 7.

살며 생각하며 : 미꾸라지의 피난처

두부모 속에 미꾸라지를 넣고 끓인 음식이 있는 데 맛도 별미일 뿐 아니라 조리방법 또한 매우 특이합니다.

먼저 냄비에 물을 붓고 그 안에 살아있는 미꾸라지를 넣고 그것을 불 위에 놓고 끓입니다. 물의 온도가 점점 올라가기 시작하면 미꾸라지들은 될 수 있는 대로 찬 데로 옮겨 다니게 됩니다. 이때 찬 두부를 썰지 않고 통째로 냄비 속에 넣는 것입니다. 그러면 미꾸라지들은 '야! 여기가 피난처로구나'하고 쾌재를 부르듯이 차가운 두부모 속으로 맹렬히 뚫고 들어가게 됩니다. 그러나 물이 차차 끓으면서 두부도 익고 그 안에 미꾸라지도 익어갑니다. 살겠다고 버둥거리며 두부모 속으로 들어갔던 미꾸라지들은 애써 쑤시고 들어간 두부모 속에서 결국 허망히 죽고 마는 것입니다.

결코 피난처가 될 수 없었던 두부를 의지했던 미꾸라지처럼 유다도 대국 애굽을 자기들의 의지 대상으로 삼았지만 그 애굽조차도 허망히 패망해 버렸음을 볼 수 있습니다.

성도가 의지하고 피할 길은 오직 여호와 하나님밖에 없는 것입니다.

–「그랜드 종합 주석」 9권, 성서교재간행사, p845

Day : 25주(수)

찬송 : (새)446장, 500장

25

이사야 24-27장 심판이 기쁨으로 변함

- 24장 징계(여호와의 날)
- 25-26장 여호와를 찬양함
- 27장 하나님의 구원

이사야는 각 국가별로 장차 임할 하나님의 심판을 예고했습니다. 그러고 나서 그는 계속해서 종말에 있을 우주적인 심판과 축복에 대해서 예고하고 있습니다. 이러한 예언에는 장차 있을 평화의 시대에 대한 예언이 포함되어 있습니다. 역사의 종말을 다루고 있는 이 부분은 신약에 있는 요한계시록과 비교해서 이사야의 소 묵시록이라고 불리고 있습니다. 이사야는 심판 때에 인간 사회와 온 우주에 대혼란이 있을 것이라고 예고했습니다. 그러나 하나님은 그때에 자기 백성들을 그 혼란에서 구원해 주실 것입니다. 그리고 이로 인해 하나님의 백성은 평화와 안녕이 보장된 나라에서 영원히 살게 될 것입니다.

읽으며 묵상하며 : 의에 주리고 목마른 심령 (사 25:1-12)

사망을 영원히 멸하실 것이라 주 여호와께서 모든 얼굴에서 눈물을 씻기시며 자기 백성의 수치를 온 천하에서 제하시리라 여호와께서 이같이 말씀하셨느니라 그 날에 말하기를 이는 우리의 하나님이시라 우리가 그를 기다렸으니 그가 우리를 구원하시리로다

사 25 : 8-9 상

본문에서 여호와는 나의 하나님이라고 부르는 무리는 견고한 성읍을 황무케 하시고 강한 민족들을 무릎 꿇게 만드는 역사를 본 자들입니다. 이들은 하나님은 성실함과 진실함으로 포학자들에 대해서는 철저하게 징벌하셔서 그들마저 당신을 경외하도록 하셨고, 빈핍한 자들에 대해서는 폭풍과 폭양같은 포학한 자들의 압제를 막는 그늘이 되어 주셨기 때문에 실로 찬양받으시기에 합당하신 분이라는 것을 노래하고 있는 것입니다. 그러므로 오늘도 연약한 자들의 구원자요 피난처이신 주님을 바라보면서 의에 주리고 목마른 심령으로 살아야 할 것입니다. 세상의 힘을 추구하거나 강함을 추구하는 자가 되지 말고, 고통 중에서도 피난처 되신 여호와를 바라보는 하루가 되도록 합시다.

여호와께서 강한 성읍들과 포학한 자들을 징벌하시지만 빈궁한 자들을 위해서 포도주로 위로하며 연회를 베푸십니다. 마치 악인의 목전에서 내게 상을 베푸시고 기름으로 내 머리에 바르시는 것과 같습니다. 이러한 하나님의 다스림은 무엇보다 고통스런 포학의 억압

속에서도 의를 지키려고 했기에, 하나님을 소망했기에 가능한 것입니다. 바로 자기 백성의 얼굴에서 눈물을 씻기시며, 그간의 모든 수치를 제거해 주시는 이런 소망이 우리의 궁극적인 소망이어야 할 것입니다. 이 땅에서 의를 잃어버리지 않는 자신과 교회가 되도록 기도합시다. 이제 다시 여호와의 구원을 노래합니다. 그런데 여기에는 상대적 의미가 담겨있습니다. 즉, 모압으로 대변되는 교만한 자들과 그들의 교활함을 치시는 것입니다. 대적들의 헛된 것들을 헐어버리시는 것을 보면서 구원을 즐긴다고 말합니다. 세상에서의 소유, 힘, 국력, 재력 등으로 영원한 보장을 추구했던 나라들의 어리석음을 선포합니다. 여호와께서 우리에게 베푸시는 구원은 의로움을 지향하고 있습니다. 그러므로 나와 우리 공동체의 삶에 의의 거룩이 반영되어야 합니다.

– 「날마다 주님과 함께」 본문해설, 학생신앙운동(SFC), 2002. 9. 16.

살며 생각하며 : 길선주 목사

1869년에 태어난 길선주는 1897년 세례를 받기 전까지 영적인 갈증을 해소하고자 다른 여러 종교에 심취했었습니다.

몸이 병에 걸린 적이 있었는데 그때 그는 병도 고치고 수양도 할 생각으로 용악산에 들어갔다가 관성교에 빠지기도 했습니다. 그는 거기에서 관성교의 보고문을 만 번 이나 읽었지만 역시 영적 만족을 얻을 수 없었습니다. 20세부터 28세까지는 선도 수련에 몰두하였지만 마찬가지였습니다. 이렇게 여러 종교에서 영적 만족을 얻으려고 애썼지만 어디서도 만족을 얻을 수 없었습니다.

그러다가 길선주는 평양에서 미국 북장로교의 새뮤얼 마펫 선교사를 만나게 되고, 성경이나 「천로역정」 같은 기독교 서적을 접하면서 신앙을 갖기 시작하였습니다.

어느 날 길선주는 이렇게 기도했습니다.

"예수가 인류의 참 구주인지 알려 주옵소서."

그러자 갑자기 방 안에 피리소리와 총소리 같은 소리가 요란하게 울렸습니다. 그리고 공중에서 길선주를 부르는 소리가 세 번이나 들렸습니다.

"길선주야, 길선주야, 길선주야."

길선주는 두려움으로 고개를 들지도 못하고 기도했습니다.

"나를 사랑하시는 아버지시어, 저의 죄를 용서하여 주시고 저를 살려 주옵소서."

길선주는 1897년에 세례를 받았고, 금식과 철야기도에 힘쓰며 성경을 잠시도 손에서 놓지 않을 정도로 열심히 읽었습니다.

– 하천덕 편저, 「키워드로 불러보는 설교 예화」, 아가페, p573

Day : 25주(목)

찬송 : (새)400장, 463장

25

이사야 28-35장 이스라엘에 대한 재앙과 오실 왕을 바라봄

- 28장 이스라엘의 심판
- 29장 유다의 심판
- 30장 심판의 이유(반역)
- 31장 애굽을 경계함
- 32-35장 왕을 기대하며 찬양하라

이사야의 예언은 앗수르 군대의 침략에 집중되고 있습니다. 이스라엘은 술에 취한 것처럼 다가올 환난을 알지 못하고 있었습니다. 그들은 어리석게 애굽이 자신을 구원해 줄 것이라고 믿었습니다. 그러나 이사야는 결코 애굽이 그들을 구원하지 못할 것이라고 예고했습니다. 이사야는 만일 남 유대(아리엘)도 북 이스라엘의 죄를 따라가면, 그들도 이스라엘처럼 멸망할 것이라고 경고했습니다. 그러나 이사야는 장차 다가올 심판만 바라보지 않았습니다. 그는 심판 너머에 오실 위대한 왕을 바라보았습니다. 그 왕은 장차 자기 백성에게 강같은 평화를 가져오실 것입니다. 그 분은 장차 포로된 자들을 자유롭게 하실 것이며, 압제받는 자들을 위해 공의를 행하시고, 하늘과 땅을 심판하실 것입니다. 이사야는 하나님의 백성들에게 그때에 오실 왕을 기대하라고 외칩니다. 이사야는 그들에게 구원의 날이 가까이 다가왔다고 선포하고 있습니다.

읽으며 묵상하며 : 여호와께로 돌아오라(사 31:1-9)

새가 날개 치며 그 새끼를 보호함같이 나 만군의 여호와가 예루살렘을 보호할 것이라 그것을 호위하며 건지며 뛰어넘어 구원하리라 하셨느니라 이스라엘 자손들아 너희는 심히 거역하던 자에게로 돌아오라 사 31:5, 6

애굽을 의지하는 자들은 애굽의 말과 병거의 많음과 마병의 강함을 의지하는 것입니다. 그들은 세계 모든 역사가 이스라엘의 거룩하신 자 여호와께 달려있음을 깨닫지 못하고 당장 눈앞에 보이는 세상의 권력에 의지하여 당면한 문제를 해결해 보려는 인본주의자들인 것입니다. 따라서 애굽이 절대 권능을 소유한 신이 아닌 유한한 사람이며, 그 말들은 영존할 수 있는 영이 아니라 죽음과 함께 곧 소멸될 육체라는 사실을 깨닫지 못하고 그것들을 의뢰한 자들은 영원히 멸망할 수밖에 없는 것입니다. 하나님의 백성은 여호와께로 향해야 합니다. 세상의 어려움 뒤에는 우리를 넘어뜨리는 악의 세력이 있음을 기억하면서 참 하나님에게로 나아와 도움을 구하도록 합시다. 앗수르의 위협을 으르렁거리는 사자로 비유하고 있습니다. 그러나 이런 위협 속에서도 여호와를 바라는 무리들에게 여호와

께서 임하시며 보호하시고 살리십니다. 그래서 선지자는 외치기를 여호와께로 돌아오라고 말합니다. 우상을 의지하던 것을 버리고, 공평과 의를 저버렸던 삶을 버리고 여호와와 그의 말씀에로 돌아와 부르짖으라고 말합니다. 그러면 사람의 칼이 아닌 천사들의 칼로 쳐서 구원하신다고 말하십니다. 정말 하룻밤에 십팔만 오천이 죽어나갔고 모두 퇴각 하였습니다. 여호와의 능하신 손의 칼입니다. 이 능력의 구원자에게로 돌아갑시다. 하나님은 자기를 바라는 백성을 위해서 사람의 손으로 말미암지 않는 칼로 앗수르를 치시고 구원하셨습니다. 시온에 여호와의 구원이 있음을 알리셨습니다. 왜 시온 예루살렘을 구원하셨습니까? 여호와의 말씀이 거기에 있기 때문입니다. 이렇게 예루살렘이 여호와의 말씀으로 새롭게 될 때만이 온 세상의 복의 근원이 되고 순례자들의 행렬이 의미 있게 되는 것입니다.

– 「날마다 주님과 함께」 본문해설, 학생신앙운동(SFC), 2002. 9. 28.

살며 생각하며 : 가장 확실한 부적

뉴욕의 차이나타운에서 있었던 일입니다. 미국인 여자가 전기 제품을 파는 가게에 들어서더니 행운의 부적을 보여 달라고 하였습니다. 나이가 지긋해 보이는 중국인 여주인은 의아하다는 듯이 손님의 얼굴을 힐끗 쳐다보고는 여러 가지 부적들을 진열대 위로 꺼내 놓았습니다.

"이 부적 중 어떤 것이 가장 좋은 것인지 알려 주시겠어요? 정말 효력을 발휘하는 부적이 필요해요. 우리 아들이 배를 타고 남태평양에 나가거든요. 그래서 그 애를 보호해 줄만한 것을 찾고 있는 중이랍니다."

가게 주인은 웃으며 입을 열었습니다.

"부인께서 원하시는 것이 있긴 하지만, 지금 여기에는 없습니다."

"그래요? 제발 부탁이니 그것을 보여주십시오. 가격이 얼마든지 꼭 사고 싶습니다."

미국인 여자는 간곡히 가게 주인에게 애원하였습니다.

"그것은 돈으로 살 수 없는 것입니다. 바로 하나님이시지요. 하나님만큼 확실하고 효과적인 보호자는 없답니다. 내게는 아들이 세 명, 그리고 손자가 세 명이 있는데 그 애들이 태어나자마자 하나님께 맡겼지요. 그리고 하나님께서 잘 지켜 주시기를 기도해 왔습니다. 물론 하나님께서는 저의 기도에 응답해 주셨고 앞으로도 그러실 것이라고 확신하고 있습니다. 부인, 하나님만이 진정한 보호자가 되십니다. 부인께서도 하나님을 믿고 받아들이시기를 진심으로 권합니다.

– 「호크마 종합 주석」 구약 11권, 예화, 기독지혜사, p393

Day : 25주(금)

찬송 : (새)390, 444장

25

이사야 36-39장 히스기야 때의 예언들

- 36장 앗수르의 침략
- 37장 이사야의 예언
- 38장 병이 든 히스기야
- 39장 히스기야의 실수

본문에는 두 가지 중요한 사건이 기록되어 있습니다. 하나는 주전 701년에 앗수르가 유다를 공격한 사건이며, 또 하나는 병들어 죽게 되었던 히스기야 왕이 생명을 연장 받은 사건입니다. 앗수르의 군사들이 유다를 공격해 왔을 때에 히스기야는 이사야에게 도움을 요청했습니다. 이사야는 유다를 위해서 하나님께 기도했으며, 하나님은 그 기도를 들으시고 하루 밤에 185,000명의 앗수르 군사들을 모두 전멸시키셨습니다. 이로 인해 이스라엘은 예루살렘에 살아계신 하나님이 계신다는 것을 온 천하에 나타낼 수 있었습니다. 그 후에 히스가야는 병이 들어 죽음을 선고받게 되었습니다. 그때에 히스기야는 눈물로 생명 연장을 위해 기도했습니다. 하나님은 그의 기도를 들으시고 그의 생명을 15년 연장해 주셨습니다. 그러나 그는 후에 그의 쾌유를 축하하기 위해 찾아온 바벨론 사신들에게 왕국의 모든 보물을 보여주는 실수를 범했습니다. 이사야는 히스기야의 이러한 교만한 행동으로 인해, 장차 그가 보여준 모든 보물을 바벨론이 탈취해 갈 것이라고 예고했습니다.

읽으며 묵상하며 : 남은 자를 위한 기도 (사 37:1-14)

당신의 하나님 여호와께서 랍사게의 말을 들으셨을 것이라 그가 그의 상전 앗수르 왕의 보냄을 받고 살아 계시는 하나님을 훼방하였은즉 당신의 하나님 여호와께서 혹시 그 말로 말미암아 견책하실까 하노라 그런즉 바라건대 당신은 이 남아 있는 자를 위하여 기도하라 하시더이다 사 37:4

죠지 워싱턴 카버(G. W. Carver) 박사는 이런 말을 했습니다. "인간이라면 누구나 이 혼란한 세계의 한복판에서 아무런 방향감 없이 살아서는 안 될 것이다. 우리는 흔히 '당신이 가는 모든 길에 주님을 모셔라. 그리하면 그분께서 당신의 나갈 바를 일러 주실 것이다'라고 말하지 않는가."

그는 매일 새벽 4시에 일어나 하나님께서 자신의 삶을 인도해 주시길 간구하는 것을 생활화하였습니다. 그는 이른 아침 시간에 얻게 되는 축복에 대해 다음과 같이 말했습니다.

"모든 것들이 깊이 잠들어 있는 그 시간만큼 하나님께서 나를 위하여 계획하신 것을 깊이 깨달을 수 있는 시간은 없을 것이다."

본문의 히스기야 왕은 엘리아김과 셉나를 이사야에게 보내어 남아 있는 자를 위하여 기도해 줄 것을 간청하였습니다. 히스기야 왕과 선지자 이사야가 마음을 합하여 기도한 결과를 우리는 본장에서 보게 됩니다. 환난의 날은 물러갔으며 어둠 속에 가려졌던 태양이 다음 날에는 밝고 명랑하게 빛났으며 하늘에서는 모든 구름이 사라져 버렸습니다.

히스기야 왕이 환난을 만난 날에 행하였던 처사는 그와 비슷한 상황에 처한 모든 사람들에게 훌륭한 본보기가 됩니다.

어떤 사람들은 기도의 효력을 비웃고 의심하지만, 기도야말로 위대한 힘을 갖는 근원이며, 어리석은 인간들이 가장 적합한 최선의 방법이라고 생각했던 길이 목적에 도달하지 못할 때에, 기도는 가장 지혜롭고 선한 방법으로서 원하는 바를 달성하게 하는 것입니다.

– 「호크마 종합주석」 구약 17권, QT, 기독지혜사, p463

살며 생각하며 : 기적은 가까운 곳에서 일어납니다

D. J. 칸트는 기관사였습니다. 그리고 그는 신실한 그리스도인이었습니다. 그를 사랑하는 목사님이 칸트 씨가 통행하고 있는 아름다운 역 부근의 산장에 와서 묵게 되었습니다. 칸트 씨는 그 부근을 지날 때마다 경적을 울렸습니다. 그것은 "목사님, 저를 위해서 기도해 주십시오" 하는 신호였습니다. 그리고 자신도 가면서 목사님을 위해서 기도하겠다는 신호였습니다. 그러다가 그 목사님이 급한 일이 있어서 집으로 돌아갔습니다. 며칠 후 큰 열차 사고가 났습니다. 신문에 이런 말이 기록되었습니다. "열차 사고치고는 대사고였다. 그러나 한 사람도 치명적인 부상을 당하지 않았다. 이것은 다른 무엇으로도 설명할 수 없는 기적이다."

그 목사님은 칸트 씨에게 이렇게 편지를 썼습니다. "저가 너를 위하여 그 사자들을 명하사 네 모든 길에 너를 지키게 하심이라 저희가 그 손으로 너를 붙들어 발이 돌에 부딪히지 않게 하리로다." 목사님에게도 동시에 똑같은 성경 구절과 내용이 담긴 칸트 씨의 편지가 날아왔습니다. 그리고 "목사님, 목사님께서 기도해주신 덕택으로 한 사람의 사고도 없었습니다. 신문에는 기적이라고 신문 기자들이 평했습니다. 이것이 천사들이 우리들을 지킨 것이 아니고 무엇입니까?"라고 쓰여 있었습니다. 기적은 우리들의 주변에서도 수없이 이루어지고 있습니다.

– 김준곤 목사, 기도의 비상사태

Day : 25주(토)

찬송 : (새)333장, 381장/ (새)342장, 395장

25

■ 이번 주 읽은 성경 요약 및 못 읽은 부분 읽고, 한 주간 생활 묵상하며 가정 예배드리기

■ **주제 : 환경을 초월하는 어머니의 사랑** (마 15:21-28)

읽으며 묵상하며 : 딸의 치유를 위한 가나안 여인의 믿음 (마 15:21-28)

그리스도인은 믿음으로 사는 사람입니다. 믿음에는 큰 믿음이 있고 적은 믿음도 있습니다. 예수님은 귀신들린 가나안 여인의 딸을 고쳐주시는 과정을 통해서 큰 믿음이 무엇인지를 알려 주셨습니다. 예수께서 알려주신 큰 믿음이란 어떤 믿음입니까?

시련을 통한 연단된 믿음

가나안 여인에게 귀신들린 딸이 있었는데 예수께서 치유하여 주셨습니다. 치유의 과정에서 예수님은 여인이 큰 믿음을 갖도록 도우셨습니다. 여인은 딸의 문제를 해결 받고자 주님께 나아왔지만 시련의 과정이 있었습니다. 간절히 주님께 부르짖었지만 주님은 침묵하셨고 계속된 간구에도 응답이 없으셨습니다. 여인은 포기할 수도 있었지만 포기하지 않았습니다. 딸에 대한 간절한 사랑과 주께서는 결코 외면하지 않을 것이라는 믿음이 그녀로 하여금 인내하게 하였고 더욱 겸손히 주께 간구하게 하였습니다. 결국 주님은 이 여인의 믿음을 큰 믿음이라고 칭찬하셨고 소원을 들어주셨습니다. 큰 믿음이란 시련을 통하여 연단된 믿음인 것을 알 수 있습니다. 하나님의 은혜를 받은 큰 믿음의 소유자들에게는 시련을 통한 연단의 과정이 있었습니다. 그러므로 믿음의 삶을 살면서 시련을 당할 때 낙심하거나 절망하지 마십시오. 큰 믿음을 갖기 위해서는 더 간절하게 기도해야 하고 끝까지 인내해야 합니다. 모든 상황에서 겸손해야 합니다. "너희 믿음의 확실함은 불로 연단하여도 없어질 금보다 더 귀하여 예수 그리스도께서 나타나실 때에 칭찬과 영광과 존귀를 얻게 할 것이니라"(벧전 1:7).

주님의 의도를 파악할 줄 아는 믿음

가나안 여인이 큰 믿음의 소유자가 된 것은 주님의 의도를 파악할 줄 알았기 때문입니다. 여인의 간절한 부르짖음에 예수님은 냉담한 반응을 보이셨습니다. 침묵하셨고 이방인을 무시하시는 듯한 충격적인 말씀을 하셨습니다.

"자녀의 떡을 취하여 개들에게 던짐이 마땅하지 아니하니라" 그러나 여인은 주님의 말씀을 오해하지 않았고 주님의 의도를 제대로 파악하여 지혜로운 기도를 드렸습니다. 주님께 대한 여인의 답변을 볼 때(27절) 주님의 이 말씀은 구원역사의 순서에 관한 것이며 자신의 믿음을 테스트하시는 것이라는 것을 이 여인이 알아차렸다고 볼 수 있습니다. 가나안 여인은 주님께 욕하고 기도를 포기할 수 도 있었지만 그렇지 않았습니다.

딸에 대한 간절한 사랑과 자신의 처지에 대한 이해, 지극한 겸손과 믿음이 주님의 의도를 파악할 수 있게 하였습니다.

큰 믿음이란 주님의 의도하신 것을 아는 것입니다. 믿음은 주님의 은혜를 받는 통로이며 믿음의 기도는 주님을 일하시게 합니다. 주님의 의도를 이해하지 못하고 자기중심적으로 산다면 주께 칭찬과 인정을 받을 수 없습니다. 주께 칭찬과 인정을 받지 못하는 믿음은 아무것도 아닙니다.

–「일용할 양식」 말씀묵상, 기독대학인회(ESF), 2004. 6. 5.

살며 생각하며 : 어머니의 사랑

매우 가난한 여인이 있었습니다. 고등학생인 아들이 책을 사달라고 졸랐습니다. 아들을 지극히 사랑했던 어머니는 서점으로 달려가 아들이 사달라는 책을 사다 주었습니다. 그날 밤 어머니는 머리에 수건을 두른 채 잠자리에 들었습니다.

밤중에 소년이 어머니의 수건을 풀어보니 어머니의 머리카락이 몽땅 잘려 있었습니다.

어머니는 머리카락을 잘라 아들이 원하는 책을 샀던 것입니다. 소년은 삭발모정(削髮母情)에 통곡했습니다. 그리고 어머니의 사랑을 가슴에 품고 열심히 공부해 훌륭한 목사가 되었습니다.

그가 바로 두레교회 김진홍 목사입니다. 어머니의 사랑은 환경을 초월합니다.

– 한태완 목사, 설교 예화 자료집, 2007. 12. 14.

돌아보며 다짐하며 : 좋은 어머니상

① 자신감을 심어주는 어머니
② 자녀를 이해하고 대화하는 어머니
③ 자녀의 특성을 알고 남과 비교하지 않는 어머니
④ 인격을 존중하는 어머니
⑤ 점수에 집착하지 않는 어머니
⑥ 자녀를 믿고 자유를 주는 어머니

⑦ 자녀와의 약속을 지키는 어머니
⑧ 아버지의 권위를 인정하는 어머니
⑨ 일관성 있는 교육관을 가진 어머니
⑩ 올바른 가치관을 심어주는 어머니
⑪ 매사를 차분하게 처리하는 어머니
⑫ 자녀의 능력과 적성을 고려하여 진로의 방향을 제시해 주는 어머니

– 라황용 목사(세계로교회 담임) / 2008. 4. 5

오늘의 기도 : 효도하는 자녀가 되게 하옵소서

하나님 아버지 죄인을 불쌍히 여기사 믿음을 갖게 하시고 구원 받게 하실 뿐만 아니라 믿음으로 살게 하시니 감사합니다. 믿음으로 주를 기쁘시게 하며 믿음으로 주의 일을 감당하게 하사 칭찬받는 자가 되게 하옵소서.

이방여인인 가나안 여인은 인간이 도저히 감당할 수 없는 수모를 받으면서도 귀신들린 자기 딸의 병을 고침받기 위해 끝까지 예수님께 간구해서 고침 받은 것처럼 자녀의 행복과 건강을 위한 어머니의 사랑은 한이 없음을 믿습니다.

엄마들에게는 자녀를 행한 이런 믿음과 사랑을 주시고 자녀들에게는 이처럼 자녀의 행복을 위해 어떤 수모나 어려움까지 감내하며 자녀를 사랑하시는 어머니의 사랑을 깨닫고 부모를 사랑하며 효도하는 자녀가 되게 하옵소서.

예수님의 이름으로 기도합니다. 아멘.

Day : 26주(월)

찬송 : (새)310장, 410장

26

열왕기하 18-20장, 시편 41, 46-48, 91편 개혁자 히스기야

- 18-19장 앗수르를 물리침
- 20장 히스기야의 병과 회복

히스기야는 25세의 나이에 왕에 올라서 예루살렘에서 29년 동안 다스렸습니다. 그는 다윗과 같이 여호와 앞에서 정직히 행하였으며, 산당을 제거하고, 주상을 깨뜨리며, 아세라 목상을 찍어버렸고, 백성들이 섬기던 모세의 놋 뱀을 부서뜨렸습니다. 그는 여호와를 굳게 의지했으며, 하나님과 연합하여 떠나지 않았고, 율법을 따라서 신실하게 행했습니다. 그러므로 여호와께서 그와 함께 동행 하셨고, 그가 하는 일이 모두 형통했습니다. 히스기야는 군대와 마병보다 하나님을 더 의지했습니다. 그리고 이러한 신앙의 힘으로 185,000명이나 되는 앗수르의 대군을 손 하나 안대고 하루 밤에 전멸시키는 경험을 할 수 있었습니다. 후에 그는 병이 들었고 하나님은 이사야를 보내서 그가 죽을 것이라고 예고해 주셨습니다. 그때에 히스기야는 하나님 앞에 기도했으며, 하나님은 그의 기도를 들어주시고 그의 생명을 15년 동안 연장해 주셨습니다. 후에 그의 병이 완쾌된 것을 축하하기 위해서 바벨론에서 사신들에게 방문했습니다. 그때에 히스기야는 우쭐해서 그들에게 모든 창고의 보물을 보여주었습니다. 이사야는 그의 교만과 실수로 장차 나라가 바벨론에게 망할 것이며, 그가 보여준 모든 보물들을 바벨론에 빼길 것이라고 경고하셨습니다. 시편 46-48편은 히스기야 당시의 상황 속에서 하나님께서 이스라엘의 왕이 되시며, 만민을 통치하시는 분이심(하나님의 주권)을 노래하고 있습니다.

읽으며 묵상하며 : 영적전쟁과 기도 (왕하 19:8-19)

히스기야가 사자의 손에서 편지를 받아보고 여호와의 성전에 올라가서 히스기야가 그 편지를 여호와 앞에 펴 놓고 그 앞에서 히스기야가 기도하여 이르되 그룹들 위에 계신 이스라엘의 하나님 여호와여 주는 천하 만국에 홀로 하나님이시라 주께서 천지를 만드셨나이다 왕하 19:14, 15

산헤립은 구스 왕 디르하가가 앗수르와 싸우기 위해 진군한다는 소식을 듣게 되었습니다(9절). 디르하가는 에디오피아 왕으로, 당시 애굽을 정복하여 제25대 왕조의 바로가 된 인물입니다. 이에 산헤립은 다시 사자를 통해 편지를 보내어 히스기야의 항복을 종용했습니다. 디르하가를 이기기 위해서는 무엇보다도 유다를 확보해 두는 것이 필요했기 때문입니다. 그런데 산헤립의 편지 내용은 단순히 외교적인 공격이 아니라 명백한 영적 전쟁이었습니다. 내용의 대부분이 하나님에 대한 공격에 집중되어 있기 때문입니다(10절). 이에 히스기야는 그 편지를 들고 성전으로 올라가, 하나님 앞에 펴놓고 기도하기 시작했습니다(14절). 왜냐하면, 이 전쟁에서는 자기가 싸울 것이 없고, 여호와께서 직접 싸워주

실 것이기 때문입니다. 히스기야의 기도는 제일 먼저 산헤립이 능욕했던 여호와를 찬양하는 것으로 시작됩니다. 그는 여호와의 영광을 '그룹들의 위에 계신 지존하신 이요', '천하만국에 홀로 하나님'이시며 '천지를 만드신 분'이라고 찬양하고 있습니다(15절). 이어서 히스기야는 산헤립의 어리석음을 하나님께 진술하고 있습니다. 곧 앗수르 왕이 여러 민족의 신들을 멸한 것은 사실이지만, 그것은 그들이 사람의 손으로 만든 우상에 지나지 않았기 때문입니다. 히스기야는 마지막으로 유다의 구원을 간구하고 있습니다(19상). 하지만 그것을 구하는 이유는 천하 만국이 주 여호와가 홀로 하나님이신 줄 알게 하기 위함임을 분명히 하고 있습니다. 히스기야의 기도는 이처럼 철저히 하나님 중심의 기도였습니다. 그리고 하나님의 영광을 구하는 이 같은 기도는 반드시 응답받게 되어 있습니다.

– 「GT, 세계를 품는 경건의 시간」, GTM, 2006. 3. 8.

살며 생각하며 : 로랜드 헤이스의 기도

상악로렌스 헤이스는 흑인으로서 불우한 환경을 신앙으로 극복하고 음악가의 길을 걸은 사람입니다. 유럽 전역에 걸쳐 그의 명성이 널리 알려지자 독일 음악가에서는 그를 초청하기로 결정하고 베토벤 홀(독일 소재)에서 독창회를 열 것을 그와 계약하였습니다. 그런데 얼마 후 곤란한 일이 생겼습니다. 즉, 독일의 일부 음악계에서 흑인의 베토벤 홀 입장은 있을 수 없는 일이라며, 로랜드 헤이스의 독창회 계약을 무효화 하려는 움직임이 일었던 것입니다. 그러나 결국 로랜드 헤이스는 약속된 날, 약속의 시간에 베토벤 홀에 섰습니다.

그러나 그가 무대에 섰다고 모든 것이 해결된 것은 아니었습니다. 그곳에 모인 많은 청중들이 로렌드 헤이스에게 박수 대신 야유를 보냈던 것입니다. 이제 그에게 힘이 필요했습니다. 그는 제자리에 똑바로 서서 두 손을 모았습니다. 그리고 조용히 고개를 숙였습니다.

몇 분이 흘렀을까? 시간이 흐를수록 청중들의 야유는 사라지고 얼마 후 베토벤 홀에는 정적만이 흐르고 있었습니다. 이때 서서히 피아노 반주 소리와 함께 로랜드 헤이스가 머리를 들었습니다. 그것은 어찌할 수 없는 상황에 부딪친 한 사람이 진실한 기도를 마친 순간이었습니다. 잠시 후 로랜드 헤이스는 '평화의 주님'이란 노래를 힘차게 불렀고, 그곳에 모인 많은 사람들은 그에게 박수갈채를 보냈습니다.

남 유다 왕 히스기야는 기도로써 난국을 극복하였다고 해도 과언이 아닙니다. 이렇듯 어떠한 곤경에 처한다할지라도 여호와 하나님을 향하여 기도만 한다면 승리는 기도한 자의 것이 아니겠습니까!

– 「그랜드 종합 주석」 6권, 예화, 성서교재간행사, p714

Day : 26주(화)

찬송 : (새)463장, 310장

26

역대기하 29-32장 히스기야의 종교개혁

- 29장 성전개혁
- 30장 유월절 준수
- 31장 제사장직의 회복
- 32장 하나님의 백성을 보호함

열왕기하는 히스기야에 대한 기록을 앗수르에 대한 승리에 초점을 맞추어 소개하고 있습니다. 그러나 역대기는 히스기야의 기록 중에서 종교개혁 사건에 초점을 맞추어 기록하고 있습니다. 히스기야는 통치하기 시작한 해의 첫 달에 여호와의 전을 열고 보수했으며, 오랫동안 소홀히 했던 성전 예배와 유월절 축제를 다시 거행했습니다. 또한 그는 우상숭배와 이방 관습을 척결했고, 레위인들의 사역을 정비하여 성전이 정상으로 운영될 수 있도록 만들었습니다. 그 후에 그는 앗수르 왕 산헤립이 예루살렘을 공격하여 포위했을 때에 믿음으로 기도하여 큰 승리를 할 수 있었습니다. 이 일로 인해 히스기야는 큰 권세와 명성을 얻게 되었고, 열국들에게 존귀하게 되었습니다.

읽으며 묵상하며 : 히스기야의 기도와 응답 (대하 32:20-33)

그 때에 히스기야가 병들어 죽었으므로 여호와께 기도하매 여호와께서 그에게 대답하시고 또 이적을 보이셨으나 히스기야가 마음이 교만하여 그 받은 은혜를 보답하지 아니하므로 진노가 그와 유다와 예루살렘에 내리게 되었더니 히스기야가 마음의 교만함을 뉘우치고 예루살렘 주민들도 그와 같이 하였으므로 여호와의 진노가 히스기야의 생전에는 그들에게 내리지 아니하니라 대하 32:24-26

히스기야는 기도를 통해 전쟁에서 승리하고, 중병에서도 회복되어 존경받는 삶을 살아가지만, 은혜에 감사하지 못하고 교만하여 책망을 받습니다.

전쟁에 앞서 히스기야가 드린 기도의 내용은 열왕기하 19:14-19에 기록되어 있습니다. 하나님께서 유다를 구원하셔서 여호와만이 홀로 하나님이심을 그들로 알게 해 달라는 기도였습니다. 결국 하나님께서는 한 천사를 보내어 승리를 안겨 주셨고, 산헤립은 수치를 안고 퇴각하여 비참한 최후를 맞게 됩니다(21절). 본문에 기록된 두 번째 기도의 상황은 히스기야가 중병에 걸려 죽게 되었을 때입니다. 하나님은 그 기도에 응답하시고, 이적을 보여 주셨습니다(24절). 평행 본문인 이사야 38장은 하나님께서 히스기야의 수명을 15년 연장시키시고, 그 징표로 '아하스의 해시계'의 해 그림자를 십도 뒤로 물러가게 하신 일을 기록하였습니다. 이처럼 히스기야는 어려움을 만나면 기도했고, 하나님께서는 그 기도에 응답하셨습니다. 기도는 고난 가운데 선택해야 하는 첫 번째 대책입니다(약 5:13 참조). 히스기야의 하나님은 오늘 우리에게도 대답하십니다. 새옹지마(塞翁之馬)라는 말이 있듯이, 좋은 일과 나쁜 일은 늘 교차합니다. 역대기에는 큰 성공 뒤에는 큰 교만이 따르고, 큰 교만 뒤에는 큰 실패가 따르는 공식이 반복해서 등장합니다. 본문은 히스기야의 교만을 지적합니다(25절). 이는 히스기야가 겸손함을 잊은 채, 자신의 능력을 과시하듯 바벨론 사절에게 왕궁의 소유와 무기 등을 모두 보여 준 상황을 암시합니다(왕하 20:12-19 참조). 본문은 이것이 하나님의 시험이었다고 기록합니다(31절). 물론 히스기야는 그 잘못을 회개했기 때문에 여호와의 진노는 그의 '생전에는' 임하지 않았습니다(26절). 하지만 이는 후대 언젠가에 그 교만에 대한 진노가 현실로 이루어졌음을 역설적으로 표현하고 있는 것입니다. 기도 응답도 중요합니다. 하지만 그 이후가 더욱 중요합니다.

– 「묵상하는 사람들, 메시지」, 프리셉트, 2005. 5. 16.

살며 생각하며 : 까마귀가 가져다 준 보석

독일 와르소 부근의 한 마을에 도르비(Dorby)라는 가난한 농부가 살고 있었습니다. 그는 소작농으로 매우 궁핍하게 살았지만 하나님을 믿는 신실하고 순박한 사람이었습니다. 어느 해 그가 살고 있는 지방에 가뭄이 계속되어 흉작이 들었습니다. 그래서 가뜩이나 어려운 살림의 도르비 가족들은 모아둔 곡식마저 떨어져 굶주림에 시달리게 되었습니다. 그런데 설상가상으로 그의 지주까지 그를 쫓아내려고 위협했습니다. 도르비가 자신의 어려운 사정을 얘기하며 호소해 보아도 막무가내였습니다. 결국 그의 가족은 이틀 안에 농토에서 떠나게 되었습니다. 도르비와 그의 가족은 굶주리고, 머물 곳조차 없는 절박한 상황 속에서 하나님께 무릎을 꿇었습니다. 그들의 간절한 기도가 끝났을 때, 까마귀 한 마리가 열심히 창문을 쪼아대는 소리가 들렸습니다. 그 까마귀는 도르비의 할아버지 때부터 길러온 귀염둥이 친구였습니다. 그런데 놀랍게도 까마귀가 번쩍이는 다이아몬드와 루비로 된 금 목걸이를 물고 있지 않은가? 가족들은 며칠 후 임금님께서 이 지방을 순회하시다가 보석을 잃어 버렸다는 사실을 알게 되었고, 곧 도르비는 보석이 박힌 목걸이를 임금님께로 가져다 바쳤습니다. 그리고 그 대가로 받은 상금으로 농토도 마련하고 작은 집도 장만했습니다. 하나님께 드린 기도는 도르비 가족들을 어려움에서 구해주었을 뿐 아니라 더 풍성한 은혜를 가져다주었던 것입니다. 당신은 어려운 시련이나 사탄의 공격을 당할 때 쉽게 낙심하고 그에 굴복해 버리지 않습니까? 시련과 환난 중에 인내하며 기도한 히스기야와 도르비의 믿음을 보십시오(C.G.Jsmes).

– 「호크마 종합주석」 구약 11권 , QT, 기독지혜사, p538

Day : 26주(수)

찬송 : :(새)359장, 401장

26

이사야 40-43장 하나님의 백성에 대한 위로

- 40장 하나님의 백성을 위로함
- 41장 하나님을 대적하는 우상들
- 42장 하나님의 백성의 종
- 43장 하나님의 백성의 구세주

이사야서는 성경의 축소판과 같습니다. 이사야서는 모두 66장으로 되어 있는데, 전반부 39장과 후반부 27장으로 이루어져 있습니다. 그 중에서 전반부 39장은 구약처럼 하나님의 거룩함과 공의를 따라서 유다의 죄에 대한 심판을 선언하고 있습니다. 하나님은 죄를 짓는 유다가 회개하기를 기다려 주실 것입니다. 그러나 그들이 계속해서 회개하지 않고 범죄하면, 하나님은 그들을 징계의 막대기로 다스리실 것입니다. 후반부의 27장은 마치 신약의 27권과 같이 위로와 구원의 문제를 다루고 있습니다. 하나님은 이스라엘의 징계 기간이 끝난 후에, 그들의 죄가 해결되었다는 메세지를 선포하실 것입니다. 그리고 하나님은 그 동안 징계를 받아 상처받은 심령을 위로하고 있습니다. 하나님은 장차 메시아께서 오셔서 상한 갈대와 꺼져가는 등불과 같은 그들을 구원해 주실 것이라고 약속해 주셨습니다.

읽으며 묵상하며 : 하나님의 구원 능력 (사 41:1-16)

두려워하지 말라 내가 너와 함께 함이라 놀라지 말라 나는 네 하나님이 됨이라 내가 너를 굳세게 하리라 참으로 너를 도와주리라 참으로 나의 의로운 오른손으로 너를 붙들리라 사 41:10

전능하신 하나님께서 열방을 소집하여 이스라엘의 회복을 공증하시고 그들을 괴롭히던 강대국을 멸망시키심으로 이스라엘을 안전케 하시고 승리를 주신다는 예언입니다. 변론하자고 나오시는 하나님의 안타까움을 드러내고 있는 본문은 전능하신 하나님이 이스라엘의 구속자가 되셔서 끝까지 그들을 버리지 않으신다는 하나님의 측량할 수 없는 사랑을 잘 나타냅니다.

하나님은 택한 종을 도우십니다. 원문은 '판결의 자리에서 함께 만나자'란 뜻으로 이사야는 변론, 판결 등의 법정 용어를 자주 사용합니다. 그것은 모든 선악간의 판단 주체이신 하나님께서 완전한 재판장이 되시며, 그 재판의 과정에서 하나님의 진리가 밝히 드러나기 때문입니다. 1:18에서 변론하자는 말 바로 뒤에 따라 나오는 '너희 죄가 주홍 같을지라도…'는 변론의 과정에서 이스라엘 백성의 죄악이 적나라하게 드러나 도저히 그것을 부인할 수 없게 된다는 사실을 암시합니다. 이러한 사실은 본문에서 더욱 확실하게 드러납니다. 즉 하나님께서 역사의 주관자 되심에도 불구하고 하나님을 버린 백성들의 죄악이 폭로되는 것입니다. 그러므로 '판결'은 유죄일 수밖에 없으나 하나님은 이들을 용서하겠다고 선언하십니다(8-20절). 이는 로마서 8:31의 "만일 하나님이 우리를 위하시면 누가 우리를 대적하리요"라는 말씀을 생각나게 합니다.

'지렁이 같은 너 야곱아'라는 본문은 바벨론에 포로 되어 고통 가운데 무기력하며 비참한 생활을 했던 이스라엘의 상태를 상기시키고, 지렁이와 같은 가장 약하고 비천한 상태의 이스라엘을 구원하는 힘의 근원은 하나님께만 있음을 알려줍니다. 임마누엘의 하나님께서는 모든 희망이 사라진 절망적인 상황 가운데서도 그 백성들과 함께하십니다. 이스라엘 백성들을 위로하신 하나님은 동일하게 오늘날의 우리에게도 어려운 일을 당해도 두려워 말라고 위로해 주심을 생각할 때 힘을 얻습니다. 나와 함께하시는 하나님, 나를 붙드시는 하나님의 오른손을 의지하여 이겨나가야 할 문제는 무엇입니까?

– 「묵상하는 사람들, 메시지」, 프리셉트, 2007. 9. 16.

살며 생각하며 : 도박장 없는 호텔

홀리데이 인(Holiday Inn)은 세계 각국에 지점을 두고 있는 미국의 호텔로 그 호텔의 총회장인 클리머 씨는 독실한 기독교인이며 말씀에 충실한 사람이었습니다.

하루는 총회에서 호텔의 경영난을 타개하고 수입증진의 일원으로 호텔 내에 도박장을 만들자는 건의가 들어 왔습니다. 그러나 클리머 씨는 단호하게 거절했습니다.

"나는 처음 호텔의 회장이 되면서 호텔 내에는 절대로 도박장을 만들지 않겠다고 하나님과 약속했소. 결코 호텔에 도박장을 만들 수 없소."그런데도 도박장을 설치해야 한다는 의견은 없어지지 않았고, 클리머 씨는 다음과 같은 결단을 내렸습니다.

"하나님과의 약속은 절대로 거역할 수 없소. 내가 회장으로 있는 한 도박장 설치는 있을 수 없는 일이기에 여러분의 생각이 정 그렇게 바뀔 수 없는 것이라면 내가 회장직을 사임하겠소." 그런데 클리머 회장의 결단 때문인지 지금도 홀리데이 인 호텔에는 어느 곳에 가도 도박장이 없습니다.

하나님과 과의 약속을 다른 무엇보다 귀히 여기며 하나님의 도우심을 확신한 클리머 회장처럼 우리 또한 도우시는 하나님을 확신하며 군세게 살아가고 있는지......

- 「그랜드 종합 주석」 6권, 예화, 성서교재간행사, p1058

Day : 26주(목)

찬송 : (새)263장, 197장

26

이사야 44-48장 무력한 우상들과 전능하신 하나님

- 44장 우상숭배의 어리석음
- 45장 하나님의 권능
- 46장 우상의 연약함
- 47장 바벨론의 심판
- 48장 이스라엘의 구속

하나님은 "나 외에는 다른 신이 없으며 다른 신은 우상에 불과하다"고 선포하셨습니다. 하나님은 범죄한 이스라엘을 잠시 징계하셨습니다. 그럼 이제 하나님은 친히 그들의 구원자가 되어주실 것입니다. 하나님은 장차 고레스 왕을 통해서 포로가 된 이스라엘을 바벨론에서 구원해 주실 것입니다. 하나님은 돌이나 나무의 모양을 만들어 놓고 그것을 섬기는 사람들을 멸시하십니다. 사람들은 같은 나무로 신상을 만들고, 그것을 땔감으로 사용합니다. 그리고 그들은 자기 손으로 만들어 놓은 우상 앞에서 복을 요청하면서 은혜를 구합니다. 그러나 그 우상들은 환난의 날에 그들을 구원해 주지 못할 것입니다. 그러나 여호와는 이러한 우상들과는 다른 신이셨습니다. 하나님은 고레스가 왕이 되기 오래 전에 미리 그가 유대인들을 포로에서 구원해 줄 것이라고 예고하셨습니다.

읽으며 묵상하며 : 나 외에 다른 신이 없느니라 (사 44:1-11)

> 이스라엘의 왕인 여호와, 이스라엘의 구원자인 만군의 여호와가 이같이 말하노라 나는 처음이요 나는 마지막이라 나 외에 다른 신이 없느니라 사 44:6

절망에 빠진 이스라엘을 위로하고 있는 본문은 이스라엘을 향한 하나님의 윤택하고 풍성한 축복을 약속함과 아울러 이방인들도 구원 대상에 포함됨을 말합니다. 하나님은 위험에서 그 백성을 보호하시는 분입니다. 뿐만 아니라 갈증을 해소할 생수와 복을 내리시겠다는 적극적인 측면에서 하나님의 사랑도 강조하고 있습니다.

하나님은 '여수룬'이란 이름을 통하여 이스라엘에 대한 사랑을 표현하셨습니다. 이 단어의 의미는 '곧은 자'로 이스라엘에 대한 시명(詩名), 혹은 별명으로서 도덕적 영적 징을 가진 이상적인 민족과 관계있는 이름입니다. 신명기 32:15에는 이러한 이상을 충족시키지 못한 데 대한 거부감이 나타나 있으나 이외에는 모두 명예롭고 사랑스러운 의미로 쓰였습니다. 본문에서도 하나님이 직접 지으시고 택하신 자, 끊임없는 사랑과 구속의 대상으로 표현하고 있습니다. 이러한 표현은 후대에 와서는 '의로운 작은 백성'이란 뜻으로 쓰이기도 했습니다. 그리스도인의 성실한 모습을 보고, 하나님께 축복받는 모습을 보고 주위의 이웃들이 하나님께 속한 자가 되도록 해야 합니다. 진정 당신은 불신 이웃들에게 도전을 줄 만큼 증인된 삶을 살고 있습니까?

이스라엘 멸망의 근본 원인인 우상의 인조성과 인간의 자기 미혹을 적나라하게 지적하며, 그 백성에게 바벨론 포로기의 우상 숭배 속에서 오직 하나님만을 의뢰하도록 강력히 주지시킵니다. 우상 숭배 행위는 본질적으로 물질적이고 현세적인 인간의 정욕과 밀접하게 관련되어 있습니다. 이방인들은 이 세상에서 유일하고 참된 구원자가 하나님뿐임을 알지 못하였기에 어리석게도 각종 우상 숭배에 빠졌습니다. 그러나 참된 진리를 알고 있는 성도는 각양 우상 숭배를 철저히 근절시킴과 동시에 인간이 만든 제도나 이념을 상대화함으로써 역사의 주이신 하나님만을 받드는 확고한 신앙을 지켜야 하겠습니다.

–「묵상하는 사람들, 메시지」, 프리셉트, 2007. 9. 22.

살며 생각하며 : 어리석은 우상 숭배

잘 알다시피 인도 사람들은 소를 숭배합니다. 그래서 수천 명씩 굶어 가면서도 쇠고기를 절대 먹지 않습니다.

일전에 인도의 카그리아에서 열차가 강으로 추락하는 대형 사고가 있었는데 사망자의 수가 3000명이 넘었다고 합니다. 그런데 그 사고의 원인은 다리의 한복판에서 소 한 마리를 발견한 기관사가 갑자기 급브레이크를 밟았기 때문이라니 소 한 마리의 목숨과 사람 3천 명의 목숨을 바꾼 셈입니다.

또한 이미 공산화 되어버린 크메르도 대통령의 곁에 항상 전속 무당과 점쟁이가 있어서 국가의 길흉화복을 점쳤으며, '푸이'라는 민속 신을 숭배했던 군인들은 전쟁도 일진에 결정하고 월식 때는 공중에다 수 만발의 사격을 가하며 달을 삼키는 나쁜 귀신을 쫓는 행사를 가졌다고 합니다. 이 얼마나 어리석고 허탄한 일인가?

실로 한 분이신 하나님을 깨닫지 못하고 미신과 우상숭배에 젖은 자들의 결국은 허망히 수치를 당할 뿐임을 성경은 분명히 경고하고 있습니다.

–「그랜드 종합 주석」 9권, 예화, 성서교재간행사, p1092

Day : 26주(금)

찬송 : (새)526장, 316장

26

이사야 49–54장 하나님의 백성을 위해 고난받는 사람

- 49장 유다의 회복
- 50장 유다의 회개
- 51장 유다의 의
- 52–54장 종의 노래

이사야 후반부의 27장은 크게 세 부분으로 나뉘어 집니다. 첫째 부분은 40–48장이고, 둘째 부분은 49–57장이며, 셋째 부분은 58–66장입니다. 그 중에서 둘째 부분인 49–57장에는 유명한 "종의 노래"가 기록되어 있습니다. 이 노래들은 하나님께서 자기 백성을 구속하기 위해 보내주실 종이 되신 메시아를 예고하고 있습니다. 또한 이 노래는 메시아께서 수난을 받고, 인류를 섬기는 종이 될 것이라고 예고하고 있습니다. 이스라엘은 거듭해서 하나님께 반역했지만, 하나님은 그들을 위해 종으로 오셔서 섬겨 주시고, 그들의 죄를 씻으려고 죽으셨습니다. 이사야는 인류를 구원하기 위해 오실 메시아는 타인보다 크게 상하실 것이며, 찔림을 받고 또 채찍에 맞으실 것입니다. 또한 그 분은 우리의 질병을 담당하고, 사람들에게 죄인으로 취급받게 될 것입니다. 이사야는 바로 이러한 메시아의 고난이 바로 우리를 위한 것이라고 예고해 주었습니다.

읽으며 묵상하며 : 복된 좋은 소식 (사 52:1–15)

좋은 소식을 전하며 평화를 공포하며 복된 좋은 소식을 가져오며 구원을 공포하며 시온을 향하여 이르기를 네 하나님이 통치하신다 하는 자의 산을 넘는 발이 어찌 그리 아름다운가 사 52:7

사람은 복되고 좋은 소식을 들어야 합니다. 그런데 사람들은 소식의 홍수 속에서 정작 들어야 할 소식을 듣지 못하고 여전히 어둠과 고통 속에서 살아가고 있습니다. 오늘 말씀은 땅 끝의 모든 사람들이 들어야 할 복 된 좋은 소식을 알려줍니다.

해방의 소식, 하나님이 통치하신다는 소식입니다. 하나님께서는 이사야 선지자를 통해서 깊은 잠을 자고 있는 거룩한 성 예루살렘을 깨우고 있습니다. "깰지어다 깰지어다 네 힘을 입을 지어다"라고 외치는 선지자는 소망을 잃어버리고 패배주의에 사로잡혀 무기력하게 살아가는 이스라엘이 힘차게 일어나서 다시금 거룩한 하나님의 백성이 되길 원했습니다. 왜냐하면 하나님께서 예루살렘에 해방과 자유를 선포하셨기 때문입니다. 이제 하나님은 이스라엘을 사로잡힘에서 해방되고, 노예에서 자유민이 되고, 비웃음과 치욕의 땅에서 벗어나게 해주시기로 작정하셨기 때문입니다. 당시 이스라엘에게 가장 기쁜 소식은 해방의 소식과 하나님이 통치하신다는 소식이었습니다. 70년간 바벨론 포로 생활에서 해방된다는 것은 꿈만 같은 소식이었을 것입니다. 그래서 이 소식을 전하는 자가 아름답다고 노래하였고, 파수꾼들의 노래 소리가 일제히 울러 퍼졌고, 황폐화된 예루살렘이 기뻐 노래하게 되었습니다. 하나님께서 이루신 해방의 소식과 통치의 복음은 온 인류를 향한 구원의 메시지입니다. 이 복음만이 죄와 사망의 노예, 사탄의 궤계에 사로잡힌 자들에게 참 자유를 주며, 잠자는 영혼을 흔들어 깨울 수 있으며, 기쁜 소리로 노래할 수 있으며, 거룩한 하나님의 백성으로서 살게 할 것입니다. 메시아의 십자가 승리와 부활 승리의 소식입니다. 이사야는 하나님의 놀라운 구원을 선포한 후에 메시아의 사역을 소개하고 있습니다. 그 이유는 하나님의 구원 역사를 성취하실 분은 메시아이시기 때문입니다. 즉, 메시아의 사역을 통해서 하나님의 구원 역사는 성취되며, 온 세상에 복된 좋은 소식을 전파되기 때문입니다. 하나님의 종 메시아는 지혜롭게 행동하여 사람들에게서 존귀하게 될 것인데, 그 이전에 고난을 받아서 사람의 모습 같지 않을 정도로 상하지만 열방과 열왕이 놀랄 정도로 부활의 승리를 한다는 것입니다. 메시아이신 예수님은 십자가의 고난을 통해서 승리하셨고, 지극히 존귀하게 되셨고, 부활 승리를 얻으셨습니다. 십자가의 고난은 하나님의 구원 계획을 성취하는 과정이었으며, 죄의 세력을 짓밟는 메시아의 승리였습니다. 또한 메시아의 부활은 사망의 세력을 정복하시고 그를 믿는 자에게 영생을 확증하셨습니다. 우리는 복된 좋은 소식을 알고 전해야 합니다. 십자가와 부활의 소식은 복음의 핵심이며, 온 인류를 죄와 사망의 노예에서 해방시켜주며, 거룩한 하나님의 자녀로서 살게 하는 유일한 소식입니다.

– 「일용할 양식」 말씀묵상, 기독대학인회(ESF), 2006. 6. 29.

살며 생각하며 : 코카콜라와 복음

코카콜라 회사는 'Coca Cola nization'이라는 전략을 가지고 있습니다. '코카 콜라 식민지'라는 말입니다. 모든 나라에 코카콜라 지사를 세우겠다는 전략입니다. 유엔 가입국 수보다 코카콜라 지사가 있는 나라가 더 많습니다. 미국이 수교하고 있는 나라보다 코카콜라 회사가 수교하고 있는 나라가 더 많습니다. 그래서 '코카콜라가 길을 뚫으면 그 뒤를 미국 대사가 따라 들어온다'라는 말이 생길 정도입니다. 코카콜라를 마시는 데에는 계절이 없습니다. 100년이 조금 넘은 코카콜라와 2000년 된 복음을 비교하면 복음은 부끄러움을 느껴야 합니다. 코카콜라는 초마다 4만 명의 입에 넣어집니다. 코카콜라 회사는 코카콜라를 선전하기 위하여 나치와 손을 잡기도 하였습니다. 코카콜라는 생명을 단축시키지만 복음은 영생을 주는 것입니다. 우리 모두 '예수 식민지' 전략을 세워야 합니다

– 강문호목사(갈보리 선교교회) / 한국컴퓨터 선교회(2006. 8. 18.)

Day : 26주(토)

찬송 : (새)333장, 381장/ (새)342장, 395장

26

■ 이번 주 읽은 성경 요약 및 못 읽은 부분 읽고, 한 주간 생활 묵상하며 가정 예배드리기

■ **주제 : 믿음의 유산을 자녀들에게** (딤후 1:1-10)

읽으며 묵상하며 : 디모데를 향한 바울의 사랑 (딤후 1:1-10)

믿음의 계보(1-5절)

바울은 자신이 맡은 직분이 하나님의 뜻으로 말미암았고 또한 예수 그리스도를 위한 것이라는 것을 분명히 하였습니다. 이런 확신과 믿음이 있었기에 그는 복음을 위해 살아갈 수 있었습니다. 바울은 디모데가 가지고 있었던 거짓 없는 믿음이 그의 할머니와 어머니를 통해 흘러 들어온 것을 확신하였습니다. 믿음은 이와 같이 부모님을 통해 전수되어지는 것입니다. 나를 위해서 뿐만 아니라 훗날 나의 자녀들이 진실된 믿음을 전수 받을 수 있도록 오늘 내가 거짓 없는 믿음을 배워나가야 하겠습니다.

하나님이 주신 마음(6-8절)

디모데는 교회의 여러 가지 일로 두려워하고 있었습니다. 바울은 이런 디모데가 계속해서 교회와 복음을 위해 일하도록 격려하며 돕고자 하여 디모데에게 먼저 생각할 것을 요구합니다. 하나님이 우리에게 주신 선물이 무엇인지 생각해보라는 것입니다. 곧 묵상입니다. 진리의 말씀에 대한 묵상이 사람을 살릴 수 있다는 것을 바울은 알고 있었던 것입니다. 하나님이 우리에게 주신 능력과 사랑과 근신하는 마음을 묵상해보시기 바랍니다. 하나님이 우리에게 주신 선물을 깨닫게 될 때 우리는 복음을 위해 고난을 감당할 수 있을 것입니다.

복음(9-10절)

복음은 구원이 우리의 행위에 따라 결정되는 것이 아니라 하나님의 뜻과 은혜 그리고 예수 그리스도의 부활을 통해 이루어짐을 가르쳐줍니다. 이것이 왜 기쁜 소식이 되는지 우리는 깨달아야 합니다. 이 깨달음에서부터 고난을 감수하는 믿음이 출발하기 때문입니다.

– '날마다 주님과 함께', 2003. 4. 22.

① '남보다 뛰어나라'가 아니고 '남과 다르게 되라'고 가르쳐라.
② 배우기 위해서는 '듣는 것'보다 '말하는 것'이 더 중요하다.
③ '몸을 쓰는 일'보다 '머리를 써서 일하는 것'을 가르쳐라.
④ '싫으면 하지 말라, 하려면 최선을 다하라'고 가르쳐라.
⑤ 배움을 중단하면 20년에 걸쳐 배운 것도 2년 만에 잊어버린다.
⑥ '형제의 머리'를 비교하면 쌍방을 죽이고, '형제의 개성'을 비교하면 쌍방을 살린다.
⑦ 잠들기 전에 책을 읽어 주어라.
⑧ 아이를 혼내 준 날에도 재울 때에는 따뜻하게 해주어라.
⑨ 평생을 공부시키기 위해서는 어릴 때 충분히 놀게 하라.
⑩ 친구를 택할 때에는 한 단계 높게 선택하라고 가르친다.
⑪ 자녀에 대한 최고의 형벌은 '침묵'이다.
⑫ 자녀를 위협하지 말고 벌을 주거나 용서하라.
⑬ 정해진 일은 정해진 시간 내에 해내는 습관을 기른다.
⑭ 집안에서도 '내 것', '남의 것', '우리의 것'의 구별을 가르친다.
⑮ 남한테 받은 수모는 잊지 말되 용서하라.

돌아보며 다짐하며 : 그릇은 비울 때 새 것을 채울 수 있습니다

사람은 누구나 행복하게 살기를 원합니다. 철학자 쇼펜하우어는 「행복론」에서 사람이 기본적으로 네 가지를 가져야만 행복하다고 말하고 있습니다.

첫째는 명랑한 정서입니다.

둘째는 건강한 몸입니다.

셋째는 정서적 평온입니다.

넷째는 약간의 외부 자산입니다.

그는 자산에 대하여 세 가지를 말합니다.

"당연히 필요한 재산, 여유 있는 재산, 불필요한 재산"입니다. 이 재산 중에 불필요한 재산에 대한 욕심 때문에 사람들은 근심이 많고, 건강과 가정을 잃어버리는 불행을 겪습니다. 불필요한 것에 대한 과도한 집착은 명랑한 정서를 잃어버리게 하고 건강을 해칠 뿐 아니라 평온을 상실하게 합니다. 포기는 자동차 브레이크와 같습니다. 브레이크가 고장 난 자동차를 타고 행복해 할 사람은 아무도 없습니다. 행복을 위해서는 포기할 줄 아는 삶의 방식을 가지고 있어야 합니다. 이런 우화가 있습니다. 옛날 아랍에 한 왕국이 있었습니다.

어느 날 그 나라의 왕자가 귀한 항아리에 들어 있는 사탕을 꺼내려고 항아리에 손을 넣었다가 그만 항아리 주둥이에 손이 걸리고 말았습니다. 온 나라가 발칵 뒤집혔습니다. 항아리를 깨서 왕자를 구하자는 의견도 있었으나, 이웃 나라 왕에게 받은 귀중한 항아리를 깰 수는 없는 노릇이었습니다. 이런 상황에서 왕자를 구한 것은 지나가던 한 현자였습니다. 현자는 왕자에게 이렇게 말했습니다.

"손에 쥐고 있는 사탕을 놓으세요." 그러나 왕자는 "싫어, 싫어! 사탕 먹고 싶단 말이야!"라고 울어대기만 했습니다. "사탕은 제가 꼭 꺼내드릴 테니 걱정하지 마세요." 현자의 그 말을 믿고 왕자가 손에서 사탕을 놓으니 손이 쏙 빠졌습니다. 왕자의 손이 빠지자 현자는 항아리를 거꾸로 들어 사탕을 꺼내 왕자에게 주었습니다. 때로는 어떤 일을 포기할 때 모든 것을 잃은 것처럼 생각되지만 오히려 얻게 되는 경우가 많이 있습니다. 희망을 포기하고 인생을 포기하라는 이야기는 아닙니다. 인생을 비효율적으로 살게 만들고 행복을 방해하는 것들을 포기하는 것입니다. 포기란 중요한 선택 기능임과 동시에 결심기능이기도 합니다. 포기의 본질은 또 다른 선택을 위해 비효율적인 것을 버리는 일입니다. 사람이 포기하지 못하는 것은 버릴 때의 괴로움이 크기 때문에 포기를 두려워합니다. 포기는 실패, 좌절, 가능성의 감소와 같은 것이 아닙니다. 포기는 비효율성에 대한 자각에서 시작하여 행복을 향한 적극적인 선택의 방법입니다. 자신의 한계를 명확하게 인식하고 자신의 위치와 한계를 파악함으로써 사회에서 살아남을 수 있는 최적의 길을 선택하는 것입니다. 포기란 지금의 활동이 비생산적이라는 사실을 감지하고 다음 활동을 위해 현재의 활동을 중지시키는 프로그램입니다. 인생의 행복을 위해 예수님을 주님으로 받아들이지 못하게 하는 편견과 아집을 포기하지 않겠습니까?

– 김필곤 목사의 '열린 편지'에서

오늘의 기도 : 주님을 사랑하는 가정이 되게 하옵소서

주님, 하나님의 뜻을 따라 주님을 사랑하며 주님을 위해 살아가는 복된 가정이 되게 하옵소서. 디모데가 외조모와 어머니의 믿음을 본받아 훌륭한 믿음의 사람이 된 것처럼 부모가 자녀들에게 믿음의 본을 보여줌으로써 저희 자녀들이 부모의 믿음을 본받아 자라서 자자손손 하나님께서 베푸시는 복을 누리고 인류 사회에 기여할 수 있는 인물들이 되게 하옵소서. 하나님의 말씀을 묵상함으로 나의 속사람이 날마다 새로워지게 하시고 우리 가정의 가훈이 성경말씀이 되어 지킴으로 주님을 기쁘게 해드리는 가정과 자녀들이 되게 하옵소서. 우리 가정의 주인이 되신 예수님의 이름으로 기도하옵나이다. 아멘.

Day : 27주(월)

찬송 : (새)526장, 316장

27

이사야 55-59장 구원과 회개의 촉구

- 55-57장 종의 구원에 대한 응답 촉구
- 58-59장 형식적 종교와 죄악에 대한 회개를 촉구함

메시아는 모든 민족들을 자신의 나라로 초청할 것입니다. 그리고 사람들은 그 초청에 응답함으로 구원을 받게 될 것입니다. 그 때에 수많은 이방인들이 메시아께로 돌아와서 구원을 받고 하나님의 백성이 될 것입니다. 하나님은 당시의 이스라엘 백성들이 형식적인 종교 예식으로 가득 차 있다고 책망하셨습니다. 이사야 당시의 이스라엘 백성들은 계속된 불순종을 인해 하나님과의 관계가 깨져 있었습니다. 그러므로 이사야는 그들에게 형식적인 종교 예식을 버리고, 신속하게 하나님께 순종하라고 촉구했습니다. 심판 앞에 놓인 이스라엘 백성들이 구원을 받을 수 있는 유일한 길은 진실한 마음으로 하나님을 섬기고, 하나의 말씀에 순종하는 것이었습니다.

읽으며 묵상하며 : 하나님의 감격적인 초청 (사 55:1-13)

너희 모든 목마른 자들아 물로 나아오라 돈 없는 자도 오라 너희는 와서 사 먹되 돈 없이, 값 없이 와서 포도주와 젖을 사라 사 55:1

사람들은 존귀한 분에게서 특별한 초청을 받을 때 만사를 제쳐놓고 가게 됩니다. 본문은 하나님께서 모든 사람을 풍성한 잔치 자리로 초청하는 내용입니다. 어떤 사람이 하나님의 초청을 받을 수 있으며, 어떤 축복을 받게 됩니까? 누구든지 목마른 자를 조건 없이 초청하십니다. 하나님의 자비로운 초청은 예나 지금이나 동일합니다. 하나님은 목마른 자들을 초청하시는데, 돈이 없이 값없이 와서 포도주와 젖을 마시라고 하십니다. 목마른 모든 자에게 값을 지불하지 않아도 좋으니 와서 포도주와 젖을 얻으라는 것입니다. 하나님의 절박한 초청은 '나아오라', '사라', '찾으라', '부르라', '돌아오라' 등에서 잘 나타나 있습니다. 이러한 하나님의 초청은 하나님의 자비로운 뜻에 의한 것이며, 오직 은혜로 부르신 것입니다. 하나님께서는 목마른 모든 자들을 긍휼히 여기시며, 그들을 위하여 모든 것을 준비하셨고, 그들을 간절히 초청하시며, 그들을 향한 놀라운 약속을 하십니다. 그런데도 사람들은 하나님의 초청을 외면하고 참 만족을 줄 수 없는 것을 얻기 위해서 많은 수고를 하며 살아가고 있습니다(2-3절). 즉, 영적인 양식을 외면한 채 육신의 빵 만을 얻기 위해서 노력하고 있습니다. 영혼을 살찌우는 양식을 얻지 못하고 육신만을 살찌우는 양식을 얻고자 하는

것은 육적인 만족을 추구하는 것입니다. 우리는 심령의 가난함을 인식하고, 영혼의 목마름을 해결하기 위해서 하나님의 초청에 응해야 합니다. 하나님의 감격적인 초청에 응하여 축복된 삶을 누리시길 바랍니다. 참 만족과 풍성한 열매를 맺으며 영화롭게 하십니다. 하나님께서는 목마른 자들이 나왔을 때, 그들에게 좋은 것을 먹게 하시고 마음이 기름진 것으로 즐거움을 얻게 하시며(2절), 영화롭게 하시며(5절), 죄악을 용서해 주시며(7절), 풍성한 열매를 맺으며 형통케 하시며(10-11절), 기쁨과 평화를 누리게 하시고 산과 언덕이 노래를 하게 될 것이라고 말씀합니다. 이러한 약속이 확실한 근거는 신실하신 하나님께서 다윗에게 허락한 확실한 은혜이며, 영원한 약속이기 때문입니다. 하나님은 메시아이신 예수님을 통해서 믿는 자들의 마음과 삶 속에 구원의 은혜를 구체적으로 나타내주셨고, 온 세계에 그 증거를 보여주셨습니다. 하나님의 은혜로운 축복은 하나님께 나오는 자에게만 주어집니다. 하나님은 우리에게 온갖 좋은 것을 주시기 원하십니다. 그런데 우리가 받고자 하는 마음이 없고 받을 준비가 되어 있지 않으면 아무것도 받을 수 없는 것입니다. 우리는 하나님의 축복을 겸손히 받아 누리며, 그것을 주변과 먼 곳에도 나눌 수 있어야 하겠습니다. 하나님의 부르심을 받고 참 만족과 풍성한 축복을 누리는 그리스도인들이 되길 바랍니다.

– 「일용할 양식」 말씀 묵상, 기독대학인회(ESF), 2006. 7. 2.

살며 생각하며 : 빌데가 있으니 감사

태백의 탄광 막장이 무너져 내렸습니다. 5만 명의 광부를 지휘하는 장관급인 대한석탄공사 사장은 십여 명이 갇혔다는 보고를 받고 직원 한 사람을 대동하여 방독면을 쓰고 수십 미터를 내려가는 지하 엘리베이터에 몸을 실었습니다.

굴 안의 광물질에서 분출되는 유독가스와 지열을 참으며 매몰지점을 찾던 두 사람은 방독면의 유효시간이 3분밖에 남지 않음을 알았습니다. 방독면에 목숨을 의존하는 자신이 무기력한 존재임을 실감했습니다. 그 상황에서 할 일은 아무 것도 없었습니다. 그런데 동행한 직원이 바닥에 무릎을 꿇고 하나님께 살려달라고 기도했습니다. 막막할 때에 호소할 분이 있다는 것이 부러웠습니다. 다행히 기도의 덕인지 구조 엘리베이터가 이들을 발견하고 구조했으며 얼마 후 예수님을 믿게 되었습니다. 그는 안양의 한 교회의 장로가 되었으며 "하나님께서 그 사고를 통해 부르셨다. 하나님은 신실하셔서 기도하는 자는 반드시 살려주신다는 걸 의심한 적이 없다."고 하였습니다. 위급할 때에 빌 수 있는 확실한 대상이 있다는 한가지만으로도 그대가 예수님을 믿는 것은 수지맞는 일입니다. 이 은혜의 복을 믿음으로 받게 되었으니 감사한 일이며 주변에 이 놀라운 능력의 복음을 전해야 합니다.

– 신현주 목사, 「예화 철학」, 도서출판 누가, p102

Day : 27주(화)

찬송 : (새) 215장, 354장

27

이사야 60–66장 유다의 영광스러운 미래

- 60–62장 유다의 영광
- 63–64장 유다의 회개
- 65–66장 여호와의 응답

이사야는 심판 후에 있는 이스라엘의 회복과 소망을 바라보고 있습니다. 장차 유다는 죄를 용서받고 구원을 받게 될 것입니다. 그 날에는 모든 열방들이 유다를 섬기고, 유다를 괴롭히던 대적들은 심판을 받게 될 것입니다. 그때에 메시아께서 오셔서 성령으로 기름 부으심을 받고, 성령의 능력으로 가난한 자와 포로 된 자들을 해방시킬 것입니다. 그때에 이스라엘의 슬픔은 기쁨으로 변할 것이며, 슬픔이 사라지고 기쁨과 찬송이 넘치게 될 것입니다. 유다 백성들이 그때에 회개하고, 아버지가 되시는 여호와를 찾기 위해 부르짖을 것입니다. 하나님은 회개하고 돌아온 이스라엘과 이방인들을 위해서 새 하늘과 새 땅을 예비하시고, 온전한 구원을 이루어주실 것입니다.

읽으며 묵상하며 : 기도의 인내 (사 62:1–12)

> 예루살렘이여! 내가 너의 성벽 위에 파수꾼을 세우고 그들로 하여금 주야로 계속 잠잠하지 않게 하였느니라 너희 여호와로 기억하시게 하는 자들아 너희는 쉬지 말며 또 여호와께서 예루살렘을 세워 세상에서 찬송을 받게 하시기까지 그로 쉬지 못하시게 하라
>
> 사 62:6, 7

본문은 예루살렘의 재건을 위하여 기도하는 사람들에게 하나님께서 그 백성을 잊지 않으시도록 기도를 그치지 말 것을 부탁하는 장면입니다.

본문을 묵상하는 동안 나에게는 며칠 전 목격했단 그 이상한 광경이 떠올랐습니다. 까마귀 한 마리가 날아 내려오더니 호두나무에서 호두 하나를 낚아챘습니다. 그러더니 전보다 더 높이 날아 올라가서 호두를 떨어뜨렸습니다. 까마귀는 잠시 후 또 날아 내려와 호두를 물고 날아갔습니다. 이번에는 더 높이 날아갔습니다. 그리고는 다시 한 번 호두를 떨어뜨리는 것이었습니다. 내가 손자를 데리고 유치원 뜰을 이리저리 거닐곤 했을 때 빈 호두 껍데기를 많이 보았는데 어떤 것은 반쯤 먹었고 어떤 것은 그대로 있었습니다. 그 호두가 어떻게 거기 있는지에 대한 평소의 궁금증이 그제야 풀렸습니다.

이 꾀 많은 까마귀가 제 먹이를 이런 식으로 까먹은 것입니다. 까마귀가 호두 껍데기를 까기 위해서 되풀이하여 노력을 하고 있는 것을 보며 나는 역시 우리의 인생에도 깨기 힘든 호두 껍데기 같은 '많은 문제'들이 있다는 것을 생각하게 되었습니다.

여러 문제에 대한 우리의 기도가 때로는 하나님께 도달하지 못하는 것처럼 보입니다. 뿐만 아니라 우리 영혼의 적은 우리에게 '포기해!'하고 속삭입니다.

그러나 까마귀가 실패해도 한층 더 높이, 그리고 더 멀리 올라가서 오랫동안 되풀이하며 노력하는 것을 기억하십시오.

이스라엘 백성들은 여호와께서 아브라함에게 예언하신 대로 거의 430년간 끝없는 노역에 시달리면서 애굽에 머물러 살았음을 우리는 알고 있습니다.

그들은 그러한 고통 속에서도 약속의 땅 가나안을 사모하며 430년이 끝나는 바로 그날을 인내하며 기다렸습니다. 그리하여 마침내 고난의 연속 속에서도 하나님을 더욱 의지하고 기도를 쉬지 않았던 그들은 열 번째 재앙이 임하여 애굽의 모든 첫 태생이 다 죽은 그 밤에 애굽을 속히 떠나라는 바로의 명령을 듣게 되는 것입니다.

오늘날 우리들은 고통과 시련의 가시덤불 속에 갇힐 때, 너무 성급하게 포기하고 있지는 않은가요? 계속되는 실패와 고난에 처해 쉽게 기도를 포기하는 우리들에게 까마귀와 이스라엘 백성들의 인내는 큰 도전을 줍니다. 까마귀가 여러 번의 도전과 실패를 경험한 후제 먹이를 구했던 것처럼, 이스라엘 백성이 430년이란 인고(忍苦)의 세월 후, 애굽을 탈출할 수 있었던 것처럼, 우리의 기도 또한 해결되기까지 쉼 없이 계속되어야 합니다.

사도 바울은 '환난은 인내를, 인내는 연단을, 연단은 소망을 이루는 줄 알고 우리를 사랑하시는 아버지께 되풀이해서 우리의 어려움을 아뢰라'고 우리에게 부탁하고 있습니다.

(Merle N, Berwick) -「호크마 종합주석」 구약 17권, QT, 기독지혜사, p737

살며 생각하며 : 끊임없는 기도가 이룬 기적

지금부터 30여년 전, 미국 어느 도시 시립 병원 정문 앞에 생후 6개월 된 아이가 버려져 있었습니다. 그 아이는 날 때부터 맹인인데다가 뇌성마비에 걸린 정신박약아였습니다. 병원 당국은 당황하여 마침 은퇴한 간호사 메이 렘케에게 이 사연을 말했습니다. 당시 52세로 신앙심이 깊었던 그녀는,

"내가 죽는 날까지 이 아기를 돌보겠습니다."하면서 버려진 아기를 데려왔습니다.

그러나 메이는 아이를 보는 순간, 너무도 비참한 인간 생명의 무기력함에 울어야 했습니다. 우유를 주어도 빨아먹을 반사 본능마저 없는 이 생명, 메이는 아기의 뺨에 얼굴을 대고 정성스럽게 안마를 했으며 팔과 다리, 손가락을 어루만져 주었고 하루에도 몇 번씩 이야기를 들려주었습니다.

그러나 이렇게 몇 년이 흘렀어도 이 식물인간 '레슬리'는 단 한 번의 움직임도 보이지 않

았고, 말 한마디는 물론 웃음이나 눈물도 짓지 않았습니다.

메이는 이때부터 눈물로 기도하기 시작했다.

"주님, 제가 스스로 레슬리를 찾아 나선 것은 아니었습니다. 오히려 저는 이 아기를 키우도록 선택된 것입니다. 그러니 여기엔 이유가 있을 것이 아닙니까? 주여, 그 이유를 언제 가르쳐 주시겠습니까?"

기도라기보다는 항변에 가까운 호소를 하면서 걸음마를 시켜보고 특수 요법으로 치료를 계속했으나 레슬리는 그 어떤 변화도, 살아있다는 신호 하나 보이지 않았습니다.

드디어 레슬리가 18세가 되었을 때, 메이는 남편과 친척들은 모두 이 아이를 포기하라고 설득했지만 그녀는 포기하지 않고 기도했습니다.

"사랑의 하나님! 성경의 기적을 믿습니다. 이 아이에게도 기적을 허락하소서."

이것은 메이 부인으로서도 마지막 호소이자 기도였습니다.

그러던 어느 날, 메이는 레슬리가 엄지손가락으로 기타를 튕기고 있음을 발견했습니다. 실로 18년 만에 처음으로 보여진 이 기적 앞에서 메이는 "음악이다. 음악이야!"하고 외쳤습니다. 이 일이 있은 후, 메이는 남편과 레슬리의 방에 피아노, 전축, 라디오, 텔레비전을 틀어 놓고 레슬리의 손가락을 집어 피아노 건반을 눌러주며 연습시켰습니다.

그러나 레슬리는 한 번의 기적으로 만족하라는 듯 변화를 보이지 않았습니다. 그러던 1971년 어느 겨울 새벽, 기적은 일어났습니다.

곤한 잠에 빠진 가족들은 누군가가 차이코프스키의 피아노 협주곡 1번을 연주하는 소리에 잠을 깼습니다. 순간 메이는 무엇에 홀린 사람처럼 레슬리의 방으로 달려갔습니다. 레슬리는 미소를 머금은 채 피아노를 연주하고 있었습니다.

"하나님, 참으로 감사합니다. 레슬리를 잊지 않으셨군요."

순간 레슬리의 눈에도 실로 21년 만에 진주 같은 이슬이 맺혔습니다.

사랑만으로는 부족할 때가 있습니다. 인간이 벽에 부딪힐 때 그는 기도를 통하여 운명적인 좌절과 한계를 뛰어넘어야만 하는 것입니다. 매스컴에까지 보도된 이 실화는 이 사실을 극명하게 보여주고 있습니다.(장지우. 명작 설교 예화)

– 「호크마 종합주석」 구약 17권, 예화, 기독지혜사, p737

Day : 27주(수)

찬송 : (새)449장, 377장

27

열왕기하 21장, 역대기하 33장, 오바댜 1장 므낫세와 아몬의 악정

히스기야의 뒤를 이어 유다의 왕이 된 사람은 므낫세였습니다. 므낫세는 경건한 히스기야와는 달리 여호와께 큰 악을 행했습니다. 그는 히스기야가 헐어버렸던 신당을 다시 세웠고, 아합을 따라 바알을 위해 단을 쌓았습니다. 그는 아세라 목상을 만들고, 하늘의 일월성신을 섬겼으며, 자기 아들을 불 가운데로 지나게 했습니다. 또한 그는 신접한 자와 박수들을 신임하기까지 했습니다. 그는 이러한 죄를 지었을 뿐 아니라, 죄 없는 사람들의 피를 많이 흘렸습니다. 그의 가증한 죄는 그 땅에 사는 가나안 사람들의 죄를 능가했습니다. 그러므로 하나님은 유다를 징계하시기로 결심하시고, 선지자를 통해 유다의 멸망을 예고하셨습니다. 므낫세가 죽은 후에 그의 아들 아몬이 유다의 왕이 되었습니다. 므낫세의 뒤를 이어 유다의 왕이 된 아몬 역시 므낫세처럼 여호와께 악을 행했습니다.

읽으며 묵상하며 : 우상숭배와 회개 (대하 33:1–13)

기도하였으므로 하나님이 그의 기도를 받으시며 그의 간구를 들으시사 그가 예루살렘에 돌아와서 다시 왕위에 앉게 하시매 므낫세가 그제서야 여호와께서 하나님이신 줄을 알았더라 대하 33:13

히스기야의 종교개혁 정책은 한 세대를 넘어서지 못했습니다. 그의 뒤를 이어 왕이 된 므낫세가 곧바로 "이방 사람의 가증한 일을 본받아" 악을 행했기 때문입니다(2절). 므낫세의 우상숭배는 극에 달했습니다. 므낫세는 성전 바깥에서 우상숭배를 행하는 것에 그치지 않고 여호와의 전에도 단을 쌓았을 뿐 아니라(4-5절), 자신이 만든 우상을 세웠습니다(7절). 본문은 그 성전의 본래 의미와 하나님의 언약을 되새기며 이 일을 안타까워합니다(7-8절). 여기서 생기는 한 가지 의문은 히스기야를 비롯한 신앙의 회복에 헌신했던 많은 왕들의 정책이 왜 그 아들 대에서 바로 무너지는가! 입니다. 그들은 어쩌면 외적인 종교 정책에는 심혈을 기울인 반면, 자신의 자녀 양육에는 실패했는지도 모릅니다. 자신의 종교개혁이 계속 지속적으로 계승되기 위해서는 그 정책을 계승할 사람을 키워야 한다는 의식을 갖지 못한 것입니다. 우리 가정, 우리 교회, 우리나라의 미래를 위해서는 먼저 사람을 키워야 합니다.

므낫세의 범죄에도 불구하고, 여호와께서는 바로 벌하지 않으시고 경고의 메시지를 주셨지만 그는 듣지 않았습니다(10절). 결국 그가 돌이킨 시점은 심판을 받아 앗수르의 포로로 끌려가게 되었을 때입니다. 곤경에 빠져 고통을 당하자 비로소 겸손해져서 하나님께 기도한 것입니다(12절). 그래도 은혜의 하나님은 이 기도에 응답하시고 회복시켜 주셨습니다. 여기서 두 가지를 깨닫습니다. 회개가 아무리 늦어도 하나님은 기다리시고 회복시키기를 원하신다는 사실입니다. 본문은 하나님의 말씀을 '듣지 않은' 므낫세(10절)와 므낫세의 간구를 '들으신' 하나님을 대조합니다(13절). 두 번째로 회개는 빠르면 빠를수록 좋다는 사실입니다. 만약 므낫세가 처음 경고를 들었을 때 돌이켰다면 큰 어려움을 겪지 않았을 것입니다. 우리는 영적으로 늘 깨어 있어 여호와의 음성을 들어야 합니다.

– 「묵상하는 사람들, 메시지」, 프리셉트. 2005. 5. 17.

살며 생각하며 : 아버지 품으로

영국의 어느 시골의 한 가정에서 있었던 일입니다.

그 집에 딸이 하나 있었는데 그녀는 시골 생활에 싫증을 내고는 집을 나와 무작정 도시로 갔습니다.

바로 그때부터 그녀는 '자기 마음대로' 생활하였습니다. 그러다보니 그녀의 생활은 자유 분방, 그 자체가 되어버리고 말아 몸도 마음도 너무나 큰 상처를 받았습니다. 이에 그녀는 스스로 목숨을 끊을 결심을 하였습니다. 그런데 그런 결심을 하고 나니 제일 먼저 떠오르는 것은 고향에 계신 부모님의 얼굴이었습니다. 그래서 그녀는 죽기 전에 먼발치에서라도 부모님의 얼굴을 뵈어야겠다는 생각에 고향으로 갔습니다.

그리하여 그녀가 집에 도착할 때는 한 밤 중, 주위가 어두워 다른 것들은 또렷이 알아볼 수 없었으나, 그녀는 자기의 집과 자기가 집 울타리에 가꾸었던 장미 넝쿨만은 또렷이 알아볼 수 있었습니다.

"아버지…. 어머니…." 작은 소리로 불러 보았습니다.

그때였습니다. 문이 열리더니 아버지가 뛰쳐나와 그녀를 얼싸 안고는 "어디 갔다가 이제 왔니? 네가 집을 나간 뒤로 네 엄마와 나는 하루도 빼놓지 않고 네가 오기만을 기다리며 문을 잠그지 않은 채 살아왔단다."하며 흐느껴 우는 것이었습니다.

이렇듯 하늘에 계신 우리 아버지도 당신의 품을 떠났던 자식이 돌아오기만을 기다리시며 그가 돌아오면 사랑으로 뜨겁게 맞아주십니다.

본문을 보십시오. 악을 행하고 우상 숭배를 일삼았던 므낫세가 하나님 앞에 회개를 하자 그의 간구를 들으시고 사랑으로 품어주시는 하늘 아버지를.

– 「그랜드 종합 주석」 7권, 성서교재간행사, p681

Day : 27주(목)

찬송 : (새)527, 317장

27

열왕기하 22-23장 스바냐 1-3장 여호와의 진노의 날

- 1장 유다에 대한 하나님의 진노
- 2장 열방들에 대한 하나님의 진노
- 3장 남은 자에 대한 하나님의 계획

유다의 멸망을 초래한 므낫세와 암몬이 세상을 떠났습니다. 그리고 그 뒤를 이어서 요시야가 유다의 왕이 되었습니다. 그는 부패한 나라를 영적으로 갱신하기 위해서 최선을 다했습니다. 그는 제사장을 통해서 성전을 정리했습니다. 제사장은 그 명령을 따라서 성전을 정리하다가 율법 책을 발견하고 그 사실을 요시야에게 보고했습니다. 요시야는 제사장이 낭독하는 율법의 내용을 듣다가 자기 죄를 발견하고 회개했습니다. 그는 자기 죄를 회개한 후에, 므낫세가 세웠던 우상과 모든 가증한 것들을 제거했습니다. 요시야는 유월절을 다시 지켰고, 율법대로 살기 위해서 전심을 다했습니다. 그러나 요시야의 종교 개혁도 므낫세와 아몬이 초래한 심판을 돌이킬 수는 없었습니다. 그때에 선지자 스바냐가 나타나서 유다에 임할 여호와의 심판의 날에 대해서 경고했습니다. 스바냐는 유다와 열방에 임할 심판에 대해 불같은 메시지를 전했습니다. 여호와의 날은 공포와 잔인함과 심판의 날이 될 것입니다. 하나님은 불경한 유다를 심판하실 것입니다. 그러나 하나님은 자비를 베풀어서 그들을 모두 멸망시키지 않으시고, 남은 자들을 통해 "회복의 기쁨"을 맛보게 하실 것입니다.

읽으며 묵상하며 : 진멸에 관하여(습 1:1-12)

여호와께서 이르시되 내가 땅 위에서 모든 것을 진멸하리라 습 1:2

본문에서 하나님은 때가 되면 지면에서 모든 것을 진멸할 것임을 말씀하십니다. 진노, 심판, 진멸, 이는 그리스도인들에게 있어서 별로 친숙하지 않은 의외의 개념으로 여겨집니다. 아니 별로 시대에 맞지 않는, 인기가 없는 개념으로 여겨지기도 합니다.

하나님은 사랑의 하나님 또한 참고 참는 인내의 하나님으로 흔히 묘사됩니다. 분명히 그러한 측면이 있습니다. 그러나 그러한 기다림의 시간이 지난 후에는 가차 없는 심판과 처벌이 있음을 역사와 성경은 가르쳐줍니다.

이스라엘의 초대 왕 사울은 아말렉을 진멸하라는 주님의 명령을 대수롭게 생각하지 않았습니다. 그냥 쳐서 파하면 되지 진멸은 너무 심하지 않은가 하고 그는 생각합니다. 소돔과 고모라의 멸망 직전에 천사의 인도를 받은 롯이 그의 사위들에게 경고하자 그들은 농담으로 여겼다고 합니다(창 19:14). 멸망이라니 그럴 리가 있나, 태양은 어제도 떴고 그제도 있었고, 저 산과 들은 옛날부터 지금까지 전혀 변함이 없는데 멸망은 무슨... 그들은 대수롭게 여기지 않았고, 결국 비참한 최후를 맞이합니다.

백제의 마지막 왕 의자 왕 시대에 그 나라의 타락한 와중에서도 5천 결사대를 이끈 계백 장군의 충성과 분전은 유명합니다. 그는 찌를 듯한 사기로 물밀듯이 밀려오는 신라의 10만 대군을 격퇴하는 것이 이미 역부족인 것을 깨달습니다. 그는 마지막 전투인 황산벌 싸움에 출전하기에 앞서 그의 아내와 자식들을 모두 모아놓고 눈물의 이별을 한 다음 칼로 그들의 목을 모두 베고 맙니다. 어차피 자신도 마지막 전투에서 죽을 몸, 포로가 되어 비참한 대우를 받는 것보다 이쪽이 낫다고 본 것입니다. 그도 역시 5천 결사대와 함께 장렬한 최후를 마치게 됩니다.

세상의 사람이 세상의 왕을 섬길 때 이러 하다면 그리스도인은 과연 어떠해야 하겠습니까! 그리스도인은 강하고 분명해야 합니다. 주님이 진멸을 요구하실 때도 분명하게 순종해야 합니다. 마음이 약하고 우유부단하며 정에 지나치게 끌리는 사람은 주님을 바로 섬길 수가 없는 것입니다.

–「호크마 종합주석」 구약 20권, QT, 기독지혜사, p563

살며 생각하며 : 다 쓸어버리리라

도쿠가와 이에쓰나(德川家綱)가 11살에 일본의 제4대 장군이 되었을 때 일본은 전국적으로 혼란에 빠져 있었습니다. 이때를 놓치지 않고 떠돌이 무사 낭인패들이 민란을 일으켜 민심은 더욱더 흉흉해졌습니다.

바로 그 무렵의 일입니다. 당시 도쿄(東京)에는 특별한 기모노가 한 벌 있었습니다. 그 옷은 한 처녀가 갖고 있던 것으로 정장용으로 만들어진 아주 멋있는 기모노였습니다. 그런데 그 처녀는 그것을 한 번도 입어 보지 못하고 어린 나이에 죽고 말았습니다. 이 옷을 물려받은 이웃집 처녀도 그 옷을 입을 만한 귀한 자리에 초대받지 못한 채 죽었습니다. 세 번째로 그 옷을 갖게 된 처녀도 어쩌다가 그만 처녀귀신이 되어 버렸습니다. 이때 사이비 중이 나타나 그 옷을 태워 없애야 한다면서 불을 질렀습니다. 때마침 불어 닥친 세찬 바람에 불길이 치솟아 올라 삽시간에 온 도시로 번졌습니다. 그 화재로 도시의 3/4이 타버렸고, 300개 이상의 절과 500채 이상의 궁정 건물과 그 밖의 건물들이 전소되었습니다. 또하 인명 피해도 엄청나 10만 명 이상의 사람이 목숨을 잃었다고 전해집니다.

수년 전 미국 샌프란시스코의 오클랜드에도 대화재가 발생했습니다. 타임(Time)지는 온통 검은 연기로 뒤덮인 도시의 전경과 하늘을 향해 혀를 날름거리는 불길을 사진으로 담아 그 끔찍했던 사건을 생생하게 보도하였습니다. 이 화재로 2,000동 이상의 건물이 타버렸고, 24명 이상의 사상자가 발생했다고 합니다.

하나님의 질서를 무시하고 제멋대로 사치하며 향락에 도취되어 살아가는 현대인들과 그들이 사는 도시의 대명사인 샌프란시스코에, 그것도 그로부터 2년 전에도 큰 지진이 일어나 수많은 사람의 목숨을 앗아갔던 그 도시의 중심부인 오클랜드에 또다시 대재난이 발생한 것입니다.

하나님은 당신이 지으신 피조물들이 당신을 따르지 않고 당신의 인도하심을 받지 않을 때 물로든, 불로든 그들을 모두 멸하십니다.

–「호크마 종합주석」 구약 20권, 예화, 기독지혜사, p563

정리하며 확신하며 : 성도가 쉬지 말아야 할 일 7가지

	성도가 쉬지 말아야 할 일	참고 성경 구절
1	기도하는 일	삼상 7:8, 살전 5:17
2	영적 파수꾼의 일	시 62:6
3	가르치는 일	행 5:42, 30:31
4	전도하는 일	행 5:42
5	말씀을 상고하는 일	행 17:11
6	감사하는 일	살전 2:13
7	찬송하는 일	계 4:8

–「그랜드종합 성경주석」 9권, 성서교재간행사, p1263

Day : 27주(금)

찬송 : (새)293장, 414장

27

대하 34, 35장, 나훔 1-3장 니느웨의 심판

- 나훔 1장 심판 판결
- 나훔 2장 심판 묘사
- 나훔 3장 심판의 이유

요시야 왕 때에 앗수르의 수도 니느웨를 향해 심판을 외친 선지자가 있었습니다. 그의 이름은 나훔이었습니다. 약 100년 전에 요나는 니느웨를 향해 회개를 외쳤고 그들은 회개함으로 용서를 받았습니다. 그러나 100년이 지난 후 나훔이 역사의 무대에 등장했을 때에 니느웨는 전보다 더 부패해 있었습니다. 요나의 방문으로 인해 일어났던 회개와 겸손함은 이미 사라진 지 오래되었습니다. 니느웨는 세계의 강대국이 되어 온 세상을 공포의 도가니로 만들었습니다. 그들은 천연적 요새인 니느웨에 거하면서 아무도 자신들을 침략할 수 없다고 자만하고 있었습니다. 니느웨 사람들은 폭력과 자만함으로 심각한 타락에 빠져있었습니다. 그러므로 하나님은 더 이상 그 성의 죄악을 간과하지 않으셨습니다. 하나님은 선지자 나훔을 통해서 곧 앗수르 제국이 멸망하고, 그 수도인 니느웨가 맹렬한 불에 타 버릴 것이라고 예언하셨습니다.

읽으며 묵상하며 : 선과 악 (나 1:1-15)

누가 능히 그의 분노 앞에 서며 누가 능히 그의 진노를 감당하랴 그의 진노가 불처럼 쏟아지니 그로 말미암아 바위들이 깨지는도다 여호와는 선하시며 환난 날에 산성이시라 그는 자기에게 피하는 자들을 아시느니라 나 1:6, 7

니느웨는 하나님의 분노를 샀습니다. 커다란 분노였습니다! 마지못해 했던 선지자 요나의 훌륭한 사역에도 불구하고 니느웨는 악한 길로 다시 돌아섰습니다. 니느웨 사람들은 다른 나라들을 핍박하고 우상들을 섬기며 잔인한 일들을 행하였습니다.

하나님은 이 악한 모습을 보시고 나훔의 예언을 통하여 다가올 니느웨의 멸망에 대해 진노와 보복이라는 단어를 쓰시며 말씀하셨습니다. 니느웨는 곧 심판에 직면하게 되었습니다. 왜 하나님의 선지자는 니느웨가 멸망하리라는 것을 유다 백성들에게 이야기하는 걸까요? 어떻게 나훔이 전한 이 두려운 말들이 약속의 땅에 살고 있는 사람들에게 도움이 될 수 있었을까요?

우리는 나훔 1:7-8에서 이런 질문들에 대한 답을 찾아볼 수 있습니다. 하나님을 거부하는 자들의 멸망에 대한 그의 예언은 "하나님을 믿는 자들"에게 주시는 하나님의 약속과 뚜렷한 대조를 이룹니다. 경건한 자들은 심판에 직면하지 않고 보호를 받게 될 것이었습니다.

그들은 하나님 안에서 피난처를 갖게 될 것이었습니다.

하나님은 한편으로만 치우치지 않으십니다. 하나님은 그를 믿는 자들에게 피난처와 도움과 위로를 주시며, 동시에 하나님의 말씀에 불순종하는 자들은 심판하십니다.

이것은 우리에게도 똑같은 메시지를 전해줍니다. 믿음과 순종을 통하여 우리는 환난의 때조차도 하나님이 주시는 피난처의 안락함을 누릴 수 있습니다. (Dave Branon)

– 「오늘의 양식」, 오늘의 양식사, 2006. 9. 21.

살며 생각하며 : 순종의 열매

유학 생활을 시작하는 어느 청년이 아르바이트로 생활을 해야 했습니다. 청년은 아르바이트를 하여 첫 월급을 받았는데, 십일조를 구분하면서 녹음기를 사야 할 일이 생각났습니다. 아직 외국어 강의 내용을 잘 알아들을 수가 없어서 강의를 녹음했다가 다시 들어야 했기 때문입니다.

그런데 십일조를 구분해 놓고 보니 녹음기를 살 돈이 부족하게 되었습니다. 청년의 마음속에서는 '십일조냐? 녹음기냐?' 하는 갈등이 시작되었고, 주일이 되어 예배에 참석할 때까지도 갈등은 사라지지 않았습니다. 십일조를 준비하여 오기는 했지만 갈등은 여전했습니다. 그러나 예배시간에 결심을 하고 십일조를 드렸습니다. 그러자 비로소 그 동안의 갈등이 사라지고 마음이 평안해졌습니다.

예배를 마친 후 목사는 청년에게 한국에서 이민 온 어떤 부인을 소개시켜 주었습니다. 청년은 그 부인의 집에 놀러 가 몇 시간을 보내게 되었습니다. 청년이 돌아 갈 무렵 부인이 청년에게 물었습니다.

"혹시 녹음기가 필요하지 않나요? 내가 유학 시절에 쓰던 것인데 필요하면 줄게요."

하나님의 말씀에 순종하는 사람은 순종의 열매를 보게 됩니다. 하나님께서는 순종하는 사람에게 많은 것을 약속하셨기 때문입니다.

– 하천덕 편저, 「키워드로 불러보는 설교 예화」, 아가페, p497

Day : 27주(토)

찬송 : (새)333장, 381장/ (새)342장, 395장

27

■ 이번 주 읽은 성경 요약 및 못 읽은 부분 읽고, 한 주간 생활 묵상하며 가정 예배드리기

■ **주제 : 환경을 초월한 세기적인 우정** (삼상 20:1-23)

읽으며 묵상하며 : 다윗과 요나단의 감동적인 우정 (삼상 20:1-23)

오늘 본문은 인류 역사상 보기 드문 아름다운 사랑의 장면입니다. 다윗과 요나단 사이에 이루어지는 감동적인 사랑은 우리의 마음을 뭉클하게 하며, 우리 모두가 본받아야 할 사랑입니다. 두 젊은이가 펼치는 사랑의 특징은 무엇입니까?

속마음을 토로하며 자기 생명처럼 사랑하였습니다.

다윗은 사울의 시기심을 받아 도망자의 길에 있다가 잠시 요나단을 찾아왔습니다. 그는 요나단의 부친 사울이 자기를 죽이려고 암살단까지 보내온 것을 알았지만 이전에 생명같이 사랑하여 맺은 언약을 기억하며 찾아온 것입니다. 다윗은 비록 요나단의 아버지에 의해서 암살위협을 직감하고 있으면서도 그를 신뢰하였고 그에게 자기 심정을 다 털어놓고 도움을 청하였습니다. 다윗의 속마음을 읽은 요나단도 다윗의 입장에서 돕겠다고 다짐하였고 어떤 일이 있어도 사랑하겠다고 맹세하였습니다. 특히 요나단은 다윗의 인기가 자기 아버지보다도 더 높아있는 상황과 장차 다윗의 집이 왕권을 차지할 것을 아는 상황에서 다윗을 돕겠다고 한 것은 사사로운 인간적인 감정이나 뜻에 의한 것이 아니라 하나님의 뜻 가운데서 받아들인 것입니다. 또한 다윗을 사랑하고 돕는 것이 진실로 하나님을 사랑하고 섬기는 것으로 이해하였다고 볼 수 있습니다. 요나단은 자기 생명과 다윗의 생명을 같은 것으로 여겼습니다. 진정한 사랑은 속마음을 털어 놓는 관계일 뿐만 아니라 하나님 편에서 자기 생명을 다하여 사랑하는 것입니다. 이런 사랑이 다윗과 요나단의 사랑이었고, 주님의 사랑이었고, 우리가 배워야 할 사랑입니다.

친구의 유익을 위해서 수고를 아끼지 않았습니다.

요나단은 사랑의 맹세를 하고 다윗을 도울 수 있는 길을 찾습니다. 그가 다윗을 돕기 위해서 사울의 의도를 확인하여 다윗에게 알려주려는 과정은 너무나 숭고하고 아름답습니다. 정말 그는 아버지와의 관계에서 난처할 수 있는 예민한 문제인데, 친구를 위하여 치밀한 계획을 세우고 친구에게 살 길을 열어주는데 수고를 아끼지 않았습니다. 아버지 사울이 왕권 강화를 위해서 제거하려고 하는 다윗을 오히려 살려주려고 하는 요나단의 모습은 인간의 언어로 표현할 수 없는 사랑입니다. 그는 아버지의 입장 때문에 다윗을 포기할 수 없었고, 그의 유익을 위하여 수고를 하는 것이 하나님 앞에서 정당하다고 생각한 것입니다. 진정한 사랑은 거룩한 것이며, 진리에 의한 것이며, 믿음에 의한 것이며, 희생에 의한 것을 여실히 보여줍니다. 정말 친구의 진정한 유익을 위해서 자기의 기득권을 포기하고 수고를 아끼지 않은 모습을 배워야 하겠습니다. 우리는 자기의 유익이 항상 먼저인 이기적인 모습을 과감히 바꾸어야 합니다. 자기의 유익을 구하면 참사랑을 이룰 수 없고, 자기만 사랑하는 것이 되고 맙니다. 친구의 살 길, 성공의 길, 구원의 길, 축복의 길, 행복의 길을 위한다면 얼마나 값진 사랑이겠습니까?

– 「일용할 양식」말씀묵상, 기독대학인회(ESF), 2005. 8. 17.

살며 생각하며 : 아름다운 사랑

기원전 4세기경, 그리스의 피시아스라는 젊은이가 교수형을 당하게 되었습니다. 효자였던 그는 집에 돌아가 연로하신 부모님께 마지막 인사를 하게 해달라고 간청했습니다. 하지만 왕은 허락하지 않았습니다. 좋지 않은 선례를 남길 수는 없었기 때문입니다. 만약 피시아스에게 작별 인사를 허락할 경우, 다른 사형수들에게도 공평하게 대해줘야 합니다. 그리고 만일 다른 사형수들도 부모님과 작별인사를 하겠다며 집에 다녀오겠다고 했다가, 멀리 도망간다면 국법과 질서가 흔들릴 수도 있었습니다. 왕이 고심하고 있을 때 피시아스의 친구 다몬이 보증을 서겠다면서 나섰습니다.

"폐하, 제가 그의 귀환을 보증합니다. 그를 보내주십시오."

"다몬아, 만일 피시아스가 돌아오지 않는다면 어찌하겠느냐?"

"어쩔 수 없죠, 그렇다면 친구를 잘못 사귄 죄로 제가 대신 교수형을 받겠습니다."

"너는 피시아스를 믿느냐?"

"폐하, 그는 제 친구입니다."

왕은 어이가 없다는 듯이 웃었습니다. "피시아스는 돌아오면 죽을 운명이다. 그것을 알면서도 돌아올 것 같은가? 만약 돌아오려 해도 그의 부모가 보내주지 않겠지. 너는 지금 만용을 부리고 있다."

"저는 피시아스의 친구가 되길 간절히 원했습니다. 제 목숨을 걸고 부탁드리오니 부디 허락해주십시오. 폐하."

왕은 어쩔 수 없이 허락했습니다. 다몬은 기쁜 마음으로 피시아스를 대신해 감옥에 갇혔습니다. 교수형을 집행하는 날이 밝았습니다. 그러나 피시아스는 돌아오지 않았고 사람들은 바보 같은 다몬이 죽게 됐다며 비웃었습니다. 정오가 가까워졌습니다. 다몬이 교수대로 끌려나왔습니다. 그의 목에 밧줄이 걸리자 다몬의 친척들이 울부짖기 시작했습니다. 그들은 우정을 저버린 피시아스를 욕하며 저주를 퍼부었습니다. 그러자 목에 밧줄을 건 다몬이 눈을 부릅뜨고 화를 냈습니다.

"나의 친구 피시아스를 욕하지 마라. 당신들이 내 친구를 어찌 알겠는가."

죽음을 앞둔 다몬이 의연하게 말하자 모두 꿀 먹은 벙어리가 되었습니다. 집행관이 고개를 돌려 왕을 바라보았습니다. 왕은 주먹을 쥐었다가 엄지손가락을 아래로 내렸습니다. 집행하라는 명령이었습니다. 그때 멀리서 누군가가 말을 재촉하여 달려오며 고함을 쳤습니다. 피시아스였습니다. 그는 숨을 헐떡이며 다가와 말했습니다.

"제가 돌아왔습니다. 이제 다몬을 풀어주십시오. 사형수는 접니다."

두 사람은 서로를 끌어안고 작별을 고했습니다. 피시아스가 말했습니다.

"다몬, 나의 소중한 친구여, 저 세상에 가서도 자네를 잊지 않겠네."

"피시아스, 자네가 먼저 가는 것뿐일세. 다음 세상에서 다시 만나도 우리는 틀림없이 친구가 될 거야."

두 사람의 우정을 비웃었던 사람들 사이에서 탄식이 흘러나왔습니다. 다몬과 피시아스는 영원한 작별을 눈앞에 두고도 눈물 한 방울 흘리지 않고 담담하게 서로를 위로할 뿐이었습니다. 이들을 지켜보던 왕이 자리에서 일어나 큰 소리로 외쳤습니다.

"피시아스의 죄를 사면해 주노라!"

왕은 그 같은 명령을 내린 뒤 나직하게 혼잣말을 했습니다. 바로 곁에 서있던 시종만이 그 말을 들을 수 있었습니다.

"내 모든 것을 다 주더라도 이런 친구를 한번 사귀어보고 싶구나."

사람은 사람을 버리고 죽이기도 합니다. 보험금을 타기 위해서 아내와 자식을 살해하고 불을 지른 짐승 같은 사람도 있습니다. 사람은 잘못 인도하거나 도중에 포기하는 경우도 많습니다. 그러나 목자 되신 하나님께서는 우리를 완전하고 끝까지 인도하십니다. 안전하고 평탄한 길로 인도하십니다.

– 김정호 목사(번동제일교회)

돌아보며 다짐하며 : 우정이라는 나무

현대는 '고독의 시대'입니다. 그런데 이 현대의 고독은 혼자 있음으로 생기는 고독이 아니라 '군중 속의 고독'입니다. 수많은 삶의 파편들이 어지러이 널려 있는 현대

이지만 그 어지러움 속에서 홀로 버려진 느낌을 가지는 것이 현대인에게 다가오는 고독의 실상입니다. 고통으로 인한 고독감은 우리들을 아프게 만듭니다. 그리고 죄책감으로 인한 고독감도 우리들을 아프게 만듭니다. 또한 미래에 다가올 심판에 대한 불안감으로 말미암아 생기는 고독감도 우리들을 아프게 만듭니다. 그러나 이러한 여러 가지의 고독감도 무한한 우주에 홀로 버려진 느낌을 갖게 하는 '군중 속의 고독감'에 비하면 그 아픔이 덜합니다. '군중 속의 고독감'은 수많은 사람들을 질식시킬 만한 엄청난 위력을 가지고 있습니다.

어떻게 이러한 '군중 속의 고독감'으로부터 탈출하는 현대인이 될 수 있을까요?

강한 삶의 발동력을 얻는 삶을 살아갈 때 우리들은 이러한 고독감을 탈피할 수 있을 것입니다.

그런데 한 가지 강하게 사는 방법이 있습니다.

그것은 사랑하며 사는 것입니다. 연약한 여인도 사랑하는 자녀를 보호해야 하는 경우에 닥치면 어떤 맹수보다도 강한 힘을 발휘하게 됩니다. 사랑은 사람을 강하게 만들기 때문입니다. 사랑에는 여러 가지 종류가 있습니다. 연애적 사랑, 인정적 사랑, 우정적 사랑, 모성적 사랑, 하나님의 사랑 등이 있습니다. 인정적 사랑은 연애적 사랑보다 깊고, 우정적 사랑은 인정적 사랑보다 깊으며, 모성적 사랑은 우정적 사랑보다 깊고, 하나님의 사랑은 모성적 사랑 보다 깊습니다. 그런데 모성적 사랑과 하나님의 사랑은 평상시의 인관 관계에서는 형성되기가 쉽지 않습니다.

그러므로 평상시의 인간관계를 가장 매끄럽게 만들어주는 것은 우정적 사랑이라고 말할 수 있습니다. 이러한 우정적 사랑을 주고받을 때 '군중 속의 고독감'은 사라져 버릴 것입니다. 진실로 현대인들에게는 우정적 사랑을 나눌 수 있는 친구가 필요합니다. 친구 때문에 망했다는 경우가 종종 있기는 하지만 반면에 친구가 있음으로 말미암아 강력한 삶의 발동력을 얻을 수 있기 때문입니다.

연애적 사랑은 사람을 강하게 만들기도 하지만 동시에 약하게 만들기도 합니다. 그리고 인정적 사랑은 사람을 강하게 만들기도 하지만 동시에 피곤하게 만들기도 합니다. 그러나 우정적 사랑은 사람을 강하게만 만드는 것입니다.

미국의 로스앤젤레스 지역에 큰 삼나무 숲이 있습니다. 이 삼나무 숲의 나무들은 지상에 있는 나무들 중에서는 가장 크다는 소리를 듣는 나무들입니다. 그러면 대부분의 사람들이 "그 나무는 뿌리도 깊게 내렸겠지"라고 생각할 것입니다. 그러나 실상 그 나무의 뿌리는 그다지 깊게 내리지 않았습니다. "어떻게 된 일이냐"고 궁금해 하시는 분들이 있을 것입니다. 알고 보니 그 나무들은 서로 뿌리가 엉킨 채로 살고 있었습니다. 서로 뿌리를 엉키고 살고 있으므로 거친 풍수해에서도 굴하지 않고 큰 나무로 자라날 수 있었던 것입니다.

우정이란 '삼나무 숲의 엉킨 뿌리'와 같습니다. 우정이 꽃피는 곳에 인간사회의 거목이 자라날 수 있습니다. 그러나 '우정'이라는 나무는 가장 느리게 성장하는 나무입니다. 그러므로 우정을 나누는 친구끼리는 깊은 이해와 지속적인 인내를 가져야 합니다. 고단한 이 세상에서 낙오병이 되지 않고 꾸준히 전진하는 인생이 되기 위해서는 깊은 이해와 지속적인 인내를 수반한 아름다운 우정이 필요합니다.

어떻게 아름다운 우정을 창출해낼 수 있을까요?

아름다운 우정을 창출해내는 첫 번째 비결이 있습니다. 그것은 올바른 친구를 찾으려고 노력하기보다는 올바른 친구가 되려고 노력하는 것입니다. 먼저 사랑하고 존경하는 친구를 위해 아름다운 친구가 되기를 노력할 때 진실한 우정은 찾아오게 될 것입니다. 그러한 노력을 통해 각박한 현대 세상에서 진실한 우정의 꽃을 피울 수 있는 소중한 거목들이 될 수 있기를 기원합니다.

– 이한규목사(분당 샛별교회 담임목사)

오늘의 기도 : 진실한 친구가 되게 하옵소서

사랑의 주님!

때로 어려운 문제로 너무나 속상하여 고통스럽지만 그 아픔을 나눌 수 없어서 절망감에 사로잡혀 있을 때가 있었는데, 이제는 그런 사람의 친구가 되어주고, 참 사랑으로 섬기는 자가 되게 하옵소서.

친구의 허물을 탓하기보다는 그 허물을 감싸주며, 진정한 사랑으로 충고하고, 격려할 수 있는 넓은 마음을 주시고, 좁은 생각으로 나의 적은 이익에 집착하여 친구를 배반하지 않고, 요나단이 자신의 기득권을 포기하면서까지, 자신의 생명을 돌보지 않고 다윗을 자신의 생명 이상으로 사랑했듯이 그런 친구가 되게 하시옵소서.

예수님의 이름으로 기도합니다. 아멘.

Day : 28주(월)

찬송 : (새)182장, 169장

28

하박국 1–3장, 예레미야 1, 11, 12장 유다의 죄와 심판, 구원에 대한 예고

- 1장 하박국의 불평과 하나님의 응답
- 2장 바벨론을 통한 심판 예고
- 3장 바벨론도 심판 받을 것이 예고됨

하박국과 예레미야는 유대에서 전혀 공의가 시행되지 못하고 있는 것을 보고 탄식했습니다. 선지자는 하나님께 나아가서 공의로우신 하나님께서 어찌하여 이러한 민족의 불의를 용납하시는지 물었습니다. 하나님은 장차 북쪽의 바벨론을 들어서 불의한 유다를 심판하실 것이라고 가르쳐 주셨습니다. 그러자 선지자는 의로우신 하나님께서 어찌해서 더 악한 나라를 통해서 유다를 징계하시는지 이해할 수 없었습니다. 그러므로 그는 이 문제를 가지고 또 다시 하나님께 질문했습니다. 하나님은 그 질문을 들으시고 바벨론을 심판의 도구로 사용하신 후에, 그들 역시 자기 죄에 대해 정당한 심판을 받게될 것이라고 가르쳐 주셨습니다. 하박국은 여호와의 답변을 듣고 나서 모든 의문점을 해소할 수 있었습니다. 그리고 나서 그는 의인은 아무리 불합리해 보이는 환경 속에서도 신실하신 하나님을 믿고 살아간다고 선언했습니다. 그는 하나님을 굳게 신뢰했으며, 기쁜 마음으로 장차 하나님께서 유다에 베푸실 구원을 노래했습니다.

읽으며 묵상하며 : 구원의 기쁜 노래 (합 3:4–19)

비록 무화과나무가 무성하지 못하며 포도나무에 열매가 없으며 감람나무에 소출이 없으며 밭에 먹을 것이 없으며 우리에 양이 없으며 외양간에 소가 없을지라도 나는 여호와로 말미암아 즐거워하며 나의 구원의 하나님으로 말미암아 기뻐하리로다 주 여호와는 나의 힘이시라 나의 발을 사슴과 같게 하사 나를 나의 높은 곳으로 다니게 하시리로다 합 3:17–19

하나님은 열방을 심판하시고 그의 대적을 멸하시며 그의 백성을 구원하십니다. 하박국은 신뢰와 소망을 새롭게 하고 다함은 기쁨의 근원이신 구원자, 여호와 하나님을 찬양합니다.

하나님께서는 영광과 찬송 가운데 강림하시며, 권능의 손과 심판의 온역과 불덩이를 동반하십니다. 땅을 진동시켜 열국을 전율케 하고 크고 작은 산들을 무너뜨립니다.

하박국은 그 영광이 하늘을 덮고 찬송이 온 땅에 울려 퍼지는 거룩하신 하나님의 모습을 묘사하여 구원자이신 하나님을 찬양합니다. 그분의 임재로 인한 빛과 장엄함이 하늘을 메우고 온 땅에는 그의 영광이 홍수처럼 넘칩니다. 위대하신 하나님이 그 앞에 나타나셨습니다. 하박국 선지자는 하나님으로부터 유다에 임할 심판의 말씀을 들었을 때 큰 근심에 쌓였으나 이는 하나님의 메시지에 대한 견고한 믿음에서 나온 것입니다. 참된 구원의 확신을 가진 자들은 하나님 앞에서 믿음과 삶을 점검하는 겸손함을 나타냅니다. 죄를 향한 심판 선언은 영혼을 각성시키고 더욱 하나님의 은혜와 구원을 사모하게 합니다.

하나님의 크고 위대하신 뜻을 깨달은 선지자는 장차 얻을 생명의 면류관을 소망하면서 땅에서의 어떠한 고난도 감수하며 하나님께 대한 신뢰를 변치 않겠다고 다짐하며 성도가 누리는 기쁨을 기록합니다.

선지자는 자신과 민족의 상황이 무성치 못한 무화과나무와 열매 없는 포도나무, 소출이 나지 않는 감람나무, 먹을 것이 나지 않는 밭과 우리와 외양간에 양과 소가 없는 황폐함과 절망이지만 그러나 기뻐하겠다고 선언합니다. 그는 환난과 고통 뒤에 구원의 약속을 기어이 성취하실 하나님께서 자신을 높은 곳에 다니는 사슴과 같게 하실 것을 확신 속에 바라보고 있습니다. 모든 것을 잃어버릴지라도 그의 내부로부터 솟아나는 기쁨을 빼앗을 수는 없었습니다. 모든 것을 주관하시는 하나님을 신실하게 의뢰하고 경배하며 확신을 가진다면 우리는 구원의 하나님 안에서 놀라운 기쁨을 맛볼 수 있습니다. 주변의 상황들이 비참하다 해도 여호와로 인해 '그럼에도 불구하고' 드리는 하박국의 감사야말로 참되고 진정한 감사입니다.

– 「묵상하는 사람들, 메시지」, 프리셉트, 2006. 6. 19.

살며 생각하며 : 한 변호사의 간증

젊은 나이에 벌써 성공의 길에 들어선 영국의 한 변호사가 있었습니다. 어느 날 그는 영국 의사당 앞에서 비중 높은 변호를 하기로 되어있었습니다. 그러나 그는, 그 일에 대해 많은 긴장과 부담감을 가진 나머지 지나친 스트레스로 인하여 그만 쓰러지고 말았습니다. 그 이후, 출세 가도를 달리던 그의 인생은 점차 망가지기 시작했습니다. 그는 정신착란 증세로 정상적인 생활을 유지할 수 없었습니다. 급기야 그는 자신이 더럽고 추한 무가치한 존재라고 자학함으로써 자살까지 하려고 했습니다. 그러나 그는, 주변에 그를 불쌍히 여기며 관심을 가진 그리스도인들을 통해서 복음을 알게 되었고, 하나님의 사랑을 깨닫게 됩니다. 자신의 존재를 쓸모없다고 여기며 자살하려 했던 그가 죽음의 쇠사슬로부터 풀려 나오는 데는... 10년이라는 긴 시간이 필요했습니다. 그는 주님께서 자신의 죄를 담당하여 십자가에 달려 돌아가심으로써 더럽고 추한 자신의 삶이... 새로운 삶으로 변했다고 믿었습니다. 그리고 자신의 변한 삶의 모습과 그 사랑의 감격을 시로 고백하기 시작합니다.

샘물과 같은 보혈은 임마누엘 피로다
이 샘에 죄를 씻으면 정하게 되겠네.
저 도적 회개 하고서 이 샘에 씻었네
저 도적 같은 이 몸도 죄 씻기 원하네.
속함을 얻은 백성은 영생을 얻겠네
샘 솟듯 하는 피 권세 한없이 있도다.

찬송가 190장이 바로 그의 간증의 노래입니다. 그는 바로 윌리엄 카우퍼(William Cowper)로서 영국 문학사에 있어서 고전 문학가로 손꼽힐 만한 인물입니다. 그는 스가랴서 13장 1절 "그 날에 죄와 더러움을 씻는 샘"이라는 구절을 읽다가, 더러움을 씻는 샘이 바로 예수 그리스도께서 십자가에 흘리신 보혈이라는 사실을 깨닫게 되었던 것입니다. 이제 그는 세상의 굴레로부터 영원히 해방된 자유의 몸이 되어 이렇게 찬양합니다.

...날 정케 하신 피 보니 그 사랑 한없네
...살 동안 받는 사랑을 늘 찬송하겠네.

"새 사람을 입었으니 이는 자기를 창조하신 이의 형상을 따라 지식에까지 새롭게 하심을 입은 자니라."(골 3:10) (이동원 목사)

–한태환 목사 / 「설교 예화 자료집, 구원」

정리하며 확신하며 : 성경에 나타난 환난 중에 누리는 의인의 즐거움

	환난 중에 누리는 의인의 즐거움	참고 성경 구절
1	원수의 추격과 압제 중에 주의 인자하심으로 인한 즐거움	시 31:7
2	환난과 우환 중에 주의 계명으로 인한 즐거움	시 119:143
3	기근 중에 구원의 하나님으로 인한 즐거움	합 3:17, 18
4	욕과 핍박받는 중에 하늘 상으로 인한 즐거움	마 5:11, 12
5	투옥 중에 그리스도를 위해 고난 받는 즐거움	행 16:23-25
6	환난 중에 인내와 연단과 소망을 이룸으로 인한 즐거움	롬 5:3, 4
7	가난한 중에도 남을 부요하게 함으로 인한 즐거움	고후 6:10
8	재물을 잃은 중에 영구한 천국 사업으로 인한 즐거움	히 10:34
9	시험 중에 믿음의 성숙으로 인한 즐거움	약 1:2, 3
10	불같은 시험 중에 그리스도의 영광의 소망으로 인한 즐거움	벧전 4:12, 13

– 「그랜드종합 성경주석」 11권, 성서교재간행사, p820

Day : 28주(화)

찬송 : (새)255장, 187장

28

예레미야 2–5장 유다의 죄악과 하나님의 책망

- 2장 유다에 대한 책망
- 3장 돌아오라
- 4장 북쪽으로부터의 재앙
- 5장 안으로 부터의 타락

유다는 하나님과의 언약을 깨뜨리고 하나님을 배반하고 온갖 우상을 섬겼습니다. 하나님은 유다 백성들이 생수의 근원이신 여호와를 버리고, 물을 저장할 수 없는 웅덩이, 즉 우상을 따르고 있다고 책망하셨습니다. 또한 하나님은 예레미야를 통해서 유다가 멸망할 수밖에 없는 이유를 자세하게 지적하셨습니다. 하나님은 유다의 죄악상을 자세하게 지적하신 후에, 그들이 신속하게 회개하고 하나님께로 돌아오라고 촉구하셨습니다. 하나님은 만일 그들이 이 말을 듣고 하나님께 돌아오면 심판을 면할 수 있지만, 그렇지 않으면 북방 민족을 통해서 심판을 받게 될 것이라고 경고하셨습니다.

읽으며 묵상하며 : 사람을 찾으시는 하나님(렘 5:1–14)

너희는 예루살렘 거리로 빨리 다니며 그 넓은 거리에서 찾아보고 알라 너희가 만일 정의를 행하며 진리를 구하는 자를 한 사람이라도 찾으면 내가 이 성읍을 용서하리라 렘 5:1

하나님께서 유다를 심판하실 수밖에 없었던 것은 온 예루살렘에 하나님이 찾으시는 진실한 사람은 전혀 없고, 하나님의 경고를 멸시하는 부도덕한 사람만 가득했기 때문입니다. 하나님께서는 공의를 행하며 진리를 구하는 사람을 찾으십니다. 예레미야는 하나님께 성실하게 순종하는 진실한 사람을 찾고자 했지만 실패하자 실망했습니다.

처음에 예레미야는 예루살렘 사람들이 심히 완악한 이유가 그들이 비천하고 무식한 사람들이기 때문에 그렇다고 생각했습니다. 워낙 어리석어 교훈도 받지 않고 징계를 받아도 깨닫지 못한다고 생각했던 것입니다. 그래서 그는 귀인들에게 찾아갔습니다(5절). 예레미야는 부유하고 유식한 예루살렘의 지도층은 여호와의 길, 하나님의 법을 알지 않을까 기대했지만 그들 역시 멍에와 결박으로 비유되는 하나님의 법을 철저하게 무시했습니다. 그 결과 사람 사는 땅에 사자와 이리와 표범이 돌아다니며 사람을 해치는 세상이 되어 버렸습니다(6절). 이스라엘 백성의 허물과 패역함이 심하여 최소한의 안전도 보장되지 못하는 땅이 되어 버린 것입니다. 하나님은 공의를 행하며 진리를 구하는 사람을 한 사람이라도 찾고자 하셨습니다. 그러나 여호와의 이름을 빌어 맹세하고 하나님을 섬긴다고 말하는 사기꾼 같은 사람은 찾을 수 있었으나, 진실한 사람은 찾을 수가 없으시자 실망하셨습니다.

하나님은 이스라엘을 사랑하셔서 배불리 먹이셨습니다. 그러나 그 결과 하나님의 백성들은 행음하며, 창녀를 찾아 몰려다니며, 정욕이 왕성한 수말이 암말을 찾아다니듯 이웃의 아내를 유혹하려 노력했습니다. 그리고 나서 하나님이 재앙을 내리실 이유가 없다고 말하며 그런 재앙은 경고하는 선지자들이나 당하라고 조롱했습니다.

하나님은 이런 자들을 어떻게 용서할 수 있으며, 어떻게 벌하지 않을 수 있겠느냐고 질문하십니다(9절). 그들이 조롱한 경고의 말씀은 불이 되고, 그들은 나무가 될 것입니다. 그들은 하나님의 말씀을 헛된 바람과 같다고 했는데 그 헛된 바람이 그들을 태워 버릴 것입니다. 우리는 말과 행실을 조심하며, 거룩하고 책임감 있는 삶을 살아야 하겠습니다.

– 「묵상하는 사람들, 메시지」, 프리셉트, 2007. 4. 17.

살며 생각하며 : 백조와 두루미

어느 날 두루미가 물가를 걸어 다니면서 고동을 찾고 있을 때 마침 한 마리의 백조가 우아한 모습으로 노닐고 있었습니다. 고동을 찾던 두루미는 백조의 모습이 하도 아름다워서 "백조야, 너는 어디서 왔니?" 하고 물었습니다. 그러자 백조가 말했습니다

"나는 천국에서 왔어, 그런데 너는 천국을 아니?"

모른다는 두루미의 대답에 백조는 천국에 대하여 설명하기 시작했습니다.

"천국은 진주로 된 문이 있고, 예수님이 계시고 고통과 슬픔이 없단다. 또 거기는 생명수가 흐르는 강가에 온갖 열매를 맺는 아름다운 과일 나무가 있고…"

한참을 듣고 있던 두루미가 물었습니다.

"그럼 거기에 고동도 많이 있니?"

"아니, 거기에 고동은 없어."라고 백조가 대답했습니다.

그러자 두루미는 실망했다는 목소리로 말했습니다.

"그럼, 그런 천국 너나 가라. 나는 안 갈테야. 고동도 없는 천국은 나에게 아무런 소용이 없어."

이 두루미가 바로 귀 있는 벙어리요, 눈 있는 장님이었던 이스라엘 백성이 아닙니까? 오늘날 우리들도 이렇듯 땅의 것에만 집착함으로 하나님의 은혜를 깨닫지 못하고 있지는 않은지 돌아보아야 할 것입니다.

– 「그랜드 종합 주석」 10권, 예화, 성서교재간행사, p99

Day : 28주(수)

찬송 : (새)284장, 206장

28

열왕기하 23:31–24:20, 역대기하 36:1–10, 다니엘 1장, 예레미야 6장 바벨론에게 침략을 받는 유다

므낫세의 55년간의 악독한 통치는 유다를 다시 돌이킬 수 없는 영적 불황의 늪으로 빠지게 만들었습니다. 그 후에 경건한 왕 요시야가 일어나서 무너져 가는 나라를 바로 세워보려고 과감한 종교개혁을 시행했습니다. 그의 개혁으로 나라는 어느 정도 제 자리를 찾을 수 있었습니다. 그러나 요시야의 종교개혁도 사악한 므낫세가 지은 모든 죄를 극복하지는 못했습니다. 요시야가 죽은 후에 여호아하스와 여호야김이 차례로 왕이 되었습니다. 그러나 그들은 한결같이 악한 므낫세를 따라서 하나님을 거부하고 악을 행했습니다. 이로 인해 유다의 악행은 더 이상 유다의 심판을 면할 수 없게 만들었습니다. 마침내 여호야김 제3년에 유다의 멸망을 예고했던 선지자들의 예언이 성취되기에 이르렀습니다. 유다는 선지자들의 예고대로 바벨론의 침략을 받고 멸망하고 말았습니다. 그 후에도 바벨론은 여호야긴 왕 때에 다시 유다를 정복하고 시드기야를 왕으로 세웠습니다.

읽으며 묵상하며 : 하나님의 방법(단 1:1–8)

다니엘은 뜻을 정하여 왕의 음식과 그가 마시는 포도주로 자기를 더럽히지 아니하리라 하고 자기를 더럽히지 아니하도록 환관장에게 구하니 하나님이 다니엘로 하여금 환관장에게 은혜와 긍휼을 얻게 하신지라 단 1:8–9

다니엘서 1장은 선지자들의 경고를 무시하고 계속해서 범죄 하던 유다가 결국 바벨론에 의해 멸망당한 것으로 시작하고 있습니다. 이제 복의 근원의 역할을 감당해야 하는 이스라엘이 일정한 영토와 주권을 가진 형태의 국가로는 지상에서 사라진 것입니다. 하나님은 이처럼 자기 백성들이 멸망당할 때 당신의 성전이 노략질 당하고 성전의 기구들이 우상의 신전에 옮겨지는 것을 허용하셨습니다(2절). 하나님은 우리로 인하여 수치를 당하시기까지 당신의 이름을 우리에게 온전히 걸고 계신 것입니다. 다니엘서는 이와 같은 상황에서 자기들을 파멸시킨 이방 나라가 하나님의 통치 밖에 있는 세력인가, 성전 파괴에도 불구하고 하나님의 구원은 이루어 질 수 있는가, 그렇다면 그것은 언제, 그리고 어떤 방법으로 이루어 질 것인가 등 이스라엘 백성의 심중에 있는 여러 가지 의문들에 대해 답변을 주고 있는 책입니다. 결론적으로 다니엘서는 이스라엘의 실패가 결코 하나님의 실패가 되지 않는다는 사실을 증명합니다. 하나님의 영광과 주권과 구원은 느부갓네살, 벨사살, 다리오 등 세계 제국의 통치자들을 통하여 열방 위에 더욱 크게 드러나고 있습니다.

바벨론은 이스라엘의 민족혼을 말살시키기 위해 한 가지 방법을 택하고 있습니다. 그것은 이스라엘 미래의 지도자들을 자기 나라로 불러들여 극진한 배려 가운데 점차 바벨론화하는 것이었습니다. 그리하여 3년 동안 그들의 정신은 바벨론의 말과 학문으로 채워지고 그들의 영혼은 우상숭배로 채워지게 되었습니다. 이것은 하나님을 가리키는 엘(다니엘, 미사엘)이나 야훼를 가리키는 '냐, 랴'(하나냐, 아사랴)라는 이름을 그들의 신의 이름인 '벨, 삭, 느고' 등을 넣어 바꾼 데서 분명히 알 수 있습니다.

이처럼 이스라엘 국가도 예루살렘 성전도 없어지고 하나님 백성의 정신과 영혼마저 말살되어 가는 상황이었지만 다니엘과 세 친구는 이 같은 거대한 흐름에 역류하는 뜻을 정하고 있습니다. 그들은 자신의 영혼을 더럽히지 않기 위해 기꺼이 위험을 무릅쓰고 있는 것입니다. 하나님은 이와 같은 소수 사람들의 온전한 믿음과 헌신을 통해 전 세계를 완전히 역전시키시고 당신의 영광을 크게 드러내실 계획을 가지고 계셨습니다. 하나님은 지금도 당신께 온전히 뜻을 정한 두 세 사람을 통하여 당신의 구원을 이루어 가십니다.

–「GT, 세계를 품는 경건의 시간」, GTM, 2004. 3. 13.

살며 생각하며 : 양나라의 열녀 고행

옛날 중국의 양나라에 고행이라는 여인이 있었습니다. 고행은 나라 안에서 유명한 절세의 미인이었으나 불행하게도 남편이 일찍 죽어 과부의 신세로 외아들을 키우며 살아갔습니다.

어느 날 고행의 아름다움을 소문으로 들은 왕이 사신을 보내어 고행에게 입궁할 것을 명령했습니다. 그러나 고행은 왕의 사신들에게, "내가 두 지아비를 섬길 수 없는 법, 비록 왕의 명령일지라도 이 일만은 결코 따를 수 없습니다."라고 그 자리에서 거절하고 칼을 빼어 자기의 코를 베어 버렸습니다. 그리고 피 묻은 칼을 들고 다시 말했습니다.

"왕의 명령을 거역하는 나를 이렇게 내 손으로 형벌합니다. 죽자니 아들 때문에 그럴 수 없고 또한 왕의 명령을 따를 수 없으니 이렇게 스스로 형벌을 하는 것입니다. 왕은 나의 아름다움을 구하나 나는 이미 코가 없는 흉한 몰골이 되었다고 전해주십시오."

사신들이 돌아가서 왕에게 이 모든 일을 고하니 왕은 고행의 정결에 감동하여 덕고의대(德高義大)란 칭호를 내리고 그 정절을 표창하였습니다.

우상 앞에 제물로 바쳐졌던 왕의 진미로 자기를 더럽히지 않으려는 다니엘의 결단은 하나님을 향한 그의 정절을 보여 주고 있지 않습니까? 그런데 우리는 매사에 얼마나 다니엘이나 예화의 여인 고행과 같은 결단으로 하나님을 향한 정절을 지켜가고 있는지.

–「그랜드 종합 주석」 11권, 예화, 성서교재간행사, p47

Day : 28주(목)

찬송 : (새)250장, 182장

28

예레미야 7-10장 유다의 우상숭배와 위선적 종교 생활

- 7장 위선적 예배에 대한 책망
- 8장 회개하지 않은 죄에 대한 형벌
- 9장 예레미야의 애가
- 10장 유다에 임할 심판과 기도

유다의 예배와 모든 종교 행사는 진실이 사라지고 형식과 위선으로 가득차게 되었습니다. 그리고 이러한 외식적인 태도는 모든 백성들 속에 침투하게 되었습니다. 그러므로 유다는 온 민족이 부패하여 더 이상 심판을 피할 수 없게 되었습니다. 그러므로 하나님은 마침내 유다를 멸망시키기로 결심하셨습니다. 그 후에 하나님은 예레미야에게 더 이상 유다를 위해서 기도하지 말라고 지시하셨습니다. 유다 백성들의 타락은 절정에 도달해 있었으며, 하나님의 심판을 목전에 두고 있었습니다. 심지어 그들은 자기 자녀를 불에 태워 우상에게 드리는 일도 주저하지 않았습니다. 그러므로 하나님은 유다를 심판하시기로 결심하시고, 그 사실을 예레미야를 통해서 선포하셨습니다. 그때에 예레미야는 유다를 위해 눈물을 흘리면서 심판에 대한 애가를 지어 불렀습니다.

읽으며 묵상하며: 예루살렘의 패망과 예레미야의 슬픔 (렘 8:13-22)

> 그들이 어찌하여 그 조각한 신상과 이방의 헛된 것들로 나를 격노하게 하였는고 하시니, 추수할 때가 지나고 여름이 다하였으나 우리는 구원을 얻지 못한다 하는도다
>
> 렘 8:19, 20

본문 8:13-17에서는 완고한 유다에게 임한 심판으로 인한 상황들이 묘사되어 있습니다. 13절에는 유다의 중요한 농작물인 포도나무와 무화과나무에서 소출을 거둘 수 없음을 말하고, 14절에는 심판으로 인해 당황하고 우왕좌왕하면서 횡설수설하는 것을 적고 있습니다. 특별히 "우리가 여호와께 범죄하였으므로 우리 하나님 여호와께서 우리를 멸하시며, 우리에게 독한 물을 마시게 하심이니라"는 말은 유다가 하나님의 심판에 직면해 자신들의 죄를 회개하는 말로 풀이할 수 있습니다.

하지만 그들의 때가 이미 너무 늦었습니다. 그들은 거짓 선지자들의 말처럼 평강을 바랐으나(11절), 평강이 없고(15절), 이스라엘 단에서부터 전쟁의 소리가 들려왔습니다(16절).

단은 이스라엘의 북쪽 변방이므로 이곳에서 말의 부르짖음이 들렸다는 것은 전쟁이 시작되었음을 암시합니다. 17절에서 하나님이 "술법으로도 제어할 수 없는 뱀과 독사"를 보내시겠다는 것은 어떤 방법으로도 피할 수 없는 하나님의 심판이 그들에게 임할 것임을 말해줍니다. 하나님의 권고를 무시한 백성들에게 하나님은 무서운 심판으로 공의로우심을 보이십니다. 때늦은 후회를 하지 말고 지금, 바로 이때 하나님께 나아갑시다. 본문 18-22절에서는 유다에 대한 하나님의 심판을 유다 백성들에게 선포했으나 아무런 결실을 맺지 못한 예레미야 선지자의 안타까움을 적고 있습니다. 하지만 유다 백성들은 여전히 자신들의 죄를 깨닫지 못하고 하나님께 원망하며 심판의 책임을 하나님께 돌리고 있습니다(19상). 이것에 대해 하나님은 "어찌하여 그 조각한 신상과 이방의 헛된 것들로 나를 격노하게 하였는고?"(19하)라며 그들이 심판당하는 이유를 말씀하고 있습니다. 이러한 상황을 보는 선지자의 마음은 심히 상하며, 슬퍼하고 있습니다(21절). 이는 그들의 병이 육신에 관한 것이라면 길르앗의 유향과 같은 약품을 통해 치료하거나 의사를 데려와 치료할 수 있으나 마음의 부패에 의한 것이므로 치료가 불가능함으로 인해 더욱 그러합니다(22절). 심판당하는 유다를 향한 선지자 예레미야의 마음, 오늘 이 땅을 바라보며 우리들이 지녀야 할 마음입니다.

– 「날마다 주님과 함께」, 본문해설, 학생신앙운동(SFC), 1999. 4. 28.

살며 생각하며 : 사람이 죽고 있는데, 잘 수 있습니까?

몇 년 전 목사님이 사모님과 8살 난 아들과 함께 여행을 떠났습니다. 그들이 시골의 언덕을 지날 때 차 한 대가 그들과 같은 방향으로 지나치게 빠른 속도로 그들을 지나갔습니다. 그들이 언덕을 넘었을 때, 그들은 다시 그 차를 보았습니다. 그때 그 운전자는 운전의 방향감각을 잃고 반대편 고속도로로 뛰어들었습니다. 다른 쪽에서 오던 첫 번째 차량과 충돌했습니다. 순간적으로 고속도로는 부서진 파편 조각과 양편 차에 탔던 자들의 시체로 어지럽혀졌습니다. 작은 소년은 별안간 일어나는 재앙을 보았습니다. 그는 이불 홑청처럼 얼굴이 창백해졌습니다. 나머지 길을 가는 동안 그는 말 한마디도 하지 않았습니다.

그들이 목적지에 도착했을 때 부모들은 자기 아들이 겁에 질린 것으로 인해 불안해 했습니다. 그들은 아들을 잠자리에 들여보냈습니다. 10시, 11시, 그리고 12시가 넘었습니다. 그런데도 소년은 아직 깨어 있었습니다. 아버지가 그의 옆으로 가서 소년을 진정시키며 말했습니다. "얘야, 이제 잠을 청해보지 않겠니?" 그러자 갑자기 이 작은 친구의 감정이 북받쳐 올라왔습니다. 그는 눈물을 뚝뚝 흘리며 "아빠, 사람이 죽는데 우리가 잘 수 있어요?" 복음사역의 중심은 영원한 운명에 대한 문제입니다. 우리가 그것에 대한 자각을 잃는 순간 그리스도의 봉사자로서 기본적인 자세를 잃는 것입니다. 사람들이 죽는데 우리는 잘 수 있습니까? (리차드 R. 디 리델/ 온 세상으로 알게 합시다)

– 한태환 목사,「설교 예화 자료집」

Day : 28주(금)

찬송 : (새)322장, 356장

28

예레미야 18–20장, 25장, 26장 박해받는 예레미야

- 18장 토기장이 비유
- 19장 깨진 오지병 비유
- 20장 박해받는 예레미야
- 25–26장 포로생활에 대한 예언과 예레미야의 박해

그 후에 하나님은 예레미야를 토기장이에게 보내셨습니다. 예레미야는 그 곳에서 토기장이가 흙으로 그릇을 만드는 것을 보았습니다. 토기장이는 마음에 안 드는 그릇이나 흠이 있는 그릇을 깨뜨렸습니다. 그러고 나서 흙으로 다른 그릇을 만들었습니다. 이러한 행동은 하나님의 심판을 상징하는 것이었습니다. 하나님은 토기장이시며 우리는 질그릇입니다. 하나님은 이스라엘 민족을 들어 거룩한 나라로 만들려고 했지만, 그들은 흠이 있는 그릇이 되었습니다. 그러므로 하나님은 이스라엘을 아낌없이 멸망시킬 것입니다. 그러나 하나님은 그들이 악을 회개하고 돌아서면 다시 온전한 그릇으로 빚어주실 것입니다. 그 후에 하나님은 예레미야에게 오지병을 가지고 가서 백성의 장로들 앞에서 깨뜨리라고 지시하셨습니다. 하나님은 예레미야를 통해서 오지병이 깨진 것처럼, 우상숭배와 죄악으로 물든 유다를 멸망시킬 것이라고 선언하셨습니다. 그러나 유대인들은 심판을 선포하는 예레미야를 거부하고 크게 박해했습니다. 그는 이러한 과정 속에서 너무나 고통스러워서 자기가 태어난 날을 저주하고 죽기를 원하기도 했습니다.

읽으며 묵상하며 : 선지자의 탄원과 권면 (렘 18:1–12)

보라 내가 너희에게 재앙을 내리며 계책을 세워 너희를 치려 하노니, 너희는 각기 악한 길에서 돌이키며 너희의 길과 행위를 아름답게 하라 렘 18:11

본문 1-4절에서 하나님은 예레미야에게 토기장이의 집을 방문하게 하고 토기를 만드는 과정을 보게 합니다. 이는 토기장이가 토기를 만드는데 있어 자신의 뜻대로 하듯이 하나님께서도 당신이 창조하신 세계와 민족을 흥하게도 하고, 망하게도 할 수 있는 주권자이심을 가르쳐주기 위해서입니다. 하나님은 이 온 땅을, 온 민족을 지으신 창조주 하나님이십니다.

5-12절에서는 예레미야에게 토기장이의 집으로 가게 하셨던 하나님이 이제 그 이유를 말씀하십니다. 하나님은 "진흙이 토기장이의 손에 있음 같이 너희가 내 손에 있느니라"(6절)고 말씀하시면서 유다의 운명이 하나님의 손에 있음을 알려주십니다. 그리하여 하나님이 멸하려고 작정한 민족이나 국가가 악에서 돌이키면 재앙에 대하여 뜻을 돌이키시며(7-8절), 건설하려고 작정한 민족이나 국가가 악한 것을 행하면 그들에게 베풀려던 선을 돌이키

실 것입니다(9-10절). 이처럼 절대 주권을 가진 하나님은 유다와 예루살렘 주민을 향하여 “너희는 각기 악한 길에서 돌이키며, 너희 길과 행위를 선하게 하라”(11절)고 명하십니다. 하지만 유다와 예루살렘 거민들은 “이는 헛되니 우리는 우리의 계획대로 행하며, 우리는 각기 악한 마음이 완악한 대로 행하리라”(12절) 하며 주의 말씀을 거절합니다. 이러한 행동은 창조주 하나님을 부인하는 행위요, 하나님의 절대 주권을 비웃는 행위입니다. 악한 유다의 마음에는 하나님을 모실 자리도, 하나님의 말씀을 들을 귀도 모두 없어져 버린 것입니다.

긍휼하신 하나님의 뜻을 떠나 악한 길로 향하여 가는 유다의 모습. 어쩌면 그 모습은 주를 부인하며, 교회를 비방하는 우리의 친구들, 불신자들의 모습은 아닙니까? 그들을 위해 기도하며, 그들에게 다시 한 번 다가가 창조주 하나님의 말씀을 선포해야 합니다.

– 「날마다 주님과 함께」 본문해설, 학생신앙운동(SFC), 1999. 6. 19.

살며 생각하며 : 주인의 장미

어느 기독교인 집에서 정원사로 일하고 있는 존이라는 사람에게 애지중지 귀여워하는 외동딸이 있었습니다. 그런데 어느 날 그 딸이 그만 교통사고를 당해 그 자리에서 죽고 말았습니다. 그의 슬픔은 대단한 것이었습니다. 며칠 동안 먹지도 않고 어린 딸을 데려가신 하나님만을 원망하며 우울한 시간들을 보냈습니다. 며칠이 지난 어느 날 아침 그가 출근을 해서 보니 온실에 있던 장미꽃들 중에 몇 송이가 없어진 것을 발견했습니다. 그 꽃들은 그가 지방 장미 전시회에 출품하려고 정성들여 가꾼 것이었습니다.

화가 치밀어 오른 존은 하녀에게 누가 그랬느냐고 물었습니다. 하녀의 대답인즉 이른 새벽에 주인이 거실의 꽃병에 꽂고자 잘라갔다는 것이었습니다. 그때 마침 주인이 온실에 들어오더니 말했습니다.

“존, 이 꽃들은 다 나의 것이 아닌가? 내 꽃을 내 마음대로 꺾을 수 없단 말인가?”

주인의 말을 듣는 순간 존은 중요한 한 가지 사실을 깨달았습니다.

곧 모든 만물의 주인은 하나님이시니 하나님은 그것들에 대해 충분한 권한이 있으시다는 것을 깨달았습니다. 그제서야 그는 딸을 잃은 슬픔을 극복할 수 있었습니다.

우리도 혹시 우리 삶의 주인이시고 토기장이이신 주님을 잊고 살지는 않는지 생각해야겠습니다.

– 「그랜드 종합 주석」 10권, 성서교재간행사, p243

Day : 28주(토)

찬송 : (새)333장, 381장/ (새)342장, 395장

28

■ 이번 주 읽은 성경 요약 및 못 읽은 부분 읽고, 한 주간 생활 묵상하며 가정 예배드리기

■ **주제 : 인생을 진지하게 살라**(마 25:14-30)

읽으며 묵상하며 : 달란트 비유 (마 25:14-30)

주의 재림을 예배하는 삶을 산다는 것은 인생을 진지하게 사는 것을 말합니다. 예수께서는 달란트 비유를 통해서 종말의 때에 인생을 진지하게 살 것을 가르치셨습니다. 인생을 진지하게 살기 위해서는 어떻게 해야 하겠습니까?

인생은 달란트를 받은 것과 같다는 것을 알아야 합니다.

요즘 한국 사회는 지도층 인사들을 비롯하여 많은 사람들이 자살로 인생을 마치고 있습니다. 인생의 좌절을 경험한 이들이 극단적인 선택을 함으로 인생의 마지막 몸부림을 해 보는 것입니다. 우리 사회는 이에 대해 너무 무관심합니다. 인생에 대한 왜곡된 이해가 이러한 사회현상을 낳고 있다고 볼 수 있습니다. 달란트 비유에서는 첫째, 달란트는 내 것이 아니라 주인의 것입니다. 즉 인생이란 하나님이 주인이시라는 것입니다. 둘째, 달란트는 각자의 재능에 따라 주셨다는 것입니다. 하나님께서 인생의 능력을 평가해서 능력에 맞게 주셨다는 것입니다. 이것은 차별이 아니라 공평한 것입니다. 셋째, 달란트는 결산된다는 것입니다. 하나님께서 아무런 계획이 없이 무작정, 우연히 인생을 내신 것이 아니라 분명한 계획을 가지시고 나중에 결산하고자 하신다는 것입니다. 그러므로 인생을 중도에 스스로 포기하는 자살은 범죄가 되는 것입니다. 인생은 하나님께서 계획을 가지시고 각자의 능력에 맞게 주신 재능과 은사와 사명을 받은 달란트입니다. 이러한 이해를 가져야만 인생을 진지하게 살 수 있습니다. 당신이 인생을 진지하게 생각하는 순간 새로운 인생이 열리게 되는 것입니다.

인생에는 결산이 있음을 알아야 합니다.

인생의 결산은 삶의 패턴에 따른 열매가 기준이 됩니다. 달란트 비유에서는 인생에는 두 가지 패턴이 있음을 보여 줍니다. 첫째, GF의 패턴입니다. 착하고(Good), 충성된(Faithful) 종의 삶입니다. 착하다는 것은 생각이 바른 것으로 주인이 달란트를 맡긴 의도를 올바로 이해한 것이며 충성됨은 맡겨진 것을 완수하기 위해 부지런히 땀 흘리며 수고하는 것입니다. 둘째, WL의 패턴입니다. 악하고(Wicked), 게으른(Lazy) 종의 삶입니다. 악하다는 것은 생각이 바르지 못한 것으로 주인의 의도를 제대로 이해하지도 못하고 자기 나름대로 생각해 버리는 것입니다. 게으른 것은 일하기를 싫어하는 것으로 해야 할 일이 있는데도 하지 않는 것입니다. 삶의 패턴이 열매를 좌우합니다. 착하고 충성된 종의 삶은 배나 남기는 열매를 맺었고 악하고 게으른 종의 삶은 남기지 못하였습니다. 결국 결산의 때에 주인에게 상과 벌을 받게 되었습니다. 달란트는 하나님께서 주시지만 인생을 어떻게 살 것인가 하는 것은 자신에게 달려 있습니다. 인생은 결코 두 번 주어지지 않습니다. 잘못된 비교의식을 벗어버리고 단 한번뿐인 고귀한 인생을 열매 맺으며 살 수 있기를 바랍니다.

–「일용할 양식」 말씀묵상, 기독대학인회(ESF), 2004. 8. 10.

살며 생각하며 : 작은 일에 충성한 소년

함경도 어촌에 한 소년이 살고 있었습니다. 어느 날 할아버지가 운영하던 40척의 고기잡이배가 한 척도 돌아오지 않았습니다. 폭풍에 모두 침몰된 것입니다. 소년의 가족은 그 많던 재산을 피해자들에게 나눠 주고 빈손으로 동네를 떠났습니다.

부유한 가정에서 자란 소년은 하루아침에 캐나다인 선교사 가정의 머슴이 되었습니다. 소년은 온갖 궂은 일을 감당했습니다. 추운 겨울에 맨손으로 빨래까지 했습니다. 너무 힘이 들어 운 적도 많았습니다. 선교사는 종종 소년이 알만한 곳에 돈을 놓아두었습니다. 소년의 정직성을 시험하려는 의도였습니다. 그러나 소년은 한 번도 그 돈에 손을 대지 않았습니다. 소년은 주인의 시험에 합격했습니다. 선교사는 소년을 서울에 데려가 교육 시켰고 일본과 미국으로 유학도 보냈습니다. 이 소년이 바로 남대문 교회 목사를 지내고 천안대의 전신인 대한 신학교 창설자인 김치선 박사입니다.

"착하고 충성된 종아 네가 적은 일에 충성하였으매 내가 많은 것을 네게 맡기리니 네 주인의 즐거움에 참여할지어다"(마 25:21)

– 김상복목사(할렐루야 교회)

돌아보며 다짐하며 : 해롤드 럿셀의 잃은 것과 가진 것

우리 생애 최고의 해 라는 영화가 있습니다. 이 영화에서 2차 대전 중 해롤드 럿셀이라는 공수 부대원이 전투에 나갔다가 포탄에 맞아 두 팔을 잃고 불구자가 됩니다. 그는 참혹한 좌절에 빠집니다.

"나는 이제 쓸모없는 하나의 고깃덩어리가 되었구나."

그런 가운데 그의 마음속에 차츰 진리가 깃들기 시작합니다. 잃은 것보다 가진 것이 더 많다는 깨달음을 얻게 된 것입니다.

의사가 그에게 의수를 만들어 줍니다. 그것으로 글을 쓰고 타이핑도 하기 시작합니다.

실제 그의 이야기가 영화화되었고 자신이 직접 불구자의 모습으로 출연하게 되었던 것입니다. 그는 정성을 다해 연기를 했습니다.

그리고 그 해 이 영화로 아카데미 주연상을 탔습니다.

그는 상금을 상이용사를 위해 기부했습니다.

어떤 기자가 찾아와 물었습니다.

"신체적인 조건 때문에 절망한 적은 없었습니까?"

그러나 그는 결연히 대답하였습니다.

"아닙니다. 나의 육체적인 장애는 나에게 도리어 가장 큰 축복이 되었습니다. 우리는 잃어버린 것을 늘 계산할 것이 아니라 남아 있는 것을 생각하고 하나님께 감사해야 합니다. 그렇게 남은 것을 사용할 때 잃은 것의 열 배를 보상받습니다."

우리가 잃어버린 것에만 눈을 돌릴 때 그 곳에는 오직 절망밖에 보이지 않습니다. 불가능밖에 없습니다. 그러나 그 잃은 것 너머의 가진 것을 세어 보면 더 많은 가능성이 언제나 우리를 기다리고 있습니다.

"여러분은 언제나 잃어버린 것을 계산할 것이 아니라 남아있는 것을 생각하고 하나님께 감사하며 남은 것을 사용할 때 잃은 것의 열 배를 보상받습니다."

– 헤롤드 럿셀

오늘의 기도 : 작은 일에 충성하게 하소서

주님! 주님을 바라보는 충성된 일꾼이 되게 하옵소서. 내게 주신 직분을 잘 감당할 수 있도록 넘치는 용기와 풍성한 위로를 주시옵소서.

주님! 분명 십자가를 져야하는 어두움이 올지라도 부활의 밝은 아침을 확신하는 성실한 주님의 청지기가 되게 하옵소서.

믿는 자가 구할 것은 오직 충성뿐이라 하셨는데 나로 하여금 작은 일에 충성하게 하옵소서. 예수님의 이름으로 기도드립니다. 아멘.

Day : 29주(월)

찬송 : (새) 255장, 187장

29

예레미야 35–36, 45장 유다의 멸망이 선고됨

- 35장 레갑 족속의 순종
- 36장 유다의 심판이 선포됨
- 45장 바룩에 대한 예언

하나님께서는 여호야김 시대에 레갑 족속의 예를 들어 유다의 불신실함을 책망하셨습니다. 레갑 족속의 후손들은 조상들의 유언을 신실하게 지킨 반면에, 유다는 하나님과 맺은 언약을 무시해 버렸습니다. 그러므로 하나님은 레갑 족속을 통해서 유다의 불신실한 태도를 부끄럽게 만드셨습니다. 하나님은 유다를 멸망시키기 전에 유다에 다시 한 번 기회를 주셨습니다. 하나님은 감옥에 갇힌 예레미야를 대신해서 바룩에게 하나님의 말씀을 기록하게 하셨습니다. 그리고 하나님은 그것을 유다 백성들과 왕 앞에서 읽게 하셨습니다. 일부 백성들은 그 말씀을 듣고 회개했습니다. 그러나 왕과 관리들과 대부분의 백성들은 그 말씀을 무시하고 불에 태워버렸습니다. 유다는 마지막 기화마저 잃어 버렸으며, 마침내 하나님은 예레미야를 통해 유다의 심판을 선언하셨습니다. 그리고 하나님은 그 내용을 바룩을 통해서 기록하게 하셨습니다.

읽으며 묵상하며 : 반복해서 들어야 할 하나님의 말씀(렘 36:1–19)

유다의 요시야 왕의 아들 여호야김 제사년에 여호와께로부터 예레미야에게 말씀이 임하니라 이르시되 너는 두루마리 책을 가져다가 내가 네게 말하던 날 곧 요시야의 날부터 오늘까지 이스라엘과 유다와 모든 나라에 대하여 내가 네게 일러준 모든 말을 거기에 기록하라 유다 가문이 내가 그들에게 내리려 한 모든 재난을 듣고 각기 악한 길에서 돌이키리니 그리하면 내가 그 악과 죄를 용서하리라 렘 36:1–3

하나님은 언약을 버리고, 말씀에 귀 기울이지 않는 이스라엘 백성에게 끈기 있게 말씀하십니다. 이스라엘을 향한 하나님의 열정과 끈기는 한이 없습니다(36:1-2). 하나님은 귀 기울이지 않는 이스라엘을 돌이키시려고 부지런히 선지자들을 파송하셨습니다. 그리고 이제 예레미야가 선지자로 세움을 입었던 날부터 지금까지 들었던 모든 말씀을 두루마리 책에 기록하라고 하십니다. 백성들이 다시 한 번 말씀을 듣게 하려 하십니다. 재앙을 말씀하셨지만, 실상은 그들의 악을 용서하고 싶어 하시는 것입니다. 은혜를 베푸시려 하십니다. 이제는 일회성 예언이 아니라 보존과 반복적인 낭독이 가능한 문서로 남기게 하십니다. 보다 많은 사람들이 그 예언을 보고 듣고 읽을 수 있도록 만드십니다. 주변에 오랫동안 복음을 들려 주어도 반응이 없는 사람이 있습니까? 너무 빨리 포기하지 마십시오. 하나님이 자기 백성, 우리에 대하여 얼마나 오래 참으시고, 얼마나 많은 기회를 주셨는지를 기억하십시오.

36:3-19에는 하나님의 애타는 사랑이 나타나 있습니다. 유다 족속이 각기 악한 길에서 돌이킬듯 하다고 하시는 말씀을 보십시오(3절). 하나님은 자기 백성을 사랑하시므로 작은 조짐만 보여도 죄를 용서하겠노라고 약속하십니다. 하나님은 애타는 사랑을 품고 계십니다. 이스라엘을 악한 길에서 돌이키게 하시려고 최선을 다하십니다. 예레미야를 통해 말씀하시고 이제는 그 말을 기록해서 바룩을 통해 낭독하게 만드십니다. 모든 경고의 말씀이 백성들 앞에서 낭독되고 다시 한 번 선포되었습니다. 그 결과 약 1년 후에 모든 백성이 여호와 앞에서 금식을 선포하게 되었습니다. 바룩이 읽은 예언의 말씀은 왕의 측근들에게도 영향을 주었습니다. 물론 이 금식이 대대적인 회개와 영적인 각성으로 이어지지는 않았지만 그래도 이스라엘을 향한 하나님의 경고가 왕을 포함하여 모든 백성들에게 증거 되는 결과가 나타났습니다. 모든 사람이 말씀을 듣고 돌이키기를 간절히 바라시는 사랑의 하나님이십니다.

– 「묵상하는 사람들, 메시지」, 프리셉트, 2007. 7. 24.

살며 생각하며 : 용납하시는 사랑

미국 남북전쟁 때의 일입니다. 북군 병사들이 전우의 시체를 묻기 위해 천주교 신부에게 교회 묘지에 매장해 달라고 요청하자 그 신부는 죽은 병사가 영세를 받았느냐고 물었습니다. 영세를 받지 않았다고 하자 받아줄 수 없다고 했습니다. 그러면 교회 묘지 울타리 밖에 가매장했다가 훗날 찾아가겠다고 하자 신부가 허락했습니다.

전쟁이 끝난 후 병사들이 전우의 시체를 찾아가려고 와보니 가매장한 묘가 없었습니다. 신부를 찾아가 물어보니 신부는 그날 밤새도록 고민하다가 다음날 교회묘지 울타리를 그 가매장한 묘지 밖으로 넓혀 둘러쳤다고 했습니다. 교회 묘지에 묻어달라고 찾아온 시체를 거절할 수 없어서 교회묘지 울타리를 넓힌 신부의 사랑도 이토록 자비로운데 하물며 사망과 저주 아래 팔린 우리 죄인들을 대속하시고 자녀로 받아주신 하나님의 사랑은 얼마나 큽니까. 더구나 천국까지 약속하신 그 사랑에 무엇으로 보답할 것입니까? 신앙생활은 감격의 연속입니다. 감격이 없는 신앙은 변화도 없습니다.

– 이철재 목사(서울 성서교회), 「이철재 예화집」

Day : 29주(화)

찬송 :(새)252장, 184장

29

예레미야 13-17장 파기된 언약

- 13장 썩은 베띠
- 14-15장 백성들의 타락상
- 16장 독신의 선지자
- 17장 온전한 안식일

하나님께서는 예레미야에게 베띠를 구해서 그것을 허리에 두르라고 명하셨습니다. 그리고 하나님은 다시 그 띠를 유브라데 강가에 묻으라고 말씀하셨습니다. 시간이 지난 후에 하나님은 다시 예레미야에게 나타나셔서 그 띠를 거두라고 명하셨습니다. 예레미야가 가서 보니 묻었던 베띠는 이미 썩어서 쓸 수 없게 되고 말았습니다. 이러한 행동은 하나님과 이스라엘에 대한 관계를 비유적으로 묘사한 것이었습니다. 하나님은 이스라엘을 허리에 두른 띠처럼 친밀한 백성으로 부르셨습니다. 그러나 그들은 하나님을 떠나 부패한 백성이 되었고, 징계를 받아 유프라테스 강가의 바벨론에 포로가 되어 끌려가고 말았습니다. 유대인들은 그 곳에서 포로 생활을 하는 동안 회복이 불가능한 쓸모없는 존재가 되고 말았습니다. 그 후에 하나님은 예레미야에게 결혼과 초상집, 그리고 잔칫집에 가는 일을 금하셨습니다. 하나님은 장차 유다 백성들이 징계를 받을 때에 결혼과 장례와 잔치가 사라져 버릴 것이라고 말씀하셨습니다. 하나님은 자신을 떠나서 육체를 신뢰하며 사는 사람들은 반드시 멸망할 것이라고 경고하셨습니다.

읽으며 묵상하며 : 비유를 통한 메시지 (렘 13:1-14)

> 여호와께서 이와 같이 내게 이르시되 너는 가서 베 띠를 사서 네 허리에 띠고 물에 적시지 말라 하시기로 내가 여호와의 말씀대로 띠를 사서 내 허리에 띠니라…그러므로 너는 이 말로 그들에게 이르기를 이스라엘의 하나님 여호와의 말씀에 모든 가죽부대가 포도주로 차리라 하셨다 하라 그리하면 그들이 네게 이르기를 모든 가죽부대가 포도주로 찰 줄을 우리가 어찌 알지 못하리요 하리니 렘 13:1, 2, 12

하나님께서는 예레미야에게 두 가지의 상징적인 비유를 통해서 유다가 멸망당할 수밖에 없었던 이유를 말씀해 주셨습니다. 우리는 베 허리띠와 포도주로 가득 찬 병의 비유를 통해서 교훈을 얻습니다. 이 비유들이 주는 메시지는 무엇입니까?

베 허리띠는 유다를 상징합니다. 허리띠가 사람의 허리에 속해 있어야 제 구실을 하게 되듯이 유다도 하나님께 속해 있어야 하나님의 백성이 되고 하나님의 영광이 된다는 것입니다. 하나님께 붙어 있어 하나님의 말씀을 듣고 그 말씀대로 살아 번영을 누릴 수 있는 기회가 주어졌습니다. 그러나 그들은 하나님의 말씀을 듣지 않았습니다. 그래서 베띠가 썩어

버린 것처럼 타락하고 부패해 버린 것입니다. 썩어 버린 베띠는 쓸모없어 버려지듯이 유다도 하나님으로부터 심판받아 버림받았습니다. 교만이 유다를 이 지경에까지 이르게 하였습니다(9~10절). 하나님의 백성으로서 성공적인 삶을 살기 위해서는 교만을 벗고 겸손해야 합니다. 겸손한 사람은 하나님 앞에서 자신의 본분을 망각하지 않고 마땅히 해야 할 것들을 성실하게 감당합니다. 하나님께 속해서 하나님의 말씀을 듣고 순종하는 삶은 그리스도인의 마땅한 도리입니다. 나는 지금 하나님께 매달려 있는 허리띠와 같은지 아니면 하나님을 떠나서 다른 것에 매달려 있는 썩은 띠와 같은지 잘 살펴보시기 바랍니다.

'모든 병이 포도주로 차리라'는 것은 하나님의 진노가 유다에 임한다는 것을 의미하며 이 말은 분별력을 가져야 한다는 뜻입니다. 포도주는 하나님의 진노를 상징합니다. 하나님의 진노의 잔을 마신 모든 이들은 잔뜩 취하여 분별력을 상실한 채, 스스로 충돌하며 멸망의 길로 나아갑니다. 포도주로 가득 찬 병들이 서로 부딪친다면 깨어지는 것은 너무나 당연한 것입니다. 하나님의 말씀 듣기를 거부한 유다는 술 취한 운전자가 운전하는 브레이크가 고장난 자동차와 같았습니다. 파멸의 길로 가고 있다는 것을 알지도 못한 채 달려가고 있었습니다. 영적인 삶의 파산은 분별력의 상실로부터 출발합니다. 그러기에 분별력을 가져야 합니다. 분별력을 갖기 위해서는 지혜로운 마음을 달라고 하나님께 구해야 하며(왕상 3:9; 약 1:5), 마음을 새롭게 함으로 변화를 받아야 합니다(롬 12:2). 영적인 암흑기였던 중세를 향한 종교개혁자들의 외침도 성경으로 돌아가야 한다는 것이었습니다. 하나님께서는 성경을 깨닫게 하심으로 우리에게 지혜를 주시고 새로운 마음을 주시기 때문입니다. 이것이 예레미야가 백성들에게 하나님의 말씀을 들으라고 외친 이유입니다.

–「일용할 양식」 말씀묵상, 기독대학인회(ESF), 2006. 8. 23.

살며 생각하며 : 말씀으로 이끄는 내 영혼의 내비게이션

말씀은 내가 궁극적으로 가야 할 길을 꿰뚫고 있는 내 영혼의 내비게이션입니다. 말씀을 담은 성경은 내 재산목록 1호입니다.

말씀이라는 내 영혼의 내비게이션은 내가 일상에서 일어나는 모든 일에서 말씀을 적용할 수 있도록 이끌어 줍니다. 선하고 옳은 길로 안내할 때는 파란색 사인을 보내 줍니다. 자칫 악하고 그른 길로 들어서려고 할 때는 빨간색 사인을 반복해서 보내 줍니다. 내 영혼의 내비게이션은 나를 말씀의 은혜로 인도해 줍니다. 내비게이션은 내가 어디서 출발해야 하고 언제까지 도착해야 하는지 알려 줍니다. 주님과의 진정한 만남이 없을 때는 말씀이 귀에 들어오지 않았습니다. 어떤 목사님들의 목이 쉰 듯한 목소리를 들으면 거부감이 들기도 했습니다.

25년 전에 있었던 일입니다. 알고 지내던 선배 언니가 있었는데, 그 선배는 여의도순복음 교회에 나가는 크리스천이었습니다. 한번은 선배가 내게 조용기 목사님의 말씀 테이프를 건네줬습니다. 선배는 내게 목사님의 말씀이 얼마나 좋은지 한번 들어 보라고 했습니다. 매우 행복한 표정을 짓는 선배를 보고 호기심이 생겨 집에 와서 테이프를 틀었습니다. 나는 3분 이상 듣지 못하고 정지 버튼을 누르고 말았습니다. 은혜는 커녕 조용기 목사님 특유의 목소리가 생소하고 거북하게 들렸습니다. 당시에 나는 목이 쉰 목사님들에 대한 편견이 있었습니다. FM 라디오를 듣다가 목사님들의 쉰 목소리가 들리기라도 하면 얼른 다른 채널로 돌렸습니다. 그러나 내 영혼의 내비게이션을 만난 이후부터는 영의 귀로 말씀을 듣게 되었습니다. 어느새 조용기 목사님의 목소리는 은혜의 강물이 흐르는 소리로 들렸습니다. 조 목사님의 말씀을 들을 때 토씨 하나 놓치고 싶지 않았습니다. 길 잃은 양들을 불러 모으는 영성 깊은 목자의 목소리는 은혜의 빛이 되어 지구촌 멀리까지 울려 퍼지고 있습니다. 나는 이제 주님의 말씀을 들을 때 목사님들의 목이 쉰 듯한 목소리나 특이한 억양이 은혜의 걸림돌이 되지 않습니다. 오직 말씀 하나만으로 듣습니다. 과거에 그토록 무의미하게 들렸던 말씀들이 이제는 어찌나 달고 맛있는지, 말씀의 참뜻을 깨달을 때마다 영혼의 평안함과 충만함을 경험합니다.

"주의 말씀의 맛이 내게 어찌 그리 단지요 내 입에 꿀보다 더 다니이다"(시 119:103).

나는 운전하는 것을 좋아합니다. 단순히 운전을 즐겨서가 아니라 자동차 안에서 말씀을 온전히 들을 수 있기 때문입니다. 운전하는 시간은 내 영혼을 살찌우는 소중하고 은혜로운 말씀과 찬송을 듣고 기도하는 시간이기도 합니다. 요즘 내 영혼의 내비게이션은 수도권 지역에서 지방 강연이 있을 때 웬만하면 내가 직접 운전할 수 있도록 이끌어 줍니다. 나만의 공간인 차 안에서 듣는 말씀이야말로 내 영적 건강을 체크해 보는 데 그만입니다.

내 영혼의 내비게이션은 말씀을 아는 것뿐 아니라 '말씀대로 사는' 길로 안내해 줍니다. 말씀이 행위로 나타나지 않을 때 말씀의 능력은 죽은 것이나 다름없다는 진리를 깨닫게 해 줍니다. 운전자가 운전 기법(말씀)을 알아도 교통 법규(행위)를 지키지 않으면 대형 사고를 내고 마는 것입니다. 내가 말씀대로 살지 않을 때는 내 영혼의 내비게이션이 '너는 지금 말씀과 다른 길로 가고 있다'는 사인을 보내 줍니다.

"주의 말씀은 내 발에 등이요 내 길에 빛이니이다"(시 119:105).

내 영혼의 내비게이션은 성경통독사경회나 성경공부반을 찾아다니게 인도해 줬습니다. 기독교 방송과 주변 사람들을 통하여 훌륭한 목사님들의 설교 테이프를 들을 수 있게 해줬습니다.

"그러므로 믿음은 들음에서 나며 들음은 그리스도의 말씀으로 말미암았느니라"(롬 10:17).

내 영혼의 내비게이션은 여러 통로로 말씀을 들을 수 있는 길로 이끌어 주었고 말씀을 점점 더 사모하게 해줬습니다. 말씀은 나를 믿음과 진리와 은혜의 길로 이끌어 주는 든든한 나침반이 되어 주었습니다(이미지 테크 연구소).

– 한태환 목사, 「설교예화 자료집」

정리하며 확신하며 : 무절제한 말로 인해 생기는 결과(약 3:1–12)

	무절제한 말로 인해 생기는 결과	참고 성경 구절
1	주의 영광을 가림	민 20:10-12
2	자기 말의 올무에 얽히게 됨	잠 6:2
3	허물을 면하기 어렵게 됨	잠 10:19
4	친구를 이간하게 됨	잠 17:9
5	신의를 잃게 됨	렘 9:4
6	불화를 일으키게 됨	딤전 5:13
7	경건을 잃게 됨	약 1:26
8	온 몸을 더럽힘	약 3:6
9	삶의 환난이 점점 심해짐	약 3:6
10	영혼을 죽게 함	약 3:8

– 「그랜드종합 성경주석」, No. 14, 성서교재간행사, p527

Day : 29주(수)

찬송 : (새)199장, 234장

29

예레미야 22–23장, 다니엘 2장

■ 22장 악한 왕들에 대한 심판 선언
■ 23장 의로운 왕의 출현에 대한 예언, 거짓 선지자의 심판을 선언함

하나님은 유다의 왕들에게 공평과 정의를 행하고, 탈취당한 자를 압제자의 손에서 건져주라고 명하셨습니다. 또한 하나님은 유다의 지도자들에게 이방인과 고아와 과부를 압제하거나 학대하지 말고, 죄 없는 자의 피를 흘리지 말라고 경고하셨습니다. 하나님은 그들이 이 명령에 순종하면 무사하지만, 그 명령을 거부하면 다른 나라에게 멸망당할 것이라고 경고하셨습니다. 그러나 하나님은 그들을 징계한 후에 다윗의 자손 중에서 의로운 한 왕을 세울 것을 약속해 주셨습니다. 그 왕은 지혜로 세상을 다스리고, 세상에 공평과 정의를 행하며, 그 때에 유다 백성들은 구원을 받고 평안히 살게 될 것이라고 말씀하셨습니다. 하나님은 장차 올 메시아가 "여호와는 우리의 의"라고 불릴 것이라고 예고하셨습니다. 또 하나님은 말씀을 도적질하는 거짓선지자가 심판을 받을 것이라고 선언하셨습니다. 이때에 다니엘은 바벨론에서 느부갓네살의 꿈을 해몽해 주면서 하나님께서 새 역사를 주관하고 계신다는 사실을 분명하게 나타내셨습니다.

읽으며 묵상하며 : 은밀한 것을 나타내실 자 (단 2:24–35)

> 다니엘이 왕 앞에 대답하여 이르되 왕이 물으신 바 은밀한 것은 지혜자나 술객이나 박수나 점쟁이가 능히 왕께 보일 수 없으되 오직 은밀한 것을 나타내실 이는 하늘에 계신 하나님이시라 그가 느부갓네살 왕에게 후일에 될 일을 알게 하셨나이다. 왕의 꿈 곧 왕이 침상에서 머리 속으로 받은 환상은 이러하니이다 단 2:27, 28

세상에서 어느 누가 자신의 운명과 미래를 예측할 수 있습니까? 영의 세계 앞에서 사람들은 무력해집니다. 그래서 온갖 우상이 판을 치고, 사탄이 사람들의 생각을 거머쥡니다. 그러나 하나님은 당신의 종을 통해 하나님의 권세를 보이십니다. "나를 왕의 앞으로 인도하라 그리하면 내가 그 해석을 왕께 보여 드리리라"(24절).

하나님은 수많은 선지자를 통해, 그리고 마지막으로 예수 그리스도를 통해 궁극적인 권세를 보이셨습니다. 이제 하나님의 백성은 예수 그리스도의 권세로 사탄을 굴복시킵니다. 우리는 "술객이나 박수나 점쟁이"가 능히 할 수 없는 것을 하늘에 계신 하나님이 하신다는 것을 세상에 나타내 보일 사명이 있습니다. 은밀한 것을 나타내실 자는 오직 하나님 한 분이시기에 모든 무릎은 우상 앞이 아니라 하나님 앞에 꿇어져야 하는 것입니다. 나는 사주팔자나 궁합 등에 귀가 솔깃해지진 않습니까? 우리의 미래가 하나님의 손 안에 있다는 것을 믿습니까? 다니엘은 하나님의 계시를 자기 지혜로 취하지 않았습니다. 하나님이 계시를 주신 것은 남보다 자기 지혜가 더 나아서가 아니라(30절), 그것을 전달해야 할 사명이 자기에게 있기 때문이라고 여겼습니다(딤후 4:2). 그렇기에 그는 전달자로서 겸손한 태도를 가지고 느부갓네살 왕에게 하나님의 계시를 알렸습니다. 그는 해석을 말하지 않고 먼저 그 계시를 있는 그대로 이야기합니다(31~35절). 물론 느부갓네살 왕이 계시를 잊었기 때문이기도 하지만, 설상 그가 기억하고 있었더라도 다니엘은 그 계시를 '있는 그대로 다시' 얘기할 필요가 있었습니다. 그것은 세상으로 하여금 그들 자신의 지혜로는 결코 하나님의 계시를 들어도 깨닫지 못하고 보아도 알지 못한다는 사실을 알게 해 주어야 했기 때문입니다(사 6:9, 고전 1:21).

하나님이 나에게 말씀을 배울 기회를 주시고 깨닫게 하실 때, 혹 내 지혜를 자랑하지는 않습니까?

– 「생명의 삶」 말씀해설, 두란노서원, 2004. 8. 6.

살며 생각하며 : Work in God

LA 지역에서 살면서, 한국에 나오면 주일마다 저희 교회에 출석하는 젊은 부부가 있습니다. 남편은 미국에서 벤처 사업으로 큰돈을 벌었는데, 하나님이 주신 재물을 하나님을 위해 쓰고자 문화 선교에 투자를 하고 있습니다. 그러나 문화 쪽의 일이 생각처럼 쉬운 게 아니어서 투자한 돈에 비해 성과는 그렇게 뚜렷하게 나타나지 않았습니다. 그때 그의 아내가 기도와 묵상 중에 깨달은 매우 중요한 말을 해주었답니다.

"'하나님을 위하여 일하는 것'(Work for God)도 중요하지만 더욱 중요한 것은 '하나님 안에서 일하는 것'(Work in God)이 아닐까요?" 우리는 우리도 모르는 사이에 하나님을 위한다고 하면서 일에 몰두하여 하나님 안에서 일하는 것을 잊어버리는 때가 얼마나 많은지 모릅니다. 하나님께 기도하지 않고, 지혜를 구하지 않고, 하나님의 음성에 귀 기울이지 않고 그저 열심히 일만하다 보면 하나님을 위하여 시작한 일이 자신도 모르는 사이에 자기 자신을 위한 일로 변질되기 쉽습니다. 뿐만 아니라 그 일을 감당할 수 있는 힘과 능력을 상실하여 지치게 되고, 결국에는 실패하게 되는 경우가 얼마나 많은지 모릅니다. 그러므로 하나님의 일을 할 때 'Work for God'만 생각하지 말고 늘 'Work in God'을 생각해야 합니다. 하나님 안에서 기도하며 하나님이 공급해 주시는 힘과 능력, 그리고 지혜로 일을 하는 것이 무엇보다 중요합니다.

– 김동호 목사, 「하나님, 제 덕 좀 보셔요」에서

Day : 29주(목)

찬송 : (새)545장, 344장

29

에스겔 1–7장 에스겔의 유다 멸망 선포

- 1–2장 에스겔이 본 환상과 소명
- 3–4장 심판 선포와 네 가지 상징들
- 5–6장 예루살렘의 죄악의 결과에 따른 임박한 심판 예고

예레미야는 유다에 대한 하나님의 심판을 선포하면서 예루살렘의 멸망을 바라보고 있었습니다. 그와 동시대에 활동한 선지자가 있었습니다. 그는 예루살렘에서 960km나 떨어진 바벨론으로 끌려가서 포로생활을 하고 있던 에스겔이었습니다. 그는 바벨론에 살면서 그 곳에 있는 유대인들에게 유대인이 심판받게 된 이유를 설명해 주었습니다. 그는 하나님에 대한 환상을 통해 선지자로 부름을 받았으며, 하나님이 주시는 두루마리를 받아먹고 유다에 대해 예언을 하게 되었습니다. 하나님은 에스겔에게 4가지 상징을 통해서 유다에 임할 심판을 설명해 주셨습니다. 하나님은 그를 통해서 우상을 섬기고, 죄악을 행하는 유다에 하나님의 심판이 임박했음을 경고해 주셨습니다.

읽으며 묵상하며 : 하나님의 일꾼(겔 1:1–14)

서른째 해 넷째 달 초닷새에 내가 그발 강 가 사로잡힌 자 중에 있을 때에 하늘이 열리며 하나님의 모습이 내게 보이니 여호야긴 왕이 사로잡힌 지 오 년 그 달 초닷새라 갈대아 땅 그발 강 가에서 여호와의 말씀이 부시의 아들 제사장 나 에스겔에게 특별히 임하고 여호와의 권능이 내 위에 있으니라 겔 1:1–3

포로생활을 하는 에스겔에 관한 소명과 하나님의 수종드는 네 생물의 형상을 보여주고 있습니다.

본문은 하나님의 이상 가운데 하나님의 말씀이 에스겔에게 임하므로 하나님의 부름을 받는 에스겔과 하나님을 수종드는 네 생물의 형상에 관하여 말하고 있습니다.

하나님은 에스겔을 일꾼으로 부르십니다. 이스라엘은 끝없는 하나님에 대한 배반으로 하나님의 심판을 받아 죄악의 구덩이에서 돌이키지 못하고 있었습니다. 또한 포로로 잡혀왔으나 회개하지 못하고 죄악의 사슬에서 계속 허우적거리는 포로 된 무리들도 있었습니다. 이렇게 바벨론 그발 강가에서 포로 생활을 하고 있던 사로잡힌 자 에스겔에게 하나님의 말씀이 임합니다. 제사장의 직무를 감당할 나이인 30세가 되었지만 포로이기에 제사장의 직무를 수행할 수 없었던 잊혀진 제사장 에스겔에게 하나님께서는 이상을 보이시며 하늘을 열어주셨습니다.

하나님께서는 비록 제사장의 직무는 아니었지만 하나님의 말씀을 대언하는 선지자의 직무를 에스겔에게 맡기셨고, 그를 하나님의 일꾼으로 불러주셨습니다. 에스겔을 찾아오신 하나님께서는 오늘도 우리를 찾아오셔서 그분의 말씀으로 우리를 부르고 계십니다.

하나님의 부르심 받은 일꾼의 자세는 어떠해야 할까요? 에스겔을 찾아오신 하나님께서는 수종드는 그룹들, 곧 네 생물의 형상을 통해 하나님의 일꾼들의 자세를 보여 주셨습니다. 먼저 이 네 생물은 서로 날개를 연하여(9, 11절) 함께 하나님의 거룩함을 수종들며 협력하는 모습을 보여줍니다. 또한 이 네 생물의 형상은 사람과 사자와 소와 독수리의 형상을 했습니다. 이것은 각기 지혜와 용기와 성실과 민첩함 등을 가리키는 것으로 서로 다양함을 가지고 하나님을 섬기는 모습이며, 일꾼이 지녀야 할 덕목이기도 합니다. 마지막으로 12절에서는 신속함을 묘사합니다. 즉 하나님의 신이 어디로 가든지 돌이키지 아니하고 행하는 모습입니다. 우리가 하나님을 섬길 때, 우리의 모습 속에서도 협력하며, 신속하게 하나님을 따르는 모습을 갖추어야 하겠습니다.

–「묵상하는 사람들, 메시지」, 프리셉트, 2007. 2. 18.

살며 생각하며 : 한국 선교의 소명

언더우드는 뉴욕대학과 화란 개혁교회 계통인 뉴브론스윅 신학교를 졸업하였습니다. 그는 신학교 재학시절부터 선교에 관심을 두고 처음에는 인도로 가기로 결심하고 1년간 의학공부를 하기로 했습니다. 1883년 겨울방학 때 알버트 올트말스 박사가 선교사를 지망하는 신학생을 모아 놓고 강연한 적이 있었습니다. 최근 문호를 개방한 한국에는 1천 3백만 명이 복음을 받지 못하고 있다는 것과 문은 열렸으나 교회 측의 무관심으로 1년여의 세월이 지나갔기 때문에 이제 더 기다릴 수 없어서 선교 지망생을 찾는다는 것이었습니다. 언더우드는 이 강연에 감동을 받았으나 자신은 이미 인도에 가기로 결심한 만큼 한국에 갈 다른 선교사가 나오기를 기도했습니다. 그러나 신학교를 졸업한 다음 그에게는 인도 선교사로 가지 못할 사정이 생겼습니다. 선교 본부가 자금 부족으로 인도에는 더 보낼 수 없다는 것이었습니다.

언더우드는 마침 미국 교회의 청빙을 받았습니다. 그래서 교회 청빙을 수락하는 편지를 써서 막 우체통에 넣으려는데 "한국에 갈 사람이 없구나"라는 음성이 그의 귓전을 울리는 것이었습니다. 언더우드는 편지를 호주머니에 넣고 그 길로 뉴욕 선교 본부를 찾아가 한국선교를 지망했습니다. 며칠 후 1884년 7월 선교부 실행위원회는 만 25세의 언더우드를 한국에 보낼 장로교 선교목사로 임명했습니다. (H.G Underwood / Underwood of Korea)

–「기독교 문장대백과사전」 11권, 성서연구사, 133

Day : 29주(금)

찬송 : (새)261장, 195장

29

에스겔 8-14장, 8-9장 예루살렘의 죄악과 심판

- 10장 여호와의 영광이 성전을 떠남
- 11장 지도자들의 심판
- 12-13장 이스라엘의 멸망과 거짓선지자에 대한 예언
- 14장 우상숭배자와 예루살렘의 파멸에 대한 예언

하나님은 에스겔을 데리고 예루살렘으로 가신 후에, 그 곳에서 이스라엘 백성들이 저지르는 모든 죄악을 낱낱이 보여 주셨습니다. 하나님은 자기 죄를 회개치 않는 모든 유대인들을 치라고 명하셨습니다. 에스겔은 하나님의 영광이 예루살렘 성전에서 떠나가는 것을 목격했습니다. 이제 성전은 하나님이 없는 빈 건물이 되고 말았습니다. 하나님은 유대를 떠나셨으며, 유대는 심판을 받게 될 것입니다. 하나님은 하나님을 거슬러서 악한 말을 하던 지도자들을 심판하실 것입니다. 그러나 하나님은 이스라엘을 아주 버리시지 않고, 후에 다시 회복시켜 주실 것입니다. 하나님은 에스겔을 통해서 여러 가지 상징들, 즉 행구와 떨림의 상징 등을 통해서 이스라엘의 멸망을 예고하셨습니다. 하나님은 거짓 선지자와 우상 숭배자와 함께 예루살렘이 멸망될 것이라고 경고하셨습니다. 하나님은 노아와 다니엘과 욥이 있어도 자신만 구원 받고 다른 영혼은 죽을 것이라고 선언하셨습니다.

읽으며 묵상하며 : 짠 맛을 잃은 소금 (겔 10:18-22)

여호와의 영광이 성전 문지방을 떠나서 그룹들 위에 머무르니 겔 10:18

하나님께서 함께하실 때에만 이스라엘은 선민으로서의 영광과 번영을 누릴 수 있었습니다. 따라서 본문의 야호와의 영광이 성전을 떠나가는 환상은 이스라엘이 버림받는다는 사실을 암시합니다(18절). 죄악이 극에 달할 때 하나님의 영광은 그곳을 떠날 수밖에 없습니다. 하나님의 거룩한 영광은 죄와 공존할 수 없기 때문입니다. 여기서 우리는 죄가 하나님과 인간 사이를 분리시킨다는 사실을 알 수 있습니다.

창세기 19:12-16에 보면, 소돔과 고모라 성을 심판하려고 찾아온 하나님의 천사들은 롯과 그 가족들에게 성 밖으로 서둘러 빠져 나갈 것을 권유합니다. 롯은 자기 딸들과 정혼한 청년들에게 여호와의 심판을 말했지만, 그 청년들은 이를 농담으로 여겼습니다. 여기서 롯이 평소에 어떤 삶을 그들에게 보여주었는지 잘 알 수 있습니다. 그가 평소에 하나님의 백성으로서 사위들에게 본을 보였다면, 그의 말이 대수롭게 여겨지지는 않았을 것입니다. 결국 소돔성이 멸망하는 날 아침, 롯 역시도 심판의 심각성을 깨닫지 못하고 머뭇거리고 있었습니다. 롯은 하나님의 인자하심으로 천사들의 손에 이끌려서야 성 밖으로 나갔습니다. 악이 팽배해 있는 사회 속에서 살아온 롯이 얼마나 영적으로 혼미해 있었는지 잘 알 수 있습니다. 우리도 롯과 마찬가지로 죄악 된 세상에 노출되어 살아가고 있습니다. 과연 당신은 하나님의 백성으로서 세상 속에서 깨어 있으면서 죄를 죄로 바로 깨달아 살아가고 있습니까? 또한 현대 교회는 세속적 죄악과 결별하여 성별하다고 생각합니까? 만일 그렇지 못하다면 하나님의 영광이 바로 이 순간에 떠나지 않을 것이라고 그 누가 장담하겠습니까?

하나님의 영광이 없는 교회와 성도는 짠맛을 내지 못하는 소금과 무엇이 다른가요? 이스라엘이 하나님의 임재하심이 없을 때, 그 존재 의미가 상실되듯, 오늘날의 교회와 성도들도 하나님의 영광이 함께 하지 않는다면 그 존재 기반을 잃게 됨을 기억합시다.

–「호크마 종합주석」 구약 19권, QT, 기독지혜사, p138

살며 생각하며 : 군수 취임 거부 운동

1899년 3월 1일 자 「대한 그리스도인 회보」에 이런 기사가 실렸습니다.

"이번에 새로 난 북도 군수 중에 세력있는 양반 한 분이 말하되 예수교 있는 고을에 갈 수 없으니 영남 고을로 옮겨 달라더니 어찌하여 예수교 있는 고을에 갈 수 없느뇨? 우리 교는 하나님을 공경하고 사람을 사랑하는 도라. 교를 참 믿는 사람은 어찌 추호나 그른 일을 행하며 관장의 영을 거역하리요? 그러나 관장이 만약 무단히 백성의 재물을 빼앗을 지경이면 그것은 쉽게 빼앗기지 아니할 터이니 그 양반의 갈 수 없다는 말이 그 까닭인듯…"

당시 기독교인은 장로교, 감리교 합해서 1만 명 조금 넘는 형편이었습니다. 인구가 1천5백만 명 정도였으니 전 인구의 0.1%도 안 돼 미미한 세력이었습니다. 그런데 예수교인이 있는 곳에서는 단 한 건도 부정부패가 일어나지 않았습니다. 못된 관리들도 예수교인이 있는 곳에선 부정을 저지르지 못했습니다. 이것이 바로 소금입니다. 소금은 많아서 맛이 아닙니다. 그 당시 예수교인은 세상의 소금이었습니다.

–「기독교 문장대백과사전」 9권, 성서연구사, p19

Day : 29주(토)

찬송 : (새)333장, 381장/ (새)342장, 395장

29

■ 이번 주 읽은 성경 요약 및 못 읽은 부분 읽고, 한 주간 생활 묵상하며 가정 예배드리기

■ **주제 : 고난의 유익** (왕하 20:1-11)

말씀묵상 : 하나님이 주시는 고난 (왕하 20:1-11)

하나님의 뜻대로 살고자 전심전력하는 히스기야에게 뜻밖의 고난이 찾아왔습니다. 하나님께서 하나님의 사람에게 고난을 허락하실 때는 그 고난을 통해 영적 유익을 얻게 하시기 위함입니다. 고난이 주는 유익이 무엇일까요?

고난은 하나님께 나오라는 긴급 전화입니다.

의욕적으로 개혁을 이루고 있던 히스기야에게 감당하기 힘든 시련이 다가왔습니다. 치료하기 힘든 중병에 걸린 것입니다. 병세가 너무 위중했기에 이사야 선지자는 왕이 죽고 살지 못할 것이라 말하며 죽음을 준비할 것을 권면합니다. 개혁을 다 이루기도 전에, 또 앗수르의 침공을 목전에 둔 채(6절) 히스기야는 속수무책으로 생사존망의 기로에 놓이게 된 것입니다. 너무나 답답하고 절망적인 상황이 아닐 수 없습니다. 이 상황에서 히스기야는 죽음에 이르게 하는 자신의 질병의 문제를 들고 하나님께 나아가 기도합니다. 하나님의 존전에서 히스기야는 왕이라는 신분을 내려놓고, 심히 통곡하며 눈물을 흘리면서 하나님의 긍휼을 구합니다. 하나님께서 때로 우리 삶에 감당할 수 없는 고난이나 질병을 허락하시는 것은 그분께 더 가까이 나오라는 하나님의 긴급 전화입니다. 때문에 우리가 어려움을 당할 때, 만사를 제쳐 놓고 사람이 아닌 하나님께 나가야 합니다. 하나님께 나가기만 하면 '죽음' 만큼 큰 문제라 하더라도 피할 길과 해결책을 주시고, 감당할 수 있는 능력도 함께 주시는 것입니다. 혼자서 해결하려고 미련하게 버티지 말고 두 손 들고 하나님께 나가시기 바랍니다.

고난의 기도에는 하나님의 신속한 응답이 있습니다.

히스기야의 간절한 기도에 하나님은 이례적일 만큼 신속하게 응답하여 주십니다. 히스기야에게 죽음을 선고한 이사야가 미처 왕궁을 벗어나기도 전에 하나님의 말씀이 이사야에게 임했습니다. 이사야에게 주신 하나님의 말씀은 '하나님께서 히스기야의 기도를 들으셨고, 그가 3일 만에 죽음의 병상을 털고 일어날 것' 이라는 것이었습니다. 그리고 이 놀라운 역사의 증거로 하나님께서는 그 자리에서 히스기야에게 해시계의 해 그림자가 십도나 물러가는 표적을 보여 주셨습니다. 눈물로 통곡하며 기도하는 히스기야를 하나님께서 기뻐 받으신 확실한 증거입니다. 하나님은 연약한 우리 인간의 슬픔과 고통을 일일이 다 이해하시고 우리보다 더 아프게 느끼시는 사랑의 하나님이십니다. 그래서 우리의 고통과 슬픔의 문제를 해결해 주시려고 친히 사람이 되셔서 이 땅에 오시고 죽기까지 하신 것입니다. 하나님은 내 슬픔과 고통의 문제를 강 건너 불 보듯 하시는 분이 결코 아님을 믿으시기 바랍니다. 하나님께 내 문제를 들고 나가 모든 자존심 내려놓고, 목소리 높아 눈물로 부르짖어 기도할 수 있기 바랍니다. 그리할 때, 우리의 눈물을 닦아 주시고 따뜻하게 위로해 주시는 주님을 감격적으로 만날 수 있게 될 것이기 때문입니다.

–「일용할 양식」 말씀묵상, 기독대학인회(ESF), 2006. 3. 20.

살며 생각하며 : 응답받은 테일러의 기도

영국의 선교사 허드슨 테일러(Hudson Taylor)가 중국 선교를 위해 배를 타고 중국으로 갈 때의 일입니다. 항해사의 잘못으로 배는 항로를 벗어나 어느 자그마한 섬으로 향하게 되었는데 그 섬은 식인종들의 섬으로서 이 사실을 알아차린 배 안에서는 난리가 났습니다. 어떻게 해서든지 뱃머리를 돌리려 하였으나, 바람 한 점 불지 않는 바다 위에서 배를 돌리기란 여간 힘든 일이 아니었습니다.

이때 테일러 선교사는 갑판으로 올라가 하늘을 향해 기도하기 시작했습니다. 그리고는 잠시 후 선원에게 이렇게 말했습니다.

“이제 곧 바람이 불어올 텐데 어서 돛을 달아 배를 돌리도록 하시오.” 테일러의 기도는 계속 되었고 그의 기도를 들으신 하나님께서 응답하사 그들의 배는 무사히 식인종들의 섬을 스쳐 지나갈 수 있게 되었습니다. 해안까지 나와 배를 기다리던 식인종들은 실망한 표정으로 돌아가고 배 안에 타고 있던 사람들은 안도의 한숨을 내쉼과 동시에 하나님께 감사 기도를 드렸습니다. 위기에 처한 성도들의 할 일은 생사 회복의 주인되신 하나님께 믿고 간구하는 일뿐입니다. 히스기야와 허드슨 테일러가 그랬던 것처럼(Knight).

–「그랜드 종합주석」 6권, 예화, 성서교재간행사, p727

돌아보며 다짐하며 : 가장 무서운 병균은 절망

1982년 미국 보스턴의 한 병원에 뇌 암에 걸린 소년이 누워 있었습니다. 이름은 숀 버틀러. 나이는 일곱 살. 숀은 의사로부터 ‘회생불가’ 판정을 받았습니다. 야구광인

숀은 보스턴 레드삭스의 홈런타자 스테플턴의 열렬한 팬이었습니다.

어느 날 숀의 아버지는 스테플턴에게 편지 한 통을 보냈습니다.

"내 아들이 지금 뇌 암으로 죽어가고 있습니다.

당신의 열렬한 팬인 숀이 마지막으로 당신을 한번 보기 원합니다.'

스테플턴은 숀이 입원해 있는 병원을 방문했습니다.

"숀, 내가 스테플턴이다.

내일 너를 위해 멋진 홈런을 날려 주마 희망을 버리지 마라."

숀은 눈을 번쩍 뜨며 반갑게 야구 영웅을 맞았습니다.

이튿 날 스테플턴은 소년과의 약속을 지켜 홈런을 쳤습니다.

그 소식은 숀에게 그대로 전달되었습니다.

소년은 병상에서 환호했습니다.

그런데 그때부터 소년의 병세는 암세포가 말끔히 사라져 퇴원할 수 있었습니다.

'희망'과 '기쁨'은 암세포를 죽이는 명약입니다.

사람에게 가장 무서운 병균은 '절망'이라는 이름의 악성 종양입니다

– '아름다운 내일을 여는 이야기' 중에서

오늘의 기도 : 고통이 가시처럼 찔려올 때

주님! 삶속에서 고통이 가시처럼 찔려오고, 절망이 절벽처럼 느껴질 때가 있습니다.

답답하고 앞이 보이질 않습니다.

주님! 그래도 절망하지 않게 하시고 주님만을 바라보게 하옵소서.

아무런 욕심 없이, 아무런 욕망 없이, 아무런 소유 없이, 사랑과 나눔의 삶으로 본을 보여 주신 주님의 삶을 닮아가게 하옵소서.

오늘도 아침 이슬처럼 푸른 하늘을 듬뿍 담아 꽃망울에 생명을 주듯 사랑을 나누게 하시고 샘솟는 생수가 우리의 삶 속에 흘러넘치게 하옵소서.

예수님의 이름으로 기도드립니다. 아멘.

– 홍기웅. 2006. 7. 30.

Day : 30주(월)

찬송 : (새)288장, 204장

30

에스겔 15–19장 유다의 심판에 관한 비유들

- 15장 무익한 삼림
- 16장 음란한 아내
- 17장 두 마리 독수리
- 18장 두 부자
- 19장 두 사자

에스겔은 예레미야처럼 극적인 비유들을 사용해서 효과적으로 메시지를 전달했습니다. 죄악을 행하는 유다는 열매 맺지 못하는 포도나무와 같았습니다. 그들은 열매 맺지 못하는 포도나무처럼 버림을 받고 쓸모없는 나라가 될 것입니다. 하나님을 배반한 유다는 자기를 키워주고 사랑한 남편을 배신한 음녀처럼 신의가 없었습니다. 그러므로 유다는 하나님께 버림을 받고 수치를 당하게 될 것입니다. 에스겔은 두 마리 독수리 비유를 통해서 바벨론을 배반하고 애굽과 동맹을 맺은 유다의 멸망에 대해서 경고했습니다. 유다 백성들은 자신들이 현재 당하는 고통은 자신의 죄가 아니라 조상들의 죄 때문이라고 불평했습니다. 그러나 하나님은 아버지의 죄로 인해 자녀가 고통을 받지 않을 것이며, 각자가 자기 행위에 대해서 책임을 질 것이라고 말씀하셨습니다. 에스겔은 죄에서 떠나지 않는 유다의 방백들이 곧 포로가 되어 애굽과 바벨론으로 사로잡혀 갈 것이라고 경고했습니다. 그들은 얼마 있지 않아서 물가에 심긴 큰 나무가 뽑혀서 광야에 심겨진 것처럼, 유다에서 흩어져서 다른 나라에 가서 비참하게 살게 될 것입니다.

읽으며 묵상하며 : 마음과 영을 새롭게 하라 (겔 18:1–32)

너희는 너희가 범한 모든 죄악을 버리고 마음과 영을 새롭게 할지어다 이스라엘 족속아 너희가 어찌하여 죽고자 하느냐 겔 18:31

무섭게 죄에 진노하시는 하나님이시지만 악인이 돌이켜 그 길에서 떠나 사는 것을 기뻐하시는 하나님이십니다. 하나님은 모든 영혼이 회개하고 살기를 원하십니다. 압도적 심판가운데 있는 이스라엘 사람들은 자주 말하기를 “아버지가 신 포도를 먹었으므로 그의 아들의 이가 시다”(2절)고 했습니다. 이 말은 아비, 즉 윗세대의 범죄의 결과로 자신들이 고난을 당한다고 생각한다는 것입니다. 이런 숙명론에 빠지면 아무 할 일이 없어집니다. 아비 세대의 범죄로 아들 세대는 할 수 없이 형벌을 당해야 하기 때문입니다. 그래서 하나님은 이 숙명론을 교정해주십니다

“의인의 공의도 자기에게로 돌아가고 악인의 악도 자기에게로 돌아가리라”(20절) 아무리 의인의 아들일지라도 죄를 지으면 죽게 되고, 아무리 악인의 아들일지라도 의를 행하면

살게 됩니다. 우리도 재앙과 심판의 원인을 다른 사람이나 다른 대상에 돌리므로 숙명론에 빠질 수 있습니다. 그러나 하나님은 자신에게 오는 모든 악은 당사자의 죄로 인한 것이라고 가르쳐 주십니다. 우리가 자꾸 다른 곳으로 원인을 전가할 때, 내 문제라고 생각하지 않기 때문에 불평과 원망은 많아질지언정 진실된 회개로 나아가지 못함으로 새로워지거나 달라질 수 없는 것입니다. 숙명론에 빠지지 말고, 회개함으로 새로워지기 바랍니다.

"주 여호와의 말씀이니라 내가 어찌 악인이 죽는 것을 조금인들 기뻐하랴 그가 돌이켜 그 길에서 떠나 사는 것을 어찌 기뻐하지 아니하겠느냐"(23절). 하나님은 악인이 돌이켜 사는 것을 진심으로 원하십니다. 그리고 회개함으로써 그런 일들은 얼마든지 일어날 수 있다고 말씀하십니다. 그러므로 이제는 선택의 문제가 중요한 것입니다. 아무리 악인일지라도 돌이켜 의를 행하면 살게 될 것이며, 또 아무리 의인일지라도 돌이켜 악을 행하면 죽게 됩니다. 이제 하나님은 살고 죽는 것이 자유의지를 가진 우리들에게 있다고 말씀하십니다.

이스라엘 사람들은 자꾸 "주의 길이 공평하지 않다"(25, 29절)고 하지만, 하나님께서는 도리어 너의 길이 공평치 않다하시면서 자발적인 회개를 촉구하십니다. "너희는 너희가 범한 모든 죄악을 버리고 마음과 영을 새롭게 할지어다"(31절) 무섭게 죄에 대한 진노로 일관하셨던 하나님께서 소망의 메시지를 주십니다. 지금까지 불경건과 세상적 가치의 숭배, 그리고 자유의지의 남용이라는 범죄 속에 살았을지라도 '회개의 문' 앞에서 완전히 달라질 수 있습니다. 자원함으로 '회개의 문'을 열고 마음과 영을 새롭게 하여 그리스도의 품에 안기십시오.

– 「일용할 양식 」 말씀묵상, 기독대학인회(ESF), 2006. 11. 12.

살며 생각하며 : 강도의 회개

안양 교도소의 죄수를 찾아 들어가려면 철문을 7개 지나서 죄수를 면담할 수 있다고 합니다. 살인 죄수로 죽을 날만을 고대하는 사람이 있었습니다. 유흥비를 마련하려다가 자기 친척 아주머니를 목 졸라 죽인 것입니다. 이 사람에게 어떤 사람이 성경책을 넣어주었습니다. 독방에서 하는 일이 없이 성경을 집었다가 던지곤 했습니다. 마태복음 1장 족보를 읽으니 볼 맛이 없어 책을 집어 치웠습니다. 그러다가 심심해서 마태복음 2장 예수 탄생 기사를 읽게 되었습니다. 마태복음 23장에서 예수의 십자가 곁에 강도에 관한 기사를 읽기 시작했습니다. 그것은 자기와 같은 처지이기 때문에 관심을 가졌던 것입니다. 강도가 구원을 요청했을 때 예수는 책망하지 않고 "오늘 네가 나와 함께 낙원에 있으리라"는 말씀에 감동되어 회개하고 예수를 믿어 열심히 전도를 하여 많은 사람을 예수님께 인도하였습니다.

– 「기독교 문장대백과사전」 22권, 성서연구사, p785

Day : 30주(화)

찬송 : (새)321장, 351장

30

에스겔 20-22장 유다의 죄

- 20장 죄의 유산
- 21장 죄의 값
- 22장 죄의 내용

에스겔은 완고한 현재에서 과거로 시선을 돌려서 유다가 지었던 죄의 목록을 만들었습니다. 에스겔이 제시한 유다의 죄의 목록을 보면 유다는 10계명의 모든 계명을 범하고 있었습니다. 유다는 우상 숭배를 했고, 안식일을 범했으며, 자녀를 우상에게 드렸고, 여호와를 무시했다. 또한 유다는 부모를 업신여겼으며, 토색을 하고, 과부와 고아들을 학대했으며, 불결과 간음, 근친상간과 부정직한 상거래를 자행하고 있었습니다. 하나님은 그 동안 이러한 유다의 죄를 계속해서 참아주셨으며, 종들을 보내서 그들의 회개를 권고하셨습니다. 그러나 그들은 끝까지 죄에서 돌아서지 않았습니다. 그러므로 이제 하나님은 더 이상 그들의 죄악을 참지 않겠다고 선포하셨습니다. 하나님은 마침내 유다의 죄에 대해 심판을 내릴 칼이 빼어졌고, 그 칼은 결코 다시 칼집에 꽂히지 않을 것이라고 선언하셨습니다. 이제 유다의 심판은 확정되었습니다.

읽으며 묵상하며 : 내 이름을 위하여 (겔 20:1-44)

이스라엘 족속아 내가 너희의 악한 길과 더러운 행위대로 하지 아니하고 내 이름을 위하여 행한 후에야 내가 여호와인줄 너희가 알리라 주 여호와의 말씀이니라 겔 20:44

하나님께서 찾아온 장로들의 입을 닫으시고는 이스라엘의 과거와 장래 일에 대해 말씀하십니다. 하나님께서 이스라엘이 꼭 알아야한다고 말씀하시는 것은 무엇입니까?

이스라엘은 자기들의 패역함을 알아야 합니다(20:1-32). 이스라엘의 장로들은 아마도 에스겔의 예언에 대해 어떤 항변을 하러 온 것 같습니다. 그러나 하나님은 그들의 입을 막으시고는 마치 역사교육을 하시듯 애굽에서의 불순종과 우상숭배, 광야에서의 율례를 행치 않음, 하나님의 이름을 더럽힌 모든 패역함, 가나안 땅에서의 우상숭배를 신랄하게 고발하십니다. 그리고 지금도 계속되는 모든 가증한 행음과 우상숭배를 지적하십니다. 그럼에도 불구하고 그들은 끊임없이 하나님을 원망하며 자기들의 처지에 대해 하나님께 항변했습니다. 그들은 자신의 죄악 됨을 까맣게 잊은 채, 왜 하나님께서 자신을 그렇게 대하시는지 이해할 수 없다고 불평하였습니다. 우리가 언제 하나님께 불평하고, 또 감사하지 못합니까? 우리의 죄악 됨을 잊을 때입니다. 죄와 사망의 권세에 사로잡혀 죄의 종노릇하던 때를 너무나 쉽게 잊기 때문에 우리는 또 너무나 빨리 감사를 잊고, 불평을 터뜨리는 것입니다. 이스라엘이 하나님께 항변하기 전에 자기들의 패역함을 정직히 알아야 했듯이 우리도 우리의 죄악 됨을 여실히 알아야합니다.

이스라엘은 하나님의 은혜를 알아야합니다(20:33-44). 이스라엘은 자신에 대하여 알아야 하고, 또 하나님에 대해 알아야합니다. 자신에 대해서는 죄악 됨을 알아야하고, 하나님에 대해서는 그 은혜의 풍성함을 알아야합니다. 과거와 현재까지 일관되게 죄악 된 이런 패역한 족속이 살아남은 이유가 무엇입니까? 그것은 바로 거룩한 하나님의 이름입니다. 이스라엘을 택정하신 하나님께서 "내 이름을 위하여" 보존하셨기 때문이지, 이스라엘에게 구원받을 만한 의로움이 있어서가 아니었습니다. 결코 자기 힘과 의로 큰 민족이 된 것이 아닌 것입니다. 그러므로 이스라엘은 더욱 겸손하여 모든 죄를 회개하고, 하나님께 복종해야 하는 것입니다. 그것만이 살 길입니다. 우리들도 자신의 패역함을 잊어서는 안 됩니다. 우리는 과거에 충분히 패역했고, 지금도 그 행실이 남아있습니다. 그럼에도 불구하고 소망가운데 있는 것은 예수 그리스도 안에서 구원함을 받았기 때문입니다. 지금도 하나님은 예수 그리스도 안에서 약속하신 대로 우리에게 성령을 보내주시고 임마누엘로 역사하십니다. 그러기에 우리는 하나님의 크신 은혜를 결코 잊지 말고 더욱 겸손하게 그리스도를 의지하여 믿음으로 살아야합니다

–「일용할 양식」 말씀묵상, 기독대학인회(ESF), 2006. 11. 14.

살며 생각하며 : 미련한 타조에게 주신 은혜

타조는 날개가 달렸으나 날지 못하는 새입니다. 타조는 알을 낳을 때 하늘을 올려다봅니다. 타조는 여름날의 열기가 밀 이삭을 패기 전에는 결코 알을 낳는 법이 없습니다. 그들은 이 시기를 하늘의 별자리를 보고 알아냅니다. 타조가 굳이 이때를 기다려서 알을 낳는 이유는 이렇습니다. 워낙 금세 잊어버리는 성질을 가진 타조는 구덩이를 파고 알을 낳은 뒤에 모래를 덮어 두면 자기가 알을 낳았다는 사실을 까맣게 잊어버리고 전혀 돌보지 않습니다. 그래서 더운 계절에 알을 낳는 것입니다. 화창한 날씨 덕분에 타조 알은 저절로 부화되고 새끼가 제 꼴을 갖추고 태어나게 됩니다.

이처럼 미련한 것 같아 보이는 타조에게도 가장 적합한 때에 알을 낳을 수 있도록 은혜를 주신 분이 하나님이십니다. 그 하나님께서 우리에게는 얼마나 풍성한 것들을 주셨는지요.

– 피지올로구스, 「기독교 동물 상징사전」

Day : 30주(수)

찬송 : (새)629장, 9장

30

예레미야 48-49장, 에스겔 23장 예루살렘과 주변국들의 멸망

- 렘 48-49장 모압, 암몬, 에돔, 다메섹에 대한 심판 선고 및 유다 심판 예고
- 겔 23장 음란한 두 자매의 비유

예레미야는 마지막으로 열국들에 대한 심판을 예고함으로 예레미야서를 마감했습니다. 예레미야는 동에서 서로 옮겨가면서 하나님께서 열방을 통치하고 계신다는 사실을 선포했습니다. 우상을 숭배하고, 여호와를 거부했던 유다의 주변 족속들은 이제 멸망하게 될 것입니다. 그들은 애굽에서 엘람까지, 그리고 다메섹에서 에돔의 영토까지 존재하는 모든 민족은 적에 의해 멸망할 것입니다. 그리고 이러한 심판은 하나님께서 공의로우신 분이라는 사실을 온 세상에 증언하게 될 것입니다. 그리고 그들 뿐 아니라 하나님을 떠났던 사마리아와 예루살렘 역시 바벨론에 의해 멸망하게 될 것입니다.

읽으며 묵상하며 : 영적 음행 (겔 23:3)

그들이 애굽에서 행음하되 어렸을 때에 행음하여 그들의 유방이 눌리며 그 처녀의 가슴이 어루만져졌나니 겔 23:3

성경에는 음행에 대한 두 가지의 경고가 나옵니다. 그 첫째는 육적인 음행에 관한 것이고 둘째는 영적 음행에 대한 것입니다.

이 영적 음행은 육체적인 성관계를 의미하지 않습니다. 그것은 하나님의 백성이 하나님을 떠났을 흔히 사용되었습니다. 왜 주님께서는 그의 백성들이 주님이 아닌 다른 존재들을 의뢰할 때 이를 음행이라고 하셨을까? 이는 주님께서 그의 성도들을 신부로 보시기 때문입니다. 그의 사랑의 대상으로 보시기 때문입니다.

주님과 성도의 관계를 표현하는 가장 아름다운 비유가 신랑과 신부의 비유일 것입니다. 이보다 더 깊고 아름다운 이야기도 있겠습니까? 아가서는 그 은밀한 아름다움에 대하여 섬세하게 언급하고 있습니다.

"나의 사랑, 내 어여쁜 자야 일어나서 함께 가자 겨울도 지나고 비도 그쳤고"(아 2:10, 11).

그러나 신부가 신랑이 아닌 다른 사람과 관계 가질 때에, 신랑의 사랑은 혹독한 질투와 분노의 마음으로 바뀌게 됩니다. 질투 없는 사랑이 어디 있겠습니까!

주님을 온전히 떠나는 것은 이혼을 하는 것입니다 그러나 본 남편은 여전히 두고 세상으로 왔다 갔다 하는 것을 간통이라고 합니다. 주님은 바로 이 간통에 대하여 그토록 분노하시는 것입니다.

오늘날 어린양의 순결은 찾아보기가 어렵습니다. 신랑을 위하여 아름답게 단장하고 그 분의 사랑을 얻기 위하여 자신을 정결케 하며 깨어있는 신부들을 보기가 어렵습니다. 많은 신부들이 더렵혀 있으며, 더렵혀지고 있고 그렇게 되기를 소망하고 있습니다.

주님은 이스라엘 백성들이 애굽과 행음하며 앗수르 사람과, 바벨론 사람과 행음하였다고 하십니다. 주님은 이스라엘 백성들이 주님만을 의뢰하지 않고 그들을 의뢰한 것을 행음이라고 보신 것입니다.

오늘날 너무나 많은 주님 신부들이 돈을 의뢰하고 사랑하며, 세상을 의뢰하고 사랑합니다. 우리는 이제 본남편에게로 돌아가야 합니다. 오직 그리스도 한 분만이 우리의 더러움을 씻어주고 공허함을 채워줄 수 있는 것입니다.

–「호크마 종합주석」 구약 19권, QT, 기독지혜사, p305

살며 생각하며 : 사탄 음악

어느 일간지에 이런 기사가 실렸습니다. "미국에서는 심각한 악마 숭배 현상이 급속도로 늘고 있는데, 숭배 예식이라는 이름으로 동물을 고문하거나 약물복용, 어린이를 상대로 한 변태 성행위가 자행되고 있는 실정이다. 미국의 종교 운동가나 가족협회와 같은 단체들은 악마적이고 마술적인 주제를 사용하는 록음악과 저속하고 가학적이며 폭력적인 섹스를 노래하는 곡들로부터 10대들을 보호하기 위해 노력하고 있다."

또 과거에 '록 스타'였던 어느 복음전도자는 이런 말을 하였습니다.

"로큰롤(Rock & Roll)은 하나의 음악 양식 이상의 것으로 그것에는 도덕을 파괴하는 힘이 들어있다. 그것들은 방종과 성욕을 찬양하도록 하여 인간의 모든 감각을 마비시켜 도덕적인 무관심과 냉담한 상태를 만들어 버린다."

또 다른 사람은 이렇게 말했습니다.

"이처럼 부패하고 사악하며 관능적이고도 악마적인 음악이 1970년대부터 지구상에 쏟아져 나왔는데 그 정도는 해가 갈수록 더욱 심해져 가고 있다."

그 대표적인 곡들을 살펴보면 '지옥의 종소리' '지옥은 나쁜 곳이 아니다' 등의 노래로 지옥을 아름다운 곳으로 인식시키고 있고, "나는 친구에게서 약간의 도움을 받음으로 인해 황홀한 기분이 되었다"라는 노래는 자살을 부추기고 있습니다. 또한 '젊어서 죽음으로 아름답게 남아 있으라'라는 노래는 자살을 권유하고 있으며 '처녀들은 누구나 엘리스를 사랑한다' '니키타' 등의 노래는 동성연애를 비호하고 있습니다. 이외에도 많은 가수나 그룹들이 섹스, 마약, 폭력, 자살 등을 조장하는 노래들을 서슴없이 부르고 있습니다. 또한 복장이나 장식, 음반 재킷 등에도 전통적인 사탄의 상징 등을 사용함으로써 은연중에 사탄을 찬양하고 추종하는 것을 표현합니다.

사탄은 대중음악으로 사람들의 가치관을 바꾸고 있습니다. 죄악을 놀이처럼 인식하기 하여 죄에 빠뜨리고 있습니다. 기독교인들은 거룩한 찬양 소리가 널리 울리게 하고, 하나님의 말씀에 의해 사람들의 가치관이 바로 세워지도록 열심히 복음을 선포해야 할 것입니다

– 하천덕 편저, 「키워드로 불러보는 설교 예화」, 아가페, p609

정리하며 확신하며 : 성도가 경계해야 할 것들

	성도가 경계해야 할 것들	참고 성경 구절
1	부드러운 유혹의 말	겔 13:10
2	우상 숭배	겔 23:48
3	위선	마 16:6
4	시험	막 14:38
5	양심의 무감각	눅 11:35
6	탐심	눅 12:15
7	교만	롬 11:20, 21
8	영적 무감각	롬 13:10, 11
9	다른 교훈	고전 3:10, 11
10	육체의 힘	갈 5:18
11	방탕함	엡 5:18
12	세상의 교훈	골 2:8
13	영적 게으름	히 2:1-4
14	악인과의 연합이나 교제	벧후 3:17
15	배교	요이 1:8

– 「그랜드 종합 성경주석」 10권, 성서교재간행사, p976

Day : 30주(목)

찬송 : (새)278장, 336장

30

에스겔 21장, 24장, 27-29장 유다의 마지막 기사들

- 21장 심판 예고
- 24장 무화과 두 광주리 비유
- 27-29장 바벨론에게 항복 권유, 거짓 선지자의 심판과 포로들에게 보낸 편지

유다를 위해 정해진 시간이 마침내 거의 다 지나가고 있었습니다. 하나님은 바벨론의 침공을 받고 두려워 떨던 시드기야에게 심판을 선포하셨습니다. 하나님은 두 개의 무화과 열매가 담긴 광주리를 그에게 보여주셨습니다. 하나님은 바벨론에 포로가 되어 잡혀갈 유대인들은 좋은 무화과가 담긴 광주리처럼 될 것이고, 예루살렘에 남아있는 유대인들은 썩어서 먹을 수 없는 무화과가 담긴 광주리처럼 될 것이라고 말씀하셨습니다. 예레미야는 유다 백성들에게 하나님의 도구가 되어 유다를 치러 온 바벨론에게 대항하지 말라고 권했습니다. 예레미야는 하나님의 뜻을 깨닫고 회개하는 마음으로 바벨론에게 항복하는 사람들은 구원을 받게 될 것이라고 약속했습니다. 그러나 하나냐라는 거짓 선지자는 결코 유다가 멸망하지 않을 것이라고 말했습니다. 후에 그는 거짓 예언을 한 일로 인해 죽고 말았습니다. 예레미야는 바벨론에 잡혀간 사람들이 70년이 지나면 본국으로 돌아오게 될 것이라고 예고했습니다. 그는 포로가 된 유대인들에게 편지를 보내서 조급하게 생각하지 말고, 바벨론에 평안히 머물면서 때가 될 때를 기다리라고 전했습니다.

읽으며 묵상하며 : 흥망은 하나님께(겔 28:1-26)

> 내가 그에게 전염병을 보내며 그의 거리에 피가 흐르게 하리니 사방에서 오는 칼에 상한 자가 그 가운데에 엎드러질 것인즉 무리가 나를 여호와인 줄을 알겠고 이스라엘 족속에게는 그 사방에서 그들을 멸시하는 자 중에 찌르는 가시와 아프게 하는 가시가 다시는 없으리니 내가 주 여호와인 줄을 그들이 알리라 겔 28:23, 24

모든 권력자나 모든 나라, 세상의 모든 것은 하나님의 통치 아래 있습니다. 화려했던 두로의 왕과 시돈은 하나님 앞에서 멸망하고, 멸망했던 이스라엘은 회복됩니다. 이것을 통해 분명한 역사적 사실 두 가지를 알 수 있습니다.

하나님 앞에서 교만하면 망합니다(28:1-23). 두로의 왕은 점점 교만해지기 시작했습니다. 스스로 신이라고 칭했습니다. 누구도 자기의 강력한 위치를 위협할 수 없다는 생각에 스스로 하나님의 자리, 즉 바다의 중심에 앉았다고 말합니다. 그러나 하나님은 그를 바다 중심에서 죽게 하겠다고 말씀하십니다. 두로 왕은 하나님의 통치 아래 순종해야 할 위임 통치자입니다. 하지만 이 사실을 잊고 스스로 교만해졌습니다. 하나님 앞에서 교만하면 시간의 차이가 있을 뿐이지 반드시 망합니다. 그렇기 때문에 그리스도인들에게 있어서 겸손은 인격의 문제이면서도 동시에 생존의 문제가 됩니다. 선택의 문제가 아닌 것입니다. 반드시 하나님 앞에서 겸손하게 살아가야 합니다. 무엇이 교만입니까? 하나님을 보던 눈을 돌려서 내가 가진 것을 보기 시작하는 것, 그것이 교만입니다. 돈과 권력을 많이 가지고 있다고 해서 교만한 것이 아닙니다. 그것들 때문에 하나님을 보는 눈이 가려질 때 교만해집니다. 나에게 있는 교만한 마음을 이 시간에 버리시길 바랍니다. 그것이 살 길입니다.

하나님 앞에서 거룩하면 회복됩니다(28:24-26). 이스라엘은 하나님을 섬기던 나라였습니다. 그러나 이스라엘 사람들은 하나님을 하나의 종교적 권력과 영적 오만의 도구로 이용하기 시작했습니다. 하나님도 섬기지만 다른 것에 더 관심을 가지는 추악한 종교적 외도가 온 나라에 유행했습니다. 결국 바람 난 이스라엘은 강대국에 멸망당했습니다.

국가적 멸망은 정치적 충격보다는 영적인 충격을 가져왔습니다. 하나님의 백성들이 망할 수 있다는 사실 앞에 이들은 철저히 겸손해질 수밖에 없었습니다. 그리고 하나님의 백성으로서의 거룩한 삶을 회복하고자 하였습니다. 그들은 강대국의 포로가 되면서 비로소 하나님의 거룩한 백성으로 회복되기 시작한 것입니다. 그들이 하나님의 백성으로 거룩하게 살아가기 시작했을 때(25절), 하나님께서는 이스라엘을 회복시키기 시작했습니다. 이스라엘의 멸망은 정치적 멸망이라기보다는 그들의 마음의 멸망이었고, 이스라엘의 회복은 정치적 회복이기 이전에 그들의 마음의 회복이었습니다. 지금 어떤 고통의 순간에 있더라도 하나님 앞에서 겸손하고 거룩한 삶을 써 나갈 수 있기를 바랍니다. 그러면 하나님의 회복이 부록으로 따라옵니다.

– 「일용할 양식」 말씀묵상, 기독대학인회(ESF), 2006. 12. 11.

살며 생각하며 : 아프레 쓸라

프랑스 파리의 어느 수도원 입구에는 큰 비석이 있습니다. 그 비석에는 이런 글이 새겨져 있습니다

"Apres cela(아프레 쓸라), Apres cela, Apres cela."

그 글자의 뜻은 "그 다음은, 그 다음은, 그 다음은"입니다.

이 글에는 다음과 같은 사연이 있습니다. 법과대학 졸업반에 다니던 어느 학생이 한 학기 수업을 남기고 학비를 준비하지 못하여 어느 신부를 찾아갔습니다. 학생의 사정을 들은 신부가 말했습니다.

"마침 조금 전에 한 사람이 좋은 일에 써 달라고 돈을 놓고 갔는데 이건 분명히 자네를 위한 것 같군."

신부가 돈을 청년에게 건네주자 너무 쉽게 돈을 얻은 청년은 오히려 당황했습니다.

"이거 정말 가져가도 되는 겁니까?"

"물론이지, 하나님께서 자네에게 주는 것일세."

"감사합니다." 청년이 인사를 하고 막 돌아서려는데 신부가 불렀습니다.

"잠깐 내가 하나 물어보고 싶은 것이 있는데 그것을 가지고 가서 뭘 하려나?'

"예, 물론 학기 등록을 해야지요."

"그 다음은(Apres cela)?"

"공부해야죠."

"그 다음은(Apres cela)?"

"졸업하죠."

"그 다음은(Apres cela)?"

"변호사가 되어서 억울한 사람들을 위해서 변호를 하겠습니다."

"좋은 생각이네. 그런데 그 다음은(Apres cela)?

"돈 좀 벌겠습니다."

"Apres cela?"

"결혼도 헤야지요."

"Apres cela?"

질문이 계속되자 학생은 신부가 질문하는 의도를 알아차렸습니다. 학생이 머뭇거리자 신부는 웃으면서 말했습니다.

"그 다음은 내가 말하지. 그 다음에는 자네도 죽어야 되네. 그 다음은 자네도 하나님의 심판대 앞에 서게 되네. 알겠는가?"

"알겠습니다."

청년은 신부와 헤어지고도 그 음성이 귓가에서 사라지지 않았습니다.

"Apres cela, Apres cela"

학생은 견딜 수 없을 정도로 계속 들리는 소리에 고민을 하다가 학업을 그만두고 수도원으로 들어가서 수도사가 되었습니다. 그리고 그 'Apres cela'를 좌우명처럼 여기고 선한 일에 힘썼습니다.

비석에 쓰여 진 'Apres cela'는 그 수도사가 평생 동안 좌우명처럼 여기던 그 글을 새겨 놓은 것입니다.

– 하천덕 편저, 「키워드로 불러보는 설교 예화」, 아가페, p724

Day : 30주(금)

찬송 : (새)401장, 457장

30

열왕기하 25:1–21, 역대기하 36:1121(유다 최후의 날)

예레미야 39:1–18, 52:1–30, 에스겔 24, 25장 예루살렘의 멸망
예레미야의 예고대로 시드기야 왕 제 9년 10월 10일에 바벨론이 예루살렘을 침공했습니다. 예레미야의 예고대로 시드기야 왕 1제 1년 4월 9일에 예루살렘 성은 함락되고 말았습니다. 그때에 바벨론에 반항했던 시드기야는 두 눈을 뽑힌 채로 바벨론으로 끌려가고 말았습니다. 느부갓네살의 시위대 장관인 느부사라단은 예루살렘 성전에 있는 기물들을 바벨론으로 옮겼습니다. 그리고 그는 유다의 모든 귀족들을 포로로 잡아가고 말았습니다. 유다 백성들은 예레미야의 예언대로 그 곳에서 70년을 지내야만 했습니다. 이 70년은 그들이 7년마다 지켜야 하는 안식년을 지키지 않았기 때문에, 하나님께서 강제로 그들을 쉬게 하신 것이었습니다(대하 36:21). 그때에 여호와께서는 에스겔에게 가마솥을 걸고 불을 지펴서 양고기를 삶으라고 지시하셨습니다. 하나님은 장차 예루살렘에 심판의 불을 내려서 유다 백성들을 삶은 고기처럼 만들 것이라고 예고하셨습니다.

읽으며 묵상하며 : 예루살렘의 함락 (렘 39:1–18)

여호와의 말씀이니라 내가 그 날에 너를 구원하리니 네가 그 두려워하는 사람들의 손에 넘겨지지 아니하리라 렘 39:17

권위 있는 경고는 그 결과가 분명하게 나타납니다. 그러므로 경고를 무시하는 자는 매우 어리석은 자입니다. 예레미야의 경고대로 예루살렘은 바벨론에 의해 함락되고 말았습니다. 예루살렘의 함락이 주는 교훈은 무엇입니까? 하나님께서는 예레미야를 통해 줄기차게 말씀하시며 경고하셨습니다. "애굽을 의지하지 말고 하나님을 의지하라, 영적으로 바른 삶을 살아라. 그리고 바벨론에 대항하지 말라." 그러나 유다의 지도자들과 백성들은 선지자를 통한 하나님의 말씀을 듣지 않았습니다. 영적인 각성과 회개보다는 오히려 우상을 숭배하고 더욱 타락하였으며 정치적으로는 애굽을 의지하고 바벨론에 대항하였습니다. 결국 바벨론에 의해 예루살렘은 포위되고 함락되고 말았습니다. 예루살렘 백성들은 거짓된 신앙으로 무장된 채 예루살렘은 멸망하지 않을 것이라 생각했지만 그것은 착각이었습니다. 하나님의 말씀이 없이 그저 인간적인 확신으로 무장한 신앙이었습니다. 그것은 바른 신앙이 아니었습니다. 하나님의 말씀을 무시하고 자기 확신에 따라 사는 자들은 결국 낭패를 보게 된다는 것을 기억해야 합니다. 하나님의 말씀은 아무런 의미 없이 땅에 떨어지지는 않습니다. 하나님의 말씀은 예언되었고 성취되었으며 지금도 성취되고 있으며 앞

으로도 성취될 것입니다(마 5:18). 시대가 아무리 변한다하더라도 하나님의 말씀에 대한 경외심을 잃어버리지 마십시오. 하나님의 말씀을 거부하고 거절하였던 자들에 대한 하나님의 심판은 매우 단호하셨음을 알 수 있습니다. 시드기야 왕은 여러 차례 하나님의 말씀대로 살 수 있는 기회를 부여받았지만 말씀대로 살지 못해 결국은 비참한 지경에 처하였습니다. 자신의 눈앞에서 아들들과 자신을 따르던 귀인들이 처참하게 죽임을 당했고 자신은 눈이 뽑혔고 사슬에 결박된 채 바벨론으로 잡혀갔습니다. 차라리 자신이 죽었더라면 더 나았을 참혹한 형벌을 받은 것입니다. 그렇지만 예레미야와 그를 선대하였던 에벳멜렉은 참혹한 재앙으로부터 구원을 받았습니다. 하나님께 대하여 불신앙으로 반응하였던 자들에 대하여 매우 단호한 심판을 하시는 하나님, 그렇지만 신앙으로 반응하였던 이들에 대하여는 구원을 베푸시는 하나님의 모습을 볼 수 있습니다. 우리는 하나님의 심판이 단호하다는 것을 기억하고 하나님 앞에서 바른 신앙과 삶을 살아야 하겠습니다. 하나님의 심판을 경험해 보지 않는 자들은 하나님의 경고와 심판을 가볍게 여기거나 심지어 무시하기까지 합니다. 그것이 얼마나 어리석은 짓인가를 빨리 깨닫고 하나님의 심판을 두려워하는 자들이 되시기를 바랍니다.

– 기독대학인회(ESF) 「일용할 양식」 말씀묵상, 2006. 10. 14.

살며 생각하며 : 엄숙한 하나님의 심판

'로댕' 하면 '생각하는 사람'이라는 조각상이 얼른 머릿속에 떠오릅니다. 덕수궁에서 열렸던 그의 작품전에 가서 문제의 작품 '생각하는 사람'을 본 적이 있습니다. 단테의 「신곡」 중에 지옥편을 소재로 해서 지옥문 위에 만들어진 조각품이 바로 '생각하는 사람'이었습니다. 저는 그 작품을 보며 제목을 누가 붙였는지는 모르지만 지옥문 위에 붙여진 글귀로는 별로 어울리지 않는다고 생각했습니다. 왜냐하면 사람이 지옥문 앞에까지 갔다면 이미 끝난 것입니다. 지옥문에서 무슨 생각을 할 시간이 있으며 무슨 생각이 필요하겠습니까? 때가 너무 늦습니다. 그 작품을 감상하면서 약간의 모순을 느꼈지만 그것대로 우리에게 상당한 의미를 부여해 주는 작품이라고 생각했습니다. 이미 예수를 믿고 하나님의 자녀가 된 사람들이나, 아직도 예수 그리스도를 믿지 않고 있는 모든 사람들 앞에 다가올 최후의 심판에 대해 마치 로댕의 '생각하는 사람'처럼 우리도 생각하는 사람이 되어야 합니다. 깊이 머리를 숙이고 손으로 턱을 고이고 조용히 겸손하게 생각해 보아야 합니다. '정말 그런 곳이 있단 말인가?', '내가 비록 예수 믿고 교회에 다니지만 그곳에 가지 않는다는 확신이 나에게 있는 것일까?' 이것은 우리에게 있어서 그 무엇보다도 심각한 문제요, 또한 엄숙한 과제입니다.

– 옥한흠 목사, 「문밖에서 기다리시는 하나님」

Day : 30주(토)

찬송 : (새)333장, 381장/ (새)342장, 395장

30

- 이번 주 읽은 성경 요약 및 못 읽은 부분 읽고, 한 주간 생활 묵상하며 가정 예배드리기
- **주제 : 참된 아내 상** (잠 12:4)

읽으며 묵상하며 : 나는 어떤 아내인가? (잠 12:4)

성경에 보면 여러 부부들이 등장하고 있습니다. 그 중 남편에게 욕을 끼친 여인들이 다수 있습니다. 남편에게 선악과를 주어 인류 타락의 길을 열었던 여인 하와, 쌍둥이 아이들이 태어나기 전부터 큰 자가 작은 자를 섬기겠다는 하나님의 계시를 받았으면서도 자기가 사랑하는 아들 야곱을 축복하기 위해 거짓 꾀를 내었던 리브가, 세상의 정욕을 좇아가느라고 남편을 배반했던 고멜, 하나님께 헌금할 돈을 남편과 함께 공모해서 빼돌리고 거짓말을 했다가 남편과 같은 날에 숨진 아내 삽비라 등등.

반면에 남편이 면류관이 된 여인들도 있습니다. 남편이 행하지 않은 자식들의 할례를 긴급히 해서 하나님의 진노를 막은 모세의 아내 십보라, 어리석어서 결국 죽은 남편이었지만 현명하게 행동해서 큰 화를 막은 여인 아비가일, 남편 아굴라와 함께 장막 만드는 일을 하면서 신앙생활에도 모범을 보였던 여인 브리스길라 등등, 참된 아내의 모습은 여권이 신장되어 이혼이 급증한 현대 사회에서도 귀감이 되기에 충분합니다. 우리 모두가 성경 속의 참된 아내 상을 이어나갈 아름다운 아내들이 많아 질 수 있도록 기도합시다

살며 생각하며 : 하나인 듯 둘이고 둘인 듯 하나인 삶

부부라고 해서 싸우고 다투는 일이 왜 없겠습니까. 어떤 시인은 '부부란 결코 하나가 돼서는 안 되는 것'이라고 말 합니다. 그것은 한쪽이 완전히 굴복하여 하나가 된다거나 자기 존재를 전혀 찾을 수 없는 삶으로 하나가 된다는 것은 아무런 의미가 없다는 뜻입니다. 뿌리는 하나지만 머리는 둘인 콩나물처럼 상대방의 정신세계를 인정하면서 한 곳을 향해가야 합니다. 다시 말하면 한 몸이 되어 살아가면서도 두 사람의 존재가 각각 살아있는 삶이 진정한 부부의 삶인 것입니다. 그러기 위해서는 먼저 내 마음을 비우는 자세가 필요합니다. 내가 마음을 비우고 있어야 상대방을 받아들일 수 있는 공간이 생깁니다. 상대방을 내 것으로 소유하고 있다는 생각 상대방을 내가 원하는 분재처럼 만들어가려는 욕심,

상대방에게만 모든 것을 의지하려는 집착..모두 버리고 그가 살아 움직이는 그 모습 그대로 나와 함께 살아가야 합니다. 결혼 생활의 고통은 소유욕과 집착과 자기가 원하는 사람으로 만들려고 애쓰는 지나친 욕심에서 시작됩니다. 사랑하는 사람의 손을 잡아보십시오 손의 따뜻함이 전해져오거든 이 따뜻함이 어디서 오는가를 생각해 보십시오

사랑하는 사람의 손이 그렇게 따뜻하게 살아있기에 내 손도 함께 따뜻할 수 있습니다.

– 송기배, '사랑하면 보인다' 중에서

돌아보며 다짐하며 : 이런 센스있는 아내가 되라

1. 남편이 귀가할 때 산뜻한 모습으로 맞이해라: 남편은 바깥에서 예쁜 여자들을 보고 돌아오는 중이다. 누추한 모습과 비교되지 않게 하라.
2. 화장실에 시계와 달력과 책을 두어라: 시간 아끼는 법을 배운다.
3. 엉뚱한 이름: 남편을 아빠라고 부르지 마라. 네 아빠가 아니다.
4. 야한 화장: 화장을 너무 야하게 하지 마라. 약점과 감출 것이 많은 사람처럼 보인다.
5. 손톱: 손톱이 너무 긴 것은 일하지 않는 손이다. 그러나 너무 바싹 깎으면 일하는 데 불편할 것이다.
6. 진짜 용기: 종종 TV를 끄는 용기를 가져라. 시간을 버는 놀라운 비결 중의 하나다.
7. 우울할 때: 우울하면 화장하고, 새 옷을 입어라. 기분이 한결 좋아질 것이다.
8. 숙제 : 자녀들의 숙제를 대신 해주지 마라. 부모가 해줘서 받는 A보다 스스로 해서 얻은 B가 낫다.
9. 꽃밭 : 때때로 꽃밭을 거닐며 꽃향기를 맡아 보라. 부패한 세상에서 맡기 어려운 향기가 아니냐.
10. 은혜를 잊어버리는 사람은 짐승만도 못하다: 개는 참 충성스럽다.
11. 가훈 : 가훈을 만들어라. 알게 모르게 자녀들에게 영향을 끼친다.
12. 청소 아줌마 : 아파트 수위 아저씨와 청소 아줌마에게 먼저 인사하고 공손하게 대하라. 오히려 네가 더 멋지게 보인다.
13. 최고의 성교육 : 자녀의 가장 좋은 성교육의 시작은 부부의 행복한 모습을 보여 주는 것이다. 부부의 의미를 거기서 바로 배운다.
14. 별 : 밤하늘의 별을 세어 보아라. 그리고 하나님의 은혜도 세어 보아라.
15. 칭찬은 크게 : 칭찬은 큰 소리로 하고 흉은 작은 소리로 해라. 그것이 반대가 되어서 세상이 어지럽단다.
16. 예쁜 옷 : 어머니에게 예쁜 옷을 선물해라. 자녀를 위해서 젖은 앞치마로 반평생을 사시

지 않았느냐.

17. 최고의 교과서 : 공부하는 아내와 책 읽는 엄마의 모습은 신선한 자극이 된다. 모범이 최고의 교과서가 된다.
18. 성공의 비결 : 부모를 공경하는 것이 성공의 비결이다. 이것은 창조주가 세운 원칙 중의 하나다.
19. 공중목욕탕 : 목욕탕에 가거든 먼저 다른 사람의 등을 밀어 주어라. 서로 눈치 보다가 등의 때를 닦지 못하고 나온다.
20. 안 된다 : 필요하다면 자녀들에게 "안 된다."라는 말을 분명히 해라. 그래야 어느 날 유혹에도 거절하는 용기를 배운다.

– 라황용 목사(세계로교회)/ 2009. 6. 6.

오늘의 기도 : 부부싸움을 하고 난 후의 기도

뼈 중의 뼈요 살 중의 살이라고 짝을 찾은 기쁨은 잠시 뿐이고 서로가 책임을 전가하면서 고독하게 된 아담과 하와를 기억합니다.

저희 부부도 신혼의 즐거움은 잠깐 뿐이요 잠시의 실수로 서로를 원망하면서 영원한 사랑을 의심하는 부부가 되었습니다.

참으로 애정만 있다면 대부분 극복할 수 있는 문제를 가지고 의견의 충돌을 하였사오니 사랑의 주님, 서로에 대한 인내심과 애정을 회복시켜 주옵소서.

서로가 주어진 조건에서 성의를 가지고 바르게 이해를 하면 감추어진 애정이 싹트며, 잃어버린 화목을 다시 회복할 수 있사오니 자기중심을 벗어나 서로의 입장에 설 수 있는 기회를 허락하옵소서.

결혼 전에 가졌던 아름다운 꿈과 자기의 현실과의 차이 때문에 걷잡을 수 없는 불만을 실감하게 되오니 상대방의 일방적인 희생만을 기대하는 어리석은 태도를 피차 버리게 하옵소서.

내가 그에게서 무엇을 기대하듯이 그도 나에게 무엇을 기대하고 있다는 사실을 알고 항상 그 기대를 찾아서 도와주려고 노력하게 하옵소서.

천사도 아니고 악마도 아닌 인간이기에 어두운 면도 있고 밝은 면도 있음을 알고 자신의 잘못을 찾아 반성할 수 있게 하옵소서.

성격의 장단에 있어서도 서로가 이해하며 그의 단점을 들추어내기보다는 그의 장점을 보고 서로 도우면서 사랑을 회복하여 화목한 부부가 되게 하옵소서. 예수의 이름으로 기도를 드립니다. 아멘.

– '기도예문'에서

Day : 31주(월)

찬송 : (새)236장, 205장

31

예레미야 30-31장, 37-38장 유다의 회복과 새 언약

- 30장 유다의 회복
- 31장 새언약
- 37장 시드기야에게 예언함
- 38장 구덩이에서 살아난 예레미야

지금까지 예레미야는 줄곧 심판에 대해 예고했습니다. 그러나 30장에 이르면 그는 이스라엘과 유다의 회복에 대해 예언을 하기 시작합니다. 그는 장차 하나님께서 유다와 이스라엘을 포로에서 회복시켜 주시고, 그들이 받은 상처를 치료해 주실 것이라고 예고합니다. 그는 하나님께서 시내 산에서 맺으신 옛 언약을 폐지하고, 장차 새 언약을 세울 것이라고 선언합니다. 그는 하나님께서 새 언약을 통해서 이스라엘의 모든 죄를 용서하고, 돌판 대신 마음에 하나님의 법을 새겨주실 것이라고 약속했습니다. 37-38장에서 예레미야는 시드기야 왕의 부름을 받고 그에게 나아가고 있습니다. 그 때에 예레미야는 시드기야 왕에게 유다가 바벨론에게 멸망할 것이며, 따라서 바벨론에게 저항하지 말고 항복하라고 권고했습니다. 그러나 이 말을 들은 사람들은 크게 분노하여 예레미야를 진흙구덩이 감옥에 던져버렸습니다. 이로 인해 예레미야는 큰 위기를 만났지만, 에벳멜렉이라는 사람의 도움을 통해서 진흙구덩이에서 나와서 시위대 뜰에 거했습니다.

말씀묵상 : 읽으며 묵상하며 : 슬픔이 변하여 기쁨이 됨 (렘 31:1-40)

> 그러나 그 날 후에 내가 이스라엘 집과 맺을 언약은 이러하니 곧 내가 나의 법을 그들의 속에 두며 그들의 마음에 기록하여 나는 그들의 하나님이 되고 그들은 내 백성이 될 것이라 여호와의 말씀이니라 렘 31:33

하나님 안에서는 영원한 실패란 없습니다. 하나님은 늘 승리하십니다. 이스라엘이 우상숭배의 죄에 빠짐으로 하나님이 실패하신 것 같았지만 결국에는 승리하셨습니다. 하나님께서 새 이스라엘을 어떻게 세우십니까?

하나님께서 이스라엘을 새롭게 하시는 것은 그들을 사랑하시기 때문입니다. 하나님께서 이스라엘을 새롭게 세우심으로 그들이 기쁨을 되찾고 포도원의 풍성한 소출을 얻게 되며 파수꾼은 "일어나라 우리가 시온으로 올라가서 우리 하나님 여호와께 나아가자"라고 외칠 것입니다(2-6절). 하나님께서 이스라엘을 새롭게 하시는 그날에 포로 되었던 자들이 포로로 잡혀갔던 비극의 그 길을 따라 시온으로 귀환하게 되고 주의 풍성한 은혜를 덧입게 될 것입니다(7-14절). 하나님께서 옛적에 이스라엘을 사랑하셨고(신 4:37; 10:15), 이제도 사랑하시기에 이스라엘을 재건하시는 것입니다. 하나님의 사랑을 거역하고 우상을 숭배한 자들을 다시 새롭게 하시는 이유는 오직 하나님이 사랑이시기 때문입니다. 하나님의 역사는 사랑의 역사입니다. 하나님께서 인생들을 사랑하사 독생자를 보내셨고 그를 믿는 자마다 멸망치 않고 다 영생을 얻게 하려하십니다. 그런데 인생들은 이러한 하나님의 사랑을 잘 깨닫지 못하고 있습니다. 사랑으로 행하시는 하나님께 사랑과 믿음으로 반응하는 지혜로운 자가 되어야 하겠습니다.

하나님께서는 포로에서 돌아오는 이들을 단순히 정치적 자유인으로만 살게 하시는 것이 아니라 새 언약을 세워 언약의 새 백성으로 살게 하십니다(31-34절). 옛 언약과는 다른 새 언약으로 이스라엘을 재건하시는 것입니다. 새 언약은 백성들의 마음속에 하나님을 모시고 가슴에 새겨서 그들은 하나님의 백성이 되고 하나님은 그들의 하나님이 되는 것입니다. 하나님께서는 늘 언약으로 새로운 역사를 이루셨습니다. 하나님의 백성 되기를 거부하고 우상숭배의 죄에 빠졌던 자를 징계 하신 후에 새 언약을 세우심으로 이들을 새롭게 하셨으며 거룩한 새 백성을 예수그리스도 안에서 창조하신 것입니다. 그렇기 때문에 하나님의 역사는 언약의 역사 입니다. 또한 세상과 죄인들을 새롭게 하시기 위하여 하나님은 진정한 새 언약을 세우셨습니다. 그것은 예수 그리스도 안에서의 언약입니다. 예수그리스도를 믿는 자들은 하나님의 백성이 되고 하나님은 그들의 하나님이 되신다는 것입니다. 하나님께서 독생자를 희생하시면서 까지 세우신 언약이기에 이 언약은 영원하고 유일무이하며 절대 지켜져야 할 언약이 되는 것입니다(행 4:12).

–「일용할 양식」 말씀묵상, 기독대학인회(ESF), 2006. 9. 14.

살며 생각하며 : 평생 기차표

하나님의 약속 뒤에는 신실하신 하나님의 성품이 자리 잡고 있습니다. 하나님께서는 거룩하시고 진실 되십니다. 거짓말을 하시거나 약속을 번복하시는 분이 아닙니다. 신실한 분이시기 때문에 영원토록 의지할 만합니다. 하나님의 놀라운 약속에 대한 응답으로서 우리는 마음을 다하여 자신을 깨끗케 하는 일에 힘써야 합니다. 우리는 하나님께서 우리에게 너무나도 많은 일을 해주셨기 때문에 그분을 영화롭게 하는 삶을 살아야 합니다. 하나님을 영화롭게 하는 삶은 바로 감사하는 마음에서 비롯됩니다.

크로푸트는 캐나다 앨버타에 사는 한 인디언 부족의 족장이었습니다. 1885년에 대규모 인디언 폭동이 일어났는데, 크로푸트는 자기의 부족을 평화 가운데 인도하였으며, 그 폭동에 가담하지 않았습니다. 캐나다 정부에서는 감사하는 표시로서 크로푸트에게 평생 동안 캐나다 열차를 무료로 이용할 수 있는 기차표를 주었습니다. 크로푸트는 이 기차표를 받고 감사하는 표시로서 가죽 끈에 매어 목에 달았습니다. 이 세상을 떠날 때에도 그는 이 기차표를 목에 걸고 있었는데, 사실은 평생 한 번도 사용하지 않았습니다.

하나님의 약속은 마치 평생 기차표와 같습니다. 우리에게 사용하라고 주신 것이지 나중을 위해 보관하라고 주신 것이 아닙니다. 하나님의 약속은 믿고, 의지하고, 시험해보고, 이를 경험하도록 주어진 것입니다. 기도 가운데 하나님의 약속을 주장하는 모험을 시작해 봅시다. 그리하여 "우리 가운데 역사하시는 능력대로 우리의 온갖 구하는 것이나 생각하는 것에 더 넘치도록 능히 하실" 주님의 영광을 보는 놀라운 경험을 합시다.

– 토머스 이클리, 「약속을 주장하는 기도」

정리하며 확신하며 : 하나님의 사랑의 특징

	하나님 사랑의 특징	참고 성경 구절
1	먼저 베푸심	엡 5:1
2	사랑으로 관계를 맺으심	레 26:12
3	변하지 않으심	아 8:7
4	무궁하심	렘 31:3
5	끝까지 베푸심	요 13:1
6	거짓이 없으심	롬 12:9
7	자기를 사랑하는 자에게 반드시 베푸심	잠 8:17
8	환난 당한 자의 고통에 동참하심	사 63:9
9	회개하고 주를 믿는 자에게 베푸심	롬 3:24
10	택한 죄인에게도 주심	롬 5:8
11	독생자까지 아기지 않고 내어 주심	롬 8:32
12	천국 영생에 이르도록 베푸심	유 21

– 「그랜드 종합 성경주석」 10권, 성서교재간행사, p380

Day : 31주(화)

찬송 : (새)93장, 93장

31

예레미야 32–34장 회복과 심판 예고

- 32장 토지문서와 회복 약속
- 33장 유다 회복 재확인
- 34장 이스라엘 백성의 언약 파괴와 심판 예고

하나님은 그 후에 예레미야에게 아나돗에 있는 밭을 사라고 지시하셨습니다. 이 일은 어리석은 일처럼 보였습니다. 왜냐하면 대적에게 멸망하여 대적의 소유가 될 땅을 사는 것은 무의미한 일이었기 때문입니다. 그러나 하나님은 장차 유다가 멸망에서 구원받고, 다시 그 땅을 사고팔게 될 것이라고 예고해 주셨습니다. 후에 예레미야는 멸망 받을 유다를 위해서 하나님께 간절히 기도했습니다. 하나님은 그에게 심판 후에 유다가 반드시 회복될 것이라고 약속해 주셨습니다. 하나님은 이스라엘의 패역함에도 불구하고 다윗과 맺은 언약을 반드시 지켜주실 것입니다. 하나님은 낮과 밤이 계속되는 한, 하나님께서 예레미야에게 하신 약속도 폐지되지 않을 것이라고 약속하셨습니다. 그때에 시드기야 왕은 유다 백성들에게 노예해방, 즉 종들을 풀어주라는 명령을 선포했습니다. 유대 백성들은 그 명령을 인해 종들을 잠시 풀어주었지만, 후에 다시 그들을 사로잡았습니다. 하나님은 이로 인해 무자비한 유대 백성들에게 엄중한 심판을 선포하셨습니다.

말씀묵상 읽으며 묵상하며 : 사실의 전부 (렘 32:6–15)

사람이 이 땅에서 집과 밭과 포도원을 다시 사게 되리라 하셨다 하니라 렘 32:15하

바벨론 군대가 예루살렘을 포위했고, 저항은 아무 소용이 없었습니다. 예레미야 선지자는 지도자들에게 도시가 함락될 것이라고 이미 경고했었습니다. 지금 그는 진실을 예언하였다는 이유로 옥중에서 괴로운 나날을 보내고 있었습니다.

침략이 임박했었을 때, 여호와께서 예레미야에게 한 사촌이 그에게 가족 소유지를 사라고 말하려고 오고 있는 중이라고 알려주셨습니다. 하나님은 예레미야에게 그 사촌의 요청대로 하라고 명령하였습니다(렘 32:7-8).

땅이 곧 적군들의 손에 넘어가게 될 이 시기에 땅을 사려고 많은 은을 지불하여야 한다니! 모든 알려진 사실들로 볼 때 이 매매는 성사되어서는 안 되었습니다. 그러나 오스 기네스가 우리에게 일러주었듯이 "알려진 모든 사실들이 사실의 전부는 아닙니다."

난감했지만(25절), 예레미야는 하나님을 신뢰하고 땅을 샀습니다(9절). 비관적인 예측에도 불구하고, 하나님께서는 사람들이 이 땅에서 "집과 밭과 포도원"(15절)을 다시 사게 되리라고 그를 확신시켜 주었습니다.

우리는 때때로 고통스러운 시기를 지나게 됩니다. 어떤 신앙인들은 박해를 받습니다. 어떤 사람들은 천재지변 후에 삶을 재건하기 위하여 애를 씁니다. 많은 이들이 회복될 희망이 거의 없는 가운데 장애와 고통 속에서 살고 있습니다. 알려진 사실들은 그들에게 불리합니다.

그러나 예수님의 모습으로 이 땅에 내려오신 하나님께서 우리 편이십니다. 우리에게는 실망시키지 않는 희망이 있습니다. 알려진 사실들이 사실의 전부는 아닌 것입니다. (Herbert Vander Lugt)

-「오늘의 양식」, 오늘의 양식사, 2006. 8. 12.

살며 생각하며 : 하나님은 누구 편이신가?

"나는 하나님이 내 편이라고 자랑하지 않고, 내가 하나님 편에 서게 해 달라고 겸손히 기도합니다."라고 아브라함 링컨은 말했습니다.

링컨의 말은 유대 아사 왕에게 전한 아사랴의 생각을 다르게 표현한 것이라고 볼 수 있습니다. 하나님의 영이 아사랴에게 임하신 후 그는 "너희가 여호와와 함께 하면 여호와께서 너희와 함께 하실지라 너희가 만일 그를 찾으면 그가 너희와 만나게 되시려니와 너희가 만일 그를 버리면 그도 너희를 버리시리라"(대하 15:2)라고 말했습니다.

역사를 통해 사람들은 하나님께서 그들의 편에 계신다고 감히 선언하면서 비열한 행위들을 저질렀습니다. 하나님이 단지 이스라엘 백성이라는 이유만으로 그들 편을 들지 않으셨던 것처럼 (사 3:14-15),

우리가 그리스도인이라고 해서 하나님께서 늘 "우리 편"이라고 확신할 수는 없습니다. 하나님은 하나님 편에 속해서 하나님의 마음과 생각을 알고 그 뜻을 행하는 자들의 편에 계시지, 하나님과 사람들에게 자신의 길이 옳다고 믿게 하려고 애쓰는 자들 편에 계시지 않습니다.

하나님께서는 이사야 선지자를 통해 하나님이 억압당한 자들의 편에 계신다고 알리셨습니다 (사 58:6-7, 10). 그리스도인에게 이 말씀은 그들이 억울한 자들 편에 서는 것이 옳다는 것을 뜻합니다.

하나님이 우리 편에 계시다고 추정하며 어떤 상황에 뛰어들기보다는 우리가 하나님 편에 서있는지 확인할 필요가 있습니다. (Julie Ackerman Link)

-「오늘의 양식」, 오늘의 양식사

Day : 31주(수)

찬송 : (새)570, 453장

31

에스겔 26–31장 주변국가에 대한 심판 예고

- 26–28장 두로와 시돈에 대한 심판
- 29–31장 애굽에 대한 심판

하나님은 유다의 심판을 예고하신 후에 계속해서 그 주변국들도 심판을 받게 될 것이라고 선언하셨습니다. 이 심판을 통해서 하나님은 자신이 유다뿐 아니라 열방들도 공의로 다스린다는 사실을 보여주실 것입니다. 하나님은 교만한 두로와 두로 왕, 그리고 시돈이 심판을 받고 멸망할 것이라고 선포하셨습니다. 두로 왕은 사탄의 상징이 될 만큼 극히 교만했으며, 이로 인해 그의 교만과 심판은 사탄의 교만과 심판에 비교될 정도였습니다. 하나님은 두로의 멸망을 선포하신 후에, 애굽을 향해 심판의 칼을 빼셨습니다. 애굽은 마치 레바논 백향 목같이 아름답고 빼어났습니다. 그러나 그들은 장차 하나님의 심판을 받고 바벨론을 통해 처참하게 망하게 될 것입니다.

읽으며 묵상하며 : 교만한 백향목(겔 31:1–18)

그러므로 주 여호와께서 이같이 말씀하셨느니라 그의 키가 크고 꼭대기가 구름에 닿아서 높이 솟아났으므로 마음이 교만하였은즉 내가 여러 나라의 능한 자의 손에 넘겨 줄지라 그가 임의로 대우할 것은 내가 그의 악을 말미암아 쫓아내었음이라 겔 31:10–11

애굽은 마치 레바논의 백향목 같았던 앗수르처럼 번성했었습니다. 그러나 때가 되어 멸망합니다. 앗수르와 애굽의 멸망을 통해 볼 때, 우리는 어떻게 살아가야 할까요?

교만한 백향목으로부터 돌아서십시오(31:1-10). 백향목은 힘과 번영과 아름다움을 상징하는 최고의 나무였습니다. 키도 크고 견고하여 건축 재료로도 인기가 많았습니다. 그 어떤 나무라도 백향목을 바라보면 부러워할 수밖에 없었습니다. 앗수르는 마치 레바논의 백향목처럼, 어떤 나라와도 비교할 수 없는 권력과 번영을 누렸습니다. 이 때문에 앗수르는 마음이 교만해졌습니다(10절). 하나님은 이러한 앗수르를 다른 민족을 이용하여 멸망시키셨습니다. 한 때 역사의 한 페이지를 화려하게 장식했지만, 마음이 교만해지면 하나님에 의해서 역사의 뒷무대로 초라하게 퇴장하게 됩니다. 이것이 세계를 경영하시는 하나님의 방법입니다. 그러므로 강력한 힘과 번영을 누리고 있다면, 그것은 기쁨의 때이기도 하지만, 오히려 스스로 자기를 살펴서 교만해지지 않도록 해야 할 때임을 알아야 합니다. 일반적으로, 번영과 교만은 한 세트입니다. 그렇기 때문에 많은 나라들과 많은 사람들이 번영과 함께 멸망의 명단에 자기의 이름을 올리기 시작합니다. “교만은 패망의 선봉이요 거만한 마음은 넘어짐의 앞잡이니라”(잠 16:18). 가장 큰 교만은 나의 것에 취해서 하나님을 잊어버리는 것입니다. 지금 교만으로부터 돌아서서 하나님께로 나아가길 바랍니다.

시냇가에 심은 나무로 살아가십시오(31:11-18). 앗수르는 타락한 이스라엘을 징계하는 하나님의 도구로 사용되었습니다. 앗수르뿐만 아니라 애굽과 바벨론도 마찬가지입니다. 강력한 제국들의 흥망성쇠는 하나님의 주권 아래서 이뤄집니다. 그래서 아무리 시원한 그늘을 만들어주는 백향목이라고 할지라도 하나님을 잊어버리고 교만해지면 언제 꺾일지 모릅니다. 하나님의 사람들은 이런 불안한 백향목을 의지하는 사람들이 아닙니다.

하나님의 사람들은 하나님이 주시는 말씀의 시냇가에서 하나님의 말씀을 먹으며 사는 사람들입니다. 시냇가에 심겨진 나무는, 자신의 풍요와 삶의 열매가 자기 자신으로부터 비롯된 것이 아니라, 하나님의 말씀으로부터 왔다는 것을 잘 압니다. 그렇기 때문에 교만할 수 없습니다. 삶의 모든 열매와 영광은 하나님께 돌려지게 됩니다. 그래서 시냇가에 심은 나무는 가뭄이 와도 마르지 않고, 홍수가 와도 쓰러지지 않으며, 열매가 많아도 교만하지 않고, 계절이 바뀌어도 영원히 푸르게 살아갑니다. 레바논의 백향목을 부러워하지 말고, 시냇가에 심은 나무로 살아갈 수 있기를 바랍니다.

– 「일용할 양식」 말씀묵상, 기독대학인회(ESF), 2006. 12. 14.

살며 생각하며 : 내가 아닙니다

프란츠 요제프 하이든은 교향곡의 아버지라고 불릴 정도로 위대한 작곡가입니다. 그가 세상을 떠나기 1년 전 오스트리아 빈에서 연주회가 열렸습니다. 그의 걸작 오라토리오 천지창조가 공연되었고 그 공연을 보기 위해 수많은 관중이 몰려들었습니다. 당시 그는 늙고 병약하였기 때문에 휠체어를 타고 공연장에 입장하였습니다. 오케스트라와 합창단이 공연을 마쳤을 때 관중석에서는 우레와 같은 박수가 터져 나왔습니다. 그는 힘들게 자리에서 일어나 떨리는 손을 위로 치켜들고 외쳤습니다. “내가 아닙니다. 그 음악은 나로부터 온 것이 아닙니다. 바로 저기 우리의 하나님으로부터 모든 것이 나왔습니다.”

우리는 작은 칭찬에도 얼마나 우쭐할 때가 많습니까? 또 기대했던 칭찬이 없을 때 얼마나 자주 실망합니까? 하나님께 영광 돌리는 겸손을 배워야 하지 않을까요.

– 「겨자씨」, 국민일보, 2005. 9. 10.

Day : 31주(목)

찬송 : (새)295장, 417장

31

역대기상 2-5장, 9:1, 시 74편 유다의 족보와 멸망

- 대상 2-5장 유다의 족보
- 시 74편 멸망에서 구원해 주실 것을 기도함

역대기는 열왕기와는 다른 관점에서 이스라엘 역사를 기록했습니다. 열왕기는 이스라엘과 유다가 멸망하기 전에 타락한 이스라엘 백성들을 경계하기 위해 기록되었습니다. 그러므로 열왕기는 죄를 지적하고 회개할 것을 강력히 권고하는 한편, 이를 거절하면 반드시 멸망할 것이라고 경고하고 있습니다. 그러나 역대기는 포로로 살다가 하나님의 은혜로 다시 예루살렘에 귀환한 유대인들을 위로하고 그들에게 소망을 주기 위해서 기록했습니다. 그러므로 역대기는 죄의 지적보다 겸손히 참회하는 자에게 주어지는 하나님의 은혜가 강조되고 있습니다. 또한 열왕기가 왕의 역사를 중심으로 역사를 기록한 반면, 역대기는 제사장적인 시각에서 이스라엘에 대한 하나님의 시각을 보여주고 있습니다. 역대기는 죄악으로 인해 포로가 된 유대인들에게 다윗 언약의 중요성을 강조하고 있으며, 하나님께서 회개하고 겸비한 자에게 은총을 베푸실 것을 강조하고 있습니다. 또한, 역대기는 다른 나라에서 살다 돌아온 유대인들에게 그 뿌리를 제시하기 위해서 인류의 조상인 아담에서부터 시작하는 긴 족보를 제시하고 있습니다.

읽으며 묵상하며 : 이스라엘과 유다의 자손들(대상 2:1-55)

이스라엘의 아들은 이러하니 르우벤과 시므온과 레위와 유다와 잇사갈과 스불론과 단과 요셉과 베냐민과 납달리와 갓과 아셀이더라 2:1, 2

이스라엘의 열두 아들은 이스라엘 열두 지파를 이루는 근간이 됩니다. 하나님이 이스라엘에게 축복을 허락하신 것은 그들이 선해서가 아니라 하나님의 은혜와 뜻에 의한 것입니다. 유다의 맏아들 엘은 하나님의 저주를 받아 죽은 자이고 유다의 자손은 며느리를 통해 얻은 열매였습니다. 우리의 부족함과 악함에도 불구하고 우리를 사랑하시는 하나님을 찬양해야 하겠습니다.

헤스론의 자손들 중에 다윗이 등장합니다. 당시는 장자를 중심으로 이루어진 사회였습니다. 그러나 다윗은 막내였습니다. 하나님은 사람의 기준으로 사람을 부르시지 않습니다. 하나님의 마음에 합한 자이면 하나님의 일을 위해 사용하십니다. 비록 인간적인 기준으로 볼 때 부족한 것이 있을 수 있습니다. 하지만 하나님의 마음에 합한 자로 서 있다면 주님은 나를 사용하여 주실 것입니다.

19절의 '훌'은 아말렉과의 전투에서 아론과 함께 모세를 도운 사람이고(출 4:14), 20절의 브살렐은 광야에서 이스라엘 백성들이 회막을 세울 때 하나님께서 사용한 사람입니다(출 31:2). 21-41절에 나타난 52개의 이름 중 8개의 이름이 하나님과 관련된 이름입니다. 예를 들어 '삼매'는 하나님이 들으셨다는 말이고, '여가마'는 여호와께서 일으키신다는 의미입니다. 이런 이름들은 그들의 삶의 체험을 통해 지어진 이름들입니다. 우리도 생활 속에서 하나님을 경험하며 하나님의 살아계심을 찬양하는 자들이 되어야 하겠습니다.

– 「날마다 주님과 함께」 본문해설, 학생신앙운동(SFC), 2003. 5. 2.

살며 생각하며 : 노래하는 새

전 세계에 약 8천6백 종의 새가 있고 그 중 한국에는 약 431종의 새가 있는 것으로 알려졌습니다. 현존하는 가장 큰 새는 '북 아프리카산 타조'인데, 큰 놈은 키가 2.7m, 체중은 150㎏을 넘는 것도 있습니다. 날 수 있는 새 중에 가장 큰 것은 '아프리카산 기러기'로 18㎏이고, '캘리포니아 독수리'는 10㎏이나 됩니다. 반면에 가장 작은 새는 '콩벌새'로서 평균 몸길이는 5.7㎝이지만 그 중에서 절반은 부리와 꼬리의 길이이며 체중은 1.6g입니다(타조의 10만분의 1).

새에게 있어서 중요한 '노래하는 새'들은 모두 덩치가 작습니다. 독수리의 노래나 타조의 노래, 칠면조의 노래가 아름답던가요? 오히려 참새, 카나리아, 종달새, 휘파람새, 뻐꾸기 같은 작은 새들의 노래가 아름답고 달콤합니다.

하나님은 작은 새의 노래뿐 아니라 까마귀의 소리도 즐겨 들으실 것은 당신의 창조물이기 때문이듯이, 역시 아름다운 목소리의 찬양과 함께 음치의 찬양도 기뻐 들으십니다. 언제나 큰 자보다 작은 자들의 노래가 귀히 들렸던 것은 그곳에는 남보다 더한 노력이 들어있기 때문입니다. 낮아지고 섬기는 자들은 하나님을 찬양했으며 비천한 자들은 주님의 자비를 사모하며 기다리는 겸손함이 있었습니다.

삼상 2:1 "내 마음이 여호와로 말미암아 즐거워하며 내 뿔이 여호와로 말미암아 높아졌으며 내 입이... 기뻐함이니이다"

– 신현주 목사, 「예화 철학」, 도서출판 누가, p380

Day : 31주(금)

찬송 : (새)540장, 219장

31

역대기상 6-9장 레위와 이스라엘, 포로에서 돌아온 사람들의 족보

- 6장 레위 지파의 족보
- 7-8장 잇사갈, 베냐민, 납달리, 므낫세, 에브라임의 족보
- 9장 포로에서 돌아온 자들의 명단

대상 6-8장에는 레위지파와 잇사갈, 납달리, 므낫세, 에브라임 지파들의 족보가 기록되어 있습니다. 그리고 9장에 가면 바벨론으로 포로가 되어 사로잡혀 갔다가 다시 유다로 귀환한 사람들의 명단이 기록되어 있습니다.

읽으며 묵상하며 : 주어진 임무(대상 6:32)

솔로몬이 예루살렘에서 여호와의 성전을 세울 때까지 그들이 회막 앞에서 찬송하는 일을 행하되 그 계열대로 직무를 행하였더라 대상 6:32

하나님께서는 레위의 후손들에게 하나님의 집 장막의 모든 일을 맡기셨습니다. 그 일들은 제사 드리고, 찬송 드리는 일 외에도 각자의 반열에 따라 매우 다양했습니다. 그 많은 일들은 인간의 힘을 빌어하는 것이지만 결국은 하나님께서 하시는 일이라 할 수 있습니다. 직무를 맡은 사람들은 일의 대소를 따지기보다는 하나님께서 인도하시는 대로 따르기만 하면, 그 일이 아무리 작은 것 같아도 마침내는 커다란 하나님의 뜻을 이루는 중요한 것이었음을 깨닫게 합니다.

비행기를 타고서 공항에 내리면 재미있는 현상을 보게 됩니다. 거대한 비행기가 랜딩 기어를 내리고 활주로를 달리다 보면 앞에 아주 작은 지프차가 뒤에 '나를 따라 오시오"라는 팻말을 써 붙이고는 나타나서 비행기가 트랩이 있는 곳으로 안전하게 들어가도록 유도하고 있습니다. 그 지프차는 아주 작지만 거대함 비행기를 안전하게 그리고 정확하게 가야 할 길로 안내하는 직무가 있는 것입니다.

만약 지프차가 비행기처럼 날아보겠다고 요동치거나 작은 차보다는 비행기만 몰겠다고 아무도 운전하지 않는다면 누가 불안해서 비행기를 탈 것이며, 어느 조종사가 안전하게 착륙할 자신이 있겠습니까?

비록 비행기에 비하면 그 작은 유도 차는 운행 거리도 극히 짧고, 볼품도 없으며, 아무도 타주지 않지만, 자기의 직무를 무사히 해낼 때 수많은 사람이 알지 못하는 가운데 무척이나 큰일을 해내고 있는 것입니다.

예수 그리스도는 우리에게 일생의 직무, 매일의 직무를 맡기셨습니다. 바울처럼 복음 전하는 자로, 교사로, 제직으로, 남모르는 갖가지 달란트들로 주님의 사역을 돕도록 하셨는데 우리는 이 직무를 맡고서도 안목(眼目)의 정욕에 치우쳐 이해타산에 맞추어 일하고 있지는 않았던가요!

하나님의 일이라고는 하지만 어쩌면 십자가를 지는 고통일 수도 있고, 도저히 견뎌내기 어려운 최악의 상황일 수도 있습니다. 어느 때는 나의 모든 일상적 생활을 포기하는 경우도 발생할 수 있습니다. 그러나 그것이 하나님께서 맡기신 선한 직분이라면 그 직분 속에는 분명 인생의 참 기쁨과 만족이 있다는 사실을 잊지 말아야 할 것입니다.

–「호크마 종합주석」 구약 10권, QT, 기독지혜사, p170

살며 생각하며 : 폼페이의 한 군인의 책임감

지금도 로마를 여행하는 사람들은 1990여 년 전 소위 로마의 문화생활을 볼 수 있다고 합니다. 화산의 폭발로 땅 속에 파묻혔던 폼페이란 음란한 도시가 근대 과학의 힘으로 약 200년 전에 완전히 발굴이 되었다고 합니다.

그런데 음란한 광경이 지금도 화석으로 남아있습니다. 부인들에게는 입장을 하락하지 않는 장면이 많이 있다고 합니다. 그러기에 화석으로 들어난 폼페이를 보는 이들은 이구동성으로 이 도시가 망한 것은 마땅하다고 합니다.

그런데, 한 가지 놀라운 것은 그 발굴된 화석 가운에서 한 병사가 나왔는데 그는 책임진 장소에서 검을 빼든 채 보초보고 있는 이름을 알 수 없는 책임감이 강한 군인이었다고 합니다. 그리하여 폼페이를 저주하고 돌아서는 관객들이 이 화석이 된 군인 앞에서는 숙연하게 옷깃을 여미게 된다고 합니다. 내가 선 자리에서 책임에 충실하는 것은 가장 귀한 일입니다.

–「기독교 문장대백과사전」 21권, 성서연구사, p440

Day : 31주(토)

찬송 : (새)333장, 381장/ (새)342장, 395장

31

■ 이번 주 읽은 성경 요약 및 못 읽은 부분 읽고, 한 주간 생활 묵상하며 가정 예배드리기

■ **주제 : 성경적 결혼관** (고전 7:1-17)

읽으며 묵상하며 : 부부를 위한 교훈 (고전 7:1-17)

바울은 남편과 아내에게 부부간의 의무를 이행하는 성경적인 기준을 제시하고, 특히 부부관계에 갈등이 있는 이들에게 주님의 명령과 자신의 교훈을 전달한다. 오늘 본문은 세속적인 사고방식에 젖어 살았던 그들이 충격적으로 주님의 존재와 능력을 체험하고, 새롭게 발생한 가정의 문제에 대해 다루고 있습니다.

그리스도인들에게 요구되는 성적 순결

아프로디테 신전이 있었던 고린도 지역은 신전 창기들의 활동이 활발하고 성적으로 매우 부패가 심한 곳이었습니다. 그런데 이렇게 문란한 성 문화는 고린도 교회 성도들에게도 영향력을 미쳤습니다. 그들은 예수님을 믿고 결혼을 한 이후에도 그러한 문화적 분위기에 편승했던 것입니다. 그러나 바울에 따르면 성실한 부부관계는 성적 부패로부터 성도들을 지켜 주는 좋은 울타리가 되어 줍니다(2절). 이를 위해 바울은 아름다운 부부관계를 위한 지혜를 제공합니다. 그는 특히 부부의 '몸'에 대해 언급하면서 자신의 몸이 자신 것이 아닌 상대방이 주인이라고 말합니다(3-4절). 바울은 남녀 관계가 일방적인 관계가 아닌 상호 협조적인 관계로, 이기적인 관계가 아닌 사랑의 관계로 변화되길 원했습니다.

신앙 문제로 갈등하는 부부들

바울은 독신을 권유하는 사람이었습니다. 그는 모든 사람이 자신처럼 가정의 의무에서 벗어나 자유롭게 주님을 전하는 사명을 감당하길 원했습니다. 그러나 이것 역시 은사에 따라야 한다고 말합니다(8-9절). 바울은 부부 중에 믿음을 가진 자들에게 결코 이혼을 해서는 안 되며, 설령 이혼했다 할지라도 다시 전 배우자와 화합할 것을 예수님의 이름으로 명했습니다(10-11절). 한편 부부 중 한 사람만 신앙이 있는 경우에는 믿는 쪽 사람은 결코 먼저 결혼을 파기해서는 안 된다고 권합니다(12-14절). 반면에 불신자인 배우자가 먼저 이혼을 요구할 경우에는 구속받을 것 없이 이혼해도 된다고 말합니다(15절). 오늘 본문은 그들이 예수님을 믿은 이후에 불신자인 배우자와의 이혼을 결심할 정도로 신앙과 윤리를 중요하게 생각했다는 새로운 깨달음과 도전을 줍니다.

–「묵상하는 사람들, 메시지」, 프리셉트, 2006. 8. 13.

살며 생각하며 : 부부의 행복을 위해 스킨십을 하자

스킨십이 너무 좋아요. 아내들이 가장 행복한 순간은 언제일까? 모 여성지에 나온 글을 읽어 보니, 아내가 된장국을 끓이고 있는데 남편이 뒤에서 포옹해 주는 순간이라고 한다. 인간은 본래 피부 접촉을 원하는 존재다. 인간뿐만이 아니다. 세상 만물은 그 어느 것도 홀로 존재할 수 없다. 서로 의존하면서 살아간다.

아프리카 초원의 톰슨 가젤은 새-끼를 낳으면 계속 핥아 준다. 냄새를 없애서 치타나 하이애나 등 맹수로부터 새끼를 보호기 위한 행동이란다.

원숭이는 서로 털을 헤치며 이를 잡아준다.

꽃이 종족을 보존할 수 있는 것도 꿀벌의 스킨십 덕분이다.

동물이나 식물이나 서로 접촉이 없으면 생존할 수 있는 것은 아무것도 없다.

하물며 인간은 어떻겠는가? 인간은 어렸을 때 엄마의 극진한 스킨십을 받는다. 씻겨 주고, 닦아주고, 입을 맞춰준다. 이때의 황홀한 추억이 평생을 가게 된다.

조금 더 나이가 먹어 초등학교에 가면, 친구끼리 어깨동무를 하고 다닌다. 이때부터 남자 아이들은 여자 아이들에 비해서 스킨십이 약해진다.

우리가 어렸을 때 어른들은 머리를 쓰다듬거나 등을 두드리면서 말씀하셨다.

"공부 잘하거라. 훌륭한 사람 되어야지..."

성인이 되면 연인에게 키스를 한다. 키스도 아주 중요한 스킨십이다.

키스의 의미에 대해 알아보자. 손에 하는 키스는 "존경"을 나타내고, 발에 하는 키스는 "헌신"을, 이마에 하는 키스는 "우정"을, 빰에 하는 키스는 "감사"를, 눈에 하는 키스는 "희생"을, 입술에 하는 키스는 "사랑"을, 목에 하는 키스는 "욕망"을, 귀에 하는 키스는 "정열"을, 가슴에 하는 키스는 "안식"을, 배에 하는 키스는 "평화"를 나타낸다. 여성들은 첫 키스의 추억을 죽을 때까지 잊지 못한다고 한다. 키스를 형용사로 나타내면 "달콤한, 황홀한, 부드러운, 짜릿한"등으로 나타낼 수 있다. 사랑을 보여주는 최상의 스킨십이 키스라는 것이다.

포옹도 여러 가지 효과가 있다. 사랑하는 사람 사이에서 뿐만 아니라 모르는 사람끼리도 한다. 정말 반가울 때도 하고 위기에서 벗어났을 때도 포옹을 한다. 죽어가는 사람에게 위로할 때도 하고 메달을 따서 의기양양한 사람에게 축하를 하기 위해서도 포옹을 한다. 정신적으로 위기에 처한 사람에게 포옹은 큰 효과를 나타낸다. 강하게 포옹하는 것을 영어로는 "허깅(Hugging)"이라고 하는데 교회 등에서 치유 효과를 많이 본다고 한다.

당신이 성공을 원하는 리더라면 스킨십에 눈을 떠야 할 것이다. 스킨십은 돈이 드는 것도 아니다. 힘이 드는 것도 아니다. 그러면서도 함께하는 이들에게 충성을 얻어낼 수 있는 것이 바로 스킨십이다. 스킨십은 리더십의 중요한 덕목으로 떠오르고 있다.

성공을 위해서, 사랑을 위해서, 그리고, 부부의 행복을 위해서 '스킨십'을 발휘하자.

– 라황용 목사, 2009. 4. 25.

돌아보며 다짐하며 : 행복한 부부가 되려거든 칭찬의 말을 자주하라

행복한 부부가 되기 위해서는 무엇보다도 상대방을 위하여 칭찬을 많이 해야 합니다. 칭찬과 격려는 행복한 가정의 보약입니다. 잔소리는 아무리 해도 고쳐지지 않지만 한마디의 칭찬은 상대방의 약점까지도 장점으로 바꾸어줍니다. 누구에게나 칭찬할 것이 한 가지 씩은 반드시 있습니다. 칭찬할 것을 찾아서 하루에 한 가지 이상 칭찬해 주기 운동을 전개하면 아마 우리의 가정은 엄청나게 행복해질 것입니다.

칭찬은 아내에게 기쁨을 주고 남편에게는 긍지를 줍니다. 아내의 "당신이 최고예요"라는 말이 남편을 신바람 나게 합니다. 출근하는 남편에게 "당신 참 멋있어요"라는 말 한마디가 남편의 하루 일과를 성공으로 만들어 줍니다. 자신의 일에 흡족해 하는 남편을 보고 같이 흡족해 할 수 있는 아내가 되어야 합니다. 남편이 승진을 했거나 어떤 일을 잘 했을 때 "때가 되어서 그렇지 뭐"라고 하지 말고 "훌륭해요. 당신은 승진할 만한 분이예요"라고 칭찬하고 감사하고 격려해 줄 수 있어야 합니다. 남편은 누구보다도 아내의 인정과 칭찬을 기다립니다. 남편도 아내에게 칭찬할 일이 많이 있습니다. 아내가 만든 음식에 대해서 말이나 행동으로 칭찬하고 감사하면 아내는 무척 행복해 합니다. 요리 솜씨에 대해서는 다른 사람들 앞에서 과감하게 칭찬하는 것이 필요합니다. 흔히 우리 한국 남성들은 아내가 정성껏 준비한 음식을 사람들이 맛있게 먹고 칭찬을 해주어도 정작 남편들은 오히려 깎아내리고 평소에는 형편없다느니 하면서 허풍을 떨기 좋아합니다. 사람들 앞에서 아내 자랑하는 것이 부끄러운 일이라고 생각하는데 사실상 그것은 잘못된 관습입니다. 아내나 남편을 너무 자랑하는 것도 주책이지만 사람들 앞에서 배우자를 민망할 정도로 무시하는 것 또한 정신적인 질병입니다. 여자의 얼굴은 3개월 가고, 마음씨 즉 성격은 3년이 가지만 요리는 평생 간다는 말이 있습니다. 아내의 가장 귀한자원 중의 하나인 요리 솜씨를 적극적으로 칭찬해 주는 것이 필요합니다. 잘하기 때문에 칭찬하는 것이 아니라 잘하도록 칭찬해 주는 것입니다.

칭찬이란, 우리의 언어생활을 창조언어로 바꾸는 행위입니다. 말은 생명의 샘이요 창조의 씨앗입니다. 창조적인 언어에는 죽은 자를 살리는 위대한 에너지가 담겨져 있습니다.

하나님께서 말씀으로 만물을 창조하신 것처럼 인간도 하나님을 닮아 말로 유를 창조할 수 있습니다. 그러므로 서로 생명을 불어넣어 주는 말을 하도록 노력해야 합니다. 시편 34편에 보면 "생명을 사모하고 연수를 사랑하여 복 받기를 원하는 사람이 누구뇨 네 혀를 악에서 금하며 네 입술을 거짓말에서 금할지어다"(12-13절)라고 했습니다. 잠언 18장 21절은 "죽고 사는 것이 혀의 힘에 달렸나니 혀를 쓰기 좋아하는 자는 혀의 열매를 먹으리라"고까지 말씀하십니다. 그러므로 행복한 부부가 되기 위하여 우리는 다음의 말을 매일 고백하는 훈련이 필요합니다.

"죽고 사는 것이 혀의 힘에 달려 있다. 내 혀에는 생명이 있다. 그러므로 나는 날마다 긍정적인 말, 건강한 말, 생명의 말, 생산적이고 창조적인 말, 축복의 말, 힘과 격려를 주는 칭찬의 말만 하겠다."

아내를 칭찬하도록 하세요. 아내가 더 예뻐지고 매력 있어질 것입니다. 남편을 칭찬하세요. 남편이 더욱 멋있어지고 존경스러워질 것입니다.

– 라황용 목사(세계로교회), '부부 사랑 만들기'에서 / 2006. 5. 13.

오늘의 기도 : 사랑하는 아내를 위한 기도

사랑의 하나님, 하나님께서 저를 사랑하셔서 이렇게 귀한 선물인 제 아내를 허락하신 것을 감사합니다. 이것은 우연한 일이 아니고 하나님의 특별하신 섭리의 경륜 가운데서 이루어진 역사인줄 믿고 영광을 돌립니다.

하나님, 이 시간 사랑하는 제 아내를 위하여 기도합니다. 귀한 딸에게 믿음 주셨으니 더 큰 믿음을 주시고 은혜 베푸셨으니 더 풍성한 은혜를 베풀어 주시며 육신의 건강도 더해 주시고 지혜와 총명, 인내와 덕을 더하셔서 가정에 봉사하며 사회 생활하는데 하나님의 딸로서 부족함 없도록 은혜 내려 주옵소서. 더구나 부족한 이 사람을 위하여 수고가 너무 많습니다. 그러나 제가 다 위로하지 못하오니 주님께서 위로하시며 사랑으로 감당하게 하옵소서. 하나님, 제 아내에게 크신 은총 베푸셔서 그가 원하는 소원이 있사오니 넘치도록 이루어 주시고 저에게도 은혜를 베푸시사 남편으로서 아내에게 해야 할 일을 다하게 하여 주옵소서.

이 어려운 세상 우리 두 사람이 함께 손을 맞잡고 서로 사랑하며, 서로 도우며, 우리에게 맡겨 주신 사명을 잘 감당하게 하여 주옵소서.

우리 가정에 주인이 되신 예수님의 이름으로 기도하옵나이다. 아멘. (기도예문)

Day : 32주(월)

찬송 : (새)459장, 514장

32

열왕기하 25:22-26, 예레미야 40-44장 예루살렘 멸망 후의 참화

- 40장 예레미야의 석방
- 41장 이스마엘의 반항
- 42-43장 애굽으로의 도망
- 44장 애굽에 대한 예언

유다는 하나님의 심판을 받고 바벨론으로 포로가 되어 끌려갔습니다. 그러나 유다는 망했어도 하나님의 말씀은 선지자를 통해서 계속 전파되었습니다. 느부갓네살은 예루살렘 성을 떠나면서 꼭두각시 통치자 그다랴를 총독으로 세웠습니다. 그때에 선지자 예레미야는 그 성에 남아서 동족들에게 여러 가지 필요한 메시지를 전했습니다. 살아남은 유대인들은 꼭두각시 통치자 그다랴를 거부하고 그를 잔인하게 살해하고 말았습니다. 그들은 그다랴를 죽인 후에 하나님의 권고를 무시하고 애굽으로 도망을 쳤습니다. 그러나 예레미야는 곧 애굽이 파멸될 것이라고 예언했습니다. 하지만 유다는 그 경고를 무시하고 계속해서 애굽을 의지했습니다. 예레미야는 유다가 애굽을 의지하다가 여호와의 징계를 받게 될 것이라고 예언했습니다.

읽으며 묵상하며 : 백성들의 중보기도 요청 (렘 42:1-6)

선지자 예레미야가 그들에게 이르되 내가 너희 말을 들었은즉 너희 말대로 너희 하나님 여호와께 기도하고 무릇 여호와께서 너희에게 응답하시는 것을 숨김이 없이 너희에게 말하리라 렘 42:4

애굽으로 이주하려고 계획했던 요하난과 군대 장관 그리고 유다의 남은 백성들은 예레미야에게 중보기도를 요청합니다(2). 그들은 매우 공손히 하나님께서 "우리의 마땅히 갈 길과 할 일을 보이시기를 원"한다고 말합니다(3). 그리하여 여호와께서 "우리에게 이르시는 모든 말씀대로 행할 것"이라고 말하고(5), 또한 하나님께서 자신들에게 말씀하신 것은 "좋고 좋지 아니함을 물론하고" 모두 청종하여 들을 것임을 고백합니다(6상). 그리고 그들은 "우리 하나님 여호와의 목소리를 청종하면 우리에게 복이 있으리이다"(6하)라는 말로 하나님의 말씀에 대하여 절대적인 신뢰를 가지고 있다고 이야기 합니다. 이들의 이러한 태도는 매우 공손하며, 깊은 신앙을 지니고 있는 것처럼 여겨집니다. 하지만 그들은 이미 애굽으로의 이주를 결정한 상태입니다. 그럼에도 불구하고 그들이 예레미야에게 중보기도를 부탁한 것은 자신의 결정에 대하여 하나님께서 인정해 주시기를 바라는 마음에서 나온 것입니다. 이것은 공손을 가장한 오만이며, 신앙을 가장한 불신앙입니다. 그들이 예레

미야를 통한 하나님의 말씀에도 불구하고 애굽으로 간 것(43:6-7)은 그들의 기도 요청이 얼마나 가증한 것인가를 잘 알게 해줍니다.

오늘날 우리들의 신앙 태도는 어떠합니까? 모든 것을 자신이 결정해 놓고 적절히 말씀을 인용하여 "이것이 하나님의 뜻이라"라고 말하지는 않습니까? 혹 이미 마음에 확고한 결정을 해 놓고도 기도라는 형식을 빌려 자신의 결정이 하나님의 뜻인 것처럼 합리화 하지는 않습니까? 하나님의 뜻을 따른다는 것은 나의 모든 생각과 뜻을 완전히 포기하는 것을 의미합니다.

– 「날마다 주님과 함께」 본문해설, 학생신앙운동(SFC), 1999. 10. 21.

살며 생각하며 : 하나님이 웃으시지 않겠는가?

가난을 미덕으로 삼던 수도원의 재정이 바닥났습니다. 수도원 기물은 낡고 끼니를 잇기도 어렵게 되었습니다. 그때에 젖소를 먹이는 목동이었던 고셰는 약초를 이용하여 술을 만들게 됩니다. 그가 만든 '불로 장생주'가 날개 돋친 듯 팔리자, 수도원은 활기를 띱니다. 고셰는 그 공로로 신부가 되나 계속하여 술을 만들며 시음하므로 알코올 중독자가 됩니다. 고셰는 미사 중에 술주정을 하여 귀신들렸다는 말을 듣고 감금되어 술만 제조합니다. 고셰는 젖소만 키우게 해달라고 애원하나 거절당합니다. 저녁 미사가 끝날 때마다 사제는 고셰의 영혼을 위하여 합심기도를 드리자고 합니다.

그 시간에 술 만드는 낡은 건물에서 술에 취한 고셰의 슬픈 노래와 고함 소리가 들어옵니다. 이때 신부들은 염려하며 말합니다. "이를 어쩌나! 교구의 신도들이 알면 큰일인데…." 이것은 알퐁스 도데의 단편 「고셰 신부의 불로 장생주」의 줄거리로 신앙인의 위선과 독선을 잘 깨우쳐 줍니다.

성경에는 하나님이 웃으신다는 표현이 나옵니다. 웃음은 기쁨에서 나오는 웃음도 있으나 그 반대로 너무나 기가 막혀서 나오는 웃음도 있습니다.

"하늘에 계신 이가 웃으심이여 주께서 그들을 비웃으시리로다"(시 2:4). 물론 성경엔 주로 악인(불신자)들의 행태를 보시는 하나님의 비웃음입니다. 그런데 나는 신앙인들의 불신앙적인 행태에 대한 비웃음이 아닐까 생각합니다. 말과 행동이 다르고, 교회 안팎의 생활에 이중성을 가질 때, 하나님은 그런 우리를 보며 웃으시지 않겠는가?

– 박찬규, 「한 날라리 집사의 격려」

Day : 32주(화)

찬송 : (새)535장, 325장

32

예레미야 50–51장, 시편 79편 바벨론과 예루살렘의 멸망

- 50장 바벨론의 장송곡
- 51장 바벨론의 딸

하나님은 유다를 바벨론의 손에 붙여 심판을 하셨습니다. 그러나 하나님은 장차 유다를 친 바벨론 역시 멸망될 것이라고 예고하셨습니다. "갈대아(바벨론)가 약탈을 당할 것이라...완전히 황무지가 될 것이라. 바벨론을 지나가는 자마다 그 모든 재난에 놀라며 탄식하리로다!"(렘 50:10, 13). 그러나 예레미야는 심판에 대해서만 예고하지 않았습니다. 그는 장차 하나님께서 유다에 베풀어 주실 구원에 대한 소망을 제시해 주었습니다. 예레미야의 예언은 구원에 대한 소망의 비전으로 끝을 맺고 있습니다. 예레미야의 예언대로 예루살렘은 곧 멸망하고 말았습니다. 그러나 그 후에 바벨론에 끌려간 여호야긴 왕은 바벨론에서 특별한 대우를 받게 됩니다. 이 일은 장차 유다가 다시 회복될 것을 보여주는 하나의 징조였습니다. 예레미야는 언약을 파기한 왕이 회복된 것처럼, 장차 언약을 파기했던 유다도 다시 회복될 것이라고 예고했습니다.

읽으며 묵상하며 : 눈을 들어 하늘을 보라(렘 51:50–64)

칼을 피한 자들이여, 멈추지 말라 걸어가라! 먼 곳에서 여호와를 생각하며 예루살렘을 너희 마음에 두라 렘 51:50

바벨론으로 끌려간 유대인들이 그들의 고국으로 돌아오는 데에는 4개월이라는 긴 시간이 그들 앞에 놓여 있었습니다. 그들은 숱한 위험과 어려움이 가로놓여 있는 길을 걸어야만 했습니다. 이처럼 힘든 여행을 하는 순례자들에게 있어 한마디의 따뜻한 충고는 격려와 위로가 됩니다. 그리고 곧 도착하게 될 목적지와 그곳의 매력을 생각하면 여행의 지루함을 덜게 될 것이고 여행 중에 맞게 되는 위험에도 넉넉히 이길 힘도 갖게 되어 결국 성공적인 여행을 하게 될 것입니다. 이 사실은 오늘날 우리에게도 밀접하게 관련되어 있습니다. 예수님은 항상 당신의 말씀을 듣는 이들에게 더 높은 세상을 기억하게 하셨습니다. 바울은 우리에게 "위의 것을 생각하고 땅의 것을 생각하지 말라"(골 3:2)고 말했습니다.

이 세상에서의 우리 삶이 천국과 비교한다면 덧없음을 생각해야 합니다. 우리는 잠시 이 땅에 머무는 이방인들이며 순례자들입니다. 따라서 우리는 오직 우리의 최종 목적지인 하늘나라에 진지한 관심과 주의를 기울여야 합니다. 하늘나라에 대한 관심은 우리의 구원을 위해서 필요합니다. 그리스도인의 생활은 사방에서 위협을 받는 끊임없이 위태로운 생활입니다. 우리의 적들이 끊임없이 공격하므로 우리는 경계하여 그들을 막아내야 합니다.

신체적인 위험은 우리의 영적인 위험과 비교할 때 아무것도 아닙니다. 위험은 우리를 난처하게 속이기 위해 유혹물을 던지곤 합니다. 위험은 또한 신비하게 예쁜 모습을 한 친구처럼 다가옵니다. 그래서 때때로 사람들은 위험하다는 것을 알면서도 그 올가미에 걸려들고 맙니다. 그러면 위험이란 무엇을 뜻합니까? 이는 흔히 생각이 무디어지고 양심이 무력하게 됨으로 마음의 신선함과 영적 민감성 그리고 생활의 깨끗함을 상실하게 되는 것을 의미합니다. 우리는 이처럼 위험한 상황에 스스로 굴복시켜서는 안 됩니다. 그렇다면 이러한 곳으로부터 구원을 보장받기 위해서는 무엇을 해야 합니까? 곧 예루살렘을 생각하십시오. 하늘의 빛을 이 땅으로 가져오십시오. 영원의 언덕에서 부는 신선한 공기를 이 탁한 환경으로 불어오게 하십시오. 천국의 음악 소리가 이 땅에까지 들려오게 하십시오. 많은 그리스도인들이 영적인 재앙에 굴복하는 이유는 그들의 눈을 더 높은 곳에 두지 않기 때문입니다. 그러므로 눈을 들어 예루살렘의 영광을 보십시오.

–「호크마 종합주석」 구약 18권, QT, 기독지혜사, p650

살며 생각하며 : 영혼을 살리는 말

싸움에 지친 하나님의 군사들에게는 격려의 사역이 필요합니다. 우리는 모두 긴 여행길에 지쳐서 5분마다 한 번씩 "아빠, 아직 멀었어요?"라고 물어보는 어린 자녀들과 같습니다. 인생은 여행과 같습니다. 우리는 그 기나긴 여행을 막 시작한 것 같은 때에도 삶을 힘들게 만드는 어려움에 봉착합니다. 그리스도인의 삶은 인내가 필요한 싸움입니다.

"포기하지 마세요. 당신은 계속할 수 있어요. 용기를 내세요. 물러서지 마세요. 하나님의 약속을 믿으세요. 마음을 굳게 하고 계속 주님을 따르세요."

이러한 권면은 단순히 상황에 직면하게 만드는 것이 아닙니다. 또한 판단이나 비판 혹은 정죄의 말도 아닙니다. 우리의 부르심은 단순히 다른 사람들의 죄를 지적하는 것 그 이상입니다. 우리는 승리를 얻을 때까지 영적 싸움에서 최선을 다하고 격려하도록 부르심을 받은 것입니다. 이것은 하나님의 은혜를 드러내는 것이기도 합니다. 하나님의 은혜는 죄를 약화시키는 것이 아니라 그 죄를 인정하고 고백하며 용서를 구할 수 있는 능력을 줍니다. 그 은혜는 우리가 죄에 대해서 영적인 싸움을 계속할 수 있는 소망을 주는 유일한 근거입니다. 우리의 삶에 역사하시는 그 은혜를 깨달아야 합니다. 그리고 그 사랑에 충만함을 입어 자신의 유익을 위해 사는 삶을 멈추고 그분을 위해 사는 삶을 시작하는 것이 필요합니다. 이것이 우리가 매일 삶에서 나타내야 하는 격려와 권면의 사역입니다. (폴 트립)

–한태환 목사, 「설교 예화 자료집」

Day : 32주(수)

찬송 : (새)84장, 134장

32

예레미야 애가 1-5장 황무지에서 흘리는 눈물

- 1-2장 예루살렘의 황폐
- 3장 예레미야의 숙고
- 4장 예루살렘의 패망
- 5장 예레미야의 갈망

예레미야 애가에서 예레미야는 예루살렘의 비극적인 멸망을 비통한 심정으로 노래하고 있습니다. 그는 그의 슬픔을 극적으로 표현하기 위해서 시의 형식을 빌리고 있습니다. 애가서는 5편의 시로 구성되어 있습니다. 그 중에서 처음 네 장은 알파벳순으로 절묘하게 쓰여 졌습니다. 그 중에서 3장을 제외한 각 절은 히브리 알파벳 순서대로 시작하고 있고, 특히 3장은 알파벳의 각 글자가 3절씩 반복되고 있습니다. 애가의 글은 비참하게 짓밟힌 예루살렘 현장을 보고 눈물을 흘리면서 시작되고 있습니다. 예레미야는 눈물을 흘리다가 그 모든 역사를 섭리하신 분이 여호와임을 기억했습니다. 그는 모든 배후에서 역사를 섭리하시는 하나님을 바라보면서 가장 절망스러운 상황 속에서도 다시 소망을 발견합니다. 그는 하나님의 자비와 선하심을 잘 알고 있었습니다. 그러므로 그는 장차 하나님께서 조국에 다시 자비를 베풀어 주실 것을 기대할 수 있었습니다. 그는 이러한 점에서 "주의 성실이 크시다"(3:23)고 고백하고 있습니다. 그리고 예레미야는 예루살렘의 포위 기간에 대한 마지막 이야기를 마치고 있습니다. 그 후에 그는 마지막으로 멸망한 조국의 회복을 위해 기도를 드렸습니다.

읽으며 묵상하며 : 하나님의 긍휼하심과 소망 (애 3:19-39)

그가 비록 근심하게 하시나 그의 풍부한 인자하심에 따라 긍휼히 여기실 것임이라 주께서 인생으로 고생하게 하시며 근심하게 하심은 본심이 아니시로다 애 3:32-33

선지자는 본문 19-26절에서 하나님의 진노와 심판 속에서도 그의 백성들을 향한 하나님의 긍휼과 구원이 있음을 기대하고 있습니다. 왜냐하면 언약에 신실하신 하나님께서 당신의 백성들을 궁극적으로 회복시키신다는 사실을 확신하며 이를 소망하고 있기 때문입니다. 유다와 자신의 처절한 고통의 현실 앞에 깊은 좌절을 느꼈던 예레미야는 이제 심령을 하나님께로 향함으로서 격렬한 진노 중에 오히려 멸절되지 않음을 감사하며 자비와 긍휼에 풍성하신 하나님을 온전히 소망하게 된 것입니다. 이러한 삶의 극적인 전환을 가져온 것, 즉 환란 중에 잠잠히 구원을 베푸시는 하나님을 바라보는 믿음은 '선하고' '좋은' 바로 하나님의 뜻과 목적에 합당한 성도의 모습입니다. 내가 소망이 있는 복된 삶을 살 수 있는 것은 모든 환란에서도 의지할 대상과 이유가 있음입니다.

27-39절에서는 젊음의 때는 아직 실수가 많고 그로 인해 때로 어려움을 자초하기도 하지만 하나님의 징계와 연단 앞에 인내하며 순종하는 훈련을 통하여 아름답게 다듬어져 가는 것 또한 하나님의 기뻐하시는 모습을 볼 수 있습니다. 지극히 높으시고 온 우주와 세상을 당신의 주권 가운데 운행하시는 하나님은 공의를 굽게 하고 죄악에 탐닉하는 인생에 대하여 엄하게 징계하시지만 그의 백성들에게 긍휼을 베풀어 주시고, 필요한 모든 것을 합력하여 선을 이루게 하시는 분이시기에 소망 중에 인내하며 기다릴 수 있는 것입니다. 근본적으로 죄로 인한 인생에게 있어서 고난은 있기 마련이며, 하나님께서 생명을 유지시켜 주시는 한 그에게는 회복의 소망이 있는 것입니다.

나는 온전치 못한 매일의 삶 가운데서도 주권자이신 하나님께서 긍휼을 베풀어 주시는 것을 경험하고 있습니까?

– 「날마다 주님과 함께」 본문해설, 학생신앙운동(SFC), 2003. 12. 15.

살며 생각하며 : 사랑의 원자탄

손양원 목사는 동인, 동신 두 아들이 있었습니다. 해방 후 여수, 순천에서 일어난 공산반란 사건에서 사범학교생과 고교생이었던 그들은 목숨을 잃었습니다. 공산 테러리스트에게 처형될 때 서로 감싸주고 대신 죽으려는 우애를 보였으나 결국 둘 다 '안재선'이라는 같은 또래 청년의 손에 죽임을 당하였습니다. 이 지역은 국군에게 평정이 되고 안재선도 체포되었습니다. 아들 둘을 한꺼번에 잃고 슬픔에 잠겼던 손 양원 목사는 기독자의 사랑을 몸소 실천하려고 각계 요로에 안재선의 용서를 탄원하였고 결국 이에 감동된 당국에 의해 안재선이 풀려나자 그를 양아들을 삼았습니다. 즉 아들을 죽인 원수를 아들로 삼는 원수 사랑의 도를 실천하였습니다. 안재선(손재선)은 예수 믿고 신앙을 고백했고 그 후 신학을 공부한 바 있으나 목회자가 되지는 않았습니다.

손양원 목사님은 고백하기를 "사랑하는 두 아들 동인, 동신이 앉았던 그 밥상에 아들을 죽인 원흉 재선을 앉히고 조반을 먹을 때 내 입안에는 밥이 밥알이 아니라 모래알을 삼킨 듯했다"고 솔직하게 인간적인 고뇌를 표한 바 있습니다.

손양원의 일대기가 「사랑의 원자탄」이라는 책으로 나왔습니다. 손양원 목사는 일제 때 신사참배를 거부해 옥고를 치렀고, 해방 후엔 두 아들을 잃었으며, 한국 전쟁 때 순교했습니다.

– 신현주 목사, 「예화 철학」, 도서출판 누가, p239

Day : 32주(목)

찬송 : (새)93장, 93장

32

에스겔 32-34장 파수꾼 에스겔

- 32장 애굽의 멸망
- 33장 영적 파수꾼
- 34장 거짓 목자와 참 목자

하나님은 마침내 유다가 바벨론에게 멸망할 것을 선포하셨습니다. 하나님은 선지자 에스겔에게 나타나셔서 에스겔을 유다의 영적 파수꾼으로 임명하셨습니다. 에스겔의 임무는 하나님께서 보여주신 계시를 백성들에게 전하는 것이었습니다. 하나님은 에스겔이 그 사명을 잘 감당하면 불순종에 대한 책임을 유다 백성들에게 묻겠다고 하셨습니다. 그러나 하나님은 만일 에스겔이 하나님이 보여주신 계시를 백성들에게 바로 전하지 않아서 유다가 멸망하면, 그 피 값을 에스겔에게 찾을 것이라고 경고하셨습니다. 또한 하나님은 에스겔 당시에 나라가 멸망하지 않을 것이라고 외치던 거짓 선지자들이 모두 심판을 받게 될 것이라고 선언하셨습니다.

읽으며 묵상하며 : 선한 목자 (겔 34:1-31)

> 내가 친히 내 양의 목자가 되어 그것들을 누워 있게 할지라 주 여호와의 말씀이니라 그 잃어버린 자를 내가 찾으며 쫓기는 자를 내가 돌아오게 하며 상한 자를 내가 싸매 주며 병든 자를 내가 강하게 하려니와 살진 자와 강한 자는 내가 없애고 정의대로 그것들을 먹이리라 겔 34:15-17

이 시대는 '목자 같은' 사람들이 많은 시대입니다. 목자 같은 사람 만 명보다, 목자 한 명이 더 필요합니다. 아무리 시대가 어려워도 하나님은 목자들이 바르게 서길 원하십니다. 오늘 말씀에는 대조적인 두 부류의 목자들이 등장합니다. 나는 어떤 목자입니까?

이스라엘이 왜 포로가 되었습니까? 왜 흩어졌습니까? 그것은 양떼들을 인도할 목자들이 타락했기 때문입니다. 이스라엘의 목자들은 양들을 먹이지 않고 자기만 먹었습니다(2절). 더구나 양들을 잡아먹고 털을 빼앗았습니다(3절). 그래서 이스라엘은 흩어질 수밖에 없었습니다(5~6절). 이스라엘의 비극의 본질은 목자(지도자)의 문제였습니다. 목자는 양들을 먹이는 것이 마땅합니다(2절). 그러나 이스라엘의 목자들은 양을 위해 자기를 드리기보다는, 자기를 위해 양을 착취하는 사람들이었습니다. 목자가 양을 돌보지 않게 되면, 그 공동체는 반드시 사라지게 됩니다. 외부의 어려운 환경보다 더 위험한 것은, 내부의 목자(지도자)들의 잘못된 자세입니다. 양 자체보다도 양털에 더 관심을 가진 삯꾼 목자가 되지 않도록 늘 나 자신을 살펴야겠습니다. 목자는 목회자만을 말하는 것이 아닙니다. 부모는 자녀의 목자이고, 선배는 후배의 목자이며, 공무원은 민원인의 목자입니다. 지금 우리는 모두가 목자의 위치에 있습니다. 양들의 필요를 알고 양들을 찾아서 고쳐주고 싸매주고 강하게 해 주는 목자들이 될 수 있기를 바랍니다(16절). 사람은 시간이 흐르면서 변질되기 쉽습니다. 이스라엘의 지도자들도 처음에는 다윗 왕이라는 선한 목자의 모형을 기억하고 백성들을 잘 다스리려고 했습니다. 그러나 양들을 다루면서 그들은 점점 양들로부터 취할 이익 앞에서 눈이 멀어져 갔습니다. 선한 목자의 모형은 희미해지고, 돈과 권력의 지배아래 놓이게 되었습니다. 하나님께서는 이러한 이스라엘을 흩으심으로써 악한 목자들을 심판하셨습니다. 그러나 하나님은 심판과 함께 긍휼을 잊지 않으셨습니다. 흩어진 그들을 향해, '한 목자를 그들 위에 세우겠다'고 하십니다(23절). 그 목자는 이스라엘 왕 중에서 최고의 목자였던 다윗입니다. 하나님께서는 다윗이라는 목자 모형을 통해 선한 목자 예수님을 보여주십니다. 결국 흩어진 양떼들은 예수 그리스도를 통해서 목숨을 얻게 됩니다. 예수님은 십자가에서 양들을 위해 자기의 목숨을 버리심으로 선한 목자의 삶을 보여주셨습니다(요 10:11). 지난 날 동안 선한 목자와 같은 삶을 살았습니까? 만일, 돈이나 권력과 같은 삯꾼의 관심사가 내 맘을 차지하고 있었다면, 가장 선한 목자 되시는 예수님을 묵상할 수 있기를 바랍니다. 예수님처럼 양들을 위해서 자기 목숨을 버릴 수 있는 목자들이 될 수 있기를 바랍니다.

–「일용할 양식」 말씀묵상, 기독대학인회(ESF), 2006. 12. 17.

살며 생각하며 : 토마스 목사

"내가 서양 사람을 죽이는 중에 한 사람 죽인 것은 내가 지금 생각할수록 이상한 감이 있다. 내가 그를 찌르려고 할 때에 그는 두 손을 마주잡고 무슨 말을 한 후 붉은 헝겊으로 가죽을 싼 책을 가지고 웃으면서 나에게 받으라고 권하였다. 그러므로 내가 죽이기는 하였으나 이 책을 받지 않을 수 없어서 받아 왔노라." 제너럴 서먼 호 사건 당시 대동강변에서 토마스 목사가 순교하던 장면입니다. 이 때 그를 처형한 군인은 평양성 수비대의 장교 박춘권으로 전하는데 이 때 받아 온 책이 한문성경이었습니다. 전하는 바에 따르면 박춘권은 물론 토마스가 죽음 직전까지 뿌리고 나누어 준 성경과 전도 문서를 받아 읽었던 사람들이 평양에 복음이 들어갔을 때 처음 믿은 초대교인들 가운데 여럿이 끼어 있었다고 합니다. 미국 상선 제너럴 서먼 호의 무례한 행동이 결국 토마스 목사를 순교케 하였으나 그가 최후까지 전한 복음의 씨앗은 한국 예루살렘 '평양'으로 꽃피어난 것입니다. (한영제/한국기독교 인물100년)

–「기독교 문장대백과사전」 9권, 성서연구사, p671

Day : 32주(금)

찬송 : (새)574장, 303장

32

에스겔 35–39장 새 언약과 영적 부흥

- 35장 에돔의 멸망
- 36장 새 언약
- 40장 마른 뼈도 살아남

하나님은 에스겔을 통해서 에돔의 멸망을 선포하였습니다. 그리고 하나님은 소망을 잃은 유다를 위해서 새로운 언약을 선포하셨습니다. 이 새 언약은 시내 산에서 맺었던 옛 언약과 달랐습니다. 옛 언약은 율법을 돌 판에 새겨 주었지만, 새 언약은 성령을 통해 율법을 사람의 마음 판에 새겨주실 것입니다. 그러므로 새 언약을 통해 하나님의 백성이 된 사람들은 자원해서 하나님의 말씀을 준행하게 될 것입니다. 하나님은 에스겔을 통해서 유다가 미래의 다시 회복될 것, 즉 소망의 비전을 보여주셨습니다. 하나님은 에스겔을 골짜기로 데려가셨습니다. 그 골짜기에는 오래 전에 죽어서 말라 흩어진 뼈들이 수없이 많이 흩어져 있었습니다. 하나님은 에스겔을 통해서 그 마른 뼈를 소생시켜서 거대한 군대를 이루게 하셨습니다. 이와 같이 하나님은 바벨론에게 멸망하여 소망이 없어진 유다가 다시 회복되게 될 것이라고 가르쳐 주셨습니다.

읽으며 묵상하며 : 마른 뼈들아 일어나라 (겔 37:1–28)

> 주 여호와께서 이 뼈들에게 이같이 말씀하시기를 내가 생기를 너희에게 들어가게 하리니 너희가 살아나리라 너희 위에 힘줄을 두고 살을 입히고 가죽으로 덮고 너희 속에 생기를 넣으리니 너희가 살아나리라 또 내가 여호와인 줄 너희가 알리라 하셨다 하라
>
> 겔 37:5, 6

사람의 가장 큰 고통은 미래를 빼앗겨버린 것입니다. 마른 뼈 골짜기는 생명이 없고 미래가 없는 절망의 땅이었습니다. 하나님의 말씀이 임할 때, 그 곳에는 미래가 회복됩니다. 하나님이 말씀을 통해 이루어 가실 미래는 어떤 모습입니까?

골짜기에는 뼈가 가득 차 있었습니다. 그 곳은 생명의 기운이 전혀 없는 땅, 소망이 사라진 땅, 미래를 빼앗긴 집단적 죽음의 땅이었습니다. 예루살렘 성은 무너지고 성전은 불탔으며 하나님의 백성들은 포로로 끌려와서 절망에 절어 있었습니다. 이스라엘 포로들은 공동체적인 절망 속에서 바짝 마른 뼈가 되어버렸습니다. 병든 정도가 아니라, 아예 죽어서 말라버렸습니다. 하나님께서는 에스겔을 그 절망의 땅에 세우셨습니다. 그리고 에스겔에게 마른 뼈를 향하여 하나님의 말씀을 대언하도록 명하십니다. 뼈들을 향하여 하나님의 말씀이 선포되었을 때 마른 뼈들이 움직이기 시작했습니다. 하나님의 생기를 향하여 말씀이 선포되었을 때 뼈들이 살아나기 시작했습니다. 마른 뼈로 가득했던 죽음의 골짜기는 이제 하나님의 정예 군사들이 집결한 주둔지가 되었습니다.

하나님의 말씀은 완전한 절망을 완전한 소망으로 바꿉니다. 절망과 죽음의 그림자가 있는 곳, 미래가 사라진 곳에도 하나님의 말씀이 선포되면 그 곳은 강력한 군대의 주둔지가 됩니다. 하나님의 말씀 앞에서 죽음이나 절망은 있을 수 없습니다. 무덤과 같은 땅에서 살아가고 있습니까? 말씀 앞에 서십시오. 마른 뼈가 군대로 바뀌는 것을 보게 될 것입니다.

이스라엘은 남북이 갈라지고, 우상을 숭배했으며, 사회적 약자를 착취했었습니다. 음행의 죄에 중독되어 있었습니다. 지도자들은 공동체적 운명보다는 개인적 영달에 집착했습니다. 이들이 이렇게 타락하고 멸망했을 때, 이때에 하나님께서는 선지자를 통해 막대기 두 개를 붙이게 하심으로 통일 이스라엘에 대한 회복의 약속을 주십니다. 그 나라는 한 임금이 다스리는 하나의 나라, 더 이상 우상을 숭배하지 않는 정결한 나라, 선한 목자가 다스리는 나라, 하나님의 성소가 영원토록 함께하는 나라가 된다는 것 입니다. 하나님의 말씀 앞에서 마른 뼈가 군대로 일어선 그 땅은 이제 더 이상 수치를 당하지 않는 영원한 하나님의 나라가 될 것입니다. 사상적 배교의 북쪽과 윤리적 배교의 남쪽으로 나뉜 한반도 역시 하나님의 말씀 앞에 설 때 새롭게 회복될 수 있습니다. 이 나라가 하나님의 말씀 앞에서 통일 되고, 음란과 우상이 사라지며, 다윗과 같은 목자가 지도자로 세워지길 소망합니다. 지금은 비록 강대국의 포로와 같은 상황이지만, 하나님의 말씀 선포를 통해 하나님의 생기가 이 땅에 불어오도록 기도합시다.

–「일용할 양식」 말씀묵상, 기독대학인회(ESF), 2006. 12. 20.

살며 생각하며 살며 : 그리스도인의 D-day

2차 세계 대전 당시 독일의 롬멜이라는 명장이 있었습니다. 롬멜 장군은 1944년 6월 1일 독일 군대에게 프랑스 서부 해안의 경계를 한층 강화하라는 명령을 내렸습니다. 왜냐하면 연합군에게 프랑스 상륙을 허용하게 된다면 독일군이 한층 불리해 질 것이라고 판단했기 때문입니다. 그런데 갑자기 기상이 악화되어 한치 앞을 내다볼 수 없는 안개가 프랑스 서부 해안을 덮고 있었습니다. 기상 상황을 본 롬멜 장군은 안개가 낀 며칠 동안은 아무 일도 없으리라 생각했습니다. 그래서 자기 아내의 생일을 축하하러 가도 되겠다고 판단해 6일날 비행기를 타고 베를린으로 날아갔습니다.

그러나 롬멜 장군이 안심하고 자리를 비운 그 다음날 연합군의 대대적인 상륙 작전이 시작되었습니다. 역사는 그날을 가리켜서 '디데이(D-day)'라고 부릅니다. 연합군이 독일을 패배시키고 세계 대전을 결정적인 승리의 자리로 바꿨던 날, 결정적인 승리가 확보된 날을

'디데이'라고 합니다. 물론 디데이로 다 끝난 것은 아닙니다. 연합군이 프랑스에 상륙한 뒤에도 독일은 최후의 저항을 계속했지만 마침내 독일이 패배하고 연합군이 최후의 승리를 합니다. 이 2차 세계 대전이 끝나던 날은 '디데이'라고 안 하고 '브이데이(V-day)'라고 합니다. 바로 승리의 날인 것입니다. 그리스도인들의 디데이는 십자가 사건입니다. 예수님께서 우리의 허물과 죄를 담당하여 죽으시고 장사한 지 사흘 만에 부활하신 그날이야말로 그리스도인들의 디데이인 것입니다. 예수님께서 십자가에서 사탄의 모든 계교를 물리치고 하나님의 백성들을 위한 구원의 새 시대를 활짝 열어놓았지만 아직도 사탄의 격렬한 저항은 계속되고 있습니다.

사탄은 주님께서 재림하실 때 최종적으로 완전히 패배하고, 우리가 새 하늘과 새 땅에 들어가게 될 때 바로 브이데이가 될 것입니다. 지금 우리는 '디데이'와 '브이데이' 가운데 살고 있습니다. 우리는 초림과 재림 사이의 긴장 지대에서 살아가고 있는 것입니다.

"통치자들과 권세들을 무력화하여 드러내어 구경거리로 삼으시고 십자가로 그들을 이기셨느니라"(골 2:15).

– 이동원 목사(지구촌교회)

정리하며 확신하며 : 구약에 나타난 하나님의 이름

	원 어	이 름	성경 구절
엘로힘	엘로힘	하나님	창 1:1
	엘 엘룐	높으신 하나님	창 14:22
	엘 로이	감찰하시는 하나님	창 16:3
	엘 솨다이	전능한 하나님	창 17:1, 35:11
	엘 올람	영생하시는 하나님	창 21:33
	엘 벧엘	벧엘의 하나님	창 35:7
	엘로힘 차디크	의로우신 하나님	시 7:9
	엘 카도쉬	거룩하신 하나님	사 5:16
야훼	야훼 엘로힘	여호와 하나님	창 2:4, 5, 7, 8
	야훼	여호와	창 3:26, 출 3:14, 15
	야훼 솨파트	심판하시는 여호와	삿 11:27
	야훼 체바오트	만군의 여호와	삿 1:9, 렘 11:20
	아도나이 야훼	주 여호와	창 15:2, 8
	아도나이	주(主)	창 18:27

– 「그랜드종합 성경주석」 10권, 성서교재간행사, p60

Day : 32주(토)

찬송 : (새)333장, 381장/ (새)342장, 395장

32

■ 이번 주 읽은 성경 요약 및 못 읽은 부분 읽고, 한 주간 생활 묵상하며 가정 예배드리기

■ **주제 : 믿는 자에게 주시는 복**(전 3:12-22)

읽으며 묵상하며 : 이 땅에 사는 인생에게 주신 복(전 3:12-22)

인생에는 반드시 죽을 때와 심판받을 때가 있음을 분명히 알고 하나님 앞에서 겸손히 사는 인생이 지혜로운 인생입니다.

이 땅에서 해야 할 일들

오늘 본문 말씀은 전도서 3:1-11 내용과 깊이 연관되어 있습니다. 전도자는 인생에는 때와 기한이 있음을 말했습니다. 결국 그것은 죽음이라는 큰 한계를 두고 살 수밖에 없음을 말하는 것이며, 그것은 허무를 넘어선 영원을 사모하게 하신 하나님의 배려임을 배웠습니다. 그렇다면 유한한 이 땅에서 우리는 무엇을 하며 살아야 합니까? 전도자는 12절에서 기뻐하며 선을 행하는 것보다 나은 것이 없다고 했습니다. 그리고 수고의 낙을 누리는 것은 하나님의 선물임을 말하고 있습니다. 우리가 인생에서 수고하여 일을 했을 때 얻을 수 있는 기쁨과 즐거움이 있음을 말하는 것입니다. 앞서 나온 '분복'이란 표현과도 유사합니다. 하나님께서 우리에게 주신 복은 물질이나 환경적인 것이 아닙니다. 그로 인해 마음에서 느끼는 기쁨이 바로 선물입니다. 유한한 인생에 있어서 최선은 하나님을 경외하는 것입니다(14절).

불의의 재판에 관한 경고

이어 16절부터 전도자는 불의한 재판에 관해 언급합니다. 그는 공의가 행해져야 하고 약자가 보호되어야 할 재판에 불의가 난무한 것을 보았습니다. 인류가 생긴 이래 부정적인 재판은 계속 되어왔고, 전도자는 이러한 인생의 폐단을 목도했습니다. 그리고 이러한 재판에도 때와 목적이 있음을 분명히 알았습니다. 결국 우리 앞에 놓인 죽음이란 주제는 아무도 피해갈 수 없습니다. 뿐만 아니라 죽음 이후에 의인과 악인에 대해서 심판하실 하나님을 그 누구도 피할 수 없습니다(17절). 권력을 남용하여 불의의 재판을 한 재판관들은 하나님 앞에서 그의 행위에 대해 심판받게 될 것입니다. 당신은 공의와 정직을 행하며, 자신에게 주어진 분복을 누리며 살아가고 있습니까?

– 「묵상하는 사람들, 메시지」, 프리셉트, 2006. 6. 3.

살며 생각하며 : 마음의 행복은 생활을 행복하게 합니다

어느 날 한 교수가 학생들과 쥐를 대상으로 실험을 했습니다. 먼저 쥐들을 세 조로 나눈 뒤 학생들도 세조로 나누었습니다. 교수는 1조에 해당하는 쥐들을 1조 학생들에게 주면서 이 쥐는 천재쥐라 말했습니다. 2조 학생들에게는 보통쥐라고 했고, 3조 학생들에게는 바보 쥐이기 때문에 별로 기대할 것이 없다고 했습니다. 실험은 같은 조건에서 두 달 동안 계속되었습니다. 실험 결과는 놀라웠습니다. 천재라고 소개한 쥐들은 진짜 천재처럼 우수한 행동을 보여 주었고, 보통이라고 소개한 쥐는 보통의 성과를 올렸고, 바보라고 소개한 쥐들은 형편없이 바보 같은 짓만 한 것으로 나타났다는 것입니다. 물론 천재 쥐, 보통 쥐, 바보 쥐를 따로 구분해서 나누어 주었던 것은 결코 아니었습니다. 그런데도 결과적으로는 천재 쥐와 바보 쥐가 따로 있었던 것처럼 되어버렸습니다.

학생들의 마음이 쥐들을 그렇게 만들었다는 것입니다. 천재쥐라는 학생들의 마음이 보통 쥐를 천재 쥐로 만들어 버린 것이고, 형편없는 쥐라는 마음이 보통 쥐를 바보 같은 쥐로 만들어 버렸다는 것입니다. 마음이란 결코 추상적인 에너지가 아닙니다. 마음을 어떻게 갖느냐에 따라 우리의 행동이 달라지는 것은 부인할 수 없는 사실입니다.

그래서 미국의 수필가인 에머슨은 "사람이란 종일 자기가 생각하는 바로 그것이다."라고 말하였고, 마르크스 아우렐리우스는 "사람의 일생은 자기 생각 그대로 되기 마련이다." 라고 했는가 봅니다. 성경 잠언 23장 7절에서도 "대저 그 마음의 생각이 어떠하면 그 위인도 그러한즉"이라고 하였습니다. 참으로 우리의 걸음걸이, 우리의 태도, 우리의 말, 우리의 옷맵시, 우리의 장래, 우리의 직업 등은 우리 생각의 반영이라는 사실을 부정할 수 없습니다. 미국 미시간 호프대 데이비드 마이어스 교수는 행복에 관한 논문 1백46편과 39개국 1만 8천여 명의 대학생을 대상으로 한 설문조사를 분석, 성별, 나이, 결혼 유무, 소득수준이란 네 가지 변수에 따라 인간의 행복 유무를 따져본 결과 기혼자가 미혼자보다 행복하다는 것 외에 다른 어떤 변수도 행복과 무관한 것으로 밝혀졌다고 말했습니다. 오히려 행복해지기 위한 심리구조를 지녔는지 여부가 가장 중요한 행복의 열쇠로 작용한다고 마이어스 교수는 주장했습니다.

사람이 가지는 마음의 태도는 참으로 중요합니다. 가을이 되었습니다. 마음을 바꾸어 보고 싶지 않습니까? 부정적인 마음을 긍정적인 마음으로, 소극적인 마음을 적극적인 마음으로, 비관적인 마음을 낙관적인 마음으로 바꾸고 싶지 않습니까? 무엇보다 하나님을 인정하는 마음을 갖고 싶지 않습니까? 생은 달라질 것입니다. 행복해질 것입니다.

– 열린 편지, '이 가을 행복한 마음 가지고 있습니까?', 김필곤 목사 글 중에서

돌아보며 다짐하며 : 영원히 들어도 좋은 말

살면서 우리가 해야 할 말은 '힘을 내세요'라는 말입니다. 그 말을 들을 때 정말 힘이 나거든요. 오늘 이 말을 꼭 해 보도록 하세요. 그러면 당신도 힘을 얻게 될 테니까요.

살면서 우리가 해야 할 말은 '용기를 잃지 마세요'라는 말입니다. 그 말을 들을 때 정말 용기가 생겨나거든요. 오늘 이 말을 꼭 속삭이세요. 그러면 당신도 용기를 얻게 될 테니까요.

살면서 우리가 해야 할 말은 '감사합니다'라는 말입니다. 그 말을 들을 때 정말 따사롭고 푸근해 지거든요. 오늘 이 말을 꼭 또렷하게 해 보세요. 그러면 당신도 감사를 받게 될 테니까요.

살면서 우리가 해야 할 말은 '사랑해요'라는 말입니다. 그 말을 들을 때 정말 사랑이 깊어지거든요. 오늘 이 말을 꼭 하셔야 해요. 그러면 당신도 사랑을 받게 될 테니까요.

말 한마디에 담긴 의미로 우린 기쁨을 얻기도 하고 깊은 상실감에 빠지기도 합니다. 사람과 사람 사이 언어가 가진 힘은 참으로 큰 비중을 차지한 것 같습니다. 무심코 건네는 한마디의 말로 타인의 가슴에 영원히 지우지 못할 상처를 줄 수도 있고 무언가를 잃어버린 절망의 가슴에 파릇한 생명의 단비 같은 힘을 줄 수도 있습니다. 따스한 마음을 담아 잔잔한 사랑을 전하고 감사의 마음을 전하는 진실된 시간이 더 많아진다면 우리의 삶속엔 행복의 웃음이 항상 함께 할 수 있겠지요.

오늘은 다른 날보다 더 많은 칭찬과 용기와 깊은 이해의 말들로 기쁨 가득한 날이 되셨으면 합니다. 짙어가는 나뭇잎의 초록빛이 참 예쁜 아침에 따스한 커피 한잔과 행복의 느낌 가득 드리고 싶습니다. 오늘도 보람되고 즐거운 하루 보내세요.

– '용기와 희망이 있는 글'(2007. 4. 22)

오늘의 기도 : 하나님을 기쁘시게 하는 기도

오늘도 우리가 육체의 정욕을 버리고 하나님이 기뻐하시는 기도를 드리길 원합니다.
하나님! 기도할 때 잠들었던 우리의 영이 깨어나게 하옵소서.
기도할 때 우리 자신이 새롭게 변화되는 놀라운 능력이 임하게 하옵소서.
하나님! 우리가 기도할 때 하나님 앞에 바르게 서서 자신의 행위를 다시금 돌아볼 수 있게 하시고 자신을 돌아볼 뿐 아니라, 나아가 자신을 새롭게 하는 소망과 용기를 갖게 하옵소서.

우리가 기도할 때 세상을 향한 하나님의 뜻을 자신의 뜻대로 바꾸려고 하는 것이 아니라, 하나님의 선택된 백성답게 살아가기 위하여 하나님의 뜻을 향해 우리 자신의 뜻을 바꾸게 하옵소서.
그러나 하나님! 우리가 기도를 하면서도 우리 자신을 바꾸려고 하는 노력이 전혀 없다면 하나님을 향해 드린 기도가 헛된 것임을 믿습니다.
그러므로 하나님! 기도는 우리가 해야 할 일을 하나님께서 대신 해주기를 바라는 것이 아님을 깨닫고 우리의 의무를 하나님께 맡기지 않길 원합니다.
하루 중 어떤 일이 있어도 하나님의 말씀을 묵상하는 일에 게으르지 않게 하시고, 하나님께 기도하는 시간을 다른 세상적인 일에 쓰지 않길 원합니다. 또한 도움이 필요한 이웃을 보면 그들에게 그리스도의 사랑을 나누어 줄 수 있길 원합니다.
오늘도 우리가 드리는 기도가 하나님을 기쁘시게 하는 기도가 되어 하나님의 보좌에까지 아름다운 향기로 올라갈 수 있기를 간절히 소망하오며 예수님의 이름으로 기도드립니다.
아멘.

– 장승혜, 홍기웅 홈페이지, 2007. 8. 12.

Day : 33주(월)

찬송 : (새)498장, 275장

33

에스겔 40-43장 이스라엘의 새 성전

- 40-42장 새 성전의 모습
- 43장 여호와의 영광이 돌아오는 처소

많은 사람들은 성전의 묘사가 나오는 본문 말씀을 지루하게 생각할 수 있습니다. 그러나 에스겔 당시의 사람들, 즉 바벨론에 포로가 되어 살던 유대인들에게는 이 내용이 큰 감격과 소망을 주는 본문이었습니다. 왜냐하면 본문은 14년 전에 바벨론에 의해 파괴되었던 성전이 다시 회복되는 소망스러운 비전을 보여주고 있기 때문입니다. 에스겔은 성전 회복의 확실함을 보여주기 위해서 성전 각 부분에 대해 크기와 치수까지 구체적으로 보여주고 있습니다. 장차 회복될 성전에 대한 청사진은 성벽, 문, 문지기 방, 현관, 문설주, 아치와 기구들에 대해 정확하게 보여주고 있습니다. 이러한 부분이 오늘날의 성도들에게는 다소 지루하게 느껴질 수 있습니다. 그러나 이 내용은 포로로 살던 당시의 유대인들에게는 소망과 비전을 주는 것이었습니다. 에스겔은 성전 사방을 묘사한 후에 하나님께서 "이스라엘 족속 중에 영원히 거하시기 위해서" 장차 완성될 성전으로 돌아오시는 모습을 묘사하고 있습니다(43:7). 성전을 떠나셨던 하나님은 장차 새롭게 지어질 성전에 다시 돌아오실 것이며, 그 곳에서 자신의 백성들과 함께 영원히 거하실 것입니다.

읽으며 묵상하며 : 새 성전의 회복 (겔 40:1-49)

> 그 사람이 내게 이르되 인자야 내가 네게 보이는 그것을 눈으로 보고 귀로 들으며 네 마음으로 생각할지어다 내가 이것을 네게 보이려고 이리로 데리고 왔나니 너는 본 것을 다 이스라엘 족속에게 전할지어다 하더라 겔 40:4

이스라엘의 멸망은 정치적 실패 때문이 아니라 하나님 앞에서의 영적인 실패 때문이었습니다. 이제 하나님께서는 포로생활 하던 에스겔을 이상 중에 이스라엘 땅으로 데려가서 새 성전의 모습을 보여주십니다. 이를 통해 우리는 어떤 하나님을 알 수 있습니까?

임재하시는 하나님

이스라엘 사람들에게 있어서 포로생활은 정치적 고난이 아니라 영적 고난이었습니다. 예루살렘 성전이 파괴되고 여호와의 영광이 떠났을 때(겔 10:18; 11:23), 이스라엘은 영적 정체성을 잃어버린 삼등 국민이 되어버렸습니다. 그러나 하나님께서는 이상 중에 에스겔을 데리고 이스라엘에 세워질 새 성전의 모습을 가이드 해 주십니다. 성전이 새롭게 세워진다는 것은 하나님이 그 곳에 임재하시겠다는 것이고, 하나님의 임재하신다는 것은 이스라엘이 영적으로 완전히 회복된다는 것을 나타냅니다. 하나님의 백성의 실체는 곧 하나님께 달려 있습니다. 즉, 하나님이 그들과 함께 계시면 가장 강하고 행복한 백성이지만 하나님이 함께 계시지 않으면 포로와 같이 아무 것도 아닌 사람들이 됩니다. 당신은 하나님의 임재를 경험하는 하나님의 백성으로 살아가고 있습니까? 아무리 외관이 화려한 교회건축물이라고 하더라도 하나님이 거하시지 않으면 한낱 창고와 다를 바 없습니다. 하나님과 동행하십시오. 하나님이 임재하고 계신다면 당신은 하나님의 일등 국민입니다.

거룩하신 하나님

새 성전의 모습은 놀라울 만큼 구체적입니다. 성전은 담을 경계로 외부와 바깥뜰이 구분되어 있었습니다. 바깥뜰과 안뜰도 마찬가지였습니다. 그리고 그 담에는 각각 세 개씩의 문이 있었습니다. 바깥뜰은 층계로 외부와 구분된 곳이었습니다(22절). 안뜰 역시 바깥뜰과는 층계로 구분되어 있었습니다(31절). 안뜰과 성소도 층계로 구분되어 있었습니다(49절). 새 성전의 터는 분리되고 구분되는 각 공간들을 가지고 있었습니다. 이것은 성전의 거룩함을 나타내는 건축학적 장치들이었습니다. 하나님의 백성들이 새롭게 가지게 될 성전의 모습은 이렇듯 '거룩하신 하나님'이 거하는 장소가 될 것입니다. 포로가 된 백성들에게 중요한 것은 땅의 회복이 아니라, 거룩한 삶을 회복하는 것이었습니다. 거룩하신 하나님께서 새 성전에 임재 하셔서 그의 거룩한 백성들을 다스리는 것이야말로 바벨론 포로들에게 있어서 가장 큰 소망이었습니다. 지금 당신의 삶에 있어서 무엇을 회복하고 싶습니까? 먼저 거룩한 성전을 마음속에 회복하시길 바랍니다. 그럴 때 거룩한 성전에 거룩하신 하나님이 임하십니다. 거룩하신 하나님을 회복함으로써, 얽매인 포로의 삶을 벗고, 진정한 해방의 기쁨을 맛볼 수 있기를 바랍니다.

– 「일용할 양식」 말씀묵상, 기독대학인회(ESF), 2006. 12. 22.

살며 생각하며 : 하늘에서 내려다본 교회

미국 상원 담당 목사를 지낸 리처드 하버슨이라는 사람이 있습니다. 그가 한번은 먼 곳에 갔다가 저녁 무렵에 비행기를 타고 자신의 집이 있는 워싱턴 시로 돌아오던 길이었다고 합니다. 비행기가 워싱턴 시 상공을 선회하며 착륙을 준비하고 있을 때, 그는 문득 자신의 교회를 볼 수 있나 싶어 창밖을 내다봤습니다. 교회 건물이 그리 크지 않아서인지 아무리 찾아봐도 눈에 띄지 않았습니다. 눈에 들어오는 것은 백악관, 국방성, 조지 워싱턴 대학, 아동 병원 같은 큰 건물들 뿐이었습니다.

하지만 그런 건물들을 보면서 그의 마음에 갑자기 성도들의 모습이 하나하나 떠올랐습니다. 백악관에서 일하는 성도, 국방성에서 일하는 성도, 아동 병원에서 간호사로 있는 성도, 대학 교직원으로 있는 성도를 생각하면서 그는 무릎을 쳤습니다. "그렇다. 내 교회는 이 도시 전체다. 좁은 예배당 안이 아니라 사랑하는 성도들이 일하는 삶의 현장 전체가 내 교회다. 내가 할 일은 하나님의 사람들을 훈련하고 세워서 그들로 하여금 삶의 현장에서 하나님의 사람답게 일할 수 있도록 만들어 주는 것이다."

교회 사역의 본질에 대해 잘 간파한 말입니다. 교회는 하나님의 사람을 세우는 곳입니다. 교회는 그들로 하여금 하나님의 일을 잘 감당할 수 있도록 하는 곳입니다. 주님이 사람을 구원하시고 세우시는 일에 우리를 쓰시도록 기도합시다.

– 이동원 목사, 「이렇게 주 안에 살라」

정리하며 확신하며 : 하나님의 심판의 원칙

각 사람의 행위에 대한 보응		
	행위에 대한 보응	참고 성경 구절
1	참고 선을 행하여 영광과 존귀와 썩지 아니함을 구하는 자에게 영생을 주심	롬 2:7, 10
2	불의를 따르는 자에게 진노를 내리심	롬 2:8
3	악을 행하는 각 사람의 영에게 환난과 곤고를 주심	롬 2:9
4	외모로 사람을 심판하지 않으심	롬 2:11
사람의 행위에 대한 심판 기준		
	사람의 행위에 대한 심판 표준	참고 성경 구절
1	율법 없이 범죄한 자는 율법 없이 망함	롬 2:12
2	율법이 있고 범죄한 자는 율법으로 심판받음	롬 2:12
3	율법 있는 유대인은 율법이 심판 기준임	롬 2:13
4	율법 없는 이방인은 양심이 신판 기준임	롬 2:14, 15
5	하나님은 사람들의 은밀한 것을 심판하심	롬 2:16

–「그랜드 종합 성경주석」, 성서교재간행사, 14권, p688

Day : 33주(화)

찬송 : (새)199장, 234장

33

에스겔 44-48장 다시 드려질 예배

- 44장 봉사에 관한 규정
- 45장 공급에 관한 규정
- 46장 제물에 관한 규정
- 47장 나라에 관한 규정
- 48장 지파들에 관한 규정

에스겔은 성전의 환상을 결론지으면서 그의 예언을 끝맺고 있습니다. 이제 그는 새로 지어질 성전에 필요한 여러 가지 예식들에 대해서 약술하고 있습니다. 이 예식에는 제사장, 희생제물, 예물, 각종절기와 같은 각종 규례들이 포함되어 있었습니다. 이것은 그 동안 중단되었던 제사가 다시 시작될 것을 보여주고 있습니다. 장차 성전이 완성되고 그 안에 하나님께서 계시며, 모든 제사제도가 회복되고, 모든 것이 제 자리를 찾게 될 것입니다. 그 후에 에스겔은 마지막으로 이스라엘 각 지파들-제사장들-왕들-예루살렘 백성들로 구분하여 회복된 나라의 경계를 기록하고 있습니다. 에스겔은 회복될 미래의 영광을 바라보면서 승리의 기쁨에 넘쳐서 새 성읍의 이름을 "여호와 삼마"라고 불렀습니다(48:35). 여호와 삼마는 "여호와께서 그 곳에 계신다"는 뜻을 가진 이름입니다. 하나님은 장차 새롭게 건축될 성전에 계시면서 영원히 자기 백성을 떠나지 않으실 것입니다.

읽으며 묵상하며 : 생명수가 흐르는 땅 (겔 47:1-23)

> 그가 내게 이르시되 이 물이 동쪽으로 향하여 흘러 아라바로 내려가서 바다에 이르리니 이 흘러 내리는 물로 그 바다의 물이 되살아나리라 이 강물이 이르는 곳마다 번성하는 모든 생물이 살고 또 고기가 심히 많으리니 이 물이 흘러 들어가므로 바닷물이 되살아나겠고 이 강이 이르는 각처에 모든 것이 살 것이며 겔 47:8, 9

포로된 백성들에게 하나님께서는 환상을 통해 놀라운 미래를 보여주십니다. 절망에 빠져 있던 그들에게 가슴 벅찬 소망을 심어주십니다. 하나님께서 주시는 소망은 무엇입니까?

땅을 고쳐주십니다 겉으로 볼 때, 성전은 제물의 생명을 빼앗는 곳이었습니다. 그러나 사실 성전은 그 땅에 생명을 주는 곳이었습니다. 성전 문지방 밑에서 생명의 물이 나와서 흘러내리기 시작했습니다. 성전에서 시작된 물은 이스라엘 땅을 적시며 멀리까지 흘러갔습니다. 물의 양도 점점 불어나서 발목과 무릎과 허리 높이를 지나서 능히 건너지 못할 만큼 큰 강을 이루었습니다. 그 물이 흘러들어가는 바다는 소성함을 얻었고, 강 좌우편에는 각종

과일이 열렸습니다. 죽음의 땅, 배교의 땅, 멸망의 땅이 성전으로부터 흘러나온 물을 마시고 생명이 움트는 땅이 되었습니다. 상하고 찢긴 것이 회복되는 땅이 되었습니다. 강의 근원은 성전입니다. 하나님이 거하시는 성전이 있는 곳은 하나님으로 인해 살아나는 땅이 된 것입니다. 메마른 땅에도 하나님이 거하시면 그 땅은 생명이 움트는 옥토가 됩니다. 황폐해져가는 이 나라에 하나님의 생명의 강이 흘러넘치길 기도합시다. 메마른 나의 마음에 하나님의 생수가 흘러넘치길 기도합시다. 이것이 하나님을 중심에 모신 사람들의 특권이요 소망입니다. "나를 믿는 자는 성경에 이름과 같이 그 배에서 생수의 강이 흘러나리라"(요 7:38).

땅을 나눠주십니다. 땅을 잃고 포로가 된 이스라엘 백성들은 이방 땅에서 객이 되어 떠돌면서 살아갈 수밖에 없었습니다. 그들에게 있어서 땅은 곧 생명과도 같았습니다. 땅을 잃은 그들은 간절하게 땅을 되찾기를 원했습니다. 하지만 과연 그런 날이 올 것인지 확실하지는 않았습니다. 그런데 하나님께서 에스겔을 통해서 포로 된 백성들에게 땅을 나눠주시겠다고 말씀하셨습니다. 그들이 우상을 숭배하고 음란한 죄를 저질렀을 때 약속의 땅에서 쫓겨나게 되었지만, 이제 새롭게 회복될 미래에는 다시 그들에게 땅이 주어지게 될 것입니다. 이스라엘이 출애굽 후 가나안 땅에 들어갔을 때, 그 땅은 자체적인 군사력에 의해 쟁취했다기보다는 하나님의 선물로 주어졌습니다. 이제 회복될 이스라엘에게 주어질 땅 역시 하나님을 진심으로 섬기는 자에게 거저 주시는 선물로서 주어지는 땅입니다. 군사력을 의지하고 외교 관계를 이용하여 땅을 지키려 했을 때 그들은 철저히 망했지만, 하나님을 의지하고 성전 공동체로 회복되었을 때 그들에게는 새롭게 땅이 주어졌습니다. 땅에 집착할 것이 아니라 땅의 주인 되신 하나님을 중심에 모시고 사십시오. 하나님께서 회복의 소망을 주실 것입니다.

– 「일용할 양식」 말씀묵상, 기독대학인회(ESF), 2006. 12. 29.

살며 생각하며 : 언더우드의 한국 선교

언더우드(Horace Grant Underwood, 元杜尤, 1859-1916)는 한국에 복음의 씨를 뿌린 최초의 장로교 선교사입니다. 그는 신학교에 다닐 무렵 일본 선교사였던 알트멘스 박사로부터 한국에 대한 소식을 듣고 한국에 선교사로 가기로 결심했습니다.

그는 선교부에 청원서를 냈습니다. 그러나 선교부는 한국의 배타적인 면 때문에 시기상조라는 신중론을 내세워 탐탁하게 여기지 않아서 한국 선교에 대해서는 예산도 세우지 않는 상태였습니다. 그가 수차례에 걸쳐 간청하였으나 결과는 번번이 조금만 더 기다리라는 대답뿐이었습니다.

그리하여 실의에 차 있을 때 뉴욕의 어느 교회로부터 목회를 맡아달라는 청을 받았습니다. 언더우드는 갈림길에 서게 되었습니다. 교회의 요청을 수락할 것인가, 아니면 한국 선교를 더 기다릴 것인가? 그는 망설이다가 목회를 수락하기로 결정하고 이에 대한 답장을 부치러 우체국으로 갔습니다.

그런데 그가 막 우체통에 편지를 넣으려는 순간 그의 마음에

"한국은 어쩔 작정이냐? 한국은 버려져 있다."라는 하나님의 음성이 들렸습니다. 그는 우체통에 넣으려던 편지를 다시 호주머니에 넣고 그 길로 선교부 사무실로 갔습니다. 그리고 다시 한 번 열정적으로 간청하였습니다.

"저를 선교사로 보내 주십시오. 누구든 한국에 가야 합니다."

그런데 뜻밖에도 그때 선교헌금을 내러 왔던 어느 목회자가 그의 후원자가 되어주기로 했던 것입니다.

이렇게 해서 한국 선교의 길이 열리게 되었습니다.

분문에서도 이방인을 구원하시고자 하시는 하나님의 은혜를 엿볼 수 있는데 우리는 과연 그 복음을 전하기에 얼마나 애쓰고 있습니까?

– 「그랜드 종합주석」 10권, 성서교재간행사, p1267

언더우드 선교사님의 기도문

오 주여! 지금은 아무 것도 보이지 않습니다.
보이는 것은 고집스럽게 얼룩진 어둠뿐입니다. 어둠과 가난과 인습에 묶여 있는 조선 사람 뿐입니다. 조선의 마음이 보이지 않습니다. 그리고 저희가 해야 할 일이 보이지 않습니다. 그러나 주님 순종하겠습니다. 겸손하게 순종할 때 주께서 일을 시작하시고 그 하시는 일을 우리들의 영적인 눈이 볼 수 있는 알이 있을 줄 믿나이다.
지금은 우리가 황무지 위에 맨손으로 서 있는 것 같사오나 지금은 우리가 서양귀신 양귀자라고 손가락질 받고 있사오나 저희들이 우리 영혼과 하나인 것을 깨닫고 눈물로 기뻐할 날이 있음을 믿나이다.
지금은 예배드릴 예배당도 없고 학교도 없고 저 경계와 의심과 멸시와 천대함이 가득한 곳이지만 이곳이 머지않아 은총의 땅이 되리라는 것을 믿습니다.
주여! 오직 제 믿음을 붙잡아 주소서!

– 「가이드 포스트」 2001년 5월호에서

Day : 33주(수)

찬송 : (새)534, 324장

33

다니엘 3-4장, 열왕기하 25:1-30, 예레미야 52:31-34 느부갓네살 왕 때의 사건

- 3장 금 우상에 절하지 아니함
- 4장 느부갓네살의 조서

느부갓네살 왕은 자신과 바벨론의 영화를 위해 금으로 우상을 만들었습니다. 그리고 나서 그는 자기 영토에 속한 모든 나라의 관리들을 소집해서 그 우상에게 절을 하게 만들었습니다. 그러나 하나님을 섬기는 다니엘의 세 친구는 우상에게 절을 할 수가 없었습니다. 느부갓네살은 그들을 회유해 보려고 노력했지만 그들은 뜻을 굽히지 않았습니다. 그러자 느부갓네살은 진노하여 평소보다 일곱 배나 더 뜨거운 풀무불 속에 그들을 던지라고 명했습니다. 그러나 하나님의 도우심으로 인해 그들은 불 속에서 춤을 추고 있었습니다. 놀란 느부갓네살은 그들을 불에서 끌어내라고 지시했으며, 그들은 조금도 해를 입고 불 속에서 나올 수 있었습니다. 이 사건을 통해서 하나님은 이방 왕에게 자신의 영광을 나타낼 수 있었습니다. 그 후에 느부갓네살이 다시 교만해지게 되자, 하나님은 그를 짐승처럼 만들어 버리셨습니다. 그리고 일정 기간이 지난 후에 하나님은 다시 그에게 총명을 주셨습니다. 이로 인해 느부갓네살은 겸손해졌고 하나님께서 만국을 다스린다는 것을 깨닫게 되었습니다.

읽으며 묵상하며 : 그리 아니 하실지라도 (단 3:3-18)

그렇게 하지 아니하실지라도 왕이여 우리가 왕의 신들을 섬기지도 아니하고 왕이 세우신 금 신상에게 절하지도 아니할 줄을 아옵소서 단 3:18

느부갓네살은 금 신상에 절하지 않은 하나냐, 아사랴, 미사엘에게 다시 한 번 기회를 줌으로 인간적인 애정을 표하고 있습니다. 그러면서도 절대자인 자기의 명령과 쇠를 녹이는 풀무불의 화염으로부터 누가 그들을 건져낼 수 있겠느냐고 하면서 현실적인 위협을 가하고 있습니다. 하지만 다니엘의 세 친구는 왕의 인간적인 호의와(14) 위협에도 불구하고(15) 이 부분에 대해서는 더 이상 대답할 필요조차 없다고 잘라 말하고 있습니다. 이 같은 그들의 절대 신앙은 인간의 나라와 권세는 무너질 수밖에 없지만 하나님의 나라는 영원하며 뜨인 돌의 승리는 확실하다는 것에 대한 믿음 때문이었습니다. 그들은 느부갓네살의 꿈의 핵심을 바르게 들었고 인간이 참으로 두려워해야 할 하나님 앞에서 자신들이 취해야 할 행동에 대해 바르게 적용하고 있는 것입니다.

하나냐, 미사엘, 아사랴는 만약 기적을 통해 하나님의 보다 더 큰 뜻이 성취될 수 있다면 하나님께서는 극렬히 타는 풀무 불과 준엄한 왕의 명령에서 능히 건져내실 수 있다고 선언합니다. 이 얼마나 놀라운 믿음입니까? 그러나 그들의 더욱 위대한 고백은 18절에 나타나는 '그렇게 하지 아니하실지라도'의 신앙입니다. 그들은 비록 하나님의 구원의 손길이 나타나지 않아 풀무 불에서 타 죽게 된다 할지라도 금 신상 앞에 절하지 않겠다고 선언하고 있습니다. 그들은 하나님의 구원의 능력에 대해 추호도 의심치 않았습니다. 그러나 인간이 하나님의 높으신 뜻을 다 알 수 없다는 점도 온전히 인정하고 있습니다.

통계에 따르면, 매년 선교지에서 예수를 믿는다는 이유로 사형당하거나 살해되는 신자의 숫자는 16만 명에 달한다고 합니다. 이들의 죽음은 다니엘의 친구들보다 믿음이 약해서, 혹은 의롭지 못해서가 아닙니다. 불의한 세상에서 성도의 고난은 장차 공의로운 심판을 위해 반드시 필요한 것입니다. 18절의 '그렇게 하지 아니하실지라도'가 그저 17절, '능히 건져 내시겠고'의 구색 맞추기로 쓰인 것이 아니라 그보다 앞선 고백이라 하더라도 우리의 믿음에 변동이 없을지 살펴보아야 합니다.

– 「GT, 세계를 품는 경건의 시간」, GTM, 2004. 3. 21.

살며 생각하며 : 믿으려면 그렇게 믿어야디요

북한 동포를 돕던 한 재미 실업인이 북한을 방문할 기회를 갖게 되었습니다. 그런데 그는 두 차례나 매우 난처한 일을 겪어야 했습니다. 첫 번째는 죽은 김일성에게 참배하는 것이었고 두 번 째는 고급 관리가 술을 따라주며 건배하자는 요구였습니다. 독실한 크리스천인 그에게는 모두 받아들일 수 없는 요구였습니다. 시선이 따갑게 집중되었지만 그는 두 차례 모두 정중히 물리쳤습니다. 김일성에 대한 참배는 사망 10주기를 맞은 오늘까지 그 추모행사가 떠들썩할 만큼 북한 당국이 비중을 두는 일입니다. 그래도 그것은 견딜 만한 일이었다고 했습니다. 그러나 관리의 건배 요구는 특별히 위압적인 것이었고 그래서 주위 사람이 모두 긴장했습니다. 그런데 그 관리는 뜻밖의 반응을 보였습니다. "내레 선생 맘에 드오. 믿으려면 그렇게 믿어야디요."

적당히 타협할 것을 요구하는 일이 너무 많은 세상입니다. 신앙의 지조를 지킨 다니엘과 하나냐 미사엘 아사랴의 신앙을 찾아야 합니다.

– 임종수 목사(큰 나무 교회), 「임종수 목사의 간증」

Day : 33주(목)

찬송 : (새)441장, 498장

33

다니엘 7–8장, 5, 11, 12장 이스라엘의 미래와 하나님의 나라

- 7–8장 벨사살 왕 때의 두 환상
- 5장 벨사살의 죽음
- 11–12장 다리오 원년에 있었던 환상

다니엘은 네 마리의 짐승이 등장하는 환상을 보았습니다. 이 환상은 이스라엘과 관련된 미래의 세계 역사를 보여주는 환상이었습니다. 그가 본 첫째 동물(사자)은 바벨론을, 둘째 동물(곰)은 메대와 바사를, 셋째 동물(표범)은 헬라를, 그리고 넷째 동물(기이한 짐승)은 로마를 상징 했습니다. 그 후에 다니엘은 또 다른 환상을 보았습니다. 이 이 환상에 나오는 숫양은 메대와 바사를, 그리고 숫염소는 헬라를 상징하고 있었습니다. 이 환상은 세상 나라들이 하나님 백성들을 박해하다가 멸망하지만, 하나님 나라는 영원히 계속될 것을 보여주고 있습니다. 이때에 바벨론의 마지막 왕이었던 벨사살은 하나님의 성전에서 가져온 그릇으로 술을 마시는 큰 죄를 저질렀습니다. 이로 인해 하나님은 진노하여 벨사살 왕을 죽여 버리시고, 페르시아의 다리오를 세계의 통치자로 세우셨습니다. 이로 인해 바벨론 시대가 막을 내리고 메데–페르시아 시대가 시작되었습니다. 다니엘은 다리오 왕 때에도 장차 일어날 헬라와 그 나라에서 분열된 나라들이 이스라엘을 박해할 것을 예고했습니다. 그러나 다니엘은 그 때에 영원한 하나님 나라가 도래하는 환상을 보았습니다.

읽으며 묵상하며 : 말세에 요구되는 지혜 (단 12:1–13)

> 지혜 있는 자는 궁창의 빛과 같이 빛날 것이요 많은 사람을 옳은 데로 돌아오게 한 자는 별과 같이 영원토록 빛나리라 단 12:3

하나님이 말세의 혼란함을 예언하고 지혜 있는 성도들은 최종적인 구원을 얻을 것임을 약속하십니다.

다니엘은 유다의 패망과 성전 파괴를 경험했고 70년간이나 세계 제국의 심장부에서 세상의 흥망성쇠를 조망했습니다. 또한 하나님의 예언대로 자기 백성들이 고향으로 돌아가는 감격적인 모습을 지켜보았고, 그 후에는 예루살렘 성전을 재건하면서 겪던 고난에 기도로 동참하고 있었을 것입니다.

하나님이 장차 있을 큰 사건들을 보여 주신 이유는 현재의 작은 전쟁을 인하여 낙심하지 않게 하시기 위함입니다. 우리는 '자신이', '현재' 당하고 있는 어려움을 자신이 감당하기에는 너무 힘든 고난이라고 느낍니다. 그러나 하나님은 다니엘에게 "더 큰 고난"을 보여 주심으로써, 장차 "더 큰 영적 전쟁"을 치러야 함을 일깨워 주셨습니다. 그러므로 우리는 현재의 고난을 능히 감당할 만한 것인 줄로 알고 낙심한 마음을 추슬러 용기 있게 대처해야 할 것입니다.

하나님이 장래의 큰일들을 보여 주신 또 다른 이유는, 성도들이 극심한 격변과 혼란 가운데서 하나님을 향한 신앙을 시험받게 될 것임을 일깨워 주시기 위함입니다. 하나님은 다니엘에게 환상을 보여 주심으로써 많은 외부의 적들로부터 신앙을 위협받게 될 뿐만 아니라, 이스라엘 내부에서 어려움을 겪게 될 것이라는 사실을 알려 주셨습니다(11:31-35).

이스라엘 백성들은 생존을 위협하는 외부의 적과, 신앙을 교란하는 내부의 적을 동시에 상대하면서 신앙을 시험받게 될 것입니다. 어떤 이들은 이 시험에서 실패하여 악을 더하고 영원한 부끄러움을 당하게 될 것입니다. 반면 지혜 있는 자들은 그 혼탁한 상황 가운데서도 하나님의 주권을 확인하고, 하나님을 향한 신앙의 지조를 지켜, 스스로를 정결케 하며 궁창의 빛과 같이 빛나게 될 것입니다(3-4, 10절).그러한 자들은 하나님의 은혜로 혼란한 인생 가운데서도 평안함을 잃지 않는 삶을 살다가 결국 영생을 누리게 될 것입니다(13절)

–「묵상하는 사람들, 메시지」, 프리셉트, 2005. 4. 4.

살며 생각하며 : 페트병으로 만든 덫

몇 년 전 일본의 어느 신문에 페트병으로 해충을 잡는 덫을 만들어 큰 효과를 본다는 기사가 보도되었습니다.

이 덫은 한 농협 직원에 의해 고안된 것으로, 페트병 윗부분의 3분의 1 정도를 자른 후 그것을 뒤집어서 그 자리에 붙이고 고정한 것입니다. 용기 내부엔 중성세제를 혼합한 물을 넣고 윗부분에는 페로몬제(pheromoone)-동물, 특히 곤충이 의사를 전달하기 위해 분비하는 '체외 분비성 물질'을 바릅니다. 그러면 대기 중에 떠돌다가 페로몬제에 유인된 나방 암컷은 중성제가 섞인 물 속에 떨어져 죽게 됩니다.

양상추 밭에서 시험한 결과를 보면 1주일 만에 2백-4백 마리의 나방을 잡는 큰 성과를 거두었습니다.

쓰레기로 버려질 페트병이 유용한 발명품이 된 것처럼, 지옥으로 버려질 존재였던 우리가 하나님의 손에 들려지자 거룩한 백성이요 하나님의 종으로 새롭게 되었습니다.

–「키워드로 불러보는 설교 예화」, 아가페, p617

Day : 33주(금)

찬송 : (새)240장, 231장

33

다니엘 6, 9, 10장, 시편 137편 다니엘이 본 환상들

- 6장 사자의 입에서 보호해 주심
- 9장 다니엘의 기도와 칠십 이레
- 10장 고레스 때의 환상

다리오 왕은 세 명의 총리를 세워 나라를 다스리게 했으며, 다니엘을 그들 중에 가장 높은 관리로 등용했습니다. 그러자 시기를 느낀 바벨론 관리들이 궤계를 써서 다니엘을 함정에 빠뜨리려고 했습니다. 그들은 마침내 궤계를 통해서 다니엘을 모함해서 그를 사자 굴에 던지는 데 성공했습니다. 그러나 하나님은 천사를 보내서 사자들이 다니엘을 해치지 못하도록 지켜 주셨습니다. 다니엘이 사자 굴에서 살아나오게 되자, 이번에는 반대로 그를 모함했던 자들이 사자 굴에 던져지고 말았습니다. 사자들은 그들이 땅에 떨어지기도 전에 그들을 붙잡아서 부서뜨렸습니다. 후에 다니엘은 예레미야서를 읽다가 이스라엘이 70년 만에 고국으로 다시 돌아갈 것이 약속되었다는 사실을 알게 되었습니다. 이 일로 인해 그는 금식하면서 민족을 위해 기도하기 시작했습니다. 그때에 하나님은 천사 가브리엘을 보내셔서 그에게 이스라엘의 미래에 대한 계획을 설명해 주셨습니다. 다니엘은 고레스 3년에 다시 한 번 이스라엘의 미래에 대한 환상을 보았으며 이 환상도 기록했습니다.

읽으며 묵상하며 : 죽음과 바꾼 감사 (단 6:1–10)

> 다니엘이 이 조서에 왕의 도장이 찍힌 것을 알고도…하루 세 번씩 무릎을 꿇고 기도하며 그의 하나님께 감사하였더라 단 6:10하

다니엘은 왕 이외의 다른 신에게 기도하면 죽임을 당한다는 법이 통과되었음을 알았음에도 늘 행하던 대로 하루 세 번씩 기도하며 하나님께 감사합니다.

다니엘은 멸망한 제국의 고위 관료였습니다. 그러한 그가 그 나라를 정복한 제국의 최고 관리가 된다는 것은 거의 불가능한 일이었습니다. 이러한 상황에서 다니엘을 제거하려는 정치적인 움직임이 있었음은 어찌 보면 당연한 일입니다.

그러나 그러한 시도들은 곧 난항에 봉착하게 되었습니다. 왜냐하면 "다니엘이 임무에 충실하여 아무런 실책이나 허물이 없었기 때문"(4절, 표준새번역)입니다. 다니엘의 영성은 내면적인 단계에서 머무는 것이 아니라 세상을 변화시킬 수 있는 강력한 것이었습니다. 이에 적들의 초점은 다니엘이 '하나님의 율법'을 따르는 사람이라는 사실에 맞추어집니다(5절). 다니엘은 그만큼 하나님의 사람, 신앙의 사람이었습니다. 나아가 주목할 것은 정적(政敵)들의 음모가 '기도'에 맞추어졌다는 것입니다. 그만큼 다니엘은 기도의 사람이었습니다. 법안의 유효기간이 길지 않았던 것은(7절) 목적을 달성하기에 그리 긴 시간이 필요하지 않았다는 사실을 보여줍니다.

우리는 범사에 감사하라는 말씀과(살전 5:18), 아무것도 염려하지 말고 감사하며 기도하라는 말씀을 잘 알고 있습니다(빌 4:6). 그러나 이것을 생활 가운데 적용하고 실천한다는 것은 매우 어렵습니다. 여기에서 기억할 것이 바로 다니엘의 기도입니다. 다니엘은 '조서에 왕의 도장이 찍힌 것'을 알고 있었습니다. 이제 이 법안은 폐기는 고사하고 수정하기도 불가능한 것임을 총리인 그가 몰랐을 리 없습니다. 그런데 그는 "전에 행하던 대로" 하루 세 번씩 기도하고 하나님께 감사했습니다(10절). 우리가 여기서 주목해야 할 것은 본문이 "기도하며 그의 하나님께 감사하였더라"고 기록한 부분입니다. 죽음 밖에 남지 않은 이 상황에서 감사할 조건이 무엇이었겠습니까? 그러나 이러한 감사 기도는 결국 다니엘로 하여금 세상을 이기게 했습니다.

–「묵상하는 사람들, 메시지」, 프리셉트, 2005. 11. 18.

살며 생각하며 : 기도하는 시간

한국에 기독교가 들어온 지 얼마 되지 않았을 때였습니다. 하루는 몇 명의 전도부인들이 경기도 용인을 순행하며 전도하는 도중 추운 겨울이었는데 맨발에 솜옷도 입지 못한 딱한 처지의 여인을 보게 되었습니다. 그들은 불쌍히 여겨 그 여인에게 솜저고리와 치마를 벗어주었습니다.

그리고 1년 후 다시 그곳으로 전도하러 나갔다가 우연히 예전의 그 여인을 다시 만나게 되었습니다. 이미 그 여인과 남편은 예수 믿기를 시작했고 생활 형편도 전보다 나아져 있었습니다. 선교사였던 스크랜튼 부인이 물었습니다.

"당신은 기도를 얼마나 자주 드립니까?"

그러자 그 여인은 쉴 새 없이 드린다고 대답했습니다. 옆에 있던 다른 부인이 이 말을 듣고는 의아해 했습니다.

"아니, 살림을 하자면 눈코 뜰 새가 없이 바쁠 텐 데 어떻게 쉴 새 없이 기도를 하십니까?"

그 여인은 별일 아니라는 듯이 이렇게 대답했습니다.

"기도하는 사람이 어찌 별다른 틈이 있어서 하겠습니까? 나는 무슨 일을 할 때든지 손으로는 일을 하지만 마음속으로 늘 기도합니다. 가령 빨래를 할 때는 이 죄인의 죄를 다 씻어 이 빨래와 같이 희게 되기를 위하여 기도하고, 장작불을 땔 때에는 믿음이 이 불과 같이 타오르기를 기도합니다. 또 밭에 가서 김을 맬 때에는 나의 마음속 죄의 뿌리를 풀 뽑듯이 뽑아 주기를 하나님께 기도합니다. 그러면 늘 쉴 새 없이 기도하게 되지요…."

이렇듯 어떤 상황에 놓이더라도 때와 장소에 굴하지 않고 뜻을 정하여 기도함이야말로 우리의 마땅히 힘쓸 일이 아니겠습니까? 더욱이 다니엘은 왕 이외의 다른 사람이나 신에게 기도하는 자는 사자굴에 던져 넣겠다는 금령에도 굴하지 않고 예루살렘을 향하여 하나님께 기도함을 그치지 않았는데

–「그랜드 종합 주석」 11권 예화, 성서교재간행사, p139

정리하며 확신하며 : 하나님이 연단하시는 목적

	연단하시는 목적	참고 성경 구절
1	순종 여부를 아시기 위해	창 22:1-19
2	하나님을 경외하고 범죄하지 않게 하시기 위해	출 20:20
3	복을 주시기 위해	신 8:16
4	당신에 대한 인간의 사랑을 확인하시기 위해	신 13:3, 대하 32:31
5	하나님의 주권적 섭리에 대한 깨달음을 위해	욥 2:10, 사 48:9-11
6	인간의 연약함을 깨닫게 하시기 위해	전 3:18
7	정결케 하시기 위해	사 1:25
8	선악을 분별함으로 회개하게 하시기 위해	렘 9:7, 히 5:14
9	천국 안식을 더욱 사모하게 하시기 위해	롬 5:4
10	자고(自高)하지 않도록 하시기 위해	고후 12:7

–「그랜드 종합 주석」 3권, 성서교재간행사, p575

Day : 33주(토)

찬송 : (새)333장, 381장/ (새)342장, 395장

33

■ 이번 주 읽은 성경 요약 및 못 읽은 부분 읽고, 한 주간 생활 묵상하며 가정 예배드리기

■ **주제 : 신앙적인 자녀 양육 원리** (레 19:20-32)

읽으며 묵상하며 : 자녀를 신앙으로 기르라 (레 19:20-32)

'신앙 문화'

거룩을 추구하는 하나님의 백성은 식생활에서도 이방인들과 구별되어야 합니다. 또한, 의사결정의 순간에도 이방인들처럼 점을 치거나 술법을 행해서는 안 됩니다. 또 머리나 수염 등 외모를 가꾸는 데도 이방 우상 숭배자들의 모양을 흉내 내서도 안 됩니다. 그리고 장례문화에서도 이방을 본받아 살에 문신을 하거나 문양을 넣어서도 안 됩니다. 이런 것들은 때로 문화나 유행처럼 자연스럽게 다가올 수도 있습니다. 그러나 하나님의 백성은 세상을 따라가는 사람이 아니라 세상을 거슬러 올라가는 사람이 되어야 합니다. 거룩한 신자는 세속에 물들지 않도록 자신을 지키기 위해 항상 노력해야 합니다.

'신앙적인 자녀를 만드는 길'

29-32절은 거룩한 가정을 만드는 것에 대한 규례입니다. 부모는 자기의 딸이 창녀가 되게 내버려둬서는 안 됩니다. 이것은 가정을 무너뜨릴 뿐 아니라 나라 전체를 음란의 죄악에 빠뜨리는 일이 됩니다. 자녀를 거룩한 세대로 양육하는 데 필요한 것은 부모가 먼저 안식일과 성소를 귀히 여기는 것입니다. 예배의 시간과 장소를 소중히 여기는 것은 신앙생활의 기초석입니다. 또 부모는 신접한 자나 박수를 믿고 따라서는 안 됩니다. 이런 기복적인 신앙은 우상 숭배로 이어지고 우상 숭배는 곧 음행으로 연결되기 쉽기 때문입니다. 또 한 가지는 센 머리 앞에서 일어서고 노인을 공경하는 모습을 보이는 것입니다. 이런 본을 본 자녀는 마음에 그 본이 남아 부모님의 마음을 아프게 하는 잘못된 길로 쉽게 빠지지 않게 될 것입니다. 거룩한 후손은 거룩한 부모의 삶을 통해서만 전수될 수 있습니다. 그래서 자녀야말로 부모의 거룩이 얼마나 온전한 것인지를 나타내주는 척도가 아닐 수 없습니다. 그러므로 우리는 우리의 다음 세대의 신앙을 위해 항상 기도해야 합니다.

– 「GT, 세계를 품는 경건의 시간」, GTM, 2008. 8. 11.

살며 생각하며 : 엄마의 교육 태도 7가지

① 죄책감을 버려라. 죄책감을 가지면 자녀를 응석받이로 키우게 된다.
② 자녀와 함께 있는 동안 집안이 조금 지저분해도 신경 쓰지 말고 자녀들에게만 관심을 쏟아라.
③ 잠들기 전 자녀의 손을 꼭 잡고 하루일과 중 잘한 일은 칭찬해 주고 내일을 위해 기도한다.
④ 자녀들에게 책임감을 심어준다. 자녀들이 방과 후 시간을 자율적으로 쓸 수 있도록 엄마가 시간계획표 짜는 것을 돕는다. 또 자녀들이 계획대로 실천하면 칭찬해 주는 것을 잊지말라.
⑤ 집안일에 우선순위를 정한다. 자녀들 학과지도, 과제물준비, 가사일 등 계획을 짜두어 중요한 일부터 시작하라. 또한 가사 일에는 가족을 최대한 동원시킨다. 가족들은 함께 일하면서 서로 사랑하는 법을 터득한다.
⑥ 가족을 위한 특별한 시간을 마련하라. 주말엔 가족이 함께 산행을 떠나거나 야외로 나가 일주일 동안 못다한 이야기를 나눈다.
⑦ 좋은 보모나 탁아원을 선택한다. 보모에겐 자녀의 특성을 이야기해 주고 자신의 방침대로 하고 있는지 확인한다.

– 라황용 목사(김제 세계로교회 담임목사), 2005. 4. 29.

돌아보며 다짐하며 : 잉꼬부부가 되는 7가지 비결

① 지금 당장 새로운 대화의 방법을 마련할 것. 말의 내용 못지않게 어조를 주의한다. 대화가 싸움이 될 기미가 보이면 중지하고 평화로운 분위기가 되었을 때 다시 시작한다.
② 상대방의 말을 진지하게 받아들이고 서로의 차이점을 인정한다.
③ 상대방의 약점과 결점을 받아들여야 한다.
④ 침실은 자녀 걱정과 일 걱정을 떨쳐 버리고 심신을 새로이 하는 곳으로 만든다.
⑤ 같이 식사하는 것을 가족의 의식으로 만들 것. 인류학자들이 한결같이 지적하는 것처럼 빵을 나눠먹는 것은 친선과 우호, 신뢰와 결속을 의미한다.
⑥ 여가활동의 기쁨을 같이 나눈다. 시간과 노력이 많이 드는 것이 아니라 같은 책을 읽는 다든지 뉴스나 영화 이야기를 하는 것도 좋다.
⑦ 함께 한 가지 계획에 몰두하라. 기력을 탕진하지 않는 것이면 무엇이든 좋다. 둘이

함께 어떤 일을 하다 보면 목적의식과 함께 친근감이 되살아난다.

– 라황용목사(김제 세계로교회 담임목사), 2005. 4. 29.

오늘의 기도 : 자녀를 위한 기도

창조주 되시며 생명이 되시는 아버지 하나님!
자녀들의 삶이 날마다 주의 진리로 가득하게 하시고 날마다 주님의 은혜로 새롭게 하옵소서.
자녀들에게 할 일을 주시고 그 일 가운데 하나님을 온전히 찬양하기 원합니다. 우리 자녀들의 삶이 하나님의 은혜로 풍성하게 하시고 생명력이 넘치게 하옵소서.
우리 자녀들이 삶의 첫 자리에 하나님이 계심을 믿고 따르게 하옵소서.
하나님이 함께 하지 않으시면 어리석은 자가 됨을 알게 하시고 진실하고 겸손하게 살아가길 원합니다.
대접받기 보다는 대접하기를 좋아하는 하나님의 자녀가 되게 하소서.
우리 자녀들이 말씀에 순종함을 즐거워하며 기뻐하는 삶을 살게 하소서,
자녀들을 새롭게 하셔서 어떤 상황에도 굴하지 않고 일어서는 믿음을 주시기 원하오며
우리 주 예수 그리스도 이름으로 기도합니다. 아멘.

– 홍기웅, 2003. 10. 21.

Day : 34주(월)

찬송 : (새)449장, 377장

34

에스라 1–6장 ; 역대기하 36:22–23 성전 재건

- 1장 해방
- 2장 성전재건 준비
- 3장 성전재건 진행
- 4장 반대
- 5장 건축 재기
- 6장 완성

하나님의 백성은 하나님을 배반한 대가로 바벨론에서 70년간의 포로생활을 해야만 했습니다. 그러나 그 때에도 하나님은 그들을 잊지 않으셨습니다. 하나님은 예레미야를 통해서 유대의 바벨론 포로 기간이 70년이 될 것이라고 가르쳐 주셨습니다. 그리고 70년이 마쳤을 때에 하나님은 약속하신대로 페르시아 왕 고레스를 통해서 유대 민족을 고향으로 귀환할 수 있게 해주셨습니다. 유대인들은 하나님의 은혜로 기적적으로 예루살렘에 돌아온 후에 성전을 재건하기 시작했습니다. 왕의 예물을 받고 1차로 예루살렘으로 간 유대인들은 5만 명 정도였습니다. 당시 총독이었던 스룹바벨은 성전 재건에 착수했고, 유대인들이 하나님께서 정한 절기들을 다시 지키도록 했습니다. 주변에 살던 방해자들로 인해 성전 건축은 약 15년간 중단되었으나, 하나님의 섭리로 인해 다리오 왕 때에 중단되었던 성전 건축이 다시 재개되었습니다.

읽으며 묵상하며 : 역사의 주관자이신 하나님(스 1:1–14)

바사 왕 고레스는 말하노니 하늘의 하나님 여호와께서 세상 모든 나라를 내게 주셨고 나에게 명령하사 유다 예루살렘에 성전을 건축하라 하셨나니 스 1:2

하나님은 역사의 주관자이십니다. 고레스에 의해 바벨론이 무너지고 페르시아가 형성되는 첫 해였습니다. 하나님은 예레미야를 통해서 주신 예언을 이루기 위해 고레스의 마음을 휘저으셨습니다(1절). 예레미야의 예언이란 유대인들이 바벨론 땅에서 70년 동안 포로생활을 하게 되며(렘 25:11), 그 후 바벨론이 심판을 받아 멸망될 것이며(렘 25:12) 그런 다음 이스라엘이 본토로 귀환하게 될 것이라는 내용입니다(렘 29:10), 고레스는 이 예언을 알고 있었을 것입니다. 그 예언에 대해 잘 알고 있었던 다니엘이(단 9:1-11) 그의 막료로 일했기 때문입니다(단 6:28). 또 역사가 요세푸스에 의하면 고레스는 이사야를 통해서도 영향을 받았다고 합니다. 이사야는 이스라엘이 포로로 끌려가기 훨씬 전인 BC 8세기에, '고레스'라는 이름의 한 왕이 일어나 이스라엘 백성들을 포로에서 해방시킬 것이라고 예언하였습니다(사 44:28, 45:1). 그리하여 고레스는 온 나라에 그의 뜻을 공포하였습니다. 그는 조서에서

자기에게 전 세계가 주어진 것은 하나님의 성전을 건축하기 위함이라고 고백하고 있습니다(2절). 그리고 이를 위해 원하는 모든 유대인들은 본토로 돌아가 성전을 건축하라는 해방의 명령을 내리고 있습니다(3절). 이같은 고레스의 정책은 사실 페르시아 이전의 바벨론이나 앗수르 제국, 페르시아 이후의 헬라제국에서는 결코 찾아 볼 수 없는 파격적인 유화책입니다. 하나님은 나라들을 멸망케도 하시고 세우기도 하셔서 기적과도 같이 당신의 말씀을 이루어 가고 계신 분이십니다.

하나님의 일을 위해 제물이 예비되었습니다. 고레스는 제국의 백성들에게, 본토로 귀환하는 이스라엘을 위해 은과 금과 세간과 가축 등 귀국에 필요한 모든 도움을 제공하라고 명령하고 있습니다(4상). 당시 이스라엘 백성들 중 다수는 종살이를 하고 있었던 것으로 생각됩니다. 그들은 비록 왕에 의해 자유롭게 귀환할 수 있는 허용이 주어졌다 해도, 경제적인 지원 없이는 고향으로 되돌아 갈 수 없었을 것 입니다(출 12:35-36). 하나님은 공의로운 분이시며, 착취당한 품삯을 잊지 않고 반드시 회계하는 분이십니다. 한편 고레스왕은 이와는 별개로 백성들에게 하나님의 성전에 바칠 자원 예물도 드리도록 명하고 있습니다(4하). 이스라엘의 하나님은 참 신이시기 때문입니다(3상). 그리하여 이방인들도 하나님의 성전을 짓는 일에 물질로 헌신하게 되었습니다. 세상의 물질은 하나님의 뜻을 이루기 위해 쌓여 있는 것 입니다. 그러므로 주님의 뜻을 발견하고 그 일을 위한 헌신을 드릴 때 물질은 저절로 따라오게 되어 있습니다. 주가 쓰시겠다고 할 때 거절할 수 있는 것은 아무것도 없습니다.

–「세계를 품는 경건의 시간, GT」, GTM, 2003. 11. 01.

살며 생각하며 : 사장님 며느리 된 가정부

한 처녀가 집이 너무 가난하여 중학교를 겨우 마치고 취직자리를 찾았으나 할 수 없이 어느 집에 식모로 가게 되었습니다. 그런 형편에서도 주인의 양해를 구하여 주일에는 빠짐없이 예배에 참석하는 처녀였습니다. 그날도 어김없이 예배를 드리고 있는데, 교회 건축이 마무리 단계에 왔으나 재정이 모자라 중단할 위기까지 되었으며 내일 밀린 인건비를 주지 않으면 인부들이 목사님께 행패를 부리겠다는 말을 들었습니다. 이 말을 들은 처녀는 5년 간 식모살이를 하며 쓰지 않고 모아둔 돈을 몽땅 찾아서 목사님께 드렸습니다. 그러면서 "버릇없는 사람들이지 돈을 제때 못준다고 주의 종에게 행패를 부리다니 말이 됩니까?"라고 했습니다.

"자매님, 이 돈이 있어야 시집이라도 가지요."

"아닙니다. 주님께서는 제가 한 푼 없어도 해결해 주시리라 믿습니다."

목사님은 헌금을 받았으나 그 어린것이 갖은 고생을 하며 소중히 모은 돈이라 생각하니 마음이 아팠습니다. 그래서 자매와 함께 눈물로 기도하였습니다. 이렇게 해서 건축은 계속 되었고, 이 사실을 들은 온 교인들은 눈물로 회개하고 헌금하여 교회는 완공되었습니다. 뿐만 아니라 교인들 중에서 큰 회사의 사장인 장로님이 무조건 우리 며느리라며 납치하다시피 데려가서 돈 한 푼 없이 결혼하게 되었습니다. 하나님께서는 과감한 투자를 하는 자에게 과감한 복을 주시려고 준비하고 계십니다.

– 조제은 편저, 「한국교회 예화집」

정리하며 확신하며 : 하나님의 이름과 관련된 주요 관용어

	주 요 관 용 어	참고 성경 구절
1	엘 엘론	창 14:18, 19
2	엘 로이	창 16:13
3	엘 사다이	창 17:1
4	엘 엘로헤 이스라엘	창 33:20
5	엘 벧엘	창 35:7
6	엘 올람	사 40:28
7	여호와 이fp	창 22:14
8	여호와 라파	출 15:26
9	여호와 닛시	출 17:15
10	여호와 메카다 켐	레 20:8
11	여호와 샬롬	삿 6:24
12	여호와 체바오트	삼상 1:3
13	여호와 로이	시 23:1
14	여호와 치드케누	렘 23:6
15	여호아 엘 게믈로트	렘 51:56
16	여호와 마케	겔 7:9
17	여호와 삼마	겔 48:35

– 「그랜드 종합 성경주석」 10권, 성서교재간행사, p1271

Day : 34주(화)

찬송 : (새)390장, 444장

34

학개 1–2장 성전을 건축하라

- 1장 성전건축 완성
- 2장 축복의 회복

구약성경의 마지막 책인 학개, 스가랴, 말라기는 "포로귀환 후의 선지서"라고 부릅니다. 그 이유는 이 책들이 바벨론에서 포로생활을 하다가 귀환한 사람들을 위해 기록했기 때문입니다. 총독 스룹바벨의 인도 하에 1차로 귀환한 백성들은 성전을 재건했지만 도중에 중단해야만 했습니다. 그 후 약 15년 동안 성전의 기초는 잡초로 무성하게 덮이고 말았습니다. 성전을 짓다가 중단한 유대인들은 성전을 건축을 포기하고, 자기 집을 짓고 출세하는 데만 몰두해 있었습니다. 바로 그때에 하나님은 학개 선지자를 통해서 그들의 우선순위가 잘못되었음을 책망했습니다. 하나님은 학개를 통해서 유대인들에게 성전 건축을 다시 시작하고, 자기보다 하나님에 대한 임무를 먼저 수행하라고 지시하셨습니다. 유대인들은 학개 선지자의 말을 듣고 다시 성전 건축을 재개하여 성전을 완성하기에 이르렀습니다. 그 후에 하나님은 말씀에 순종한 유대 백성들에게 축복을 약속해 주셨습니다.

읽으며 묵상하며 : 시온의 종말론적 비전 (학 2:1–9)

이 성전의 나중 영광이 이전 영광보다 크리라 만군의 여호와의 말이니라 내가 이 곳에 평강을 주리라 학 2:9

값싼 재료로 지어진 성전은 과연 그들의 눈에 보기에 실망스러울 정도로 초라했습니다. 그러나 하나님은 성전이 새롭게 치장되고 하나님의 성령이 그곳에 임함으로 찬란히 빛날 것임을 선언하십니다.

그들의 경제 사정에 맞춰 재건한 제 2차 성전은 그들이 예상했던 최저 수준을 훨씬 밑돌았습니다. 실망한 이스라엘 백성들에게 하나님은 위로와 축복의 비전을 제시해 주십니다. 낙심되는 상황을 전혀 새롭게 해석하시는 하나님의 말씀은 땅에 처 박혔던 우리의 시선을 하늘로 향하게 만듭니다. 하나님은 그들에게 스스로 굳세게 하여 성전 재건 사역을 계속 추진할 것을 명령하셨습니다. 하나님은 또한 그들이 낙심치 않고 계속 일할 만한 이유를 말씀해 주십니다. 그것은 하나님의 임재에 대한 약속입니다. 성전으로 하여금 성전 되게 하는 것은 겉모습이 아니라 하나님의 임재입니다.

당신은 인생의 가치를 무엇으로 평가하고 있습니까? 인생의 가치를 판단하는 참다운 기준은 그가 하나님을 마음속에 모시고 있는가, 하나님과 동행하는 삶을 살고 있는가 하는 것입니다. 현재의 모습이 아무리 초라할지라도 그 마음속에 하나님이 여전히 함께 하고 계신다면 우리에겐 소망이 있고 담대하게 일을 진행해 나갈 이유가 있는 것입니다.

시온의 종말론적 비전이란 여호와의 날 혹은 심판의 날에 하나님이 이 세상을 심판하고 주권을 선포하시므로 열방이 하나님의 성전이 있는 시온으로 몰려와서 하나님께 예물을 드리며 그 영광을 찬양하게 될 것이라는 종말론적 소망을 말합니다. 본문은 이와 같이 하나님의 주권이 온 우주에 선포됨과 함께 세상의 모든 재물과 영광이 하나님께 드려질 것이므로 초라해 보였던 성전이 영화롭게 치장될 것이라는 예언을 담고 있습니다. 이것은 예수님을 믿고 성전으로서의 인생을 재건해보리라고 다짐했지만 여전히 초라한 인생을 살고 있는 우리에게 큰 소망과 위로의 빛을 주는 말씀입니다.

–「묵상하는 사람들, 메시지」, 프리셉트, 2005. 8. 19.

살며 생각하며 : 비오는 날의 세차

텍사스에서 합창경연대회가 있었습니다. 포트워스 교회의 성가대도 이 대회에 참석하고 싶었지만 교회 형편상 비용이 문제 되었습니다.

성가대원들은 생각 끝에 교회 마당에서 세차를 해서 모금을 하기로 결정했습니다. 모두들 기대를 걸고 준비를 시작했습니다. 가능성은 희박했지만 그들에게는 합창대회 참가라는 큰 소망이 있었기에 열심히 준비를 했습니다.

그런데 정작 모금하는 날인 토요일이 되자 아침부터 비가 쏟아지기 시작했습니다. 세차를 해야 모금할 수 있고 또 그래야 그들의 희망대로 합창경연대회에 참가할 수 있는데 비가 쏟아지는 것입니다.

비오는 날에 누가 세차를 하겠습니까? 성가대원들은 모두 낙심하여 경연대회를 포기해야겠다고 말했습니다. 그때 한 여자 대원이 갑자기 "이 비를 활용해 봅시다."라고 말한 뒤 밖으로 나갔습니다. 그 대원은 나무판에 페인트로 "우리는 씻고, 하나님은 헹구신다"라고 써 붙였습니다.

모두 비가 쏟아지는 날씨를 원망하고 포기했지만 그 여자 대원은 비눗물을 내리는 비가 헹굴 것이라고 생각하고는 그것을 하나님과 우리가 협력하는 작업으로 사람들에게 알린 것입니다.

'우리는 씻고, 하나님은 헹구신다.' 이 간판을 보자 마을 사람들은 서로 전화를 걸어 많이 몰려와 즐거운 마음으로 세차를 하고 성가대를 위해 기부했던 것입니다. 성가대에 기부된 전액은 새로운 교회를 짓고 아름답게 꾸미는 데 쓰였습니다.

본문의 이스라엘 또한 비록 성전은 지었으되 과거의 성전보다 초라한 새 성전으로 인해 낙심하였습니다. 그러나 그 낙심을 저버릴 수 없는 방법이 있었으니, 새 성전에 임할 영광, 곧 약속된 미래의 영광을 바라보는 것이었습니다. 참으로 어떤 상황에서도 낙심하지 말 것, 이는 모든 성도에게 주시는 하나님의 말씀인 것입니다.

– 「그랜드 종합 주석」 11권, 예화, 성서교재간행사, p917

 정리하며 확신하며 : 교만으로 실패한 실례

	교만으로 실패한 실례	참고 성경 구절
1	바로	출 7-11장
2	사울	삼상 13:8-14
3	아히도벨	삼하 17:23
4	다윗	삼하 25:2, 3
5	아마샤	대하 25:19-28
6	웃시야	대하 26:16-19
7	히스기야	대하 32:25-31
8	하만	에 3:5, 5:11-13
9	이스라엘	사 9:9, 호 5:5
10	앗수르	사 10:5-16, 겔 31:10
11	모압	사 16:6; 습 2:9
12	두로 왕	겔 28:2-19
13	느부갓네살	단 5:20
14	니느웨	습 2:15
15	헤롯	행 12:21-23

– 「그랜드 종합주석」 7권, 도표, 성서교재간행사, p1069

Day : 34주(수)

찬송 : (새)405장, 458장

34

스가랴 1–14장 성전 건축과 메시아 대망

- 1–2장 말과 뿔들의 환상
- 3–6장 두루마리와 병거들의 환상
- 7–8장 금식을 할 것인가 안 할 것인가?
- 9–14장 오실 메시아

스가랴는 소선지서 중에 가장 긴 책이다. 학개와 스가랴는 여러 가지 면에서 대조가 됩니다. 학개는 노인이었고 스가랴는 젊은 사람이었습니다. 학개는 유대인들을 훈계했지만, 스가랴는 그들을 격려했습니다. 학개는 현실 속에서 실천을 강조했지만, 스가랴는 민족의 미래에 대한 비젼과 소망을 제시했습니다. 이스라엘은 죄로 인해 징계를 받고 더러운 옷을 입은 사람처럼 비천해졌습니다. 하나님은 이러한 상황을 더러운 옷을 입은 제사장 여호수아의 모습으로 묘사하셨습니다. 하나님은 유다를 이렇게 만든 사탄을 책망하시고, 더러운 여호수아를 정결하게 해주셨습니다. 하나님은 성전이 인간의 능력이 아닌 성령의 능력으로 완성하실 것이라고 약속해 주셨습니다. 하나님은 장차 구원의 역사가 전 세계로 확장될 것을 예고해 주셨습니다. 하나님은 유대 백성들에게 금식을 그치고 그 대신 의로운 삶을 회복하라고 요구하셨습니다. 하나님은 열방을 심판하시고 메시아를 통해 이스라엘을 구원하실 것입니다. 스가랴는 메시아께서 나귀를 타고 입성하실 것이며, 은 30에 팔리게 될 것이라고 예고했으며, 이 예고는 그리스도를 통해 성취되었습니다. 스가랴는 마지막 날에 우상과 모든 거짓 선지자들이 멸망하고, 모든 것이 거룩한 성전이 되며, 하나님을 대적하는 나라가 멸망하고 여호와께서 모든 나라를 통치하실 것이라고 예고해 주셨습니다.

읽으며 묵상하며 : 전쟁의 배후에 계신 분 (슥 2:1–13)

오호라 너희는 북방 땅에서 도피할지어다 여호와의 말씀이니라 이는 내가 너희를 하늘 사방에 바람 같이 흩어지게 하였음이니라 나 여호와의 말이니라 슥 2:6

전쟁에서의 승패를 좌우하는 것은 무엇입니까? 역사에는 알렉산더, 칭기즈칸, 나폴레옹 등 한 시대를 풍미하던 사람들이 등장하여 수많은 전쟁에서 화려한 승리를 거두며 역사의 한 페이지를 장식하곤 했습니다. 그들의 승리의 비결은 무엇입니까? 또 2차 세계 대전에서 초반에 우세하던 독일 등이 결국 연합군에게 패퇴한 것은 무엇 때문이었습니까? 한국 전쟁에서 김일성의 꿈이 좌절된 것은 어떤 이유였습니까?

어떤 이들은 전략이라고 합니다. 또 다른 이들은 지도자의 리더십이라고도 합니다. 또는 첨단 무기의 우세, 정보력. 또는 군사들의 사기도 결정적인 원인이라고 합니다. 이모든 요인들이 전쟁의 승인과 결코 상관이 없다고 할 수는 없을 것입니다. 그러나 이 모든 것들은 국부적으로만 영향을 행사할 수 있을 뿐입니다.

성경은 전쟁의 배후에 하나님이 계신다고 일관성 있게 주장합니다. 역사에서 이스라엘과 아말렉과의 한 전쟁이 있었습니다. 아말렉은 이 전쟁을 쉽게 승리할 수 있을 것이라고 여겼습니다.

그런데 이게 웬일입니까! 막상 뚜껑을 열어보니 전세는 자기들이 훨씬 불리하였습니다. 전쟁 경험도 거의 없고 무기도 열악한 채로 광야에서 헤매던 이스라엘이 초반부터 강세로 나왔던 것입니다. '안 되겠다' 생각하고 전쟁을 포기하려던 차에 이제는 이스라엘이 밀리기 시작하는 것입니다. 아말렉의 장수는 생각합니다.' 그러면 그렇지! 처음에는 우리가 너무 긴장한 탓이야!' 그는 다시 강력한 공격을 지시합니다. 그런데 웬걸? 우세하다 싶은 전투가 다시 밀리기 시작하는 것입니다.

'아니, 이스라엘이 다시 힘이 세졌다. 이상하다!' 그는 수없이 회전하는 전세의 움직임을 보고 투덜거립니다. ' 내참! 이렇게 종잡을 수 없는 전투는 처음이군!' 그러나 산꼭대기로 올라가보면 이 상황에 대한 의문은 곧 풀립니다.

모세가 손을 들고 있을 때. 하나님의 권능이 이스라엘 과 함께 하시매 승리가 왔고 모세가 피곤하여 손을 내릴 때 그들은 패배하였던 것입니다.

전쟁의 승패는 주님이 가지고 계십니다. 군사력의 우세나, 그 어떤 요인도 영적인 요인보다 중요하지는 않습니다. 이것은 이스라엘이 그들의 전 역사를 통해 계속해서 경험하였던 값비싼 교훈이었습니다.

이 비결을 알았던 유다의 여호사밧 왕은 막강한 대적 앞에서, 군대가 아닌 성가대를 조직하였습니다. 그리고 그는 비관적인 전투 앞에서 큰 소리로 여호와 하나님을 찬양하였습니다. 얼마나 어처구니없는 전략입니까!

그러나 이 전략으로 승리가 불가능한 전쟁에서 그들은 엄청난 승리를 거두었습니다. 그 이유가 무엇일까요? 그것은 주님의 말씀대로 이 전쟁이 그들에게 속한 것이 아니요, 오직 하나님께 속한 것이었기 때문이었습니다(대하 20:15).

–「호크마 종합주석」 구약 20권, QT, 기독지혜사, p646

살며 생각하며 : 눈 벽을 쌓으신 하나님

나폴레옹 군대가 러시아를 침공하러 적국을 통과할 때의 일입니다. 아이들과 함께 살고 있는 한 기독교인 과부가 나폴레옹 군대가 통과한다는 말을 듣고 행여나 횡포를 부리지나 않을 까 염려하여 기도했습니다.

"오오, 하나님이시여! 우리 집 주위에 성벽을 쌓으셔서 우리들을 지켜 주옵소서. 아무도 우리 가족을 해치지 못하게 지켜 주옵소서."

그 부인은 간절히 하나님을 찾았습니다. 잠자리에서 아이들 중 막내가 형에게 물었습니다.

"형, 아까 엄마가 가정 예배 때 우리 주위에 성벽을 쌓아 달라고 기도했는데 그 성벽이 뭐야?"

"글쎄…, 그건 나도 잘 모르겠는데…"

아이들은 서로 그 성벽을 궁금해 하다가 잠이 들었습니다.

다음날 아침 제일 어린 막내가 소리칩니다.

"형, 저기 좀 봐! 하나님이 성벽을 쌓아 놓으셨어."

온 가족이 밖으로 나가보니 밤새도록 눈보라가 쳐서 집 주위는 온통 눈으로 덮여 있었습니다. 집이 있는지 조차 모르게….

하나님은 이 과부의 가족을 위하여 눈으로 성벽을 쌓으셔서 그들을 나폴레옹 군대로부터 보호하셨던 것입니다.

이렇듯 자기 백성을 보호하시는 하나님의 손길은 오묘하고도 완벽한 것입니다. 진정 광야에서 이스라엘을 보호하셨던 것처럼 하나님을 믿고 의지하는 오늘 우리 또한 이같이 보호하십니다.

–「그랜드 종합 주석」 11권, 예화, 성서교재간행사, p962

정리하며 확신하며 : 성도에 대한 하나님의 7중 보호

	하나님의 7대 보호	참고 성경 구절
1	눈동자 같이 보호하심	신 4:39, 시 137:8
2	영원하신 팔로 받쳐주심	신 33:27
3	뒤에서 호위하여 주심	사 52:12
4	요동하지 않게 붙들어 주심	시 16:8
5	평탄한 길로 인도하심	사 45:2
6	불성곽으로 지켜 주심	슥 2:5
7	마음의 생각과 뜻을 감찰하심	히 4:12

–「그랜드 종합 성경주석」 11권, 성서교재간행사, p954

Day : 34주(목)

찬송 : (새)36장, 36장

34

에스더 1-4장 왕비 에스더와 하만의 계락

- 1-2장 왕비가 된 에스더
- 3-4장 모르드개와 하만

에스더서는 영웅전 이상의 의미가 있습니다. 이 책은 하나님께서 바벨론에서 예루살렘으로 귀환하지 않고 이방에 남아 있던 백성들을 어떻게 지켜주셨는지를 잘 보여주고 있습니다. 에스더서에는 오늘날에 많이 나타나는 문제들, 즉 국가적 음모, 정치적 불안정, 살해 음모와 같은 것들이 많이 등장합니다. 하나님은 이러한 것들이 계속 일어나는 이방 민족 중에서 자기 백성들을 보호하기 위해서 에스더를 왕비가 되게 만드셨습니다. 에스더는 모르드개의 지시를 따라 자신이 유대인인 사실을 숨기고 왕비가 되었습니다. 그때에 유대인의 정적이 된 하만이 실권을 잡게 되고, 모르드개는 하만과 충돌하게 되었습니다. 하만은 모르드개가 유대인인 것을 알고 페르시아에 사는 모든 유대인을 전멸시킬 계략을 세웠습니다. 이러한 상황에서 왕비 에스더는 자신이 유대인임을 밝히고 민족 구원을 위해 나설 것인지, 아니면 모른척 하고 뒤로 물러서 있을 것인지 선택해야만 했습니다. 그녀는 민족 구원을 위해서 어떻게 행동할 것인지 알기 위해서 금식에 들어갔습니다.

읽으며 묵상하며 : 사랑받고 있습니까? (에 2:12-23)

왕이 모든 여자보다 에스더를 더 사랑하므로 그가 모든 처녀보다 왕 앞에 더 은총을 얻은지라 왕이 그의 머리에 관을 씌우고 와스디를 대신하여 왕후를 삼은 후에 왕이 크게 잔치를 베푸니 이는 에스더를 위한 잔치라 모든 지방관과 신하들을 위하여 잔치를 베풀고 또 각 지방의 세금을 면제하고 왕의 이름으로 큰 상을 주니라 에 2:17, 18

왕후 후보로 선발된 처녀들은 왕의 마음을 사로잡지 못하면 궁녀가 될 수밖에 없었습니다. 그래서 처녀들은 왕의 관심을 끌려고 자신을 꾸미는 일에 몰두했습니다. 그러나 에스더는 왕의 관심을 끌기 위해 기지를 짜내거나 꾸미려고 애쓰지 않았습니다. 단지 자신에게 특별한 호의를 가진 헤개의 제안을 따랐을 뿐입니다. 그러나 전문적인 안목과 왕의 취향을 잘 아는 헤개의 제안을 따랐을 때 보는 사람마다 에스더에게서 눈을 뗄 수 없었습니다. 에스더는 왕의 마음도 완전히 사로잡았습니다. 아하수에로는 에스더를 왕후로 결정하고, 에스더를 기쁘게 하려고 잔치를 열고, 에스더를 얻게 된 기쁨을 표하기 위해 전국에 후한 선물을 내렸습니다. 헤개의 말과 모르드개의 말(20절)을 그대로 순종하는 에스더의 태도는 와스디와 대조됩니다. 관리였던 모르드개는 우연히 왕궁 입구를 지키는 내시들이 왕을 죽이려는 계획을 세우고 준비하고 있는 것을 알게 되었습니다. 모르드개는 이 사실을 왕후 에스더를 통해 왕에게 알렸습니다. 에스더는 모르드개와 자신의 관계를 언급하지 않은 채 단지 그의 이름으로 이 제보를 알렸습니다. 왕의 경호대가 제보의 내용을 조사하여 모든 것이 사실로 드러남에 따라 반역을 꾀했던 사람들은 처형되었고, 왕의 서기관은 이 일을 궁중연대기에 기록했습니다. 그런데 이 제보자는 관례와 달리 아무런 상도 받지 못한 채 잊혀졌습니다. 모르드개는 보상받지 못한 서운함을 결코 말하지 않았습니다. 내심 서운했을는지 몰라도 이것조차 하나님의 섭리 안에 있었습니다.

하나님은 우리 한 사람 한 사람에게 계획을 가지고 계십니다. 그리고 그 계획을 이루십니다. 하나님은 우리 각자에게 그분의 꿈을 심어 놓으셨습니다. 왜 어떤 사람은 음악을 좋아하고 어떤 사람은 미술을 좋아하고 어떤 사람은 운동을 좋아합니까? 이것이 바로 하나님의 디자인입니다. 하나님은 우리에게 하나님의 꿈을 심어 놓고 그 꿈이 이루어지는 것을 좋아하십니다. 하나님은 결코 우리를 포기하시지 않습니다.

– 「생명의 삶」 말씀해설, 두란노서원, 2005. 9. 20.

살며 생각하며 : 하나님이 찾으시는 사람

대부분의 지도자들이 가장 많이 하는 말 중 하나가 바로 '사람이 없다'는 것입니다. 왜 그토록 많은 사람들이 있는데 사람이 없다고 하는 것일까요? 그것은 단순히 사람의 숫자를 말하는 것이 아니라, 사람의 질을 말하는 것입니다.

초나라에 장왕이 있었습니다. 그는 신하들의 도움으로 왕이 되었습니다. 그를 곁에서 지켜 본 신하들은 그가 왕이 되면 무언가 이룰 수 있을 것이라고 기대했습니다.

그러나 왕이 된 다음날부터 장왕은 술을 먹기 시작하는 것이 아닌가? 왕은 신하들에게 자신이 하는 일에 토를 달거나 반대하는 자는 죽이겠다고 말했습니다. 이에 신하들은 왕이 하는 것을 지켜볼 뿐이었습니다. 그렇게 3년이 흘렀습니다. 초나라는 국력도 쇠퇴해갔고, 사회 곳곳이 썩게 되었습니다. 이를 본 소종이라는 신하가 왕에게 가서 나라를 위해 일해 줄 것을 말하기로 결심했습니다. 그는 부모와 아내와 자식들에게 하직 인사를 했습니다. 목숨을 건 그의 충정어린 발언에 왕은 그의 손을 꼭 잡으며 말했습니다. "왜 이제야 왔소. 내가 얼마나 그대를 기다리고 있었는지 아시오."

초나라의 장왕도 그러했듯이 하나님은 사람을 찾으십니다. 그렇다면 하나님이 찾으시는 사람은 어떤 사람일까요? 하나님의 눈은 이 땅을 두루 살피시면서 충성된 사람을 찾고 계십니다. 그렇다면 왜 충성된 사람을 찾으실까요? 하나님의 일에 쓰시기 위해서입니다. 하나님의 눈은 지금도 이 땅을 두루 살피면서, 충성된 사람을 찾고 계십니다 (얼음냉수/문희곤)

– 「생명의 삶」 묵상 에세이, 두란노서원, 2005. 9. 20.

Day : 34주(금)

찬송 : (새)258장, 186장

34

에스더 5-10장 하만의 멸망 민족의 구원

- 5-7장 하만의 멸망
- 8-10장 구원의 역사

에스더는 금식한 후에 죽기를 각오하고 왕에게 민족을 구원해달라고 요청하기로 결심했습니다. 그녀는 이 일을 위해 잔치를 준비하고 왕과 하만을 그 잔치에 초대했습니다. 하나님은 그녀가 왕에게 은총을 받게 하여 그녀가 죽지 않도록 지켜주셨습니다. 에스더는 왕과 하만을 두 번 잔치에 초대했습니다. 그리고 그녀는 두 번째 잔치에서 자신이 유대인임을 밝히고, 왕에게 자기 민족을 말살하려는 하만의 계략을 막아 달라고 간청했습니다. 에스더의 말을 듣고 왕은 화가 나서 모르드개를 매달려고 준비했던 높은 장대에 하만을 매달라고 지시했습니다. 왕은 죽은 하만을 대신해서 모르드개를 총리로 등용했습니다. 유대인들은 죽음의 위기에서 구원받은 후에 하나님의 보호를 기념하기 위해서 이 날을 부림 절로 제정했습니다. 이 이야기는 역사의 배후에서 이방인인의 땅에 남아있는 자기 백성 보호해 주시는 하나님의 섭리의 손길을 보여주고 있습니다. 우리는 지금도 역사의 배후에서 교회를 돌보시는 하나님의 손길을 믿어야 합니다. 그러면 우리는 아무리 어려운 때에도 요동하지 않을 수 있습니다.

읽으며 묵상하며 : 부림절 (에 9:20-10:3)

각 지방, 각 읍, 각 집에서 대대로 이 두 날을 기념하여 지키되 이 부림일을 유다인 중에서 폐하지 않게 하고 그들의 후손들이 계속해서 기념하게 하였더라 에 9:28

기쁘고 즐거운 날(20-32절)

모르드개는 유대인들이 그들의 대적을 멸한 이 날을 그냥 지나칠 수 없었습니다. 이 날은 슬픔이 변하여 기쁨이 되고 유대인이 대적의 손에서 벗어나서 평안함을 얻게 된 날이기 때문입니다. 그래서 이 날을 지속적으로 지키며 하나님의 구원에 대해 감사하고 하나님의 백성을 대적하는 무리를 향해 담대함을 가질 수 있도록 기념하고자 하였습니다.

이처럼 기쁘고 감사한 날에 잔치를 하는 것은 물론이고 가난한 자를 구제함으로 이 날을 더욱 기념하도록 하였습니다. 이웃을 향한 나눔과 섬김은 감사의 적절한 표현이라 할 수 있습니다. 구원의 감격과 감사가 있는 나의 생활에 나눔과 섬김의 모습은 어떻게 표현되고 있는지 살펴보도록 합시다.

하나님의 섭리(10:1-3절)

하나님은 이 사건을 통해서 하나님의 계획과 뜻을 이루어 가셨습니다. 이 날에 이스라엘이 구원을 받았기 때문에 페르시아에 남겨진 유대인들이 느헤미야를 통한 두 번째 귀환에 참여할 수 있게 되었습니다. 그리고 그들을 통해 예루살렘 성벽을 재건하며 지속적인 개혁을 이룰 수 있었던 것도 기억해야 합니다.

하나님은 이 모든 것을 내다보시며 우리의 구원을 위해 일하셨던 것입니다. 그러므로 에스더와 모르드개 그리고 아하수에로 왕이 등장하며 일을 만들어 간 것 같지만 이 모든 일을 선하신 뜻대로 이루어 가신 분은 하나님이셨습니다. 이처럼 하나님의 교회를 보호하고 축복하는 자들은 하나님께서 축복하시며 반대로 하나님의 교회를 박해하며 저주하는 자들을 하나님은 물리치실 것입니다. 오늘 나는 하나님의 섭리를 인정하며 살아가고 있습니까?

– 「날마다 주님과 함께」 본문해설, 학생신앙운동(SFC), 2001. 12.,31.

살며 생각하며 : 이런 일에도 감사

어떤 분이 "차에 휘발유가 떨어진 것이 얼마나 감사한지 몰라요. 처음엔 근방에 주유소가 없다고 저는 투덜거렸죠!" 의아해한 주위 사람들이 "어떻게 감사한 일이 생겼죠?" 물었습니다.

"어젯밤 차를 도둑맞았었지요. 그런데 휘발유가 바닥이 나 있었기에 이 도둑은 30m쯤 가다 차를 그냥 두고 가버렸지요. 만일 휘발유가 많았어봐요. 차를 어떻게 찾았겠어요."

두 소년이 포도를 먹고 있었습니다. 한 소년이 "포도 맛이 좋지?" 하자, 다른 소년은 "그렇긴 한데 씨가 너무 많아."

꽃밭을 지나며 한 소녀가 "저 예쁜 빨간 장미 꽃송이 좀봐!"하고 감탄하자, 같이 가던 소녀는 "가시만 잔뜩 있잖아!"

더운 날 음료수를 마시며 첫 번째 소년은 "아직도 반이나 남아 있군"하자, 다른 소년은 "내 병은 벌써 반이 비었네."

때로는 건강, 평안, 행복이나 인간교제가 바닥날 때가 있으나 절망하거나 불평하지 말 것은 섭리가 있기 때문입니다.

기름 떨어져서 차를 잃어버리지 않음처럼, 폐차를 하고 차 살 능력이 없어서 걸어서 다녔더니 염려되던 건강에 도움을 얻게 된 사람처럼, 잃음으로 얻어지는 복이 많이 있습니다.

지금 눈앞의 결과로 모든 것을 판단하지 말고 그 속에 숨은 하나님의 섭리를 깨닫는 지혜가 필요합니다.

– 신현주 목사, 「예화 철학」, 도서출판 누가, p100

Day : 34주(토)

찬송 : (새)333장, 381장/ (새)342장, 395장

34

■ 이번 주 읽은 성경 요약 및 못 읽은 부분 읽고, 한 주간 생활 묵상하며 가정 예배드리기

■ **주제 : 하나님의 사랑의 확증** (롬 5:1-11)

읽으며 묵상하며 : 즐거운 신앙생활 (롬 5:1-11)

믿음으로 의롭다 함을 얻은 삶은 이제 차원이 달라집니다. 믿음으로 의롭다함을 얻기 전의 생활이 하나님을 두려워하는 율법주의적인 종교생활이었다면, 이제는 성령의 능력으로 하나님을 기쁘게 섬기는 신본주의적인 신앙생활입니다. 어떻게 차원이 다릅니까?

화평이 넘칩니다.

하나님은 죄를 반드시 심판하시는 진노의 하나님이십니다. 그러나 심판보다 우리를 구원하는데 더욱 열심을 내시는 분이십니다(벧후 3:9). 의인일지라도, 선인일지라도 기꺼이 그를 위해 죽을 사람은 많지 않습니다. 하물며 죄인이라면 누가 그를 위해 죽고자하겠습니까? 곧 사형당할 범죄자들을 위해 죽을 사람은 없을 텐데, 우리 하나님은 독생자를 보내주셨습니다. 그리고 예수님은 우리가 여전히 죄악 중에 뒹굴 때에 우리를 위해 십자가를 지셨습니다. 이것이야말로 우리를 사랑하시는 하나님의 확실한 증거입니다. 예수님의 죽음으로 진노의 불꽃이 사그라지고, 영원한 평화가 세워졌습니다. 바로 그곳이 죽을 죄인임에도 불구하고 하나님과 더불어 화평을 누릴 담력이 생겨나는 자리입니다(1절). 그리고 그 사랑에 대한 담력은 환난 중에도 즐거워하게 하는 능력을 갖게 합니다. 오히려 환난은 인내를 연단하는 도구가 되며 하나님의 영광의 소망을 성취하는 도구로 받아들여지게 됩니다. 특별히 성령으로 말미암아 우리 마음에 마른 땅에 폭우 쏟아지듯 부어진 하나님의 사랑이 큰 원동력입니다(5절). 그러므로 우리는 충만한 하나님의 사랑으로 말미암아 세상의 모든 환난의 파도를 이기며 약속된 소망의 항구를 향하여 중단 없는 항해를 계속하는 것입니다. 내 힘이 아니라 아버지께서 부어주시는 사랑의 힘으로 말입니다.

즐겁습니다.

불꽃같은 눈으로 심판하실 하나님이 두렵게만 느껴지던 때가 있었습니다. 그러나 이제는 화목제물 되신 그리스도 안에서 하나님을 아버지로 부르며 친밀한 신앙생활을 하게 됩니다. 예수님의 죽으심으로 하나님과 화목 되었고, 예수님의 살으심과 함께 구원을 얻게 되기 때문입니다(10절). 이 소망을 위한 인간의 행위는 한 터럭만큼도 소용없습니다. 우리는 화목된 자 예수 그리스도로 말미암아 구원을 얻고 그리스도로 말미암아 하나님의 영광 안에서 즐거워합니다(11절). 이제 예수 그리스도를 믿는 자에게는 진노가 없으므로(9절) 믿음으로 의롭다함을 받은 이들의 사는 방식은 희락이 된 것입니다. 그러므로 결코 진노가 없는 당신, 즐거워하십시오. 물론 이것이 율법 없는 방종적인 쾌락을 의미하지는 않습니다. 우리가 너무 즐거워 세상을 부담 없이 즐긴다면 예수님을 다시 십자가에 못 박는 행위입니다. 물론 실수 할 수 있고 넘어질 수도 있을 것입니다. 그러나 그것은 믿음으로 구원받은 이에게는 성화를 위한 뼈아픈 고통이 되며 도리어 성숙의 기회가 되는 것입니다. 참으로 놀랍게도 그리스도의 찌르는 십자가 고통이 우리에게는 풍성한 즐거움이요, 천국소망이 되었습니다. 그러므로 이 복음 안에서 항상 기뻐하고 즐거워하십시오(빌 4:4).

– 「일용할 양식」 말씀묵상, 기독대학인회(ESF), 2005. 9. 11.

살며 생각하며 : 우리를 향한 하나님의 사랑

독실한 그리스도인인 어느 신자가 중병에 걸렸습니다. 그런데 이 신자는 자기 마음속에 하나님에 대한 사랑이 점점 없어져감을 느끼고 고민하게 되었고, 이 고민을 친한 친구에게 털어놓았습니다.

이 신사의 이야기를 다 듣고 난 친구는 이렇게 말했습니다.

"자네도 알다시피 내가 집에 돌아가면 나는 우리 귀여운 아이를 무릎 위에 올려놓고 그 아이의 맑은 두 눈을 지그시 바라볼 걸세. 아무리 일에 지쳐 몸이 피곤해도 어린 천사 같은 녀석이 내 곁에 있다는 사실 하나 만으로도 나는 편안함을 느끼게 된다네. 왜냐하면 우리 아기를 표현할 수 없을 정도로 사랑하기 때문에 그렇지. 그러나 그 아이가 나를 얼마나 사랑할 거라고 생각하나? 아마도 거의 사랑하지 않을 거야. 아마 내가 아파 고통스러워해도 옆에서 쿨쿨 잠만 잘 걸세. 혹 내가 아파서 신음할 때도 녀석은 저 혼자만 즐겁게 떠들며 놀 거야. 내가 설령 죽는다고 해도 이 꼬마는 몇 일 후면 나를 완전히 잊어버리고 살겠지. 그 밖에도 우리 집 꼬마는 나에게 단돈 1원도 가져다주지 않고 끊임없이 돈을 요구할거야. 자네도 알다시피 나는 부자가 아니네. 그렇지만 이세상의 모든 돈을 준다 해도 나는 내 천사를 포기할 수는 없네. 그렇다면 생각해보게 아기가 나를 사랑하는 게 나을까 아니면 내가 아기를 사랑하는 것이 나을까? 우리 아기가 나를 사랑하고 있다는 사실을 확인할 때까지 기다려야 하겠나? 내가 사랑을 베풀기 전에, 내가 주는 사랑의 값어치만큼의 무언가를 우리 아기가 내게 해줄 때까지 기다려야 할까?"

친구의 말에 그 병든 친구는 눈물을 흘리며 이렇게 말했답니다.

"알았네 내가 생각했어야 하는 것은 하나님에 대한 나의 사랑이 아니라 나를 향한 하나님의 사랑이어야 함을 이제야 깨달았네. 내가 전에는 하나님을 사랑하지 않았지만 이제는 하나님을 진정으로 사랑하겠네. 그리고 이 평안과 행복을 영원히 잊지 않고 감사하겠네."

– W. B. Knight 예화 중에서

우리가 기억할 것은 하나님에 대한 우리의 사랑이 아니라 우리에 대한 하나님의 사랑입니다.

돌아보며 다짐하며 : 하나님의 사랑

하나님의 사랑은 '먼저 사랑하는 사랑'입니다. 세상에서 가장 큰사랑은 바로 '먼저 사랑하는 사랑'입니다. 그 사랑에는 지극한 용서가 내포되어 있고 무한한 인내가 꿈틀거리고 있습니다. 하나님은 인생들이 아직 죄인의 딱지를 떼지 못했어도 먼저 사랑하셨습니다. 사랑할 만한 대상을 먼저 사랑한 것이 아니고, 사랑받지 못할 대상을 먼저 사랑하셨습니다. 그것이 하나님의 사랑을 이해하는 뿌리입니다.

하나님의 사랑은 '희생이 큰 사랑'입니다. 그 사랑은 바로 십자가의 사랑입니다. 십자가는 그저 귀신을 쫓는 무기가 아닙니다. 십자가는 하나님의 큰사랑을 나타내는 표시입니다. 십자가를 통해 하나님은 신음하는 인생들을 구원하셨고 영생의 소망을 주셨습니다.

어느 날, 한 아이가 예수님을 믿는 고모와 함께 교회에 갔습니다. 교회에서 아이가 질문했습니다. "고모, 왜 정면 벽에 '더하기(+)'가 붙어있어?" 아이는 강대상 뒷벽에 붙어있는 십자가를 '더하기'로 생각했습니다. 고모가 잠시 생각에 잠기더니 대답했습니다. "너 예수님 알지? 저 '더하기'는 예수님이 우리에게 생명을 더해 주셨고, 구원을 더해 주셨고, 기쁨과 즐거움을 더해 주셨다는 표시란다." 그렇습니다. 하나님은 십자가의 사랑을 통해 인생들에게 하늘의 기쁨과 소망을 더해주셨습니다. 하나님의 사랑은 '변하지 않는 사랑'입니다. 인간의 사랑은 자꾸 자꾸 변한다. 외적 조건에 따라 바뀌고 내적 기분에 따라 바뀝니다. 이익이 있을 때는 사랑한다고 말하지만 불이익을 감수해야 할 때는 전후좌우를 돌아보지 않고 사랑의 절개를 꺾는 것이 바로 인간의 사랑입니다. 그러나 하나님의 사랑은 개정판도 없고 증보판도 없는 영원토록 동일한 사랑입니다.

하나님의 사랑은 '크고 넓은 사랑'입니다. 하나님의 사랑은 '모든 사람 중에 한 사람을 사랑하는 사랑'이 아닙니다. 하나님의 사랑은 '각각의 사람을 한 사람처럼 사랑하는 사랑'입니다. 얼마나 포용성이 넘치는 사랑인가요? 사람의 사랑은 주변사람을 벗어나기 어려운 이

기적이고 배타적인 사랑이나 하나님의 사랑은 이타적이고 넓은 사랑입니다. 하나님의 사랑은 '뜨거운 사랑'입니다. 인간의 사랑은 계산적인 사랑이나 하나님의 사랑은 자기의 가장 소중한 것을 내어놓는 뜨거운 사랑이었습니다. 하나님의 뜨거운 사랑이 없었다면 인류를 죄에서 구원하실 독생자도 없었습니다.

하나님의 사랑은 '예비하시는 사랑'입니다. 하나님의 사랑은 '에벤에셀과 여호와 이레의 사랑'입니다. 에벤에셀이란 '하나님이 여기까지 우리를 도우셨다'는 뜻입니다. 여호와 이레란 '하나님이 우리의 필요를 준비하시리라'는 뜻입니다. 하나님의 사랑은 지금까지 우리를 도우셨던 것들 위에다 여호와께서 준비하신 것을 건축하는 사랑입니다.

완성된 제품을 제공하시지 아니하고 미완성의 재료를 예비하시는 하나님은 이루어 주지 않는 사려 깊으심으로 스스로 일할 수 있도록 격려해 주시네.

하나님의 사랑 안에 산다는 것이 얼마나 행복한 일인가요? 그 놀라운 하나님의 사랑도 인생의 마음 문이 열리지 않으면 공허한 사랑이 되어 버립니다. 짝짝이는 마주쳐야 소리가 울리듯이 인간의 반응이 준비되지 않으면 하나님의 사랑은 그 진가를 발휘할 수 없습니다. 하나님의 사랑에 반응하는 인생이 되어 그 사랑의 진가를 맛보는 인생이 되십시오.

- © 이한규 목사(분당 사랑의 교회), 신앙칼럼(109) / 2008. 12. 20

오늘의 기도 : 성숙한 믿음을 주옵소서

하나님 아버지, 이 죄인을 향하신 하나님의 사랑이 어제도 오늘도 영원토록 변함없으시고, 아무 조건 없는 크신 사랑에 감사를 드립니다.

광야 같은 세상을 살다보면 늘 세상의 죄에서 자유롭지 못했지만 주님의 보혈로 인해 자유와 해방을 얻어 기쁨과 감사의 삶을 살 수 있음에 마음속에 울컥 치밀어 오르는 주님의 사랑에 또다시 감사드리며 온 몸과 마음을 다해 주님을 사랑한다고 고백하오니 저의 가난한 심령을 긍휼히 여겨주옵소서.

사랑하는 주님, 오늘도 불확실하고, 혼란한 세상에 현혹되어 주님의 이름을 더럽히는 그러한 행동이나 마음을 다스려 주시고, 하나님으로부터 받은 사랑을 이웃에게 공평하게 나누며 살아가게 해 주옵소서. 제가 살아가는 삶을 통해 하나님과 사람들을 감동시키는 성숙한 믿음의 삶으로 동행하여 주옵소서.

다윗의 진실 된 회개가 하나님의 마음에 합한 사람이 되었듯이, 옥합을 깨어 예수의 발에 부은 여인이 행동했듯이. '말씀만 하옵소서 그러면 내 하인의 병이 낫겠나이다'리고 고백한 백부장의 믿음을 칭찬하셨듯이, 돌에 맞아 순교하기까지 믿음을 잃지 않은 스데반처럼, 저의 믿음과 삶과 회개가 흔들리지 않는 굳센 믿음의 소유자가 되게 하옵소서.

하나님을 사랑하는 삶으로 인해 어두운 세상에 한줄기 촛불이 되게 하시고 썩어져 가는 세상에 한줌의 소금이 되어 저도 변화되고, 이웃이 변화되어 성숙한 그리스도인의 삶을 살게 해 주옵소서.
이스라엘 백성을 낮엔 구름기둥으로 밤엔 불기둥으로 만나와 메추라기로 수백만 명의 백성에게 아프지도 않게 40년의 광야 생활을 승리로 이끌어주신 하나님의 사랑을 지금 이 나라와 이백성들위에도 동일하게 내려주옵소서.
예수님의 이름으로 기도드립니다. 아멘.

Day : 35주(월)

찬송 : (새) 497장, 274장

35

에스라 7–10장 에스라의 종교개혁

- 7장 에스라 일행의 귀환
- 8장 예루살렘을 향하여
- 9장 에스라의 회개기도
- 10장 백성들의 회개와 개혁운동

에스라는 6장의 사건이 일어나고 58년이 지난 후에 사역을 시작했습니다. 이스라엘 백성들은 하나님의 전을 지었지만, 자기의 마음을 드리지는 않았습니다. 에스라는 이스라엘 백성들에게 영적인 부흥이 필요하며, 그들이 하나님의 율법에 충실해야 한다는 사실을 잘 알고 있었습니다. 그러므로 그는 이 일을 진행하기 위해서 바사 왕 아닥사스다의 도움을 받아 예루살렘으로 귀환했습니다. 이때에 에스라는 1,753명의 유대인들과 함께 1,500km의 여행을 한 끝에 예루살렘에 도착할 수 있었습니다. 그는 예루살렘에 도착한 후에 이스라엘 백성들이 이방인들과 잡혼을 하고 있는 것을 알게 되었습니다. 이러한 일은 백성들만이 아니라 레위인과 지도자도 마찬가지였습니다. 에스라는 이 일로 인해 회개하기 시작했습니다. 그리고 그는 신실한 사람들의 권고를 받아들여 대대적인 회개와 개혁 운동을 일으켰습니다. 그리고 이 운동은 곧 전 이스라엘로 확산되었습니다.

읽으며 묵상하며 : 하나님은 사람을 준비하십니다 (스 7:1–10)

에스라가 여호와의 율법을 연구하여 준행하며 율례와 규례를 이스라엘에게 가르치기로 결심하였었더라 스 7:10

성전 예배가 회복되고 약 60년이 지나는 동안, 하나님은 에스라를 준비하고 계셨습니다. 그는 포로 생활 중에도 이방인들과 혼합되지 않은 정통 대제사장 가문 출신이었습니다. 타국에서 출생하여 교육받고 살아왔으면서도 전적으로 말씀 연구에 몰두한 탁월한 성경 선생이었습니다. 동시에 바사 왕에게 각별한 신임을 받아 왕이 그의 청원을 주저함 없이 허락하는 사람이었습니다. 이 모든 조건을 구비하게 된 배경에는 하나님의 도우시는 손이 있었습니다(6절). 그에게 준비된 조건은 당시 귀환한 하나님의 백성들에게 지도력을 발휘하여 하나님이 기대하시는 일을 이루기 위해 꼭 필요한 것들이었습니다.

하나님은 오랜 옛날 애굽에서 요셉과 모세를 준비해 두셨던 것처럼 기대할 수 없는 바사 제국의 환경에서 에스라를 준비해 두셨습니다. 내가 하나님과 사람 앞에 인정받고 있는 부분은 무엇입니까? 나는 지금 하나님 나라를 위해 어떻게 준비되고 있습니까?

에스라는 이미 실행되고 있는 제사장 업무인 성전 제사뿐 아니라 또 다른 업무인 말씀

사역을 수행하고자 왕에게 귀환을 청원했습니다. 왕의 허락과 후한 도움을 얻어 에스라는 성전과 예배를 위해 섬겨야 할 사람들과 귀환을 희망하는 하나님의 백성을 이끌고 예루살렘에 도착했습니다.

하나님은 이들의 여행 중에도 은혜로운 섭리의 손으로 도우셔서 안전하게 도착할 수 있게 하셨습니다(9절). 이러한 섭리의 역사는 하나님께서 하나님의 백성 공동체에 말씀하고 싶어 하신다는 뜻입니다. 하나님은 오늘날도 하나님의 말씀을 전문적으로 연구하고, 말씀의 요구를 준행하고자 노력하고, 하나님의 백성들에게 말씀의 의미를 가르치는 일에 몰두하는 말씀 사역자들에게 선하신 섭리로 간섭하시고 그들을 통해 우리에게 하나님의 뜻을 가르치길 원하십니다.

나는 하나님의 말씀을 묵상하고 그것을 지키기 위해 애쓰고 있습니까? 내가 가르치는 것은 내게 경험된 말씀인가요?

– 「생명의 삶」 말씀해설, 두란노서원, 2005. 9. 10.

살며 생각하며 : 준비되어 진 사람

콜롬비아 정글에 세상과 분리되어 독자적인 문화를 유지해온 '모틸론(Motilon)이란 인디언 족속이 있습니다.

그들은 그들의 영역에 들어오는 이방인을 죽이기도 하는 매우 배타적인 족속이었습니다. 그곳에 복음의 씨앗이 뿌려지지 않았음은 말할 것도 없었습니다. 그러나 이러한 복음의 불모지에도 변화가 일어났습니다.

부르스 올슨. 이 사람이 바로 그 변화의 주역입니다. 그는 고등학교 시절 고대어에 흥미를 갖고 고대 그리스어, 히브리어를 공부하였습니다. 이로 인해 그는 그리스도를 알게 되었으며 신약 성경의 일부분을 영어로 번역하는 일에 열중하던 중 하나님의 부르심을 받고 베네수엘라에 선교사로 가게 되었습니다.

그곳 대학에서 영어를 가르치며 인류학, 문헌학 및 언어학을 공부하는 동안 그는 이방인을 죽인 전례가 있는 모틸론 족에 관심을 갖게 되었고 끝내는 목숨을 걸고 모틸론 족이 살고 있던 곳에 홀로 들어가게 되었습니다. 처음엔 전혀 언어 소통이 안 되어 고독감과 답답함을 많이 느꼈지만 계속 함께 생활하면서 그들의 고유문화를 배우고 농사짓는 법 등 과학 지식을 전해 주며 그들의 생활 방식을 체득하였습니다.

6년이 지난 후에야 비로소 이들 중에서 최초로 그리스도를 영접한 한 사람이 나오게 되었고 그 한 사람을 통해 모틸론 족의 많은 사람들이 그리스도를 알게 되었습니다.

그는 18년 동안 그들과 함께하면서 거의 전 신약 성경을 모틸론어로 번역하였습니다.

이제 그곳에는 초등학교와 보건소가 세워졌으며 모틸론 족은 오히려 타 종족에게 선교사를 파송하기도 합니다.

하나님께서는 언어학에 관심이 많았고 그로 인해 말씀을 연구하며 말씀대로 순종한 이 선교사처럼 준비되어진 사람을 통해 새 생명의 역사를 일으키십니다. (크리스천 다이제스트)

– 「호크마 종합 주석」 구약 12권, 예화, 기독지혜사, p144

정리하며 확신하며 : 하나님이 쓰시는 사람의 7대 유형

	하나님이 쓰시는 사람의 유형	참고 성경 구절
1	말씀을 주야로 연구하는 자	스 7:10, 딤후 2:15
2	말씀을 힘써 전파하는 자	스 7:10, 딤후 4:2
3	사람들에게 인정받는 자	스 7:11-28
4	기도에 항상 힘쓰는 자	스 8:21, 10:1
5	타인의 죄를 자신의 것처럼 회개하는 자	스 10:6
6	하나님의 말씀에 따라 사는 자	시 119:11, 133
7	말씀에 의해 준비 된 자	시 119:130

– 「그랜드 종합 성경주석」 7권, 성서교재간행사, p838

Day : 35주(화)

찬송 : (새) 96장, 94장

35

느헤미야 1–6장 성벽을 완성함

- 1–2장 예루살렘 소식을 듣고 성벽 재건을 계획함
- 3–4장 사역의 시작과 대적들의 방해
- 5–6장 고리대금업의 회개와 성벽 완성

이때에 느헤미야는 바사에 있었습니다. 그는 어느 날 고국에서 방문한 사람을 통해서 예루살렘 성벽이 완전히 파괴되었다는 소식을 들었습니다. 그는 그 소식을 듣고 슬퍼하면서 예루살렘 성벽을 다시 쌓기로 결심했습니다. 그는 이 일을 위해서 하나님께 도움을 요청했습니다. 그리고 하나님은 그의 기도에 응답하여 그가 유대 총독의 신분으로 예루살렘에 갈 수 있게 해주셨습니다. 그는 예루살렘에 도착해서 성벽을 건축할 계획을 발표했으며, 즉시 그 일에 착수했습니다. 그러나 대적들은 온갖 음모와 술수를 사용해서 그가 하는 일을 방해했습니다. 느헤미야는 이러한 방해공작을 효과적으로 극복하고 공사를 진행했습니다. 그러나 바로 그때에 부자들의 고리대금으로 인해 생활고에 시달리던 백성들이 불평하며 원망하는 일이 일어났습니다. 느헤미야는 총독의 권위로 부자들을 불러서 형제들에게 고리대금하는 일을 금지시켰습니다. 그 후에도 내적인 어려움과 끈질긴 방해 공작은 계속되었습니다. 그러나 느헤미야는 하나님의 도우심으로 어려움을 극복하고 마침내 성벽을 완성할 수 있었습니다.

읽으며 묵상하며 : 느헤미야의 기도 (느 1:1–11)

주여 구하오니 귀를 기울이사 종의 기도와 주의 이름을 경외하기를 기뻐하는 종들의 기도를 들으시고 오늘 종이 형통하여 이 사람들 앞에서 은혜를 입게 하옵소서 하였나니 그 때에 내가 왕의 술 관원이 되었느니라 느 1:11

느헤미야는 페르시아의 고위직에 있는 관리로서 세상적으로 성공한 사람이었습니다. 하지만 그는 귀향한 자기 백성들이 큰 환란과 능욕을 받고 있다는 소식을 듣고 수일 동안 슬퍼하며 하나님께 금식하며 기도하고 있습니다. 이와 같은 애통은 결국 그가 유대 총독이 되어 자기 백성들을 굳게 하는 시발점이 됩니다. 느헤미야의 모습은 우리에게 비록 세상에 살지만 본향을 사모하는 신자의 삶이 어떠해야 하는지를 잘 보여주고 있습니다. 오늘날 우리에게 있는 가장 큰 문제는 영적인 애통을 잃어버리고 있다는 것입니다. 지금도 전 세계 곳곳에서 많은 신자들이 환란을 받으며, 교회가 훼파되고, 하나님의 영광이 가려지고 있는 이때에 우리는 자신의 안일함에 취해 자족하고 있지는 않습니까?

느헤미야가 민족을 구하기 위해 제일 먼저 시작한 일은 기도였습니다. 느헤미야의 기도는 철저한 회개의 기도였습니다. 그는 자기 민족이 과거부터 하나님을 슬프시게 해 온 모든 죄를, 마치 현재 자기의 죄인 것처럼 하나님 앞에 자백하였습니다. 또 그의 기도는 철저한 믿음의 기도였습니다. 그는 이 기도를 긍휼 베풀기를 기뻐하시는 하나님의 성품을 의지함으로 시작하고 있고, 회개하는 자에게 반드시 언약을 지키실 하나님을 찬양하고 있습니다. 그의 기도는 또 구체적인 헌신의 기도입니다. 그는 다른 누군가가 아닌 자기가 오늘날 예루살렘으로 나아갈 수 있는 은혜를 구하였습니다. 느헤미야가 이렇게 기도할 때 하나님은 그에게 가장 가까운 곳에서 왕을 시중들 수 있는 술 관원장의 자리를 주셨고 이를 통해 그는 결국 총독으로서 유다로 갈 수 있는 자격을 부여 받게 됩니다. 하나님의 일은 기도로 시작되고 기도로 성취되는 것입니다.

– 「GT, 세계를 품는 경건의 시간」, GTM, 2005. 8. 19.

살며 생각하며 : 열심으로 구하는 기도의 힘

홀 감독은 열심으로 구하는 기도에 대해 다음과 같은 말로 교훈을 하고 있습니다. "기도는 수학이 아니니 기도의 회수가 기도의 힘이 되는 것이 아니며, 기도는 수사학이 아니니 기도의 웅변이 기도의 힘이 되지도 못한다. 또한 기도는 기하학이 아니니 그 장단이 기도의 힘이 되지도 못한다. 기도는 음악도 아니니 그 음성의 아름다움이 힘이 되지도 못한다. 기도는 또한 논리학도 아니니 그의 논조가 문제되지 못하며, 기도의 순서 정연한 그 방법이 기도의 힘이 되지도 못한다. 심지어 하나님이 가장 관심을 두시는 신학까지도 가도의 힘이 되지는 못한다. 그러나 마음의 열심, 이것은 기도의 가장 큰 힘이며, 가장 유용한 요소이다."

본문에서 느헤미야의 기도가 응답을 받을 수 있었던 것도 열심으로 드린 기도의 힘이었습니다. 이처럼 열심으로 구하는 기도는 미약한 우리로 크신 하나님께서 응당 받으시는 놀라운 힘이 됩니다.

그런데 우리는 하나님께 구하기도 전에 인간적인 생각으로 이러한 기도의 능력을 의심하지는 않습니까?

– 「그랜드 종합 주석」 7권, 예화, 성서교재간행사, p873

Day : 35주(수)

찬송 : (새) 43장, 57장

35

느헤미야 7-10장 성안에서의 회복 운동

- 7장 사역자들의 명단
- 8장 율법낭독과 기쁨
- 9장 회개
- 10장 언약

느헤미야서의 전반부는 하나님께서 어떻게 유대인들을 통해서 예루살렘 성벽을 건축하게 해주셨는지를 기록하고 있습니다. 그리고 느헤미야의 후반부는 성벽을 완성한 후에 이스라엘 백성들이 어떻게 하나님을 경배했는지를 기록하고 있습니다. 1-7장은 이야기가 자서전적으로 기록된 반면, 8장부터는 이야기가 전기적인 형태로 바뀌고 있습니다. 후반부 이야기의 초점은 물질적인 행복보다 영적인 부유함이 더 중요하다는 사실을 강조하고 있습니다. 하나님의 말씀을 맡은 에스라는 백성들에게 율법을 읽고 그 뜻을 설명해 주었습니다. 백성들은 에스라가 선포하는 율법의 해석을 듣고 자기 죄를 회개하게 되었습니다. 그리고 이 일로 인해 성안에는 다시 영적인 회복 운동이 일어나게 되었습니다. 이스라엘 백성들은 에스라가 선포한 율법을 듣고 기뻐했습니다. 그리고 그들은 하나님께 기도와 예배와 헌신을 통해서 충성된 삶을 살기로 서약했습니다.

읽으며 묵상하며 : 여호와를 기뻐하는 것이 너희의 힘이라 (느 8:7-18)

여호와를 기뻐하는 것이 내게 힘이니라 느 8:10하

에스라의 말씀 낭독과 해석이 끝나자 백성들은 회개의 눈물을 흘렸고, 백성들의 지도자들은 말씀을 따라 초막절을 지켰습니다.

주의 성일은 하나님께서 우리를 어떻게 거룩케 하셨는지 기억하며, 주의 거룩하심을 묵상하고 어떻게 살아야 할지에 대해서 돌아보는 날입니다(출 31:13).

여호와를 기뻐하는 것

그리스도인들의 능력은 하나님께 있습니다. 하나님을 바로 알 때 우리는 능력을 갖게 됩니다. 오늘 본문에서 느헤미야는 "여호와를 기뻐하는 것이 너희의 힘이라"고 말합니다(10절). 이 말씀은 하나님을 기쁘시게 하는 것 혹은 하나님께 영광을 돌려 드리는 것이 우리의 힘이 된다는 것입니다. 또한 하나님께서 우리에게 주신 기쁨이 우리의 힘이 된다고도 볼 수 있습니다. 그들의 힘과 기쁨은 에스라로부터 말씀을 배우고 깨닫는 데서부터 왔습니다. 다니엘서에서는 "오직 자기의 하나님을 아는 백성은 강하여 용맹을 떨치리라"(단 11:32)고 하였습니다. 하나님 백성의 기쁨과 힘과 능력은 하나님을 아는데서 옵니다. 개인의 각성과 부흥은 말씀을 통해서 옵니다. 공동체의 회복과 부흥 또한 하나님의 말씀을 통해서 온다는 사실을 알아야 합니다.

하나님의 말씀을 깨달을 때

초막절은 7월 15일부터 일주일 동안 집 밖에서 야영 생활을 하는 기간입니다. 이 절기는 하나님께서 모세에게 이스라엘 백성을 애굽에서 구원하시고, 그들을 광야에서 인도하신 것을 기념하며 기억하기 위해 이스라엘 모든 백성이 지키게 하신 절기입니다(레 23장). 그러나 초막절은 여호수아 시대부터 지금까지 단 한 번도 지켜지지 않았습니다(17절). 백성의 지도자들은 학사 에스라와 함께 말씀을 공부하며 이 사실을 발견하고 말씀을 지키기 위해서 노력하였습니다. 하나님의 말씀을 공부하다보면 새롭게 진리를 발견할 때가 있습니다. 그럴 때 과거의 관습을 따라 그대로 흘려보낼 것이 아니라 이들처럼 말씀 속에서 자신의 삶을 점검해 보아야 할 것입니다.

–「묵상하는 사람들, 메시지」, 프리셉트, 2006. 7. 22.

살며 생각하며 : 중국인의 2세 교육

뉴욕 법원의 한 판사가 뉴욕 타임지에 이런 글을 실은 적이 있습니다. 그는 17년 동안 법관 생활을 해오면서 중국인 2세들이 강도, 마약 상습복용, 속도위반, 폭행, 파괴 등의 죄로 법정에 소환되는 것을 보지 못했다고 합니다. 뉴욕에 사는 중국인 2세만도 1만 명 정도로 추정되는데 범죄율이 어떻게 이렇게 낮을 수 있는지 그는 항상 궁금하게 생각했습니다. 그래서 한번은 뉴욕 주재 총영사에게 그 이유를 물어 보았습니다. 그러자 그는 이렇게 대답했습니다.

"중국에는 효성이라는 덕이 있습니다. 어디서 살든지 중국의 아이들은 자기 부모에게 욕되는 일을 해서는 안 된다는 가르침을 받으며 자라난답니다."

빈부를 막론하고 대개의 중국인 2세들은 엄격한 가족 제도 속에서 종교와 예절, 연장자에 대한 공경을 배우며 자라납니다. 바로 이러한 가르침이 중국인 2세들을 바른 길로 인도하는 원동력이 되었던 것입니다. 마찬가지로 우리가 우리의 아이들에게 옳은 것을 바로 가르쳐 줄 때 우리의 아이들은 보다 안전하게 바른 길로 갈 수 있습니다. 오늘의 본문에서 에스라를 비롯한 여러 사람들이 하나님의 말씀으로 백성들을 가르친 것도 백성들로 하나님의 온전하신 뜻을 깨닫고 바른길을 가도록 하기 위함이었던 것입니다.

–「그랜드 종합 주석」 7권, 예화, 성서교재간행사, p952

Day : 35주(목)

찬송 : (새) 407장, 465장

35

느헤미야 11-13장 이스라엘의 정착

- 11장 분배
- 12장 성벽 낙헌식
- 13장 성을 보호하기 위한 개혁

느헤미야는 성벽 건축이 완공되고, 백성들의 영혼이 회복되게 되자 거주지를 견고하게 하고 조직을 재정비했습니다. 그는 제비뽑기를 통해서 유대인 중에 1/10을 선택하여 성안에 살게 했으며, 그 나머지는 성 외곽에 살도록 했습니다. 성벽이 완성된 후에 하나님께 드려졌으며, 성전에서 봉사할 사람들도 새 임무를 부여받았습니다. 그 후에 느헤미야는 바사에서 자기에 대해 모함하는 사람들이 있다는 소식을 들었습니다. 그는 그 문제를 해결하기 위해서 예루살렘을 떠나 바사로 갔습니다. 그리고 그는 그 문제를 원만하게 해결한 후에 다시 예루살렘으로 돌아왔습니다. 그때에 느헤미야는 성벽 건축을 방해하는 일을 주도했던 도비야가 예루살렘 성 안에 방을 소유하고 사는 것을 목격했습니다. 그는 이를 보고 진노하여 당장에 그를 성 밖으로 내쫓았습니다. 또 느헤미야는 유대인들이 여전히 이방인들과 잡혼을 하고, 안식일을 지키지 않으며, 율법을 무시하는 것을 목격했습니다. 느헤미야는 이러한 사실을 확인한 후에 다시 한 번 개혁자가 되어 민족의 순결을 회복하기 위한 개혁을 감행했습니다.

읽으며 묵상하며 : 낙성식 준비 (느 12:23-30)

> 예루살렘 성벽을 봉헌하게 되니 각처에서 레위 사람들을 찾아 예루살렘으로 데려다가 감사하며 노래하며 제금을 치며 비파와 수금을 타며 즐거이 봉헌식을 행하려 하매 이에 노래하는 자들이 예루살렘 사방 들과 느도바 사람의 마을에서 모여들고 느 12:27, 28

성전 제사는 여러 직분자들에 의해 이루어졌습니다. 제사장들의 역할이 중심이긴 하지만 레위인들의 감사 찬양도 중요한 부분이었습니다. 그런가 하면 제사에 필요한 물품들을 관리하는 곳간의 문지기들의 숨은 역할도 있었습니다. 공동체를 섬기고, 그 공동체로 하여금 복음의 역동적인 역할을 수행하는데 있어서 드러나게 수고하는 사람도 있지만 숨은 공로자들도 있습니다. 하나님은 그들의 수고 하나 하나를 다 알고 계십니다. 나는 과연 어떤 수고와 노력을 하고 있습니까? 지금 나에게 맡겨진 역할과 사명에 최선을 다합시다.

예루살렘 성 재건공사는 이미 마무리 되었으나 이제야 낙성제사를 드리게 되었습니다. 제사를 드리기 전에 회개와 언약갱신을 통해 심령을 새롭게 하는 일이 우선적으로 행해져야 했기 때문입니다. 그리고 그 성에 사람들로 가득하게 하는 일을 마쳐 놓고서 이제야 낙성식을 하게 되었습니다. 느헤미야는 낙성식 제사를 위해 레위인을 예루살렘으로 데려올 계획을 세웠고, 그들은 즐겁게 순종하여 예루살렘 근처에 그 거처를 마련합니다. 그들은 자신들 뿐만 아니라 백성들과 성문과 성벽까지도 정결케 합니다. 정결케 함은 하나님께 나아가는 자들과 드리는 제물에 있어서 필수적인 요건입니다.

나는 하나님께 감사드리는 일에 기쁘고 즐거운 마음으로 그리고 거룩하고 정결한 마음으로 감당하고 있습니까?

–「날마다 주님과 함께」 본문해설, 학생신앙운동(SFC), 2001. 8. 1.

살며 생각하며 : 평생을 두고 잊지 않겠다고?

초기의 한국 교회에서 성전 건축을 할 때의 일입니다. 어려운 시절에 십시일반 모아서 성전을 짓고 있는데 채 짓기도 전에 잔고는 바닥이 나고, 더 이상 대출을 받을만한 형편도 되지 않았다고 합니다. 미국에서 거액의 돈이 왔던 것은 그 무렵이었습니다. 교회를 계속 지어야 할지 말아야 할지 장로님들과 제직회가 모여서 공방을 벌이며 기도의 소리를 높이고 있을 때 한 집사님이 뛰어오면서 소리쳤던 것입니다.

"돈이 들어왔답니다. 미국에서 몇 만 불이 통장으로 들어왔답니다."

하나님이 보내신 돈이라고 환호성을 지르며 교회는 금세 축제분위기가 되었습니다. 교회 건축은 일사천리로 진행되었습니다. 넉넉하게 들어온 돈 탓에 처음 예상했던 것보다 훨씬 근사한 예배당이 되었습니다. 등은 일반 전등에서 할로겐 등으로 바뀌었고, 시멘트 위에 페인트만 발라놓으려 했던 벽은 따스해 보이는 벽지와 넉넉해 보이는 천으로 바뀌었습니다. 분명 그 돈은 미국의 한 부자가 재산의 일부를 떼어 헌금했을 거라는 소문이 돌았습니다. 신실한 사람이 아니더라도 사회봉사차원에서 돈을 보낼 수도 있다는 말도 떠돌았습니다. 돈을 받은 후 그들은 이름 없는 그 독지가를 위해 잠깐 기도를 했습니다. 교회는 아름다워져 갔고, 사람들의 마음은 붕 떠올랐습니다. 미국의 부자(?)가 보내온 돈은 남김없이 사용되었고, 과하다 싶을 정도로 예배당은 고급 자재로 넘쳐났습니다.

입당 예배를 하던 날은 아예 잔치 마냥 온 성도가 덩실덩실 춤을 추기까지 했습니다. 모든 것이 하나님의 은혜라고 목사님은 생각했습니다. 그날 오후, 목사님 방으로 들어오는 장로님의 얼굴이 어두웠습니다. 입당예배를 성황리에 끝낸 뒤라 장로님의 어두운 얼굴이 마음에 걸렸는지 목사님이 물었습니다.

"장로님, 무슨 일이 있으십니까? 얼굴이 좋지 않습니다."

장로님은 한참 뜸을 들이더니 말씀하셨습니다.

"그 돈, 우리에게 보내온 그 돈의 출처를 알았습니다."

목사님은 독지가를 찾았나 보다 하는 생각을 했습니다. 장로님의 어두운 얼굴을 보며 혹시 돈이 잘못 들어온 것은 아닌지, 부정하게 모은 돈은 아닌지 잠시 걱정스러웠습니다.

"하나님이 보내주신 그 돈 말입니까?"

목사님의 말에 장로님은 고개를 푹 숙이시더니 한참 동안 말씀이 없으셨습니다. 그러더니 이렇게 이야기를 합니다.

"그 돈은 그냥 사업가가 보낸 것이 아니었습니다. 어느 조그만 교회의 성도가 보낸 것이었습니다."

장로님은 천천히 말을 이었습니다. 미국의 한 가난한 성도에 대한 이야기였습니다. 평생을 하나님 믿으면서도 가난 때문에 교회에 늘 빚진 마음으로 살아왔던 그 성도는 한국의 어느 교회가 돈이 없어 성전 건축을 중단했다는 소식을 들은 후 몇날 며칠을 고민했다고 합니다. 모은 돈이라고 해봐야 겨우 입에 풀칠할 정도고, 거리가 멀어 노동력도 제공해 주지 못하는 처지에 뭔가 하나님께 드리고 싶었던 그가 내린 결론은 자기의 몸을 드리는 것이었습니다.

"자신의 한 쪽 눈을 팔았답니다. 그걸 팔아서 우리 교회에 보낸 거랍니다. 하나님의 집을 지으라고 말입니다. 그 귀한 돈을 우리는 폼 나는 전등이며, 육중한 강대상이며, 색깔 좋은 커튼에 다 써버렸습니다."

두 사람은 한 동안 아무 말도 할 수 없었습니다.

"참으로 부끄러운 일이군요. 우리는 모든 걸 너무 가볍게 여겼습니다. 하나님의 큰 은혜도, 성도의 뜨거운 열정도 말입니다. 우리가 지어야 할 것은 예배당 건물이 아니라 우리 마음의 성전이었습니다."

목사님과 장로님은 평생을 두고 이 일을 잊지 않겠노라고 결심했습니다. 한국 교회 초기에 실제로 있었던 일이랍니다.

– 김덕한(deokhan), 「낮은 울타리」에서

Day : 35주(금)

찬송 : (새) 257장, 189장

35

말라기 1-4장 굳은 마음을 책망함

- 1장 제사장들의 죄
- 2장 백성들의 죄
- 3장 십일조와 헌물에 대한 축복

구약성경의 예언은 말라기로 막을 내리고 있습니다. 선지자 말라기와 건축자 느헤미야는 동시대 사람이었습니다. 그러므로 느헤미야가 직면했던 문제점들은 말라기가 전한 메시지의 배경이 되었습니다. 말라기가 직면했던 문제들은 주로 부패한 제사장 문제, 이방인과의 결혼, 계속된 죄로 인해 무감각해진 양심 등과 같은 일이었습니다. 말라기는 질문과 답변 형식을 사용해서 유대인들의 교만함과 영적인 무감각을 책망했습니다. 하나님은 말라기를 통해서 장차 있을 엄중한 심판을 예고 하셨습니다. 말라기가 예언을 한 후에 이스라엘에는 메시야가 오실 때까지 약 400년 동안 다른 메시지가 주어지지 않았습니다. 그러나 말라기는 신약 성경의 첫 책인 마태복음을 예견하고 있었습니다. 마태복음에 이르러 400년간의 침묵을 깨고 세례 요한이 등장했습니다. 세례요한은 "주의 길을 준비하라"(마 3:3)고 선포하면서 기나 긴 침묵을 깨고 약속된 메시아가 도래했음을 선포했습니다.

읽으며 묵상하며 : 나의 규례를 지키라 (말 3:7-12)

만군의 여호와가 이르노라! 너희의 온전한 십일조를 창고에 들여 나의 집에 양식이 있게 하고 그것으로 나를 시험하여 내가 하늘 문을 열고 너희에게 복을 쌓을 곳이 없도록 붓지 아니하나 보라 말 3:10

말라기서는 언약을 깨뜨려 저주를 자초한 백성들에게 다시 언약을 맺고 복을 받을 수 있는 방법을 알려 주는 책이라고 할 수 있습니다. 하나님께서 이스라엘을 향해 돌아오라고 말씀하셔도, 그들은 돌아오는 길을 알지 못합니다. 그들은 하나님의 것을 도둑질하고도 도둑질한 것을 깨닫지 못합니다. 그럼에도 하나님은 그들이 하나님의 말씀대로 행한다면 약속된 축복을 주실 것이라고 말씀하십니다.

하나님께서 "내게로 돌아오라"고 말씀하시는 것은 하나님에게서 멀어졌기 때문입니다. 하나님께서 "어찌 하나님의 것을 도둑질하겠느냐"라고 말씀하시는 것은 하나님의 것을 도둑질했기 때문입니다. 하나님은 결코 거짓을 진실이라 하지 않으십니다. 그런데도 사람들은 뻔뻔스럽습니다. '우리가 어떻게 돌아가리이까, 우리가 어떻게 주의 것을 도둑질하였나이까?' 그들은 자신들이 할 만큼 했는데 도대체 하나님은 무엇을 더 회개하길 원하시는지,

도대체 어떻게 예물을 드려야 예물에 만족하실 것인지를 따져 묻습니다. 그러나 하나님이 이렇게 말씀하신 이유는 그들에게 종교 행위가 없었기 때문이 아닙니다. 그들은 하나님을 예배했지만, 그 예배 자체가 하나님의 말씀에서 벗어나 있었기 때문입니다.

하나님은 자기 백성이 "십일조와 헌물"을 도둑질했다고 말씀하십니다. 십일조는 하나님께 드리는 기본이며 그 이상의 헌물이 있어야 합니다. 어떤 사람은 십일조를 각종 예물로 나눠 드리기도 하고, 어떤 사람은 십일조의 개념 없이 헌금만 드리기도 합니다. 이는 하나님의 규례에서 벗어난 것입니다. 때로 사람들은 기근과 황충을 변명 삼아 하나님께 드릴 것이 없다고 말합니다. 하지만 열악한 환경은 하나님께 마땅히 드릴 예물을 드리지 못하는 원인이 아니라 그 결과로 찾아온 것일 때가 많습니다. 하나님은 "온전한 십일조"를 드려 "나의 집"에 양식이 있게 하라고 하십니다. 이 양식은 하나님 전에서 일하는 레위인을 위한 것입니다(느 13:10-14). 하나님의 집에 양식이 없으면 말씀의 기근이 있고, 말씀이 없는 곳에서는 하나님의 축복의 흐름이 멈춥니다.

– 「생명의 삶」 말씀해설, 두란노서원, 2006. 3. 29.

살며 생각하며 : 사업을 망하게 해주세요

존은 주일학교 책임자며 신용이 있고 존경받는 사람입니다. 사업을 시작하여 4년째에는 6개의 지점망을 구축했습니다. 그런데 그의 십일조는 매주 100불에서 더 올라가지 않았고, 주일학교 책임자의 자리를 내놓았고, 주일에도 보이지 않았습니다.

롤란 목사가 그의 사업처로 갔을 때 존은 "너무 바빠서 주일에도 타 지방으로 가서 사업을 보살펴야 한다"고 했으며 "십일조도 100불이면 주의 사업에 충분하다"고 했습니다.

롤란 목사는 존을 붙들고 기도했습니다.

"주님께서 존을 너무 축복하셨습니다. 십일조는 엄청나서 바칠 수가 없으며, 바빠서 주일 성수도 못한답니다. 존을 위해서나 주의 나라 사업을 위하여 점포 몇 개를 해체해 주셔서 주님을 위해 시간도 낼만큼 주시고, 십일조도 낼만큼만 주시기를 기도합니다."

존은 벌벌 떨며 회개하고 새사람이 되겠다고 서원했습니다.

개구리 올챙이 시절을 알아야 하듯 하나님은 이스라엘에게 '너희가 애굽에서 종 되었던 때를 기억하라'고 하셨습니다. 십일조도 소득이 적거나 많거나 내가 조정하는 것이 아니라 하나님께서 정하신 법칙대로 십의 일을 드리면 됩니다. 주일 성수도 내가 조정하는 날이 아니라 하나님께 떼어 놓는 시간이므로 내가 쓰면 '날도둑'이 되고 마는 것입니다. 외적 상황이 변한다고 신앙마저 변하면 안 됩니다.

"나는 너를 애굽 땅 종 되었던 집에서 인도하여 낸 네 하나님 여호와니라"(출 20:2)

– 신현주 목사, 「예화 철학」, 도서출판 누가, p251

Day : 35주(토)

찬송 : (새)333장, 381장/ (새)342장, 395장

35

■ 이번 주 읽은 성경 요약 및 못 읽은 부분 읽고, 한 주간 생활 묵상하며 가정 예배드리기

■ **주제 : 지혜로운 자의 삶** (잠 18:1-14)

읽으며 묵상하며 : 지혜로운 자 (잠 18:1-24)

지혜로운 자는 하나님 앞에서 겸손하고, 삶 속에서 많은 열매를 맺습니다.

지혜로운 자의 삶의 원칙

지혜로운 자는 여호와의 이름을 지식의 중심에 둡니다(10절). 견고한 망대는 어디서나 볼 수 있고 바람에도 흔들리지 않습니다. 지혜로운 자의 내면 중심에는 여호와의 이름이 견고한 망대처럼 세워져 있습니다. 그는 날마다 그곳으로 달려갑니다. 망대에 올라가 하나님의 이름이라는 망원경으로 삶의 모든 국면들을 바라봅니다. 열린 마음으로 모든 것을 포용합니다(15절). 여호와의 이름에 달려가는 것, 그것은 겸손입니다. 그는 겸손으로 말미암아 더욱 존귀함을 받습니다(12절). 하지만 미련한 자는 교만하여 여호와를 보지 않습니다. 그는 세상의 재물을 견고한 성처럼 생각합니다. 하지만 언젠가는 착각에서 깨어나는 멸망의 때가 올 것입니다(12절).

지혜로운 자의 삶의 열매

지혜로운 자는 하나님 앞에서 겸손하고, 삶 속에서 많은 열매를 맺습니다. 그는 사연을 모두 들은 후 대답을 하며(13절), 화목하게 하는 말로 언어의 열매를 맺습니다. 그의 입에는 열매가 가득하며, 혀에는 권세가 있습니다(20-21절). 그는 일단 분쟁이 나면 재판장으로 가기 전에 선물로 해결해 보고자 합니다(16절). 그 선물은 뇌물과는 다른 것입니다. 그러나 그것이 여의치 않을 때에는 분쟁 당사자인 원고와 피고의 말을 공정하게 듣고 판결합니다(17절). 판결이 자신의 판단력에서 벗어나면 제비를 뽑아 그 결과를 하나님께 맡깁니다(18절). 이 모든 과정 속에는 겸손함이 전제되어 있습니다. 지혜로운 자 주변에는 항상 형제보다 더 친밀한 친구들이 모여듭니다. 지혜로운 자의 겸손은 그의 삶의 전반에서 드러납니다.

– 「묵상하는 사람들, 메시지」, 프리셉트, 2008. 8. 2.

살며 생각하며 : 주님이 우리를 택하신 목적

주님께서 우리를 택하신 목적은 어디에 있을까요? 성경에 나타난 선택의 의미는 특권의식이 아닌 사명의식임을 알아야 할 것입니다. 과실을 맺기 위하여 나무가 존재하는 것이며 나무가 존재하는 보람은 열매에 있습니다. 농부가 무엇보다도 원하는 것은 열매입니다. 우리는 성경에서 꽃과 열매에 대한 흥미 있는 대조적 교훈을 볼 수 있습니다. 꽃이라는 단어는 성경에 모두 37회 등장합니다. 그러나 열매라는 단어는 자그마치 2백회 이상이나 등장합니다. 또 의미상으로 보아도 꽃은 성경에서 순간적이고 허무한 인생의 일시적 가치만을 비유하고 있음에 반하여 열매는 궁극적이며 영원한 생의 가치를 교훈할 때 쓰이고 있습니다.

돌아보며 다짐하며 : 가장 필수적인 신앙 덕목

사람의 정신세계를 파괴하는 가장 대표적인 것이 있습니다. 그것은 '도피'입니다. IMF를 맞이했을 때 거의 모든 상품이 매출이 줄었는데 소주 판매량은 급격히 늘어났다고 합니다. 나라가 어려워지면 제일 먼저 늘어나는 것이 그 나라의 술 소비량이라고 합니다. 현실이 어려울 때 그 현실로부터 도피하려고 술과 마약, 그리고 탐닉거리를 찾는 모습은 사람의 정신을 더욱 황폐하게 만듭니다.

반면에 사람의 황폐한 정신세계를 복구하는 가장 위대한 것이 있습니다. 그것은 '사람의 이마에서 흐르는 땀'입니다. 현실이 어려울수록 우리는 땀을 흘릴 곳을 찾아 우리의 도피심리를 극복하고 현실을 이겨야 합니다.

믿음생활에서 '도피'와 가장 어울리는 용어는 '순종이 없는 환상'이고, '땀'과 가장 어울리는 용어는 '환상을 가진 순종'입니다. 사람이 도피 심리에 빠지면 순종하는 모습은 없어지고 환상적인 삶만을 추구하게 되고, 이상한 것을 더 진짜처럼 생각하는 신기루에 빠지게 됩니다. 그처럼 '순종이 없는 환상'은 인생을 연약하게 만들고, 삶을 통제할 수 없게 만들고, 이기적인 사람이 되게 하고, 결국은 현실을 도피하도록 만듭니다. 그래서 결국 우리의 인생과 우리의 신앙생활을 철저하게 파괴하고 정신을 병들게 합니다.

우리는 마태복음 17장에 나오는 변화산 사건을 기억합니다. 그때 예수님께서 베드로와 야고보와 요한을 데리고 변화산에서 변형되어 얼굴이 해같이 빛나자 베드로가 이렇게 말했습니다. "주여! 여기가 좋사오니 초막 짓고 여기서 살았으면 좋겠습니다!" 산 아래에는 엄청난 문제가 있는데 그 문제 앞에 서려고 하지 않는 모습을 보십시오. 하나님은 그처럼 현실에 대한 두려움으로 어디론가 도피하는 모습을 기뻐하지 않습니다. 우리는 아무리 어려워도 산에서 은혜 받고 산 아래로 내려갈 수 있어야 합니다. 마찬가지로 교회 안에서 은혜를 받았거든 교회 밖에서 가슴을 펴고 살아야 합니다. 우리의 신앙은 '우리가 가진 환상이 땀 흘림으로 표출되는 신앙'이 되도록 해야 합니다.

믿음은 놀고 먹는 것을 조장하지 않습니다. 우리의 땀과 피와 눈물을 통해서 내일을 창조하려는 자세가 없는 믿음은 기복주의일 것입니다. 하나님께서 우리들 각자에게 나름대로의 재능을 주신 이유는 그 재능을 활용해서 열매를 남기라는 뜻입니다. 놀고먹는 자에게는 틀림없이 부끄러운 날이 찾아오지만 열심히 사는 자에게는 틀림없이 즐거운 날이 찾아오게 될 것입니다. 주님이 재림하시는 날은 믿는 자들이 어떻게 살았는지 결산하고 평점을 주는 날입니다.

우리는 가을을 아름다운 계절이라고 생각합니다. 가을은 아름다운 계절이기도 하지만 준엄한 계절입니다. 왜냐하면 가을은 우리의 노력한 대가가 나타나는 결산의 계절이기 때문입니다. 마찬가지로 그리스도인들에게 주님의 재림은 즐거운 날이기도 하지만 준엄한 날이기도 합니다. 왜냐하면 우리는 하나님의 심판대 앞에 서서 결산을 통해 삶의 평점을 받아야 하기 때문입니다.

마태복음 25장에서 주인과 결산할 때 종들이 했던 가장 감격적인 말이 무엇입니까? "주인님! 더 남겼습니다!"라는 말입니다. 우리는 하나님 나라를 위해 무언가를 남기는 인생이 되어야 합니다. 그래야 주님을 맞이하는 그 날에 부끄러움이 없을 것입니다. 꽃도 자기를 가꾸어주는 손길에 향기를 남긴다고 하지 않습니까? 하나님은 자기의 주어진 재능과 여건을 통해 하나님을 위해 일하고 무엇인가를 남긴 인생들을 '착하고 충성된 종'이라고 말씀하십니다. 그런 충성된 인생을 하나님은 지금도 찾고 계십니다. 충성된 인생이 되려면 낙심이 없어야 합니다. 원망이 없어야 합니다. 교만도 없어야 합니다. 욕심이 없는 아름다운 마음도 구비되어야 합니다. 무엇보다도 땀 흘림으로 우리의 환상을 실생활에서 표출시킬 수 있어야 합니다. 바로 그때 우리의 삶은 가장 성스러운 삶이 될 것입니다.

우리의 인생은 한 번뿐인 인생입니다. 아쉽게도 지우개로 지울 수 없는 인생입니다. 그러나 쓰레기 인생은 절대로 없는 인생입니다. 이 소중한 인생을 위해 인본주의적 에너지를 하나님 중심적, 성경 중심적 에너지로 승화시키고, 솔개와 같은 넓은 안목과 개미와 같은 세밀한 판단을 겸비해서 힘써 땀을 흘림으로 하나님께 나머지 생애를 헌신하십시오. '땀 흘림'은 주님의 '피 흘림'의 은혜를 아는 자에게 있어야 하는 가장 필수적인 신앙 덕목입니다.

– ⓒ 이한규 목사(분당 사랑의 교회), 신앙칼럼(109) / 2008. 12. 20

오늘의 기도 : 하늘의 지혜를 구하는 기도

말씀 속에 생명을 담으신 주님!
이 시간 이 말씀의 위력에 사로잡히기 원하나이다.
주여, 어리석고 미련한 세상의 지혜를 깨뜨리고, 영생을 위하여, 신령한 것을 위하여, 하늘의 지혜로 채워주소서. 그리하여 하나님의 나라를 위하여, 생명을 위하여 깊은 고민을 할 줄 아는 주의 사람이 되게 하소서.
말씀 안에서 세상의 것을 부정할 줄 아는 용기와, 주님의 것을 긍정하는 적극적인 신앙의 모습을 찾기 원하나이다.
온 천하보다도 귀한 생명을 제가 소유하게 된 것도 바로 이 말씀의 은덕인 줄 믿나이다.
말씀으로 충만케 하시고, 말씀으로 태어나게 하시며, 말씀으로 살아가게 하소서!
말씀으로 오신 예수님의 이름으로 기도합니다. 아멘.
"천지는 없어질지언정 내 말은 없어지지 아니하리라." (마 24:35)

– 기도예문에서

참고 문헌 및 인용처

1. 읽으며 묵상하며

- 「일용할 양식, 말씀 묵상」, 기독대학인회(ESF)
- 「날마다 주님과 함께」, 학생신앙운동(SFC)
- 「오늘의 양식」, 오늘의 양식사(RBC Ministries)
- 「묵상하는 사람들」, 프리셉트
- 「생명의 삶」, 두란노서원
- 「GT, 세계를 품는 경건의 시간」, GTM
- 「호크마 종합주석」, 기독지혜사

2. 살며 생각하며

- 「기독교 문장대백과사전」, 성서연구사
- 「그랜드 종합주석」, 성서교재간행사
- 「호크마 종합주석」, 기독지혜사
- 「생명의 삶」말씀해설, 두란노서원
- 하천덕 편저, 「키워드로 불러보는 설교 예화」, 아가페
- 신현주 목사, 「예화 철학」, 도서출판 누가
- 기타

3. 정리하며 확신하며

- 그랜드 종합주석, 성서교재간행사

4. 토요 묵상과 가정 예배 자료

- 정춘석, 아름다운 이야기(뉴욕 그리스도의 교회 담임목사)
- 김홍근(뉴욕 그리스도의 교회 한인봉사센타 회장)
- 이한규 목사의 사람 컬럼(분당 샛별교회 담임목사)
- 김필곤, 열린 편지(열린 장로교회 담임목사)
- 정충영, 남산편지(경북대학교 교수)
- 라황용 목사의 행복한 가정 만들기(세계로교회 담임목사)
- 이재호 목사, 가정 이야기(Family Story)
- CMF Ministries(Christian Marriage and Family Ministries)
- 기타

2010년-2016년 성경 읽기표 (1주~6주)

성경 구절	주별	2010년	2011년	2012년	2013년	2014년	2015년	2016년
계 4:1-9:21	52주/화	12월29일	12월28일	12월27일	1월1일	12월31일	12월30일	12월29일
10:1-14:21	수	30	29	28	2	1월1일	31	30
15:1-18:24	목	31	30	29	3	2	1월1일	31
19:1-22:21	금	1월1일	31	30	4	3	2	1월1일
	토	2	1월1일	31	5	4	3	2
	주일	3	2	1월1일	6	5	4	3
창 1:1-5:32 대상 1:1-27;11:10-26	첫주/월	1월4일	1월3일	1월2일	1월7일	1월6일	1월5일	1월4일
창 6:1-11:32	화	5	4	3	8	7	6	5
12:1-18:33	수	6	5	4	9	8	7	6
19:1-24:67	목	7	6	5	10	9	8	7
25:1-28:22	금	8	7	6	11	10	9	8
	토	9	8	7	12	11	10	9
	주일	10	9	8	13	12	11	10
29:1-31:55	2주/월	11	10	9	14	13	12	11
32:1-36:43 대상 1:28-2:2	화	12	11	10	15	14	13	12
37:1-41:57	수	13	12	11	16	15	14	13
42:1-45:28	목	14	13	12	17	16	15	14
46:1-50:26	금	15	14	13	18	17	16	15
	토	16	15	14	19	18	17	16
	주일	17	16	15	20	19	18	17
욥기 1:1-3:26	3주/월	18	17	16	21	20	19	18
4:1-9:35	화	19	18	17	22	21	20	19
10:1-15:35	수	20	19	18	23	22	21	20
16:1-23:17	목	21	20	19	24	23	22	21
24:1-31:40	금	22	21	20	25	24	23	22
	토	23	22	21	26	25	24	23
	주일	24	23	22	27	26	25	24
32:1-37:24	4주/월	25	24	23	28	27	26	25
38:1-42:17	화	26	25	24	29	28	27	26
출 1:1-4:31	수	27	26	25	30	29	28	27
5:1-11:10	목	28	27	26	31	30	29	28
12:1-15:27	금	29	28	27	2월1일	31	30	29
	토	30	29	28	2	2월1일	31	30
	주일	31	30	29	3	2	2월1일	31
16:1-20:26	5주/월	2월1일	31	30	4	3	2	2월1일
21:1-24:18	화	2	2월1일	31	5	4	3	2
25:1-27:21	수	3	2	2월1일	6	5	4	3
29:1-30:38	목	4	3	2	7	6	5	4
31:1-35:29	금	5	4	3	8	7	6	5
	토	6	5	4	9	8	7	6
	주일	7	6	5	10	9	8	7
36:30-40:38	6주/월	8	7	6	11	10	9	8
레 1:1-5:19	화	9	8	7	12	11	10	9
레 6:1-7:38 민 7:1-8:26	수	10	9	8	13	12	11	10
레 8:1-10:20	목	11	10	9	14	13	12	11
11:1-15:33	금	12	11	10	15	14	13	12
	토	13	12	11	16	15	14	13
	주일	14	13	12	17	16	15	14

2010년-2016년 성경 읽기표 (7주~12주)

성경 구절	주별	2010년	2011년	2012년	2013년	2014년	2015년	2016년
레 16:1-18:37	7주/월	2월15일	2월14일	2월13일	2월18일	2월17일	2월16일	2월15일
19:1-22:33	화	16	15	14	19	18	17	16
23:1-27:34	수	17	16	15	20	19	18	17
민 1:1-3:51	목	18	17	16	21	20	19	18
4:1-6:27	금	19	18	17	22	21	20	19
	토	20	19	18	23	22	21	20
	주일	21	20	19	24	23	22	21
민 9:1-12:16	8주/월	22	21	20	25	24	23	22
13:1-14:45 시 90:1-17	화	23	22	21	26	25	24	23
민 15:1-20:29	수	24	23	22	27	26	25	24
21:1-25:18	목	25	24	23	28	27	26	25
26:1-29:40	금	26	25	24	3월1일	28	27	26
	토	27	26	25	2	3월1일	28	27
	주일	28	27	26	3	2	3월1일	28
30:1-32:42	9주/월	3월 1일	28	27	4	3	2	윤달29
33:1-36:13	화	2	3월1일	28	5	4	3	3월1일
신 1:1-5:33	수	3	2	윤달 29	6	5	4	2
6:1-9:29	목	4	3	3월 1일	7	6	5	3
10:1-14:29	금	5	4	2	8	7	6	4
	토	6	5	3	9	8	7	5
	주일	7	6	4	10	9	8	6
15:1-19:21	10주/월	8	7	5	11	10	9	7
20:1-25:19	화	9	8	6	12	11	10	8
26:1-28:68	수	10	9	7	13	12	11	9
29:1-31:29	목	11	10	8	14	13	12	10
31:30-34:12	금	12	11	9	15	14	13	11
	토	13	12	10	16	15	14	12
	주일	14	13	11	17	16	15	13
수 1:1-6:27	11주/월	15	14	12	18	17	16	14
7:1-10:43	화	16	15	13	19	18	17	15
11:1-15:63	수	17	16	14	20	19	18	16
16:1-21:45	목	18	17	15	21	20	19	17
22:1-24:33	금	19	18	16	22	21	20	18
	토	20	19	17	23	22	21	19
	주일	21	20	18	24	23	22	20
삿 1:1-5:31	12주/월	22	21	19	25	24	23	21
6:1-8:35	화	23	22	20	26	25	24	22
9:1-12:15	수	24	23	21	27	26	25	23
13:1-16:31	목	25	24	22	28	27	26	24
17:1-21:25	금	26	25	23	29	28	27	25
	토	27	26	24	30	29	28	26
	주일	28	27	25	31	30	29	27

2010년–2016년 성경 읽기표 (13주~16주)

성경 구절	주별	2010년	2011년	2012년	2013년	2014년	2015년	2016년
룻 1:1-4:22	13주/월	3월29일	3월28일	3월26일	4월1일	3월31일	3월30일	3월28일
삼상 1:1-3:21	화	30	29	27	2	4월1일	31	29
4:1-8:22	수	31	30	28	3	2	4월1일	30
9:1-12:25	목	4월 1일	31일	29	4	3	2	31
13:1-16:5	금	2	4월 1일	30	5	4	3	4월1일
	토	3	2	31	6	5	4	2
	주일	4	3	4월 1일	7	6	5	3
16:6-19:24	14주/월	5	4	2	8	7	6	4
20:1-23:29 시편 34편, 52편	화	6	5	3	9	8	7	5
삼상 24:1-26:25 시편 54편, 142편	수	7	6	4	10	9	8	6
삼상 27:1-31:13 대상 10:1-14 시편 55, 56, 57편 1	목	8	7	5	11	10	9	7
삼하 1:1-4:12	금	9	8	6	12	11	10	8
	토	10	9	7	13	12	11	9
	주일	11	10	8	14	13	12	10
5:1-6:23 대상 10:15-15:29	15주/월	12	11	9	15	14	13	11
대상 16:1-16:43 시편 15, 24, 96, 105, 106	화	13	12	10	16	15	14	12
삼하 7:1-8:18 대상 17:1-18:17 시편 59,60,108편	수	14	13	11	17	16	15	13
대상 11:10-11:47 삼하 22:1-51 시편 18편	목	15	14	12	18	17	16	14
삼하 9:1-12:31 대상 19:1-19 시편 51편	금	16	15	13	19	18	17	15
	토	17	16	14	20	19	18	16
	주일	18	17	15	21	20	19	17
삼하 13:1-16:23	16주/월	19	18	16	22	21	20	18
삼하 17:1-19:43 시편 3, 63편	화	20	19	17	23	22	21	19
삼하 20:1-24:25 대상 20:1-21:30	수	21	20	18	24	23	22	20
왕상 1:1-53 대상 22:1-25:31 시편 2, 4-6편	목	22	21	19	25	24	23	21
시편 7-9, 11-14, 16-17, 19-23편	금	23	22	20	26	25	24	22
	토	24	23	21	27	26	25	23
	주일	25	24	22	28	27	26	24

2010년–2016년 성경 읽기표 (17주~20주)

성경 구절	주별	2010년	2011년	2012년	2013년	2014년	2015년	2016년
시편 25-32, 35-40편	17주/월	4월26일	4월25일	4월23일	4월29일	4월28일	4월27일	4월25일
시편 53, 58, 61, 62, 64 64, 65, 68-73, 86편	화	27	26	24	30	29	28	26
시편 103, 109, 110, 122, 124, 131, 133, 138-141,143-145	수	28	27	25	5월1일	30	29	27
시편 42-44, 49, 50,75-77, 84, 85, 87-88편	목	29	28	26	2	5월1일	30	28
시편 78, 80-83, 89편	금	30	29	27	3	2	5월1일	29
	토	5월 1일	30	28	4	3	2	30
	주일	2	5월 1일	29	5	4	3	5월1일
시편 1, 10, 33, 35-40, 66, 67, 91-95, 97-99편	18주/월	3	2	30	6	5	4	2
시편 100, 102, 104, 107, 111-117	화	4	3	5월1일	7	6	5	3
시편 118-119편	수	5	4	2	8	7	6	4
시편 120-123, 125-126, 128-130, 132, 134-136, 146-150	목	6	5	3	9	8	7	5
대상 26:1-29:30 삼하 23:1-7 왕상 2:1-12	금	7	6	4	10	9	8	6
	토	8	7	5	11	10	9	7
	주일	9	8	6	12	11	10	8
왕상 2:13-4:34 대하 1:1-13 시편 45, 72편	19주/월	10	9	7	13	12	11	9
왕상 5:1-6:38 대하 2:1-5:1	화	11	10	8	14	13	12	10
왕상 7:13-8:66	수	12	11	9	15	14	13	11
왕상 7:1-12 대하 5: 2-7:10	목	13	12	10	16	15	14	12
대하 1:14-17 대하 7:11-9:31 왕상 9:1-11:43	금	14	13	11	17	16	15	13
	토	15	14	12	18	17	16	14
	주일	16	15	13	19	18	17	15
아가 1:1-8:14	20주/월	17	16	14	20	19	18	16
시편 127:1-5 잠 1:1-4:27	화	18	17	15	21	20	19	17
잠 5:1-9:18	수	19	18	16	22	21	20	18
10:1-15:33	목	20	19	17	23	22	21	19
16:1-20:30	금	21	20	18	24	23	22	20
	토	22	21	19	25	24	23	21
	주일	23	22	20	26	25	24	22

2010년-2016년 성경 읽기표 (21주~26주)

성경 구절	주별	2010년	2011년	2012년	2013년	2014년	2015년	2016년
잠언 21:1-24:34	21주/월	5월24일	5월23일	5월21일	4월27일	월26일	5월25일	5월23일
25:1-29:27	화	25	24	22	28	27	26	24
30:1-31:31 전 1:1-6:12 왕상 12:1-24 대하 10:1-11:4	수	26	25	23	29	28	27	25
	목	27	26	24	30	29	28	26
전 7:1-12:14 왕상 13:1-14:20	금	28	27	25	31	30	29	27
	토	29	28	26	6월1일	31	30	28
	주일	30	29	27	2	6월1일	31	29
왕상 14:21-15:24 대하 11:5-16:14	22주/월	31	30	28	3	2	6월1일	30
왕상 15:25-19:21	화	6월 1일	31	29	4	3	2	31
20:1-22:40	수	2	6월 1일	30	5	4	3	6월1일
왕상 22:41-53 왕하 1:1-18 대하 17:1-20:37	목	3	2	31	6	5	4	2
왕하 2:1-8:15	금	4	3	6월1일	7	6	5	3
	토	5	4	2	8	7	6	4
	주일	6	5	3	9	8	7	5
왕하 8:16-29 대하 21:1-20 욜 1:1 3:21	23주/월	7	6	4	10	9	8	6
왕하 9:1-11:21 대하 22:1-23:21	화	8	7	5	11	10	9	7
왕하 12:1-13:21 대하 24:1-27	수	9	8	6	12	11	10	8
왕하 14:1-17:41	목	10	9	7	13	12	11	9
대하 25:1-28:27	금	11	10	8	14	13	12	10
	토	12	11	9	15	14	13	11
	주일	13	12	10	16	15	14	12
욘 1:1-4:11	24주/월	14	13	11	17	16	15	13
암 1:1-9:15	화	15	14	12	18	17	16	14
호 1:1-14:9	수	16	15	13	19	18	17	15
미 1:1-7:20	목	17	16	14	20	19	18	16
사 1:1-6:13	금	18	17	15	21	20	19	17
	토	19	18	16	22	21	20	18
	주일	20	19	17	23	22	21	19
7:1-12:6	25주/월	21	20	18	24	23	22	20
13:1-23:18	화	22	21	19	25	24	23	21
24:1-27:13	수	23	22	20	26	25	24	22
28:1-35:10	목	24	23	21	27	26	25	23
36:1-39:8	금	25	24	22	28	27	26	24
	토	26	25	23	29	28	27	25
	주일	27	26	24	30	29	28	26
왕하 18:1-20:21 시편 41, 45-48, 91편	26주/월	28	27	25	7월1일	30	29	27
대하 29:1-32:33	화	29	28	26	2	7월1일	30	28
사 40:1-43:28	수	30	29	27	3	2	7월1일	29
44:1-48:22	목	7월 1일	30	28	4	3	2	30
49:1-54:21	금	2	7월 1일	29	5	4	3	7월1일
	토	3	2	30	6	5	4	2
	주일	4	3	7월1일	7	6	5	3

2010년-2016년 성경 읽기표 (27주~30주)

성경 구절	주별	2010년	2011년	2012년	2013년	2014년	2015년	2016년
사 55:1-59:21	27주/월	7월5일	7월4일	7월2잃	7월8일	7월7일	7월6일	7월4일
사 60:1-66:24	화	6	5	3	9	8	7	5
왕하 21:1-26 대하 33:1-25	수	7	6	4	10	9	8	6
왕하 22:1-23:30 습 1:1-3:20	목	8	7	5	11	10	9	7
대하 34:1-35:27 나 1:1-3:19	금	9	8	6	12	11	10	8
	토	10	9	7	13	12	11	9
	주일	11	10	8	14	13	12	10
합 1:1-3:19 렘 1장, 11장, 12장	28주/월	12	11	9	15	14	13	11
렘 2:1-5:31	화	13	12	10	16	15	14	12
왕하 23:31-24:20 대하 36:1-10 단 1:1-21 렘 6:1-30	수	14	13	11	17	16	15	13
렘 7:1-10:25	목	15	14	12	18	17	16	14
렘 18:1-20:18 왕하 25:1-26:24	금	16	15	13	19	18	17	15
	토	17	16	14	20	19	18	16
	주일	18	17	15	21	20	19	17
렘 35:1-36:32 렘 45:1-5	29주/월	19	18	16	22	21	20	18
렘 13:1-17:27	화	20	19	17	23	22	21	19
렘 22:1-23:40 단 2:1-49	수	21	20	18	24	23	22	20
겔 1:1-7:27	목	22	21	19	25	24	23	21
8:1-14:23	금	23	22	20	26	25	24	22
	토	24	23	21	27	26	25	23
	주일	25	24	22	28	27	26	24
겔 15:1-19:14	30주/월	26	25	23	29	28	27	25
20:1-22:31	화	27	26	24	30	29	28	26
23:1-49 렘 48:1-49:39	수	28	27	25	31	30	29	27
렘 21:1-14 24:1-26:24 27:1-29:32	목	29	28	26	8월1일	31	30	28
왕하 25:1-21 렘 39:1-18, 52:1-30 대하 36:11-21 겔 24:1-25:17	금	30	29	27	2	8월1일	31	29
	토	31	30	28	3	2	8월1일	30
	주일	8월1일	31	29	4	3	2	31

2010년-2016년 성경 읽기표 (31주~35주)

성경 구절	주별	2010년	2011년	2012년	2013년	2014년	2015년	2016년
렘 30:1-31:40 렘 37:1-38:28	31주/월	8월2일	8월1일	7월30일	8월5일	8월4일	8월3일	8월1일
렘 32:1-34:22	화	3	2	31	6	5	4	2
겔 26:1-31:18	수	4	3	8월1일	7	6	5	3
대상 2:1-5:26, 9:1 시편 74:1-23	목	5	4	2	8	7	6	4
대상 6:1-9:44	금	6	5	3	9	8	7	5
	토	7	6	4	10	9	8	6
	주일	8	7	5	11	10	9	7
왕하 25:22-26 렘 40:1-44:30	32주/월	9	8	6	12	11	10	8
렘 50:1-51:64 시 79:1-13	화	10	9	7	13	12	11	9
애 1:1-5:22	수	11	10	8	14	13	12	10
겔 32:1-34:31	목	12	11	9	15	14	13	11
35:1-39:29	금	13	12	10	16	15	14	12
	토	14	13	11	17	16	15	13
	주일	15	14	12	18	17	16	14
40:1-43:27	33주/월	16	15	13	19	18	17	15
44:1-48:35	화	17	16	14	20	19	18	16
단 3:1-4:37 왕하 25:1-30 렘 52:31-34	수	18	17	15	21	20	19	17
단 7:1-8:27 단 5장, 11:1-12:13	목	19	18	16	22	21	20	18
단 6장, 9장, 10장 시 137편	금	20	19	17	23	22	21	19
	토	21	20	18	24	23	22	20
	주일	22	21	19	25	24	23	21
스 1:1-6:22 대하 36:22-23	34주/월	23	22	20	26	25	24	22
학 1:1-2:23	화	24	23	21	27	26	25	23
슥 1:1-14:21	수	25	24	22	28	27	26	24
에 1:1-4:17	목	26	25	23	29	28	27	25
5:1-10:3	금	27	26	24	30	29	28	26
	토	28	27	25	31	30	29	27
	주일	29	28	26	9월1일	31	30	28
스 7:1-10:44	35주/월	30	29	27	2	9월1일	31	29
느 1:1-6:19	화	31	30	28	3	2	9월1일	30
7:1-10:39	수	9월1일	31	29	4	3	2	31
11:1-13:31	목	2	9월1일	30	5	4	3	9 월1일
말 1:1-4:6	금	3	2	31	6	5	4	2
	토	4	3	9월1일	7	6	5	3
	주일	5	4	2	8	7	6	4

365 성경 통독 묵상집

재미있고 영혼이 살찌며 삶이 복받는 성경 벌레들(구약)

초판1쇄 발행 2010.01.20

편 저 전한용
감 수 전영규
발행인 방주석
책임편집 설규식
영업책임 유영채
디자인 황은경

발행처 도서출판 소망

주소 서울특별시 서대문구 충청로 2가 157 사조빌딩 213호
전화 02-392-4232
팩스 02-392-4231

출판등록 1997년 5월 11일(제 11-17호)

ISBN 978-89-7510-059-8 93230
책값 뒷표지에 있습니다